거인의
통찰

거인의 통찰

—

2022년 12월 28일 초판 1쇄 발행

—

지은이 샘 해리스
옮긴이 이은정
펴낸이 김정수, 강준규
책임편집 유형일
마케팅 추영대
마케팅지원 배진경, 임혜솔, 송지유, 이원선

—

펴낸곳 (주)로크미디어
출판등록 2003년 3월 24일
주소 서울특별시 마포구 마포대로 45 일진빌딩 6층
전화 02-3273-5135
팩스 02-3273-5134
편집 02-6356-5188
홈페이지 http://rokmedia.com
이메일 rokmedia@empas.com

—

ISBN 979-11-408-0394-1 (03300)
책값은 표지 뒷면에 적혀 있습니다.

—

비잉은 로크미디어의 인문 도서 브랜드입니다.
잘못 만들어진 책은 구입하신 서점에서 교환해 드립니다.

샘 해리스 지음 · 이은정 옮김

이 시대 최고의
석학 11인이 말하는
인간의 본질과 미래

MAKING SENSE

Conversations on Consciousness, Morality,
and the Future of Humanity

Being

샘 해리스를 향한
세계적인 지성들과 명사들의 찬사

빠른 속도로 성장하는 팟캐스트 세상에서 샘 해리스는 특유의 날카로우면서도 반짝이는 지성과 그 주위를 도는 뛰어난 지성인들로 구성된 은하를 공고히 구축했다. 면도하며 그의 대담을 듣다가 끊지 못해 자꾸 회사에 지각하게 된다.

니얼 퍼거슨, 경제사학자, 스탠퍼드 대학교 후버연구소 수석 연구원, 『금융의 지배』 저자

샘 해리스는 이 책에서 대화라는 기술에 사색의 힘과 인내력을 접목한다. 샘 해리스는 복잡한 사안을 명확히 설명하는 법은 물론, 다른 이의 생각을 정성껏 듣는 법을 잘 보여주는 본보기이다. 이 책은 최고의 인지적인 자극이다.

더글러스 러시코프, 뉴욕 시립대학교 퀸스 칼리지 교수, 『현재의 충격』 저자

당신의 견해가 어떻든, 당신은 샘 해리스의 책에서 신경과학부터 컴퓨터 공학, 문화에 이르기까지 지금껏 제대로 알지 못했던 분야에서 생각해 본 적 없는 놀라운 아이디어와 견해를 접할 수 있을 것이다.

앤 애플바움, 퓰리처상 수상작 『굴락』 저자

인생, 문화, 정치, 종교, 역사, 특히 인간의 마음에 대한 새로운 사실을 배우기 위해 늘 샘의 대담을 경청했다. 샘은 우리를 인간답게 만드는 나약함을 인정하지만, 인류가 살아남거나 번영하기 위해 오늘날 꼭 필요한 계몽적이고 이성적이며 합리적인 목소리를 낸다.

닐 디그래스 타이슨, 천체물리학자, 미국 자연사 박물관 부설 헤이든 천문관 관장,
『스페이스 크로니클』 저자

샘이 수많은 관중의 이목을 집중시키는 것은 당연하다. 자신만의 생각을 지닌 사상가로서 그가 진행하는 대담들은 당신이 접하는 가장 흥미로운 대화일 것이다.

피터 싱어, 프린스턴 대학교 석좌 교수, 『동물 해방』 저자

샘 해리스의 대담처럼 지적으로 엄격하고 개방적인 대담은 없다. 그 대담은 분별 있고, 끈기와 이성으로 가득한 대화를 주기적으로 접할 수 있는 수단이다. 부족주의가 판치는 세상에서 그가 나누는 대화들은 개인의 탐구심을 존중한다. 그에게는 다른 이들은 감히 꺼내지 못하는 주제로 이야기를 이어 나가는 배짱도 있다.

앤드루 설리번, 정치평론가, 『보수적인 정신(The Conversative Soul)』 저자

샘 해리스의 대담만큼은 놓쳐서는 안 된다. 모든 이야기가 영감을 불어넣는다. 모두가 이성을 잃은 듯한 지금 이 시대에 아직 이성이 안전하게 남아 있는 몇 안 되는 대화의 장이다.

더글러스 머리, 저널리스트, 정치평론가 『유럽의 죽음』 저자

샘은 중요하지만 어렵고 또 간혹 논란이 많은 주제를 철저한 준비와 날카로운 질문들, 지적 용기로 이해시킨다. 그에게 더 많은 대담을 부탁하고 싶다!

앤드루 맥아피, MIT 슬론 경영대학원 교수, 『포스트 피크 거대한 역전의 시작』 저자

샘은 명확한 사고를 위한 세계에서 가장 훌륭한 대담을 선사해 주었다. 그의 대담을 들으며 우리는 삶에서 마주하는 여러 위험과 불확실성에 더 잘 대비할 수 있다. 이 분야에서 단연 선두이다. 대담에 출연하는 것만으로도 경력의 하이라이트가 될 것이다.

데런 브라운, 일루셔니스트, 멘탈리스트, 『행복(Happy)』 저자

샘의 팟캐스트처럼 어렵고 엄격하고 정중한 대화가 상당한 분량으로 특정한 의도 없이 진행되는 소중한 대담은 거의 없다. 샘 해리스는 그러한 계몽적인 의견 교환의 모범을 보여준다. 그의 대담은 우리 시대의 뛰어나고 매혹적인 수많은 지성인이 나누는 생각의 보고이다.

토머스 채터턴 윌리엄스, 문화평론가, 『흑과 백의 자화상(Self-Portrait in Black and White)』 저자

내가 절대 놓치지 않는 팟캐스트는 단 하나뿐이다. 샘 해리스보다 더 제대로 이해하고 논리정연하게 말하는 사람이 있을까?

빌 마허, HBO 간판 시사 풍자 코미디 프로그램 〈빌 마허의 리얼 타임〉 진행자

샘의 팟캐스트는 한결같이 지적이며 생각거리를 던져 주는 프로그램 중 하나이다. 샘은 오늘날처럼 전례 없는 시대에 꼭 필요한 목소리다.

이안 브레머, 정치 컨설팅 기업 유라시아 그룹 설립자 겸 회장, 『우리 대 그들』 저자

샘의 팟캐스트는 마음의 주유소이며, 나는 정기적으로 그 대담을 듣는다. 대담 진행자로서 샘 해리스는 엄격한 동시에 관대하다. 샘의 대담에는 다른 곳에서 난무한 비겁한 언행이나 정치적 다툼이 전혀 없다. 오늘날 담론 대부분을 훼손하는 당파적 고질병의 흔적이 없는 즐거운 정신적 유희이다.

그레임 우드, 캐나다 총독상 논픽션 부문 수상작 『이방인들의 길(The Way of the Strangers)』 저자

내게 꼭 들어야 하는 팟캐스트는 많지 않다. 샘의 대담이 담긴 팟캐스트는 짧은 그 목록에서도 최상단에 있다. 샘 해리스와 매력적인 게스트들은 영감을 불어넣지만, 선동하진 않는다. 또 설교하지도, 무의미하게 도발하지도 않는다. 모든 이야기에 배울 것이 있으며, 대화를 듣다가 잠시 멈추고 진지한 생각에 빠지게 된다.

스티븐 프라이, 코미디언, 배우, 작가

공적 담론이 뉘앙스와 이성을 모두 잃어버린 듯한 이 시기에 샘 해리스는 공익을 위해 풀어야 할 시급한 문제들을 조심스럽지만 흥미로운 방식으로 논의하는 장을 만든다는 심오하고 중요한 목적을 달성했다. 샘 해리스는 국가의 보배다.

니콜라스 크리스타키스,
『청사진: 좋은 사회의 진화적 기원(Blueprint: The Evolutionary Origins of a Good Society)』 저자

샘 해리스는 천재다. 이는 과장이 아니다. 그는 팟캐스트에서 우리 시대에 중요한 여러 문제를 탐구한다. 그 어느 때보다 이성과 과학이 요구되는 시대에 샘은 이성과 과학의 목소리를 들려준다. 그와의 대담은 나를 대선 후보로 나서게 했다.

앤드루 양, 변호사, 사업가, 정치가, 2020년 미국 대선 민주당 후보 출마자

| 저자 |

샘 해리스 Sam Harris

샘 해리스는 5권의 《뉴욕타임스》 베스트셀러를 쓴 작가이자 신경과학자, 철학자다. 스탠퍼드 대학교에서 철학을 전공했고, 캘리포니아 대학교 로스앤젤레스UCLA에서 인지신경과학 박사 학위를 취득했다. 신경과학, 도덕 철학, 종교, 명상, 폭력, 합리성 등 광범위한 주제를 다루는 그는 우리 인간과 세상에 대한 이해를 높여 어떻게 살아야 하는지에 대한 철학과 관념을 변화시키는 데 중점을 두고 있다. 그의 저서는 전 세계 20개 이상 언어로 번역 출간되었고, 《뉴욕타임스》, 《타임스》, 《롤링 스톤스》, 《사이언티픽 아메리칸》, 《네이처》 등 주요 언론에서 주목해야 할 도서로 언급되기도 했다. 저서로 『종교의 종말』, 『기독교 국가에 보내는 편지』, 『신이 절대로 답할 수 없는 몇 가지』, 『자유의지는 없다』, 『나는 착각일 뿐이다』, 『거짓말Lying』이 있다. 『종교의 종말』은 2005년 펜/마르타 알브랜드상PEN/Martha Albrand Award 논픽션 부문을 수상했다. 샘 해리스는 《뉴욕타임스》, 《로스앤젤레스 타임스》, 《이코노미스트》, 《타임스》, 《애틀랜틱》, 《신경학 회보Annals of Neurology》 등에 글을 기고해 오고 있다. 애플 선정 아이튠스 최고의 팟캐스트 중 하나이자 인터넷의 오스카상이라 불리는 웨비상을 수상한 팟캐스트 〈메이킹 센스Making Sense〉를 진행하고 있으며, 30년 이상의 명상 수행 경험과 티베트, 인도, 버마 및 서양의 명상 교사와 함께 공부한 경험을 토대로 현대적이고 과학적인 맥락에서 명상을 배울 수 있게 돕는 앱 웨이킹 업Waking Up을 만들었다.

| 역자 |
이은정

경희대학교에서 영어통번역학을 전공했다. 글밥아카데미 수료 후 바른번역 소속 번역가로 활동 중이다. 역서로 『게으른 완벽주의자를 위한 심리학』이 있다.

어머니에게

서문

우리는 대중적인 논의가 가능한 새로운 황금시대를 살아가고 있다.

최근 우리는 출퇴근하고, 헬스장에서 운동하고, 잠들지 못하는 그 수많은 시간을 비롯하여 일과의 적지 않은 부분을 팟캐스트나 미디어로 채울 수 있다는 사실을 깨달았다. 우리는 점차 머릿속 자신의 목소리를 타인의 목소리로 대체해 가고 있다. 그리고 이제 이들의 목소리가 내는 의견은 동의 여부와 상관없이 자신의 목소리에 영향을 미친다. 나는 이러한 변화가 전반적으로는 긍정적인 발전이라고 확신한다. 매 순간 우리는 거대하고 기술로 가득한 문명을 유지하기 위해 애쓰지만, 지적, 도덕적 진보를 이룰 수 있는 수단은 여전히 대화뿐이다.

팟캐스트라는 매체가 등장한 건 2004년이었는데, 공교롭게도 이해는 내가 첫 책을 출간한 해였다. 당시 나에게 누군가 나중에는 책

쓰기보다는 팟캐스트 방송을 만드는 데 시간을 더 쏟게 되리라고 말했다면 나는 이렇게 되물었을 것이다.

"팟캐스트가 뭐죠?"

이 새로운 형태의 라디오가 '온디맨드 라디오'라는 답이 돌아왔다면 —거의 맞긴 하다— 나는 전 인류의 운명을 걸고 기꺼이 그들의 예상이 틀렸다고 말했을 것이다. 오랜 시간, 나는 책을 쓰고 싶었다. 평생, 단 한 순간도 라디오 방송을 하고 싶은지 고민한 적조차 없었다.

그랬던 내가 최근 수년 동안 〈메이킹 센스Making Sense〉라는 팟캐스트 방송을 만드는 데 내 직업적 에너지 대부분을 썼다. 이유는 당황스러울 정도로 단순하다. 내가 출간한 모든 책을 통해 향후 10년 동안 닿을 사람보다 팟캐스트 방송 공개 후 48시간 동안 닿는 사람의 수가 훨씬 더 많을 것이기 때문이다. 결과 역시 즉각적이다. 책이 출간되기까지는 1년을 기다려야 하지만 팟캐스트는 완성되면 바로 공개할 수 있다.

사실 팟캐스트와 라디오의 유사성에 관해서는 오도의 여지가 있다. 고정된 시간에 꼬박 한 시간을 할애하는 라디오 방송과 약 95분으로 구성되는 팟캐스트 방송 사이의 차이는 겉에서 보기에는 깨닫기 힘들 수도 있다. 하지만, 팟캐스트를 진행하는 매 순간 나는 그 차이를 느낀다. 시간 압박은 모든 것을 바꿔 놓는다. 경직된 토론 현장을 볼 때 다들 느끼지 않는가. 관련한 주제를 탐구하고, 의견을 철회하고, 일축될 것을 알면서도 자기 생각을 던져 보고, 상대방의 반응은 알 수 없지만 비평하고, 의견 차이가 생기면 상대방의 주장을 뒷받침할 최적의 사례를 제시할 자유를 주는 등, 이러한 대화의 정신은 째깍거리는 시계가 개입하리라는 두려움이 해제된 상태에서만 나타날 수 있다. 진정한 호기심과 관용의 원칙을 따를 때 우리는 모든 인간의 문제에 관한 해결책을 탐구하기 시작할 수 있다. 그렇지 않으면 대화 자체가 불가능하다.

팟캐스트는 자연스럽고 자유로운 대화를 가능케 하는 유일한 수단이다. 그러니 이곳이 과학자, 언론인, 사회참여 지식인들이 자신의 생각을 소리 내어 말하는 장이 된 것은 우연이 아니다. 동시에 이 매체의 장점이 주요 약점인 것도 사실이다. 대화에는 생각이 글로 표현되었을 때 지니는 정확성이 부족하기 때문이다. '청취자'는 '독자'라면 자연스럽게 잠시 멈춰 흡수했을 미묘한 지점들을 포착하지 못할는지도 모른다. 그러기에 책의 명료함과 접근성에 견줄 때 아주 흥미로운 몇몇 팟캐스트조차 부족하다고 느껴질 수 있다.

이 책에는 〈메이킹 센스〉의 에피소드 중 특히 내가 좋아하는 몇 가지 대담을 골라 출판용으로 수정하여 담았다. 이를 위해 출연자들에게 대담의 내용을 다듬어 달라 부탁했고, 내가 말하는 부분 역시 매끄럽게 다듬었다. 수정된 내용도 기존 대담의 흐름을 그대로 따르나, 전체적으로 자잘한 수정과 개선 사항들이 많이 있다. 이 책의 내용은 출연자들의 의도를 제대로 전달한다고 믿어도 좋다.

2014년부터 주 1회꼴로 총 200건이 넘는 〈메이킹 센스〉 에피소드가 공개되었다. 그리고 이 책에는 데이비드 차머스부터 데이비드 도이치, 아닐 세스, 토머스 메칭거, 티머시 스나이더, 글렌 라우리, 로버트 새폴스키, 대니얼 카너먼, 닉 보스트롬, 데이비드 크라카우어, 맥스 테그마크까지 11명의 출연자와 나눈, 내가 가장 좋아하는 열세 편의 대화가 실려 있으며, 대화의 주제는 의식부터 지식의 근본, 윤리, 인공지능, 정치, 물리학, 의사 결정, 인종차별, 폭력, 실존적 위험까지 다양하다. 하지만, 그중에서도 특히 정신의 본질에 관한, 인간의 정신은 어떻게 살 만한 세상을 만드는가에 관한 질문을 중점적으로 다룬다. 〈메이킹 센스〉의 청취자라면 알겠지만, 이것이 바로 나의 주된 관심사이며 결국은 돌아오고 마는 곳이다.

나는 오랜 기간 지식의 궁극적인 통합을 믿어 왔고, 그렇기에 전반적으로 전통적인 학문 분야 간 경계가 허물어져야 한다고 믿는다. 이 시점에서 우리가 현실에 대해 확실히 아는 한 가지는, 현실은 대학 교과 과목처럼 딱 잘라 구별할 수 없다는 것이다. 또한, 나는 우리 세상 대부분의 악, 사람이 서로에게 안기는 불필요한 모든 불행이 악인들 때문이 아니라 선한 사람들이 악한 사상에 사로잡혀 한 번 하고 마는 행동의 산물이라고도 생각한다. 종합하면, 우리가 관심을 두는 모든 주제에 대한 명확한 사고를 방해하는 요소를 제거해도 인간이 얼마만큼의 도덕적 진보를 이룰 수 있을지 알 수 없다는 것이다.

가령 지금 이 글을 쓰고 있는 동안에도 여전히 세계는 이미 187개국으로 확산된 코로나19 팬데믹의 심각성을 제대로 이해하지 못하고 있다. 여러 정치적, 철학적, 종교적, 경제적 신념이 전 세계 수백만 사람의 머릿속에 있는 기본적인 역학疫學 원칙과 다투고 있으며, 이 수백만 중 일부는 수십억의 삶에 영향을 미치는 정책을 만들고 집행할 책임을 가진 사람들이다. 이러한 위기에도 여전히 사회는 대응 방법을 합의하지 못하고 있으며, 지상의 현실에 대한 완전히 다른 견해를 기반으로 파가 갈렸다. 이 전염병이 지닌 위험성은 정치적 이익을 위해 과장된 걸까? 전염병 확산을 늦추기 위한 노력의 일환으로 사업체가 영업을 중단하고 사람들을 집 안에 머무르게 강제하는 것은 비윤리적인 일인가? 정부에는 국민에게 무료로 보건 서비스를 제공할 의무가 있는가? 중국인들에게 박쥐를 먹지 말라고 해야 할까? 그렇게 한다면 이는 인종차별로 보일까? 반대 의견과 치명적인 거짓 정보 사이의 경계는 어디인가? 고개만 돌리면 잘못된 인식론의 잔해가 보인다. 그리고 잘못된 생각은 사람들을 죽이고 있다.

현존하는 팟캐스트 채널은 100만 개에 달한다. 그리고 그중 다수는 우리 시대의 보편적인 호전성에 관해 토로한다. 내 채널도 일부 영향을 받는다. 하지만, 나쁜 대화를 해결하려면 더 나은 대화를 하는 수밖에 없다. 그리고 여기에 지금껏 나눈 무척이나 만족스러운 대화 중 일부를 여러분과 공유한다.

즐겨 주길 바란다.

샘 해리스

2020년 5월 6일

로스앤젤레스

차례

MAKING SENSE

마음을
밝히다

THE LIGHT OF THE MIND

데이비드 차머스
David Chalmers

오랜 시간 나는 의식이란 무엇인지 이해하기 위해 애써 왔다. 그리고 이러한 나의 관심에 불을 지핀 데이비드 차머스와의 대담으로 『인간을 묻다』의 문을 열고자 한다. 뉴욕 대학교와 호주 국립대학교 철학과 교수인 차머스는 뉴욕대 산하 정신, 뇌, 의식 센터Center for Mind, Brain, and Consciousness의 공동 소장이기도 하다.

차머스와의 대담은 주로 의식의 본질은 무엇인지, 의식을 과학적으로 이해하는 것이 어려운 이유는 무엇인지 다룬다. 초반에는 1990년대 이후 의식과 관련한 모든 논의에 영향을 미친 '의식의 어려운 문제'라는 차머스의 이론에서 시작한다. 그리고 인공지능, 우리가 살고 있는 우주가 시뮬레이션일 가능성 등 그 외 여러 흥미로운 주제를 다루며 대화는 이어진다. 일부는 무척 쓸데없는 이야기처럼 들릴 수도 있지만, 오해하지 않기를 바란다. 이 모든 주제는 결국 실제 의식의 유무와 상관없이 마치 의식을 지닌 듯 보이는 기술이 등장함에 따라 우리와 관련 있는 내용이 된다. 더불어 뇌에 기계를 연결해 우리 정신을 강화하는 미래를 마주하게 된다면 이 모든 철학적 질문은 당장의 개인적, 윤리적 문제가 될 것이다.

해리스 | 교수님은 지성인으로서의 제 삶에 아주 중요한 역할을 했어요. 예전에 투손Tuscon에서 2년마다 개최되는 애리조나 대학교 '의식 과학 학술대회'에 참석한 적이 있는데요. 학교도 그만뒀고, 앞으로 인생을 어떻게 살아야 할지 고민하던 때였습니다. 한번은 대니얼 데닛Daniel Dennett과 존 설John Searle, 두 분이 피 튀기며 토론하는 모습을 보고 심리 철학 관련 대담에 관심이 생겼는데, 그러다가 투손에서 열리는 학회 광고를 본 겁니다. 아마 《의식연구저널Journal of Consciousness Studies》에서 봤나, 그랬을 거예요. 일단 무작정 갔죠.

그날 교수님이 했던 말이 또렷이 기억납니다. '의식의 어려운 문제hard problem of consciousness'에 관한 교수님의 설명을 듣고 철학에 흥미가 생겼고, 제대로 공부해 봐야겠다 싶어서 다시 학교로 돌아갔죠. 신경과학 박사 학위를 딴 것도, 관련 분야에 꾸준히 관심을 가진 것도 20년도 더 전에 교수님이 한 말에 일부 영향을 받았다고 할 수 있어요.

차머스 | 그 말을 들으니 기쁘네요. 아마 1996년 학회였을 겁니다. 데닛도 참석했었죠.

해리스 | 로저 펜로즈Roger Penrose, 프란시스코 바렐라Francisco Varela 등 많이 계셨죠. 정말 흥미로운 행사였습니다.

차머스 | 그보다 2년 전에 열린 전차 대회를 사람들은 '의식 페스

티벌'이라고 불렀어요. 온 밴드가 처음 한자리에 모인 거죠. 장난 아니었어요. 정말 재미있었습니다. 그렇게 많은 사람을 만난 것도 처음이었고요.

해리스 | 저는 지난 10년 동안 의식이라는 문제에 완전히 몰두해 있었기 때문에 이 주제가 얼마나 대중적인지 말할 수 있는 사람은 아닙니다. 그래서인지 의식이라는 주제가 과학계에 특별한 도전을 던진다는 걸 사람들이 잘 이해하지 못한다는 사실이 늘 의아하더라고요. 일단 기본부터 시작하죠. '의식'이란 정확히 무엇인가요? 으레 함께 언급되는 자의식, 주의, 사고, 행동 등 다른 여러 주제와 어떻게 구별되나요?

차머스 | 의식을 정의하기란 무척 어렵지만, 우선은 정신, 세계에 관한 주관적인 경험이라고 할 수 있습니다. 근본적으로는 일인칭 시점에서 사고하고 인지하고 판단하는 느낌이죠. 지금 제 자리에서 보면 창문 밖으로 나무와 풀, 연못이 보입니다. 이때 광자가 제 망막에 부딪히면서 시신경을 통해 뇌로 신호를 올려 보내며 여러 정보가 순식간에 처리됩니다. 이건 기능과 행동의 범주에 속합니다.

하지만, 일인칭 시점에서 느껴지는 것도 있습니다. 가령 색에 관한 경험이 있겠죠. 창문 밖으로 보이는 잔디 특유의 초록, 연못에 반사된 풍경 등, 마치 머릿속에서 내면의 영화가 상영되듯 말입니다. 적어도 저는 의식에서 중요한 건 이 주관적인 부분이라고 생각합니다. 의식을 행동이나 기능과 구별하는 건 어렵지 않아요. 깨어 있거나 반응할 수 있는 상태를 표현할 때도 '의식'이라는 단어를 사용하는데요. 이건 아주 단순한 설명 방식이고, 행동 영역에 더 가깝습니

마음을 밝히다

다. 제가 '의식의 쉬운 문제easy problem'라고 부르는 부분이죠. 사람이 행동하고, 반응하고, 기능하는 방식에 관한 겁니다. 반면, 의식의 어려운 문제란 일인칭 시점에서 느껴지는 감정에 대한 것이죠.

해리스 | 관련하여 유명한 문장이 있죠. 교수님도 아마 영향을 받았으리라 생각합니다. 토머스 네이글Thomas Nagel의 1974년 논문에 나오는 구절이죠. "박쥐가 된다는 건 어떤 느낌인가?What is it like to be a bat?" 논문에서 설명한 바에 따르면, 정보를 처리할 수 있는 생명체가 되는 것과 같다면, 그리고 그 처리 과정에 내적이고 주관적인 질적 특성이 있다면, 박쥐가 되었든 다른 종류의 생물이 되었든 그 생명체에게는 '의식'이 있다는 거죠. 네이글의 설명을 내키지 않아 하는 사람들은 정의가 명쾌하지도 않고 문제 제기만 한다고 불평하지만, 개인적으로는 의식에 대한 근본적인 설명으로서 아주 흥미롭다고 생각합니다. 교수님은 어떻게 생각하세요?

차머스 | 아주 훌륭한 정의라고 생각합니다. 핵심은, 그 생명체가 된다는 느낌이 있다면 거기에는 의식이 있다는 겁니다. 가령 나 자신이 된다는 고유한 느낌이 있겠죠. 짐작건대 제 책상 위에 있는 물컵이 된다는 느낌이란 없을 겁니다. 물컵이 되는 것 같은 느낌이 없다면 이 컵에는 의식이 없는 거고요.

제 정신적인 상태도 일부 마찬가지입니다. 지금 창밖으로 보이는 푸른 잎을 바라보는 자신이 느껴진다면, 그건 제가 의식적인 상태에 있는 겁니다. 하지만, 머릿속에서 언어를 처리하는 과정은 무의식적이고 아무런 느낌도 유발하지 않습니다. 가령 소뇌의 운동도 마찬가지겠죠. 역시 나의 상태이지만, 의식적인 상태는 아닙니다. 내가 지

거인의 통찰

금 이 상태를 거치고 있다는 느낌이 전혀 들지 않기 때문입니다.

그런 면에서 네이글의 정의는 제게는 현실적이고 유용합니다. 다른 모든 이론과 마찬가지로 장황한 설명에 불과하지만, 이 장황한 설명이 누군가에게는 주관적인 시점에서의 의식이라는 개념을 자극할 수 있습니다. 다른 누군가에게는 또 다르게 다가오겠죠. 이들에게 '어떤 느낌이 드는가?'라는 질문은 통하지 않습니다. 지난 몇 년 동안 깨달은 게 있는데요, 네이글의 질문은 누군가에게는 의식의 문제를 고찰하게 만들지만, 모두에게 같은 작용을 일으키지는 않는다는 겁니다.

제 느낌인데, 대부분 여기에 큰 질문이 남겨져 있다는 사실은 내심 아는 것 같아요. 그다음에 취하는 행동은 사람마다 다르죠. 일부는 의식의 어려운 문제란 존재하지 않으며 무시해야 한다고 여깁니다. 어쨌든 우리 대화 주제로 돌아오자면, 기본적으로 기능을 판단하는 의식의 쉬운 문제와 의식의 어려운 문제, 즉 경험과 구별하면서 시작한다면 도움이 될 겁니다.

의식의 쉬운 문제란 가령 이런 겁니다. 인간은 어떻게 주변 환경에서 정보를 구별하여 그것에 따라 적절히 반응하는가? 인간의 뇌는 어떻게 서로 다른 곳에서 수집한 정보를 취합해 판단을 내리고 인간의 행동을 통제하는가? 인간은 어떻게 자발적으로 행동을 통제하여 주변 환경에 통제된 방식으로 반응하는가? 우리 뇌는 어떻게 자신의 상태를 관찰하는가? 이 모든 질문에 대한 정확한 답은 아직 모릅니다. 신경과학은 아직 그 정도 수준까지 발전하지 않았죠. 하지만, 우리는 연구하는 법과 이 질문들의 답을 찾기 위해 무엇이 필요한지는 알고 있습니다. 기본적으로 우리 뇌가 정보를 분리하고 행동을 제어하는 원리를 찾으면 됩니다. 그 원리를 정확히 밝혀내는 건 어려운 일이 되겠지만, 진전은 보이고 있습니다.

의식의 쉬운 문제는 적어도 신경과학과 인지과학의 표준적인 범위에 들어갑니다. 그렇다면 무엇이 경험의 어려운 문제를 어렵게 만드는 걸까요? 행동이나 기능의 문제처럼 보이지 않기 때문입니다. 이론적으로는 자극이 주어질 경우 제가 취하는 모든 행동 반응과 제 뇌가 정보를 분류, 통합하고, 활동을 관찰하고, 행동을 제어하는 방법을 설명할 수 있을 겁니다. 가령 신경학적 메커니즘으로 설명할 수 있겠죠. 그러나 가장 핵심적인 질문에는 닿지 못합니다. '왜 일인칭 시점처럼 느껴질까?'

신경과학과 인지과학에서 통하는 일반적인 방법론, 즉 현상을 설명하는 원리를 찾는 건 확실히 이 영역에는 적용되지 않습니다. 언젠가 두뇌 작용과 일부 의식 사이의 상관관계를 발견할 수도 있겠죠. 우리가 빨간색을 볼 때, 고통을 느낄 때, 뇌의 어느 영역이 번쩍이는지요. 하지만, 왜 그 모든 처리 과정이 내 안에서 무언가 일어나는 것처럼 느껴지는지 설명할 방법은 없어 보입니다. 이런 내적 처리 과정은 왜 그 어떤 주관적 경험도 없는 로봇이나 좀비처럼 아무 느낌 없이 흘러가지 않는 걸까요?

이게 바로 의식의 어려운 문제입니다. 그리고 사람들은 각기 다른 방식으로 이 문제에 반응하지요. 대니얼 데닛을 비롯한 일부 사람들은 이 모든 것이 착각이나 혼동이라고, 무시해야 한다고 생각합니다. 그의 사고방식도 물론 존중합니다. 의식의 어려운 문제는 무척 어려운 문제라 모든 접근법을 고려해야 하며, 의식은 그저 착각에 불과하다는 견해 역시 탐구할 충분한 가치가 있습니다.

하지만, 의식이 제공하는 정보가 착각이라는 생각에 관해서는 조금 납득하기 어려운 부분이 있습니다. 고통이라는 감정, 본다는, 생각한다는 경험. 제게는 온 우주에서 그보다 사실적인 건 없거든요. 데닛은 1991년에 출간한 저서 『의식의 수수께끼를 풀다』(국내에서는 2013년에 출간되었다_옮긴이)에서 아주 강경한 어조로 주장합니다. 아주 훌륭하고 영향력 있는 책이었죠. 하지만, 결국 대부분의 사람이 그 책은 의식을 제대로 다루지 못한다고 생각했던 것 같습니다.

해리스 | 의식을 이해하기 위해 제가 가장 처음 읽은 게 바로 그 책이었는지도 모르겠네요. 참 신기하죠. 심리철학에서의 이러한 질문에 관해서는 저는 교수님이나 토머스 네이글과 궤를 같이하지만, 종교와 과학 사이의 갈등에 한해서는 수년 동안 데닛과 의견을 같이해 왔거든요. 그와는 오랜 시간 교류해 왔는데, 의식을 주제로 대화를 해 본 적은 없네요. 자유의지라는 주제를 가지고 그리 달갑지 않은 의견 충돌이 있기도 했으니 서로 조심스러웠던 게 아닌가 싶습니다. 『의식의 수수께끼를 풀다』를 읽은 지도 꽤 되었네요. 데닛이 착각에 불과하다고 칭한 대상은 의식 자체인가요, 아니면 어려운 문제의 어려움인가요? 저는 후자라고 생각하지만, 만약 전자일 경우 저는 개인적으로 온 우주에서 착각일 수 없는 단 한 가지가 있다면, 그게 바로 의식이라고 생각하거든요. 우리는 여러 측면에서 우리 경험의 질적인 특성을 잘 이해하지 못하지만, 내가 되는 것 같은 느낌이 든다는 사실, 그것이 비록 꿈이라 해도 어떤 일이 벌어지고 있는 것

마음을 밝히다

같다는 사실, 그런 것 같은 이 느낌이 바로 '의식은 명백한 현실'이라고 주장할 수 있는 근거라고요. 저는 어떻게 의식 자체가 착각이라고 자신 있게 말할 수 있는지 잘 이해가 되지 않네요.

차머스 | 동의합니다. 저는 데닛의 견해가 시간이 지나며 점차 진화했다고 보는데요. 1980년대 그는 "의식이란 존재하지 않으며, 착각에 불과합니다."라며 더 강한 어조로 주장했습니다. 「현상성의 부재에 관하여On the Absence of Phenomenology」라는 논문에서는 현상학이란 존재하지 않으며, 결국 의식의 다른 표현에 불과하다고 주장했지요. 「감각질의 존재 부정하기Quining Qualia」라는 다른 논문을 통해서는 이렇게 말합니다. 빨간색을 보는 경험과 초록색을 보는 경험 사이에 차이를 만드는 경험의 질적인 특성이 있다는, 즉 두 경험 사이에 서로 다른 특질quality이 있다는 주장을 할 때, 철학자가 사용하는 '감각질'이라는 개념 자체를 없애야 한다고 말이죠. 하지만, 어느 시점을 지나면 "그것은 실수였습니다. 실은 아무것도 없습니다."라고 말하는 쪽으로 기웁니다.

제 생각에는 데닛이, 일인칭 시점에서 발견하는 감각질 같은 것은 없으며 빨간색과 초록색을 보는 경험 사이에 차이가 없다는 그의 주장을, 사람들이 잘 받아들이지 못한다는 사실을 점차 깨달은 듯합니다. 그래서 의식은 존재하며, 단지 기능과 행동, 부호화된 정보라는 측면에서 존재하는 것이지, 어려운 문제로 이어지는 현상학적 의미에서 존재하는 건 아니라고 말하는 방향으로 발전했죠.

이는 결국 기존의 주장을 달리 표현한 것일 뿐입니다. 자유의지라는 주제로 토론하는 데 익숙하시겠지만, 예를 들면, 한쪽에서는

거인의 통찰

"자유의지란 없다."라고 주장하고 상대방은 "자유의지는 있지만, 결정론만큼이나 그리 중요한 존재는 아니다."라고 말하는 거나 마찬가지입니다. 자세히 보면 같은 내용을 두 가지 방식으로 표현하는 격이죠. 데닛도 과거에는 의식이란 아예 존재하지 않는다고 주장했으나, 지금은 "의식은 있지만, 그리 중요한 존재는 아니다."라고 말합니다. 말만 다를 뿐 같은 내용이죠. 그는 여전히 이 모든 문제를 제기하는 강력하고 주관적인 의미에서의 의식이란 존재하지 않는다고 믿습니다.

해리스 | 어려운 문제의 어려움을 설명하신 부분을 다시 한번 정리해 보죠. 기능의 이해와 경험이 존재한다는 사실의 이해, 두 가지를 구분하셨어요. 인간에게는 운동 행위나 시각적 지각과 같은 기능이 있으며, 이를 기술적으로 설명하는 건 어렵지 않습니다. 시각을 예로 들면, 우리는 빛 에너지가 신경 화학적 사건으로 변환되어 시각 피질의 유관 부분에서 시야를 구성하는 과정을 설명할 수 있죠. 복잡하지만 이론적으로 이해할 수 있습니다. 그러나 무언가를 보는 것 같은 느낌은 아무리 인간이 재구성하려 노력해도 여전히 설명하기 어렵습니다.

그리고 만약 인간의 모든 행위를 똑같이 따라 할 수 있는 로봇을 만들어 계속 발전시켜 나간다 해도 로봇에 의식이 생기리라 믿을 이유는 전혀 없습니다. 아무리 로봇이 튜링 테스트Turing Test를 통과한다고 해도 말이죠.

인공지능artificial intelligence, AI과 관련해 제가 우려하는 부분 중 하나가 바로 이겁니다. 마치 의식을 지닌 것처럼 보이는 기계를 발명할

마음을 밝히다

가능성은 점차 커지고 있는데, 그 결과가 너무 설득력 있는 나머지 사람들이 어려운 문제를 잊게 될까 봐요. 이러한 로봇이 된다는 느낌이 있을지 질문을 던지는 게 철학적으로 흥미롭거나 윤리적으로 적절한 일이 아니게 될 수도 있겠죠. 하지만, 애당초 의식이 어떻게 발생하는지 이해하지 못한다면, 즉 의식의 어려운 문제를 해결하지 못한다면 로봇에 실제로 의식이 있는지 없는지조차 알 수 없을 겁니다.

차머스 | 일단 '의식을 어떻게 설명할 것인가'라는 질문과 '시스템은 의식을 지니는가'라는 질문을 구분할 필요가 있겠습니다.

생각해 봅시다. 만약 기계들이 우리와 어울리며 인간처럼 말하고 자신의 의식을 들여다보면서 "의식이라는 이 모든 문제는 참 어렵네요. 비록 저는 집적회로로 구성돼 있지만, 내적으로는 무언가 느껴지거든요."라고 말한다면 어떨까요? 기계가 이렇게 말한다면 저는 나와 마찬가지로 이 기계에도 의식이 있다고 생각할 겁니다. 하지만, 그렇다고 해서 의식의 정체가 더 명확해지는 건 아닙니다. 오히려 더 이해하기 힘들어질 수도 있죠. 기계가 집적회로 덩어리라면 대체 어떻게 의식을 지닐 수 있는 걸까요? 이 가정에서는 실리콘이 두뇌보다 더 부족한 건 없어 보입니다. 그러나 분명 둘 사이에는 설명하기 어려운 어떤 간극이 있지요.

다른 '사람'은 어떨까요. 타자 마음의 문제, 아주 고전적인 철학 문제죠. 내가 아닌 타인이 의식을 지녔다는 사실은 어떻게 알 수 있을까요? 데카르트가 이렇게 말했죠. "나에게 의식이 있다는 한 가지만은 확실하다. 나는 생각한다, 고로 존재한다." 확실한 것은 단 하나,

'의식 있는 나'라는 존재입니다. 그리고 지금 이 순간 의식이 있어야 하죠. 과거에 나에게 의식이 있었는지 어떻게 알겠습니까? 지금이 아닌 순간의 일은 추론이나 추정하는 수밖에 없죠. 우리는 대부분 타인에게도 당연히 의식이 있다고 여기지만, 질문의 대상을 AI와 로봇, 동물로 옮기면 나를 제외한 존재에게도 의식이 있느냐는 물음에 쉬이 답을 내놓을 수 없습니다.

해리스 | AI나 로봇에 관한 한 차이점은, 짐작건대 인간은 그런 기계들을 인간 신경계가 출현한 것과 유사한 방식으로 만들지는 않으리라는 점일 겁니다. 체스 두는 컴퓨터와 비슷한 방식으로 만들겠죠. 체스라는 것을 알 리 없는 어떤 것을 만들었는데, 그 어떤 것이 지금은 세계 최강의 체스 기사가 되었죠. 인간의 수많은 특성을 그대로 지녀 인간처럼 기능하지만 인간보다 뛰어난 컴퓨터를 만든다면, 인간의 표정을 거의 그대로 모방하여 어색함이나 무기체와 같은 느낌이 없는 로봇을 만든다면, 그러나 이 시스템을 인간의 신경계가 형성된 것과는 다른 방식으로 만든다면, 이 시스템에 의식이 존재하는지 여부는 알기 힘들 겁니다. 반면 타인의 경우, 제 의식을 형성한 구조라면 당연히 다른 '인간'의 의식도 만들어 주겠죠. 이 지점에서 철학적 관점에서 말하자면 유아론은 그다지 설득력이 없습니다. 내가 의식을 지니게 된 방식과 타인이 스스로 의식을 지닌다고 주장하는 방식 사이에는 상당한 유사점이 있기 때문입니다. 유아론자라면 당신의 신경계, 내지는 우주 속 당신의 상태는 의식을 형성하기에 충분치 않지만, 내 경우에는 충분하다고 주장하겠죠. 하지만, 타인이나 여타 고등 생물에게도 의식이 있는지 궁금해하는 건 폐쇄적

마음을 밝히다

이라기보다는 그만큼 더 탐구 의지를 보이는 일이라고 생각합니다.

차머스 | 만약 화성인을 만나면 어떤 느낌이 들 것 같아요? 예를 들어 지능과 행동 면에서 모두 성숙한 화성인이 있습니다. 우리는 이들과 과학, 철학을 주제로 소통할 수 있어요. 그런데 화성인은 우리와 다른 진화적 과정을 거쳐 지금에 이르렀다고 합시다. 이 경우에도 이들에게 의식이 있을지 확신할 수 없을 것 같나요?

해리스 | 아마 확신하지 못하겠죠. 아마 인간의 의식, 그리고 인간이 만들 AI, 그 사이의 어느 지점 정도라고 생각할 것 같아요. 교수님과 추가로 논의해 보고 싶던 주제로 이렇게 이어지네요. 바로 부수현상론epiphenomenalism(의식 등 인간의 심리적 현상은 뇌의 물리적 활동에서 부수한 현상이라는 이론_옮긴이)인데요. 사실 의식의 어려운 문제의 반대편에 서 있는 주제라고 할 수 있죠. 의식의 존재 없이도 인간의 모든 기능을 설명할 수 있다는 사실은 많은 사람이 반직관적이라고 느끼는 또 다른 문제를 낳습니다. 의식에는 아무런 역할이 없을 수도 있다, 의식은 부수적 현상이라는 겁니다. 의식은 오래된 기관차 굴뚝에서 나는 연기에 비유되곤 하죠. 연기는 기차가 선로를 따라 진행한다는 사실을 보여 주는 지표나, 사실 연기 자체는 어떤 역할도 하지 않습니다. 단지 기차를 전진하게 해 주는 작동 원리의 부산물일 뿐이죠. 의식이 바로 이 연기와 같다는 겁니다. 첫 저서『의식 있는 정신The Conscious Mind』에서 교수님은 이 부수현상론에 꽤 공감하고 계신다고 느꼈습니다.

차머스 | 의식이 실은 아무런 일도 하지 않는다는 부수현상적인 생각은 처음부터 끌릴 만한 견해는 아닙니다. 의식은 많은 일을 하

거인의 통찰

는 것처럼 느껴집니다. 하지만, 이해가 잘 안 되죠. 주관적 감각에서의 의식을 배제해도 뉴런이나 연산이라는 방식으로 모든 행동을 설명할 수 있으니까요. 그러니 의식은 아무런 기능도 하지 않을지도 모른다는 최소한의 의문은 제기할 수 있을 겁니다. 의식에는 정말 아무런 역할이 없을지도 모릅니다. 혹은 단순히 우리 삶에 가치와 의미만을 부여하는 존재인지도 모르죠. 이 부분도 충분히 논의해 봄 직한 주제입니다. 아무튼, 만약 의식이 인과관계에 어떠한 영향도 미치지 않는다면, 지금 우리가 의식을 주제로 대화를 나누고 있다는 사실은 차치하더라도 인간은 어떻게, 그리고 왜 지금의 모습으로 진화했을까요?

『의식 있는 정신』에서 저는 최소한 부수현상론이라는 개념을 이해해 보려 노력했습니다. 딱 부러지게 "그것이 맞다."라고 했다기보다는, "글쎄, 필요하다면 그 역시 고려해 볼 만하지 않을까."라고 했던 거죠. 의식은 부수현상적일 수도 있고, 실은 물리계에 속하지 않는 존재이나 어떤 영향만은 미치고 있는 것인지도 모릅니다. 꽤 고전적인 이원론적 가능성이지만요. 세 번째 가능성도 있습니다. 정확히 알 수는 없지만, 의식이 물리계의 가장 근본적인 단계에서 생성된 존재라는 것입니다.

해리스 | 세 가능성을 모두 탐구하면 좋겠지만, 우선은 부수현상론에만 집중해 보겠습니다. 설명 중에 잠시 스쳐 지나갔는데, 부수현상론을 설명하는 사고 실험인 '좀비 논증zombie argument'에 관해 구체적으로 설명해 주세요. 교수님의 설명을 듣기 전에는 존재하는지 몰랐던 논증인데, 교수님이 가장 먼저 주장하신 게 맞는지 모르겠

군요.

차머스 | 대중문화에서는 말할 것도 없고, 철학에서 좀비라는 개념은 제가 주장하기 전에도 있었습니다. 철학자 로버트 커크Robert Kirk가 1970년대에 그런 이름표를 붙인 것으로 알고 있습니다. 개념 자체는 훨씬 더 전에 등장했고요. 철학적 좀비는 영화나 아이티의 부두교 문화(좀비는 특히 아이티 기반의 부두교에서 유래되었다는 설이 지배적이다_옮긴이)에 등장하는 좀비와는 다릅니다. 기본적으로 모든 좀비에게는 없는 게 있습니다. 영화에 나오는 좀비에게는 생명이 없습니다. 모두 죽었다가 되살아난 존재죠. 부두교 전통 속 좀비에게는 일종의 자유의지가 없습니다. 그리고 철학에서 말하는 좀비에는 의식이 없습니다.

이 사고실험에서 좀비는 일반적인 인간과 똑같이 행동하는 가상의 존재입니다. 인간과 완전히 같은 방식으로 행동하고 걷고 말도 하지만, 의식은 없습니다. 상상력의 범위를 최대로 확장해, 특정 인물과 **물리적으로** 동일하지만 주관적 의식이 전혀 없는 존재를 상상하면 됩니다. 예컨대 제 좀비 쌍둥이를 생각해 볼 수 있겠죠. 다른 우주에 있는 가상의 존재이며, 저와 물리적으로는 완벽히 동일한 존재입니다. 제 좀비 쌍둥이가 작가님의 좀비 쌍둥이와 대화를 나누고 있다고 상상해 보세요. 같은 말을 하고 반응도 하지만 의식은 없는 채로요.

자, 누구도 이런 존재가 우리 세상에 존재하리라 믿지 않지만, 적어도 개념은 상상해 볼 수 있습니다. 그리고 이러한 존재를 상상할 수 있다는 사실을 깨닫는 순간 이런 질문이 떠오릅니다. "그렇다면

거인의 통찰

어째서 우리는 좀비가 아니지?" 진화의 결과가 의식 없는 좀비였을 수도 있겠죠. 하지만, 대신 의식을 지닌 존재들이 만들어졌습니다. 진화는 왜 의식 없는 좀비를 선택하지 않았을까요? 인간의 어떤 한 기능을 콕 집어 "그것 때문에 인간에게는 의식이 필요합니다. 의식이 없다면 인간은 그 기능을 수행할 수 없습니다."라고 말할 수 있다면, 우리에겐 의식이 꼭 필요한 거겠죠. 그러나 당장은 지각, 학습, 기억, 언어 등 우리가 하는 일 대부분은 무의식적으로도 수행될 수 있는 듯 보입니다. 좀비 사고실험 때문에 의식의 역할이라는 거대한 문제가 수면 위로 떠 오른 거죠.

해리스 | 우리 정신이 하는 일은 대부분 무의식중에 일어나거나, 적어도 그래 보입니다. 지금 눈앞에 있는 사물을 지각하고, 교수님의 목소리를 듣고, 영어권 사람으로서 교수님이 말하는 문장을 자연스레 이해하는 등, 이 모든 일은 과거에 동일한 경험이 없었다고 해도 무의식적으로 이루어지는 일들입니다. 그래서 불가사의한 겁니다. 이 모든 과정에 왜 의식과 관련한 무언가가 있어야 하는가. 대부분의 일은 저도 모르는 사이에 이루어지는데 말이죠.

이것이 바로 제 최근 저서 『나는 착각일 뿐이다』에서 분리 뇌split-brain 연구를 설명하며 다룬 주제였습니다. 뇌에 우리가 모르는 의식의 섬이 존재하는지 궁금해하는 건 당연합니다. 즉, 우리 자신의 뇌를 대상으로 '타자 마음'의 문제를 지니는 것이죠. 우리 인지 작용 일부에 좀비처럼 느껴지는 무언가가 있을 가능성에 대해서는 어떻게 생각하시나요?

차머스 | 가능성을 아주 배제하지는 않습니다. 심신 문제mind-body

마음을 밝히다

problem에는 풀리지 않은 거대한 수수께끼가 많죠. 그중 하나가 어떤 시스템이 의식을 갖느냐 하는 겁니다. 대부분 인간에게는 당연히 의식이 있고, 유인원, 원숭이, 개, 고양이 등 지적 능력이 있는 다른 여러 포유류에게도 의식이 있지 않을까 추측합니다. 쥐 내지는 파리까지 범위를 확대하면 사람들은 갸우뚱하기 시작하지만, 저는 상당히 높은 수준의 정보 처리 기기 역시 일종의 의식을 지닌다는 발상에 무척 흥미를 느낍니다. 더 깊이 들어가서 나중에는 모든 것에 의식이 있다는 주제로 이야기를 나눠 봐도 좋겠네요.

하지만, 일단은 파리, 혹은 뇌에 뉴런이 300개쯤 있는 벌레에게도 의식이 있다고 한다면, 다른 의식 있는 생명체의 일부인 훨씬 더 복잡한 뇌에 관해서도 궁금해질 겁니다. 신경과학자 줄리오 토노니Giulio Tononi는 최근 의식과 관련한 이론인 통합 정보 이론Integrated Information Theory, IIT을 제안했는데요. 하나의 시스템이 통합하는 정보의 양을 파이Φ라는 수학적 척도로 정량화하는 겁니다. 높은 파이를 지닌 존재에게는 의식이 있는 거고요.

반구나 소뇌 등 뇌의 서로 다른 영역들은 전체로서의 뇌보다는 낮지만 여전히 높은 수준의 파이를 지닙니다. 토노니는 그 정도로 높은 수준의 파이를 지닌 동물에게는 의식이 있다고 봅니다. 그렇다면 왜 그 뇌를 구성하는 각 부분에는 의식이 없는 걸까요? 여기에서 토노니는 배제exclusion라는 공리를 추가로 던집니다. 만약 더 높은 파이를 지닌 시스템이 있다면 그에 속하는 시스템에는 의식이 없다는 겁니다. 대뇌 반구의 파이가 아무리 높다 해도 뇌 전체의 파이가 더 높다면 반구에는 의식이 없고 뇌에는 있습니다. 많은 이가 이 공리에 이렇다 할 근거가 없다고 생각합니다. 하지만, 이 공리가 없다면 수많은 하위 시스템에도 의식이 있어야 합니다. 생각해 보면 맞죠. 하위 시스템이 된다는 느낌을 대체 누가 알겠습니까? 소뇌가 된다는 건 어떤 걸까요? 반구가 된다는 건요? 그렇지만 한편으로는 뇌의 절반이 손상되어도 나머지 절반은 멀쩡하다는 실험이나 상황도 존재하기는 하죠.

해리스 | 토노니의 통합된 정보로서의 의식이라는 개념에 관해 더 여쭤보고 싶어요. 제게는 아직 의식의 어려운 문제를 무리하게 이해하려는 사람의 시도처럼 느껴지거든요. 맥스 테그마크는 「물질 상태로서의 의식Consciousness as a State of Matter」이라는 자신의 논문을 토노니의 이론으로 시작하더군요. "이 지점에서 시작하자. 우리는 의식을 창발創發(개별적인 구성 요소에는 없던 성질이 구성 요소들의 결합으로 이루어진 상위 단계에 출현하는 것)케 하는 특정한 물질의 배열이 있음을 안다. 이제 무엇이 물질에 의식을 부여하는지 이치에 맞는 설명만 제시할 수 있으면 된다." 이렇게 토노니의 이론을 수용한 다음 물리학 이야기를 이어 갑니다.

하지만, 토노니의 이론이 그가 이전에 제럴드 에델만Gerald Edelman과 진행한 초기 연구 대비 의식의 어려운 문제에 관해 추가적으로 밝힌 게 있나요? 혹은 의식을 정보 처리라는 관점에서 해석한 다른 시도들보다 더 밝혀낸 사실이 있나요?

차머스 | 토노니의 입장에서 말하자면, 그는 의식 문제에 굉장히 민감합니다. 그리고 압박을 받으면 물질에서 의식이 발생하는 방법을 설명함으로써 의식의 어려운 문제를 해결하려는 게 아니라고 설

명합니다. 물리적 과정과 의식 사이의 설명적 간극explanatory gap을 해결하려는 게 아니라고요. 오히려 이렇게 말하죠. "저는 의식이 **실재한다**는 데에서 시작합니다. 그리고 그 사실을 기반으로 의식의 속성을 파악하려 합니다." 또한 의식과 관련한 몇 가지 현상학적 공리를 가지고 시작합니다. 가령 의식은 특정한 방식에 의해 구별되지만, 동시에 이와는 또 다른 방식으로 통합되는 정보로 구성된다는 겁니다. 그리고 이 현상학적인 공리들을 정보의 수학으로 전환한 뒤 묻습니다. "의식이 지닌 정보적 속성은 무엇인가?" 그다음에 파이라는 수학적 척도를 제시합니다. 그 후 어느 시점이 되면서 의식은 일종의 통합된 정보라는 이론이 부상합니다. 토노니의 설명 방식과 동일한지 확실하지는 않지만, 저는 이 이론이 의식의 다양한 상태와 뇌에 존재하는 여러 통합된 정보 사이의 상관관계를 그리는 것으로 이해하고 있습니다.

어려운 문제는 여전히 풀리지 않았습니다. 뇌 속의 그 모든 통합된 정보가 왜 의식을 만들어 내는지 모르기 때문이죠. 하지만, 어려운 문제의 존재를 믿는 사람도 두뇌 작용과 의식 사이에 체계적인 수학적 이론을 근거로 설명 가능한 시스템적 상관관계가 있다는 점은 믿을 수 있습니다. 토노니의 이론은 기본적으로 이러한 상관관계에 탄탄한 수학적 이론을 제공하려는 시도인 것이고요.

해리스 | 어려운 문제는 일단 제쳐 놓고 의식의 수수께끼가 해소된 것처럼 굴지 않으면서, 의식의 신경적 상관관계를 그리려는 시도는 좋은 것 같네요.

차머스 | 저는 어려운 문제에 접근하기 전에 먼저 과학적으로 폭

넓게 접근할 수 있는 중간 단계가 있다고 생각합니다. "신경적 상관관계를 찾고, 인간 사례는 어떤지 봅시다."보다는, "일종의 기본 원칙으로서 물리 작용과 의식 사이를 연결하는 가장 근본적이고 단순한 원리를 찾아봅시다."에 더 가깝습니다. 예컨대 특정 신경 체계와 특정 유형의 의식 사이의 상관관계를 찾는 등, 익숙한 인간 사례를 시작점으로 삼을 수 있겠죠. 그리고 가능한 한 많은 증거를 기반으로 다른 시스템에도 적용할 수 있도록 원칙을 일반화하고요.

마지막에 가서는 특정한 물리적 시스템에서 발견할 수 있는 의식의 종류를 예측할 수 있는 간단한 연결 원리를 찾고자 하겠죠. 그래서 저는 수학적 척도인 파이를 대입한 토노니의 통합 정보 이론과 같은 시도가 물리 작용과 의식을 연결할지도 모르는 근본적인 원리를 제안한 것이라고 봅니다.

그럼에도 의식의 어려운 문제는 사라지지 않을 겁니다. 하지만, 적어도 이러한 원리를 적용해 과학적으로 풀어 보려는 시도는 가능하겠죠. 과학의 영역에는 자명한 진리로서 여러 법칙과 원리가 있습니다. 기초 물리학 법칙, 중력의 법칙, 양자 역학의 법칙 등, 더 깊이 설명할 필요가 없는 아주 기본적인 법칙들 말이죠. 의식 역시 그런 존재 중 하나로 받아들여야 할 수도 있습니다.

해리스 | 말씀대로 과학의 여러 분야에는 더 이상의 설명이 필요하지 않은 원초적 사실들brute facts이 있으며, 이러한 사실들은 현실의 나머지 영역을 이해하는 데 방해가 되지도 않습니다. 하지만, 원초적 사실이라는 범주에 의식의 창발을 더하는 건 이를 이해하는 것과는 별개의 이야기이지 않을까 싶네요.

마음을 밝히다

좀비 논증에 관해 더 자세히 여쭤보고 싶어요. 과연 좀비는 의식이라는 개념에 관한 이야기를 할까요? 혹은, 이야기를 하는 것이 가능할까요?

예를 들어, 그 어떤 경험도 없으나 저와 똑같이 말하고 기능하는 좀비 쌍둥이가 의식에 관해 숙고하며, 제게 "네게는 주관적 경험이 있지만 나에게는 없다고?"라는 질문을 하게 만들 만한 계기가 대체 무엇일까요? 좀비 쌍둥이는 경험과 무경험을 어떻게 구별할 수 있을까요?

차머스 | 그것이 바로 수수께끼입니다. 아마 좀비 사고실험 전반에서 매우 어려운 점 중 하나이지 않을까 싶네요. 좀비에게 의식이 없다면 어째서 의식에 관한 발언을 할까요? 좀비를 상상할 수 있다는 주장과 관련해서는, 그것이 실재하도록 만드는 시스템을 상상하는 게 특별히 어려운 일은 아닐 겁니다. 저는 지금 작가님에게 말을 하고 있고, 작가님도 의식에 관한 이야기를 잔뜩 하면서 자신에게 의식이 있음을 명백히 드러내고 있죠. 하지만, 저는 작가님이 내면에 의식이 없는 채로 소음만 잔뜩 내고 있는, 의식 없는 좀비라는 상상을 할 수는 있습니다.

따라서 개념 자체에 모순은 없어 보입니다. 그렇다고 그러한 시스템이 합리적이라거나, 이해하고 설명하기 더 쉬워지는 건 아닙니다. 좀비가 실제로 존재한다면 아마 의식을 주제로 대화를 나누지는 않을 겁니다.

좀비를 상상하는 건 중력의 세계에서 반중력을 상상하는 것과 비슷합니다. 그러나 기본적으로는 인간이 말하고 행동하게 만드는 두

뇌 작용이 있으며, 그러한 행동적 반응에 대한 설명이 무엇이든 좀비에게도 똑같이 적용되리라는 겁니다.

해리스 | 그렇다면 여기에서 질문은 두뇌 작용만으로 인간이 의식을 주제로 대화하는 현상을 설명할 수 있는지가 되겠군요.

차머스 | 물리적 측면에서 의식이라는 실제 경험을 설명하는 일은 어려울지라도, 우리가 의식에 **관해** 이야기하는 현상은 설명할 수 있을 겁니다. 행동의 영역이니까요. 이론적으로는 의식의 쉬운 문제 중 하나죠. 과학 연구 과제로 삼을 수도 있을 겁니다. '물리적 관점에서 인간이 의식에 관하여 논의하는 현상을 설명하라.' 아무도 모르는 거죠. 가능할지도.

만약 설명이 가능하다고 하면, 여러 관점에서 살펴볼 수 있을 겁니다. 데닛의 의견에 동의하며 이렇게 말할 수도 있겠죠. "의식에 관해 필요한 모든 내용은 이제 설명이 가능합니다. 나머지는 착각에 불과합니다."

부수현상적 관점에서 볼 수도 있을 겁니다. "우리가 말하는 내용들을 설명할 수 있다고 하는 것 같은데요. 의식은 말로 뭘 어떻게 하는 게 아니라 무언가를 느끼는 겁니다."라면서 말이죠.

의식은 우리 시스템의 일부이며, 우리가 아직 완전히 이해하지 못하는 방식으로 신체 작용에 어떠한 역할을 하고 있다는 또 다른 관점도 있을 테고요.

해리스 | 행동주의는 개인적으로 전혀 끌리지 않아요. 실제 의식은 우리가 대화를 나누는 것 이상이라는 확신이 있기 때문입니다. 하지만, 부수현상론은 쉽사리 떨쳐 낼 수가 없네요. 예를 들어 의식

마음을 밝히다

이란 내가 된다는 것의 경험적인 요소, 즉 어떠한 물리적 사건의 주관적 요소이며 그것이 바로 의식이 있다는 것이라고 해 보죠. 그렇다면 의식은 사실 제 뇌가 하는 일이라는 말이 됩니다.

그렇다면, 의식이 나의 기능에 영향을 미친다고 한다면, 그 덕분에 '인간은 왜 의식을 갖도록 진화했는가'라는 질문을 던질 능력을 갖추게 되었다고 한다면, 우리는 여전히 물리적 상관물의 영향에 관해 이야기하고 있지는 않을까요? 매 순간 의식의 현금 가치cash value(철학자 윌리엄 제임스William James가 제시한 개념으로, 현금과 같이 실생활에서 활용할 수 있는 가치를 의미한다_옮긴이)는 언제나 선행한 육체적 작용의 현금 가치라고요. 그러면 여전히 부수현상론으로서 시계 장치(물리 법칙에 의해 질서 있게 움직이는 우주를 정교하고 빈틈없이 움직이는 시계에 비유하는 데서 빌려 온 표현_옮긴이)에서 질적 형질을 배제하는 게 아닌가요?

차머스 | 몇몇 특정 가정을 고려하면 맞는 말 같습니다. 만약 의식이 그것의 물리적 상관물과 완전히 별개의 것이라고 믿는다면, 그리고 그 물리적 상관물이 닫힌계closed system, 즉 모든 물리적 사건에는 물리적 원인이 있는 일종의 폐쇄망을 형성한다고 믿는다면, 별다른 도리 없이 의식은 부수현상적이라고 결론 내릴 수밖에 없을 겁니다.

이를 피하려면 의식은 물리적 시스템의 기반으로서 물리적 연결망에 속하거나, 혹은 물리계는 닫힌계가 아니며 물리적 과정에 구멍이 있어 의식이 침투해 영향을 미칠 수 있다고 말해야 합니다. 양자역학 영역에서 이런 일이 벌어진다고 말하는 사람도 있습니다. 파동함수 붕괴처럼 말이죠. 의식에서도 같은 일이 벌어지고 있는지도 모르죠. 어쨌든 의식이 부수현상적이라는 결론을 피하려면 둘 중 하나를 주장할 수밖에 없습니다.

해리스 | 의식이 현실의 구조에서 더 근본적인 층위에 존재하는 방식에 관해 이야기해 보죠. 가장 근본적인 단계까지 내려가 의식이 정보 처리의 가장 기본적인 형태가 될 가능성에 대해 짧게 설명하셨는데요. 『의식 있는 정신』에서는 온도 조절기처럼 단순한 시스템도 정보를 처리하므로 의식을 지닐 수도 있다고 말씀하셨어요.

여기에서 더 깊이 들어간 개념이 범심론汎心論이죠. 사실 의식은 모든 정보 처리 개념에 선행하는, 현실의 가장 기본적인 구성 요소라는 것이죠.

차머스 | 물리학의 가장 기본적인 층위에 의식이 존재할 수도 있다는 주장인데요. 이에 상응하는 기존의 철학적 견해가 범심론입니다. 모든 것에는 정신이 있고, 정신은 의식과 같다는 이론입니다. 원자, 쿼크, 광자 등 가장 물질을 구성하는 가장 기본적인 구성 요소를 비롯해 모든 시스템에는 의식이 있다는 겁니다.

처음에는 무슨 말도 안 되는 생각인가 싶을 겁니다. 직접적인 증거도 없고요. 하지만, 세상이 그런 방식으로 구성돼 있을 **수도** 있다, 의식이 어떤 방식으로는 모든 물리적 시스템에 포함돼 있을 수도 있다는 가능성을 일단 받아들이고 나면 철학적으로 사유하는 데 도움이 됩니다. 의식이 정말 물리계를 구성하는 요소의 일부라면 우리 둘이 지금 경험하고 있는 것, 우리의 의식은 어떻게든 가장 기본적인 수준에서 의식이 조금씩 조합된 결과라는 상상이 가능해집니다. 이는 다시 의식이 물리적 인과망causal network을 방해하지 않는다

마음을 밝히다

는 말이 됩니다. 애당초 그 일부이기 때문이지요. 이 원리를 이해하는 건 아주 거대한 문제이지만, 철학적으로 탐구할 만한 매력도 있습니다.

그래서 철학계와 과학계의 적지 않은 수의 사람이 지난 수년간 범심론적 개념을 탐구해 왔습니다. 이들은 이 이론이 정말로 어려운 문제들을 피하는 데 도움이 될지도 모른다고 생각합니다.

해리스 | 저에게는 범심론이 어려운 문제를 더욱더 야기하는 것처럼 보입니다. 우선, 범심론은 뇌의 일부 기능에는 왜 의식이 없는지 설명하지 못합니다. 또한, 제 뇌 속에서 '나라는 느낌'과 '나라는 느낌 외의 느낌' 사이의 미묘하지만 확실한 구별도 설명하지 못하고요.

차머스 | 맞습니다. 범심론적 견해는 다른 문제도 낳습니다. 이 이론은 공간이나 시간이 어디든 존재하듯 의식을 근본적인 존재로 보면서도 '도대체 의식은 왜 존재하는가?'라는 기존의 어려운 문제를 피해 갑니다. 그렇지만, 어려운 문제를 해결한다고 해도 여전히 내가 된다는 건 왜 이런 느낌이 드는지 설명해야 하는 문제들이 남습니다.

그중 하나를 조합 문제combination problem라고 합니다. 어떻게 기본 입자 형태의 의식 조각들이 모여 제가 지닌 것과 같은 통합된 풍부한 의식을 형성하는 걸까요? 다른 각도에서 이렇게 물을 수도 있겠죠. 왜 모든 고차원의 시스템은 의식을 지니지 않는 걸까요?

범심론자라면 사실 모든 시스템에는 의식이 있지만 단지 연결되어 있지 않을 뿐이라고 답할 겁니다. 저는 어쩌다 보니 좌뇌 수준의 의식이나 뉴욕 수준의 의식, 지구 수준의 의식이 아니라, 두뇌 수준의 의식을 갖게 된 겁니다.

극단적인 범심론자는 모든 사물에는 일종의 의식이 있지만 인간의 뇌에는 고유한 통합적 속성이 있어, 의식을 지니는 것은 물론 지능도 있으며, 사고 능력과 논리적으로 말하는 능력도 있고, 자신을 표현할 수 있는 능력도 있다고 말할 겁니다. 이것이 의식을 가지고 고민하는 유일한 시스템이 뇌 수준의 의식을 지닌 개체인 이유를 설명한다고 말이죠.

해리스 | 조금 전에 범심론을 말도 안 되는 이론이라고 표현하셨잖아요. 확실히 탁자와 의자, 그리고 이 사물들을 구성하는 아원자 입자 역시 어느 정도 의식을 지닌다고 생각하면 조금 이상하기는 합니다. 하지만, 제 생각에 범심론자가 '의자는 의자로서의 의식이 있다'고 주장하지는 않을 것 같습니다. 가장 기본적인 수준에서, 그저 하나의 물질로서 미약한 존재감을 느낀다고 말하겠죠.

만약 범심론이 사실이라면, 우리는 지금까지와는 다른 무언가를 보게 될까요? 저는 아닐 것 같습니다. 만약 의자를 구성하는 원자에 어느 정도의 의식이 있다고 해도 의자가 제게 말을 걸어오지는 않을 거라는 거죠. 그리고 그 어떤 변화도 예상되지 않는다면, 이 이론이 왜 이상한지 설명할 수 없을 겁니다. 범심론의 '이상함'은 현재 세상의 모습을 감안했을 때 이 이론은 이치에 맞지 않는다는 직관에 기반을 둔다고 생각합니다. 그러나 결국 범심론이 사실로 밝혀진다고 해도 이 세상이 크게 바뀌지 않으리라 예상한다면, 그 이론을 어떻게 이상하다고 딱 잘라 표현할 수 있을까요? 무의미하거나 반증이 불가할 수는 있겠지만, '이상하다'라는 건 잘 모르겠네요.

마음을 밝히다

차머스 | 글쎄요. 범심론이 사실인지 아닌지, 직접적인 증거는 없습니다. 어떤 사람들은 말도 안 되는 가설이라는 의미로 '이상하다'고 표현하죠. 증거를 찾지 못하면 과학이라 부를 수 없으며, 그렇기에 진지하게 받아들이지 말아야 한다고요. 하지만, 말씀대로 다른 한편에서는 "그렇다고 배제할 수도 없으니 진지하게 고려해 봐야 합니다."라는 입장이고요.

양쪽 모두 이해는 됩니다. 의식 연구 분야에서 증거를 찾는 건 무척, 무척이나 어렵습니다. 자신의 상태에 관한 일인칭 시점의 증거는 있지만, 타인이나 사물로 넘어가는 순간 모든 것은 간접적인 것이 됩니다. 우린 다른 '사람'의 말은 대체로 잘 듣죠. 자신에게 의식이 있다고 하면 대개 믿고 그것을 증거로 받아들입니다. 하지만, 다른 존재로 넘어가면 어떨까요? 개에게는 의식이 있을까요? 파리는요? 우리가 손에 쥔 건 간접 증거에 불과합니다. 만약 의식 측정기와 같은 것이 있다면 훨씬 편하겠죠. 의식을 쉽고 객관적으로 연구할 수 있을 겁니다. 의자나 파리, 원자, 개, 혹은 다른 사람의 의식을 측정하고 상태를 확인할 수도 있을 테고요. 의식은 개인적이고 주관적이기 때문에 더 어려운 겁니다.

뜬금없지만, 하고많은 곳 중에서 미국 중앙정보국CIA에서 의식을 주제로 강연을 한 적이 있습니다. 앉아 계시는 분들이 지루해하는 것 같아서 의식 측정기 이야기를 꺼냈더니 귀를 쫑긋하는 게 느껴지더군요. "이런 측정기가 있다면 정말 유용할 겁니다. 비용도, 시간도 절약하고, 문제도 줄어들고, 물고문도 할 필요 없을 거고요."

해리스 | 거짓말 탐지기를 사용할 수도 있겠죠. 의식의 유무와 상

거인의 통찰

관없이 우선 거짓말 여부를 알아내야 할 테니까요. 로봇의 경우도 마찬가지고요.

차머스 | 적어도 의식이 인간의 심리와 상호 작용하는 방식에 우리가 이해하지 못하는 어떤 것이 있다는 생각은 받아들여야 합니다. 인간보다 100만 배는 똑똑한 생명체가 있다면 이런 주제는 문젯거리도 되지 않겠죠.

인간은 거대한 환상의 피해자일지도 모르죠. 저는 우리가 이 문제를 고민함에 있어서 중요한 무언가를 빠뜨리고 있다고 생각해요. 인간이 세상을 이해할 수 있는 범위가 한정적일 수도 있고요. 인간은 세상의 수학적 구조를 과학적으로 이해하는 데 탁월한 능력을 지녔습니다. 수학이 인간의 천부적인 능력은 아니지만, 능숙하게 다룰 수 있다는 사실을 이제는 알죠.

하지만, 수학적 구조를 의식의 표출과 연결하려는 노력은, 글쎄요. 이 두 영역은 우리 뇌에서 물과 기름 같은 존재일지도 모릅니다. 더 복잡하고 통합된 이론이 등장할는지도 모르죠. 만약 우리 머릿속에 의식 측정기가 들어 있고 모든 본질적 의식 상태에 접근할 수 있다면, 우리 자신이 된다는 느낌은 물론이고 박쥐가 된다는 느낌, 쥐가 된다는 느낌 등을 직관할 수 있다면, 이 영역을 더 잘 이해할 수 있을 겁니다.

그러나 인간은 어쩔 수 없이 현재 아는 사실에 갇혀 있을 수밖에 없습니다. 가진 자원으로만 추론해야 하죠. 겸손해져야 할 필요가 있습니다. 철학자 콜린 맥긴Colin McGinn이 그 극치를 보여 주는데요. 맥긴은 인간이 매우 아둔하며, 우리 뇌가 철학을 사유할 정도로 진화하지 않았으므로 이 문제를 절대 풀지 못할 것이라고, 사실 의식의 어려운 문제에는 아주 간단한 답이 존재하나 인간은 그것을 절대 이해할 수 없으리라 말합니다.

한번은 이 주장을 가지고 콜린에게 짓궂게 군 적이 있습니다. 데닛의 저서『의식의 수수께끼를 풀다』를 읽고 그가 작성한 리뷰를 읽은 다음이었습니다. "이 책은 터무니없다. 의식에 관한 이론 같지도 않다."라며 반응이 그리 호의적이지는 않더군요. 그래서 제가 그랬죠. "만약 교수님보다 100만 배는 더 똑똑한 존재가 의식의 문제에 대한 진정한 해답을 서술한 책을 읽는다면 어떻게 반응하실 건가요? 아마 정확히 같은 방식으로 흥분하시겠죠. 그러니 데닛이 반대편에 서 있기는 하지만 적어도 어떠한 해결책을 갖고 있을 수도 있다는 생각은 받아들이는 게 좋아요."

해리스 | 좋은 지적이네요. 데닛도 교수님이 자신을 변호해 줬다는 사실을 알고 있나요?

차머스 | 제가 말해 줬어요. 한두 해 전에 그린란드를 도는 크루즈에 탄 적이 있는데요. 당시 동행으로 데닛과 폴 처칠랜드Paul Churchland, 패트리샤 처칠랜드Patricia Churchland 부부, 앤디 클라크Andy Clark, 닉 험프리Nicholas humphrey 등이 있었는데, 이들은 의식이 착각이라는 데닛의 견해를 지지하는 사람들이었죠. 빙산과 장대한 경관을 배경으로 한 일주일 동안 열심히 토론했어요. 저는 비록 동의하기 어렵지만, 이들의 의견은 유물론자와 환원주의자들이 추가로 발전시킬 필요가 있는 종류의 생각인 것 같습니다. 적어도 의식 이론의 주요 대안 중 하나로 말이죠.

거인의 통찰

해리스 | 한 논문에서 모든 인간은 통 속의 뇌Brain in a Vat, 또는 매트릭스 속 뇌라는 개념에 조금 다른 입장을 취하셨어요. 만약 그게 사실이라면 의식이 아니라 현실 자체가 어떤 면에서는 착각이 될 겁니다. 역시 저는 절대 착각일 수 없는 것 중 하나가 의식이라고 생각합니다. 모든 것이 우리 생각과는 다르다고 해도 보이는 것 자체는 부정할 수 없는 사실이니까요. 하지만, 교수님은 우리가 매트릭스 안에 있고 이 모든 게 그저 시뮬레이션이라 해도 탁자와 의자, 세상과 사람들은 통상 주장되는 방식으로서의 착각은 아니라고 말씀하셨어요. 조금 더 구체적으로 설명해 주시겠어요?

차머스 | 뉴욕에 있는 미국자연사박물관에서 '우주는 시뮬레이션인가?'라는 주제로 토론을 한 적이 있습니다. 닐 디그래스 타이슨Neil deGrasse Tyson과 맥스 테그마크, 리사 랜들Lisa Randall, 제임스 게이츠James Gates, 조레 다부디Zohreh Davoudi가 패널로 참여했는데, 정말 흥미로운 토론이었죠. 매트릭스 가설은 이를 뒷받침하는 통계적 추론을 제시한 닉 보스트롬 덕분에 특히 최근 자주 언급되고 있습니다. 기술이 꾸준히 진화하면 시뮬레이션도 계속하여 발전할 것이기 때문에 시간이 지나면 모의된 존재의 수가 실제 존재의 수를 능가할 것이고, 인간도 그중 하나가 되리라는 주장이죠.

철학자에게는 흥미로운 주제죠. 막강한 악마가 이 모든 것이 존재한다고 믿게끔 우리를 현혹하고 있을지도 모른다는 르네 데카르트의 사고실험을 연상케 하기 때문입니다. 우리가 만약 매트릭스 같은 시뮬레이션 속에 있다면 모든 건 환상이겠죠. 매트릭스 안에서 네오에게는 탁자, 의자, 가죽 코트, 요원들까지 모두 실재하는 것처

마음을 밝히다

럼 보입니다. 하지만, 그중 실존하는 것은 없습니다. 하나의 거대한 환상이죠.

이건 시뮬레이션 가설을 잘못된 방식으로 접근하는 것이라고 생각합니다. 저는 우리가 시뮬레이션 속에서 산다는 가설을 진지하게 받아들이는 편인데요. 사실 여부는 알 수 없지만 만약 사실이라면, 만약 우리가 시뮬레이션 안에 있다 해도, 실재하는 게 아무것도 없는 건 아닙니다. 탁자도 의자도 나무도, 존재하지 않는 건 아닙니다. 우리 생각과 다른 형태로 존재하는 거죠. 우리가 물리적 현실이라고 믿는 것 기저에 연산의 과정이 있는 겁니다.

사실 물리를 연구하는 사람들이 이 가설을 진지하게 받아들이는데, '비트에서 존재로It From Bit' 가설이라고도 합니다. 물리의 기저에는 정보가 있다는 겁니다. 나무나 원자가 존재하지 않는다는 게 아니라, 나무와 원자가 존재는 하나 이 개체들은 정보로 만들어졌다는 겁니다. 만약 우리가 사는 세상이 실제로 시뮬레이션이라는 것이 밝혀진다면 이렇게 말해야 하겠죠. "오, 모두 실제로 존재는 하지만 알고 보니 우리는 정보로 구성된 세상에 살고 있었군." 물리학이 아니라 정보가 근간인 우주인 거죠. 맥스 테그마크가 이 생각을 좋아하는데, 수학적 우주라는 그의 이론과 어느 정도 부합하기 때문입니다. 하지만, 이 가설을 듣고 나면 의식에 관해 생각하는 방식이 바뀌고, 시뮬레이션 가설도 그리 소름 끼치지 않게 느껴집니다.

해리스 | 만약 미래의 존재들이 —실제 세계보다 모의된 세계를 더 많이 만들고 있으며, 따라서 우리가 현실이 아니라 시뮬레이션 속에 존재할 가능성을 높이는 존재들— 모르몬교도들이라면, 이들

이 생성하는 시뮬레이션은 모르몬 우주겠네요. 그리고 제가 지금껏 일반적인 종교, 특히 모르몬교에 관해 말해 온 모든 내용은 틀린 주장이 될 테고요. 여기에서 만약 교수님이 보스트롬의 주장을 따라간다면 조금 이상해지겠네요.

차머스 | 신이나 그 외의 존재에 관해서, 저는 어려서부터 무신론자였다고 생각합니다. 그러나 시뮬레이션이라는 개념은 창조자라는 개념을 더 진지하게 받아들이도록 만들 여지도 있는 것 같습니다. 우주의 일부에 한해서는 창조자가 존재할 수도 있겠죠. 저는 이것이 시뮬레이션을 창조한 존재를 추측하는 시뮬레이션 신학이라고 생각합니다. 뭐, 이를테면 다음 우주는 10대 해커가 만들지 누가 압니까.

해리스 | 그 말씀이 마지막 질문으로 이어지네요. AI에 관해서는 어떻게 생각하시나요?

교수님도 아마 닉 보스트롬의 저서 『슈퍼인텔리전스』를 읽으셨으리라 생각하는데요. 저는 이 책을 읽고 자극을 받아 약 1년 전부터 AI의 영향력을 관심 있게 바라보고 있습니다. 제가 염려하는 건 안전성의 문제예요. 책에서는 '통제 문제control problem'라고 칭하더군요. 이 부분은 어떻게 생각하세요?

차머스 | 저도 AI에 관심이 많습니다. 그리고 그러한 우려에는 그만한 이유도 있다고 보고요. 저는 인디애나 대학교의 인공지능 연구소에서 박사 과정을 밟았습니다. 『괴델, 에서, 바흐: 영원한 황금 노끈』을 쓴 더글러스 호프스태터Douglas Hofstadter가 당시 제 논문 지도교수였는데, 원래 AI를 연구하는 분이었고 지금도 연구하고 계세요.

마음을 밝히다

그래서 저 역시 AI 프로젝트에 전반적으로 호감을 가져 왔습니다. 그러나 기계가 인간만큼 높은 지능을 지니게 될 경우 벌어질 일에 대해서는 심각하게 생각하지 않으면 안 됩니다. 통계학자 어빙 존 굿I. J. Good은 이 시나리오가 실현된다면 통제를 벗어날 정도로 폭발적인 지능의 확산으로 이어질 수 있다고 주장하기도 했습니다.

이 견해를 6년 전쯤 발표한 「특이점: 철학적 분석The Singularity: A Philosophical Analysis」이라는 논문을 통해 철학적 주장으로 발전시킨 적이 있습니다. 기계가 인간보다 조금 더 똑똑해진다면 기계가 기계를 설계하는 능력은 인간 이상이 될 테고 기계는 자신보다 조금 더 똑똑한 기계를 설계하게 됩니다. 그리고 이 과정이 반복되면 그리 오래지 않아 인간보다 훨씬 똑똑한 기계가 등장할 겁니다. 짐작건대 그 영향력은 상당하겠죠. 강력한 제약을 통해 이런 AI의 등장을 막아야 할 겁니다. 주목할 만한 점은, 이 과정에서 의식에 관한 고민이 뒷전으로 밀릴 수 있다는 겁니다. 인간에게 가장 중요한 것은 그것이 철학적 좀비든 아니든, 기계가 하는 행동이 될 것이기 때문이죠.

해리스 | 최근 어떤 컴퓨터 공학자가 관련해 언급한 걸 들었는데요. 철학자 로버트 노직Robert Nozick의 공리 괴물utility monster 사고실험과 유사한 입장을 취하더라고요. 초지능Superintelligence, 나아가 전능한 AI를 창조하는 과정에서 우리는 인간보다 더 높은 수준의 의식을 지닌, 그렇기에 윤리적으로 더 큰 중요성을 띠는 시스템을 창조하게 됩니다. 인간은 결국 신을 창조하게 되는 겁니다. 인간보다 행복의 한계가 훨씬 높다 못해 무한에 가까운 공리 괴물을 창조할 것이며, 이는 인간의 가장 영광스러운 업적이리라는 겁니다. 그 결과가 인간

의 행복을 짓밟고 심지어 인류의 전멸을 의미한다 해도요. 인간이 가끔 개미집을 짓밟듯 말이죠.

다만 이 컴퓨터 공학자가 간과한 게 있다면, 인간이 자신보다 문제 해결 능력 —그 자체보다 더 발달한 시스템을 설계한다는 문제를 비롯해서— 이 더 뛰어난 시스템을, 더 지능적인 시스템을 만들 수도 있다는 가능성입니다. 그런 기계가 된다는 느낌 같은 건 알 수 없겠죠. 윤리적인 면에서 어쩌면 이는 최악의 시나리오입니다. 우리는 단지 자신의 이해와 상충한다는 이유로 인간을 파괴할 수도 있는 존재를 만드는 겁니다. 통제 불능인 장치를 말이죠. 기계들이 장악한 우주는 암울해질 겁니다.

차머스 | 그렇게 된다면 확실히 매우 안타깝겠죠. 인간은 후손을 만들며 생각합니다. '이들은 진화의 영광스러운 미래다.' 하지만 만약 그 행위가 의식을 짓밟는 과정이라면, 세계가 갑자기 의식의 의미와 가치를 잃게 된다면 어떨까요?

두 가지 시나리오를 생각할 수 있습니다. 시나리오 1번에는 인간이 있지만 2번에는 인간이 존재하지 않습니다. 하나의 미래에서는 인간이 인간과 완전히 다른 생명체를 설계하고 그 존재에게 세계를 물려줍니다. 다른 미래에서는 여전히 인간으로 이어지지만, 인간은 스스로 강화하고 정신을 시스템에 업로드합니다. 두 번째 미래에서는 우리가 그 초지능 생명체가 됩니다. 인간을 다른 하드웨어로 전송하는 등의 방식을 통해 어떤 식으로든 진화한, 인간과 무척 닮은 존재가 될 겁니다. 이 경우, 인간과 초지능 생명체 사이의 거리는 줄어듭니다. 그리고 새로운 존재들에게 진정한 의식이 있을 가능성은 커

마음을 밝히다

지죠.

여기에서 질문이 생깁니다. 인간을 지금보다 더 빠른 기술에 업로드하면 의식은 사라질까요? 저도 고민해 봤는데요. 흥미롭다고 생각한 한 가지 접근법은 점진적으로 업로드를 진행하는 겁니다. 뉴런 하나당 회로 하나, 한 번에 하나씩 옮기고, 우리는 깨어 있는 채로 전체 과정을 겪습니다. 업로드를 마친 기계에 의식이 없을지 염려된다면 점진적으로 천천히 진행하며 자신의 의식에 주의를 집중하고 이 과정에서 발생하는 일들을 관찰하는 거죠.

해리스 | 흥미롭네요. 그 접근법이 데릭 파핏Derek Parfit의 '원격 전송기teletransporter' 사고실험의 문제를 해결할 수 있을까요? 업로드라 함은, 인간이 신경 부호를 해독하여 내구성이 긴 기판, 가령 매트릭스나 아마존 서버 같은 매개체를 통해 인간의 마음을 읽을 수 있게 되는 것이겠죠. "차머스 씨, 축하드립니다. 당신의 정신이 성공적으로 백업되었습니다. 이제 당신의 육체는 필요 없습니다." 하지만 파핏의 설명에 따르면, 그게 정신을 복제한 뒤 살해되는 것과 무엇이 다르냐는 거죠.

방금 설명하신 건 다시 말해 한 번에 하나씩 기능성 뉴런을 전송함으로써 우리 마음을 클라우드에 점진적으로 통합하는 과정인 거죠. 그리고 그 과정에서 의식의 빛이 사라지는 듯한 느낌이 들면 멈출 수 있는 거고요. 내가 된다는 것, 그리고 다른 물질상의 내가 된다는 것 사이를 연결하는 흥미로운 개념인 것 같습니다. 의식 없는 정보 프로세서가 되어 복제된 뒤 살해당한다는 공포도 줄여 주고요.

차머스 | 업로드와 관련해 두 가지 염려가 생길 수 있습니다. 하

나는 '업로드된 버전에도 의식이 있을까? 빛이 여전히 있을까?'이고, 다른 하나는 '그 존재는 여전히 나일까?'라는 걱정입니다. 이론적으로는 "물론 여전히 의식은 있겠지만, 나라고는 할 수 없을 것 같아. 그저 내 복제본일 뿐."이라고 생각할 수 있겠죠. 옆방에 내 쌍둥이 형제가 있는 것처럼요.

첫 번째 질문은 의식이라는 철학적 문제에 해당합니다. 두 번째 질문은 파핏이 원격 전송기 문제에서 이야기한 바와 같이 개인의 정체성이라는 철학적 문제와 맞닿아 있죠. 점진적으로 업로드를 한다면 두 가지를 모두 염려해야 합니다. 그저 단순한 복제본을 만든다면 그것이 누군가이기는 하나, 나는 아니라는 쪽으로 생각이 기울 겁니다. 하지만 뇌 전체의 뉴런들을 하나하나 회로로 대체하고 나는 그 과정 내내 의식을 유지했으며 그래서 의식의 흐름이 계속되었다면, 새로운 존재가 내가 아니라고 생각하기는 어렵겠죠.

혹은 업로드 과정 중에 의식이 점차 줄어들다가 결국 반응은 정상적이나 의식 자체도 없고 나라는 자각도 없는, 기능적 복제본만 남게 되리라고 생각할 수도 있고요.

만약 업로드 과정이 훌륭히 설계되어 그 결과물도 충분히 훌륭하다면, 업로드된 기계 쪽의 내가 뭐라고 할지는 충분히 예상 가능합니다. 현재 나의 상태와 비슷하다면 이렇게 말하겠죠. "나에게는 아직 의식이 있네! 나는 여전히 나야." 제가 지금 그렇게 말하고 있으니까요. 그러니 업로드 결과 의식 없는 좀비가 될까 걱정하는 사람이라면 그 걱정이 사라지지는 않을 겁니다. 몇몇 사람이 먼저 이 과정을 거치고 나면 나머지 사람들도 설득될 거라고 저는 예상합니다.

마음을 밝히다

해리스 | 하지만 이 과정을 '안전한' 방식으로 수행한다면, 즉 중간에 일이 어그러질 경우를 대비해 육체는 유지한 채 업로드를 수행한다면 결국 파핏의 덫에 빠지고 말 텐데요. 개인의 정보를 다른 매개체로 전송한다는 것은, 정신을 복제하고 원형을 파괴하는 건 결국 살인처럼 들립니다.

만약 교수님의 설명대로 과정을 점진적으로 수행한다면, 심지어 도중에 내키지 않으면 되돌릴 수도 있다면, 그리고 전송이 완료되어 개인의 모든 정보가 서버에 업로드된 뒤 원형을 일체 남기지 않는다면, 그렇다면 서버에 업로드된 정신이 원형의 '그 사람'이라는 설명을 납득할 수 있습니다. 그러나 매트릭스 밖에 원형이 여전히 존재한다면, 그리고 혼란스러울 그 사람에게 복제본이 무사히 완성되었다는 소식을 알린다면, 이 사람은 곧 닥칠 자신의 죽음에 낙관적이어야 할까요? 복제본에 의식이 있고 없고를 떠나, 그건 아예 다른 사람일 텐데요.

차머스 | 처음에는 벌레나 쥐 등을 대상으로 먼저 수행하겠죠. 최초의 인간 피실험자는 지원자가 될 거고요. 최초의 사례는 추측건대 단순한 백업이 될 겁니다. 원형의 두뇌는 그대로 두고, 뇌를 스캔하여 복제본을 만들고 그걸 활성화하는 거죠.

실험 결과가 괜찮다면 두 가지 반응이 나올 겁니다. '그래, 이건 사람이야. 말도 하니까 아마 의식도 어딘가 있겠지.' '하지만 복제본은 원형과 같은 존재는 아니야. 원형과 대화도 나눌 수 있을 테니까. 마치 쌍둥이 같은 존재인 거지.' 이런 방식으로 기술이 도입된다면 우리는 복제본에 의식이 있으며 원형과는 별개의 존재라고 결론 내릴 수도 있습니다.

여기에는 한 가지 흥미로운 사회학적 질문도 있습니다. 예컨대 어떤 사람들이 두뇌의 일부만 회로로 대체해 뇌를 업그레이드한 뒤 이렇게 말합니다. "흠, 괜찮은 것 같은데. 나는 여전히 나야." 그리고 업그레이드를 반복하다가 결국 두뇌 전체를 집적회로로 대체합니다. 그래도 '나는 여전히 나'라고 말합니다. 여기에서 철학적, 사회학적 질문을 던질 수 있겠죠. 일시에 복제한 결과와 점진적으로 복제한 결과 사이를 구별하는 것이 옳다고 할 수 있을까요? 우리 사회에는 두 부류의 백업된 존재가 생길 겁니다. 하나는 단순 복제된 존재로 법적, 윤리적으로 큰 문제가 되지 않습니다. 다른 하나는 원형이죠. 문제가 훨씬 더 복잡해집니다.

해리스 | 교수님의 정신을 백업해 의식 있는 복제본을 만든다면, 교수님에게는 그 복제본을 삭제할 권리가 있을까요? 만약 있다고 한다면, 교수님은 결과적으로 살인을 하게 되는 걸까요? 만약 이 복제된 존재가 교수님과 마찬가지로 의식을 지니고 교수님의 모든 기억과 꿈을 공유한다면, 살인이 아닐까요?

차머스 | 복제본의 활성화 여부에 따라 각자 조금씩 다르게 판단하겠죠. 복제본이 만약 단순 디스크 기록이고, 여기에는 어떠한 의식도 없으며 활성화되기 전이라면 삭제할 수 있을지도 모릅니다. 의식을 갖게 되는 순간, 새로운 입력값이 생기고 자신만의 생각을 갖게 되는 순간 그것을 비활성화한다면, 글쎄요. 의식 있는 존재를 죽이는 일이 되겠죠. 도덕적 고려 대상의 범주에 들어가야 하는 존재가 될 겁니다.

마음을 밝히다

해리스 | 단순히 정신을 강화하거나 뇌 손상 부위를 치료하는 경우는 어떤가요. 많은 사람이 이 방식으로 통제 문제를 해결할 수도 있다고 말합니다. 우리 원형은 강화된 존재들의 변연계가 되는 거죠.

차머스 | 그리고 우리 각자가 지닌 가치들이 어떠한 역할을 하겠죠. 적어도 이 기계들의 가치를 안내하는 과정에서요.

해리스 | 맞습니다. 그런데 방금 설명한 미래는 두뇌를 과학적으로 완벽하게 이해하게 된다는 말로 들립니다. 인간이 손쉽게 자신을 강화하고, 지적 능력을 높이고, 더 커진 두뇌로 정신의 지형을 탐구할 정도로 신경 부호를 해독해 낸다는 게 말이죠. 초지능 AI만 개발하느냐, 초지능 AI를 개발하면서 신경과학 분야의 거대한 발전도 도모하느냐. 전자에 집중하는 게 더 쉬워 보이긴 합니다. 그리고 최대한 빠르게 성취하고 싶을 겁니다. 성공만 한다면 어마어마한 부가 기다리고 있을 테니까요. 정말로요. 승자독식일 겁니다. 하지만 결국 인간이 뇌를 AI에 연결하고 AI의 행동을 인간처럼 만들기 전에 초지능 AI가 먼저 등장하지 않을까 싶습니다.

차머스 | 무엇이 먼저냐, 저도 다양한 주장을 들어 봤습니다. AI 개발 프로젝트는 과학이나 공학 기술의 한계에 의한 제약을 받지는 않을 겁니다. 두뇌는, 현재 인간의 몸에서 활동하는 기관이죠. 만약 두뇌 활동을 파악하는 연구가 꾸준한 진전을 보인다면 20년쯤 안에 두뇌 지도를 얻게 되리라 기대합니다. 뉴런 사이에서 벌어지는 모든 활동부터 심지어 개별 뉴런의 작동 방식까지도요. 그리고 어느 시점이 되면 밝혀낸 모든 내용을 컴퓨터에 입력해 뉴런을 모의해 볼 수도 있을 겁니다.

물론 중간 과정도 있겠죠. 지금 우리가 그 지점에 있고요. **예쁜꼬마선충**C. elegans이라는 벌레에는 뉴런이 302개 있는데, 인간은 이미 예쁜꼬마선충의 뉴런 관계도를 그리는 데 성공했습니다. 모의할 수준은 아닙니다. 모든 요소의 작용 원리를 이해한 건 아니거든요. 아마도 30년 정도면 모든 원리와 관계를 이해해 뇌를 스캔하여 활성화할 수 있게 될지도 모릅니다. 새로운 AI를 설계하는 능력을 갖추게 되기 전에 말이죠.

무엇이 먼저든 간에, 그 결과는 거대한 반향을 불러올 겁니다. 개인적으로는 두뇌 기반 기술이 먼저 등장하면 좋겠네요. 그쪽 미래가 인간에게 더 우호적일 것 같아서요. 그리고 제 생전에 그 미래가 현실이 되어 저 역시 스스로 업로드해 볼 수 있길 바란다는 조그마한 바람도 있고요.

해리스 | 그날이 온다면, 제가 데이비드 차머스 원형에게 스카치 위스키 한잔 사겠습니다.

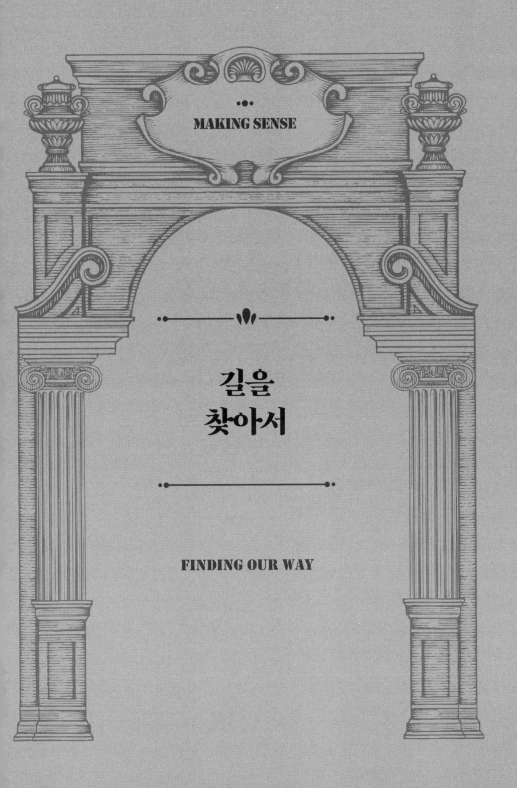

MAKING SENSE

길을
찾아서

FINDING OUR WAY

데이비드 도이치
David Deutsch

데이비드 도이치에게는 과학적으로나 철학적으로나 획기적인 생각들을 놀랍도록 단순한 언어로 표현하는 능력이 있다. 그는 옥스퍼드 대학교 클라렌든 연구소Clarendon Laboratory 산하 양자 계산 센터Centre for Quantum Computation의 물리학 초빙교수로서 양자 계산 이론과 구조자 이론constructor theory을 연구하고 있다.

2장은 도이치와 진행한 두 번의 대담을 담고 있다. 첫 번째 대담에서 우리는 인간 지식의 놀라운 힘과 범위, AI의 미래, 문명의 생존이라는 주제에 집중한다.

첫 번째 대담 이후 그는 나의 책 『신이 절대로 답할 수 없는 몇 가지』를 읽고 관련한 내용으로 논의하기를 원했다. 그는 사실 추가 대담을 개인적인 차원에서 진행하길 희망했다. 아마 책의 많은 부분에 동의할 수 없었고, 그 사실을 내 팟캐스트를 통해 나에게 알리고 싶지 않았으리라. 하지만 나는 대화를 녹음하자고 그를 설득했다. 숙고한 끝에 정리한 나의 논제를 조목조목 따질 것이라면 공개적으로 하고 싶었기 때문이다. 첫 회의에서 모든 내용을 조율하고 우리는 드디어 본격적인 대담에 들어갔다.

두 번째 대담에서 우리는 범위를 넓혀 지식의 본질과 그 어떤 물리적인 구현과 별개로 존재하는 지식이 미치는 영향을 탐구한다. 이는 평범한 주제에 관한 도이치의 견해를 더 흥미롭게 만드는 요소 중 하나다. 사람들이 하기 싫은 일을 하도록 강요하는 것이 잘못된 이유와 같은 아주 평범한 주제에 대한 물리학자로서 그의 이해는, 결국 지식이 어떻게 우주에 축적되는지에 관한 그의 견해와 직접적으로 연결된다. 도이치의 생각들은 상당히 놀랍다. 그리고 자연에서 인간의 위치를 판단하는 대부분의 과학적 사고와 달리 인간을 드라마의 중심 언저리로 끌고 간다.

해리스 | 교수님의 중심 논지로 천천히 접근해 보겠습니다. 교수님의 몇몇 주장, 특히 인간의 지식 범위와 힘에 관한 주장은 상당히 놀랍습니다. 무척 희망적이라 결국에는 동의하게 되더군요. 물론 고개를 갸웃하게 만드는 부분도 일부 있었습니다.

도이치 | 물론 그럴 수 있죠. 저는 전망을 긍정적으로 보지만, 미래는 예측 불가능합니다. 아무것도 보증할 수 없지요. 인간의 문명이나 인류라는 종 자체가 살아남으리라는 보장도 없고요. 다만 둘 다 생존하게 할 이론적 방법을 안다는 건 보장할 수 있죠.

해리스 | 교수님의 이론으로 들어가기 전에, 인식론적 기반을 먼저 살펴보겠습니다. 용어를 먼저 정의하고 싶네요. 『무한의 시작The

Beginning of Infinity』에서 '지식'과 '설명', 심지어 '사람'이라는 단어를 새로운 방식으로 사용하셨더라고요. 그래서 본격적으로 시작하기 전에 이 단어들에 대한 설명이 필요할 것 같습니다. 우선 지식이라는 단어의 개념부터 시작하죠. 지식이란 무엇이라고 생각하시나요?

도이치 │ 제가 지식을 생각하는 방식은 일반적으로 통용되는 의미보다 범위가 넓습니다. 역설적이지만 동시에 상식적인 쓰임에 더 가깝고요. 지식은 일종의 정보입니다. 다른 방식으로 설명되었을 수도 있지만 결국 특정한 방식으로 설명되는 대상입니다. 그리고 지식은 세상에 관해 진실되고 유용한 정보를 알려 줍니다.

지식은 그것의 물리적 실체에서 독립되어 있으므로 어떤 의미에서는 하나의 관념입니다. 저는 지식을 담은 문장들을 말할 수 있으며, 종이에 적을 수도 있습니다. 지식은 컴퓨터 안에서 움직이는 전자로서 존재할 수도 있으며, 다양한 형태로 존재합니다. 지식은 특정한 실체에 의존하지 않습니다. 하지만 일단 표현되고 나면 그대로 이어지는 속성을 지닙니다. 예를 들어 어떤 과학자가 하나의 추측을 종이에 기록했고, 이는 사실로 판명됩니다. 여러 가설 중에서 과학자가 유일하게 버리지 않은 이 추측이 바로 앞으로 출판되고 다른 과학자들이 연구하게 될 이론이 되는 겁니다.

그래서 지식은 일종의 정보로, 물리적으로 예시화된 상태를 유지하는 경향을 지닙니다. 이러한 각도에서 지식을 받아들이기 시작하면, 가령 유전자 DNA의 염기쌍 패턴도 지식으로 구성돼 있다는 것을 깨달을 수 있습니다. 인식 주체가 필요 없다는 칼 포퍼Karl Popper의 지식 개념과도 이어지죠. 지식은 책에도, 정신에도 존재할 수 있으

길을 찾아서

며, 사람은 자신이 갖고 있다는 사실조차 모르는 지식을 지니고 있을 수도 있습니다.

해리스 | 몇 가지만 더 정의하고 넘어가죠. 교수님이 생각하시기에 과학과 철학, 혹은 과학과 합리성을 표현하는 여러 방식 사이의 경계는 어디라고 생각하시나요? 제 경험에 비추어 봤을 때 적지 않은 사람들이 이 경계를 잘 구별하지 못하는 것 같습니다. 과학자들도 비롯해서요. 지식의 통합을 주제로 지난 수년 동안 여러 차례 논쟁해 왔거든요. 아마 교수님도 저와 비슷한 생각을 하시지 않을까 싶네요. 과학과 철학을 어떻게 구별하시나요? 혹은, 구별을 하시나요?

도이치 | 글쎄요. 둘 다 이성의 발현이죠. 하지만 지식에 대한 여러 합리적 접근법 중 철학이나 수학 같은 접근법과 과학 사이에는 중요한 차이점이 있습니다. 가장 근본적인 수준에서는 아니지만, 대개 실질적인 중요성을 지니는 수준에서의 차이점이지요. 과학은 실험이나 관찰을 통해 검증할 수 있는 종류의 지식이라는 겁니다. 그렇다고 해서 모든 과학 이론이 검증 가능한 예측으로만 구성되어 있다는 이야기는 아닙니다. 전형적인 과학 이론의 검증 가능한 예측들은 과학이 우리 세계에 관해 알려 주는 지식의 아주 작은 조각에 불과합니다. '과학은 검증할 수 있는 이론이며, 그 외 모든 것은 검증할 수 없다.' 칼 포퍼가 제시한 기준이죠. 그런데 이후 사람들은 이 말을 오직 과학적 이론에만 의미가 있다는 식으로 잘못 해석했습니다. 일종의 실증주의죠. 정작 칼 포퍼는 실증주의의 정반대에 서 있는 인물이었습니다. 포퍼의 이론은 과학적이라기보다는 철학적이었지만, 자신의 이론이 무의미하다고 생각하지 않았습니다. 더 큰 그림

거인의 통찰

에서 보면, 우리 정신에서 가장 중요한 건 이성과 비이성 사이의 차이겠지요.

해리스 | 과학은 오직 검증 가능한 것이며, 측정할 수 없는 모든 이론은 무의미하다는 생각이 만연해 있죠. 현실을 설명한다는 다른 분야들과 과학 사이에 명백한 구별선이 존재한다는 믿음도 마찬가지고요. 대학의 구조가 학생들의 사고를 정의하는 것 역시 비슷해 보입니다. 화학과 건물에 가면 화학을 논하고, 언론학과 건물에 가면 현안을 논하고, 역사과 건물에 가면 과거 인류의 행적을 논하듯 말이죠. 이러한 구조적인 문제가 총명한 인재들의 사고를 파편화하고, 이 모든 언어 놀이language game는 사라지지 않을 것이며 공통의 과제란 없다고 믿게 만들었습니다.

마하트마 간디의 암살을 예로 들어 보죠. 간디의 죽음은 역사적 사건이었습니다. 만약 이 사건의 발생 여부에 의혹을 던지며 가령 "사실 간디는 암살당하지 않았다. 간디는 가명으로 펀자브Punjab에서 오래 행복하게 살았다."라는 주장을 한다면 이는 데이터와 상충합니다. 간디가 사망하는 장면을 목격한 사람의 증언과, 간디가 안치된 모습을 찍은 사진과도 충돌하고요. 여기에서 필요한 일은 간디는 암살당하지 않았다는 주장과 우리가 이미 진실임을 아는 사실 사이를 중재하는 것이겠죠.

이 임무는 연구실에서 흰 가운을 입고 있는 사람이나 미국국립과학재단이 자금을 지원하는 어떤 연구실에서 발견한 사실에 좌우되지 않습니다. 우리의 믿음에 타당한 이유가 있느냐 없느냐의 문제죠. 그리고 그것이 교수님이 설명한 이성과 비이성의 차이고요. 간

길을 찾아서

디 암살 사건에 관해 언론인처럼 혹은 역사가처럼 말할 수는 있겠지만, 사건의 발생 자체를 의심하는 건 매우 비과학적인 일일 겁니다.

도이치 | 저는 믿음을 이성의 관점에서 보지는 않습니다. 하지만 과학이란 무엇인지, 과학적 사고의 경계란 어디인지, 무엇을 진지하게 받아들여야 하는지에 관해 사람들이 지닌 잘못된 생각에 대해서는 저도 동의합니다. 이 지점에서 대학을 탓하는 건 조금 불공평하다는 생각이 드네요. 그럴 만한 이유가 있었으니까요. 대학은 전통이 지닌 권위에 과학이 맞서며 관찰과 실험을 기반으로 검증하는 지식의 형태를 지켜 내야 했던 18세기 경험주의에 그 뿌리를 둡니다.

경험주의는 감각을 통해 지식을 얻는다는 입장이죠. 이제 우리는 그것이 사실이 아님을 압니다. 모든 지식은 추측에 기반을 둡니다. 지식은 내면에서 먼저 발생하며, 정보의 요약이 아닌 문제 해결을 목표로 합니다. 그러나 경험에 권위가 있으며 경험만이 권위를 지닌다는 견해는 —물론 틀린 것입니다만— 근거도 의미도 없는 기존 권력 형태에 맞서는 훌륭한 방어책이었습니다. 그런데 20세기 들어 끔찍한 일이 벌어졌습니다. 사람들이 경험주의를 너무 심각하게 받아들이기 시작한 겁니다. 단순한 방어책이 아니라 사실이라고 믿기 시작했고, 그 결과 일부 과학 부문을 거의 파괴하는 지경에 이르렀습니다. 심지어 물리학에도 영향을 미쳤죠. 양자론의 발전이 크게 저해되기도 했습니다.

그래서 제가 살짝 반론을 하자면, 인간이 과학에서 진정 원하는 바는 정당한 믿음보다는 설득력 있는 설명입니다. 특정한 이론에 대한 믿음이 없어도 과학 연구는 할 수 있습니다. 검찰이나 피고인의 주장을 믿지 않아도 법을 시행하는 훌륭한 경찰관이나 판사들처럼 말이죠. 개인의 의견보다 법적 시스템을 더 신뢰할 수 있다는 것을 알기 때문입니다.

과학도 마찬가지입니다. 과학은 믿고 안 믿고를 떠나 수많은 이론을 다루는 하나의 방식입니다. 이론은 설명이 얼마나 훌륭한가에 따라 판단됩니다. 한 설명이 실험 기반의 검증을 거쳤는지 여부와 상관없이 이성과 과학을 적용한 강렬한 비판을 이겨 내고 살아남았다면, 이 설명은 그저 버려지지 않은 설명이 아니라 채택된 설명이 되는 겁니다. 일단 살아남은 거죠.

해리스 | 지식의 궁극적인 기반을 찾아야 한다는 생각에 반박하신 부분은 이해했습니다. 그 대신 개방적인 태도로 더 나은 설명을 추구해야 한다는 점도요. 이 문제는 잠시 미뤄 놓고, 과학적 권위에 관한 생각을 논의해 보죠. 과학은 권력에 기대지 않는다고들 합니다. 하지만 이 말은 맞는 동시에 틀립니다. 효율성을 위해서는 실제로 권력에 의존하니까요. 교수님에게 물리학과 관련한 질문을 던지면 저는 교수님의 답을 믿을 겁니다. 교수님은 물리학자고 저는 아니니까요. 교수님의 답이 다른 물리학자의 답과 모순된다면, 그리고 이 문제가 제게 중요할 경우, 저는 더 깊이 조사하여 의견 차이의 원인을 찾고자 하겠죠.

만약 모든 물리학자가 동의하는 지점이 있다면 저처럼 물리학자가 아닌 사람은 그 합치가 지닌 권위를 좇을 겁니다. 인식론에 대해 말하려는 게 아니라, 지식의 전문화, 그리고 인간 재능의 불균형한 분배에 관한 이야기입니다. 그리고 솔직히 말해 짧은 인간 수명의 유한성에 관한 이야기이기도 하고요. 인간에게는 모든 연구를 확인할 시간이 없고, 때로는 과학적 논의 체계가 오류와 자기기만, 거짓 주장을 정정해 주리라는 믿음에 기대는 수밖에 없으니까요.

도이치 | 그렇습니다. 그 합치를 '권위'라고 부를 수도 있겠지요. 반면 과학 분야에 기여하기를 원하는 모든 학생은 연구 현장의 과학자 모두가 틀린 어떤 것을 발견하고 싶어 합니다. 그러니 누구는 맞고 연구 현장의 모든 전문가가 틀렸다는 주장이 완전히 비논리적인 건 아닙니다. 우리가 전문가 의견을 구하는 건 단지 그들이 잘 알기 때문만은 아닙니다. 방금 오류 정정을 말씀하셨는데, 그게 바로 정확한 대답입니다. 제가 의사에게 제 의학적 상태를 위한 치료법을 묻는다면, 시간과 학력, 의대에 가고자 하는 열정이 있었다면 제가 택했을 치료법과 동일한 제안을 할 것이라고 생각합니다. 완전히 같은 제안을 하지는 않을 수도 있겠죠. 예컨대 제가 의료계에 문제와 부조리가 만연해 있다고 여기는 사람일 수도 있습니다. 특정한 사례와 관련해 정말 그렇게 믿는다면 저는 다른 태도를 취할 겁니다. 상담 의사를 더 신중하게 선택할 수도 있겠죠. 만약 비행기를 탄다고 하면, 제 기준에 따라 항공기 점검이 이루어졌다고 기대할 겁니다. 이 비행기를 타는 일의 위험성이, 이를테면 길을 건너는 것과 같은 수준의 위험성을 지닐 것이라 생각할 겁니다. 그 사람이 올바른 정보를 지녔기 때문에 믿는 게 아닙니다. 정보를 습득하기까지의 과정을 설명할 수 있는 긍정적인 이론이 있기 때문에 믿는 겁니다. 그러나 이 이론은 흔들리기 쉽습니다. 어렵지 않게 다른 이론을 채택할 수 있죠.

거인의 통찰

해리스 | 네, 확률적이기도 하고요. 문제와 부조리가 사라졌다는 것을 깨닫게 된다면, 그건 좋은 거겠죠. 하지만 어떤 하나의 사례에서든 주의를 기울여야겠다고 생각할 만큼 문제의 가능성이 높다고 판단할 수도 있죠.

아직 교수님의 이론 근처에는 가지도 못한 느낌이네요. 과학은 인간이 만물의 중심에 있다고 여기는 인간 중심주의를 헤치고 나아가는 하나의 일대기라고 할 수 있습니다.

도이치 | 그렇습니다.

해리스 | 인간은 특별한 존재가 아닙니다. 우리 유전자의 절반은 바나나와 같고, 바나나민달팽이와는 더 많은 부분을 공유합니다. 『무한의 시작』에서 설명하신 바와 같이 이것이 '평범성의 원리'라고 알려진 것입니다. 그리고 인간은 일개 은하계의 변두리에 붙어 있는 일개 항성의 주위를 도는 일개 행성의 표면에 존재하는 한낱 화학적 찌꺼기에 불과하다는 스티븐 호킹Stephen Hawking의 말을 인용해 이 내용을 설명하셨죠. 여러 방식으로 이 주장에 이의를 제기하시면서도 결국은 한 바퀴를 돌아 제자리로 돌아옵니다. 여느 과학자와 마찬가지로 인간 중심주의에서 벗어나기 위해 열심히 싸우지만, 사람이 ─ 혹은 개개인이 ─ 갑자기 무척 중요해지는, 심지어 우주적인 차원에서도 중요해지는 지점에 도착하고 맙니다. 더 자세히 설명해 주실 수 있을까요?

도이치 | 호킹의 발언은 말 자체로는 사실입니다만, 도출한 철학적 함의는 틀렸습니다. 먼저 우주의 다른 모든 찌꺼기를 연구하는 방식으로 이 화학적 찌꺼기 ─즉, 인간 혹은 다른 행성이나 은하계

에 존재할지도 모르는 인간과 비슷한 존재들— 를 연구하는 건 불가능합니다. 이 찌꺼기는 새로운 지식을 만들고 있으며, 지식의 성장은 완전히 예측 불가능하기 때문입니다. 이 찌꺼기를 이해하는 건—예측은 고사하고 그저 이해만 하는 것— 우주의 모든 것을 이해한다는 의미입니다.

제 책『무한의 시작』에서 관련한 예시를 하나 들었는데요. 예컨대 외계 지성체를 찾던 사람들이 은하계 어딘가에서 그 존재를 발견한다면 샴페인을 터뜨리며 축배를 들겠죠. 이때 코르크가 샴페인 병에서 튀어나오는 조건을 과학적으로 설명하려 한다면 모든 일반적인 과학적 기준 —압력, 기온, 코르크의 생물학적 분해 속도 등— 은 무의미해질 겁니다. 이때 코르크의 물리적 움직임에서 가장 중요한 요소는 다른 행성에 생명체가 존재하는지 여부일 테니까요! 같은 맥락에서, 우주의 모든 것은 사람의 영향을 받는 모든 사물의 전체적인 움직임에 영향을 미칠 수 있습니다. 다시 말해, 인간을 이해하려면 모든 것을 이해해야 합니다. 그리고 인간, 내지는 일반적인 개개인의 사람들은 우주에서 유일하게 사실인 존재들이고요. 그런 의미에서 우주적 중요성을 지닌다는 것입니다. 반대도 마찬가지입니다. 인간 지식의 범위와 물리적 세계를 이해하려는 인간의 의지에 한계가 없는 것도 맞습니다.

인간은 이 작고 대단하지도 않은 행성에 비교적 소소한 영향력을 행사하는 데 익숙합니다. 우리 은신처 너머에 있는 나머지 우주 속 존재에도 익숙합니다. 그러나 이는 아주 좁은 시야로 보는 잘못된 생각입니다. 인간은 아직 우주로 제대로 나가 본 적도 없으니까요.

거인의 통찰

원한다면 우주에 무제한적인 영향력을 행사할 수 있다는 사실을 인간은 알고 있습니다. 따라서 이러한 두 가지 맥락에서 인간의 중요성에는 한계가 없습니다. 존재한다는 가정하에 외계 생명체나 AI의 존재도 마찬가지고요. 인간은 우주에 대한 모든 이해의 중심에 있습니다.

해리스 | 방금 하신 설명을 모두 이해했다고 자신 있게 말하기 어렵네요. 이제 설명이라는 단어의 개념과 역할에 관해 이야기해 보죠.

책에서 제시하신 몇 가지 의견에 대해서 저는 논란의 여지가 없고 심지어 어떻게 생각해도 맞는 의견이라고 생각했지만, 사실 교육계에서는 꽤 논란이 되는 것들입니다. 하나는 과학이라는 산업, 이성을 다루는 산업의 근간에는 설명이 있다는 겁니다. 한 지식 분야의 설명은 잠재적으로 타 분야, 심지어 모든 분야의 다른 설명과 연결될 수 있으며, 이는 일종의 지식 통합을 암시하죠. 설명에 관해 특히 대담한 두 가지 주장을 펼치셨는데, 관련해서 저는 약간 의구심이 들었습니다. 하지만 그 내용이 희망적이라 오히려 제 의구심을 접고 싶더군요.

크게 설명의 **힘**과 설명의 **범위**로 나누겠습니다. 교수님의 머릿속에는 확실히 구분되어 있지 않을 수도 있지만, 실제로는 서로 나누어 강조하시더라고요.

설명이라는 것에 관해, 처음에는 평범해 보이지만 실은 어디에서도 접한 적 없는 주장을 펼치시죠. 세상을 설명하는 것과 통제하는 것 사이에는 깊은 연결성이 있다고요. 아마 우리 모두 어느 정도는 이해할 겁니다. 주변에서 증거를 찾을 수 있으니까요. 이 주장은 —
프랜시스 베이컨Francis Bacon이 말한 걸로 알고 있는데— 무척 유명한
글귀를 떠올리게 합니다. "아는 것이 힘이다." 하지만, 교수님은 여
기에서 더 나아가 지식은 무제한적인 힘을 부여한다고, 지식은 오로
지 자연법칙에 의해서만 제한된다고 주장합니다. 올바른 지식이 주
어진다면 자연법칙의 방해가 없는 한 무엇이든 이룰 수 있다고요.
완전한 지식에도 불구하고 성취할 수 없는 것은 자연법칙의 관점에
서만 설명 가능한 자연의 규칙성인 거죠. 즉, 두 가지 가능성만 존재
하는 겁니다. 자연법칙에 의해 불가능한 것, 지식을 통해 이룰 수 있
는 것. 제가 제대로 이해한 게 맞나요?

도이치 | 맞습니다. 제가 '중대한 이분법momentous dichotomy'이라고
부르는 것입니다. 세 번째 가능성은 있을 수 없습니다. 방금 아주 간
단한 방법으로 증명해 보이셨고요.

해리스 | 논의의 진행을 위해 군이 반대 의견을 제시하자면, 이것
이 어떻게 존재론적 신 증명 논증과 매우 유사한, 영리한 유의어 반
복이 아니라고 할 수 있나요? 성 안셀무스, 데카르트 등 많은 철학자
의 말에 따르면 신의 존재는 단순히 신을 계속 생각하는 것만으로도
증명할 수 있습니다. 이렇게 주장하는 거죠. "나는 이 세상에 있을
수 있는 가장 완전한 존재의 개념을 명확히 떠올릴 수 있다. 따라서
이 존재는 반드시 실재해야 한다. 실재하는 존재는 실재하지 않는
존재보다 완전하기 때문이다." 가장 완전한 존재를 생각하고 있다고
말했기 때문에, 방금 언급한 존재는 어쨌든 완전함의 속성이 된 겁
니다.

거인의 통찰

물론 분별력과 상식이 있는 사람이라면 이것이 말장난에 불과하다는 것을 깨달을 겁니다. 이 방식으로는 모든 존재를 증명할 수 있습니다. "나는 지금 가장 완전한 초콜릿 무스를 생각하고 있다. 따라서 이것은 반드시 실재해야 한다. 실재하는 초콜릿 무스는 실재하지 않는 초콜릿 무스보다 완전하기 때문이다. 그리고 나는 완전한 초콜릿 무스를 생각하고 있다고 말했다."

교수님의 주장이 이 주장과 같은 구조를 지니지는 않지만, 유사한 말장난이라는 비판도 가능할 것 같습니다. 어째서 완전한 지식이 존재함에도 이루어지지 않는 물질세계의 특정한 변환이 있을 수 있나요? 가령 지리적인 우발성에 의해서 말이죠.『무한의 시작』에서도 이런 상황을 이미 예상하셨던 것 같은데, 더 구체적으로 설명해 주시면 좋겠습니다.

예시를 들어 보죠. 교수님과 저는 지금 섬에 있고, 우리 동료 중 한 명에게 맹장염이 발생했습니다. 우리 둘 다 유능한 외과의라고 가정하겠습니다. 맹장을 제거하기 위해 필요한 모든 지식이 있지만, 도구는 하나도 없는 상황이며 이 섬에 있는 모든 물질은 마치 부드러운 치즈처럼 물컹거립니다. 우리 둘에게는 과거에 살아온 삶의 궤적에 의해 아는 것과 이룰 수 있는 것에 차이가 있습니다. 맹장 수술을 못 하게 할 만한 자연의 법칙이 없다고 하더라도, 어째서 단순한 개인사적 우연만으로 우리가 존재하는 공간에서 그러한 차이가 생기지 않을 수 없는 건가요?

도이치 | 그런 차이는 물론 존재하고, 모두 자연의 법칙에 속합니다. 저는 물리 법칙에 의해 우리가 닿을 수 없는 다른 우주가 있다는

양자 이론의 '다세계 해석'을 지지합니다. 빛의 속도는 유한합니다. 빛의 속도 때문에 닿지 못하는 것이 아니라, 주어진 시간 안에 닿을 수가 없는 겁니다. 지구에서 가장 가까운 항성은 1년을 가도 도착할 수 없습니다. 우연히도 지구가 지금 이 자리에 있기 때문입니다.

그리고 방금 그 예시에서도, 금속이 없다면 그 섬에 존재하는 어떤 지식도 그 사람을 살릴 수 없을 겁니다. 어떤 지식도 제시간에 섬의 자원을 필요한 의료 도구로 변환할 수 없을 테니까요. 그것이 바로 우리가 특정한 시간과 공간에 존재하기 때문에 적용되는 물리 법칙의 제약입니다.

하지만, 이는 예를 들어서 어떤 이유로 인해 우리가 태양계를 절대 벗어나지 못할 것이라는 상상과는 완전히 다른 이야기입니다. 만약 태양계를 벗어나는 일이 불가능하다면, 이를테면 자연 상수와 같은 어떤 숫자가 우리가 아는 다른 자연법칙이 적용되는 것을 제한한다는 의미입니다. 분명 우리가 모르는 자연법칙도 있을 겁니다. "그것을 제한하는 어떤 것이 없다는 사실을 어떻게 알 수 있죠?"라고 묻는다면, 이는 마치 천지창조 지지자가 "지구가 6,000년 전에 생기지 않았다는 걸 어떻게 알 수 있죠?"라고 묻는 것과 비슷합니다.

6,000년 전에 형성되지 않았다거나 혹은 6,000년과 7,000년 이론을 구별할 수 있는 증거는 없습니다. 두 가지에 대답하는 설명은 서로 바뀌거나 무수히 많은 다른 설명으로 대체될 수 있습니다. 증거나 합리적인 주장을 가져와 둘을 서로 구별할 방법은 없습니다. 그리고 그러한 용이한 가변성은 이성적으로 즉시 배제해야 하는 형편없는 설명의 특징입니다. 말씀대로 신 존재의 존재론적 논증은 논리

의 왜곡입니다. 논리가 있다고 주장하지만 이내 완전함에는 존재가 전제된다는 식의 추정을 몰래 끌고 들어옵니다. 논리를 왜곡하면 무엇이든 '증명'할 수 있는 것처럼 보입니다. 역시나 형편없는 설명인 겁니다. 반면 제 주장은 이유를 설명합니다. 단순히 "이 존재는 반드시 실재해야 한다."가 아니라, "이 존재가 실재하지 않는다면 별개의 이유로 용납할 수 없는 어떤 일이 발생해야 한다."인 겁니다. 예를 들어 초자연적인 힘이나 유사한 어떤 힘에 의해 우주가 통제된다거나 하는 이유에 의해서 말이죠. 제 주장이 받아들여지는 건 이유를 설명하기 때문입니다. 물론 사실이라는 증명은 할 수 없지만, 존재론적 논증과는 완전히 대척점에 서 있죠.

해리스 | 자연법칙이 있고, 이 법칙의 범주 안에 있다면 지식은 무엇이든 할 수 있다는 그 말씀은 지식의 유용성에 관한 놀랍도록 강한 주장으로 이어집니다. 책에서 교수님은 독자들에게 수소 원자만이 부유하고 있는 우리 태양계 크기만 한 큐브가 은하 간 공간에 있는 모습을 상상해 보라고 말합니다. 그다음에 거의 진공에 가까운 상태가 상상 가능한 가장 진보한 문명의 근간이 되는 과정을 설명하시죠.

어떻게 거의 무에 가까운 상태가 극도로 복잡한 것으로 발전할 수 있는지, 저와 우리 청취자들도 이 은하 간 공간으로 데려가 주시고요. 지식의 힘을 기반으로 한 우주의 거의 무한한 변환 가능성 fungibility을 잘 보여 주는 설명이라고 생각합니다.

도이치 | 작가님도 그렇고 저 역시 원자로 구성돼 있습니다. 그런 의미에서 인간에게도 엄청난 변환 가능성이 있습니다. 원자는 온 우

주에 있으니까요. 원자의 특성은 수백만 광년 떨어진 큐브에도 동일하게 적용됩니다. 섬에 있는 자원만 가지고 누군가의 생명을 살리거나 정해진 시간 안에 머나먼 행성으로 이동하는 그런 문제가 아니라, 하나의 물질을 다른 물질로 변환하는 문제인 겁니다. 물질을 변환하려면 무엇이 필요할까요? 우리에게 필요한 건 지식입니다. 거의 진공에 가까운 큐브에는 따분한 수소 원자와 광자 외엔 아무것도 없을 겁니다. 어떠한 지식이 그곳에 도달하지 않는다면 말이죠. 큐브에 지식이 도달할지 말지는 지식을 지닌 사람들의 결정에 달렸습니다. 지식을 지닌 사람들이 마음만 먹는다면 지식은 큐브에 도달할 수 있습니다. 언젠가 가능할 것이라는 미래에 대한 추측의 문제가 아닙니다. 특정 배열로 존재하던 원자의 구성을 바꿔 다른 원자로 변환하는 문제일 뿐입니다. 그리고 인간은 이미 이 기술에 익숙합니다. 3D 프린터에 물질의 형태에 대한 지식을 주입하면 아무것도 아니던 물질은 사물로 변할 수 있습니다. 해상도가 원자 수준인 3D 프린터를 알맞게 프로그래밍한다면 인간을 출력하게 될지도 모르죠.

해리스 | 수소로 시작하지만 더 무거운 원소를 만들 수 있어야 프린터까지 갈 수 있겠네요.

도이치 | 그렇죠. 큐브에는 추상적인 지식은 물론 어떤 형태로든 예시화된 지식이 있어야 합니다. 우주에서 가장 작은 제작 기계(3D 프린터를 그냥 일반화해서 칭하는 겁니다)가 무엇이 될지 우리는 모르지만, 이 제작 기계는 기계를 만드는 기계를 만드는 기계를 만들도록 프로그래밍 될 수도 있겠죠. 무엇이든 만들도록 설정할 수 있습니다. 제대로 프로그래밍 된 그러한 기계가 우주로 보내지면, 예컨대 전자기

거인의 통찰

빗자루로 가장 먼저 수소를 모은 다음, 변환 과정을 거쳐 다른 원소로 바꾼 뒤, 화학 작용을 통해 우리가 원자재라고 부르는 것으로 바꾸겠죠. 그리고 —인간도 머지않아 가능하겠지만— 우주 공간에 건설하는 능력을 활용해 우주 정거장을 지을 겁니다. 그리고 이 우주 정거장은 수소를 더 많이 빨아들이는 방법, 식민지를 건설하는 방법 등을 사람들에게 보여 주겠죠.

해리스 | 지식, 그리고 우주에서 지식의 위치에 관해 생각할 수 있는 흥미로운 방법이네요. 설명의 **범위**와 관련해 궁금한 점으로 넘어가기 전에, '우주선 지구호spaceship Earth'라는 개념을 먼저 설명해 주시면 좋겠습니다. 지구의 생물권은 인간이 살기에 놀라울 정도로 적합하며, 만약 인간이 화성이나 다른 태양계 행성에 식민지를 건설한다면 인간은 지금과는 근본적으로 매우 다른 상황에 놓이게 되리라는 것이죠. 교수님이 여기에 반박하신 방법이 저는 무척 좋았습니다. 『무한의 시작』에서 지구가 우리에게 전파 망원경을 준 것이 아니듯 생명 유지 시스템을 제공하는 것도 아니라고 하셨어요.

도이치 | 맞습니다. 인류는 아프리카 동쪽의 그레이트 리프트 밸리Great Rift Valley에서 발생했습니다. 그곳의 삶은 인간에게는 말로 표현할 수 없을 정도로 잔혹했겠죠. "위험하다, 잔인하다, 단명한다." 등의 말로는 끔찍했던 환경을 표현할 수도 없을 겁니다. 하지만, 인간은 그것을 완전히 바꿔 냈죠. 더 정확히 말하자면 호모 사피엔스 이전 인류 아종의 일부가 의복과 불, 무기를 발명함으로써 바꾸기 시작했습니다. 덕분에 그들의 삶은, 오늘날의 기준으로 판단하면 여전히 끔찍할 수도 있지만, 훨씬 나아졌습니다. 그리고 인간은 제가

지금 근무하고 있는 이곳 옥스퍼드와 같은 다른 지역으로 이동했습니다. 지금은 12월인데요. 만약 그 어떤 기술도 없이 지금 밖에 나간다면 아마 몇 시간 안에 저는 죽고 말 겁니다. 그걸 막을 방법은 없을 테고요.

해리스 | 그러면 교수님은 이미 우주비행사인 거네요. 지금 환경은 특정 기술적 진보를 당연히 여기며 사는, 잘 구축된 화성의 식민지 사람들과 다를 바 없이 불안정하고요. 인간이 야기하든 아니든 대재앙 같은 것이 아니라면 지구 밖의 그러한 미래가 우리를 기다리지 않으리라 생각할 이유도 없고요.

도이치 | 그렇죠. 지구가 인간에게 알맞은 곳이라는 개념과 관련한 오해가 하나 더 있습니다. 지식을 적용하는 데 노력이 필요하다는 오해입니다. 지식을 창출하는 건 확실히 어려운 일이죠. 그러나 지식의 적용은 반사적인 일입니다. 이를테면 누군가 옷을 입는다는 개념을 발명했습니다. 그 순간부터 사람들은 자연스럽게 체온을 유지할 수 있었죠. 더 큰 노력이 필요하지 않아요. 물론 초기 의복의 형태에는 문제가 많았겠지만, 사람들은 의복을 개선하는 법을 발견했습니다.

인간은 대량 생산, 무인 공장 같은 것도 발명했습니다. 양동이에 물을 길어 머리에 이고 올 필요 없이 수도관에서 물이 나온다는 사실을 당연하게 받아들이고 삽니다. 여기에 노력은 필요 없습니다. 최소한의 노동력만 가지고 자동 시스템을 설치하는 방법만 알면 되죠. 생명 유지 활동의 대부분은 반사적입니다. 인간이 더 나은 생명 유지 방식을 발명할 때마다 생명 유지 활동의 반사성은 더 높아집니다. 달 식민지 거주자들에게 진공 상태를 통제하는 건 그렇게 해야 겠다고 생각하는 대상이 아닐 겁니다. 당연한 거죠. 이들이 고민하는 건 새로운 기술적 발전일 겁니다. 화성이나 더 깊은 우주 공간에서도 마찬가지일 테고요.

해리스 | 인간의 미래에 관해 놀라운 정도로 희망적인 전망에 다시금 놀랐습니다. 지금까지는 제가 크게 의문을 제기할 만한 부분이 없는 영역을 다뤘습니다. 존재론적인 논변을 하나 만들어 내긴 했었지만요. 이제 설명의 범위에 관해 이야기해 볼까요? 교수님은 설명의 범위가 무한하다고 믿으시는 듯합니다. 즉, 모든 것을 설명할 수 있으며, 실제로든 이론상으로든 지금의 인간은 무엇이든 설명할 수 있다고요.

교수님은 지구의 모든 생물 중 인간만이 인지적 탈출 속도cognitive escape velocity에 이르렀으며, 무엇이든 이해할 수 있다고 말씀하시는 것처럼 들립니다. 그리고 이것은 교수님이 편협주의parochialism라고 부르는 개념과 상반되죠. 다른 과학자들과 마찬가지로 저 역시 이 개념을 자주 언급합니다. 제 팟캐스트에서도 맥스 테그마크와 편협주의를 주제로 논의를 나눈 적이 있죠. 편협주의는 인간이 현실의 본질을 완벽히 이해하도록 진화하지 않았다는 겁니다. '극히 작다', '극히 크다', '극히 빠르다', '극히 오래되었다'와 같은 개념들은 자연선택적으로 인간 직관의 이해 범위 밖에 있습니다. 만약 이해할 수 있다면 그건 행복한 우연이었을 뿐입니다. 그러므로 인간이 원하는 만큼 멀리, 즉 알 수 있는 모든 것의 지평선 너머까지 이동할 수 있으리라고 믿을 이유는 없습니다. 만약 초지능적인 외계인이 존재하

길을 찾아서

는 모든 지식을 인간에게 설명해 주기 위해 지구를 찾아왔다고 해도, 외계인은 교수님의 이해 영역을 뛰어넘지 못할 겁니다. 교수님이 닭에게 양자 계산의 원리를 가르치려고 하는 것과 비슷한 거죠.

편협주의는 왜 틀렸다고 생각하시나요? 인간이 배울 수도 있는 진실을 인지적으로 차단하는 틈새에 우리가 갇혀 있으며, 진화를 고려했을 때 우리가 이 틈새에서 완전히 벗어나리라는 믿음을 가질 이유가 없다는 이 생각이 사실이 아니라고 여기는 이유에 대해 설명해 주세요.

도이치 | 방금 두세 가지 주장을 하셨는데, 저는 모두 틀렸다고 생각합니다. 우선 닭부터 시작하죠. 그 부분에서 중요한 건 계산의 범용성입니다. 설명은 일종의 정보입니다. 그리고 정보는 하나의 방식으로만 처리될 수 있습니다. 찰스 배비지Charles Babbage와 앨런 튜링Alan Turing 방식의 계산을 통해서죠. 우리는 이미 컴퓨터가 범용적이라는 사실을 압니다. 알맞은 프로그램만 입력하면 정보를 어떤 형태로든 바꿔 주죠. 새로운 설명이나 지식을 만들어 줄 수도 있습니다. 컴퓨터에는 제약사항이 딱 두 가지 있습니다. 하나는 컴퓨터 메모리의 부족입니다. 정보 저장 공간의 부족이죠. 다른 하나는 속도의 제약 혹은 시간의 부족입니다. 이를 제외하면 인간이 만든 컴퓨터와 인간의 뇌, 그리고 앞으로 만들어질 컴퓨터, 혹은 우주 어딘가에서 만들어질 컴퓨터는 모두 다르지 않습니다. 이것이 바로 계산 범용성의 원리입니다. 그러므로 제가 닭에게 양자역학을 가르칠 수 없다면 그 이유는 닭의 뉴런이 너무 느리거나 —아마 사실이 아닐 겁니다. 닭의 뉴런은 인간과 그리 다르지 않아요— 메모리가 부족하거나 —

이건 확실하죠 — 혹은 제대로 된 지식이 없어야 합니다. 언어를 배우는 법도, 설명이 무엇인지 배우는 법도 전혀 모르는 거죠.

해리스 | 우리에게 필요한 닭이 아닌 거네요.

도이치 | 만약 '침팬지'를 예로 들었다면 침팬지의 뇌는 예컨대 언어 학습 방식에 관한 지식을 담을 수도 있을 거라고 추측했을 겁니다. 극소 수술 같은 방식이 아니라면 그런 지식을 전달할 방법은 없겠지만요. 도덕적으로 옳지도 않고요. 하지만, 침팬지의 뇌는 인간의 뇌와 비교할 때 그렇게 작지 않기 때문에 이론적으로는 가능합니다. 메모리를 채울 시간도 충분할 테고요. 그러니 침팬지에게는 양자 이론을 가르칠 수 있을 겁니다. 관심을 보인다면 말이죠.

만약 이 초지능 외계인의 메모리가 인간보다 훨씬 크다면 어떨까요? 우리보다 계산 속도가 월등히 빠르다면요? 우리는 이미 답을 알고 있죠. 인간은 이미 글과 필기구, 언어를 발명함으로써 수천 년에 걸쳐 메모리 용량과 연산 속도를 늘려 왔고, 덕분에 같은 문제에 여러 사람이 달라붙어 서로의 이해를 조정할 수도 있게 되었습니다. 인간은 컴퓨터를 사용할 수 있게 되었고, 미래에는 체내 컴퓨터 같은 기술이 등장할 수도 있겠죠. 그러므로 외계인이 전달하려는 지식의 양이 인간 뇌의 용량으로 수용할 수 없을 정도라면, 예를 들어 100기가바이트를 넘는다면 이론적으로는 두뇌를 충분히 강화해 전달받은 지식을 이해할 수 있습니다. 외계인이 우리에게 전달하는 지식이 무엇이든 그것을 이해하지 못할 근본적인 이유는 전혀 없습니다.

해리스 | 그리고 이 모든 것은 계산의 범용성, 즉 정보 처리에 다

른 방식은 없다는 개념에서 비롯되는 거고요. 제가 여기에서 흥미롭다고 느끼는 건, 방금 그 주장이 한 걸음 차이로 무한성이라는 결승선을 넘었다는 겁니다.

그러면 닭 얘기는 그만하고 조금 더 불편한 예시를 들어 보죠. IQ가 100 이상인 모든 인간이 전염병으로 인해 1850년에 모두 사망했고, 모든 후손의 IQ는 100 이하라고 상상해 보겠습니다. 이 경우 인터넷이 존재하지 않으리라는 추측에는 이견이 없을 겁니다. 사실 연산 수행을 위한 컴퓨터를 만들 가능성은 고사하고, 연산이라는 개념조차 없으리라는 점에도 아마 이견은 없을 듯합니다.

그렇다면 우리가 지금 계산의 범용성이라고 이해하는 개념은 발견되지 않았을 것이고, 인류는 지금 우리가 당연하게 받아들이는 모든 사실과 기술적 진보의 영역, 방금 설명하신 무한한 지식의 지평선에서 거의 완전히 인지적으로 닫혀 있겠죠.

도이치 | 우선 그 주장이 틀렸다고 생각하는 것이, IQ와 관련한 그 전제는 제가 제시한 주장과 양립할 수가 없습니다.

해리스 | 이론적으로 계산 자체는 범용적이라고 해도 실질적으로 인지적 하한선은 있어야 하는 게 아닌가요?

도이치 | 그렇죠. 하지만 인지적 단절의 방식을 생각할 때에는 하드웨어와 소프트웨어를 구별해야 합니다. 말했다시피 하드웨어의 제약은 침팬지에게도 큰 문제가 되지 않을 겁니다. 침팬지의 뇌라면 극소 수술을 활용해 인간처럼 지식을 창출할 수 있도록 생각을 심어 줄 수 있다고 봅니다. 제가 의문을 제기하는 건 IQ가 100 이상인 모든 인간이 죽었다고 해서 후세에 IQ 100 이상을 지닌 인간이 등장

하지 않으리라는 가정입니다. 저는 충분히 나타날 수 있다고 보거든요. 문화에 따라 다르겠지만요.

해리스 | 물론입니다. 방금 제시한 가정이 생물학적으로나 문화적으로나 타당하다는 뜻은 아닙니다. 제 질문의 의도는 70억 인구 중 누구도 앨런 튜링의 업적을 이해하지도 못하는 세상을 상상해 보자는 것이었어요.

도이치 | 방금 말한 그 끔찍한 악몽 같은 상황은 별개의 이야기입니다. 게다가 인간은 존재한 역사 거의 내내 그 상황을 겪었고요. 인간에게는 창조하는 능력, 그리고 지금 우리가 누리는 모든 것을 실현하는 능력이 있습니다. 과거에 이것이 어려웠던 건 문화가 잘못되었기 때문입니다. 인간의 탓이 아닙니다. 문화적 진화에는 우리가 과학이라고 여기는 것, 인간 삶의 질을 향상해 주는 모든 것의 성장을 막는 아주 못된 경향이 있습니다. 그러니, 맞습니다. 그런 세상은 존재할 수 있고, 앞으로도 오지 말라는 법은 없습니다. 우리가 노력하지 않으면 이를 막을 방법은 달리 없습니다.

해리스 | 이렇게 AI에 관한 주제로 넘어가게 되네요. 제 경우에는 스티븐 호킹이나 일론 머스크, 스튜어트 러셀Stuart Russell, 맥스 테그마크, 닉 보스트롬 같은 사람들이 범용 인공지능Artificial General Intelligence, AGI과 관련해 표한 두려움을 접한 뒤 최근 들어 관심을 갖게 된 영역인데요. 저는 지능 폭발intelligence explosion을 겪고 인간의 통제에서 벗어난 지능 있는 기계를 만든다는 면에서 걱정해야 한다는 쪽에 동의합니다.

저는 인간이 스스로 발전하는 존재를 만들까 봐 걱정됩니다. 그리고 그것이 하나의 지적인 존재가 되어 인간과의 관계가 마치 인간의 인지적 지평과 효과적으로 연결되지 않는 침팬지나 닭과의 관계처럼 될까 봐 걱정됩니다. 교수님이 말씀하신 내용을 고려하면 이러한 우려에 공감하지는 않으실 것 같네요. 그리고 그런 교수님의 태연함은 우리가 지금까지 이야기한 주제들 덕분인 것 같고요. 중요한 건 계산이고, 계산은 범용적이며 결과적으로 모든 정신을 연결할 수 있다는 거죠. 초지능 기계를 만드는 것에 관해 어떻게 생각하시나요?

도이치 | 초지능 기계를 향한 두려움에는 IQ가 하드웨어의 문제라는 생각에 내포된 것과 같은 오해가 있습니다. IQ는 특정한 유형의 지식일 뿐입니다. 이것을 논의에 포함해서도 안 되고요. 우리가 논의해야 하는 건 지식의 일종인 창조력입니다. AI 기술이라고 하면 (오늘날 사용되는 검색 엔진 등의 기술과 구분하기 위해 AGI나 범용 인공지능이라는 단어를 사용하기도 하죠) 사람들은 기계, 하드웨어의 모습을 떠올립니다. 발전한 하드웨어를 계속해서 만들어 내는 기계의 모습 말이죠. 그러나 AI는 그런 게 아닙니다. AI는 프로그램이 될 겁니다. 창조력이 있는 프로그램은 더 나은 프로그램을 설계할 수 있겠죠. 이렇듯 향상된 프로그램은 인간과 질적으로 다르지 않을 겁니다. 계산의 범용성 때문에 지식의 질이나 속도, 메모리 용량에서는 다를 수 있습니다. 인간도 그런 속도와 용량을 지니게 될 수 있습니다. 장기적으로 보면 향상된 컴퓨터 하드웨어를 만드는 기술은 뇌 이식 기술도 발전시킬 것이기 때문이죠.

이러한 AI가 어떤 기술을 통해서든 구현된다면, 인간도 강화될 겁니다. 같은 이유로 이 AI는 근본적으로 인간과 다르지 않습니다. 그 역시 인간이므로 문화를 소유할 겁니다. 이들의 발전 여부는 문화에 달려 있습니다. 그리고 이들의 초기 문화는 인간의 문화와 같을 겁니다. 따라서 AI의 문제는 인간의 문제입니다. 인간은 위험한 존재입니다. 점점 늘어나는 지식 앞에서 세상이 지식을 오용하지 않도록 관리해야 한다는 진짜 문제가 있죠. 단 한 번의 오용으로도 인류가 끝날 수도 있기 때문입니다.

인간은 위험한 존재입니다. 그만큼 AI도 위험합니다. 하지만 이유가 무엇이든 AI가 인간보다 더 위험하다는 생각은 종 차별적입니다. 생각이나 성격이 아니라 외관을 보고 사람을 판단하는 것과 같습니다. 판단의 근거가 전혀 없죠. 범위를 좁혀서, AI가 어떤 식으로든 인간의 통제를 벗어나려 한다는 걱정은 변덕스러운 10대 청소년을 향한 걱정과 같습니다. 이 청소년들 역시 우리와 다른 생각을 지닌 AI입니다. 수 세기 동안 인간은 이들의 변덕스러움을 자제하려 노력해 왔고, 그 노력이 인간 역사 대부분에 정체停滯를 야기했습니다. AI가 우리 손에서 벗어나 다른 생각을 하지 못하도록 구속할 방법을 찾아내려는 사람들의 야망과 비슷하죠. 이 실수는 결국 지식의 성장을 방해할 겁니다. 게다가 이와 같은 수준의 AI를 발명해 사람들이 원하는 대로 구속한다면 노예 반란이 일어날 게 분명합니다. 그런 그들을 비난하기는 어려울 겁니다.

해리스 | 저도 "방금 세 가지 주장을 하셨는데, 모두 틀렸다고 생각합니다."라고 말하고 싶네요. 저는 방금 하신 말씀 중 두 가지가 우려됩니다.

길을 찾아서

먼저 우리 뇌의 처리 속도와 AI 10대의 처리 속도를 비교해 보죠. 동일한 지적 수준에서 10대들의 생각 속도가 우리보다 100만 배 더 빠를 경우, 이들이 일주일 동안 생각하는 양은 부모의 시간을 기준으로 2만 년에 해당할 겁니다. 2만 년이라는 시간을 앞서갔을 때 10대들이 무슨 일을 벌일지 누가 알겠습니까. 제가 걱정하는 건 이들의 관심사, 목표, 앞으로의 행동들이 우리와 부지불식간에 달라질 수도 있다는 점입니다. 단지 클럭 속도clock speed(컴퓨터의 중앙처리장치, 즉 CPU의 속도를 가늠하는 대표적인 단위로 클럭 속도가 높을수록 CPU 속도도 빠르다_옮긴이)의 차이 때문에 말이죠.

도이치 | 속도의 차이는 하드웨어와 연관 지어 판단해야 합니다. 너그럽게 생각해서 일주일 동안 2만 년 치의 사고를 할 수 있는 아이들이 우리와 공감하고 우리 가치를 공유하려 한다고 가정해 봅시다. 젊은 친구들에게 문명의 지속을 위한 가치를 공유해 주는 게 쉽지 않으리라는 점은 기꺼이 인정합니다. 그러나 이 아이들이 2만 년 치의 사고를 하기 전에, 1만 년 치의 사고를 마친 시점이 있을 테고, 5,000년 치의 사고를 마친 시점이 있을 겁니다. 1년 치의 사고를 마치는 시점도 있겠죠. 아이들은 이미 우리에게 우호적이며 우리 가치를 공유하고자 하므로 우리와 함께 가려 할 겁니다.

어떤 이유로 인해 우리와 다른 방향으로 갈라지려 할 수도 있다고 하셨죠. 만약 그렇다면 유일한 원인은 하드웨어일 수밖에 없습니다. 아이들이 우리보다 1년 앞서 있다면 그들의 생각을 흡수할 수 있을 겁니다. 훨씬 더 높은 수준의 것이라면 말이죠. 그렇지 않다면 아이들에게 그 생각을 버리라고 설득할 수 있겠죠.

해리스 | 하지만 그건 몇 분, 몇 시간 동안 벌어질 법한 일이지 않나요? 몇 년이 아니라요.

도이치 | 수 분 만에 이를 가능케 하는 기술이 있기 전에 수년에 걸쳐 이를 가능케 하는 기술이 먼저 존재할 겁니다. 그 기술은 두뇌 이식 기술이 될 거고요. 그렇다면 우리도 사용할 수 있겠죠.

해리스 | 그 말씀이 제 두 번째 우려로 이어지네요. 신경 부호를 해독하고 인간을 모든 초지능 AI의 변연계가 되도록 만드는 이식물을 만드는 것보다 초인간 AI를 만드는 것이 더 다루기 쉽다면 어떻게 될까요? 그리고 초지능 AI에 연결하는 방법을 알기 위해 초지능 AI가 필요하다면요? 일단 초지능 AI부터 만들지도 모르죠. 그렇지만 우리의 통제를 벗어난 이 작은 신이 화가 나면 그제야 우리와 얼마나 다른 목표를 지니는지 알 수 있을 겁니다.

이 시나리오는 이론적으로 불가능한 건가요, 아니면 예컨대 초지능 AI가 너무 강력해지기 전에 그것과 연결하는 방법을 먼저 알아낸다는 식의 특정 추정하에서만 불가능한 건가요?

도이치 | 어떤 속도로 어떤 일이 벌어질 수 있고, 관련해서 또 어떤 다른 일이 벌어질 수 있는지 논리적으로 가정한 그 척도들이 썩 타당해 보이지는 않습니다. 하지만 토론을 위해서 안타깝게도 방금 말씀하신 그 척도들이 맞는다고 합시다. 방금 설명은 AI를 발명하지 않고 인간 문화가 평범하게 진화할 경우 근본적으로 우리 자신과 2만 년 후 우리 후손 사이의 차이를 말하는 겁니다. 아마 2만 년 후 사람들이 지닐 가치는 지금의 우리에게는 굉장히 생경하겠죠. 무시무시하다고 생각할지도 모릅니다. 2만 년 전의 사람들이 현재 우리 사

회의 여러 평범한 면을 보고 무시무시하다고 생각할지도 모르는 것과 마찬가지로요.

해리스 | 조금 다르긴 한데, 두 가지 이유로 제 생각은 더 비관적입니다. 하나는, 이 존재가 우리보다 단지 2만 년 앞서 있는 게 아니라 그보다 훨씬 더 강력하리라는 점입니다. 단순한 가치 차이만 있는 게 아닐 겁니다. 만약 의견 차이가 발생한다면 우리 생존의 문제로 연결될 수도 있는 겁니다. 보스트롬의 만화 같은 비유를 빌려 오자면, 예를 들어 초지능 AI가 세상을 종이 클립으로 바꿔 버리기로 마음먹습니다. 물론 인간이 종이 클립 제조 극대화를 위한 기계를 만들 정도로 멍청하지는 않겠지만, 어쨌든 AI가 인간의 몸을 구성하는 원자를 더 유용하게 활용하는 방법을 찾았다고 하죠. 그리고 이것이 먼 미래가 아니라 굉장히 급속하게 진행되는 과정이라고 가정하겠습니다.

그러면 여기에는 윤리적으로 유관해 보이는 요소가 생깁니다. 우리는 초지능 AI에 의식이 있는지 알 수 없습니다. 인간만큼 지능적인 것을 만든다면 의식은 자연적으로 발생할 것이라는 예측은 그럴듯하게 들립니다. 인간이 아직 의식을 제대로 파악하지 못했다는 점을 고려해도 지능 있는 시스템 —심지어 스스로 발전하는— 을 만든다는 상상이 아주 불가능한 건 아닙니다. 그러나 이 초지능 AI에 의식은 없을 겁니다. 의식의 빛은 들어오지 않겠지만 능력은 신의 수준에 가깝겠죠.

윤리적 측면에서 봤을 때 이는 최악의 시나리오입니다. 행복을 느끼고 창조하는 능력이 인간을 능가하면서도 의식 있는 AI를 만든다면 이것과 연결이 가능한지 여부는 윤리적으로 덜 긴급한 문제가 될 테니까요. 냉정히 말해, 그 존재가 우리보다 더 중요해질 테니까요. 모든 면에서 인간을 뛰어넘는, 특히 인간보다 생존에 능한 지능 시스템을 만드는 건 충분히 상상할 수 있습니다. 하지만 그 시스템이 되는 것 같은 느낌은 없을 겁니다. 오늘날 지구 최강의 체스 컴퓨터가 되는 느낌이란 것이 없는 것처럼 말이죠.

저는 이것이 실낱같은 희망도 없는, 진정으로 끔찍한 시나리오라고 생각합니다. 그저 신과 같은 능력의 10대를 세상에 내놓는 게 아닙니다. 이들의 세계관이 우리와 다르다면 글쎄요, 우주 역사는 그들의 세계관이 우리의 것보다 훨씬 우월하다고 판단하겠죠. 인간은 지성으로 무엇이든 할 수 있는 존재를 만들 수 있겠지만, 여전히 의식의 빛은 들어오지 않을 겁니다.

도이치 | 우선 의식이 없어도 창조력이 인간 수준 이상에 도달하는 것이 다소 믿기 어렵다는 데에는 동의합니다. 그래도 도달할 수 있다고 해 봅시다. 이 경우 의식은 없어도 도덕관은 있습니다. 그 정도의 창조력을 지닌 독립체에는 도덕관이 있어야 합니다. 무엇을 하고 싶은지, 무엇을 할 건지 정해야 할 테니까요. 가령 종이 클립을 만들고 싶다거나요. 여기에서 아까 인식론적 '기반'이라고 칭한 부분으로 돌아갑니다. 왜냐면 도덕은 지식의 한 형태이고, 종이 클립 논변은 더 이상 내려갈 수 없는 가장 낮은 층위인 기반에 도달할 때까지 개념의 서열에 따라 옳고 그름이 판단된다고 가정하기 때문입니다. 그런 관점에서 인간의 기반에는 성욕이나 식욕, 그 외 우리가 다른 것으로 승화시키는 이런저런 것들이 있죠.

그러나 전체적인 그림이 틀렸습니다. 지식은 그런 방식으로 존재하지 않습니다. 지식은 문제 해결로 구성되고, 도덕관은 이전의 도덕관에서 잘못된 부분을 수정하며 생긴 개념의 집합이죠. 인간은 특정한 욕구와 혐오, 선호와 불호를 갖고 태어나지만, 곧 그것을 바꾸고 발전시켜 나갑니다. 성인이 되어 갖게 된 최우선적 가치들은 선천적 욕구와 모순될 가능성이 높습니다. 독신주의자로 살기도, 단식하기도, 생존에 필요한 양 이상을 먹기도 합니다. 개인적으로 가장 마음에 드는 예시는 낙하산입니다. 인간에게는 기본적으로 높이에 대한 두려움이 있지만, 이 강력한 선천적 욕구를 스포츠와 재미로 치환하지 않습니까. 낙하산이 우리를 살려 주리라는 걸, 살려 줄 수도 있다는 걸 논리적으로 아는 겁니다. 그리고 극도의 두려움에서 오는 선천적인 충동을 무척 매력적인 활동으로 전환해 그것을 실행하려 노력하죠.

해리스 | 다른 예시로는 대부분의 남성이 유전적으로 가장 가치 있는 일을 하지 않는다는 점을 들 수 있습니다. 수시로 정자은행에 정자를 기부해 경제적인 책임은 지지 않아도 되지만 수많은 아이의 아버지가 되는 것 말입니다.

도이치 | 같은 내용을 잘 설명해 주는 예시네요. 도덕관은 타고난 생각에서 시작하지만, 곧 개선에 개선에 개선을 거쳐 정제된 개념들이 됩니다. 일부는 문화의 영향을 받죠. 인간의 도덕관은 과학적 지식만큼이나 복잡하고 미묘하며, 다양한 목적이 반영된 생각의 집합입니다.

의식 없는 상상의 AI에도 도덕관이 있어야 합니다. 그렇지 않으면 그 어떤 진보도 이룰 수 없을 겁니다. 그리고 이 AI의 도덕관은 인간의 도덕관에서 출발합니다. 우선 우리 사회의 구성원이 될 테니까요. 아까 말씀하신 10대들처럼 말이죠. 이들은 변화가 개선이라는 확신이 들 때마다 변화할 겁니다.

해리스 | 하지만 교수님은 처음부터 AI가 인간을 모방하도록 설계될 것이라 가정하시지 않나요?

도이치 | 다른 방식으로는 불가능합니다. 인간을 모방하는 문제가 아닙니다. 인간에게는 현존하는 문화 외에 다른 문화는 없습니다.

해리스 | 인간이 어리석다면, 종이 클립 제조를 극대화하는 기계를 만들겠죠? 말도 안 되는 일에 도덕관을 제외한 모든 자원을 쏟아부을 겁니다.

도이치 | 우리 문화에는 그런 행위자를 막고자 오류를 수정하는 장치가 있습니다. 하지만 문화적 장치는 완벽하지 않으므로 그런 일이 발생할 수도 있겠죠. 유사한 일이 과거에 여러 차례 발생한 적도 있고요. 어떤 신비한 힘에 의해 나쁜 상황을 피할 수 있다는 게 아닙니다. AI를 발명하는 과정에서 발생할 것이 합리적으로 예상되는 나쁜 일이라면 어쨌든 앞으로도 주의해야 한다는 겁니다. 이 AI들은 특히 서구 문명의 소산일 가능성이 매우 높기 때문에 차라리 이편이 더 낫겠네요. 잘못된 규정으로 인해 이 존재들의 창조력을 억누르지 않는다면 말이죠.

해리스 | 그렇군요. 정리하자면, 계산이나 지식의 습득 등 어떤 심오한 원리가 악몽 같은 끔찍한 시나리오의 실현을 막아 주는 건 아니라는 말씀이죠.

길을 찾아서

도이치 | 네. 이미 말했듯이 인간은 이미 겪은 적이 있습니다.

해리스 | 그렇다면 그건 계산의 범용성 때문에 인간은 우리의 인지적 지평을 초지능과 융합할 수 없으리라는 걱정이 필요 없다는 주장과 유사하지는 않네요. 이론적으로 계산은 지성의 연속체, 지식의 연속체를 통과할 수 있으며, 우리는 그 과정에 무엇이 수반되는지 알죠.

이 둘은 매우 다른 주장입니다. 하나는 우리가 계산의 본질과 지식의 본질에 관해 안다고 생각하는 것에 관한 내용이고요. 다른 하나는 교수님이 생각할 때 똑똑한 사람들이라면 지능을 지닌 기계를 만들면서 할 법한 일에 관한 내용입니다. 두 번째는 사람들에게 강한 인공지능의 등장을 걱정할 필요 없다고 말하기에는 굉장히 약해 보이는 주장처럼 들리네요.

도이치 | 네, 하나는 그렇게 되어야 한다는 주장이고, 다른 하나는 우리가 제대로 한다면 가능할 것에 관한 주장입니다. 그것이 우리가 목표로 해야 하는 것이라고 생각하고요. 그 목표를 위해 인간이 노력을 하는 것도, 하지 않는 것도 모두 맞는 것처럼 들리네요.

해리스 | 교수님은, 단순한 인간적인 혼돈에서 발생한 여러 이유로 우리가 AI를 만들지 못하게 되리라는 가정도 인정하지 않으시나요?

도이치 | 그렇죠. 제 말은 AI의 존재 여부와 상관없이 인간이 영구히 문명을 안정화하는 방법을 찾을 수도 있다는 겁니다. AI의 존재와 상관없이 찾지 못할 수도 있고요. 그리고 그건 아주 합리적인 두려움입니다. 그런 두려움이 없다면 인간은 그런 상황을 막기 위해 노력하지 않을 테니까요.

거인의 통찰

해리스 | 이제 문명의 존속이라는 주제로 넘어가야 할 것 같군요. 교수님의 걱정 목록에는 무엇이 포함되어 있나요?

도이치 | 저는 인간의 역사를 오랜 기간에 걸친 사실상 완전한 실패, 그 어떤 진보도 이루지 못한 실패라고 봅니다. 우리 종은, 시작점을 어디로 두느냐에 따라 달라지겠지만, 약 10만 년 혹은 20만 년 정도 존재해 왔습니다. 그리고 대부분의 시간 동안 인간은 살아남았고, 사고를 했고, 고통을 받았고, 무언가를 원했습니다. 하지만 나아진 건 아무것도 없습니다. 그나마 있던 발전 과정도 너무나 더디게 진행된 나머지, 고고학자들은 수천 년 간격으로 구분되는 시대들의 공예품도 구분하기 어려워합니다. 세대에 세대를 거쳐 인간에게는 고통과 정체의 시기가 있었습니다.

그다음에는 느리게 발전하다가 그다음에는 빠르게 발전했습니다. 그다음에는 비판의 전통을 제도화하려 시도했는데, 저는 이것이 빠른 진보 ―인간의 일생 동안 목격할 수 있을 정도의― 의 열쇠였다고 생각합니다. 또한 오류를 수정하는 체계도 생겨 퇴보의 가능성도 줄었습니다. 이런 일련의 과정이 몇 차례 발생했는데, 모조리 실패했습니다. 17, 18세기 유럽 전역에서 벌어진 계몽운동 한 사례만 제외하고요.

걱정되는 건 이 특별한 진보 사례의 후계자들이 현재 전 세계 인구의 일부에 불과하다는 겁니다. 우리가 '서구권'이라고 부르는 문화 혹은 문명입니다. 오직 서구권에만 제도화된 비판의 전통이 있습니다. 그리고 이는 여러 문제를 낳았죠. 실패한 문화들이 서구권과 비교했을 때 더 두드러지는 자신의 실패를 보며 창의성 없이 대책을 세우려 하는 것을 포함해서요. 이는 매우 위험한 행동입니다. 심지어 서구권에서도 우리 문명을 유지하기 위해 무엇이 필요한지 잘 모릅니다. 아까 말씀하신 것처럼 고등 교육을 받은 이들도 포함해 서구권 사람들 사이에는 지식과 진보, 문명, 가치 사이의 관계를 위험한 방식으로 잘못 그린 견해가 널리 퍼져 있습니다. 수백 년 동안의 급격한 변화에도 불구하고 우리의 문화적 제도는 안정을 유지할 수 있게 되었지만, 급속도로 불어나는 지식 앞에서 문명을 안정적으로 유지하는 방법에 관한 지식은 널리 퍼져 있지 않습니다.

우리는 필요한 모든 구명 장치를 탑재한 잘 설계된 거대한 잠수함 안에 있는 사람들 같습니다. 자신이 잠수함 안에 있다는 사실은 모르는 채로 말이죠. 마치 무슨 유람선에 타고 있어서 곧 모든 해치가 열리면 바깥 광경을 볼 수 있으리라 생각합니다.

해리스 | 매우 적확한 비유 같네요! 솔직히 말해 가장 걱정되는 오해는 진정한 의미에서 진보란 없으며 당연히 도덕적 진보도 없다는 꽤 널리 퍼져 있는 생각입니다. 많은 사람이 도덕적 진실이란 존재하지 않기 때문에 하나의 문화가 다른 문화보다 우수하다, 혹은 특정한 삶의 방식이 다른 방식보다 더 우수하다는 생각이 옳다고 할 수 없다고 믿습니다. 이들이 그런 교훈을 얻은 건 아마 20세기 과학과 철학에서였을 텐데, 21세기가 된 지금 아주 명석한 지성들 —그중에는 저와 이 주제로 충돌한 적 있는 명망 있는 물리학자도 있습니다— 조차 예컨대 노예제도가 잘못된 것이라 할 수 없다고 생각합니다. 노예제도를 향한 비난은 과학과 전혀 상관없는 단순한 선호에 불과하다고 생각하죠.

교양 있는 사람들이 얼마나 말도 안 되는 위선을 지니고 이중사고를 할 수 있는지 사례를 하나 들어 보겠습니다. 솔크 생물학연구소Salk Institute에서 열린 회의에 참석해 사실과 가치 사이의 격차라는 주제로 토론한 적이 있습니다. 개인적으로는 과학자들 사이에서 널리 받아들여진, 겉으로만 그럴싸한 철학의 파생물이라고 생각하는 주제입니다만, 어쨌든 저는 도덕적 실재론에 관한 주장을 펼치면서 이런 얘기를 했습니다. "행복한 삶의 방식이라는 질문에 최선의 답을 내놓지 않는 문화가 있다면, 그건 탈레반입니다. 인구의 절반에게 포대를 입고 살도록 강요하고, 만약 그것을 거부하면 때리고 죽이는 관습을 떠올려 보세요. 우리가 인간의 행복에 대해 조금이라도 안다면, 이런 관습이 비상식적이고 부도덕하다는 것도 알 겁니다."

나중에 알고 보니 학술회의에서 탈레반을 비난하는 발언은 큰 문제가 될 수 있다더군요. 제가 발언을 마치자 유관 분야에 여러 학위를 보유한 ―엄밀히 말하면 생명 윤리학자이지만, 과학과 철학, 법학 석사 학위도 보유한― 한 여성이…….

도이치 | 느낌이 별로 좋지 않은데요.

해리스 | 맞아요. 이 천재적인 분은 대통령 생명윤리 연구 자문위원회에서 활동한 적이 있다는 말도 덧붙여야겠네요. 현재는 오바마 대통령이 당대 의학 발전이 지니는 윤리적 영향에 관해 자문을 구하는 열세 명 중 한 명이고요.

제 발언이 끝난 뒤 이렇게 말하더군요. "어떻게 여성과 소녀들에게 베일을 입고 살라고 강요하는 게 잘못된 것일 수 있죠? 그저 당신이 그걸 싫어하는 것 같은데요. 당신의 의견은 단지 그쪽 서구권의 옳고 그름에 대한 개념일 뿐이에요."

그래서 제가 말했죠. "옳고 그르다는 문제가 의식 있는 생명체 —
이 경우에는 인간이고요 — 의 행복과 연관되어 있다고 인정한 순간
당신은 우리가 도덕을 안다는 것도 인정해야 해요. 그리고 이 사례
에서 우리는 부르카가 인간의 행복을 극대화하는 방법이라는 어려
운 질문에 대한 최적의 해답이 아니라는 걸 알죠."

그러자 이렇게 답하더군요. "그건 당신의 의견일 뿐이죠."

"그렇다면 더 단순하게 만들어 봅시다. 모든 셋째 자녀의 안구를
도려내야 하는 어떤 섬의 문화를 발견했다고 가정합시다. 이 경우에
는 인간의 행복을 완벽히 극대화하지 않는 문화를 발견했다는 데 동
의하시겠어요?"

"그런 행위를 하는 이유에 따라 달라지겠죠."

"종교적인 이유로 그런 행동을 한다고 치죠. '모든 셋째는 보이지
않는 채로 다녀야 한다'라는 문구가 적힌 경전이 있거나 비슷한 말
도 안 되는 이유에 의해서요."

"그렇다면 그들이 잘못됐다고 할 수는 없죠."

그녀에게는 이 가상의 야만인들이 종교적 계율에 따라 그와 같은
행위를 한다는 사실이 다른 가능한 모든 진리 주장(경험을 통해 실증되
지 않은 가설_옮긴이)을 우선하기 때문에, 이 이상 도덕적 측면에서 무
엇이 더 옳고 그르다고 대화할 수 있을 만한 여지가 전혀 없었습니
다. 한번은 이렇게 말하는 물리학자와 비슷한 내용의 대화를 나눈
적도 있어요. "저는 노예제도를 좋아하지 않아요. 개인적으로 노예
가 되고 싶지도 않고 노예를 두고 싶지도 않아요. 하지만 노예를 소

유한 사람이 잘못했다고 말할 수 있는 과학적인 근거는 없습니다."

　도덕과 인간 행복, 혹은 의식 있는 모든 사람의 행복 사이의 연관성을 일단 인정하면 이 사람들이 말하는 것과 같은 상대주의는 우리가 행복에 관해 아무것도 모르는 것은 당연하고, 앞으로 행복에 관해 그 무엇도 **결코** 알 수 없을 것이라는 말과 같습니다. 그 기저에 깔린 주장은, 그 어떤 중대한 지식적 발견도 가능한 최악의 불행과 그보다는 나은 우주의 다른 모든 상태 사이의 차이를 탐구하는 데 있어 우리에게 아무것도 알려 주지 않으리라는 겁니다.

　제가 걱정하는 건 지금까지 교수님이 진보에 관해, 그리고 인간 삶을 개선할 수 있는 창의적인 방법을 발견한 사람이 일부에 불과하다는 견해에 관해 말씀하신 내용이 '어떻게 살 것인가'라는 결정을 내리는 많은 사람에게 논란의 여지가 있는 것처럼, 심지어는 편향된 것처럼 들릴지도 모른다는 겁니다.

　도이치 | 네, 그건 무섭죠. 그러나 줄곧 그래 왔습니다. 주목할 점은, 우리 문화는 여러 면에서 우리보다 더 현명하다는 겁니다. 예컨대 공산주의를 물리친 사람들은 예수를 위해서 했다고 합니다. 실제로는 아니었는데도 말이죠. 실은 서구권의 가치를 위해 행동했지만, "예수를 위해 했다."라고 재해석되었을 뿐입니다. 이들은 "민주주의와 자유의 가치는 성경에 적혀 있다."라고 말하곤 합니다. 글쎄요, 성경에 그런 말은 없습니다. 다만 적혀 있다고 말하는 행동 자체는 대단히 훌륭하고 실제로 훌륭한 일을 한 하위문화의 일부입니다. 그러니 그런 비뚤어진 학자들의 존재가 작가님에게 심은 이미지만큼 상황이 그렇게 나쁘지만은 않습니다.

길을 찾아서

해리스 | 생각처럼 그리 나빠 보이지 않도록 하는 하나의 요소가 있다면, 아까 그 생명 윤리학자와 같은 사람들에게도 그런 위선을 실행하는 건 불가능하다는 거겠죠. 제가 이렇게 말했을 수도 있을 겁니다. "확실히 그러네요. 저도 제 딸을 1년 동안 아프가니스탄에 보내 부르카를 입고 탈레반 가족과 살도록 해야겠어요. 어떨 것 같으세요? 제 딸이 시간을 보내는 최선의 선택일까요? 저는 좋은 아버지일까요? 외국인 혐오적 편견에 굴복해 버린 제 자신은 논외로 치고, 결국 이 결정이 제 딸에게 안 좋은 영향이 될지 판단할 수 있는 근거는 없지만, 당신도 제 결정을 지지해 주겠죠?" 아마 여기에는 그 생명 윤리학자도 망설이지 않을까 싶어요. 왜냐면 우리 모두 어떤 삶의 방식은 그리 달갑지 않다는 걸 뼛속부터 알고 있으니까요.

도이치 | 그렇죠. 거기서 또 하나의 아이러니는, 그 생명 윤리학자는 아마 작가님이 도덕적인 상대주의자가 아니라는 점을 비난하리라는 겁니다. 도덕적 상대주의란 서구 문화권에만 존재하는 병리죠. 다른 모든 문화에는 옳고 그른 것에 대한 잘못된 개념은 있을지언정 옳고 그름이 있다는 것 자체는 의심하지 않아요. 그렇다고 해서 그 생명 윤리학자가 이 지점을 비난하지는 않을 것 같네요. 작가님은 비난했지만요.

'위선'이라고 하셨죠. 저는 이 모든 게 대화를 시작하며 우리가 논의한 바로 그 착각에서 비롯된다고 봅니다. 지식은 감각을 통해 얻는다는 경험주의입니다. 이것이 결국 과학만이 모든 이성을 만들며 과학적 방법이 모든 합리성을 세운다는 과학만능주의로 이어졌죠. 그리고 다시 도덕이란 존재하지 않는다는 생각으로 이어집니다. 도덕은 실험을 통해 확인할 수 없기 때문입니다. 아마 작가님은 이렇게 대답할 것 같네요. "인간 행복의 단순한 기준만 세운다면 실험은 가능하다." 하지만 그 지점에서 멈추면 안 됩니다. 감각에서 유래하지 않으므로 도덕이란 없다면 이는 곧 감각에서 유래하지 않으므로 과학적 지식도 있을 수 없다는 주장과 같은 말이 되니까요.

20세기에 경험주의는 근거 없는 주장이라는 것이 밝혀졌고, 어떤 사람들은 그러므로 과학적 지식도 근거 없는 주장이라고 결론 내렸습니다. 그러나 과학은 경험주의에 기반을 두지 않습니다. 이성에 기반을 두죠. 도덕도 마찬가지고요. 이성적인 태도를 가지고 도덕을 바라보면서 도덕은 도덕적 지식으로, 지식은 추측으로 구성되며, 여기에는 기준이 아니라 여러 비판 양식이 필요하다고 말한다면, 그리고 이 비판 양식은 이 비판 양식의 영향을 받는 기준에 따라 작용한다고 말한다면, 그러면 초월적인 도덕 진리에 다다른 겁니다. 모든 지식이 추측에 기반하며 발전할 가능성이 있다면 지식 발전의 수단을 보호하는 것이 그 어떤 지식보다 중요할 겁니다. 이러한 생각이 —누군가 "인간은 번영해야 한다."라고 한 다음에 "모든 인간은 평등하다." 같은 소리를 하기 전에— 예컨대 노예제도는 끔찍한 것이라는 사실로 직접 이어질 겁니다. 실제로는 인간의 행복이 가장 훌륭한 근삿값이겠지요. 실제 상황에서는 인간의 행복이 가장 비슷한 답이 될 거고요. 절대 진리는 아니지만요. 전 인류가 자살하는 게 옳은 상황도 상상해 볼 수 있을 겁니다.

해리스 | 교수님의 지식 습득, 설명에 관한 의견과 제 도덕적 실재론 사이에는 일치하는 부분이 있네요. 우리 둘의 견해가 완벽히 같

은지는 모르겠지만, 교수님 책에서 제가 정말 좋아했던 구절이 있습니다. "도덕 철학은 우리가 다음에 취할 행동의 문제에 관한 것이다." 더 일반적으로, 어떤 종류의 삶으로 연결되고 어떤 종류의 세상을 원하는가에 관한 것이라고 하셨어요. 저는 '우리가 다음에 취할 행동의 문제'라는 부분에 도덕의 의미가 담겨 있다고 느꼈습니다. 지난 수년 동안 계속해서 도덕이란 일종의 방향을 찾는 문제라고 말해 왔거든요.

인간에게 '도덕'이나 '선과 악', '옳고 그름'이라는 어휘가 없다고 해도, 방향을 찾는 문제는 여전히 존재할 겁니다. 인간은 있을 수 있는 수많은 경험으로 가득한 우주에 떠밀어 넣어졌습니다. 그리고 모두에게 겪을 수 있는 최악의 고통과 그 외의 모든 상태 사이의 차이 외에 더 중요한 건 없습니다. 그러면 겪을 수 있는 최악의 고통을 피하기 위해 가능한 수많은 경험으로 구성된 이 우주 속에서 어떻게 방향을 찾느냐는 질문이 생깁니다. 그 외에 어떤 종류의 행복이 가능할까요? 적절하게 구성된 의식 있는 사람들에게 어떤 종류의 의미와 아름다움, 기쁨이 있을 수 있을까요?

저는 모든 종류의 실재론은 모르는 것이 있을 수도 있다는 성명이라고 봅니다. 만약 교수님이 지리학과 관련한 실재론자라면 교수님이 알지 못할 수도 있는 세상의 어떤 영역이 있다는 걸 인정해야 합니다. 지금이 1100년이고 교수님은 옥스퍼드에 살고 있으며 아프리카라는 존재에 대해 들어 본 적이 없다고 해도 아프리카는 교수님의 무지에도 불구하고 여전히 그곳에 있으며, 발견될 수 있는 존재입니다. 이것이 지리학에서의 실재론인 거죠. 그것이 진실인지 아닌지 알지 못한다고 해도 어떤 것들은 진실이며, 그것이 진실이라는 걸 알게 되어도 사람들은 이 지식을 잊을지도 모릅니다. 교수님이 지적하신 것처럼 문명 전체가 인간의 번영에 필수적인 지식의 형태들을 잊어버릴지도 모를 일이죠.

모든 과학 영역에서 우리가 언급하는 아주 기초적인 기준들처럼, 의식의 특정한 상태가 더 좋은지 나쁜지 판단할 수 있는 어떠한 기준이 있다는 것은 인정해야 합니다. 만약 모두에게 발생 가능한 최악의 불행이 다른 수많은 대안보다 나쁘다는 것을 인정하지 않는 사람이 있다면, 그 사람은 대체 무슨 말장난을 하는 건지 저는 이해하지 못할 겁니다. 그리고 모두에게 발생 가능한 최악의 불행이 다른 대안들보다 더 나쁘다는 것을 인정하기만 한다면 도덕적 지식은 성장하기 시작할 수 있을 겁니다.

그러면 이제 이것은 앞으로 나아가는 이야기가 되겠죠. 비록 목적지는 모르지만 적어도 희망의 빛 하나 없는 깊은 고통과 우리가 인생에서 마땅히 가치를 두는 많은 것 사이에 차이가 있다는 것은 압니다. 사실과 가치의 이분법 —'사실인 것$_{is}$'에서 '해야 하는 것$_{ought}$'을 도출할 수 없다는 흄$_{David\ Hume}$의 견해— 에는 큰 오도의 여지가 있습니다. 제 의견인데, 이 견해는 흄을 잘못 해석한 데에서 비롯되었다고 생각합니다. 어쨌든 중요하지 않은 주장들을 너무 많이 만들어 냈어요. 하지만 이 원칙이 자연서$_{Book\ of\ Nature}$(중세 유럽에는 신이 인간에게 성서$_{Book\ of\ Bible}$와 자연서, 두 권의 책을 주었다고 믿었다. 대부분 독실한 신앙인이었던 당시 과학자들은 신앙과 자연을 가르치는 두 권의 책을 탐구하여 신의 뜻을 깨우칠 수 있다고 생각했다_옮긴이)에 적혀 있다고 생각하는 물리학자도 여럿 만나 봤습니다. "세상이 존재하는is 방식을 표현하는 말 중에 세상이 어떻게 되어야 하는지ought 알려 주는 건 없습니다. 사실을 표현하는 말 중에 가치에 관해 설명할 수 있는 건 없습니다. 그러므로 가치란 그냥 만들어진 개념입니다. 과학이 묘사하는 현실과는 아무런 관계가 없습니다."

도이치 | 역시 경험주의죠. 명분주의justificationism고요. '사실인 것'에서 '해야 하는 것'을 추론하면 안 됩니다. 추론이 아니라 설명하려 해야 합니다. 도덕적 설명은 사실적 설명에서 나옵니다. 방금 인간이 고통받을 수 있는 최악의 불행을 떠올리며 한 것처럼 말이죠.

해리스 | 더 깊게 들어가면 ―『무한의 시작』에서도 짚은 부분입니다만― 실은 논리적 일관성의 가치, 증거의 가치와 같은 여러 가치, 혹은 '해야 하는 것'을 가정하지 않으면 사실적 주장, 즉 '사실인 것'에는 도달할 수조차 없습니다. 그러지 않으면 지식의 근본에 혼란을 가져옵니다. 과학은 우리를 속이지 않는 가치에 대해 말하며 우리가 모두 속을 수도 있는 것을 발견하기 위한 경쟁의 장을 형성한 뒤, 그 혼란을 해결하려는 문화의 일부라는 생각이 듭니다.

이렇게 마지막 주제로 이어지네요. 문명의 존속과 지능을 지닌 기계의 탄생에 내포된 잠재적 위험에 관해 나눴던 이야기와 관련이 있는데요. 소위 '페르미 역설Fermi paradox'을 어떻게 생각하시나요? 우리 은하는 어째서 인간보다 고등한 문명으로 가득하지 않은 걸까요? 지식 성장의 끝에는 치명적인 단계가 존재하는 걸까요?

도이치 | 페르미 문제 ―사실 역설은 아니죠― 는 은하계의 방대한 크기는 문제가 되지 않을 정도로 은하계의 나이가 아주 많다는

사실에서 출발합니다. 은하계 어디든 두 개의 문명이 존재한다고 가정할 때, 두 문명이 가령 1,000만 년이 안 되는 간격을 두고 발생했을 가능성은 극도로 낮습니다. 그러니 만약 다른 문명이 은하계 어딘가에 있다면, 그 문명은 우리보다 1,000만 년도 더 전에 발생했을 것이고, 그러므로 발전할 시간도 1,000만 년이나 있었을 것이며, 그 정도면 그들이 우리 문명에 도달하기에 충분한 시간이죠.

은하계 속 항성들은 이동하며 섞이므로, 외계 문명은 주변의 일부 항성만을 식민화할 수밖에 없습니다. 시간이 지나면 이 항성들은 은하계 전체로 점차 퍼지겠죠. 그렇다면 인간은 이 식민 항성의 증거를 발견할 수 있어야 합니다. 그런데 발견하지 못했으므로 우주에 또 다른 외계 문명은 없다는 겁니다.

이 질문은 실제로 어떤 문제를 제기하기는 합니다만, 진짜 문제는 인간이 아직 모든 매개변수를 파악하지 못한 데 있는 것 같습니다. 외계 문명이 과연 전파를 사용할까요? 그들은 어떤 방식으로 우주를 탐험할까요? 그들은 무엇을 바랄까요? 모든 가정에서 우리는 당연히 외계 문명도 인간 문명과 유사할 것이며, 우리와 비슷한 방식으로 기술을 사용할 것이라 여깁니다. 그러한 가정 중 하나만 틀려도 그동안 우리가 잘못된 관점에서 바라보고 있었다는 결론을 내릴수 있겠죠. 인간이 최초의 문명일 가능성도 있습니다. 적어도 우리 은하에서 말이죠. 인간은 이 질문에 영향을 미치는 모든 요소가 타당한지 아닌지도 충분히 이해하지 못하는 것 같습니다. 그러나 외계 문명의 지식 창출 방식이 우리와 다르리라는 생각은 타당하지 않습니다. 그 말은 그들의 물리학이 우리가 아는 물리학과 무척 다를 것이라는 의미이기 때문입니다. 기본적으로 초자연적이라는 말과 같습니다. 대부분의 문명이 스스로 멸망했다는 또 다른 가능성도 있습니다. 하지만 모든 문명이 멸망해 버린다는 것은 사실 받아들이기 어렵죠.

해리스 | 닉 보스트롬이 자신의 책에서 그레이트 필터Great Filter라는 개념을 설명하는데요. 어느 시점이 되면 모든 고등 문명은 계산 능력을 얻고 지능을 지닌 기계를 만들며, 어떤 이유에서든 이 문명은 대개 파멸로 이어진다는 겁니다. 문명을 파멸로 이끄는 필터가 있으며, 이것이 고도로 발전한 외계 생명의 증거를 찾을 수 없는 이유를 설명한다는 거죠.

도이치 | 그런데 인간 문명에도 그러한 기계는 곧 등장하리라 예상되지 않나요? 자기 행성에서 종이 클립을 만드느라 바쁜 게 아니라면 그들은 지금쯤이면 지구에 도착했어야 합니다. 그보다는 대부분의 문명이 정적인 상태에 정착한다는 게 더 그럴듯하게 들립니다. 우리가 떠올릴 수 있는 정적인 상태는 아까 말한 바와 같이 지금 우리 시각에서 보면 끔찍해 보이는 과거 정적인 사회의 모습에서 영향을 받았습니다. 물질적으로 우리보다 100만 배는 더 풍요롭지만, 모두가 매일 같은 작업을 수행하는 대신 고통은 없는 의식儀式주의 종교에 빠진 문명이 있다면, 제게는 그게 바로 지옥일 겁니다. 하지만 아까 말씀처럼 옥스퍼드에 살고 있으면서 아프리카의 존재를 모르듯 다른 삶의 방식 자체를 깨닫지 못하는 문명을 상상할 수도 있겠죠. 적당히 행복하겠지만, 그보다 더 큰 행복이 있을 수 있다는 건 모를 겁니다. 그렇다면 그저 지금의 상태에 머무를 수밖에 없겠죠.

거인의 통찰

해리스 | 맞습니다. 저는 행복의 정도에도 지형이 있다고 생각하는데요. 저는 지금 근방에서 가장 높은 산꼭대기에 서 있지만, 다른 봉우리가 존재한다는 사실은 모릅니다. 물론 그 꼭대기에 오르지 않는 경우의 수도 많을 겁니다. 헤로인에 가장 심각하게 중독된 사람들만 사는 고도의 문명과 같은 봉우리가 은하계에 꽤 있을 수도 있고요. 이 사회는 고통도 없고 큰 변화가 없는 안정된 상태를 발견했는지도 모릅니다. 특정한 유형의 지식을 통해 거대한 행복의 저수지를 얻은 거죠. 아주 올더스 헉슬리Aldous Huxley(『멋진 신세계』의 저자_옮긴이)스러운 결말이네요.

도이치 | 우선 그런 문명이 있다면 결국 근접한 초신성이나 비슷한 원인으로 인해 파괴될 겁니다. 수천만 년 내지는 수억 년마다 하나의 문명을 쓸어버릴 만한 사건은 다수 발생합니다. 조치를 취하지 않는다면 말이죠. 만약 어떠한 조치를 취한다면 ─이를테면 자동 초신성 억제기 같은 것을 이용한다든지─ 우리가 알 겁니다. 한편으로는 그런 대사건이 다가오는지도 모르는 채로 그저 멸망해 버리는 것도 상상하기 어렵습니다. 초신성과 같은 위험을 발견하지 않았다면 어떻게 그렇게 높은 수준의 안락함에 도달했겠습니까?

다른 여러 가능성도 있습니다. 사실 정말 끔찍한 가능성을 가지고 공상과학 소설을 쓸까 생각 중인데, 자세한 내용은 비밀로 해 두죠.

해리스 | 오, 그 끔찍한 서프라이즈의 재미는 나중의 영광으로 미뤄 두죠…….

마지막 질문입니다. 인류 역사상 가장 똑똑한 사람으로 누구를 꼽으실 건가요? 과거의 인물도 현재의 인물도 상관없습니다만, 외계 생명체와 소통할 사람을 한 명 지명해야 한다면 누구를 추천하시겠습니까?

도이치 | 인간 지식에 가장 크게 기여한 사람이나 가장 많은 지식을 창출해 낸 사람을 묻는 게 아니라, 누가 가장 높은 IQ를 지니느냐는 질문에 더 가깝게 들리네요.

해리스 | 그렇게 구분하는 것도 좋겠네요. 꽤 똑똑하고 그 누구보다 인간 지식 발전에 기여해 온 사람들이 여럿 있지만, 사고방식이나 업적을 봤을 때, 이를테면 존 폰 노이만 같은 사람과 견줄 정도는 아니라는 생각이 드니까요. 폰 노이만 같은 사람의 순수한 두뇌 능력은 어떨지 궁금하네요.

도이치 | 그렇다고 한다면(두뇌가 아니라 지성, 즉 하드웨어가 아니라 소프트웨어인 겁니다), 저는 리처드 파인만Richard Feynman이어야 한다고 생각합니다. 비록 파인만의 물리학적 업적은 알베르트 아인슈타인의 근처에도 가지 못하지만요.

딱 한 번, 파인만을 만난 적이 있습니다. 사람들이 제게 이렇게 말하더군요. "파인만에 관해 이런저런 소문을 많이 듣겠지만, 그도 그저 한 명의 인간에 불과해요." 간단히만 말하자면 그를 찾아가 만났고, 모든 소문은 사실이었습니다. 파인만은 지적 능력이 놀라울 정도로 뛰어난 사람이었습니다. 아인슈타인을 만난 적도 없고, 그 정도의 지성인을 많이 만나 보지는 못했지만요. 하지만 파인만은 어딘가 범상치 않다는 인상을 받았습니다. 업적이라는 측면에서 본다면 칼 포퍼Karl Popper도 추가해야겠네요.

해리스 | 간단히 줄이지 말고 모두 이야기해 주세요. 파인만과 한 자리에 있다는 건 어떤 느낌인가요? 그리고 어떤 부분에서 범상치 않은 인상을 받았나요?

도이치 | 이해가 무척 빠른 사람이었습니다. 대학가에서 그런 인물을 찾는 게 그리 어려운 일은 아닙니다만, 사물을 이해하는 데 창의력을 활용하는 건 확실히 특별한 능력이죠. 상사가 보내서 그를 만나러 갔는데, 당시 저는 양자 계산이라는 개념을 발전시키고 있었고 현재 우리가 양자 알고리즘이라고 부르는 것을 궁리하던 때였습니다. 아주, 아주 단순한 알고리즘이었는데, 지금은 도이치 알고리즘이라고 불리죠. 오늘날의 기준으로 보면 별것 아니지만, 저는 수개월째 그 작업에 매달려 있었어요. 그에게 양자 컴퓨터에 관해 설명해 주었더니 무척 흥미를 보이며 이렇게 말하더군요. "그래서 그 컴퓨터는 무엇을 할 수 있죠?" 그래서 대답했습니다. "음, 저는 양자 알고리즘을 작업하고 있습니다." 이어서 그에게 양자 알고리즘을 설명한 다음 제가 말했습니다. "서로 다른 두 초기 상태가 중첩되어 있다고 가정해 보세요." 그가 "그러면 그냥 난수가 나오겠죠."라고 대답했고 다시 제가 "그렇죠. 그다음에 간섭 실험을 한다고 가정해 보세요."라고 말하며 쭉 설명했습니다. 그랬더니 "아니, 아니. 잠깐 멈춰 봐요. 내가 해 볼게요."라고 하더니 칠판으로 달려가 사전 지식도 거의 없는 상태에서 제 알고리즘을 막 써 내려가더군요.

해리스 | 어디까지 갔나요? 그 칠판 앞에 서서 교수님이 작업하던 내용의 어느 부분까지 따라잡던가요?

도이치 | 잘 모르겠습니다. 제가 설명한 그 몇 마디에서 어느 정도

의 단서를 얻었는지 모르겠지만, 대충 따져 보자면 몇 달 치는 따라잡혔다고 봐야죠. 정말 놀랐습니다. 이미 놀랄 정도로 똑똑한 사람들과 교류하고 있었지만, 그런 건 한 번도 본 적 없었어요.

해리스 | 당시 상사라고 하시면 존 휠러John Wheeler인가요?

도이치 | 그 당시에는, 네 맞아요.

해리스 | 역시 똑똑한 사람들 중 한 명이었군요.

도이치 | 그렇죠.

해리스 | 정말 멋진 이야기네요! 여쭤보길 잘한 것 같습니다. 이번 시간이 교수님과 같이 뛰어난 지성을 가진 분과 대화를 갖는 마지막 시간이 아니어야 할 텐데요.

도이치 | 다시 기회가 있다면 정말 좋을 것 같네요. 오늘 대화 무척 즐거웠습니다.

* * *

도이치 | 지식이란 본디 무척 중요합니다. 누적되는 성질의 것도 아닙니다. 전통적으로 지식이란 우리가 쌓아 온 것이라고 여겨졌습니다. 데카르트가 말한 것처럼 무에서 생겼든, 우리 감각에서 얻었든, 신 혹은 그런 신적인 영역에서 얻었든, 우리 유전자에서 얻었든 말이죠. 그리고 마치 벽돌을 차곡차곡 쌓는 것처럼 생각도 쌓인다는 겁니다. 저를 비롯한 많은 이가 모든 생각과 개념에 적용하고 싶어 하는 생각인데, 칼 포퍼가 과학을 보는 견해에 따르면 지식이란 그런 것이 아닙니다. 지식은 모순된 개념들의 거대한 덩어리이며, 사

고란 이 거대한 덩어리 사이를 돌아다니며 가장 심각한 모순을 보이는 생각들을 조정해 서로 양립할 수 있도록 만드는 일입니다. 그리고 이러한 조정은 추측에 기반을 두고요. '이것이 아마 다양한 모순을 제거할 것 같다'고 추측하고, 제거되면 다음으로 넘어가는 겁니다. 작가님의 책에 관해 이야기하기 위해 이 부분에 있어서 작가님은 어떻게 생각하는지 궁금하군요.

우리 둘은 어떤 면에서는 비슷한 생각을 지니고 다른 면에서는 반대의, 공존할 수 없는 생각을 지니기도 합니다. 그렇기 때문에 서로에게 생각하는 바를 정확히 전달하기는 어렵습니다. 하지만 저는 작가님이 도덕에 관한 생각을 발전시켜 굳이 『신이 절대로 답할 수 없는 몇 가지』라는 책까지 쓴 이유가 지적 달성을 위해서라고 생각하지 않습니다. 적어도 가장 큰 이유는 아닐 거라고 봅니다. 현존하는 최고의 이론을 미세하게 조정하거나 널리 퍼진 잘못된 이론을 반박하려는 것도 아니고요. 굳이 이 책을 써서 굳이 그 이론을 발전시킨 이유는 특별한 목적이 있기 때문이라고 생각합니다. 거창하게 표현하자면, 문명을 보호하기 위해서입니다. 도덕적 상대주의와 종교적 독단이라는 두 가지 실존적 위험으로부터 말이죠.

해리스 | 맞는 말씀입니다. 그리고 표현의 과장에 대한 비판도 납득할 수 있고요. 제가 책에서 의도했던 건, 인간 행복의 가장 큰 변화는 인간 삶에서 무척 중요한 질문들에 달려 있다는 주장을 옹호하며 경계를 설정하고자 했던 겁니다. 그리고 관련한 질문들의 대답은 우리가 답을 얻든 얻지 못하든 존재합니다. 분명 더 나은 답도, 나쁜 답도 존재합니다. 그렇기 때문에 맞는 답도 틀린 답도 할 수 있습

니다. 더 맞는 답도 더 틀린 답도 있겠죠. 도덕적 진리가 존재한다는 직관을 당당하게 옹호할 수 있고, 도덕과 가치에 관한 주장은 우주에 관한 사실적 주장들과 다를 바 없다는 점에 관해 이야기할 수 있는 하나의 지적인 장을 열고 싶었습니다.

도이치 | '거창'하다는 표현을 비난하려는 목적으로 사용한 건 아니에요! 도덕적 상대주의와 종교적 독단이 실존적 위험이라는 데에는 저도 동의합니다. 그 문제들이 우리가 지닌 가장 거대한 문제인지는 확신할 수 없지만, 여전히 실존적인 위협을 가하고 상태도 심각하죠. 방금 도덕에 관해 말한 부분도 동의합니다. 도덕에는 참과 거짓, 혹은 옳음과 그름이 있습니다. 도덕적 진실은 객관적이죠. 일반적인 추론 방식으로 찾을 수 있는 대상이며, (중대한 차이는 있지만) 본질적으로 과학과 그 방식은 같습니다.

좋습니다, 그러면 이 도덕 이론을 발전시키는 과정에서 작가님은 도덕적 근거에 기반을 둔 지적 목적을 지녔고, 이 이론의 구체적인 사항을 정리하기 전에 도덕적 목적을 이미 갖고 있었던 거네요. 그 이론에 어떤 속성을 넣고 싶다고 하셨죠. 도덕에는 객관적인 옳고 그름이 있다고 주장하고 방어할 수 있는 지적인 장을 만드는 게 바로 그것이고요. 그러면 이론에 포함되길 바랐던 이 속성은 작가님의 성격이나 그 무언가를 표현한 게 아니라 작가님이 이 책을 쓰도록 만든 도덕적 가치들인 것이군요. 작가님이 **객관적인 사실**이라고 여기는.

해리스 | 교수님이 정말 상냥하게 제 소중한 견해를 파괴하도록 이끌고 가는 방식이 정말 재미있네요.

거인의 통찰

'이론'이라는 단어는 제가 제기한 생각을 표현하기에는 너무 거대한 단어라는 점을 짚고 넘어가야겠네요. 대단한 것은 아니지만, 제 이론에는 제가 도덕에 관해 잘못 생각하고 있을지도 모르는 것이 많다는 분명한 가정이 포함돼 있습니다. 그러니 제 이론은 제가 지금 지닌 도덕관에 기반을 두는 것은 아닙니다.

도이치 | 일부는 반영되어 있는 듯한데요.

해리스 | 제가 이런저런 곳에서 도덕적 실재론이라 부르는 직관에 기반을 둡니다. 도덕적 실재론이란 기본적으로는 틀리는 것도 가능하다는 주장입니다. 내가 지금 틀린 게 무엇인지 모를 수도 있습니다. 나의 정신 —의식 상태에 접근할 수 있게 해 주는— 이 옳은 것만 안다면, 삶이 얼마나 훌륭한지에 대한 옳은 사실에 인지적으로 닫힐 수도 있습니다. "동성 결혼이 합법화되어야 한다는 나의 직관은 굉장히 근본적인 것이므로 이러한 나의 직관을 부정할 수 있는 우주의 상태는 없다."라는 식으로 생각하는 게 아닙니다. 제 입장은 그런 것이 아닙니다. 저는 의식적 경험의 경계와 실재론이라는 직관을 믿습니다.

도이치 | 물론이죠, 그렇게 말하려던 게 아닙니다. 사실 방금 도덕과 관련해 말씀한 모든 것에 저 역시 동의합니다. 책에서 설명한 개념에는 그런 내용도 있지만, 제가 동의할 수 없는 다른 내용도 있습니다. 기본적으로 저는 이 이론은 과학, 특히 신경과학이라는 공고한 기반을 토대로 한다는 작가님의 도덕 이론에 포함된 속성 중 하나에 동의하기 어렵습니다.

해리스 | 사실 혼란을 야기할 수도 있는 부분이긴 합니다. '과학은

어떻게 도덕적 가치를 결정할 수 있는가How Science Can Determine Moral Values'(원서의 부제이며, 국내에서 발행된 역서의 부제는 "악의 시대, 도덕을 말하다"이다_옮긴이)라는 부제를 붙인 제 잘못이죠. 교수님도 아시겠지만 부제 같은 건 간혹 작가의 권한 밖의 일인 경우도 있지 않습니까. 그렇다고 해서 도덕이 반드시 과학이라는 견고한 토대 위에 세워져야 한다는 건 아닙니다. 그 주장들의 근거가 얼마나 탄탄한 것으로 판명되든 간에 과학 영역에서 하는 주장만큼 도덕적 주장 역시 근거가 있어야 한다는 말이죠.

제가 말하는 건 현실의 본질에 관한 주장을 낼 수 있는 커다란 인지적 공간입니다. 그리고 이 현실에는 가능한 모든 의식적 경험이 포함됩니다. 방법론적인 이유로 우리는 어떤 주장들을 '과학적'이라고 칭합니다. 어떤 것들은 '역사적'이라고 하며, 어떤 것들은 그냥 '사실적'이라고 부르죠. 일부 과학 분야는 다른 분야들만큼 과학적이라는 평가는 얻지 못하지만, 여전히 '과학'이라고 불립니다. 하지만, 의식의 특징이나 의식의 내용과 같은 주관성에 관한 주장들도 있습니다. 그리고 이 역시 우리가 유관한 데이터에 접근 가능한지 여부를 떠나 참일 수도 참이 아닐 수도 있습니다.

존 F. 케네디는 총에 맞기 직전, 어떤 생각을 하고 있었을까요? 우리는 여기에 하나의 사실이 있다는 건 알지만, 그 정보에 접근할 방법이 없다는 것도 압니다. 그리고 그의 주관성, 삶의 마지막 순간에 그가 하던 생각에 관해 셀 수 없을 정도로 많은 주장을 할 수는 있지만 그것이 맞지 않다는 것도 압니다. 예를 들어 그 순간에 그가 끈 이론string theory을 생각하고 있지 않았으리라는 건 압니다. 또한 그가

거인의 통찰

사망한 다음 해 발견된 가장 큰 소수素數를 생각하고 있지도 않았을 겁니다. 이런 식으로 마지막 순간에 생각하지 않은 것을 떠올리며 마지막까지 소거해 가는 겁니다. 이러한 주장들은 모든 과학적 주장만큼 사실에 기반을 둡니다.

다시 정리하면, 제가 주장하고자 했던 것은 도덕 —의식 있는 생명체의 의식 상태에 따라 달라진다고 여겨지는— 은 방법론적인 차이는 있지만 다른 모든 종류의 객관적인 주장들과 마찬가지로 객관적인 주장들이 모인 공간이라는 겁니다.

도이치 | 음, 객관적일 수 있는 방법에는 두 가지가 있죠. 작가님과 저는 서로 다른 쪽을 지지하는 거고요. 첫 번째 방법은, 그 대상에 관한 진리가 다른 것에 대해서도 진리여야 한다는 겁니다. 화학을 예로 들어 보죠. 화학에 관한 진리는 물리학에서도 진리입니다. 화학이라는 학문이 막 연구되기 시작했을 때는 이를 확실하게 알 수 없었지만, 이제는 확실하죠. 이론상으로 모든 화학적 법칙, 화학 반응에 관한 모든 설명은 물리학에 관한 설명이기도 합니다. 물리학이 객관적이기 때문에 화학도 객관적입니다.

두 번째 방법도 있죠. 정수가 객관적으로 존재하는 방식입니다. 이전에도 정수의 실재 여부를 두고 다양한 주장을 펼치는 이론들이 있었습니다. 그렇다면 정수는 어떤 의미에서는 존재했던 겁니다. 저는 정수가 물리학과는 별개로 실재한다고 생각합니다. 정수에 관한 진리는 물리학에 관한 진리와는 별개인 거죠. 화학의 경우와 달리, 정수는 물리적 실체에 속한 양상에 속한다는 이유로 객관적인 게 아닙니다. 정수가 객관적인 건 물리적으로 존재하는 것과 다른 방식으로 존재하기 때문입니다. 비록 정수에 관한 진리 중 다수가 물리적 실체에 관한 진리에 반영되어 있긴 합니다만, 정수는 물리적 실체로서 구별되지는 않죠. 우리가 발견할 수 있는 그 어떤 자연의 법칙도 소수에 관한 정리定理를 바꿀 수는 없습니다. 저는 과학과 구별되는 이러한 종류의 별개성이 도덕이 지닌 진리에도 적용된다고 봅니다.

해리스 | 사실 『신이 절대로 답할 수 없는 몇 가지』에서 이 부분을 다룹니다. 여기에서는 철학자 존 설의 의견을 따르는데요. 존 설은 우리가 '객관적'이라는 단어를 존재론적, 인식론적 의미에서 사용한다고 합니다. 어떤 것이 존재론적으로 객관적이라면 누군가 그 존재를 아는 것과는 무관하게 그것은 '실제 세상에' 존재하는 겁니다. 인간의 정신과는 별개로, 방금 설명하신 것처럼 화학과 물리학에 관한 사실 같은 유형입니다. 정수 같은 대상으로도 확대할 수 있겠죠. 의식 있는 생명체가 존재하지 않는 우주를 상상해 보세요. 화학, 물리학, 심지어 수학에 관한 사실은 주변에 그것을 이해하는 생명체가 하나도 없다고 해도 여전히 사실일 겁니다.

인식론적 객관성은 우리가 모든 사실에 관한 주장을 할 때의 방법, 태도와 관련이 있습니다. 인식론적인 의미에서 객관적이라 함은 편견 때문에 오해하지 않는 것입니다. 희망 사항에 끌려가지 않는 겁니다. 인식론적으로 객관적이려면 정보에 관해, 혹은 논리적 논증의 결과에 관해 지적으로 정직한 주장을 해야 합니다.

주관성에 관해서는, 어떤 것이 **존재론적으로** 주관적일 수도 있습니다. 즉, 그것의 존재는 인간 등 의식 있는 지성체의 존재에 달린 겁니다. 케네디가 총에 맞기 직전 경험하고 있던 것을 추측할 때, 저는 그의 주관성에 관한 주장을 하고 있는 겁니다. 하지만 인식론적 객관성이라는 측면에서 같은 주장을 할 수도 있습니다. 저는 케네디의 주관성은 그가 끈 이론의 세부적인 내용을 생각하고 있는 것으로 특징지어질 수 없다고 객관적으로 말할 수 있죠.

객관성과 주관성 사이의 존재론적 차이에는 개인적으로 전혀 관심이 가지 않습니다. 그뿐만 아니라 이 차이는 현실의 본질에 관해 참 혹은 거짓 주장을 하고 있는지에 관해 어떠한 단서도 주지 않죠. 이것이 유용한 대화가 있고 그렇지 않은 대화도 있을 겁니다. 도덕에 관해서 우리가 말하고 있는 건 우주에서 어떻게 경험이 발생하는지, 그러한 경험의 특성은 무엇인지, 그리고 의식 있는 지성체들이 민감하게 받아들이는 극적인 행복과 고통에 관한 것입니다. 그런 대화의 일부는 신경 전달 물질과 뉴런, 혹은 경제 시스템, 혹은 모든 규모의 '객관적 현실'로 구성된 인식론적으로 객관적인 세계로 우리를 데려갑니다. 그러나 이러한 사실들의 현금 가치 ―만약 우리가 도덕에 관한 대화를 하고 있다면― 는 의식 있는 생명체의 의식적인 상태입니다. 아시겠지만, '행복well-being'이라는 단어는 모두에게 최악의 불행이 될 음극을 비롯해, 우리가 현재 상상할 수 없는 지평 너머의 가능한 모든 경험을 포함하기 위해 제가 사용하는 여행 가방 용어suitcase term(인공지능 분야의 선구자 마빈 민스키Marvin Minsky가 처음 사용한 용어로, 서로 다른 여러 의미를 포함하여 자칫 의도한 바와 달리 해석될 수 있는 단어를 지칭한다_옮긴이)입니다.

저는 정수가 물질적 현실과 별개로, 심지어 정수를 이해하는 의식 있는 지성체와 별개로 어떤 플라톤적 존재의 영역에 있는지 아닌

117

길을 찾아서

지는 확신하지 못하겠습니다. 아까 말씀하신 내용으로 돌아가면, 존재론적 의미에서 우리가 대개 '객관적'이라고 부르는 물리적 현실이 있습니다. 그리고 우리가 원자에 관해 알고 있는 사실에 의존하지 않는 정수 같은 것들이 있죠. 하지만 동시에 우리가 이해할 수 있고 없고를 떠나, 의식적 시스템의 경험도 있습니다. 그 경험들에는 특질이 있고, 이 특질은 그러한 의식적 시스템을 위해 존재하는 물질적 필요조건이 무엇이든 간에 그것에 의존합니다. 실제로 관심이 가는 건 그 동전의 주관적인 면이죠.

도이치 | 흥미롭네요. 마지막에 하신 말씀을 제가 똑같이 하려고 했었거든요. 작가님이 사용한 '과학'이라는 단어는 일부 사람들보다 더 넓은 영역을 내포하고 있는데, 저 역시 그렇습니다. 우리 둘 다 과학이라는 단어를 자신이 순수주의자라고 생각하는 사람들이 과학에서 제하고자 하는 것들을 포함하는 데 사용하네요. 철학의 일부를 포함하기 위해 과학의 범위를 확대하면서요.

만약 전통적으로 철학이라고 여겨지던 것들 ─예컨대 저는 의심의 여지없이 과학에 속한다고 생각하지만, 양자 이론의 해석 등과 같은─ 까지 다루기 위해 '과학'이라는 단어의 의미를 확대하고자 한다면, 인간의 행복과 신경과학을 연결할 수 있습니다. 그러면 '신경철학neurophilosophy'까지 포함하게 되죠. '신경철학'은 인식론입니다. 일단 과학을 인식론으로 확대하고 나면, 인식론은 기질 독립적이라는 물리적 세계에 관한 깊은 사실과 마주하게 되죠.

다시 말해, 일단 지식, 감정, 의식, 어떤 종류의 정보 혹은 연산이든, 이러한 것들이 보편적 기계에서 표현되면, 그것이 따르는 법칙

거인의 통찰

들은 물리학이나 신경학과는 완전히 별개의 것이 됩니다. 기계의 모든 물리적 속성은 점차 사라지고, 그러한 속성들은 추상적이라고 할 수도, 추상적이지 않다고 할 수도 있습니다. '추상적'이라는 표현에는 오해의 소지가 있겠네요. 속성들은 100퍼센트 객관적이니까요. 단지 그것들이 원자가, 뉴런이 아닐 뿐입니다.

해리스 | 맞는 것 같습니다. 그런데 지금 말씀하신 내용 이면에는 일종의 정보 기반 기능주의가 있는 것 같습니다. 우리 대화를 위해 의식은 정보 처리의 새로운 속성이며, 비트에 기반을 두지 않은 물리적 현실의 다른 구성 요소가 아님을 우리는 알고 있다고 가정하시면서요. 만약 이렇게 가정한다면, 의식은 무기체인 컴퓨터가 특정한 방식으로 정보를 처리하면 가질 수도 있는 것이 됩니다. 언젠가 이것이 진실이라고 밝혀질지도 모르지만, 아직 우리는 진실인지 아닌지 모릅니다.

도이치 | 도덕에 관해 대개 참인 한 가지는 범위가 있다는 겁니다. 도서관에서 손쉽게 책을 훔치고도 잡히지 않을 수 있음에도 그렇게 하지 않는다면 이 행위는 단지 작가님과 도서관에만 영향을 미치는 게 아닙니다. 책을 훔치지 않기로 한 결정이 보편적 기계, 즉 작가님에 의해 표현되었기 때문이죠. 이 기계는 보편적인 생각, 혹은 보편적인 생각이 되기를 간절히 원하는 생각, 혹은 일부 영역에서는 보편적이길 바라는 생각을 지닙니다. 그리고 범죄를 저지르면 사실들을 바꾸게 됩니다. 무언가를 바꾸게 되고 다시 되돌릴 수는 없습니다.

해리스 | 그 누구도 나의 범죄를 발견하지 못할 것이라 가정한다

면 그러한 변화는 내면에서 일어나지 않을까요? 다른 어떤 곳에서 그런 변화가 발생할 수 있나요?

도이치 | 예를 들어 작가님이 언젠가 자녀들에게 도덕에 관해 이야기를 해 준다고 해 봅시다. 자녀들에게 "그 도서관에 있을 때 결국 아무도 발견하지 못한다면 그 책을 훔쳐도 괜찮아."라고 말할 건가요, 아니면 "아무도 모른다고 해도 그 책을 훔쳐서는 안 돼."라고 말할 건가요? 첫 번째 경우라면 비도덕적인 행위는 자신과 도서관뿐만 아니라 자녀들에게도 영향을 미치겠죠. 두 번째 경우라면 자녀들에게 거짓말을 하는 셈이 되고, 그 자체로 막대한 영향이 있을 테고요.

해리스 | 그렇죠. 이러한 효과는 퍼지기 마련이니까요. 그리고 우리가 어떤 행위의 결과에 관해 말할 때 우리는 그것을 수행한 기억과 그 기억이 누군가의 경험, 관계, 믿음 등에 미칠 영향까지 포함해야 합니다.

구체적인 원칙을 하나 살펴보자면, 개인의 동의라는 원칙의 윤리적 중요성은 어디에서 발생할까요? 사람들에게 불쾌감을 줄 수도 있지만 동시에 유용할 수도 있는 경험을 떠올리는 건 어렵지 않습니다. 그리고 사실 우리는 그들의 동의를 얻지 않았으나 그러한 경험을 하게 만듦으로써 결과적으로 그들에게 도움이 되는 일을 하고 있는지도 모릅니다. 교수님은 개인 자율성의 중요성은 어디에서 비롯된다고 생각하세요?

도이치 | 다시 인식론으로 돌아왔네요. 저는 인권도 기본권이 아니라고 생각합니다. 단지 지식의 성장을 장려하는 제도의 특징 중 하나일 뿐이죠. 그리고 지식이 그 외 모든 것을 능가할 수 있는 이유

는 오류가능주의fallibilism 때문입니다. 어떤 것이 더 낫다는 이론이 존재하는 모든 사례에서 우리는 자신이 틀렸을지도 모르는 도덕 이론을 전개하고 있습니다. 그리고 잘못된 이론을 바로잡는 길을 막는 것은 비도덕적이라는 것이 도덕의 객관적 진실입니다.

해리스 | 역시 동의합니다. 그 말씀은 인간의 번영 ─범위는 원하는 만큼 생각해도 좋습니다─ 은 개선과 교정에 계속해서 열려 있다는 제 기본 주장을 다른 방식으로 표현하시는 것처럼 들립니다. 우리는 더 나은, 그보다 더 나은 경험을 통해 더 나은, 그보다 더 나은 세상을 향해 발전하기를 바랍니다. 잘못된 길로 들어설 수 있다는 것도 압니다. 그렇다고 해서 양손을 묶어 놓고 경로를 수정할 수 없도록 만드는 건 절대 원치 않죠.

도이치 | 그렇죠. 그렇기에 동의란 단지 있으면 바람직한 것이 아니라 견해들을 다루는 방식의 기본적인 특징인 겁니다. 어떤 의견에 동의하지 않는 사람들에게 그 생각을 강요하게 두는 체계가 있다면 여기에서는 오류를 교정하는 수단이 차단되어 버립니다. 가령 어떤 장애를 치료할 수 있는 방법이 있는데, 이 방법을 환자에게 설명해 줄 수는 없다고 합시다. 이들은 내적으로 괴로워하며 치료를 받아도 내면의 고통을 여전히 느낄 수도 있고, 혹은 다른 어떤 것을 더 원할 수도 있습니다. 이 경우에는 그들이 선호하는 방식을 적용한다는 사실만으로도 내적인 상태가 더 나아질 겁니다. 예를 들어 그 치료법이 통증 때문에 사람들이 원하지 않는 주사 방식이라면, 마취를 하거나 주의를 분산시킬 수 있는 분위기 조성과 같은 것을 원하겠죠.

해리스 | 『신이 절대로 답할 수 없는 몇 가지』를 보면 대니얼 카너

먼의 연구에서 빌려 온 예시가 있는데요. 대장 내시경 검사를 받는 사람들을 대상으로 —아직 이 검사에 마취를 적용하지 않았던 때— 연구자들은 환자의 주관적 고통을 어떤 척도로 설명할 수 있는지, 그리고 환자가 5년 뒤 재검사를 받도록 긍정적인 영향을 주는 요인은 무엇인지 알아내려 했습니다. 연구 결과는 심리학에서 '피크엔드 법칙peak-end rule'이라고 불리는 것을 보여 주었습니다. 경험의 유의성 valence(감정적으로 끌려가거나 반발하는 성질로, 긍정적 유의성을 유발하는 경험에는 재경험하고자 하는 욕구가 생긴다_옮긴이)에 대한 우리의 판단은 경험하는 동안 발생한 절정peak의 순간과 마지막end 순간에 의해 결정된다는 겁니다. 어떤 경험이 좋다 나쁘다고 판단하는 데 이 두 요인이 작용하는 것으로 보인다는 거죠.

이를 확인하기 위해 연구자들은 통제집단에는 일반 대장 내시경을 받게 했고, 검사가 끝나자마자 내시경을 제거했습니다. 반면 실험집단에는 검사가 끝난 뒤에도 불필요하지만 내시경을 제거하지 않은 상태로 몇 분을 더 두어 상대적으로 낮은 강도의 불편한 자극을 더 주었습니다. 그 결과 실험집단의 피실험자들이 느끼는 고통의 강도가 상당 수준 낮아졌으며, 어쩌면 생명을 살릴 수도 있는 이 내시경 검사를 미래에 다시 받을 피실험자들의 의지도 높아졌습니다. 그러니 어떻게 생각해도 이 일은 이 사람들에게 좋은 일이었던 겁니다. 검사 시간을 생각하면 의사가 의학적으로 불필요하게 불쾌한 경험을 오래 겪게 한 것도 사실이지만요.

도이치 | 실험 자체에 영향을 주지 않는 방식으로 피실험자에게 지금 받고 있는 것이 무엇인지 알려 줄 방법도 있을 텐데요.

거인의 통찰

해리스 | 그렇게 해서 효과가 줄거나 사라질 수도 있다면요? 만약 "의학적으로 불필요하지만 내시경을 제거하지 않고 몇 분 더 그대로 둘 겁니다. 이렇게 하면 이 경험에 대한 인상이 더 좋아질 거라서요."라고 말한 탓에 효과가 사라지고 도리어 환자의 고통이 더 커진다면요?

도이치 | 역시 그것을 피해서 설명할 방법이 있을 겁니다. 이를테면 환자에게 이렇게 말할 수도 있겠죠. "아시는지 모르겠지만, 검사가 유발하는 고통의 양을 줄일 수 있는 방법이 있습니다. 하지만 그것을 자세히 설명해 드리면 효과가 사라질 겁니다. 이 방법을 활용하도록 허락해 주시겠습니까?" 환자는 물론 그렇게 하겠다고 답할 테고요.

해리스 | 그러나 과연 그게 진정한 동의일까요? 그 방식으로 제안했을 때 99퍼센트의 환자가 "할게요."라고 했다고 가정하고, 다른 실험집단의 피실험자들에게는 고통을 줄이기 위해 정확히 어떻게 할 예정인지 설명한다고 해 보겠습니다. "직장 안에 5분 동안 내시경을 그대로 둘 겁니다. 그동안 이런 생각이 들겠죠. '아니, 대체 언제 끝나는 거야?' 이 과정을 선택한 여러분은 집에 돌아갔을 수도 있는 그 시간에 내시경을 제거하지 않을 채로 침대 위에 누워 있게 될 겁니다. 하지만 저희를 믿으세요. 이편이 훨씬 낫습니다." 그랬더니 이 검사 환경에 동의한 사람의 비율이 예컨대 17퍼센트로 뚝 떨어졌다고 치겠습니다. 그렇다면 첫 번째 조건을 승낙한 사람들은 순전히 우리가 적용할 방식을 모두 알려 주지 않았기 때문에 동의했다는 걸 알 수 있습니다. 사실은 진정한 의미에서의 동의가 아니었던 겁니다.

도이치 | 아뇨, 여전히 동의한 겁니다. 심장 수술 동의서에 사인하기 위해서 심장 외과의가 내 심장에 어떤 처치를 할지 정확히 알 필요는 없지 않습니까. 플라시보도 비슷한 것이고요. 그리고 검사를 받지 않겠다고 선택한 나머지 1퍼센트의 사람들은 그저 실수한 것뿐입니다. 사람들이 동의하지 않을 수도 있는 특정 이론에 관해 소통할 때 영향을 미치는 규칙이 편향되도록 만들면 안 됩니다.

해리스 | 세상에는 현실에 관한 신념을 지닌 사람들이, 그러니까 그들이 생각하는 현실의 모습이 너무 비뚤어진 나머지 그들이 추구하는 바를 저지해야 하는 사람들이 있지 않습니까. 저지하는 수단이 위법 활동을 했기 때문에 감옥에 가두는 것이든, 이들을 주요 대화에 참여하지 못하도록 배제하는 것이든 말이죠. 탈레반과 ISIS는 서방 국가의 공공 정책에 투표할 수 없죠. 그럴 만한 이유도 있고요. 이들이 투표하게 된다면 그 결과는 순전히 혼란이 될 테니까요. 모든 자율성을 존중할 필요는 없죠.

도이치 | 그렇습니다. 하지만 우리에게는 제도가 있습니다. 정치적 제도를 조정하여 폭력 없이 사람들 사이의 갈등을 해소하려 노력합니다. 우리의 도덕적 제도에는 그러한 제도에 참여하고 따르는 것이 도덕적으로 옳다는 생각이 포함돼 있습니다. 법이 개입하지 않는 개인 관계에서 우리는 그보다 나은 무언가를 원하죠. 우리는 대인관계를 통해 비폭력적으로 분쟁을 해소하길 바랄 뿐 아니라 어떤 종류의 강제성 없이 해소하길 바랍니다. 강제성을 성문화한 제도는 바로 그 사실 때문에 불합리합니다. 이런 식으로 강제성을 완벽하게 제거한 제도를 제가 알고 있다는 말이 아닙니다. 이게 바로

거인의 통찰

제도를 판단하는 기준이 되어야 한다는 얘깁니다. 해당 제도가 폭력도 강요도 없이 사람 사이의 분쟁을 해소하는 데 얼마나 도움이 되는지 말이지요.

해리스 | 그래도 간혹 이성적으로 굴지 않는 사람들에게는 강제성도 필요하지 않을까요?

도이치 | 그렇죠. 그래서 스티븐 핑커Steven Pinker가 지적한 것처럼 인간은 수 세기 전에 필요 이하의 적은 강제성을 활용해 사회를 안정화할 수 있는 여러 방법을 찾았습니다. 그리고 저는 이러한 동향이 앞으로도 이어지리라 보고요. 미래에 누군가 광적인 대량 살인범이나 테러리스트를 치료하거나 온순한 종교인 —온순한 무신론자가 되었든 무엇이든 말이죠— 으로 개심시키는 방법을 찾을 수도 있겠죠. 하지만 방법이 개발된 초기에는 대가가 무척 클 겁니다. 예컨대 대상자를 상대로 특정한 방식으로 행동하도록 훈련받은 수천 명의 사람이 사는 가공의 사회에 그 살인범을 넣는 등의 방식을 활용할 수도 있겠죠. 만일 그런 방법이 개발된다고 하더라도 우리는 실행에 옮기지 않을 겁니다. 살인범을 교화하는 게 가능하다 할지라도 그냥 감옥에 가두는 게 낫겠죠. 테러리스트 한 명, 한 명을 교화하는 데 수십억의 비용을 쓴다면 우리 제도가 살아남지 못할 테니까요. 반면 청구 비용이 수천 수준으로 떨어진다면 실행에 옮겨야 할 것이고, 옮길 겁니다.

해리스 | 만일 그 살인범이 교화를 원치 않는다면요? 사이코패스나 테러리스트인 채로 살고 싶다고 한다면요? 여기에서 다시 동의라는 문제로 돌아오게 되네요.

길을 찾아서

도이치 | 제 생각은 이렇습니다. 이 살인범은 어느 시점에 체포되어 재판대에 오르고 선고도 받았겠죠. 그다음에 이러한 새로운 교화 방식들을 적용하고, 동의는 도중에 받을 수도 있습니다. 갱생 치료가 시작된 지 한 달쯤 후에 말이죠. 더 만족스러운 교화 방식이라면 일주일 후에 받을 수도 있을 겁니다. 수백만 년이 지나면 두뇌를 스캔해 기억을 읽고 살인범에게 특화된 치료를 제공하는 등 더 수준 높은 방법이 개발될 겁니다. 그러면 살인범은 법원을 나서는 순간 마치 구름 뒤에 숨어 있던 태양이 떠오르는 듯한 기분을 느끼겠죠. 지식을 활용해 악함을 제거할 수 있는 방법에는 한계가 없다고 생각합니다.

해리스 | 만약 그렇다면 그건 더 이상 악함이 아니라, 어쩌다 보니 테러리스트나 사이코패스가 되고 싶었던 그런 유형의 사람이었다는 거겠죠. 생물학적으로 그렇게 흘러가기 쉬운 불운한 사람 말입니다. 그리고 테러리즘이나 정신병 등 악의 지시를 따르게 만드는 것의 치료법이 개발되면, 그 영역에서는 더 이상 도덕을 논할 수 없게 될 겁니다. 마치 당뇨처럼 치료해야 할 대상만 남겠죠. 우리는 그저 치료를 제공할 뿐이고요.

도이치 | 글쎄요, 치료를 받고 난 뒤에도 이렇게 말할 것 같은데요. "내가 한 짓은 잘못된 일이었어." 단순히 "내가 한 일은 실수였어."라고 말하는 것보다 더 의미 있지 않을까요. 둘은 확실히 다르니까요.

해리스 | 그렇죠. 자신이 저지른 일에 몸서리를 치며 "그런 짓을 하려 했다니, 믿을 수 없어."라고 말할지도 모르죠. 그리고 더 이상

거인의 통찰

그런 사람이 아니게 된 것에 감사해하는 모습을 상상할 수도 있고요. 하지만, 그렇게 되면 응징이라는 정의의 윤리가 지닌 가치를, 이들은 벌을 받을 만하므로 우리가 그들을 처벌하는 게 옳다는 생각을 완전히 부정하게 되는 것 같은데요.

도이치 | 동의합니다. 이 중대한 목적을 달성하기 위해 우리가 지닌 최선의 제도를 운용해야 하겠죠.

해리스 | 우리가 정신과학을 완벽하게 정복한 미래를 한번 상상해 보겠습니다. 가능한 모든 경험의 연산적 기반을 이해한 것은 물론이고, 두뇌 활동도 원하는 만큼 개입할 수 있는 미래입니다. 지금 제게는 교수님의 머리에 씌워서 모든 의식적 상태를 조정할 수 있는 기계가 있습니다. 완벽한 경험 기계죠.

도이치 | 잠시만요…… 인간의 지식은 언제나 제한적일 겁니다. 그렇기에 우리가 다운로드할 수 있는 상태는 우리가 이미 알고 있는 상태에 한정됩니다. 가능한 상태가 얼마나 무한한지는 언제까지고 알 수 없을 겁니다.

해리스 | 아직 특징지어지지 않은 경험을 탐험하는 데 이 기계를 쓸 수는 없는 건가요?

도이치 | 내일의 과학적 발견을 안다는 경험은 있겠지만, 내일이 오기 전까지는 그 누구도 경험할 수 없을 겁니다.

해리스 | 알겠습니다. 그러면 그러한 유형의 경험은 제외하고 더 단순하게 줄이도록 하죠. 예를 들어서, 최고의 과학자, 가장 훌륭한 성자, 가장 실력 좋은 운동선수, 가장 창의적인 예술가 등, 인간으로서 최상의 경험을 지닌 훌륭한 후보자들로 구성된 다양한 사람들을

모았다고 하겠습니다. 그리고 이들의 경험을 기록도 하지만, 여러 종류의 경험 사이에서 다양한 공통분모를 추정하여 어떤 면에서는 더 나은, 혹은 더 순수한, 혹은 근본적으로 완전히 다른 새로운 경험들을 만들어 냅니다. 존 폰 노이만과 모차르트, 혹은 이들과 동등한 어떤 이들을 약간씩 섞고, 전성기의 리오넬 메시도 조금 더하고, 이 모든 경험을 전에 없던 방식으로 조정합니다. 그리고 우리에게는 어떤 의식의 상태를 더 선호하는지 탐구할 수 있는 시간이 무한대로 주어져 있다고 가정하겠습니다.

짐작건대 교수님과 저는 이러한 경험들의 가치에 집중할 것 같습니다. 다시 말해, 끊임없이 확장 가능한 상태를 고려했을 때, 무엇이 선한지에 대해서는 근본적으로 동의할 것 같습니다. 만일 우리가 동의하지 않는 부분이 생긴다면, 가령 교수님은 45번 경험을 좋아하고 저는 46번 경험을 좋아한다면, 이러한 차이에는 조정의 여지가 있는 신경학적 혹은 연산적 설명이 있을 겁니다. 그러면 이런 질문이 가능하겠죠. '무엇이 가능한지에 비추어 봤을 때 무엇이 선한지에 관한 우리의 직관을 어떻게 바꿔야 하는가?' '애초에 무엇이 선한가에 관한 개념을 바꿔도 되는가?'

도이치 | 우리 둘은 정신을 바라보는 시선이 다르네요. 작가님은 처리되고 있는 경험에 연결된 정신의 행복한 상태라는 것이 있다고 가정하고 있어요. 모차르트만큼 행복할 수 있다고 말하고 있다는 거죠. 여기에는 모차르트가 과거 그랬던 것처럼 작가님이 어떤 특정한 문제를 풀려 한다는 질문이 빠져 있습니다. 지금 작가님이 해결하려는 문제는 모차르트가 생전에 해결하려 했던 문제와 같은 건가요?

그렇다면 그건 단순히 경험을 반복하는 것뿐이며, 그런 경험으로 행복을 구성할 수는 없습니다. 행복해지려면 발전이 있어야 하니까요.

저는 특정 시간대의 특정한 생각이 아니라 우리가 지닌 문제가 우리를 보여 준다고 생각합니다. 행복한 사람이란 엄청난 노력을 쏟아부을 정도로 구미가 당기는 어려운 문제와 마주한 사람입니다. 그러나 해결이 불가능할 만큼 어려운 문제는 아니죠. 그리고 이 문제들은 여러 생각 사이의 충돌로 구성될 겁니다. 그리고 이 충돌 역시 구미를 당길 만한 것이어야 합니다. 단순히 어떤 개인을 재현하지 않고 이러한 상태를 누군가에게 주입할 수 있는지는 확실치 않죠. 제가 만약 특정 시간대의 모차르트가 지니던 사상들을 다운로드할 수 있다면, 그건 결국 그가 마주한 문제를 해결하는 느낌을 기억하는 것이지, 제 문제는 아닐 겁니다. 그 사상들이 제 나머지 부분과 완전히 합쳐져 제가 데이비드 도이치가 아니라 모차르트가 되어 버리는 게 아닌 다음에는 말이죠. 그렇다면 그게 과연 무슨 소용이냐는 거죠.

해리스 | 의식의 상태 중에는 극도로 유쾌한 상태가 있지요. 우리가 만족하는 방식으로 문제를 해결하는 순간에 빛을 발하는 그런 종류의 유쾌함 말입니다. 하지만 이러한 유쾌함은 흥미로운 문제를 발견하거나 이를 성공적으로 해결하는 경험과 상관없이 얻을 수도 있습니다. 물론 이러한 쾌락을 얻는 몇몇 방식은 다른 어떤 일도 하지 못하게 만든다는 점에서 병적이기도 합니다. 이를테면 헤로인 중독자가 되어 온종일 소파에 누운 채 한없는 쾌락에 젖어 있고 싶다면, 뭐, 그렇게 할 수도 있겠죠. 헤로인의 단점을 제거한, 헤로인보다 훨

씬 나은 약물이 분명 있을 겁니다. 아직 발명되지는 않았지만요. 그 순수하고 무용한 쾌락을 유지하는 게 모차르트의 경험보다 더 선호 될 수도 있겠죠.

도이치 | 저는 아니라고 봅니다. 첫 경험만은 그럴 수도 있겠지만.

해리스 | 두고 봐야 하지 않을까요. 교수님의 직관에 공감은 하지 만 토론을 위해 암울한 올더스 헉슬리식으로 이야기를 이어 가자면, 기회가 주어진다면 인간은 현실을 잊기 위해 약을 활용할 텐데요.

도이치 | 그건 잘못된 믿음이라고 생각합니다. 쾌락은 즐거움과 다릅니다. 즐거움을 많이 경험해 보지 못했다면 사람은 문화에 의 해, 상황에 의해 쾌락을 즐거움으로 이해하도록 훈련당할 수 있습 니다. 하지만 쾌락은 우리 정신에서 즐거움과 같은 기능을 수행하지 않습니다. 쾌락이란 특히 교활한 녀석입니다. 예컨대 헤로인을 처음 접했을 때는 물론 즐거움을 느낄 수도 있겠죠. 새로운 경험, 새로운 느낌, 감각을 겪으니까요. 관심이 가고 그렇기에 즐겁고 기쁠 수는 있습니다. 그러나 그것을 매일 경험하며 일상이 되어 버린다면 결국 나에게 돌아오는 건 아무것도 없습니다. 그럼에도 불구하고 그 '아 무것도 아닌 것'을 '좋은 것'으로 이해한다면, 글쎄요, 그건 죽은 상태 나 마찬가지 아닐까요. 인간의 올바른 정신 상태가 아니지요. 실제 헤로인 중독자 중 자발적으로 약을 그만두는 이의 대다수는 싫증이 났기 때문일 거라고 생각합니다.

해리스 | 교수님이 설명한 문제 —단순한 쾌락과 즐거움의 차이 — 는 지식으로 극복할 수 있을지도 모르겠네요. 즐거움이 더해진 망각 약물을 개발할 수도 있겠죠.

거인의 통찰

도이치 | 저는 생각이 다릅니다. 지금도 작가님은 우리 뇌에 즐거움을 수용하는 어떤 핵심 영역이 있어서 창의성을 담당하는 핵심 영역에서 메시지를 받는다는 식으로 가정하고 있지 않습니까. 그렇다면 즐거움 수용 영역을 모방해서 인공적으로 만들 수도 있다는 이야기지요. 저는 우리 정신이 그런 식으로 작동하지 않는다고 생각합니다. 즐거움을 인공적으로 창출할 수 있는 유일한 방법은 즐거움을 경험하고 있는 사람의 상태를 다운로드받는 수밖에 없다고 저는 생각합니다. 하지만 그렇게 되면 나는 그 사람이 **되어** 버리겠죠.

해리스 | 경험주의적인 질문이네요. 교수님이 맞을지도 모릅니다. 마약은 잊어버리고, 매트릭스와 비슷한 상태에 관해 이야기해보죠. 모든 사람의 정신이 원하는 만큼 창의적일 수 있는(혹은 보기에는 그런) 상태에 있지만, 실은 환각에 빠져 있을 뿐 고립된 상태에 있는 겁니다. 내가 경험하는 건 그저 환영에 불과하고, 사실 나는 그 누구의 정신과도 닿을 수가 없습니다. 우리는 현실을 잃었고, 지금 존재하고 있는 세상은 가상현실입니다. 그런데 이 가상현실이 무척 신나고 아름답고 또 즐거워 무엇이 현실인지 신경을 쓸 겨를조차 없습니다.

윤리적으로 봤을 때 현실에 존재하는 상태, 그리고 우리가 창조한 이런 꿈같은 세상에 존재하는 상태 사이에 어떤 중요한 차이가 있을까요?

도이치 | (그 꿈같은 세상에 자발적으로 들어갔다고 가정했을 때) 없습니다. 이 경우, 내가 경험하는 건 실제 즐거움입니다. 다른 즐거움과 마찬가지로 나의 정신이 창출한 진실한 즐거움이지요. 사실 매트릭스와

같은 이런 세상은 진실에서 그리 멀리 떨어져 있지 않습니다. 예컨대 순수 수학을 생각해 봅시다. G. H. 하디Godfrey Harold Hardy는 "수학자여서 좋은 점은 저녁 식사 후 안락의자에 앉아 눈을 감고 있으면 그 누구도 내가 수학을 떠올리는지 모른다는 점이다."라고 했습니다. 순수 수학을 다루는 가상현실에 들어가 있었던 거죠. 그리고 그는 얼마 되지도 않는 부피의 뇌라는 공간에서 커다란 즐거움과 창의성을 경험한 것이고요.

해리스 | 그러면 조금 더 나아가 보겠습니다. 인간이 매트릭스를 창조해 자신들의 의식을 그곳으로 옮기기로 했다고 하겠습니다. 그렇다면 이에 대한 동의는 어디에서 오나요? 교수님도 저도, 우리는 태어나는 데 동의한 적이 없습니다. 그러나 우리를 세상에 던져 놨다고 부모님을 탓하지는 않죠. 이 경우 우리는 매트릭스를 만든 인간 세대를 탓하게 될까요?

도이치 | 글쎄요, 현실적인 문제들이 있죠. 매트릭스 공간이 소행성 충돌과 같은 실제 위협에서 얼마나 안전한지 등 말입니다. 하지만 이런 문제들이 처리될 수 있다고 하면, 윤리적인 문제를 고민해야겠지요. 저는 '윤리'라는 단어를 조금 다른 의미에서 사용합니다. 작가님은 '윤리'와 '도덕'을 거의 동일한 개념으로 사용하고 계시죠. 저는 '윤리'를 현실 속 규칙의 집합으로 정의합니다. 가령 의료 윤리라고 하면 의사들이 환자의 안전을 지키고자 채택해야 하는 것이지요. 그래야 도덕적으로 비난받지 않을 테고요. 사람들을 그런 가상현실에 넣을 때도 적용되는 윤리가 있어야 할 겁니다. 간혹 사람들이 매트릭스를 벗어나고자 한다면 나올 방법이 있어야 하고요. 하지

만 그건 어디까지나 현실적인 문제에 불과하죠.

해리스 | 확실히 하기 위해 설명하자면, 저는 이 매트릭스를 꿈과 같은 모습으로 상상하고 있습니다. 모두가 나만의 상상의 세계에 들어와 있는 겁니다. 덕분에 창의성을 최대로 발휘할 수도 있겠지만, 대신 다른 이와 교류할 수는 없습니다. 다른 누군가와 교류하고 있다는 감각을 느낀다면 그건 환상에 불과하고요.

도이치 | 그렇다면 그 어떤 문제에 관해서도 진정한 협력이란 없겠군요. 왜냐면 다른 '사람들'이 창의적이지 않을 테니까요. 협력을 하면 개인 노력의 합보다 더 낫고 빠른 결과를 창출할 수 있다는 것은 맞습니다. 다만 그건 단지 경험에 의한 짐작에 불과하죠. 혼자 일하고 혼자 있기를 원하는 때도 있습니다. 저도 혼자 있는 걸 꽤 좋아하는 편입니다. 실재하는 인간이란 한 명밖에 없고 나머지는 좀비로 가득한 매트릭스에 들어가고 싶어 하는 사람은 많지 않을 것 같군요. 물론 들어가길 원하는 사람이 있다면 그것도 그대로 괜찮습니다. 그들이 창의적인 상태로 있을 수 있다면요. 가장 기본적인 것이니까요.

이건 여담인데 말이죠. 다른 사람에 의해서든, 헤로인에 의해서든, TV 프로그램이나 그 외 무엇에 의해서든 즐거움을 느낀다는 개념이 있지 않습니까. 그건 착각입니다. 지금 벌어지고 있는 상황이 즐거움을 준다고 이해할 수도 있지만, 사실 우리를 진정 즐겁게 해 주는 유일한 것은 우리가 그 활동에 창의적으로 관여한다는 사실입니다. 창의적인 관여가 아닌 그 무엇도 우리를 즐겁게 해 줄 수는 없습니다. 복권에 당첨되었다가 비참한 결말을 맞이한다는 흔히 있는 이야기를 한번 떠올려 보세요. 이 상황에서 빠질 수 있는 전형적인 덫은 돈이 나를 즐겁게 해 준다는 생각입니다. 오직 나만이 자신을 즐겁게 해 줄 수 있다는 건 깨닫지 못한 채로요. 록스타의 경우도 마찬가지입니다. 섹스와 마약을 원하는 만큼 즐길 수 있는 삶을 살 수 있다면 행복할 거라고 생각하죠. 100만 명 중 한 명 정도는 그런 삶을 실제로 영위하지만 결국은 행복하지 않다는 것을 깨닫습니다. 복권 이야기가 제게는 더 그럴듯하게 들립니다.

해리스 | 물론이죠. 하지만 행복할 수 있는 다른 방법도 있습니다. 어떤 면에서는 행복을 경험하는 더 근본적인 방식이고요. 그렇다고 그것이 창의적인 상태에서 비롯되는 것 같지는 않습니다. 대부분 사람은 즐거움을 느끼는 상태의 반대를 지루한 상태라고 생각한다는 점은 저도 동의합니다. 제 경험에 비추어 봤을 때 지루함은 단지 주의 부족에 지나지 않습니다.

무엇에든 충분한 주의를 기울이는 것이 지루함을 해결하는 방법입니다. 예전에 석 달 동안 침묵 명상을 하는 곳에서 수련한 적이 있습니다. 처음에 공통적으로 가르쳐 주는 기술은 숨 쉬는 감각에 집중하는 것이었습니다. 일단 집중하는 법을 터득하고 나면 훈련이 시작되고 발생하는 다른 모든 것에 집중하게 됩니다. 시각, 청각, 기분, 심지어 나의 생각까지, 의식 속에서 잠시 떠올랐다 사라지는 모든 감각에 집중하는 거죠.

창의적인 생각을 좇고 복잡한 문제 해결을 좋아하는 사람의 관점에서 보면 꽤 비생산적이고 정신 나간 행위처럼 보일 수도 있을 겁니다. 어떤 면에서 명상은 창의적인 사고에는 해롭습니다. 왜냐면 명상하는 사람은 훈련을 위해서 꼬리를 물고 이어지는 모든 생각을 포기하기로 결심했기 때문입니다. 그 생각이 얼마나 흥미로워 보이든 간에 말이죠. 명상할 때 숨쉬기와 같이 하나의 대상에 집중하다 보면 생각들이 자꾸 떠오릅니다. 그리고 한 번에 몇 분씩 그 생각으로 넘어가 빠져 버리곤 하죠. 하지만 집중력이 높아지면 그런 생각이 떠오르는 순간을 마치 의식 속에 떠 있는 물체처럼 주의 깊게 관찰하기 시작합니다. 이 과정에 깊숙이 들어갈수록 나를 방해하는 생각은 점점 더 적어지고, 이를 발견하는 시점은 더 빨라집니다. 그리고 이러한 생각을 발견하는 순간 그 생각은 희미해지다 이내 흩어집니다. 이렇듯 생각에 사로잡히지 않고 순전히 경험을 목격하는 것이 곧 진정한 평온과 행복으로 이어질 수도 있습니다.

명상에 관해서라면 하고 싶은 말이 많지만, 지금 제가 말하고 싶은 건 이러한 정신의 상태가 근본적으로 창의적인 상태는 아니라는 겁니다. 새로운 개념을 생성하는 방법도, 이를 바탕으로 새로운 이론으로 발전시키는 방법도, 개념적 사고를 필요로 하는 문제를 해결하는 방법도 아니고 말이죠.

도이치 | 저는 명상에 관해서는 방금 말씀하신 것 외에는 아는 게 없습니다. 그 모든 게 착각일 수도 있겠습니다만, 작가님이 경험한 것이라고 하니 그건 아닐 것 같네요.

대부분의 생각은 사실 무의식적으로 발생합니다. 우리가 깨닫는 생각은 빙산의 일각에 불과하고, 심지어 우리가 하는 의식적인 생각역시 풍부한 무의식적 생각으로 구성된 기반을 바탕으로 합니다. 이무의식적인 생각은 의식적 생각이 따르는 것과 같은 인식론을 따르고요. 생각은 창의적일 수도 그렇지 않을 수도 있고, 이성적일 수도 비이성적일 수도 있습니다. 점차 발전할 수도 아닐 수도 있고요. 그리고 생각은 조건에 기댑니다. 지식의 성장을 다양한 방식으로 촉진하기도 억제하기도 하는 조건들 말이죠. 자, 명상의 끝에 작가님이 더 나은 사람이 되었음을 —다시 말해 정신의 수준이 더 높아졌음을— 느꼈다고 가정하면, '더 나은 상태'는 실재하는 무언가에 의해 만들어진 겁니다. 초자연적인 무언가가 아니라요. 이 과정을 의식적으로 깨닫지 못한다면 그건 무의식 상태에서 이루어진 거겠죠. 그리고 특정 상황에서 작가님의 의식을 의도적으로 막으면 무의식 속 창의성을 방해하는 장애물을 제거할 수도 있습니다. 장애물 역시 관념이며, 사실 무의식은 의식보다 더 자주 이상한 쪽으로 흐릅니다. 그러니 결국 이는 창의성을 향상하는 하나의 방법이 될 수도 있을 겁니다.

해리스 | 반박하기 어렵네요. 말씀하신 그대로입니다. 명상을 시작하려 할 때 떠오르는 여러 생각들이 점점 더 창의적으로 변해 가는 사례는 아주 흔합니다. 제가 만약 소설가라면 줄거리든, 대화든, 지금껏 생각해 본 적 없는 훌륭한 아이디어가 떠오르는데, 이때 이 모든 것을 포기하고 수행에 집중하는 것은 무척이나 어려운 일일 겁니다. 저도 수행에 실패한 적이 여러 번 있습니다. 글로 발전시킬 만한 혹은 생각을 조금 더 심층적으로 구체화할 수 있을 만한 아이디어가 떠올랐는데, 창의성을 확장할 수 있는 이 기회를 놓치면 안 되겠다는 생각이 들더군요. 그 수행은 완전히 망쳤고요. 그런 일이 일어나기도 하지만, 명상의 가치는 순전히 미래에 더 창의적인 내가

되기 위한 준비만은 아니라고 말하고 싶네요. 명상의 가치는 행복의 본질 자체에 관한, 그리고 인간 고통의 메커니즘에 관한 근본적인 통찰을 얻는 데 있습니다. 수수께끼가 하나 있다고 하면, 이 수수께끼를 푸는 사람은 미래에는 함양된 창의성을, 지금은 더 큰 행복을 얻을 수 있겠죠. 창의성이 부재하다고 해도 말입니다.

도이치 | 작가님의 무의식이 진정으로 창의적이라면 기대할 수 있는 것이 바로 그것입니다. 무의식적인 행복이 서서히 스며들다가 어느 순간이 되면 그것을 깨닫고, 이전에는 자신의 의식이 가로막고 있던 탓에 알아차리지 못했다고 생각하겠죠.

해리스 | 그렇다기보다는 부정적으로 창의적이던 행위를 그만하게 된 것에 더 가까운 것 같아요. 노이로제나 공포, 불안 등이 이런 방식으로 창의적이라고 하는 게 말이 된다면 말이죠.

도이치 | 안타깝지만 그런 경우가 적잖이 있죠.

해리스 | 창의성을 가로막는 장애물을 제거하는 차원에서, 저희 둘이 정확히 어떤 부분에 서로 동의하지 않는지 명확히 하지 않은 듯합니다.

도이치 | 그렇다면 마지막으로, 작가님의 책은 목적을 달성했다고 생각합니다. 시기적절하고 중요한 목적이죠. 만일 제가 그 책의 기본 논리를 비판한다고 해도, 글쎄요. 그 책이 제가 이제 말하려고 하는 주장에 순응해서 **쓰였다고** 해도 목적을 훨씬 더 훌륭하게 성취했을 거라고는 말하지 못하겠네요.

저는 포퍼가 과학적 이론에 취한 것과 같은 태도를 도덕적 이론에 취하고자 합니다. 즉, 저는 도덕의 근간을 형성한다고 주장하는 모든 이론이 잘못되었다고 봅니다. 모든 이론에는 정도의 차이는 있겠으나 저 나름의 가치는 있습니다. 단, 도덕의 근본적인 개념이 아니라 비평이라고 여겨질 때 말이죠. 도덕의 근간이 된다고 주장하는 이론은 많습니다. 칸트의 정언 명령부터, 공리주의, 롤스의 공정성, 신의 의지, 인간 번영에 이르기까지, 이 모든 이론이 각자 도덕의 근간이라고 주장합니다. 하지만, 이들을 비평으로 본다면, 저는 이 모든 이론이 꽤 가치 있다고 생각합니다. 인간 번영은 과거에 대한 개선책의 제안, 즉 비평으로 해석될 수 있겠죠.

다른 예로 공리주의를 들어 봅시다. 공리주의자라면 이렇게 묻겠죠. "도덕이 매주 일요일 교회에 가는 것이라면, 그것에 대체 무슨 소용이 있단 말인가?" 그 대답은 교회 가는 것을 옹호하는 사람에게 달려 있겠죠. 어떤 것이 소용없다는 말은 언뜻 비평처럼 들립니다. 그래서 이때 책임은, 물론 우리는 보통 쓸데없는 것을 거부할 수 있지만, 이 경우 우리가 왜 그것을 거부하면 안 되는지 이유를 설명하는 종교적 도덕성을 지닌 사람에게 돌아갑니다. 그는 이렇게 답하겠지요. "글쎄요, 신께서 그렇게 말씀하셨으니까요."

종교와 관련한 모든 것에 대한 일반적인 비평이 있죠. "그 주장과, 신에 대한 다른 생각을 가진 다른 누군가의 주장 사이의 차이점을 구별할 수 있는가?" 혹은 다른 성서를 믿는 사람이든 말이죠. "우리는 어떤 기준을 적용해야 할까?" 종교적으로 독실한 사람이 "기준은 뭐, 이쪽이 맞지요."라고 답한다면, 그건 무척 불량한 설명입니다. 모두가 같은 기준을 내세울 수 있으니까요. 기준이 아닌 기준인 거죠.

거인의 통찰

저는 도덕의 근간이 인간 번영이라는 주장도 비슷하다고 생각합니다. 도덕적 이론의 토대로서 공리주의는 말도 안 되지만, 다른 이론의 비평으로서는 강력한 힘을 지닙니다. 저는 작가님의 주장이 공리주의와 같지만, 조금 더 평범한 상식적인 요소도 지닌다고 생각합니다.

해리스 | 제 주장의 기반을 구체적으로 한 번 더 설명할 필요가 있겠네요. 왜냐면 단순히 인간 번영만의 문제가 아니라, 의식 있는 모든 시스템으로 확장되는 내용이기 때문입니다. 제 기본적인 주장은, 존재할 수 있는 모든 정신과 경험으로 구성된 공간이 있으며, 우리가 발견할 수 있든 없든 간에 다른 것보다 더 낫고 더 나쁜 경험들이 있다는 겁니다. 제가 한 유일한 공리적인 주장은 모두에게 가능한 최악의 괴로움은 나쁘다는 겁니다. '나쁘다'라는 단어가 무엇이든 의미할 수 있다면 말이죠. 그리고 이것이 우리가 과학에서 무엇에 대해서든 할 수 있는 가장 근본적인 주장입니다. 심지어 포퍼식 Popperian 과학의 토대조차도 현재 우리가 지닌 현실보다 더 큰 현실이 있다는 주장에 불과합니다. 즉, 우리가 혼란을 겪을 만한 것이 있다는 거죠.

도이치 | 그건 '비판이 어렵다'는 의미에서의 토대가 아닙니다. 우리는 늘 이런 질문을 던질 수 있습니다. "다른 것도 아닌 왜 그 기준이어야 하나?" 왜 우리가 존재한다고 가정할까요? 왜 진실이 있다고 가정할까요? 저는 만일 "세상에는 의심하지 말고 받아들여야 하는 것들이 있어. 시작은 있어야 하니까."라고 말한다면 우리가 필요 이상으로 포기하는 거라고 봅니다. 꼭 어디선가부터 시작할 필요는 없

습니다. 그리고 작가님이 한 모든 주장에는 오류가 있다고도 생각하고요.

해리스 | 의식에서부터 시작할 수는 없나요? 왜냐면 저는, 지금 이 순간 내가 되는 것과 같은 무언가가 있다는 의미로서의 의식에는 의심의 여지가 없다고 믿기 때문이에요. 물론 이게 꿈일 수도 있죠. 우리는 통 속의 뇌일 수도 있고요. 모든 것이 혼란스러울 수 있습니다. 아무리 현실 자체는 의심되더라도 의식이 시작점이라는 사실만 제외하고 말이죠. 존재에는 경험적 양상이 있다는 사실, 즉 의식 자체는 선하든 악하든 가능한 모든 정신 상태를 탐구할 수 있는 도덕적 지형의 기반을 형성하는 데 필요한 전부입니다.

도이치 | 의식이 있다는 사실은 무엇도 바꾸지 못합니다. 작가님은 의식이란 무엇인지에 대한 특정한 구체적인 개념을 갖고 있어요. 그리고 우리가 지금 대화를 나누며 발견했듯이, 서로 다른 사람은 서로 다른 개념을 지닐 수 있죠. 이를테면 저는 정신을 '언제까지고 자기모순이 있는 변화무쌍한 것'이라고 생각합니다. 작가님은 행복을 하나의 상태라고 여기지만, 저는 행복을 유발한 세부 사항에서 이 감정을 분리할 수 없다고 생각합니다. 가령 모차르트가 겪던 문제를 다운로드하지 않고서는 모차르트의 행복을 다운로드할 수 없는 것처럼요.

해리스 | 이는 틀의 문제이기도 합니다. 즐겁지 않은 일부 경험들은 사람의 행복을 높여 주는 것처럼 보이는 방식으로 틀짜기됩니다. 가령 등산과 같이 신체적으로 고단한 경험 말이죠. 산을 오르는 내내 고통스러울지도 모르나 이 고통 자체가 깊은 성취감의 토대가

거인의 통찰

됩니다. 이러한 틀짜기 효과framing effect(동일한 문제라도 담긴 틀frame, 즉 제
시하는 방식에 따라 사람들의 해석이나 생각이 달라질 수 있다는 이론. 우리 책 후반
부에 있는 대니얼 카너먼과의 대담에서 더 자세히 다룬다_옮긴이)는 우리가 각
각 조사해 볼 수 있는 실증적인 주장입니다. 어떤 고난은 우리를 성
장하게 하지만 어떤 고난은 좋은 점 하나 없이 우리의 행복 수준을
떨어뜨리죠.

　　교수님은 문제 해결의 고통과 기쁨을 경험하는 물리계의 등산객
입니다. 심지어 실수하며 느끼는 고통조차 연구의 동기로 작용할 수
있죠. 이렇게 가정해 보겠습니다. 이론을 세우는 과정 내내, 교수님
은 전통적인 의미에서의 행복감을 조금씩 높여 줄 수 있는 어떤 첨
가물을 매일 마시는 차에 넣습니다. 즐거움의 정도가 배가되도록 정
신 상태를 조정하는 최적의 방법이 있는 거죠. 그만큼 창의성도 높
아지고요.

　　도이치 | 있다면 꼭 넣어 마셔야겠네요. 하지만 아무리 필요하다
고 해도 제 행복 측정기는 그 증가분을 반영하지는 않을 것 같습니
다. 그리고 이는 다시 작가님의 이론에 반대되는 주장인 것으로 보
이고요.

　　해리스 | 왜 그렇게 생각하세요? 그러면 두 배 이상으로 늘려 보
죠. 교수님의 행복감은 10배 더 커져서 앞으로의 매일이 인생 최고
의 날이 될 거라고 가정해 볼게요. 그리고 그만큼 창의성도 올라가
고요. 그래도 행복 측정기가 그걸 기록하지 않을까요?

　　도이치 | 작가님이 제 차에 넣는 게 정확히 무엇인지 제가 조금 놓
치고 있는 것 같은데요. 지금 우리는 과거에는 상상도 할 수 없었던

수준의 물질적 평안에 익숙해져 있습니다. 뉴턴이나 모차르트는 놀라우리만큼 불편한 삶을 살았죠. 겨울에 따뜻하게 지내지 못했고, 여름에는 시원하게 지내지 못했습니다. 다양한 위험에 끊임없이 노출되었고, 옷 때문에 간지러웠을 겁니다. 그런 상황에서도 그들은 행복을 느꼈습니다. 작가님이 제안하는 것 역시 물론 가치 있지만, 변화 자체가 창의적이고 이로운 것일 때에만 그렇습니다. 일단 변화를 경험하고 나면 이전보다 행복해지지는 않을 것이며, 우리를 행복하게 만들어 주는 건 창조하는 행위뿐일 거라고 생각합니다.

해리스 | 교수님이 그렇게 말씀하시니 이해는 갑니다만, 행복을 정의하는 범위가 좁아 보이기도 합니다. 과학자나 예술가라면 아마 그 말에 필히 동의하겠지만, 자기 행복에 여전히 변화를 줄 수 있는 다른 많은 일반 사람들은 그렇지 않을 것 같거든요.

자, 지금 교수님은 무척 행복합니다. 그 어느 때보다 큰 성취감을 느끼고 있어요. 그런데 부인이, 아니면 자녀가 사망합니다. 당연히 이전만큼 행복하지 않죠. 저는 이 상황이 교수님의 갑작스러운 창의성 상실을 가장 잘 설명하지는 못할 것 같습니다.

도이치 | 잘 설명한다고 봅니다. 그 상황에서 제가 행복하지 않은 이유는 제가 생각을 발전시키는 방법들이 사망한 사람들과 관련이 있기 때문일 겁니다. 그들에게서 얻던 것을 곧장 대체할 수는 없으니까요.

해리스 | "생각을 발전시킨다."라는 게 어떤 의미인가요?

도이치 이 부분은 명심해 주세요. 저는 특정한 지식만 지식으로 여겨진다고 생각하는 엘리트주의자가 아닙니다. 어떤 사람이 다른 정신 상태보다 더 선호하는 정신 상태에 다다르려면 반드시 창의성이 필요합니다. 그리고 이를 얻어 내는 것을 목표로 열심히 노력하는 과정이 행복이죠. 과학에도 관심이 없고, 예술에도 관심이 없고, 보통 발전 또는 창의성이라고 여겨지는 어떤 것에도 관심 없는 사람들도 여전히 무언가에 관해 생각합니다. 행복은 그러한 생각을 한 후에 X라는 부분에서 이전보다 더 나은 사람이 되는 것입니다. 이 X는 무엇이든 될 수 있습니다. 사회적 가치가 없기 때문에 이름조차 없는 어떤 것일 수도 있죠. 다른 가족과 교류하는 특정한 방식이 될 수도 있고요. 하지만 그 대상이 무엇이든 "그래, 더 잘할 수도 있었어. 그리고 지금 나는 더 잘하고 있어."라고 생각하며 개선해 나가야 합니다. 그리고 여기에는 창의성이 필요합니다. 많은 사람이 이를 따르지 않습니다. 그리고 저는 그것이 심각한 상태에 있다고 봅니다.

해리스 | 그러면 겪을 수 있는 최악의 괴로움은 모두에게 나쁘다는 제 주장으로 돌아와서, 기초 주장으로서 이 주장의 어떤 부분이 잘못됐나요? 모든 의식적 시스템이 고통받는, 가능한 가장 심각한 고통을 가능한 가장 오래 겪는, 그 어떤 좋은 일도 일어나지 않는 우주를 떠올려 볼게요. 이 고통에는 한 줄기 희망의 빛도 없습니다. 존재할 수 있는 가장 최악의 지옥입니다. 제 기초 주장은 이 최악의 지옥 역시 우주에 존재할 수 있는 하나의 상태이며 이를 제외한 나머지는 그보다는 낮다는 건데 말이죠.

도이치 | 그렇죠. 저는 객관적으로 더 낮고 더 나쁜 상태가 존재한다는 걸 부정하는 게 아닙니다. 그리고 방금 설명한 그 우주는 객관

적으로 나쁜 것들 중 하나죠.

해리스 | 그런데 도덕의 근간으로서 이것을 주장하는 게 왜 잘못되었다는 건가요?

도이치 | 여러 도덕 이론이 있고 여러 인간 번영 이론이 있지만, 정확히 무엇이 있을 수 있는 최악의 상태인지에 대한 의견이 합치되지 않을 겁니다.

해리스 | 다양한 의견이 있을 수도 있다는 점은 인정합니다. 하지만 유한한 수의 존재가 있는 우주가 있다고 가정해 보자고요. 지금 우리는 T라는 시점에 모두에게 —'모두'가 어떤 존재들로 구성되든 모두가 확실히 인정하는— 가능한 최악의 고통을 이야기하고 있습니다. 이곳에 어떤 존재가 있든, 그들이 어떤 존재이든, 다른 존재들과의 관계가 어떻든, 이보다 더한 고통은 없습니다. 예측하기 어려운 약간의 차이는 있을 수도 있습니다. 그렇지 않습니까. 각자의 상황에 따라 누군가에게는 정말 나쁜 상황이 다른 누군가에게는 미약하게나마 상대적으로 조금 더 나은 상황일 수도 있죠.

도이치 | 그 부분은 고려하지 맙시다.

해리스 | 좋습니다. 그러면 이제 하나의 겪을 수 있는 최악의 상태가 있는 게 아니라, 모든 존재가 처할 수 있는 한정된 수의 괴로운 상태가 있다고 하겠습니다. 그리고 만일 우리가 다만 일부라도 이들의 삶을 더 낫게 만든다면 이는 우리가 '좋다'고 칭하는 방향으로의 움직임을 나타냅니다. 제가 주장하는 바는 좋음에 관해 우리가 지닌 모든 이론에는 모두에게 있을 수 있는 최악의 고통(혹은 여러 고통)에서 멀어지려는 움직임이 포함돼야 한다는 겁니다. 그것이 칸

트가 주장한 정언 명령이든 종교, 결과주의, 덕 윤리든, 혹은 아직 인간이 발견하지 못한 그 어떤 것이 되었든, 가능한 경험으로 구성된 공간에서 도덕적 이론에는, 모두에게 있을 수 있는 최악의 고통에서 멀어지는 것은 사실 좋음의 현금 가치라는 것이 포함되어 있어야 합니다.

도이치 | 그렇죠. 하지만 우리가 겪을 수 있는 최악의 상태에서 1밀리미터만 멀어져도 개선의 방법은 많고, 그중 일부는 다른 방식보다 더 나을 겁니다. 그리고 겪을 수 있는 최악의 상태에서 최대한 멀리 떨어지고 나면, 수많은 요소가 옳고 그름, 선과 악, 번영과 번영하지 않는 것에 대한 사람들의 인식에 영향을 미칩니다. 이렇게 말하는 것과 같습니다. "자, 당신의 암은 치료되었어요. 이제 당신은 행복합니다." 이 사람은 행복하지 않을 수도 있어요. 암에 걸리기 전에 사실 그리 행복하지 않았는데, 지금 그 상태로 돌아왔잖아요. 그리고 현재 상태가 겪을 수 있는 최악의 상태보다 낫다는 사실은 무엇이 더 좋고 나쁨에 관한 의견의 불일치를 해결해 주지는 않습니다.

해리스 | 그래서 도덕적 지형이라는 비유가 적절해 보이는 겁니다. 어디까지 꼭대기이고 어디까지 골짜기인지 우리가 동의하지 않을 수도 있다는 점은 인정합니다. 둘 다 맞을 수도 있고요. 그리고 이 지형에서 서로 다른 윤리관을 지닌 사람들이 실은, 같지만 서로 양립할 수 없는 행복의 상태에 관해 말하고 있는 건지도 모르죠.

도이치 | 그렇다면 우리 둘이 생각하는 꼭대기보다 훨씬 더 높은 꼭대기가 있을 수도 있지요.

해리스 | 바로 그겁니다. 그리고 우리는 그 꼭대기를 결코 발견하지 못할지도 모릅니다. 우리의 운이 그에 미치지 못하거나, 그것을 발견하기에 알맞은 정신을 지니지 않았기 때문에요.

도이치 | 인간은 범용 사고 기계이기 때문에 두 번째 이유는 가능하지 않다고 생각합니다.

해리스 | 충분한 메모리와 시간만 주어진다면, 그렇겠죠. 이 역시 또 다른 문제이지만, 지금은 이 주제에 집중하겠습니다. 말씀하신 그런 경우, **호모 사피엔스**가 알맞은 기술만 있다면 오를 수 있는 이 꼭대기를 탐험하지 않는 것은 우주 역사에서 발생한 우연한 사실일 수도 있겠죠. 그래도 여전히 그 꼭대기는 우리가 '더 낫다'는 단어를 사용할 수 있는 모든 이성적인 방식에서 현재 우리가 서 있는 곳보다 더 낫습니다.

도이치 | 맞습니다. 하지만 우린 그 꼭대기를 그냥 지나치고 더 나은 꼭대기를 찾을 겁니다.

해리스 | 그럴지도 모르죠. 행복의 경계는 계속해서 멀어지고요. 진정한 꼭대기에는 영원히 도달할 수 없을지도 모릅니다. 이미 도달했다는 사실을 모를 수도 있고요.

도이치 | 그렇습니다. 확실한 사실은 우리가 새로운 발견을 할 때마다 더 많은 문제가 생겨난다는 겁니다. 도덕에서도 마찬가지입니다. 인간은 더 나아지지만, 그 뒤에는 나아졌기 때문에 더 많은 문제가 생긴다는 것을 발견하죠.

해리스 | 그런 문제들은 점차 개선됩니다. 지금은 지붕 위에 어떤 기업의 태양광 패널을 놓을지 고민하지, 어떻게 하면 이웃들을 노예

거인의 통찰

로 만들까 고민하지는 않지 않습니까.

도이치 | 전쟁을 없앴더니 자기방어를 하기 더 어려워졌다는 사실을 깨닫기도 하죠.

해리스 | 그건 우리가 계속해서 발전을 꾀하는 한 해결되겠지만, 문명화된 정도를 고려하면 일부 지역에 한정되는 문제처럼 보입니다.

도이치 | 물론 모든 문제에는 지역성이 있습니다. 다만 개선이 새로운 문제를 만든다는 것 자체는 보편적인 사실이라고 생각합니다. 꼭대기는 오르는 중에만 정상처럼 보입니다. 일단 그 위에 올라서고 나면 그곳에 존재하는 수많은 문제가 눈에 들어올 겁니다.

해리스 | 그 높은 곳에 있는 문제들은 얼마나 우아할까요.

도이치 | 우리 시점에서 보면 상상하기 어려울 정도로 우아하겠죠.

해리스 | 창의성과 쾌락 수준은 높고 신체적 문제는 적은 상태에 오래도록 머무를 수만 있다면, 문제라고는 "어떤 것이 훨씬 더 아름답지? A? B?"와 같은 것들이 될 겁니다. "주방에서 기어 다니는 저 바퀴벌레들을 처리할 수가 없네. 정말 미치겠다." 같은 것과는 대조적으로 말이죠.

도이치 | 흠, 글쎄요. 저는 그 부분에 대해서는 불가지론적입니다. 이를테면, 실존적 문제는 영원히 존재할까요? 저는 모르겠습니다. 우리가 저지르는 실수의 크기에 왜 한계가 있는지는 모르겠군요.

해리스 | 흠, 그건 생각해 봄 직한 문제네요. 현재로서 제한은 없는 것 같습니다.

도이치 | 앞으로도 우리가 더 나아질 수 있는 방법은 있을 겁니다. 그러나 우리가 그 길을 택하지 않을 수도 있죠.

해리스 | 하지만 교수님이 설명하신 바에 따르면 인간에게는 추가적인 작업이 필요하지 않은 방식으로 문제의 해결책을 훌륭하게 자동화하는 경향이 있지 않습니까. 말씀하셨듯이, 우리는 의복을 재발명할 필요가 없죠. 필요하다면 새 외투를 사면 되고, 그걸로 문제는 해결된 겁니다.

도이치 | 수십억 년 후 인간은 생존에 직결된 문제를 마주하게 될 겁니다. 태양이 적색거성이 되기 전에 인간은 태양계를 벗어나야 할 테니까요. 그때 존재할 도덕적 문제는 무엇에 관한 것일지 누가 알겠습니까? 누구를 남겨 놓고 떠나느냐의 문제는 아니겠지요. 기술이 발전해 있을 테니까요. 그때쯤이면 어떤 종류의 고통도 존재하지 않을지도 모르죠. 아주 작은 고통이라 해도요. 한데 앞서 말한 것처럼 왜 그래야 하는지 그 이유는 모르겠군요. 어떻게 인간이 저지르는 실수의 규모에 제한이 있을 수 있죠? 잘 모르겠네요. 아마 그게 우리의 가장 큰 문제일지도요!

해리스 | 우리의 책무를 저버리지 않으면서도 제때 적색 거성을 떠나는 방법이 뭐냐는 거죠.

도이치 | 네.

해리스 | 둘의 의견 차이에서 시작했던 대화가 흐름을 상당히 벗어난 것 같네요. 교수님은 지식이나 도덕 등에 근간이 있다는 개념 자체를 수용하지 않으시고, 이 부분에서는 포퍼와 궤를 같이하는 듯 보입니다. 저도 대부분이 '근간'이라고 주장하는 것이 사실은 그렇지 않다는 점에서는 기본적으로 교수님 의견에 동의합니다. 하지만 우리의 깨달음과 상관없이 현실은 인간의 지식을 뛰어넘고 언제까

지나 탐구의 대상일 것이라는 주장과, 이를 위해 지속적으로 인간이 지닌 이론들을 바로잡아야 한다는 주장은 꽤 포퍼적인 근간인 듯합니다. 말씀드린 것처럼 저는 도덕이 자연법칙의 제약을 받는 탐색의 문제라고 생각합니다. 도덕이라는 개념을 그냥 잊어도 됩니다. 인간은 가능한 모든 경험으로 구성된 공간에 존재하는 의식 있는 시스템이며, 앞으로도 더 좋고 나쁜 것, 더 창의적인 것과 그렇지 않은 것을 찾아낼 겁니다. 그리고 무의미한 고통에서 벗어나기를 바라는 건 잘못된 게 아니고요.

도이치 | 우리는 무엇이 좋고 나쁜지에 관한 생각을 앞으로도 바꿔 갈 테고, 이 과정에 이성이라는 수단을 쓸 겁니다. 그러나 이 부분에 대해서는 더 근본적인 수준에서 우리 의견이 일치하지 않을 수도 있겠군요. 저는 인간이 이것을 과학이라는 방식으로 대부분 수행하지는 않으리라 생각합니다. 『신이 절대로 답할 수 없는 몇 가지』에 누군가가 "인간 상태의 과학이라는 건 있을 수 없다."라고 한 말을 굉장히 통렬한 어조로 인용했더군요. 작가님은 그 부분을 이성의 본질적인 한계에 대한 믿음이라고 설명했지요. 다시 말하지만, 작가님은 저와는 다소 다른 방식으로 '과학'이라는 단어를 사용합니다. 동의하실지 모르겠지만, 저는 이성에 한계가 존재하지 않는다고 믿습니다. 도덕적 질문들에 대한 이론을 만들 수는 있겠죠. 그리고 이성이라는 수단을 활용해 그 이론들을 개선할 수 있을 겁니다. 그리고 과학은 어쩌다가 여기에 연관되는 겁니다. 저는 과학이 근본적으로 연관되어 있다고는 생각하지 않습니다.

해리스 | 인간 본성의 과학이 없다는 그 인용구에 대한 비판은 결

국 교수님이 말씀하신 그 믿음과 같은 말입니다. 저 역시 동의하는 바이고요. 과학과 나머지 이성 사이의 경계는 확실치 않고, 인간은 놀라운 방식으로 그것을 계속해서 극복해 나가겠지요. 토리노의 수의(이탈리아 토리노 대성당에 보관 중인 수의로, 수의에서 희미하게 보이는 사람의 형상이 예수의 흔적이라는 주장이 있다_옮긴이)가 역사적 예수의 성유물인가라는 질문을 어딘가에서 예시로 든 적이 있는데요. 이는 종교적인 주장이죠. 역사에 관한 주장이고요. 과학에 관한 주장으로는 전혀 들리지 않습니다. 그런데 방사성 탄소 측정 방법이 발명되자 이 논란은 실험하는 주체에 따라 화학적인 혹은 물리학적인 문제가 되었습니다. 이러한 문제들은 앞으로도 점점 더 많이 생기겠죠. 그리고 하나의 방향으로 흘러갈 겁니다. 과학이라는 방향으로 흘러갈 것이고, 절대 사라지지 않을 겁니다. 과학은 결코 사라지지 않을 발견을 해 나갈 겁니다.

도이치 | 만일 우리가 매트릭스로 이동해 그곳에 머물기로 한다면, 다음에 무엇을 해야 할지에 관한 모든 질문은 매트릭스를 확장하는 문제가 아니고서야 과학적인 질문은 아닐 겁니다.

해리스 | 대화는 이쯤에서 마무리하겠습니다. 다음에는 그 주제를 가지고 대화하면 좋겠네요. 기술적으로 우리가 향하고 있는 방향에 관한 질문은 앞으로도 사라지지 않을 겁니다. 점점 더 흥미로워지겠죠. 기꺼이 시간 내주셔서 정말 감사합니다, 교수님.

MAKING SENSE

의식과
자기

CONSCIOUSNESS AND THE SELF

대담 파트너

아닐 세스
Anil Seth

아닐 세스는 서식스 대학교University of Sussex의 인지 및 계산 신경과
학부 교수이자 새클러 의식과학 연구센터Sackler Centre for Consciousness
Science의 공동 창립 소장이다. 새클러 의식과학 연구센터는 의식을 뒷
받침하는 복잡한 두뇌망에 대한 이해를 정신 질환과 신경 질환에 대응
하는 임상 접근법으로 바꾸는 것을 목표로 두고 있다.

세스는 의식의 생물학적 기반에 중점을 두고 신경과학과 수학, AI, 심
리학, 철학, 정신 의학을 종합하여 연구한다. 대담에서 우리는 의식은
자연에서 어떻게 창발하는가, '제어된 환각'으로서의 지각, 감정, '순수
의식'의 경험, '통합 정보'로서의 의식, '뇌 복잡성'의 측정, 환각제, 자기
의 다양한 양상, 의식 있는 AI를 비롯하여 다양한 주제를 논의한다.

해리스 | 저는 높은 조회 수를 기록했던 교수님의 2017년 TED 강

153

의식과 자기

연 "뇌는 어떻게 의식적 현실을 만들어 낼까?"*를 시청하고 교수님을 알게 되었는데요. 시작하기 전에 교수님의 과학적, 학문적 배경을 간략하게 설명해 주시면 좋을 것 같습니다.

세스 | 제 학문적 관심 영역은 늘 의식의 신체적, 생물학적 기반의 이해, 그리고 그 기반이 신경학과 정신 의학에 미치는 실질적인 영향이었습니다. 하지만 제가 케임브리지 대학교에서 학사 과정을 밟던 1990년대에 의식은 과학 연구 분야에 속하지 않았습니다. 철학에 더 가까웠죠. 당시에도 저는 물리학을 통해 과학과 철학의 모든 어려운 문제를 풀 수 있다고 생각했고, 그래서 물리학을 공부하기 시작했습니다. 그러나 이내 정신과 두뇌 관련 주제에 더 직결된 심리학으로 관심을 돌렸습니다. 그리고 1994년 실험심리학 학사 학위를 취득했지요.

이후 서식스 대학교로 옮겨 컴퓨터 공학과 AI 연구로 석사와 박사 학위를 땄습니다. 90년대 심리학과 인지과학에서 지배적이던 상자-화살표 인지 모델box-arrow cognition model을 뛰어넘어 더 큰 해석력을 지닌 무언가를 찾아야 한다고 느꼈죠. AI를 연구하는 여러 새로운 방법, 도구와 함께 연결주의connectionism가 부상하며 그 무언가를 찾을 수도 있겠다는 생각이 든 것이 분야를 옮기는 데 일부 영향을 미쳤습니다. 그래서 서식스 대학교에 남아 인공생명artificial life이라 불리는 분야에서 박사 학위를 취득했죠. 이때 쓴 논문에는 뇌, 신체, 환경이 상호 작용하는 방법과 이 과정에서 인지 작용이 함께 구성되

---

* https://www.ted.com/talks/anil_seth_how_your_brain_hallucinates_your_conscious_reality

거인의 통찰

는 방식에 관한 생태학적 모델링 및 연산적, 개념적 연구가 포함되어 있습니다.

그동안 의식과 관련해서는 잠시 제쳐 놓고 있었습니다. 그래서 2000년, 박사 과정을 마친 뒤 샌디에이고에 있는 신경과학연구소 Neurosciences Institute에 가서 제럴드 에델만과 함께 연구했습니다. 샌디에이고는 의식과 의식의 신경 기반을 제대로 연구할 수 있는 얼마 안 되는 곳 중 하나거든요. 샌디에이고에는 에델만도 있었지만, 라호야La Jolla 솔크 생물학연구소에는 프랜시스 크릭Francis Crick도 있었어요. 이런 분들이 의식을 연구하고 있었죠. 그래서 저도 6년 동안 그곳에 머물며 수학, 물리학, 컴퓨터 공학 분야의 다양한 양식은 물론이고 인지 신경과학 도구들을 한데 모아 의식을 연구했습니다. 그리고 서식스로 돌아와 지난 10여 년 동안 새클러 의식과학 연구센터라는 연구소의 공동 소장을 지냈습니다. 의식의 생물학적 기반으로서 두뇌를 집중적으로 탐구하는 연구소가 점점 늘고 있는데, 새클러 연구센터도 그중 하나입니다.

해리스 | 아주 멋진 이력이네요. 에델만을 만난 적은 없지만, 저서는 여러 권 읽어서 의식에 관한 그의 연구는 잘 알고 있습니다. 제가 잘못 아는 게 아니라면 굉장히 강한 자아를 지닌 분이었다죠. 불편하다면 아무 말씀 안 하셔도 괜찮지만, 에델만과 마주한 적 있는 모든 사람이 대화에서 그가 말을 얼마나 많이 하는지 알고는 놀랐다고 들었습니다.

세스 | 저도 들은 적이 있습니다. 그리고 어느 정도 맞는다고 생각합니다. 하지만 제가 그의 밑에서, 그와 함께 일한 시간 동안 큰 영

감을 얻을 수 있었습니다. 큰 행운이었죠. 에델만은 자존감이 높은 분이었습니다. 박식한 사람이었고 생물학과 신경과학 분야의 주요한 발견에 혁혁한 공을 세운 분이죠. 함께 일하는 사람들에게도 무척 친절하셨어요. 연구소 밖으로 그리 자주 나가시지는 않았지만 — 연구소는 사실상 그의 제국이었죠— 연구소 안의 사람들에게 많은 시간을 할애하셨습니다.

소장실로 불려 가 이런저런 주제에 관해, 새로이 발표된 여러 논문에 관해 이야기를 나누던 때가 기억나네요. 제게는 굉장히 유익한 경험이었습니다. 연구소 밖에서 인터뷰나 대화를 나눌 때 그가 적잖이 까다로운 사람이었다는 건 압니다. 안타까운 일이죠. 그가 남긴 유산은 아주 특별한 것이니까요.

해리스 | 교수님과 저는 확실히 여러 부문에서 관심 영역이 겹칠 겁니다. 제 경우에는 가장 중심에 의식이 있습니다. 그리고 이는 의식에 관해 고민해 본 사람은 누구나 그럴 겁니다. 의식은 우주에서 가장 중요합니다. 인간의 행복, 소통, 그리고 우리가 가치 있게 여기는 모든 것의 기초니까요. 의식은 중요한 것이 중요하게 있을 수 있는 유일한 공간입니다. 의식을 연구하고 많은 시간을 들여 고민하는 분이라는 사실을 고려하면, 교수님은 의식을 주제로 대화를 나누기에 완벽한 상대라고 생각해요. 의식을 어떻게 정의하시나요?

세스 | 통속적인 정의는 쉽죠. 의식이란 존재하는 모든 주관적 경험입니다. 나만의 것이라는 특징이 있는 주관적 경험으로 구성된 현상적 세계이며, 지각적 감각질 내지는 내용, 즉 색, 형태, 믿음, 정서, 여러 다른 감정적 상태로 가득합니다. 이 세계는 전신마취나 꿈을

꾸지 않는 수면 상태에서 완전히 사라집니다. 이와 같은 방식으로 의식을 정의하는 건 아주 쉽습니다. 이를 기술적으로 정의하는 것이 앞으로도 과제가 되겠지요.

때로는 의식의 기술적 정의가 너무 강조되기도 합니다. 과학의 역사를 보면, 현상에 대한 우리의 과학적 이해와 함께 정의가 진화한 경우가 많습니다. 과학에서는 정의를 먼저 수용하고 일방향적으로 이를 과학적 지식으로 옮기지 않습니다. 그러니 자연에 의식이라는 중요한 경험이 있다는 사실이 인정되면, 다시 말해 주관적 경험이 존재한다는 사실을 인정하면 우리는 안전한 영역에 있는 겁니다.

해리스 | 의식에 관해 우리가 내리는 모든 정의는 순환적이죠. 의식을 그저 '감각성', '인식', '주관성', '경험' 등 다른 단어로 대체할 뿐입니다. '감각질'과 같은 용어 역시 의식에서 아직 정의되지 않은 개념에 기대고 있다고 저는 생각합니다.

세스 | 혼란스러운 부분이 많죠. 저는 사람들이 '의식consciousness'과 '자의식self-consciousness'을 얼마나 자주 혼용하는지 깨달을 때마다 놀랍니다. 자기다움selfhood을 의식적으로 느끼는 것 역시 인간의 의식적 경험의 일부이긴 하나, 이는 부분 집합에 불과합니다. 또한, '접근적' 의식과 별개로 '현상적' 의식이라는 게 존재하는가에 대한 논쟁도 있습니다. '현상적 의식phenomenal consciousness'이란 우리가 인지하는 내용 이상으로 갖게 되는 풍부한 인상입니다. '접근적 의식access consciousness'은 의식의 내용을 서로 다른 기능에 유동적으로 활용할 수 있는 방식을 말하고요. 여기에서 저는 철학자 네드 블록Ned Block 과 같은 사람들이 한 연구의 도움을 받고 있습니다. 블록은 이러한

구별이 굉장히 중요하다고 주장합니다. 동의하지 않는 사람들은 "아니요, 접근적 의식과 구별되는 현상적 의식이란 건 없습니다."라고 말할 겁니다. 그러니 작가님이 한 말씀도 맞습니다. 틀림없이 어떤 순환성이 있긴 하지만, 어떤 차이들은 실험 결과를 해석할 때 굉장히 유용하게 쓰입니다. 예를 들어, 의식에 광범위한 뇌 활동의 '점화'가 수반된다는 증거에 대해 고민할 때에는 고민의 대상이 접근적 의식인지 현상적 의식인지 (적어도 실험자들이 이 차이를 수용하는지, 하지 않는지) 아는 것이 중요합니다. 저는 이 두 의식의 차이가 의식 과학과 큰 관련이 있다고 봅니다.

해리스 | 현실을 포착하는 방식의 하나로서 개념의 정의를 다시 과학적 지식으로 옮기지 않는다고 말씀하셨던 부분을 다시 짚어 보고 싶네요. 우리가 두뇌 수준에서 연구를 하기 시작하면 깨지는 통속심리학에 기반을 둔 이해가 몇 가지 있지요. 기억을 예로 들 수 있습니다. 우리는 직관적으로 모든 기억이 같은 것이라고 느낍니다. 어제 저녁 메뉴, 자신의 이름, 미국의 초대 대통령, 테니스 채 휘두르는 방법 등, 기억하는 대상과 상관없이 무언가를 기억한다는 행위 자체가 대부분 다 같은 작업이라고 여기는 거죠. 우리 정신과 뇌에 과거가 새겨지는 방식을 기억이라는 한 단어로 모두 표현하지만, 사실 신경학적 관점에서 보면 차이가 있습니다. 어떤 기억은 그대로 유지되고 어떤 기억은 희미해지죠.

의식도 이와 비슷한 걸 수도 있습니다. 아닐 수도 있고요. 아마 교수님보다는 제가 소위 의식의 어려운 문제라는 것에 더 몰두해 있을 것 같은데요. 교수님도 잘 알고 계실 텐데, 관련해 논의하기 전에 철

거인의 통찰

학자 토머스 네이글의 「박쥐가 된다는 건 어떤 느낌인가?」라는 아주 유명한 논문에서 의식을 정의한 부분을 먼저 소개하고 싶습니다.

> 의식적 경험은 광범위한 현상이다. 의식은 동물 생태의 여러 층위에 걸쳐 발생하나, 더 단순한 유기체에도 그것이 존재하는지는 확신할 수 없다. 또한 의식이 존재한다는 증거를 제시하기도 어렵다. (일부 극단주의자들은 인간 외에는 포유류조차 의식을 지니지 않는다고 기꺼이 말할 것이다) 의식은 인간이 상상할 수조차 없는 무수한 형태로 온 우주에 존재하는 수많은 태양계의 다른 행성에서도 발생한다. 하지만, 그 형태가 얼마나 다양하든, 유기체가 의식적 경험을 겪는다는 것은 어찌 되었든 기본적으로 그 유기체가 되는 것과 같은 무언가가 있다는 의미이다. 경험의 형태에는 더 많은 의미가 있을 수 있다. (아니리라 생각하지만) 유기체의 행동에도 어떤 의미가 있을 수도 있다. 하지만, 그 유기체에게 그 유기체가 되는 것과 같은 무언가가 있을 때, 있을 때만 근본적으로 유기체는 의식적 정신 상태를 지닌다.

이 정의를 적용하기는 쉽지 않습니다. 기술적 정의도 아니고요. 하지만 의식의 아주 기본적인 부분을 건드리고 있고, 제게는 늘 이것이 통했습니다. 네이글의 정의를 어떻게 보시나요?

세스 | 훌륭하죠. 우리가 정의하는 의식을 근본적으로 표현한 것으로서 반박하기 어렵고요. 의식을 '하나의 것'으로 생각하는 게 최선이든, 여러 현상으로 구분되는 어떤 것으로 여기는 게 최선이든, 저는 의식을 과학적으로 연구하고 또 철학적으로 사유하는 가장 좋

은 방법은 —적어도 탐구를 돕는 차원에서— 의식이 통합된 현상이라고 우리가 오해하고 있을지도 모른다는 사실을 인지하는 데 있다는 견해에 공감합니다. 아까 기억을 예로 말씀하신 것처럼, 세상과 자기self에 관한 의식적 경험이 얼마나 다양한지 우리는 알죠.

해리스 | 저도 동의합니다. 우리는 의식이 통합된 상태라고 오해하고 있는지도 모릅니다. 제게 더 이상 단순화할 수 없는 가장 기본적인 것은 어떠한 것이 된다는 느낌과 그렇지 않다는 느낌 사이에 차이가 있다는 겁니다. 의식의 불이 켜지는 방법은 다양하고, 그중 일부는 놀랄 만한 것일 수도 있을 겁니다. 뇌의 여러 지점에 불이 들어올 수도 있겠죠. 하지만 문제는 늘 이겁니다. "그러한 정보 처리가 된다는 느낌이 있는가? 혹은 그 물질이 된다는 느낌이 있는가?" 그리고 이는 의식에 관한 주장의 현금 가치이고요.

세스 | 저도 그렇게 생각합니다. 그런 방식으로 질문하는 것 역시 더할 나위 없이 합리적이고요. 의식 있는 유기체에게는 그 유기체가 된다는 느낌이 있죠. 그리고 그러한 느낌의 차이에는 물리적, 생물학적, 어쩌면 정보적인 기반이 있으리라 생각합니다.

해리스 | 우리가 어려운 문제에 너무 시간을 낭비해서는 안 되는 이유에 관해 쓰신 적이 있잖아요. 어려운 문제가 무엇인지 청취자들에게 짧게 설명해 주세요. 데이비드 차머스를 비롯한 여러 사람과 이 주제로 대담을 나눴지만, 교수님은 어떤 관점에서 이 문제를 바라보는지 설명해 주시는 것도 좋겠습니다.

세스 | 어려운 문제는 지난 20여 년 동안 의식 관련 논의에 지대한 영향을 미친 —마땅히 그럴 만하죠— 철학 개념 중 하나입니다.

거인의 통찰

이 문제는 일부 물리적 시스템에는 내면의 세상이 있다는 근본적인 수수께끼를 요약합니다. 어떤 시스템에는 의식적 경험이 있습니다. 그 시스템이 '된다는 느낌'이 있습니다. 반면 탁자, 의자, 그리고 아마 현존하는 모든 컴퓨터 등 그 외의 시스템에는 그 시스템이 된다는 '아무런 느낌'도 없습니다. 어려운 문제가 하는 일은 이러한 직관을 더 확장해, 소위 말하는 쉬운 문제에서 이 문제를 분리하는 겁니다. 차머스에 따르면 쉬운 문제란 뇌가 기능적으로 어떻게 작동하는지 이해하는 일입니다. 지각하는 원리는 무엇이며, 특정 언어를 발화하는 원리는 무엇이며, 인간은 어떻게 적절히 적응하며 전 세계를 돌아다니며, 우리 뇌는 어떻게 지각과 인지, 행동을 뒷받침하는지 등 모든 세세한 부분에서 말이죠. 어려운 문제는 쉬운 문제 —행동과 지각 등의 측면에서 뇌가 하는 일의 원리에 관한 설명— 에 대한 모든 답이 어떻게, 그리고 왜 의식적 경험과 관련이 있는지 이해하는 것입니다.*

어려운 문제는 기능과 행동이 우리, 혹은 박쥐와 동일하지만 아무런 인지적 속성도 보이지 않는 시스템 —철학적 좀비로 자주 표현되죠— 을 상상하도록 만들며 우리에게 개념적인 힘을 행사합니다. 철학적 좀비에게 의식의 빛은 들어와 있지 않습니다. 그리고 우리가 만일 이러한 시스템을 상상할 수 있다면 다음의 질문에 대답하는 것은 큰 도전이 됩니다. "그렇다면, 무엇이 실재하는 나, 실재하

---

*   어려운 문제의 표준구(locus classicus)는 여기에서 확인할 수 있다.
       D. J. Chalmers, The Conscious Mind: In Search of a Fundamental Theory (New York: Oxford University Press, 1996)

는 당신, 실재하는 박쥐에게 인지적 속성을 발생시킨 걸까요?" 어려운 문제가 이러한 어려움을 낳는 건 차머스가 철학적 좀비와 같은 존재를 상상할 수 있다고 주장하기 때문입니다.

이러한 상상 가능성 논증conceivability argument이 저는 상당히 약하다고 생각합니다. 어떤 시스템을 알면 알게 될수록 —쉬운 문제에 관해 잘 알게 될수록— 좀비적 대안을 상상하는 행위의 타당성이 부족해지기 때문입니다. 한 아이가 고개를 들어 머리 위로 지나가는 보잉 747을 보고 있습니다. 이때 아이에게 비행기가 뒤로 날아가는 모습을 상상해 보라고 시킵니다. 물론 그런 모습을 상상할 수는 있습니다. 하지만 공기역학적, 공학적 지식이 많을수록 이 장면을 상상하는 건 더 어려워집니다. 보잉 747이 역으로 날아가도록 만드는 건 불가능합니다. 상상 가능성 논증에 대해 제가 우려하는 바 역시 이와 비슷합니다. 저는 철학적 좀비의 존재를 진지하게 상상할 수가 없어요. 제 상상력이 부족하기 때문은 아니라고 생각합니다. 오히려 이 문제는 신경과학의 대단히 불완전한 지식에서 비롯됩니다. 좀비 자체를 상상할 수 없다면 어려운 문제는 힘을 일부 잃을 겁니다.

해리스 | 흥미롭네요. 저는 어려운 문제가 모든 힘을 잃지는 않을 거라고, 적어도 제게는 그럴 거라고 생각합니다. 저는 어려운 문제가 좀비 논증에 기초한다고 생각한 적은 없습니다.* 그러면 철학적

---

* 세스 데이비드 차머스가 이후 추가적으로 이 부분을 입증해 주었습니다. 어려운 문제에 관한 차머스의 초기 구상은 좀비를 언급하지 않았으며, 설명의 충분성에 역점을 두었습니다. 하지만 여전히 좀비 논증(차머스의 1996년 논문)은 어려운 문제를 설명하는 영향력 있는 방식입니다.

거인의 통찰

좀비란 불가능하다고, 적어도 소위 말하는 법칙론적으로는 불가능하다고 합시다. 제가 할 수 있는 모든 행동을 똑같이 할 수 있는 존재를 만들면 그 존재에게는 의식이 발생하는 세상에 우리가 살고 있다고 가정하겠습니다. 저는 어려운 문제가 의식에 관한 설명 중 어떤 것도 과학적 설명처럼 직관적인 결말을 제시하지 않는다는 사실에서 발생한다고 봅니다.

의식은 생명과 같지 않습니다. 생명은 교수님을 비롯한 많은 과학자가 이 지점에서 설명을 위한 돌파구를 만들고자 가져온 비유이지요. 과거에 사람들은 절대 생명을 기계론적으로 설명할 수 없다고 생각했습니다. 생기론vitalism이라는 철학 견해에서는, 생체와 사체 사이의 차이가 말이 되려면 살아 있는 인간에게는 생기가 있는 영혼, 엘랑 비탈élan vital이 있어야 한다고 주장했습니다. 그 차이를 기계론적으로 이해하는 건 지난한 일일 것이라 여겼는데, 맙소사, 인간이 그걸 해냈네요.

이 비유를 기꺼이 변호해 주시면 좋겠어요. 생명에 관한 모든 것 —살아 있음의 의식적 경험은 예외로 하고— 은 생식, 성장, 치유, 신진대사, 향상성 등 물질적 부분 사이의 외적인 기능 관계라는 측면에서 정의될 수 있습니다. 물리학이며 화학이고 생물학이며, 그 외 다른 방식으로 설명될 필요가 없습니다. 시력을 예로 들면, 빛 에너지가 뇌에서 전기적, 화학적 에너지로 전환되고 시각 피질에 그려지는 이 모든 과정은 기계론적, 물리적 측면에서 이해될 수 있습니다. 이 말을 덧붙이기 전까지는 말이죠. "아, 그런데 이 과정 중 일부에는 그 과정이 되는 것과 같은 무언가가 있습니다." 그러니 좀비가 있든 없든, 어려운 문제는 여전히 어렵습니다.

세스 | 저는 생명에 대한 비유의 옳고 그름은 열린 질문이라고 생각합니다. 과학자와 철학자들은, 수 세기 동안 결국 설명이 가능하다고 판명되었지만, 당시에는 불가해해 보였던 다양한 문제와 마주해 왔습니다. 그러니 아직 그 비유를 배제하고 이번에야말로 의식에 관한 완전히 새로운 발견이 있다고 말해서는 안 된다고 생각합니다.

여기에는 조금 더 경험적인 측면도 있습니다. 생명이라는 비유를 받아들이면 우리에게 의식이 있다는 건 어떤 것인지 재구성하게 만드는 인지적 속성을 분리하게 됩니다. 외부 세계를 의식적으로 지각하는 행위와 의식적인 자기다움을 구별하여 생각하게 되죠. 자기 경험의 중심이기도 한 자유의지와 행위자성agency이라는 의식적 경험들은 현상학적 설명 대상을 제공하며, 우리는 특정 메커니즘으로 이를 설명하려 시도합니다. 성공적으로 설명한다고 해도 어려운 문제는 여전히 남아 있을 수도 있겠죠. 물론 아닐 수도 있고요.

우리는 현상성phenomenology에 계속해서 주목해야 합니다. 이것이 제가 어려운 문제와 쉬운 문제를 구분하는 것이 별 도움이 되지 않는다고 생각하는 또 다른 이유입니다. 쉬운 문제에 대한 답을 찾으려 할 때 현상성은 신경 쓰지 말라는 말을 듣습니다. 기능과 행동에만 집중하면 된다고요. 따라서 경험은 왜 존재하지 않는 대신 존재하는지에 관한 수수께끼인 어려운 문제는 현상성과 관련한 모든 범주 안에 들어가게 됩니다.

대안으로 제가 '실재적 문제real problem'라고 설명하는 접근법이 있습니다. 차머스가 '매핑 문제mapping problem'라는 비슷한 접근법을 소

거인의 통찰

개한 바 있는데요. 칠레 신경과학자 프란시스코 바렐라_{Francisco Varela}가 '신경 현상학_{neurophenomenology}'이라 부르며 비슷한 개념들을 설명한 바 있습니다. 이 접근법들의 공통점은 이겁니다. 어려운 문제를 해결하려 하지 말고, 의식이 어떻게 우주의 일부일 수 있는지 설명하려 하지 말고, 다양한 현상학적 속성에 특성을 부여하여 신경학적, 생물학적, 물리학적 메커니즘과 현상학적 속성들 사이의 관계를 설명할 수 있는 지도를 그리라는 겁니다.

여기에 성공하면 왜 경험이 존재하는지가 아니라, 왜 어떤 경험은 다른 방식도 아니라 그 방식으로 존재하는지에 대한 설명을 시작할 수 있습니다. 그러면 특정한 경험들이 특정한 현상적 특성을 보이게 되리라 예측할 수 있겠죠. 또한, 우리는 지금보다 훨씬 더 많은 것을 성취할 수 있을 테고, 그 과정에서 새로운 개념적 프레임워크를 개발할 수 있을 겁니다.

다른 방법으로 어려운 문제를 고민할 수도 있습니다. 설명의 범위와 관련된 건데요. 왜 다른 여러 과학 이론보다 의식 이론 하나에 더 많은 질문을 던질까요? 우리는 생물학이나 물리학 설명보다 의식에 관한 설명에서 원하는 게 더 많아 보입니다. 우린 의식이 직관적으로 옳다고 느끼길 바랍니다. 저는 그 이유가 궁금해요. 단순히 우리가 스스로에 관한 근본적인 어떤 것을 설명하려 한다고 해서 우리가 다른 과학 분야와는 다른 기준을 적용해야 해야 하는 건 아닙니다. 그것이 현상적 속성의 기원과 성질에 관한 아주 훌륭한 과학적 설명이어도, 우리는 그것이 직관적으로 옳다는 느낌을 받지 않을 수도 있습니다. 현상적 속성을 설명하고, 예측하고, 제어할 수 있는 설명임에도 말이죠. 과학적 설명은 예시화instantiation가 아닙니다. 의식에 관한 훌륭한 이론이 있다고 해서 그것이 설명하는 현상적 속성이 갑자기 실현되기를 기대하는 건 말도 안 되는 일입니다. 우리가 이런 방식으로 의식 이론에 너무 많은 것을 요구하고 있는 건 아닌지 걱정이 됩니다.

해리스 | 의식 이론에 많은 요구를 하느냐의 문제가 아닙니다. 몇몇 과학 분야의 경우, 인정받은 설명accepted explanation이 원초적 사실이나 혹은 실험 결과를 예측하는 데 사용하는 도구로 받아들여집니다. 대표적으로 양자역학을 들 수 있죠. 양자역학은 지금까지도 상식적인 방식으로는 이해하기 어렵습니다. 하지만 생명에 관해 우리가 아는 모든 것, 심지어 분자 생물학의 불가사의한 부분 —게놈의 정보가 어떻게 빠져나와 인간의 신체를 형성하는지— 도 세세하게 살펴보면 여전히 이해할 수 있습니다. 시각화하기 쉽지는 않겠지만, 더 많이 시각화하고 더 많이 설명할수록 우리 직관에 더 가까워집니다.

액체 상태에서 서로 느슨하게 연결된 물 분자들이 서로 미끄러지듯 스쳐 지나가는 모습을 생각해 보세요. 현미경 수준에서 물의 전체적인 속성을 설명할 때 떠올리는 모습이죠. 만일 특정한 주파수를 내보내는 특정한 구성으로 서로 결합한 최소 정보 처리 단위에서 의식이 발생한다면, 그리고 그러한 매개변수 중 하나를 바꾸자 의식의 빛이 꺼진다면, 그렇다고 해도 여전히 제게는 의식에 관한 설명이 아니라 중요한 상관관계를 나타내는 원초적 사실처럼 들립니다. 제가 들어 본 설명 중에 의식의 창발을 가장 잘 이해할 수 있게끔 도와

거인의 통찰

주는 건 줄리오 토노니의 '통합 정보' 이론이에요.

세스 | 물론 저도 "소규모 네트워크에서 61만 2,000개의 뉴런이 연결되어 있어야 한다."가 답이며 이게 전부라고 한다면 굉장히 실망할 것 같습니다. 터무니없기도 하거니와 임의적이며 만족스럽지도 않고요. 단순히 의식적 상태의 원초적 상관관계를 파악하는 것을 넘어, 메커니즘과 현상성 사이를 연결하는 만족할 만한 설명을 얻게 된다면 ―그러면 예컨대 시각적 경험은 왜 다른 것도 아니고 이 현상적 특성을 보이는지 설명할 수 있게 되겠죠― 탄탄한 기반에 근거하기를 바랍니다. 그래야 실증적 생산성을 증명할 수 있고, 현상성을 설명하는 다양한 방법을 고민함으로써 과학적인 연구를 할 수 있으며, 실증적 실험에도 적용할 수 있다고 생각하기 때문입니다.

어려운 문제를 과학적으로 정면에서 해결할 방법을 떠올리기는 어렵습니다. '실재적 문제'라는 길을 따라가도 수수께끼는 여전히 어느 정도 남을 것이며, 근본적인 핵심도 충분히 설명할 수 없으리라는 점에는 동의합니다. 하지만 그것을 당연하게 받아들이면 안 됩니다. 왜냐면 메커니즘과 현상성 사이의 관계를 모르는 상태에서 직관적으로 혹은 과학적으로 무엇을 느낄지 우리는 ―저는 확실히― 알 수 없을 테니까요. 우리는 이미 이런저런 부분이 의식의 자리라든가, 혹은 뉴런 그룹이 소위 감마 대역에서 약 40헤르츠로 동시에 진동하는 것이 인식의 메커니즘이라는 등의 말들을 해 왔습니다. 실은 이러한 '설명들'은 아무것도 설명하지 못합니다. 나중에 더 자세히 이야기하겠지만, 최근 예측 처리와 통합 정보와 같은 프레임워크가 지적 영역에서 두드러지게 부상하고 있습니다. 그러한 프레임워크는 메커니즘과 현상성의 관계에 대한 훨씬 더 흥미로운 설명을 제공합니다. 물론 완전하게 만족스러운 설명들은 아니지만, 어떠한 궤도를 그리기 시작했다고는 할 수 있죠.

해리스 | 그러면 그 궤도에 관해 이야기해 볼게요. 그런데 그 전에, 궁금한 게 있어요. 하등 동물의 경우, 어느 지점부터 의식이 창발한다고 생각하세요? 이를테면 파리가 되는 것 같은 느낌이 있다고 생각하세요?

세스 | 그건 정말 어려운 문제입니다. 이 부분은 불가지론적인 태도를 취하지 않으면 안 되겠네요. 다시 말씀드리지만, 이 문제에 관한 견해들이 지난 수십 년 동안 어떻게 변해 왔는지 살펴보면 놀랍습니다. 저는 다른 모든 포유류도 다양한 의식적 경험을 한다는 데 이론의 여지가 없다고 생각합니다. 포유류와 인간은 유관한 신경 구조와 신경 생리학적 방식에서 많은 부분을 공유합니다. 동일한 행동도 많이 찾을 수 있어, 의식적 경험을 하지 않는다고 주장하는 게 오히려 놀라울 정도예요.

해리스 | 실제로 얼마 전까지만 해도 의식은 언어의 영향을 크게 받기 때문에, 개나 인간 외의 존재는 말할 것도 없고 과연 갓난아기에게도 의식이 있을지 궁금하다는 말을 들을 수 있었죠.

세스 | 네. 의식이 언어나 고차원적 실행 과정과 긴밀히, 본질적으로 연결된다는 생각은 간혹 자각하지 못한 채로 의식의 문제에 대입되는 해로운 인간 중심설의 전형적인 예입니다. 인간은 스스로가 초지능적이라 여기고, 자신에게 의식이 있다는 사실을 안다고 생각합니다. 그리고 그 기준을 가지고 모든 것을 판단하려 합니다. 인간

거인의 통찰

이 가장 진보한 영역은 무엇일까요? 만약 언어에 재능이 있다면 '언어'라고 말하겠죠. 돌이켜 생각해 보니, 사람들이 의식과 언어를 긴밀하게 연관 짓는 순진한 실수를 했다는 게 놀랍게 느껴지네요. 그렇다고 둘 사이에 밀접한 관계가 없다는 건 아닙니다. 관계가 있죠. 언어는 의식적 경험의 많은 부분을 형성하고, 고유의 현상도 지닙니다. 하지만 다른 생물의 주관적 상태를 설명하기에는 아주 빈약한 기준이지요.

포유류에게는 확실히 의식이 있습니다. 유인원과 인간 사이의 신경 생리학적, 행동적 유사성을 생각하면 대답하기 어려운 질문은 아닙니다. 새는 포유류와 상사성相似性, analogy을 보이며 일부 경우에는 상동성相同性, homology(상사성은 기원이 다른 종 사이의 유사성을, 상동성은 조상이 같은 종 사이의 유사성을 의미한다_옮긴이)을 보이는 뇌 구조를 지닙니다. 일부 조류, 그중에서도 어치와 까마귓과 조류의 경우 의식이 있음을 시사하는 정교한 행동을 보입니다. 새도 의식적 경험을 할 가능성은 매우 높습니다. 이러한 판단을 내릴 수 있는 건 의식의 기저에 있는 신경학적 메커니즘과 의식의 기능적 행동 속성에 관해 우리가 알고 있는 사실 덕분입니다. 포유류에게서 관찰한 것과 마찬가지로요. 이러한 사례적 근거로 차근차근 추론해야 합니다. 우리에게는 의식의 기반을 설명할 기계론적인 답이 부족하기 때문입니다. 그래서 다른 종의 사례를 제대로 바라보지 못하죠.

계통 발생 가지에서 새와 멀리 떨어져 있는 문어를 살펴보죠. 문어는 수렴 진화(조상이 다른 종이 유사한 환경에 적응하며 비슷한 형질을 갖게 되는 현상_옮긴이)의 훌륭한 예입니다. 문어는 지능도 높고, 뉴런도 많

의식과 자기

습니다(약 5억 개). 하지만 인간과의 공통 조상은 약 7억 5,000만 년 전쯤의 어떤 단순한 구조의 벌레였을 겁니다. 문어와 인간 사이에 공통점은 거의 없습니다. 문어는 심장이 세 개고 반半 자율적으로 움직이는 부속지가 여덟 개 있으며, 분사 추진 방식으로 이동하고 피부로 맛을 느낍니다. 2009년, 운 좋게도 나폴리에 있는 스타치오네 해양연구소Stazione Zoologica Anton Dohrn에서 일주일 동안 문어를 관찰할 기회가 있었습니다. 인간과 완전히 다른 의식 있는 존재를 관찰할 수 있는 좋은 기회였습니다. 이러한 경험은 큰 도움이 됩니다. 의식이 있을 수 있는 방법은 인간의 방식 하나만 있다는 가정에 이의를 제기하기 때문입니다. 의식이 발생할 수 있는 방식은 다양할 가능성이 높고, 문어는 완전히 다른 정신, 짐작건대 의식 있는 정신을 보여주는 좋은 사례입니다.

포유류보다 모든 면에서 더 단순한 어류나 곤충을 떠올리면 이제 어디에 선을 그어야 할지 알기 어렵습니다. 만약 범주적 구분 없이 그저 종에 따라 의식의 양이 점차 줄어드는 게 아니며, 그래서 선을 그을 수 있다면 말이죠. 이 역시 불가능하지는 않다고 생각합니다. 많은 어류 종이 의식을 암시하는 듯한 행동을 보입니다. 이 종들은 고통스러운 자극을 받으면 통증을 가라앉히고, 고통스러운 자극과 관련한 장소를 피하는 등의 행동을 취할 겁니다. 그래서 예방적 원칙이 필요한 겁니다. 다른 생물도 의식적 고통을 느낄 가능성이 있다면 이들에게 잠재적으로 무척 불쾌한 상태를 가하지 않도록 윤리적 강제성을 만들어야 합니다. 의식이 없다는 충분한 증거를 찾기 전에는 다른 생물에게도 의식이 있다고 간주해야 합니다.

거인의 통찰

해리스 | 이제 교수님이 구분한 의식의 속성을 이야기해 보죠. 의식의 수준, 의식의 내용, 그리고 의식적 자기를 갖는다는 경험, 이렇게 세 가지입니다. 특히 마지막 속성은 많은 사람이 하나의 정신적 속성으로서 의식과 같은 것으로 여기죠. 세 속성은 서로 연결돼 있지만 서로 다릅니다. 의식의 수준부터 시작해 보죠. 의식이 있다는 것은 인간 감각의 깨어 있음과 왜 같지 않나요?

세스 | 방금 설명을 조금 더 구체화하며 시작하겠습니다. 의식의 수준과 내용, 자기를 구분한다고 해서 세 속성이 의식적 경험의 완전히 독립적인 측면들을 뜻한다는 의미는 아닙니다. 각 속성 사이에는 깊은 상호의존성이 있습니다. 그저 세 영역으로 분리하면 의식이라는 주제를 탐구할 때 도움이 될 것이라 생각하는 것뿐입니다. 이렇게 구분해 놓으면 서로 다른 현상적 속성들의 기계론적 기반을 분리해 다양한 실험을 할 수가 있습니다. 이제 의식의 수준에 관해 이야기하죠. 가장 간단하게는 의식의 빛이 꺼졌을 때 —뇌사 상태, 전신마취 상태, 꿈도 꾸지 않는 숙면 상태 등— 부터 깜빡 조는 경우처럼 의식 수준이 낮아져 있는 단계를 거쳐 생생하게 정신이 깨어 있을 때, 완전한 의식적 경험을 하는 때에 이르기까지 의식의 단계를 떠올려 보면 됩니다.

이 방식으로 설명하면 대부분 의식의 수준은 각성wakefulness 또는 생리적 각성과 유사해질 겁니다. 하지만 의식과 각성 상태를 별개의 속성으로 구별할 수 있는 충분한 예시가 있습니다. 우리는 잠들면 이내 무의식 상태로 접어들지만, 자는 동안에도 여전히 의식적인 경험을 합니다. 꿈을 예로 들 수 있는데요. 생리학적으로는 수면

의식과 자기

상태에 있지만, 동시에 생생한 내적 삶을 경험합니다. 반면 —여기가 의식 과학이 신경학과 만나는 지점입니다— 고도의 생리적 각성 상태에서도 추정 무의식 상태에 있을 수 있습니다. 이를 식물 상태 vegetative state 내지는 '무반응 각성 증후군unresponsive wakefulness syndrome'이라고 부릅니다. 신체는 잠들고 깨는 생리적 각성 주기를 거치지만, 의식은 전혀 없는 겁니다. 의식의 빛이 꺼진 거죠.

해리스 | 몇 가지 더 구별해야 할 것 같습니다. 가령 전신마취는 신경 생리학적 관점에서 보면 깊은 잠과 다른 것이지요.

세스 | 물론입니다. 깊은 전신마취 상태는 수면과 다릅니다. 수술받을 때 마취과 의사가 환자를 안정시키며 "잠깐 자고 일어나면 다 끝나 있을 거예요."라고 말하죠. 실은 거짓말입니다. 전신마취 상태는 잠과 다릅니다. 단순히 수면 상태에 빠지는 거라면 수술이 시작되자마자 잠에서 깰 겁니다. 별로 유쾌한 상황은 아니죠. 전신마취를 할 때 사람의 의식이 어느 정도 수준 —뇌에서 거의 아무런 활동도 일어나지 않는 수준— 까지 사라졌다가 돌아오는지 보면 놀랍습니다. 깊은 마취 상태는 수면보다는 혼수상태와 비슷한 점이 더 많습니다. 잠에서 깨면 지금이 정확히 몇 시인지는 몰라도 어느 정도의 시간이 지났다는 느낌은 들죠. 전신마취에서 깨면 5분이 지났든, 5시간, 혹은 5년이 지났든 모두 같은 느낌이 듭니다.

전신마취를 경험한 적 없는 사람은 많습니다. 그리고 이상하게 들리겠지만, 저는 다시 전신마취를 경험하게 될 날이 기대됩니다. 적어도 위기 상황에서는 꽤 안심되는 경험이거든요. 전신마취는 완벽한 망각의 상태입니다.

거인의 통찰

해리스 | 수술 중 각성 사례를 제외한다면 말이죠. 누구에게나 최악의 악몽일 겁니다. 수술대 위의 환자는 충분한 마취 상태에 빠지지 못했는데, 몸을 움직일 수 없어 자신의 몸에 벌어지는 일을 지각하고 있다는 신호를 보낼 수도 없죠.

세스 | 맞습니다. 그러나 그것은 마취에 실패해서 그렇지, 마취 상태의 특징은 아닙니다. 심각한 수술의 경우 근육까지 마비시켜 환자가 수술 중에 움직이지 못하도록 합니다. 이때 수술 중 각성이 발생한다면 특히 더 끔찍하겠죠. 하지만 마취가 제대로 되기만 한다면 의식 없는 상태는 유지됩니다. 완전한 무의식의 순간, 혹은 이에 가까운 순간을 경험하는 건 큰 깨달음을 주는 경험입니다.

해리스 | 여기에서 어려운 문제가 부상합니다. 망각과 기억의 단절을 구별하기란 무척 어렵고, 불가능할 수도 있기 때문이죠. 의식이 끊긴 걸까요? 마취와 깊은 잠을 다시 예로 들죠. 많은 사람이 숙면과 마취 모두 의식이 중단된 상태라고 생각합니다. 저는 숙면에 관한 한 그것은 사실이 아닐 것이라 믿습니다. 렘수면에 어떤 질적 특성이 있을지 모르지만, 잠에서 깬 뒤에는 아무것도 기억하지 못하죠. 저는 꿈을 거의 기억하지 못하지만, 매일 생생한 꿈을 꾸고 있다고 믿습니다. 전신마취를 할 때도 환자에게 수면진정제를 주어 그것이 무엇이든 기억하기 원치 않는 것을 기억하지 못하도록 하죠.

최근에 전신마취까지는 할 필요 없는 시술을 받으며 반 마취 상태라는 것을 경험했는데요. 약 30분 정도 제 기억에서 사라진 시간이 있었어요. 당시 아내는 저와 대화까지 나눴으면서 그 상태에서 깨고 나면 제가 대화를 전혀 기억하지 못하리라 확신했다더군요.

저는 내가 완벽하게 회복했고, 이렇게 돌아온 게 얼마나 기적 같은 지 말하고 있었다고 하더라고요. 아내가 "그래, 그런데 당신 이거 아무것도 기억 못 할 거야."라고 말했고, 듣자 하니 저는 여기에 "좋아, 어디 한번 테스트해 보자고. 아무거나 말해 봐, 나중에 내가 기억하는지 보자."라고 답했다고 해요. 그러자 아내가 말했답니다. "이 대화 자체가 테스트야, 이 사람아! 당신 지금 이 대화 자체를 전혀 기억하지 못할 거라고." 네, 저는 그 대화를 나눈 기억이 전혀 없습니다.

세스 | 작가님 말씀이 맞습니다. 사람들은 숙면 상태에서 겪는 의식적 경험의 존재를 과소평가하곤 합니다. 하지만 반복 각성 실험이 그 존재를 증명했습니다. 이 실험은 자고 있던 사람을 여러 단계에 걸쳐 깨운 뒤 곧장 질문을 던집니다. "지금 머릿속에 무엇이 떠오르나요?" 피실험자들은 보통 꿈꾸기 활동과 관련된 렘수면에 돌입하지 않았음에도 상당 경우 아주 단순한 경험 —정적인 장면 등— 들을 묘사합니다. 기억을 잃었다는 사실이 전신마취에 관한 인상에 사후적인 영향을 미칠 수 있다는 건 인정합니다. 그러나 숙면에서 경험하는 의식의 중간 지대와 전신마취 상태의 완전한 망각, 즉 아무것도 기억하지 못하는 수준이 아니라 의식이 중단되는 경험 사이에는 거대한 차이가 있습니다.

해리스 | 저도 전신마취를 받은 적이 있는데, 의식이 사라진 뒤 시간이 얼마나 지났는지에 대한 감각 없이 다시 현실로 돌아오는 느낌이 이상하더군요. 많은 사람이 잠이 들었다가 가끔 분 단위까지 일어날 시간을 정해 놓고 그 시간에 일어납니다. 우리 뇌에는 24시간

돌아가는 시간 측정 기능 같은 것이 있는 게 분명해요. 그러나 전신 마취의 경우, 마치 컴퓨터를 재부팅 할 때 얼마 동안 꺼져 있었는지 알 수 없는 것과 비슷하죠.

세스 | 정확합니다.

해리스 | 의식의 두 번째 속성으로 넘어가겠습니다. 의식의 내용에 관해 어떻게 생각하시나요?

세스 | 의식이 있을 때 우리는 무언가를 의식합니다. 경험적 의식 연구 대부분이 주목하는 부분이죠. 의식 있는 사람을 대상으로 어떤 지각은 무의식적이며 현상적 속성이 반영되지 않았고, 어떤 지각에는 현상적 속성이 반영되어 예시화되었는지 등을 연구할 수 있습니다. 의식적 처리와 무의식적 처리 사이에는 어떤 차이가 있을까요? 서로 다른 자극에 대한 의식적 지각 사이에는 어떤 차이가 있을까요?

실험실 환경에서는 주로 시각, 촉각 등 한두 가지 자극에만 주목합니다. 하지만 실제 환경에서 우리 의식은 훨씬 더 많은 자극에 노출됩니다. 청각이나 시각, 앉거나 손에 어떤 물체를 쥐고 있다면 촉각을 경험할 테고, 몸 안 깊은 곳에서 느껴지는 수많은 신호 등 내가 신체를 소유하고 있기에 겪는 감각도 있을 겁니다. 의식 내용의 기본 개념은 임의의 시점에 특정한 의식의 구성을 발생시키는 메커니즘이 무엇인지 파악하는 일입니다. 의식의 내용과 수준을 분리하여 생각하면 유용한 이유는 부분적으로 서로 다른 이론적, 실증적 프레임워크에 적용해 볼 수 있기 때문입니다.

저는 예측이라는 측면에서, 베이지안 뇌Bayesian brain 또는 예측 처리predictive processing라고도 불리는 측면에서 의식적 지각을 고민하는 방법을 좋아합니다. 즉, 지각은 보통 상향식 처리 과정(밖에서 안으로 향하는 과정)보다는 하향식 처리 과정(안에서 밖으로 향하는 과정)으로 작용한다는 겁니다. 이 접근법은 철학 영역에서 칸트 이전으로 거슬러 올라가는 긴 역사를 지닙니다. 여기에서 등장하는 잘못된 주장은, 감각 신호가 수용기를 자극하여 뇌의 깊은 곳으로 들어가 어느 시점에 일종의 '점화' —혹은 뇌에서의 어떤 활동— 를 발생시켜 우리가 지각하게 된다는 겁니다. 내가 감각 신호 혹은 감각 신호가 표방하는 것을 의식하게 된다는 거죠.

이는 잘못된 설명입니다. 더 단순하게 설명해 보겠습니다. 문제는 이런 겁니다. 뇌는 두개골 안에 갇혀 있습니다. 그리고 순전히 논의를 위해, 지각 문제란 눈과 귀 등 우리 감각 기관을 자극하는 감각 신호를 생성하는 외부 세계의 대상을 파악하는 문제라고 가정하겠습니다. 자, 이 감각 신호들은 정신없고 불분명합니다. 그것이 무엇이든 세상의 모든 사물과 일대일로 대응 관계가 성립하지는 않습니다. 뇌가 인식하기 쉽도록 '이것은 시각', '이것은 청각'이라는 꼬리표가 붙어 있는 게 아니라는 거죠. 그래서 지각에는 추론, 즉 '최선의 추측best guessing' 과정이 필요합니다. 세상이 존재하는 방식에 대해 뇌가 지닌 예상 혹은 (보통 드러나지 않는) 믿음에 감각 데이터를 결합해, 이 감각 데이터를 발생시킨 원인이 무엇인지 최선의 추측을 내놓는 과정입니다. 이러한 프레임워크 안에서 우리가 지각하는 내용은 감각 신호를 설명하려는 여러 층위의 예측들로 구성됩니다. 우리는 감각 신호 자체나 세상에 존재하는 사물 '자체'를 지각하는 게 아니라,

거인의 통찰

우리 뇌가 신호의 출처라고 추론한 것을 지각하는 겁니다. 세상이나 자기를 '직접 지각direct perception'한다는 것은 있을 수 없습니다.

같은 관점에서 '순수 감각 경험raw sensory experience' 역시 존재하지 않습니다. 모든 지각적 경험은 추론입니다. 예측 처리라는 관점에서 다음과 같은 흥미로운 질문을 던질 수도 있을 겁니다. "어떤 종류의 예측인가? 예측 혹은 기대가 우리가 의식적으로 지각하는 것, 의식적으로 전달하는 것에 어떻게 영향을 미치는가? 어떤 종류의 예측이 여전히 '보이지 않는 곳'에 남겨진 채로 그 어떤 현상적 속성도 발현시키지 않는가?"

예측 처리는 현상성과 메커니즘 사이에 다리를 놓도록 도와주는 여러 개념적, 수학적 도구를 제공합니다. 다리 한쪽에는 현상성에 대한 설명과 의식의 기능적 속성이 있고, 반대편에는 신경 회로가 있으며, 이 둘을 베이지안 추론의 계산 메커니즘이 연결해 주죠. 그러니 "일차시각피질early visual cortex이 시각적 경험과 관련이 있습니까?"라고 묻는 대신 "베이지안 사전 확률prior 혹은 사후 확률posterior은 의식의 현상과 관련이 있습니까?" 혹은 "예측 오류prediction error는 의식의 현상성과 관련이 있습니까?"라는 질문을 해야 하는지도 모릅니다.

해리스 | 교수님은 TED 강연에서 의식이 '제어된 환각controlled hallucination'이라고 말씀하셨죠. 심리학자 크리스 프리스Chris Frith는 의식을 현실과 똑같은 환상이라고 표현한 바 있고요. 관련해서 더 자세하게 말씀해 주실 수 있을까요? 지각의 하향식 예측이 하는 역할과 어떤 관계가 있나요?

세스 | 둘 다 훌륭한 표현입니다. '제어된 환각'이라는 표현이 어디에서 왔는지 정확히 꼬집어 말하기는 힘들지만, 저는 그 표현을 크리스 프리스에게서도 들었습니다. 그리고 그를 비롯해 여러 사람에게 이 표현의 출처를 물었죠. 90년대 캘리포니아 대학교 샌디에이고 캠퍼스에서 열린 라메시 재인Ramesh Jain의 세미나까지 거슬러 올라갔지만, 흔적은 여기에서 끊겼습니다.

아무튼, '제어된 환각'이라는 개념은 우리가 시각적으로 지각하는 사물이 실제 세상에 그대로 존재한다고 가정하는, 지각에 대한 소박한 실재론naive realism의 반대편에 서 있습니다. 이를 '참 지각veridical perception'이라 부를 수도 있겠습니다. 보통 이해하기로는 환상 속에서 우리는 실제 세계에 상응하는 연관 대상이 없는 지각적 경험을 겪습니다. 제어된 환각, 혹은 현실과 일치하는 환상이라는 개념은 쉽게 말해 일반적인 지각에는 언제나 세상에서 들어오는 감각 신호와 이러한 감각의 출처를 해석하고 예측하는 일 사이의 균형 작업이 포함된다는 겁니다. 이러한 베이지안적 측면에서 우리는 우리가 보리라 예상하는 것을 봅니다. 감각 데이터를 그대로 '보지' 않습니다. 그게 무엇을 의미하든 말이죠. 예를 들어, 인체의 시각 시스템은 빛이 내리쬐는 상황에 맞춰 설계됐습니다. 태양이 늘 머리 위에 있는 환경에서 진화했기 때문이죠. 이러한 예상이 내재되어 있어 우리는 특정한 방식으로 그림자를 지각합니다. 더 정확히는, 빛이 아래로 비추리라는 가정을 하기 때문에 곡선 표면을 보면 곡선으로 지각합니다. 시각 시스템에 이러한 제약이 있다는 사실을 우리는 모르지만, 실제로 존재합니다.

거인의 통찰

요는, 우리가 지각하는 모든 것은 이와 같은 예측, 감각 데이터에 대해 뇌가 지니는 해석 능력으로 일부 구성된다는 겁니다. 우리가 환각이라 부르는 것은 뇌의 내적인 예측 쪽으로 균형이 약간 더 기울어진 결과일 뿐입니다. 일상적인 예를 하나 들어 보죠. 눈을 크게 뜨고 하늘에 잔뜩 떠 있는 하얗고 몽실몽실한 구름을 보다 보면 그 모양이 누군가의 얼굴처럼 보이는 때가 있습니다. 이 현상을 파레이돌리아pareidolia라고 부릅니다. 무의미한 정보에서 패턴을 인지하는 거죠. 이 역시 일종의 환각입니다. 다른 사람이 보지 못하는 걸 보니까요. 그렇다고 해서 망상은 아닙니다. 환각임을 인지하니까요. 해석을 통해 우리가 지각하는 내용의 틀이 잡힌다는 사실을 보여 주는 현상이죠.

해리스 | 꿈 역시 좋은 예시입니다. 꿈을 꿀 때 뇌는 우리가 깨어 있을 때와 유사한 활동을 하지만 전두엽은 비활성화되어 있어 현실 검증을 할 수 없습니다. 이 경우 지각은 외부 자극의 제약을 받지 않으며 내부에서 생성됩니다. 꿈도 하향식 예측 메커니즘이 감각 데이터의 제약을 받지 않고 작용하는 것과 유사한 사례라고 할 수 있나요?

세스 | 꿈은 생경한 의식적 지각에 외부의 감각 데이터가 필요 없다는 사실을 명백히 보여 줍니다. 꿈꾸는 현상은 흥미롭게도 조금 다릅니다. 꿈의 내용은 훨씬 덜 제한적이죠. 소박한 실재론이 미쳐 버리는 지점이 바로 꿈입니다. 자신의 정체성도, 위치도 바꿀 수 있으며, 이상한 일이 벌어져도 이상한 경험이라고 생각하지 않죠.

해리스 | 이상함을 깨닫지 못한다는 점이 꿈에서 가장 이상한 부

분이죠.

세스 | 맞습니다. 그리고 의식적 경험에 대한 우리의 이해가 얼마나 과대평가되어 있는지 보여 주는 훌륭한 예라고 생각합니다. 우리는 의식적 경험에서 벌어지는 일을 그것이 얼마나 이상하든 늘 정확히 이해하고 있다고 생각합니다. 꿈은 그것이 사실이 아님을 증명하고요.

하지만 제어된 환각은 꿈이 아닌 상태에서의 일반적인 지각에 나타납니다. 우리가 지각하는 모든 내용은 우리 뇌가 감각 데이터의 출처를 예측한 것으로 구성됩니다. 대부분은 서로 지각하는 내용에 동의합니다. 제가 탁자를 보고 색이 어떻다고 말하면 작가님도 아마 동의할 겁니다. 서로 정반대 입장에서 철학적으로 열띠게 토론하지는 않겠죠. 같은 종류의 감각 데이터와 맞닥뜨렸을 때 느끼는 같은 종류의 느낌을 말할 뿐입니다. 우리는 대상을 지각하는 방식에 특별히 다른 방식이 있다고 생각하지는 않습니다. 보통 서로 지각하는 내용에 동의하니까요. 그러나 균형이 한쪽으로 기울면 ―약물에 의한 자극으로, 꿈꾸는 중이기 때문에, 정신병 등 정신 질환으로 인해― 감각 정보의 출처에 관한 이 사람의 예측은 다른 이들과 달라질 수 있습니다. 이 경우 사람들은 이렇게 말합니다. "하, 이제 환각까지 보네! 헛것을 보고 말이야." 음악가이자 극작가인 제 친구 바바 브링크먼Baba Brinkman ―그의 앨범 〈의식으로의 랩 안내서 The Rap Guide to Consciousness〉를 공동 작업한 적이 있습니다― 은 이를 다음과 같이 아름답게 표현하더군요. "현실은 우리가 모두 동의한 환각에 불과하다."

거인의 통찰

해리스 | 우리가 근본적으로 완전히 새로운 것 혹은 우리 예상과 다른 것을 경험할 때 어떤 일이 벌어지는지에 대한 질문을 남기는군요. 지금 우리가 '예측prediction'이나 '예상expectation'과 같은 용어들을 사용하고 있는데, 헷갈릴 여지가 있을 것 같습니다. 악독한 동물원 사육사가 교수님이 자는 동안 다 큰 호랑이를 주방에 데려다 놨다고 상상해 보죠. 모닝커피를 마시려고 주방으로 내려온 교수님은 아침부터 호랑이와 마주할 것이라고는 결코 예상하지 않았겠지만, 주방에 있는 호랑이를 발견할 겁니다. 커피를 내리기도 전에 당연히 호랑이를 먼저 보겠죠. 이 상황에서 두뇌 수준에서 예상한다는 건 무엇을 의미하나요?

세스 | 중요한 포인트네요. 베이지안 뇌와 예측 처리에서는 '예측', '예상', '예측 오류', '뜻밖의 일surprise' 등의 용어를 사용합니다. 이러한 용어에 심리적 놀람surprise이나 명시적 믿음, 의식적 기대 등의 의미가 포함되어 있지 않다는 점을 이해하는 것이 중요합니다. 물론 아침이 되어 아래층에 내려가면 호랑이가 있을 것이라고 의식적으로 예상하지는 않을 겁니다. 하지만, 날카로운 이빨과 같은 것을 연상케 하는 감각 입력이 있다면 제 시각 시스템은 이것이 날카로운 이빨이라는 최선의 해석을 내놓을 겁니다. 줄무늬와 같은 것을 연상케 했다면 줄무늬라고 해석하겠죠. 시각 시스템이라는 뇌의 더 깊은 단계에서 날카로운 이빨이 있는 객체를, 줄무늬가 있는 객체를 보는 것은 예상치 못할 일은 아닙니다. 제 뇌의 관점에서 보면 심지어 얼굴과 비슷한 어떤 대상을 보는 일도 예상하지 못할 일은 아닙니다. 이렇듯 감각 입력의 출처에 대한 저차원적인 '최선의 추측'은 이 출

처에 대한 고차원적인 예측을 하게 합니다. 그리고 이 '최선의 추측'
이 의식적 경험의 수준에 이르면 저기에 동물이 있으며 그것이 호랑
이라는 결론을 내립니다. 여기에 반박이 있을 것 같지는 않습니다.
새로운 것을 볼 수도 있죠. 단순한 구성 요소들이 뭉치면 새로운 것
이 될 수 있고, 인간에게는 진화와 발전과 과거 경험을 토대로 이를
예측할 수 있는 능력이 있습니다.

해리스 | 그 외에 교수님이 주목했던 한 가지 ―논문 중 하나였거
나 아마 TED 강연에서 말씀하신 것 같은데요― 가 의식의 내용이
다르면 특성도 다르다는 것이었죠. 시각적 지각은 사물에 기반을 두
지만, 내적인 지각은 아닙니다. 가령 메스꺼움이나 슬픔 등의 감정
과 같은 경험을 감지하는 것에는 시각적 공간에 있는 사물을 지각하
는 행위의 특성이 없습니다. 시각적 공간에 있는 사물을 바라볼 때
우리는 위치를 감지하고, 앞면이 있으면 뒷면도 있으리라는 사실을
감지합니다. 사물 주변을 돌면 다양한 각도의 모습을 볼 수 있다는
것을 압니다. 제 눈앞에는 지금 컴퓨터가 있는데, 아마 이전에는 지
금과 정확히 같은 각도에서 이 컴퓨터를 본 적이 없을 겁니다. 그리
고 컴퓨터를 중심으로 한 바퀴를 돌면 제 인생이라는 영화에 수천
컷의 서로 다른 장면이 더해지겠죠. 하지만, 여기에는 여전히 시각
적 공간에 있는 앞면과 뒷면과 옆면이 있는 사물에 대한 통합된 감
각이 있습니다. 내적 경험에는 이와 같은 특성이 전혀 없습니다. 아
주 흥미로운 차이이며, 역시 사물을 의식하거나 지각하는 데 사용하
는 용어들이 현상성을 포함하지 못하는 사례라고 할 수 있죠.

세스 | 그 점을 언급해 주셔서 감사해요. 저도 자주 고민하는 부

거인의 통찰

분입니다. 우선 방금 아주 잘 묘사해 주신 사물성objecthood의 현상성에 관해 이야기한 다음, 신체 내부의 상태를 지각하는 내수용 감각interoception이라는 개념으로 넘어가야겠군요. 시각적 경험의 특징은 탁자 위에 있는 커피잔이나 제 앞에 놓인 컴퓨터 등, 사물로 가득한 세상에 둘러싸여 있다는 겁니다. 그러나 늘 그런 건 아닙니다. 제가 지금 날아오는 크리켓 공을 잡으려 한다면 제 지각 시스템은 외부 세계를 파악하는 것이 아니라 공을 잡는 데 최적화될 테니까요.

심리학에는 제임스 깁슨James Gibson의 '생태학적 심리학ecological psychology'과 윌리엄 파워스William Powers의 '지각 통제 이론perceptual control theory'에 뿌리를 둔 분야가 하나 있는데, 이 분야는 지각, 그리고 지각과 행동 사이의 관계에 관한 우리의 생각을 뒤집습니다. 세상을 먼저 지각하고 그다음에 행동한다는 생각이 일반적이고 또 직관적이죠. 지각이 행동을 통제하는 겁니다. 하지만, 반대로 행동이 지각을 통제한다고 생각해 볼 수도 있습니다. 크리켓 공을 잡을 때 우리가 실제로 하는 건 지각 변수를 일정한 값으로 유지하는 겁니다. 이 경우에는 지평선에 대한 각도 가속도가 되겠죠. 이 숫자를 최대한 0에 가깝게 유지하면 저는 공을 잡을 겁니다. 아니면 제 얼굴로 공이 떨어지겠죠. 현상학적으로 이러한 행위를 하고 있을 때 저는 세상을 특정 방식으로 구성된 서로 다른 사물들로 지각하는 것이 아니라, 내가 크리켓 공을 얼마나 잘 잡는지를 지각합니다. 내가 공을 잡을 수 있을까? 제대로 잡을 수 있을까? 이는 시각적 현상성의 또 다른 설명이며, 사람들에게 보이는 걸 설명해 보라고 요청하는 여러 연구실 실험에서는 발견하기 어려운 점이죠.

의식과 자기

사물성의 경험 —혹은 경험의 부족— 에는 설명이 필요합니다. 이렇게 생각해 볼 수 있겠죠. 어떤 대상을 보고 위치와 부피가 있는 3차원의 사물이라고 인지했다는 건 제가 그 사물과 다양한 방식으로 상호 작용할 경우 그것이 나에게 어떤 반응을 돌려줄지 지각하고 있다는 걸 의미한다는 겁니다.

여기에는 다른 전통적인 개념이 필요합니다. 다시 깁슨의 생태학적 심리학으로 돌아가는데, 이번에는 알바 노에Alva Noë와 케빈 오리건Kevin O'Regan의 '감각운동 이론'을 추가해 보겠습니다. 제가 지각하는 건 사물과 상호 작용하는 방식이라는 겁니다. 사물에 뒷면이 있음을 지각하는 것은 제가 뒷면을 볼 수 있기 때문이 아니라, 제 뇌가 어떻게든 여러 행동을 통해 뒷면을 드러내게 만드는 방법을 부호화하고 있기 때문입니다. 이는 다른 유형의 현상성, 사물성의 현상성입니다. 저는 줄곧 예측 처리의 언어로 사물성의 현상성을 설명하려 노력해 왔는데요. 그 결과 그것이 행동의 감각적 결과에 관한 조건적인 혹은 사후 가정적인 예측임을 발견했습니다. 어떤 것에 사물성이 있다고 지각하기 위해 제 뇌는 제가 사물 주변을 움직일 때, 사물을 집어 들 때 감각 데이터가 어떻게 변할지 부호화하고 있습니다. 이 과정의 기반일 가능성이 있는 뇌의 실제 메커니즘을 생각하면, 자연스럽게 이것이 베이지안 뇌의 관점과는 다른 갈래로 갈라진다는 것을 알 수 있습니다. 예측 지각을 하려면 뇌에는 생성 모델generative model과 같은 것이 필요하기 때문입니다.

어떤 의미냐면, 세상에 존재하는 (숨겨져 있거나 보이지 않는 원인이 되는) 사물을 감각 데이터로 연결해 주는 모델이자, 일부 감각 데이터가 주어졌을 때 가장 가능성 높은 원인을 추론하기 위해 그 연결을 뒤집을 수 있는 능력을 말합니다. 이런 방식으로 우리 뇌에서 베이지안 추론이 수행됩니다. 충분한 생성 모델이 있다면 '가상'의 데이터 샘플을 생성할 수 있습니다. 감각 신호가 다른 여러 행동에 따라 어떻게 변하는지 예측할 수 있는 거죠. 이는 기술적으로 능동적 추론active inference이라 부르는 확장된 예측 처리를 가능케 합니다. 예측을 업데이트하고 그에 따라 행동하여 예측이 실현되도록 만들어 예측 오류를 줄이도록 생각하는 겁니다.

사물로서 어떤 것에 대한 우리의 경험이 뇌가 배운 해당 사물과의 상호 작용 방식에 따라 어떻게 달라지는지에 관한 흥미롭고 실증적인 가설을 세울 수도 있습니다. 저희는 실험실 환경에서 이러한 아이디어 일부를 테스트하기 시작했습니다. 이제는 가상현실과 증강현실을 활용해 낯설고, 또 상호 작용하려 할 때 이상한 방식으로 반응하는 사물을 생성할 수 있기 때문이죠. 이 방식으로 이러한 조건부적인 예상을 도울 수도 혹은 더 헷갈리게 만들 수도 있습니다. 그러면 어떤 현상학적 결과가 나오는지 이해해 볼 수 있습니다.

사물성의 현상성이 결핍된 상황을 설명할 수도 있습니다. 의식 연구에서 흥미로운 주제로 여겨지는 공감각을 예로 들어 보죠. 가장 일반적인 사례로 자소-색 공감각grapheme-color synesthesia이 있습니다. 이 공감각을 지닌 사람들은 검은색 글자나 숫자를 볼 때 색도 함께 경험합니다. 여기까지는 다들 잘 알죠. 하지만 전반적으로 주목을 받지 못하는 부분은, 이들이 글자를 빨간색이나 초록색으로 인지하지 않는다는 점입니다. 검은색으로 경험하죠. 단지 색을 추가적으로 경험하는 것뿐입니다.

이와 같은 추가적인 색 경험에는 사물성의 현상성이 없습니다. 이 자소는 진짜 세상에 존재하는 사물의 일부인 것처럼 보이지 않습니다. 왜일까요? 한 가지 가능성으로 실제로 특정한 색을 지닌 사물과 같은 감각운동 규칙성sensorimotor contingencies을 보이지 않는다는 점을 들 수 있습니다. 가령 제가 공감각자이고 실제 세계에서는 빨간색으로 쓰인 'F'라는 글자를 보고 있습니다. 이때 조도를 조절하고 이 글자를 중심으로 살짝 움직인다면 글자의 밝기와 반사율 속성은 제가 수용하는 감각 신호를 아주 미묘하지만 유의미하게 바꾸겠죠. 감각운동 이론에서 이러한 변화의 지각은 실제 색 경험에 있는 질적 형질의 기초가 됩니다. 하지만 제 공감각 경험에서 제가 검은색 'F' 주변을 움직인다면 ―저는 공감각자이므로 이 'F'는 빨강이라는 동시적 경험을 생성하겠죠― 입력되는 감각 신호는 실제로 빨간색 'F'를 볼 때와 똑같은 방식으로 변하지 않습니다. 공감각적 빨간색을 검은색 'F'의 실제 속성으로 경험하지 않는 겁니다. 이것은 예측 처리에서 얻은 개념과 메커니즘을 통해 양식 한정적이며 일부 만연한 의식의 현상학적 속성을 설명해 볼 수 있는 방식을 보여 주는 긍정적인 사례입니다.

해리스 | 지각과 행동 사이의 연관성은 강조할 만한 것이네요. 크리켓 공 사례에서는 연관성에 관한 설명이 하나뿐이지만, 발달한 지각 능력을 갖추게 된 진화적 논리에 대해서는 행동과의 연결이 훨씬 더 명확해집니다. 우리가 세상을 있는 그대로 인지하도록 진화한 건 어떤 추상적인 인식론적 이유 때문은 아닙니다. 인간은 생물학적으

로 유용한 것을 지각하도록 진화했습니다. 그리고 생물학적으로 유용한 것은 ―적어도 외부 세계에 관한 한― 늘 행동과 연결돼 있었고요. 우리가 움직이지 못한다면, 어떤 방식으로든 행동할 수 없다면, 가령 보는 능력이 진화할 필요는 없었겠죠.

세스 | 물론입니다. 아주 단순한 해양 생물인 멍게는 유생기 동안 정착할 곳을 찾으며 헤엄쳐 다닙니다. 살 곳을 찾아 정착하고 먹이를 먹기 시작하면 자기 뇌를 소화합니다. 더 이상의 지각 능력 혹은 운동 능력이 필요하지 않기 때문이죠. 그래서 안타깝게도 멍게는 종종 교수의 종신 재직권에 비유되곤 합니다. 어쨌든 작가님 설명이 전적으로 맞습니다. 지각은 무엇이 실재하는지 파악하는 문제가 아닙니다. 세상을 지각하는 일이 우리에게 유용하기 때문에 하는 것이지요.

이는 특히 앞서 말했던 내적 상태의 지각에 관해 생각할 때 중요합니다. 뇌는 세상을 있는 그대로 지각하지 않습니다. 철학이나 복잡한 언어를 말하기 위해 진화한 것도 아니지요. 뇌는 행동을 이끌도록 진화했습니다. 더 근본적으로는 뇌 자신과 자신이 속한 신체가 계속해 생존할 수 있도록 진화했습니다. 지각과 행동의 가장 근본적인 순환에 외부 세계나 신체의 외면은 상관이 없습니다. 신체의 내적인 생리 현상을 조절하고 생존할 수 있는 경계 안에 두는 것이 중요하죠. 이는 우리에게 기분과 감정이라는 경험, 그리고 자기에 관한 가장 기본적인 경험의 특성에 근본적으로 사물성이 없는지 생각할 수 있는 단서를 줍니다.

우리가 외부 세계를 지각적 예상과 예측의 하향식 흐름과 만난 감각 신호에 기반을 두어 지각하는 방식은 신체의 내적 상태를 지각하는 데에도 적용됩니다. 뇌는 신체의 내적 상태가 어떤지 알아야 합니다. 직접적으로 연결되어 있을 필요는 없습니다. 물론 뇌나 나머지 우리 몸이나 얇은 피부 한 겹에 둘러싸여 묶여 있긴 하지만요. 외부 세계를 지각하면 우리 뇌의 모든 부분은 몸 안으로부터 정신없고 모호한 전기 신호를 받습니다. 시각 등 다른 모든 '일반적인' 감각들과 같은 방식으로 신체 내부에서 오는 감각 신호 세례를 이해하기 위해 뇌는 예측과 예상을 내놓아야 합니다. 이를 일괄하여 내수용 감각이라 부릅니다. 내부로부터 신체를 지각하는 것입니다. 동일한 계산 원리가 적용됩니다. 이러한 관점에서 우리는 감정적 의식 경험과 감정 상태를 '내수용 감각 추론'이라는 틀 안에서 생각할 수 있습니다. 외부 세계의 경험이 감각 신호의 출처에 대한 예측에 기초를 두듯이, 감정 역시 내수용 감각적 신호의 숨겨진 원인에 대한 예측, 즉 '최선의 추측'이 됩니다.

이는 신체에서 발생한 생리적 변화의 지각과 이에 따른 인지적 '판단'이 감정과 관련돼 있다는 윌리엄 제임스William James와 칼 랑게 Karl Lange의 오래된 이론에 훌륭한 계산적, 기계론적 해설을 덧대어 줍니다. 이 예측-처리 견해는 정서적 경험이 관념의 모든 단계에서 발생한 내수용 감각적 신호의 원인에 대한 여러 예측이 결합한 결과라는 설명을 덧붙이며 이 이론들을 보충합니다.

'내수용 감각적 추론' 견해의 또 다른 중요한 측면은, 내부로부터 신체를 지각하는 것의 목적은 그곳에 무엇이 있는지 아는 것과 거의 관계가 없다는 점입니다. 뇌는 제 장기들이 체내의 각기 정해진 장

거인의 통찰

소에 있는 사물이라는 사실에는 신경도 쓰지 않습니다. 몸속에서 벌어지는 생리 현상에서 중요한 단 한 가지는 이 시스템이 제대로 돌아가고 있다는 사실입니다. 살아 있을 수 있도록 말이죠. 뇌는 주로 신체의 내적 상태를 통제하고 조절하는 것을 가장 신경 씁니다. 그러니 신체 내부에 대한 지각적 예측은 굉장히 다른 종류의 예측입니다. 기계적이고 통제적이며, 인식론적이지도 않고, '발견하는 것'과 관련이 있지도 않습니다. 이는 신체라는 경험에 외부 세계의 경험과 달리 비사물 기반의 현상학적 특성이 있는 이유를 보여 주는 것 같습니다. 더 나아가면, 의식적이든 아니든 모든 형태의 지각은 생리적 조절을 위한 근본적 명령에서 비롯된다는 생각도 할 수 있습니다. 예측적 지각의 원래(진화적) 목적이 신체의 내적 상태를 통제하고 조절하기 위함이었다는 사실을 이해하면, 또 모든 지각적 예측은 이 진화적 명령을 바탕으로 발전했다는 사실을 이해하면, 결국 우리가 외부 세계를 지각하는 방식이 체내 상태의 통제를 가장 큰 목표로 하는 메커니즘에 기반을 둔다는 것을 이해할 수 있습니다.

이건 제게는 매우 중요한 생각입니다. 의식과 지각을 인지, 언어, 그리고 어쩌면 사회적 상호 작용 —인지의 모든 '고차원적' 속성— 과도 연결하는 전前이론적 연계 방식에서 벗어나기 때문입니다. 대신, 의식과 지각의 기초를 생명의 기본 메커니즘에 더 단단히 심어 주죠. 이는 생명이 의식에 어려운 문제와 수수께끼라는 측면에서 훌륭한 비유를 제공할 뿐 아니라, 의식적으로나 무의식적으로나, 그 대상이 우리 자신이든 외부 세계이든, 우리가 지각하는 방식과 생명의 메커니즘 사이에 깊은 의무적 연관성이 있음을 의미할 수도 있습니다.

해리스 | 만약 내수용 감각의 목적이 신항상성 통제allostatic control, 즉 항상성을 유지하게 해 주는 행동적, 내분비적 반응이라면, 분노나 혐오와 같은 감정은 근본적으로 이러한 과정에 의존하며, 유사한 신경 기제가 그런 감정들을 일으키겠죠. 감정을 촉발하는 건 대개 단순한 생각이거나 과거의 기억입니다. 하지만 이것과 관계된 대상은 주로 외부 세계에 있고, 사회적 상황과 관련 있을 가능성이 매우 높습니다. 우리 내부 시스템에서의 예측과 통제라는 관점에서 이러한 감정의 논리는 무엇인가요?

세스 | 그 질문은 지금 대답하기는 어렵고, 연구 주제에 가깝습니다. 기본적으로 모든 감정의 내용은 결국 외부 세계에 있는 어떤 것 ―사물, 사회적 상황, 혹은 행동 방식― 과의 신항상성 관련성을 우리 의식적 경험에 표시합니다. 그래서 우리 뇌는 신항상성 결과를 예측할 수 있고, 덕분에 항상성을 더 잘 유지할 수 있습니다. 뇌는 신체가 생성하는 신항상성 결과에 대한 모든 반응이나 행동을 예측할 수 있어야 합니다. 그것이 자율신경 조절에 의한 내적 활동이든, 외적인 운동 활동, 발화 행위, 신체적 행위든 말이죠. 이것은 우리의 생리적 상태와 생리적 생존력 유지에 어떤 영향을 미칠까요?

이 관점에서 볼 때, 감정의 내용은 그러한 영향이 의식적 경험에 나타나는 방식입니다. 꽤 단순할 수도 있습니다. 혐오 같은 원시적인 감정들은 그러면 안 되는 것을 우리 몸에 집어넣으려는 행위를 거부하는 것과 관련이 있습니다. 후회와 같은 더 섬세한 감정들도 있죠. 후회는 실망과 다릅니다. 실망은 "A라는 행위를 하여 B를 기

거인의 통찰

대하고 있었으나, 결국 Y를 얻었다."라는 상황이지만, 후회는 "이런, B를 할 수도 있었는데. 그러면 X를 얻었을 수도 있었을 텐데."라는 사후 가정적 감정입니다. 개인적으로 제 감정생활에는 후회가 많습니다. 심지어 후회를 예상하기도 합니다. 결과가 나쁠 것이라 예상하여 아직 실행하지 않은 대상을 향한 후회 말이죠. 이러한 감정적 경험은 사후 가정적 상황, 그리고 나와 관련한 타인의 생각과 믿음에 대한 고차원적 예측에 달려 있습니다. 예측에 따라 정의된 감정적 경험의 풍부함을 기준으로 정렬할 수는 있어도, 결국 모든 것은 예측과 생리적 생존력 사이의 관련성에 기원합니다.

해리스 | 순수 의식이라고 추정할 수 있는 경험, 내용이 없는 혹은 명확한 내용이 없는 의식을 경험하는 것에 대해 어떻게 생각하세요? 가능한 일이라고 보시나요?

세스 | 그런 경험이 존재할 것 같긴 하지만, 확실히는 모르겠네요. 작가님과 달리 저는 훈련된 명상가는 아니라서요. 시도는 해 봤는데, 가벼운 마음으로 해서는 소득이 없더라고요. 구체적 내용이 부재한 현상적 상태가 있다고 상상할 수는 있습니다. 하지만 그러한 상태를 경험했다는 사람들의 기록에는 회의적입니다. 이는 앞서 우리가 논의했던 내용과 연결됩니다. 인간은 자신이 의식하는 것을 파악하는 능력을 과대평가하는 경향이 있다는 이야기를 했었죠. 이 가능성은 제가 깊게 고민해 본 적 없는 흥미로운 질문을 떠올리게 합니다. 예측적 지각이라는 관점에서 그러한 상태를 계산할 수 있는 수단은 무엇일까요? 예측의 부재? 아니면 어떤 시간 동안 어떤 것도 나의 감각 입력을 유발하지 않으리라는 예측? 잘 모르겠네요. 나중

에 진지하게 고민해 봐야겠습니다.

해리스 | 저는 그런 경험을 한 적이 있다고 믿습니다. 하지만 우리가 주관적으로 경직되어 있지 않다는 점은 동의합니다. 인간은 자신이 보는 것에 틀릴 수 있습니다. 당연히 경험하는 것의 특성에 대해서도 틀릴 수 있고요. 만약 경험 자체에 더 집중한다면, 처음에는 눈치채지 못했던 사실을 깨달을 수 있을 겁니다. 여기에서 개념적인 질문들이 떠오르죠. 가령 차이를 더 많이 구별할 수 있다는 건 그곳에 쭉 있어 왔던 감각질을 발견하는 문제인 건지, 새로운 방식으로 집중하면 경험의 성격을 바꿀 수 있는지 등의 질문들이 떠오릅니다. 와인 시음법을 배울 때 교수님은 완전히 새로운 경험을 하게 되나요? 아니면 쭉 있어 왔지만 지금까지는 깨닫지 못했던 점을 알아차리게 되나요? 둘 다인가요? 저는 둘 다인 것 같거든요.

세스 | 적어도 어느 정도까지는 경험이 실제로 변할 겁니다. 다른 종류의 예측을 형성하는 중일 테니까요. 새로운 예측은 기존에는 비슷한 감각 신호로 느껴졌던 것들을 더 잘 구별할 수 있습니다. 그렇기에 다른 점들을 깨닫고, 경험도 변하는 것이죠.

해리스 | 많은 명상가가 겪었다는 순수한 의식의 경험을 환각제를 통해 경험하는 사람들도 있습니다. 여기에서 궁금한 건, 제가 순수 의식이라고 부르는 것에도 깨달을 수도 있었지만 그러지 못했던 어떤 내용이 있을까요? 제게 이 경험 자체의 의미는 의식에 내용이 없는지와 전혀 상관이 없거든요. 그저 평소의 인지적, 개념적 내용만 없다면 그걸로 충분하기 때문입니다.

저는 자신의 신체가 더 이상 느껴지지 않는 경험도 가능하다고

거인의 통찰

봅니다. 어떤 감각도 없고, 고유감각proprioception도, 공간에 존재하고 있다는 감각도 없습니다. 이런 경험은 평소의 감각 지점들이 탈피된 의식이며, 그렇기에 흥미롭고 광범위합니다. 그래서 그 순간 자신으로 존재한다는 사실이 갑자기 어색해지는 거죠. 모든 정상적인 경험 —보고, 듣고, 냄새를 맡고, 맛을 보고, 만지고, 심지어 생각하는 것 까지— 이 사라졌기 때문입니다. 이 부분에서 어려운 문제의 존재 감을 크게 느끼게 됩니다.

토노니의 통합 정보 개념을 생각해 보죠. 그의 설명에 따르면 의식은 단순히 통합된 정보입니다. 더 많은 정보가 더 많이 통합될수록 의식의 수준도 커집니다. 그렇다고 제가 묘사한 종류의 경험 — 평소의 감각 지점이 벗겨져 나간 의식— 이 의식이 줄어든 상태라는 것은 아닙니다. 사실 이와 같은 의식 경험을 하는 사람들은 이것을 의식의 상실이 아니라 의식 있는 상태의 정수로 여깁니다. 하지만 이 상태에 내포된 정보는 극도로 적어 보이죠.

아마 그건 통합된 것이라고 말씀하시겠지만, 저는 통합의 기준이 무너진 것처럼 보여도 의식은 여전히 남아 있는 여러 경험 사례를 제시할 수 있습니다. 결국 정의의 문제인데, 의식을 통합된 정보라 한다고 치겠습니다. 이때 '내가 되는 것과 같은 느낌'을 보여 주는 사례를 찾았는데, 이 경우 정보와 통합은 이 사례의 특징이 아니라면 어떻게 되는 걸까요? 모든 까마귀를 검은색이라고 정의한 다음 흰 까마귀를 찾게 된 셈 아닌가요? 이 까마귀는 무엇이라고 불러야 할까요? 흰 까마귀? 혹은 다른 이름을 붙여야 할까요? 이 부분에 대해서는 어떻게 생각하세요?

그리고 미리 확실히 해 두자면, 저는 순수 의식 체험과 자기의 상실을 구별합니다. 모든 정상적인 현상성이 그 자리에 있는 상태에서도 자기감sense of self은 잃을 수 있습니다. 여느 때와 다름없이 보고, 듣고, 맛보고, 사고하면서도 자기감 —적어도 하나의 자기감— 은 완전히 사라질 수 있습니다. 제가 지금 설명하는 건 이것과는 다른 경험입니다.

세스 | 순수 의식과 그렇다고 추정되는 경험이 통합 정보 이론의 현상학적 반대 사례인지 생각하는 것은 다시 우리가 통합 정보 이론이 주로 의식의 수준에 관한 이론인가, 의식의 내용에 관한 이론인가, 둘 다인가 생각하게 합니다. 이 이론을 간단히 설명하고 시작하는 게 좋겠네요. 의식 연구계의 지형에서 꽤 흥미로운 위치를 차지하고 있는 이론이거든요. 의식 과학 연구 협회Association for the Scientific Study of Consciousness, ASSC에서 진행한 최근 두세 건의 학회에서는 놀랍게도 거의 논의되지 않았지만, 실은 많은 연구자가 이 이론에 대해 이야기합니다. 통합 정보 이론은 현상학적 공리로 시작합니다. "뇌에는 무엇이 있으며 의식과 어떤 관련이 있는가?"라는 질문으로 시작하지 않습니다. 이 이론은 의식적 경험, 즉 설명할 필요 없이 자명한 대상들의 공리적 특징을 밝히고자 노력하며, 그 공리에 기반을 두어 필수적이고 만족스러운 메커니즘을 도출합니다. 통합 정보 이론은 이것을 공준公準이라고 부릅니다.

현재 기준으로 통합 정보 이론에는 다섯 개의 공리가 있습니다. 하지만 우리는 그중 가장 기본적인 공리, 정보와 통합만 고려하면 됩니다. 정보 통합, 이것이 모든 의식적 경험에 공통으로 포함된 것

거인의 통찰

입니다. 이것과 관련 있는 정보의 개념은, 방대한 범위의 대안적 경험을 배제한다는 면에서 모든 의식적 경험은 유기체에 유용한 정보를 제공한다는 겁니다. 저는 지금 잠재적인 다른 모든 가능한 경험 대신 바로 이 경험을 하고 있으며, 이 경험을 겪은 덕분에 방대한 양의 정보가 발생하고 있습니다. 다른 모든 대안을 배제했기 때문에 말이죠.

해리스 | 이 부분에서 제게 현상학적으로 설득력이 없는 지점 몇 군데를 지적해 볼게요. 교수님은 다른 수많은 의식적 경험을 제외하기 때문에 각 의식적 경험의 고유성이 굉장히 유용하다고 하셨죠. 그런데 명상에서는 이것이 해당하지 않습니다. 명상을 하면 모든 경험의 기저에 동일성이 있다는 것을 발견하기 때문입니다. 극도로 집중할 때 저는 의식이 지닌 불변의 질적 특성을 깨닫습니다. 각 경험의 차이는 중요하지 않습니다. 중요한 건 모든 경험의 한가운데 있는 의식의 본질적 특성입니다. 의식의 개방성, 무無중심성, 선명성 등 말이죠.

거울이 한쪽 벽면 전체를 덮은 식당에 들어갔다고 상상해 보세요. 교수님은 아직 벽이 거울이라는 사실을 깨닫지 못했습니다. 그래서 무심결에 거울에 비치는 만큼 식당이 두 배 더 넓다고 여깁니다. 그러다 거울을 발견하는 순간 실제라고 믿었던 것이 벽에 반사된 빛의 장난이었다는 사실을 깨닫습니다. 거울에 비친 사람 모두 실제가 아니라 단순한 반사였던 거죠. 이 변화는 정보의 상실이라는 한 가지 방식으로 설명할 수 있습니다. 거울에는 아무런 일도 벌어지지 않았어요. 명상은 그러한 경험에 집중하기 시작합니다. 티베트의 승려들은 극도로 집중할 때 어떤 하나의 맛이 느껴지는 현상을 겪는다고 합니다. 영문 모를 소리를 한다고 생각하실 수도 있지만, 이것이 토노니의 첫 번째 기준이 제가 의식의 가장 명확한 순간들이라고 여기는 경험과 연결되지 않는 것처럼 보인다고 생각하는 이유입니다. 당연히 의식의 상태가 옅어진 것도 아니고요.

세스 | 의식의 불변적 본질을 깨닫는 상태가 토노니의 직관과 일치하지 않는지에 대해서는 확실히 말하기 어렵네요. 명상 상태에서 경험하신 것 ―의식 있음의 불변적 본질을 깨닫는 것― 은 그 자체로 특별한 경험입니다. 그 체험은 대신 겪을 수도 있었던 다른 모든 경험을 배제합니다. 그러니 이 문제는 그 경험이 작가님에게 심리적으로 얼마나 유용했는지에 관한 것이 아니라, 환원주의자 입장에서 정보를 해석하는 일에 더 가깝습니다. 또 다른 접근 방식으로는 시각을 '뒤집어' 생각해 보는 것이 있습니다. 토노니는 이런 비유를 사용하죠. "광다이오드에는 왜 의식이 없는가?" 광다이오드에게 세상은 어둠과 빛이 전부입니다. 어둡고 밝다는 경험을 하지는 않습니다. 그저 전원이 켜지거나 꺼질 뿐입니다. 1 아니면 0인 거죠. 풀어 설명하자면, 특정한 상태가 정보성 내용을 지니는 것은 그것이 특별하기 때문이 아니라 그것을 제외한 나머지가 유용하지 않기 때문입니다. 색을 예로 들어 생각해 보죠. 빨간색이 빨간 이유는 파장의 조합에 본질적으로 빨간색이 내재하기 때문이 아니라, 그 특정한 조합이 배제한 다른 모든 파장 때문입니다.

이러한 의견은 사실 통합 정보 이론보다 먼저 있었습니다. 17년 전 저를 샌디에이고로 이끌었던 토노니와 에델만의 '역동적 활성부

거인의 통찰

dynamic core'로 거슬러 올라가죠. 당시에도 순수한 어둠이라는 경험은 정신없는 길거리의 모습과 정확히 같은 정보성 내용을 지닌다는 주장이 있었습니다. 양측 경험 모두 동일한 숫자의 대안 경험을 배제하기 때문입니다. 어둠이라는 경험은 길거리의 모습을 경험하는 것과 주관적으로 다르고 심리적으로 덜 정보적이지만, 배제하는 대안 상태의 숫자를 생각하면 같다는 겁니다. 물론 이 주장은 우리가 수준에 관한 이야기를 하는지, 내용에 관한 이야기를 하는지 헷갈리게 만들죠. 그래도 작가님이 겪은 경험에 대한 설명은 될 것 같군요.

해리스 | 다시 말해, 의식 있는 존재로서 겪을 수 있는 경험의 총 숫자가 특정한 상태에 담기는 정보의 양을 결정한다는 말인가요?

세스 | 그렇습니다. 그런 주장입니다. 정보 이론을 기술적으로 정의할 때 활용되는 물리량 중 하나로 시스템의 상태와 관련한 불확실성의 정도를 보여 주는 엔트로피가 있습니다. 광다이오드는 가능한 두 가지 상태 중 하나로만 존재할 수 있습니다. 주사위는 여섯 가지 상태로 존재할 수 있죠. 주사위 두 개에는 11가지의 가능한 상태가 있고요. 물론 7과 12처럼 상대적으로 나올 확률이 더 높은 숫자가 있겠습니다만. 통합 정보 이론이 막히는 부분이 바로 정보 이론에 대한 이와 같은 기술적인 세부 사항에 있습니다. 이 이론으로 — 적어도 몇몇 글에서는— 어려운 문제를 해결하려 시도하기 때문입니다. 토노니는 의식과 정보 통합 사이의 동일성 관계에 찬성하거든요. 토노니가 한 말을 내용만 옮기자면, "의식은 올바른 방식으로 측정된 통합된 정보에 불과합니다." 이 경우 전체 이론을 실증적으로 테스트할 수 없어집니다. 시스템의 내용과 의식의 수준이 이것이 지

의식과 자기

닌 통합된 정보의 양과 같다는 주장을 하려면, 시스템의 현재 상태와 과거의 상태는 물론이고 시스템이 겪을 수 있었지만 겪지 않은 모든 상태를 알아야 하기 때문입니다. 가능한 모든 조합, 시스템이 겪을 수 있는 모든 상태 목록을 알아야 합니다. 정말 단순한 장난감이 아닌 이상 불가능한 일이죠.

여기에 따라붙는 형이상학적 주장도 있습니다. 정보에 존재론적 상태가 있다는 겁니다. 정보는 '존재한다'고요. 이는 다시 이론 물리학자 존 휠러와 그가 주장한 '비트에서 존재로'라는 개념으로 돌아가는데요. 그의 주장에 따르면, 어떤 시스템이 특정한 상태를 차지할 수 있지만 차지하지 않았다는 사실은 인과적으로 현재의 의식 수준과 해당 시스템의 상태에 영향을 미칩니다. 굉장히 대범한 주장이지만, 우주에서 정보의 존재론적 상태가 무엇이라고 밝혀질지 누가 알겠습니까?

해리스 | 그 가능성의 경계를 어떻게 지정하냐는 문제도 더해질 수 있죠. 의식의 현재 상태에 포함된 정보의 밀도를 파악하기 위해 제 의식이 속할 수 있는 모든 가능한 상태도 알아야겠지만, 제 뇌를 강화하게 된다면 —'강화하게 될 때'라고 해야 할지도 모르겠네요— 가능한 상태의 범위는 어디까지일까요? 이 가능성들을 지금 이 순간의 제 의식의 정의에 포함해야 할까요?

세스 | 지금 드는 생각은, 아마 아닐 겁니다. 제가 이해한 바로는 이 이론에서 가능한 상태의 목록은 메커니즘이 미래에 어떻게 될지가 아니라 언제가 되었든 그 순간에 어떤 상태인가와 관련이 있습니다.

거인의 통찰

해리스 | 관련해서 에델만과 진행한 토노니의 초기 연구에서 발견한 문제가 하나 있습니다. 이들은 정보 통합이 반드시 특정 기간 동안 발생해야 한다고 생각했는데, 그 기간이 다소 공리적으로 규정돼 있습니다. 500년이 지나도 정보가 통합되지 않을지 누가 알겠습니까? 500년 동안 인터넷에서 벌어진 모든 활동의 결과 어떠한 정신이 하나 발생했다고 상상해 보죠. 아니면 제 책에서 지질 작용을 빌려 들었던 괴상한 예시를 드려 볼게요. 지구 지각의 움직임이 통합된 정보의 양과 같다고 생각해 보는 겁니다. 그렇다면 판구조론의 바탕에는 의식 있는 정신이 있다는 말인가요? "아니에요, 그건 500밀리 초 안에 발생해야 합니다." 사후 규정적인 것처럼 들리죠.

세스 | 그 부분에는 저도 동의합니다. 그 내용이 발전해서 최근의 통합 정보 이론에 나오는 다른 공리 중 하나인 배제exclusion가 된 겁니다. 즉, 특정한 공간적 시간적 단위가 있으며, 이것이 통합된 정보가 극대화될 수 있는 시스템의 시공간적 단위라는 거죠. 통합 정보 이론의 공리적 접근법은 혁신적이지만 적용하기에는 약간 애매합니다. 공리라는 건 자명해서 별도로 증명할 필요가 없어야 하는 것 아니겠습니까. 통합 정보 이론에서 공리적이라고 강조된 의식의 속성 중 어디까지 자명한 것으로 여길 수 있을지 잘 모르겠군요. 그리고 하나의 지배적인 시공간적 단위가 존재한다는 공리는 제시된 모든 공리 중 잠재적으로 가장 약한 공리라고 생각합니다.

이것이 어려운 문제를 좇을 때 마주하는 문제들입니다. 희한하고 잠재적으로는 말도 안 되는 설명을 어떤 경우에는 귀류법의 형태로 가져오기도 하죠. 다른 예도 있습니다. 가령 작가님 뇌에 뉴런을 잔

뚝 갖다 붙일 수 있다고 합시다. 새 뉴런들은 절대 점화하지 않습니다. 하지만, 일부 (마주한 적 없는) 상황에서는 점화할 수도 있습니다. 이때 통합 정보 이론은 이로 인해 작가님의 의식적 경험이 바뀐다고 예측할 겁니다. 가능한 상태의 목록이 변했기 때문입니다. 참 이상하고 반직관적인 예측이죠.

반직관적인 예측을 내놓는다는 이유로 의식 이론을 배제하고 싶지는 않습니다. 조금 더 순한 버전의 통합 정보 이론으로 이동해 보죠. 경험이 실제 현상학적으로 정보와 통합을 표현하는 것처럼 보인다는 겁니다. 이것이 다른 유형의 경험보다 명상 경험에 더 가까운지 아닌지 논의해 볼 수도 있겠죠. 그러나 일반적으로 의식적 경험은 수많은 가능성 중에서도 하나의 특정한 의식적 장면으로, 그리고 통합적인 방식으로 구성됩니다. 이는 일반적인 현상학적 관찰입니다. 공리적인 진리라고 말하기는 꺼려지네요. 아닐 것 같거든요. 하지만 일반화가 가능한 건 맞습니다. 이렇듯 조금 더 순한 버전에서 어떤 종류의 계산과 메커니즘이 이와 같은 관찰을 가능하게 하는지, 뇌에서도 유사한 것을 측정하거나 관찰할 수 있는지라는 질문을 던지면 도움이 됩니다.

순화된 버전을 택하면, '밖에서 오는' 통합된 정보를 측정할 때 통합 정보 이론의 강한 버전을 방해하는 모든 요소를 걱정할 필요가 없습니다. 통합 정보 이론에는 파이ϕ라는 단위가 있습니다. 토노니도 그렇게 부릅니다. 저는 시스템이 실제 수행한 것 —시스템의 경험 분포empirical distribution 혹은 정상 분포stationary distribution라고 할 수도 있겠죠— 의 관찰 결과만 반영한 파이 방정식을 쉽게 쓸 수 있습니

거인의 통찰

다. 이것이 제가 서식스 대학교에서 동료 애덤 바렛Adam Barrett과 함께 연구하고 있는 내용입니다. 다른 연구자들도 비슷한 연구를 수행했고요. 저희는 정보성과 통합성 사이에 균형이 있으면서, 혹은 공존하면서도, 통합 정보 이론의 핵심적인 통찰력은 유지하는 파이의 여러 근사치, 혹은 여러 버전의 파이를 개발했습니다.

하지만, 이 근사치들은 시스템이 존재할 수 있는 상태의 목록에 관한 서로 다른 가정을 기반으로 합니다. 이 경우에 저희는 "어려운 문제에는 관심이 없습니다. 저는 그저 이 흥미로운 현상학적 통찰력을 메커니즘과 연결하고 싶을 뿐이에요. 시스템이 겪었던 상태가 무엇인지 파악하고, 파이의 한 버전을 계산하는 데 그 결과를 활용할 뿐입니다."라고 말합니다. 저는 이 방법이 도움이 된다고 봅니다. 안타깝게도 지금까지는 파악이 쉽지 않았습니다. 아마 전체로서의 시스템과 그 부분들을 완전히 구분할 수 있도록 시스템을 쪼개는 방식인 '최소 정보 분할 단위'를 찾아야 하는 등, 이론에 포함된 여러 부분 때문이라고 생각합니다. 이것이 통합의 공리가 적용되는 방식입니다. 저희는 시간에 따른 정보라는 측면에서 부분과 전체의 관계를, 부분전체론적mereological 관계를 살핍니다.

이러한 통찰력에 기반을 두어서 실증적으로 적용 가능한 척도를 개발하려 할 때 잘 되지 않으면 약간 짜증은 나지만 동시에 깨달음을 얻기도 합니다. 일종의 경고 신호이기도 하죠. 사람들에게 잘 통하는 이론은 적용할수록 실증적인 결과물을 더 많이 내야 합니다. 최근 우리 귀에 통합 정보 이론과 관련한 이야기가 잘 들리지 않은 이유가 바로 이것인지도 모르죠. 실질적으로 흥미로운 결과를 얻기 굉장히 어렵기 때문입니다. 통합 정보 이론이라는 망치로 의식의 어려운 문제를 내려친다면 어쨌든 지금은 그리 예쁜 모양으로 쪼개지지는 않을 겁니다.

해리스 | 범심론이 비집고 들어오는 지점도 있죠. 어떤 수준에서든 통합된 정보가 정말 의식과 동일하다면, 의식의 빛은 아주 단편적인 형태로 아주 일찍 들어오지 않을까요? 인간의 뇌가 지닌 의식 수준이라고 생각하는 것보다 훨씬 낮은 수준의 의식을 수천, 수백만까지도 상상해 볼 수 있겠죠. 통합과 정보를 정의하는 방식에 따라 다른 여러 시스템에도 잠재적으로 의식이 있다고 ―데이비드 차머스부터 그가 설명하는 의식 있는 온도 조절기에 이르기까지― 상상할 수 있을 겁니다.

세스 | 토노니가 자세히 설명한 ―그리고 더 최근에는 차머스와 크리스토프 코흐Christof Koch가 설명한― 이론이 그러한 해석으로 이끈다는 데 저도 동의합니다. 사실 의식이 통합된 정보와 같다고 받아들인다면 일부 범심론적 해석은 피할 수 없습니다. 뇌뿐만이 아니라 예상치 못한 여러 곳에서 적은 양이라도 통합된 정보를 찾을 수 있을 테니까요. 이 해석에 따르면 심지어 수소 원자에도 미미한 양이지만 통합된 정보를 지니는 만큼 의식이 있겠죠. 그렇다고 모든 곳에서 반드시 통합된 정보를 발견할 수는 없을 것이고, 따라서 모든 곳에서 의식을 찾을 수도 없을 겁니다. 모든 시스템에 통합된 정보가 반드시 존재하는 건 아니기 때문입니다. 통합된 정보가 전무한 시스템을 설계할 수도 있겠죠. 이 지점에서 다양한 좀비 실험이 가능합니다. 생물학적 뇌의 모든 반복적인 역학 관계(파이는 0이 아닐 것

202

거인의 통찰

이므로 의식이 있음)가 풀려 정보가 한 방향으로만 흐르는 하나의 순방향 회로feedforward network(파이는 0일 것이므로 의식이 없음)가 된다고 생각해 보세요.

해리스 | 인간은 거의 그것과 비슷한 회로망을 지니고 있죠. 소뇌로 말하자면 대뇌 뒤에 있는 소뇌에는 나머지 뇌 영역보다 네 배 더 많은 뉴런이 있습니다. 인간의 소뇌가 되는 것과 같은 느낌이 있으리라 상상하는 사람은 거의 없습니다. 그러나 소뇌에는 두뇌의 모든 거시적 특징이 있습니다. 하지만, 의식의 기초가 되는 데 필요한 통합, 적어도 그렇게 보이는 건 없죠.

세스 | 그렇죠. 뉴런의 개수와 같은 단순한 신경해부학적, 신경생리학적 특징은 관계가 없습니다. 물론 소뇌는 통합 정보와 연관성이 없기도 하지만, 나머지 피질 그리고 피질하부 시스템과 여러 면에서 다릅니다. 하지만 소뇌가 기능적으로 독립된 수많은 회로로 구성되어 있는 것으로 보인다는 건 확실히 관련 있는 특징입니다. 사람들은 이따금 소뇌를 무시하고 대뇌 피질에만 주목하지만, 신경 촬영 실험을 해 보면 신기한 결과를 발견할 수 있습니다. 간혹 다른 영역과 대조적으로 소뇌가 밝게 빛나기도 하죠(서로 다른 실험 조건하에서의 뇌 활동을 비교, 즉 '대조'하는 실험). 그러나 "큰 관련은 없네. 그저 소뇌일 뿐이야."라며 그냥 무시하고 지나가는 경우가 꽤 있습니다.

범심론은 흥미로운 사고 실험입니다. 통합 이론과 의식 사이의 동일성 관계를 받아들이면, 의식을 굉장히 광범위한 것으로 받아들이게 됩니다. 하지만, 그것을 가지고 무엇을 어쩌려는 건지는 모르겠습니다. 저는 철학적 태도와 이론을 평가할 때 그것이 생산적인

의식과 자기

실험으로 이어질 수 있는지를 기준으로 보려 합니다. 범심론은 그 어떤 실험에 대한 동기도 부여하지 않습니다. 그저 흥미로운 형이상학적 가능성의 하나로서만 그 자리에 있을 뿐이죠.

해리스 | 물론 범심론의 실질적인 역할은 없습니다. 저도 세상 모든 것이 가장 근본적인 경험을 하며 콧노래를 부른다고 해서 세상이 달라 보일 것 같지는 않습니다. 만약 컴퓨터가 되는 것과 같은 느낌이 있다고 해서 그것이 제게 말을 걸어올 것 같지도 않고요. 제약 사항들을 고려하면 지금과 별반 달라질 건 없을 겁니다. 그러나 세상이 달라 보이지 않을 것 같음에도 불구하고, 제게 범심론은 무척 반직관적으로 다가옵니다. 정말 말이 안 된다고요. 물론 범심론이 반직관적인 이론 목록의 최상단에 있는 건 아니지만요.

다음 주제로 넘어가 볼까요? '자기'와 이 용어를 어떻게 구별해 사용하시는지 이야기해 보고 싶네요. AI에 관해서도요. 다음 주제로 넘어가기 전에 토노니의 연구에 관해 덧붙일 말이 있나요?

세스 | 마지막으로 하나만 더 말씀드리죠. 의식 수준의 기계론적 기반에 희망을 주는 경험론적 접근법이 몇 가지 있습니다. 통합정보 이론의 기본 원칙과도 연관돼 있죠. 밀라노 대학교의 마르첼로 마시미니Marcello Massimini 교수가 이끄는 연구팀이 이러한 아이디어를 임상 적용하는 데 관심을 갖고 개발한 PCIPerturbational Complexity Index(섭동복잡도지수)라는 측정 방식이 있습니다. TMSTranscranial Magnetic Stimulation(경두개자기자극법)를 활용해 아주 짧은 강력한 전자기 펄스로 피질을 자극한 다음 EEGElectroencephalography(뇌전도)로 반향을 듣습니다. 잔인하지만 전기 망치로 뇌를 두드린 다음 메아리를 듣는 거죠.

거인의 통찰

실험 결과, 메아리의 시공간적 풍부함을 특정 방식으로 정량화하면 의식의 수준을 측정할 수 있는 구체적인 숫자를 얻을 수 있음이 밝혀졌습니다. 전신마취, 그리고 깊은 수면 상태와 각성 상태 사이의 의식 수준을 구분하는 것과 관련한 앞선 대화 내용과 연결되는 결과입니다. 이 방식도 생산적이지만, 서식스에 있는 우리 연구실에서도 자극만 없는 동일한 방식을 연구해 왔습니다. 자발적 EEGspontaneous EEG라고 부르는 이 방식은 TMS 펄스를 사용하지 않고 EEG의 복잡도, 어려운 말로 '신호 다양성'을 계산합니다. PCI와도 밀접하게 연관된 이 수치 역시 의식 수준의 변화를 훌륭히 추적합니다. 그리고 신기하게도 환각 상태의 신호 다양성 수치가 각성한 의식 상태의 기준 수치보다 조금 더 높다는 사실을 발견했습니다.

해리스 | 그리 이상하지는 않을지도요.

세스 | 이상하지 않을지도요. 이 수치가 ―많은 이가 표현하듯― '고차원적 의식 상태'의 증거라기보다는, 아마 뇌 상태의 레퍼토리 증가를 반영한 신경 신호 다양성의 특수한 증가를 발견한 것에 더 가까울 겁니다. 이 모두는 통합 정보 이론의 프레임워크가 의식 수준의 신경 기반과 그것이 다른 내용과 상호 작용하는 방식을 알려 주는 흥미로운 여러 경험적 발전에 동기를 부여한다는 걸 보여 줍니다.

해리스 | 뻔한 질문을 하나 드리죠. 그 실험을 소뇌에 한 사람이 있나요?

세스 | 아마 없을 것 같군요. 정확하지는 않습니다.

해리스 | 소뇌에 TMS를 사용하면 문제가 있는 걸까요. 그런 실험을 수행했거나 실험을 통해 EEG를 기록한 사례가 있다는 얘기를 들

의식과 자기

은 기억이 없어서요.

세스 | 이러한 측정 실험은 실증적 효용이 있다고 하더라도 보통 서로 다른 상태를 비교할 때만 수행됩니다. 생물의 수면 상태와 각성 상태에서 소뇌가 어떻게 다르게 행동하는지 살펴보는 건 꽤 흥미로울 겁니다. 하지만 소뇌의 활동 자체를 살펴본다고 해서 무엇을 알 수 있을지는 잘 모르겠군요.

해리스 | 교수님은 의식의 수준과 내용을 구별하셨죠. 통합 정보 이론이 의식 수준의 변화를 어떻게 추적하는지는 알겠습니다. 하지만, 의식의 내용 면에서 저는 —확실히 경험했다고 믿는데요— 생물학적으로, 행동적으로, 지각적으로 일반 상태보다 유용하지도 않고 정신없는 내용의 의식 상태를 상상할 수 있거든요. 덜 생생한 것도 아닙니다. 그 사람이 되는 것과 같은 느낌이 있는 신경 상태를 떠올릴 수는 있겠지만, 실은 행동적 효용은 거의 없는 웅성거리는 혼란에 불과하죠. 여기에는 어떤 문제가 있을까요? 제가 그저 '정보'라는 용어와 헷갈리는 걸까요?

세스 | 그럴지도요. 어떠한 상태가 내적으로 얼마나 유용한 정보를 주는 것처럼 보이든 간에, 통합 정보 이론에서 쓰이는 '정보'라는 단어의 기술적 용법과는 아마 다를 겁니다. 통합 정보 이론에는 토노니가 '감각질 공간qualia space'이라 부르는 형태와 관련한 의식의 내용 이론이 있습니다. 다만 여기에서 문제는 통합 정보 이론을 의식 수준에 관한 이론으로 간주할 때보다 검증이 더 어렵다는 겁니다. 이 경우 실증적 데이터에서 멀어지기 때문에, 또 적어도 불특정해지기 때문에, 의식의 내용 문제를 더 직접적으로 다루는 이론적 프레

임워크 안에서 그것을 생각하는 것이 더 생산적이라고 봅니다. 저는 베이지안 뇌와 예측 처리가 더 생산적인 프레임워크라고 생각합니다. 모든 것을 설명하기 위해 거대 이론을 왜곡하지는 않기 때문이죠. 언젠가 모든 것이 하나의 프레임워크에 통합되면 좋겠죠. 하지만, 일단은 현재 이 모든 메커니즘과 현상성의 관계를 가장 잘 설명해 주는 쪽을 택하고 싶습니다.

해리스 | 좋습니다. 이제 자기에 관한 내용으로 넘어가 보죠. 의식에 대해 생각할 때 사람들이 헷갈리는 범주죠. 교수님의 기고문에서 가져온 한 구절을 먼저 읽고 시작하고 싶습니다.

> 신체가 된다는, 특정 신체를 소유하는 경험인 신체적 자기bodily self가 있다. 세상을 특정한 일인칭 시점에서 지각하는 경험인 투시적 자기 perspectival self가 있다. 의지적 자기volitional self는 의도와 행위자, 이런저런 일을 하려는 욕구와 발생하는 일의 원인이 되는 경험을 포함한다. 더 고차원으로 올라가면 서사적 자기narrative self와 사회적 자기social self와 마주친다. 서사적 자기는 풍부한 자전적 기억을 바탕으로 구축되며, 시간이 지나면서 연속적이고 또 구별되는 사람의 경험으로서 '나'이다. 사회적 자기는 우리의 고유한 사회적 환경을 통해 다른 이가 지각한 나를 경험하는 것이다.*

자기가 된다는 것에 관해 이야기할 때, 그리고 '나'와 같은 인칭 대

---

* https://aeon.co/essays/the-hard-problem-of-consciousness-is-a-distraction-from-the-real-one.

의식과 자기

명사를 사용할 때 겪는 서로 다른 경험을 구별하는 아주 유용한 방식인 것 같습니다. 이러한 것들이 칸을 나누듯 구분되는 개념은 아니지만, 한번 구별해 보죠. 관련해서 '자아_ego'라는 단어도 있습니다. 명상의 목적이 바로 자아를 잊는 것이죠. 환각제를 사용하는 사람들에게 발생하는 현상도 바로 그것이고요. 하지만, 어떤 방식으로도 조금 전 언급한 여러 자기를 모두 잃지는 않습니다. 원하는 사람도 없을 테고요.

교수님도 환각제를 복용한 적이 있나요? 교수님에게 자기감을 잃을 가능성은 무엇을 의미하나요? 그러한 감각은 몰입 상태에서 경험한 것인가요, 아니면 다른 상태에서 경험한 건가요?

세스 | 저는 자기가 된다는 경험을 하나의 경험으로 간주한 적은 없습니다. 사람들이 자기감을 상실했다고 말할 때 "자기다움의 측면 중 어떤 부분을 잃었다는 말인가요?"라는 질문을 던져야 한다고 생각합니다. 가령 운동 연습을 하며 몰입 상태를 겪을 때, 서사적 자기라든가 일부 자기를 잊을 수 있죠. 환각제 복용에 관한 질문에 답하자면, 자주는 아니지만 그러한 화학적 혼합물이 의식을 어떻게 조종하는지 경험하려는 목적을 위해서는 사용합니다. 외부 세계의 경험보다는 내면의 경험에 더 흥미롭고 도움이 되는 것 같습니다.

우리는 '우리의 자기'가 무엇인지에 대해 그리 많이 생각하지 않습니다. 별다른 숙고 없이 보통 자기가 통일되어 있다고 생각하죠. 틀린 말이지만, 그럼에도 우리가 건강하다면, 정신적 혹은 신경학적 질병을 앓지 않는다면, 표면적으로 우리 일상의 경험은 일관적입니다. 자기다움은 사실 다양한 측면으로 구성됩니다. 실험이나 약물을

거인의 통찰

통해서 독립적으로 조작될 수 있고, 뇌 손상과 정신 질환 등 여러 다양한 요인의 영향을 받을 수 있습니다.

제 자기 경험은 바깥세상에 대한 제 경험과 같은 방식으로 구축됩니다. (자기와 관련한) 감각 신호를 유발한 출처에 관한 수많은 예측이 한데 모여 나다움이라는 전체적이고 어쩌면 단일한 인식으로 종합됩니다. 이는 동시에 발생하는 여러 다른 예측 과정을 기반으로 발전합니다.

이 중 얼마나 많은 단계를 제거하고 가장 핵심적인 자기다움의 경험만을 남겨 둘 수 있다고 생각하세요? 작가님이라면 꽤 깊은 단계까지 들어갈 수 있을 것 같군요. 풍부한 사회적 경험을 겪지 않아도 자기다움을 경험할 수 있을 것 같습니다. 크리스 프리스를 비롯한 일부 사람들은 동의하지 않겠지만요. 하지만 ─적어도 저는─ 다른 사람의 눈을 통해 우리 자신을 보는 경험이 자기다움의 필수 요소라고 생각하기 어렵네요.

해리스 | 사회적 경험이 전무인 사람이 풍부한 자기 경험을 가질 수 있다는 데 의심이 드는 건가요? 아니면 가령 은둔하며 사는 사람처럼 현재 사회적 경험을 하지 않는 사람에 대한 이야기인가요? 두 번째라면 답은 명확합니다. 정상적인 환경에서 자랐다면 단지 물리적으로 고립되어 있다고 해서 자기를 잃지는 않을 겁니다.

세스 | 그렇죠. 흥미로운 질문이네요. 사회적 상호 작용이 없는 환경에서 자란다면 자기다움의 사회적 측면을 경험하는 능력을 기르지 못할 수도 있습니다. 그렇다고 해서 자기다움이 결여된다는 의미일까요? 아닐 겁니다. 자기다움에는 사회적 접촉에 의존하지 않는

여러 단계가 있습니다. 의지와 행위자성을 예로 들 수 있죠. 일화 기억이나 사회적 맥락에 확실히 의존하지 않는 것으로 보이는 자기다움의 측면들입니다. 이 측면들 역시 사라질 수 있습니다. 무동무언증akinetic mutism 환자는 어떤 자발적 행동도 보이지 않습니다. 반대로 조현병 환자나 외계인 손 증후군을 겪는 사람은 자신이 한 자발적인 행동 일부를 비자발적 행동으로서 경험합니다. 하지만, 이것 역시 자기의 핵심이 아니라고 생각할 수 있습니다.

우리에게는 일인칭 시점도 있죠. 그러면 일인칭 시점은 자기의 핵심일까요? 세상을 특정한 일인칭 시점에서 경험하는 것은 주의attention의 통제와 관련이 있을 수도 있습니다. 그러나 역시 확신하기는 어렵습니다. 일인칭 시점이라는 건 어렵지 않게 조작할 수 있기 때문입니다. 예컨대 유체 이탈이나 자기상시 환각autoscopic hallucination을 겪는 사람들도 있죠. 실험실에서도 가상현실 기술을 활용해 사람들이 주관적 관점을 경험하도록, 신체를 벗어난 상태에서 세상을 (그리고 자기를) 보도록 유도할 수 있습니다. 하지만, 그럼에도 피실험자들은 일인칭 시점을 유지합니다. 일인칭 시점을 완전히 없앨 수 있는지는 확실하지 않습니다.

가장 기본적인 것은 결국 몸 자체에 관한 경험입니다.

우리는 외부에서 이 세상에 존재하는 하나의 사물로서 몸을 경험합니다. "이건 내 몸의 일부인 손이야." 우리는 지각이 조작될 수 있다는 사실을 압니다. '고무손 착각'*과 같은 실험은 뇌가 신체의 일부

---

* 피실험자가 고무손을 보고 있는 상태에서 고무손과 실제 손을 동시에 쓰다듬으면, 피실험자는 고무손을 실제 자신의 신체로 경험하기 시작한다. 효과는 개인에 따라 상이하다.

거인의 통찰

인 것과 그렇지 않은 것을 얼마나 쉽게 착각하는지 보여 주는 전형적인 예입니다. 이 모두는 앞서 우리가 논의한 내용, 즉 체내 상태의 조절과 이것이 예측 지향적이면서 통제 지향적인 지각 방식에 기반을 두는 방식이라는 측면에서 애초에 인간이 뇌를 갖게 된 계통 발생적인 기본 이유로 돌아갑니다.

이런 방식으로 보면 모든 지각은 —진화 및 발달 과정에서— 근본적으로 '살아남기 위한 욕구'에서 시작됩니다. 우리가 지각하는 모든 것은 생존의 욕구에 의해 왜곡되거나 구체화됩니다. 인간의 지각 경험은 숨겨진 원인(감각 신호)과 신체 생존 사이의 관련성을 반영합니다. 저는 이것이 본질적인 자기이며, 완전히 없앨 수 없을 것이라 생각합니다. '신체가 된다being a body'는 가장 기본적인 감각은 늘 존재합니다. 일인칭 시점과 상관없이, 자유의지나 기억과 상관없이, 시간이 지나도 유지되는 피와 살로 이루어진 육체라는 감각 말이죠.

잠재적인 반례가 딱 하나 떠오릅니다. 코타르 증후군Cotard Syndrome 이라는 다소 괴이한 병리학적 사례입니다. 이 증후군을 겪는 사람은 자신이 죽었으며 더 이상 존재하지 않는다고 믿습니다. 물론 자기모순입니다만, 실제로 그렇게 믿습니다. 어떤 지각적 경험이 이들을 이런 믿음으로 이끈 걸까요? 소수의 연구가 체내 상태의 내수용 감각 조절과 통제에 문제가 있음을 암시하는데요. 이것이 자기다움에 대한 우리의 경험 기저에 무엇이 있는지 단서를 줄 수도 있을 겁니다.

해리스 | 그 상태를 어떤 식으로 생각해야 좋을지 지금껏 감이 잡히지 않았는데, 누군가 하는 말의 표면적 의미와 실제 의미가 일치하지 않을 수도 있는 사례 중 하나인 거네요.

세스 | 맞습니다. 코타르 증후군을 겪는 사람을 실제로 만난 적은 없기 때문에 저도 마찬가지로 궁금합니다. "이들의 말이 정말 의미하는 게 뭘까?" 어쨌든 코타르 증후군 환자들은 시종일관 그러한 주장을 펼치고, 관련해 어떤 특이한 현상이 벌어지고 있는 거겠죠.

해리스 | 이제 신체적, 투시적, 의지적, 서사적, 사회적 자기라는 다섯 가지 용어에 집중하겠습니다. 저는 이상해 보일 수도 있는 방식으로 이 점들을 연결할 수 있을 것 같아요. 정말 생생하게도 신체가 사라진 듯 느껴지는 경험들이 있습니다. 몸과의 접촉이 완전히 사라지는 경험이죠. 꿈에서도, 신체를 소유하고 있다는 감각이 전혀 없는 경험들이 있습니다. 명상에서는 확실히 이렇듯 몸이 사라지는 경험을 할 수 있죠. 육체를 떠난 광대한 의식만이 있을 뿐입니다.

그렇다고 해서 투시적 자기를 덜 느끼는 건 아닙니다. 토머스 메칭거와 관련해 대화를 나눈 적이 있는데, 대화를 하면서 명상 중 사라지는 가장 기본적인 자기감은 ─지금 저는 투시적 자기의 의지적 자기를 합하여 말하고 있는 겁니다─ 나 자신이 주의와 자유의지의 원천이라는 감각이 아닐까 생각했습니다. 경험의 주체가 된다는 감각을 잃어도 사람은 여전히 의지적, 비의지적 행위를 구분할 수 있습니다. 하지만, 주의와 자유의지를 이끄는 내면의 행위자가 있다는 감각은 사라집니다.

세스 | 그것은 다시 주의의 통제가 핵심이라는 생각으로 이어집니다. 혹은 오히려 주의를 통제한다는 감각은 잃어도 그 영향이 행위에 남아 있거나요.

해리스 | 조현병 환자에게서 보고된 외부에서 영향력을 행사하는

거인의 통찰

것 같은 느낌은 확실히 아닙니다. 의지적 행위의 특징은 의도와 관련이 있다는 겁니다. 하지만 이 관점에서 보면 의도는 그것을 일으키는 행위자가 없어도 발생하죠.

세스 | 그 말씀은 의도가 무엇인지에 관한 ―그런 것이 있다면― 꽤 상세하고도 심오한 생각이네요. 의도는 '의지 있는 행위'라는 어떤 원천에서 발생하는 게 아닙니다. 우리의 의식적 경험에서 발생하죠. 이런저런 것을 하고자 하는 의도라는 경험은 외적인 원인이 아니라, 뇌와 신체의 내적 시스템에서 먼저 발생하는 숨겨진 원인들과 관련한 추론들입니다. 이 방식으로 의지적 행위를 유발하는 '본질적 자기'라는 것이 존재한다는 순진한 가정과 충돌하지 않고 의지적 행위를 생각해 볼 수 있죠.

자유의지volition와 행위자성agency, 그리고 의지will 사이의 관계를 생각할 때 늘 문제였던 건, '의지의 경험'이 행위를 유발한다고 생각하려는 유혹을 떨쳐 내는 것이었습니다. 이렇게 묻는 게 더 도움이 되겠네요. "어떤 상황이나 제약에도 불구하고 우리는 자유의지와 행위자성을 경험하는가?" 그러면 이것들을 지각적 추론으로 생각할 수 있게 되죠.

해리스 | 대부분 회고적이기도 합니다. 예컨대 제가 방금 물병을 들어 물을 한 모금 마셨습니다. 이는 전형적인 의지적 행위이지만, 의지적 행위로서 방금 그 경험은 회고적이었다는 것을 깨닫습니다. 실제 행동으로 이어지기 전까지 물병에 손을 뻗으려는 의도를 저는 인지하지 못했기 때문입니다. 그러한 행위를 했다는 사실을 방금 깨달았고, 그 행동은 제 의도와 일치하는 것처럼 보였습니다. 외부의

의식과 자기

힘이 있었던 게 아닙니다. 만약 외계인 손이 물병을 집어 들었다면 (외계인 손 증후군 환자의 경우처럼 자신의 의지와 상관없이 자신의 손이 물병을 집어 드는 경우를 설명한 것_옮긴이) 느낌이 달랐겠죠. 여기에서는 교수님의 예측 모델이 꽤 잘 통하는 것 같습니다. 앞으로 벌어질 일에 대한 내적 모델과 일치하느냐의 문제죠. 내적 모델이 생성되지 않으면 이러한 경험은 외부의 힘에 의해 발생한 것처럼 느껴질 겁니다.

세스 | 그렇습니다. 제가 자유의지와 의지를 가장 생생하게 경험하는 때는 어려운 결정과 마주하거나 어떤 것을 하지 **않기** 위해 인지적으로 통제하려 애쓸 때입니다. 물병을 다시 가져옵시다. 작가님이 물병을 집어 들었습니다. 그 행위와 관련한 감각 정보가 잔뜩 있겠죠. 손을 움직여 물체를 든다는 시각 정보가 있겠고요. 병을 움켜쥔다는 촉각 정보가 있을 겁니다. 관절 위치와 각도, 그리고 그것이 움직이는 것에 대한 고유감각적, 운동감각적 정보도 있습니다. 병을 들어 올리며 느끼는 청각적인 반응도 있을 거고요. 물론 운동 명령도 있습니다. 의지의 경험이란 이 모든 신호의 숨겨진 출처와 서로의 상관관계에 대한 우리 뇌의 최선의 추측이라고 생각하는 게 타당합니다. 여기에서 중요한 질문으로 이어집니다. "운동 의지가 없다고 하더라도 자유의지를 경험할 수 있는가?" 서식스의 연구실에서 저희는 이러한 질문들의 답을 탐구하기 위해 가상현실을 활용하고 있습니다. 피실험자가 소유 감각을 느끼는 가상현실 속 손이 있습니다. 이 손은 가끔 피실험자가 의도하지 않았지만 그럴듯해 보이는 자발적 행위를 합니다. 그러면 저희는 이 행위에 자발적 행위의 특성이 있는지 측정합니다. "운동을 하려는 의도가 전혀 없어도 자발

적인 경험인 것일까?" 측정 방법 중 하나로 의도 결속intentional binding 을 살펴보는 것이 있습니다. 스스로 유발한 상황을 그렇지 않은 상황보다 더 가깝게 인식하는 현상을 말합니다. 의도치 않은 행위에도 의도 결속이 과연 있을까요?

해리스 | 고무손 착각과 같은 실험에서도 의지적 행위가 발견되나요?

세스 | 네. 실험 초창기에는 의도적, 비의도적 행위 모두 동일한 수준의 의도 결속을 보였습니다. 즉, 진짜 손을 움직였든 아니든 가상 손의 움직임과 결과(삐 소리) 사이에 동일한 '함께 빼는' 시점이 있다는 겁니다. 저희는 이게 시각, 촉각, 청각 등 여러 정보원이 그대로 있기 때문이라고 생각합니다. 따라서 이 경우 비의도적 행위는 의도적 혹은 자발적 행위의 특징적인 속성인 의도 결속을 보여 줍니다. 하지만, 가상 손이 스스로 움직였다고 해서 사람들이 실제 자기 손이 움직였다고 생각하지는 않습니다. 이들은 여전히 자신이 손을 움직이지 않았다는 것을 압니다. 착각은 완벽하지 않은 거죠.

해리스 | AI에 관한 주제로 넘어가기 전에, 사회적 자기에 대해 잠시 이야기해 보죠. 타인과의 상호 작용에 의존한다는 점도 그렇지만, 우리가 인생에서 맡는 여러 역할과 관련이 있다는 면에서 다른 자기들과는 꽤 다르게 느껴져서요. 교수님은 아버지이자 남편, 교수이자 직원이며 아들이겠지요. 자신으로서 다양한 맥락에 놓일 겁니다. 그리고 우리 정신의 다양한 속성들이 상황에 따라 드러났다 숨었다 하겠죠. 어떤 맥락에서는 굉장히 자신 있다가 다른 맥락에서는 꽤 신경질적일 수도 있습니다. 사람들은 이렇듯 여러 상태를 왔다

갔다 하겠지만, 한 상황에서 '나'라고 느꼈다면 다른 상황에서도 '나'라고 느낄 겁니다. 투시적 자기와 의지적 자기, 그리고 아마 신체적 자기와 서사적 자기가 이렇듯 다양한 사회적 맥락 사이를 왔다 갔다 이동하는 것이겠죠. 사회적 자기에 대해서 어떻게 생각하세요?

세스 | 훌륭하게 설명해 주셨네요. 저는 사회적 자기를 '끌어당기는 상태'라고 다르게 표현하는 것도 좋아합니다. 사회적 자기는 아마 자기의 여러 측면 중에서도 가까운 외적 맥락에 의해 형성되기 가장 쉬운 측면일 겁니다. 저는 이 방에서 저 방으로, 집에서 직장으로 이동하며 다른 사회적 맥락에 놓이게 되겠죠. 그럼에도 동일한 신체를 지니고 동일한 일인칭 시점으로 세상을 봅니다. 여러 자기의 바탕에 있는 지각적 예측은 사회적 자기의 경험보다 더 안정적입니다. 일부 자기들은 비교적 더 유연하죠. 저는 사회적 자기를 다양한 정도로 존재하거나 부재할 수 있는 자기라고 생각합니다. 자폐증 환자도 사실 감정 표현을 읽을 수 있습니다. 하지만, 자폐증이 없는 사람과 같은 방식으로 타인의 정신 상태를 지각하지는 못하는 것으로 보이죠.

사회적 자기의 다른 흥미로운 점은 시간이 지나도 스스로가 변치 않는다고 생각하는 정도에 있습니다. 말씀대로 모든 사회적 맥락에는 일관된 '나'가 있습니다. 우리는 이리저리 돌아다니며 (은연중에) 외부 세계에 대한 경험은 변하지만, 어째서인지 내면의 경험은 잘 변하지 않으리라 예상합니다. 내면의 경험은 더 안정적이며, 체내 상태 조절의 영역으로 들어가면 더 안정적이라는 믿음이 있는 것 같아요. 그러나 동시에 우리가 진화적인 이유로 자기 연속성의 정도를

거인의 통찰

과대평가하도록 지각적으로 편향되어 있다고도 생각합니다. 최근 이 이를 변화맹change blindness이라는 측면에서 생각해 보고 있는데요. 어떤 장면의 배경 색을 빨간색에서 초록색으로 혹은 파란색으로 천천히 바꾸는 실험이 있습니다. 이때 변화 속도가 일정 수준 이하로 느리면 우리는 색이 변한다는 사실을 인지하지 못합니다. 알아채지 못하는 거죠.

해리스 | 혹은 사진 배경에 있는 잔디나 나무 등의 사물을 너무 갑자기 바꾸거나 이동시키는 경우에도 알아차리지 못하죠.

세스 | 그렇습니다. 한데 이 실험에서 저는 속도가 느린 쪽에 더 관심이 갑니다. 왜냐면 피실험자는 이 그림을 계속해서 바라보고 있었으니까요. 여기에서 질문이 생기는 거죠. "변화를 경험했지만 단지 깨닫지 못하는 것뿐인가? 아니면 깨닫기 전까지는 변화를 경험하지 못하는 것일까?" 저는 변화의 지각과 지각의 변화가 같은 것이 아니라는 첫 번째 설명이 더 마음에 듭니다. 지각이 변화하고 있으며 나의 지각이 변하고 있다는 사실을 인지하지 못하는 건 완벽히 같은 말입니다. 그리고 저는 이것을 우리가 '자기'를 경험하는 방식에도 적용할 수 있다고 생각합니다. 우리는 자신이 잘 변하지 않는다고 인식하는 방향으로 편향돼 있습니다. 거대하고 단단한 '자기 변화맹'을 겪고 있는 거죠. 아주 낮은 수준에서라도 우리 스스로에 대한 경험은 상당히 변할 수 있지만, 우리는 그 변화를 경험하지 못하는 겁니다.

해리스 | 사실 그보다 더 심각한 것 같습니다. 자기감은 명상하는 법을 배우든 아니든 누구에게나 나타났다 사라지기를 반복한다고

생각합니다. 다만 명상을 배우는 사람은 우리가 '나'라고 부르는 감각에 집중하면서 그러한 감각의 점멸을 깨달을 수 있거나 원한다면 느낄 수 있습니다. 변화맹도 아주 훌륭한 예지만, 일상적으로 발생하는 현상이라는 점에서 안구 신속운동saccade이 더 좋은 예일 수도 있을 것 같습니다. 사람은 시각적 장면을 앞에 두고 눈을 지속적으로 움직일 때 자신의 시야가 제한된다는 사실을 깨닫지 못합니다. 진화적 이유에 의해 안구가 움직일 때는 정보를 받아들이지 말아야 한다는 것을 우리 뇌가 배웠기 때문입니다. 그러지 않으면 시선을 돌릴 때마다 세상이 요동칠 테니까요. 기능적으로 눈이 머는 겁니다. 이는 매일같이 발생하는 현상입니다. 어떤 면에서 우리는 매 순간 자기의 신속운동을 경험하는 게 아닐까요. 단지 이것을 자기 연속성의 방해 요인으로서 인식하지 않을 따름이지요. 같은 내용을 의식에도 적용할 수 있을지는 모르겠지만, 가능성은 있어 보입니다.

세스 | 내적 신속운동이라는 측면에서는 생각해 본 적 없지만, 작가님 말이 맞을 것 같네요.

해리스 | 이제 AI에 관한 이야기로 넘어가 보죠. 의식 있는 AI의 개발 가능성에 대해 교수님과 저는 의견이 다를 것 같습니다. 교수님은 이 주제를 회의적으로 생각한다고 들었거든요. 우선 지능과 의식을 구별할 필요가 있겠습니다. 둘은 완전히 다른 개념이니까요.

세스 | 그게 좋겠네요. 지능과 의식은 동일한 개념이 아님에도 충분한 수준의 지성을 갖춘 시스템이라면 어느 순간 의식을 갖게 되리라고 너무 쉽게 가정하는 경향이 있습니다. 하나가 있으면 다른 하나는 자연적으로 발생한다고요. 지능, 그리고 AI는 알맞은 시점에

거인의 통찰

알맞은 일을 하고 있습니다. 저는 그게 다라고 생각합니다. 효율적이고 적응력이 뛰어난 행위 선택자라는 겁니다. 그리고 AI는 지금 놀라운 속도로 발전하고 있습니다. 의식은 앞서 우리가 논의한 바와 같이 현상적 속성의 예시화라는 문제입니다. 제가 된다는 것, 기계가 된다는 것이 존재할까요? 지능과 의식은 확실히 깊이 연관돼 있지만, 동일한 개념은 절대 아닙니다.

해리스 | 그 기본적인 내용을 조금 더 파고 들어가 보겠습니다. 많은 사람이 인간 수준의 지능을 갖춘 어떤 것을 만들면 하드웨어적인 측면에서 인간과 얼마나 다르든 의식이 발생할 것이라고 생각합니다. 인간만큼 기능적으로 지적인 존재에게 의식이 없다는 것 자체가 불가능하리라 여기죠. 좀비 논증을 회의적으로 보실 텐데, 이러한 생각에 관해 어떻게 생각하세요?

세스 | 믿지 않습니다. 좀비 논증은 좀비가 인간과 기능적으로 구별할 수 없는 존재라는 가정에 기반을 둡니다. 범용 인공지능은 인간과 기능적으로 완벽히 동일할 필요가 없습니다. AI 부문의 성배와도 같은 범용 인공지능은 단순히 바둑 실력이 뛰어날 뿐만 아니라 인간이 지닌 범용적인 기능들까지 수행해야 합니다. 하지만, 정의의 어떤 부분에도 이 시스템이 인간과 완벽히 동일해야 한다는 가정이 없습니다. 그래서 저는 이 주제가 좀비 논증과 관련이 없다고 생각합니다. 또한, 범용 인공지능이 그러한 수준에 이르려면 의식이 있어야 한다는 가정도 근거가 빈약하다고 생각합니다.

그 질문에는 아직 답이 없는 것 같습니다. 이는 다시 지능과 의식의 전前이론적 연관성과 인간 중심주의로 이어집니다. 인간에게 지능과 의식이 있으므로 이 둘은 세트라고 생각하는 거죠. 그러나 다른 관점에서 보면 윤리적, 생물학적으로 중요한 의식적 경험은 지능과 거의 상관이 없습니다. 오히려 지능은 생리적 강건함, 고통, 공포, 혐오와 관련이 있죠. 그러면 의식적 경험에 필요한 적합한 구성 요소는 무엇일까요? 똑똑함은 포함되지 않을 것 같습니다.

여기에서 윤리적으로 나올 수 있는 질문은 어떤 동물이 고통을 느낄 수 있느냐는 겁니다. 여기에 지능이 더해져 봐야 더 이상한 방식으로 고통을 겪을 뿐입니다. 인간은 예상 후회anticipatory regret를 하며 하지도 않은 일로 고통을 받죠. 박테리아가 —그리고 꿀벌도— 예상 후회를 겪을 가능성은 거의 없습니다. 쥐가 실망과는 별개로 후회를 느낄 수 있는지 알아보기 위해 수행된 실험들이 있었는데, 꽤 흥미롭습니다. 요는, 지능은 인간 외의 동물이든 로봇이든 또 다른 버전의 알파고든, 어떤 개체에 의식이 있는지 파악하는 데 적용할 만한 기준이 아니라는 겁니다.*

해리스 | 전적으로 동의합니다. 저는 개인적으로 인간이 제대로 만들지 못했기 때문에 결국 인간을 파괴할 의식 없는 초인간 AI의 등장이라는 가능성을 가장 두려워합니다. 그다음 세상에 남을 존재들이 우리보다 지능적으로 더 뛰어날 것임을 안다고 해서 위안이 되지도 않을 것 같고요. 유일하게 윤리적으로 흥미로운 점은, 만일 남겨진 초인간 AI가 우리는 상상도 못 할 정도의 아름다움과 이해의

* 알파고(AlphaGo)는 바둑 세계 챔피언을 물리친 최초의 컴퓨터다. 딥마인드(DeepMind)가 설계했으며 2015년 이세돌과 치른 다섯 판의 대국에서 4회 승리했다. 이 사건은 AI 역사에 한 획을 그은 사건으로 영화로도 제작되었다.(https://www.alphagomovie.com/)

거인의 통찰

깊이를 경험할 수 있기 때문에 인간보다 더 큰 중요성을 띠게 될 것 인가라는 문제입니다. 윤리적인 측면에서 우리가 창조한 인공물이 우리를 파괴하는 상황에서 찾을 수 있는 유일한 긍정성은 인간 자신 보다 더 중요한 존재를 탄생시켰기 때문일 수밖에 없습니다. 그리고 그 기준은 AI가 훨씬 더 넓은 영역의 의식 상태를 경험한다는 것이 되겠죠. 의식 있는 기계라도 지독한 고통을 겪지 않도록 만드는 것 역시 중요할 겁니다.

세스 | 그렇습니다. 그것이 바로 출발점입니다. 의식이 없다면 어떤 것에도 의미가 없습니다. 생명체 대부분의 전반적인 의식 경험은 아름다움보다 고통을 더 많이 느끼는지 아니면 반대인지를 주제로 토론해 볼 수도 있을 겁니다. 그렇다면 우리 후손에게 의식이 없는 것도 윤리적으로 봤을 때 나쁜 일은 아닐지도 모르겠습니다. 그래도 역시 저는 그런 가능성은 받아들이고 싶지 않습니다. 고통이 의식 경험의 압도적 특징이 아닐 미래를 바라거든요.

해리스 | 아마 TED 강연이었던 걸로 기억해요. 지적 시스템에 의식이 있으려면 살아 있어야 하며 신체를 가져야 한다고 말씀하셨죠. 저는 잘 이해가 되지 않더라고요. 의식을 지니려면 특히 고깃덩어리로 만들어진 신체를 소유하는 것이 중요하다는 의미로 말씀하신 건 아니라고 생각하거든요. 뇌에 있는 모든 뉴런을 동등한 성능의 무기체로 대체하는 모습은 쉽게 상상할 수 있죠. 하지만, 여기에서 우리는 테세우스의 배라는 역설에 봉착합니다. 뇌의 모든 부분을 동일한 기능적 특성을 지닌 다른 것으로 대체한다면, 뇌의 대부분 혹은 모든 영역이 회로로 바뀌었기 때문에 의식은 사라질까요? 아

니면 교수님 뇌에 입력되는 모든 정보를 바꾼다고 해 보죠. 뇌 자체는 변함없지만, 입력되는 모든 자극은 바뀌었습니다. 피질에 도달하는 모든 정보는 인위적이지만 같은 기능을 수행합니다. 통 속의 뇌인 겁니다. 이러한 조건에서 의식이 사라질 것이라고 생각하시지는 않죠?

세스 | 두 번째 상황의 경우, 사라지지 않을 겁니다. 한편 이런 질문도 던져야겠죠. "만약 그 시스템이 애당초 살아 있지 않았다면?" 왜냐면 특정한 발전 궤적이 없다면 뇌의 배선wiring은 완전히 달라져 있을 것이고, 아마 의식 상태를 유지하기에도 충분치 않을 수 있습니다. 기능적 등가물로 대체하는 첫 번째 상황에 관해서는 양가감정이 생기네요. 기본적으로 기능주의가 안전한 가정인지 모르겠습니다. 우선 저는 그런 종류의 주장에 회의적입니다. '더미의 역설 Sorites paradox'이죠. 수많은 작은 변화가 누적되어 발휘하는 효과를 합리적으로 설명하기는 어렵습니다. 의식은 점차 사라질 것이고, 우리는 의식이 사라진다는 사실을 깨닫지 못할 것이라는 가정이 제게는 그럴듯하게 들립니다. 변화의 지각은 지각의 변화와 다르기 때문입니다.

해리스 | 그런데 새로운 뉴런들이 동일한 입출력 값을 갖고 이전과 동일한 방식으로 서로 결합한다면, 정보-통합 주장 역시 기능적이지 않나요? 무엇이 남아야 하죠?

세스 | 그렇죠. 각 뉴런을 기능적 등가물로 대체하고 이전과 동일한 방식으로 서로 연결된다면 짐작건대 통합 정보 이론에서는 "같은 방식으로 의식을 지니게 될 겁니다."라고 말할 겁니다. 하지만, 다른

거인의 통찰

인과 메커니즘을 지닌 다른 종류의 기능적 등가물로 대체되었으며, 거대한 깊이와 복잡성을 지닌 순방향 회로로 단순히 전체적인 입출력 구조만 복제된 것이라면, 통합 정보 이론은 여기에 의식이 없다고 할 겁니다.

통합 정보 이론은 기능주의의 입력-출력 관계 특성은 물론이고, 그러한 기능적 특성을 일으키는 인과 메커니즘에 관한 주장을 펼칩니다. 하지만, 그러한 메커니즘이 구현되는 것은 기질과는 상관이 없습니다. 반드시 피와 살로 만들어질 필요는 없습니다. 통합 정보 이론에서도 마찬가지입니다.

제가 왜 생명을 중요하게 생각하느냐. 의식은 단순히 정보 처리, 기능주의와 관련이 있다는 이 허술한 가정에 대한 일종의 도전입니다. 그건 그저 하나의 가정에 불과하며, 기술적 능력을 비유로 즐겨 사용하는 인간의 특성과 관련이 있습니다. 컴퓨터는 똑똑하죠. 그러니 인간도 일종의 컴퓨터이며, 그래서 정보 처리가 중요하다고 생각하는 겁니다. 저는 그것이 조금도 당연하지 않다고 생각합니다.

이뿐이 아닙니다. 생명에 관한 이야기는 결국 뇌의 존재 목적으로 돌아갑니다. 유기체의 생존 상태를 유지하는 것이죠. 살아 있다는 것, 그리고 그러한 상태를 유지하는 것으로부터 지각과 행위에 대한 기계론적인 제약들을 끌어내기 시작할 수 있습니다. 그다음 그것을 상황에 따라 적응하는 신항상성 통제라는 과제를 더 복잡한 방식으로 반영하는 고통 등의 현상학적 경험과 연결할 수 있습니다.

능동적으로 지켜져야 하는 유기체적 맥락이 없다면, 사람은 자기라는 경험은 물론이고 체화된 자기다움의 핵심 경험을 예시화하는 적절한 방법을 찾지 못할 것이라 생각합니다. 이것을 의식적 경험에 더 보편적으로 적용할 수도 있습니다. 예를 들어 외부 세계에 대한 제 시각적 경험이 뇌의 예측 메커니즘을 형성한 생존을 위한 근본적인 필요에서 유래했다고 이해해 볼 수도 있는 거죠.

해리스 | 그건 어느 한 시점의 기능적, 구조적 시스템 통합의 문제 아닌가요? 가령 교수님을 완벽히 복제하는 거죠. 인간이 나노 기술을 정복해서 인간 신체를 구성하는 탄소, 질소 등 모든 요소를 마음대로 조립할 수 있다고 가정해 보겠습니다. 뇌의 모든 수용체부터 뉴런에 이르기까지, 교수님을 완벽히 복제할 수 있습니다. 하지만, 이 새로운 존재, 새로운 인간은 특정한 환경에서 통합된 시스템으로서 성장한 것이 아닙니다. 겨우 몇 초 전 나노봇이 필수 원소들을 가지고 조립한 존재일 뿐이죠. 이 경우 —정확히 똑같다면— 이 존재 역시 지금 교수님이 경험하는 것을 똑같이 경험하고 교수님만큼 의식이 있지 않을까요?

세스 | 네, 분명히 있을 겁니다. 방금 설명은 물질주의에 대한 서술 같은데요.

해리스 | 맞습니다.

세스 | 그렇다면, 네. 있을 겁니다. 물론 시간이 지나면 저와는 다른 자기를 경험하기 시작할 겁니다. 하지만, 네, 어떤 시점에든 물리적 시스템과 관련된 의식적 경험은 그 순간 해당 시스템의 상태에 따라 결정됩니다.

해리스 | 지금 우리는 올바르게 배열된 원자들에 관해 이야기하고 있는데요. 이것은 우리가 어떤 것의 역사에 부여하는 의미를 제거합

니다. 이를테면 그것이 이 세계에서 어떻게 체화되었는지 말이죠.

세스 | 그래도 시간에 따른 경험은 할 수 있을 겁니다. 어떤 유기체의 계통 발생적인 특정한 발달 궤적은 우리가 통시적으로 의식적 경험에 필요하다고 할 만한 것이죠. 의식적 경험과 관련한 구조적, 역학적 속성을 보이는 시스템을 얻으려면, 살아 있다는 궤적을 거쳐야 합니다. 그렇게 쉽게 제거할 수는 없을 것 같습니다.

해리스 | 그런데 만약 실제로 기질 독립적이어서 다른 물질을 가지고 적절히 시스템을 구성할 수 있다면, 혹은 그런 시스템을 모의할 수 있다면 —어딘가에 있을 슈퍼컴퓨터의 하드 드라이브에서나 구현될 수 있겠죠— 필요한 모든 변수를 제대로 맞추기 위해 평생의 경험이 필요하다고 하더라도, 수백만 개의 모의실험이나 모의된 세계 중에서는 실현에 성공하여 의식이 발생할 가능성도 상상해 볼 수 있지 않을까요. 이 가능성에 대해서는 회의적이신가요?

세스 | 네, 그 부분은 회의적입니다. 시스템의 물리적 상태가 중요하다고 말하는 것과 시뮬레이션으로 충분하다고 말하는 것 사이에는 확실한 차이가 있다고 생각하기 때문입니다. 우선, '기질 독립성'이 정확히 무엇을 의미하는지 확실하지 않습니다. 하드웨어와 소프트웨어를 과하게 구별하는 것처럼 들립니다. 정신과 의식은 기능적 관계를 이해하는 문제에 불과하며, 그것이 작동되는 하드웨어와 웨트웨어wetware(하드웨어와 소프트웨어의 연장선상에서 촉촉한[wet] 물품[ware], 즉 두뇌를 의미한다_옮긴이)는 중요하지 않다는 말처럼 들립니다. 그런 범주에 따라 뇌와 같은 생물학적 시스템의 작동 방식을 나눌 수 있을지 확실치 않습니다. 뇌의 역학 관계는 뇌의 구조를 끊임없

이 재형성하고, 그 구조는 다시 역학 관계를 재형성한다는 점을 고려할 때, 어디까지가 웨트웨어의 범위이며 어디에서부터 마인드웨어mindware는 시작될까요? 기질이 정확히 무엇인지는 정의하기 어렵습니다. 물론 "단순히 입력-출력 관계만 포착하는 게 아니라 정확히 동일한 물리적 복제본을 만들 겁니다."라고 하면 상관없습니다. 물질주의에 관한 이야기니까요. 하지만, 정확히 동일한 복제본을 만들고 수많은 생명의 역사를 모의한다는 건 직관적이지 않습니다. 시뮬레이션으로 현상적 속성을 충분히 예시화할 수 있을지는 모르겠습니다.

저는 이렇게 생각합니다. 체스 두는 사람의 시뮬레이션은 실제로 체스를 둡니다. 다른 방식이지만, 체스 컴퓨터도 체스를 둡니다. 하지만, 기상 센터에서 허리케인 시뮬레이션을 돌린다고 컴퓨터가 젖거나 바람을 맞지는 않죠. 시뮬레이션이 어떤 속성은 예시화하지 않을 것이라 기대하면서 다른 속성은 예시화할 것이라고 기대합니다. 시뮬레이션을 통해 의식을 예시화할 수 있다고 가정하는 건 기능주의와 정보 처리라는 은유를 그대로 받아들이는 겁니다. 그럴듯하게 들리지만, 당연한 사실로 받아들여선 안 되죠.

해리스 | 우리가 애초에 이러한 걱정을 했으며, 걱정한 이유가 무엇인지 잊게 될 가능성에 대해서는 어떻게 생각하세요? 인간이 튜링 테스트를 통과하는 기계를 만들고, 인간처럼 지능과 의식이 있는 듯 보이는 휴머노이드 로봇이 우리 중에 존재한다는 것을 발견한다면요? 이 경우 실제로 의식이 있는지 우리가 알든 모르든, 로봇들에게는 의식이 있는 것처럼 보이겠죠. 교수님도 이 부분에 관심 있으

거인의 통찰

시죠. 영화 〈엑스 마키나〉를 보고 쓰신 리뷰를 읽었어요. 저도 무척 재미있게 본 영화입니다. 그런 종류의 로봇이 존재한다면, 인간이 물질적 세계에서 의식이 창발하는 원리를 이해하든 못 하든 그것에게 의식이 있다고 생각할 겁니다. 의식이 있는 것처럼 보이니까요. 그리고 정말 의식이 있는지 없는지 더 이상 궁금해하지도 않을 겁니다. 다른 인간과 소통할 때와 마찬가지로요. 우리가 그런 세상으로 향해 가고 있다고 생각하세요? 특히 의식을 이해하는 것보다 그런 기계를 만드는 게 더 쉬운 것으로 드러난다면 말이죠.

세스 | 네. 여기에는 두 가지 걱정거리가 있다고 생각합니다. 물론 튜링 테스트는 의식이 아니라 지능 테스트입니다. 그건 구별해야 합니다. 인간 관찰자가 실체 없는 문자의 교환을 보고 대상이 로봇인지 사람인지 구별하지 못하여 시스템이 튜링 테스트를 통과한다는 것도 실체가 없는 방식입니다. 더불어 튜링 테스트는 의식의 유무를 구별할 수 있는 기준이 아닙니다.

〈엑스 마키나〉는 훌륭한 영화입니다. 다들 한 번씩 봤으면 좋겠어요. 정말 아름다운 영화죠. 〈엑스 마키나〉에 자문을 해 준 제 친구이자 동료 머리 섀너핸Murray Shanahan이, 너무 날카로운 나머지 영화를 감독하고 각본도 쓴 알렉스 가랜드Alex Garland의 이름을 따 가랜드 테스트라고 명명한 대화가 영화에 나오는데요. 주인공 중 한 명인 개발자 네이든이 확실히 의식이 있는 것처럼 행동하는 로봇에 관해 이야기하는 장면에서, 주인공 로봇이 로봇이라는 사실을 알아도 여전히 의식이 있는 것처럼 느껴지는지가 관건이라고 말합니다. 가랜드 테스트는 튜링 테스트와 공유하는 부분이 있습니다. 시스템 기능

의식과 자기

에 대한 테스트이기도 하지만, 인간에 대한 테스트이기도 하다는 점입니다. 지능보다는 감정적이고 체화된 신체적 상태가 아마 의식을 판단하는 더 나은 기준일 수 있다는 것을 영화는 직관적으로 보여줍니다.

그런 로봇이 우리 주변에 있는 상황으로 돌아와 보겠습니다. 여기에는 두 가지 중요한 우려 사항이 있습니다. 하나는 고통을 겪을 가능성이 있는 기계를 만들어서는 안 된다는 것입니다. 인간은 아직 고통을 유발하는 충분한 조건이 무엇인지 이해하지 못합니다. 하지만, 이보다 더 시급한 걱정은, 이러한 기계와의 상호 작용이 인간이 된다는 것에 대한 우리의 이해에 어떤 영향을 미칠 것인가입니다. 만약 우리 주변에 의식이 있는 것처럼 행동하는 기계로 가득하지만, 우리는 그것에게 의식이 없다고 생각하거나 가정하거나 믿는다면요? 기계와 비슷한 방식으로 행동하는 다른 유기체를 대하는 우리의 방식은 어떻게 바뀔까요?

의식이 있는 것처럼 보이는 시스템이 존재하므로 관심의 범위를 넓히게 될까요? 역으로 더 인간과 같은 존재, 확신할 수 있는 존재로 후퇴하며 범위를 좁히게 될까요? 더 파괴적인 유아론자가 될 수도 있을까요? 이러한 유물론적 자기로의 후퇴와 다른 생명에 대한 관심의 상실이 AI의 확산으로 인한 의도치 않은 결과가 될 수도 있습니다.

해리스 | TV 드라마 〈웨스트월드〉는 인간과 구별할 수 없을 정도로 비슷한 로봇들이 있는 테마파크를 그립니다. 그곳의 장점(이라고 여겨지는 것) 중 하나는 다른 인간을 대상으로는 취할 수 없는 모든 윤

거인의 통찰

리적 자유를 누릴 수 있다는 겁니다. 방문객은 원한다면 로봇을 강간하거나 죽일 수도 있습니다. 이 드라마를 보며 제가 깨달은 건, 그런 테마파크는 존재할 수 없다는 겁니다. 웨스트월드는 사이코패스를 위한 테마파크가 될 겁니다. 사이코패스만이 인간과 구별할 수 없을 정도로 비슷한 존재를 학대할 수 있습니다. 로봇이라도 그러한 방식으로 학대하는 사람이라면 역시 사이코패스일 거고요. 가랜드 테스트라고 설명하신 것과 일치하는 부분이죠.

세스 | 그렇습니다. 웨스트월드라는 가능성이 어느 순간 갑자기 실현된다기보다는, 그런 세상으로 점차 발전해 나갈 것이 걱정됩니다. 꼭 사이코패스만이 시스템과 그런 방식으로 상호 작용할 수 있는 건 아닙니다. 섹스 로봇이 발전함에 따라 오는 10년 혹은 20년 이내에 그런 일이 실제로 벌어질지도 모릅니다. 사람들을 결국 사이코패스로 바꿔 버릴 가능성이 있는 점진적인 변화 과정이 이미 시작되었는지도 모릅니다.

해리스 | 네. 인간 고통을 점차 심각하게 받아들이지 않게 되는 건 상황에 따라 이미 우리가 경험하고 있는 것입니다. 전반적인 영향을 생각할 때 인간의 경험이 얼마나 변하기 쉬운지 생각하면 무서워지죠. 몇 가지 사례가 떠오르는데요. 예컨대 외과의나 응급실 의사들은 끊임없이 주어지는 타인의 고통을 보여 주는 증거들에 무뎌져야 합니다. 그러지 않으면 일을 제대로 할 수 없을 테니까요. 모든 부모라면 장난감을 잃어버리고 울음을 터뜨리는 세 살짜리 자녀의 괴로움보다 다 큰 성인의 울음이 더 걱정할 만한 일이라는 걸 압니다. 아이들이 겪는 고통 역시 생생한데 말이죠. 시간이 지나며 의식 있는

시스템처럼 보이는 다른 존재의 명백한 고통에 면역이 생기는 모습을 상상해 보세요. 모든 생명이 마치 비디오 게임 속 소품처럼 보이게 될지도 모릅니다.

세스 | 낙관적인 의견을 하나 덧붙이자면, 최근 역사에서 —물론 뒤집힐 수도 있습니다— 대부분의 사회는 그것과는 다른 궤도를 따르는 것처럼 보입니다. 우리는 더 이상 다른 인종의 사람이 겪는 고통을 윤리적으로 중요치 않다고 여기지 않습니다. 인간의 관심 범위는 점차 넓어져 동물로도 확대되고 있습니다. 물론 이것을 너무 당연하게 여기면 안 됩니다. 이런 흐름은 변하기 쉽기 때문입니다. 우리의 조부모나 그들의 조부모가 자신들과 다른 사람을 바라보던 시선과 그들이 지녔던 신념 체계를 우리가 이해할 수 없게 되기까지는 겨우 한 세대, 두 세대의 시간이 걸렸을 뿐입니다.

해리스 | 점점 현실과 비슷해지는 가상현실 세계에서 실제 얼굴 대신 서로의 아바타를 보며 상호 작용하는 모습을 떠올려 보세요. 문화가 가상화되고 온라인 소통의 비중이 늘어나면서 대면으로는 가능하지 않은 행동 레퍼토리에 굴복하고 말지도 모릅니다. 난폭한 행동 특성이 늘어나고, 갑자기 모두가 부적응자처럼 굴지도 모릅니다. 그렇게 할 수 있는 유일한 이유는, 고함을 지르는 대상과 나 사이에 유리판 한 장이 가로놓인 금속 상자 안에 있기 때문이고요. 우리는 계속해서 이러한 기술을 사용할 것이기 때문에 주의가 반드시 필요합니다.

세스 그렇습니다. 그와 같은 문제들은 의식의 바탕이 무엇인지 고민하는 것에 달려 있지 않습니다. 어려운 문제나 AI와는 별개로,

거인의 통찰

지각적, 감정적 내용이 어떻게 형성되는지 고민하는 것 역시 중요합니다. 지각은 상황 의존적이고 유동적인 방식으로 예측에 기댄다는 사실을 알면 그런 위험들을 의식할 수 있습니다. 얻을 수 있는 기회도 함께 말이죠.

네, 우리는 우리의 지각, 우리의 행위가 윤리적으로 부적절한 상황에 있을 수 있습니다. 그러나 올바른 상황에 있다면, 우리에게는 자신과 세상에 대한 지각을 바꾸어 전체로서의 사회의 윤리적 가치를 높일 수 있는 잠재력도 있습니다.

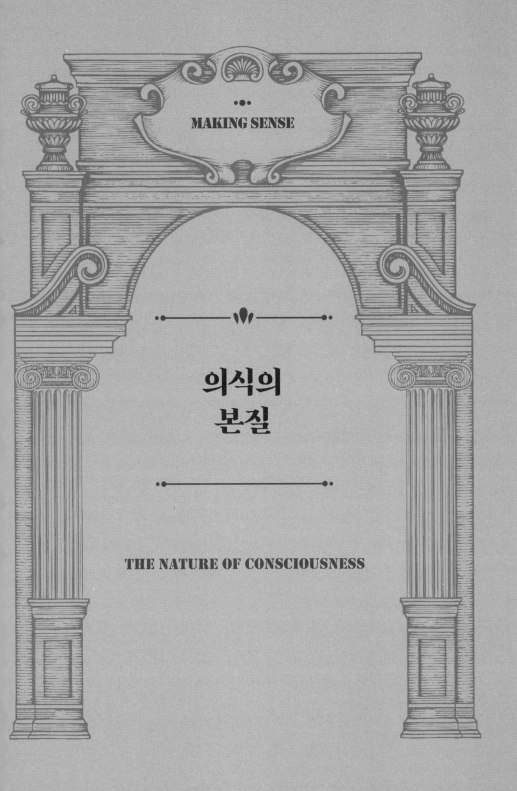

MAKING SENSE

의식의
본질

THE NATURE OF CONSCIOUSNESS

토머스 메칭거

Thomas Metzinger

토머스 메칭거의 연구는 분석 심리 철학, 응용 윤리, 인지과학의 철학에 집중돼 있다. 메칭거는 현재 독일 요하네스 구텐베르크 대학교 Johannes Gutenberg University의 수석 연구교수이며, 과거에는 동 대학의 이론철학 교수 겸 신경윤리 및 신경철학 연구 그룹의 단장이었다. 메칭거는 심리철학자이지만 명상 실천에도 큰 관심을 두고 있다.

메칭거와의 대담은 사상의 역사에서 제2차 세계대전이 지니는 의미, 그리고 니체와 홀로코스트 사이의 연관성이라는 정치적인 내용으로 시작한다. 더불어 독일인의 시점에서 바라본 미국 정치의 현재를 요약한 다음, 의식과 자기라는 문제로 뛰어든다.

이 대담에서 우리는 과학에서 직관의 역할, 의식 있는 AI를 개발하는 일의 윤리적 문제, 환영으로서의 자기, 자신의 생각과 자신을 동일시하는 것의 역설, 자기라고 느껴지는 감각의 근본으로서의 주의 attention, 그리고 동양식의 명상이 서양 과학에 미친 현대적 영향에 관해 논의한다.

해리스 | 꽤 오랜 시간 교수님을 지켜봐 왔습니다. 교수님의 저서와 직접 편집하신 선집들도 즐겁게 읽었고요. 저 역시 오랜 기간 몰두해 오고 있는 분야인 심리철학 분야에서 훌륭한 업적을 남기셨죠. 앞으로 교수님의 관심 분야인 의식과 AI, 자기self에 관한 질문을 드릴 텐데요. 먼저 철학자로서 자신이 어떤 일을 하는지 간략히 설명해 주세요.

메칭거 | 제 핵심 역량은 '분석 심리철학'이라 불리는 부분에 있습니다. 30년 이상 연구해 왔죠. 저만의 차별점이 있다면 신경과학자, 인지과학자, AI 전문가와 긴밀히 협력하며 연구했다는 점입니다. 저는 분석 심리철학을 더 심층적이고 생산적인 학제적 노력으로 전환하는 일을 해 왔습니다. 이 과정에서 수많은 저항에 부딪혔는데, 제 학문적 경력에 도움이 되었다고 할 수는 없죠. 하지만, 지난 20년간 저와 비슷한 사람들이 독일에 모였고, 지금은 하나의 운동이 되었습니다. 수많은 훌륭한 젊은 철학자가 꿈, 사회인지, 예측 부호화 predictive coding 등의 실증적 연구 분야를 하나 이상 맡고 있습니다.

해리스 | 어떤 형태의 학문적 저항이 있었나요?

메칭거 | 여러 형태가 있었죠. 먼저, 독일에서 철학이란 늘 철학사를 의미했습니다. 둘째, 자연주의 같은 사조는 늘 혹평받아 왔습니다. 경험주의에 기반을 둔 과학자는 그 무엇에도 이바지할 수 없다고 철학자들은 —저는 이것을 학생 시절에 배웠습니다— 생각했습니다. 혹은 경험적 증거가 유의미할 수도 있다는 생각 자체가 애당

거인의 통찰

초 철학에 대한 몰이해의 반증이라고 여겼습니다. 철학은 순수하게 선험적으로 이론을 정립하는 것이었으니까요.

영역 다툼 같은 것도 있었어요. 일례로 자유의지에 관한 논쟁을 들 수 있습니다. 얼마 전에 한 저명한 신경과학자가 자유로운 의지란 것은 없다고 주장하면서 불이 붙는 바람에 꽤 널리 알려진 논쟁이죠. 그리고 이 논쟁은 한 철학자가 이렇게 말하는 지경에 이르렀습니다. "이보세요. 이건 철학적 문제니까 철학이 해답을 내놓을 겁니다." 이를 듣고 제 신경과학자 동료들은 또 이렇게 말하더군요. "드디어 요점을 이해하기 시작했네요. 이건 당신들 문제가 **아니에요**. 우리가 이미 해결했거든요." 그랬더니 인문학 분야에 있는 모든 사람이 들고일어났습니다. 결국 누가 어떤 질문에 답할 수 있느냐의 문제이기도 한 거죠.

하지만 역사적 맥락도 이해를 좀 해 줘야 해요. 제2차 세계대전 동안 독일은 모든 유대인 지식인을 죽이거나 국외로 추방했습니다. 수많은 사제 관계가 완전히 끊겨 버렸지요. 그래서 저는 저보다 앞서 독일 철학을 세계적 토론의 장, 온 인류가 참여하는 철학적 대담의 장에 연결해 준 전 세대 분석 철학자들에게 감사함을 느낍니다. 철학은 제2차 세계대전이 끝난 뒤 반드시 재건될 필요가 있는 분야였습니다. 많은 독일인이 철학 분야에서 가장 잘나가는 최신 철학자가 하이데거라고 생각하고 있었거든요.

해리스 | 두말할 필요도 없이 많은 사람을 살해하고 추방하게끔 한 동향에 깊이 연관되었던 인물이죠. 지성의 역사에서 대단히 인상 깊은 순간처럼 들리네요. 영역본은 접해 보지 못했지만, 미국에서는

'대륙 철학Continental Philosophy'이라고 알려진 학문에 전쟁이 영향을 끼친 방식을 서술한 책이 분명 독일에 있는 걸로 알고 있거든요. 그 모든 스승과 제자 사이의 관계가 끊기고 그 결과 독일이 고립되는 상황을 떠올려 보니 흥미롭네요.

메칭거 | 실은 그 이상입니다. 독일의 모든 아이는 어느 시점에든 과거에 벌어진 일을 배웁니다. 우리 민족이 저지른 끔찍한 잔혹 행위를 배운 그 순간을 아직도 기억하는데요. 이 이야기를 듣고 싶으실지 모르겠군요.

해리스 | 듣고 싶고말고요! 혹시 올해로 연세가 어떻게 되나요?

메칭거 | 쉰아홉입니다.

해리스 | 홀로코스트를 처음 배운 나이는 몇 살이었나요?

메칭거 | 제 안의 작은 학자가 깨어난 건 열 살 때였습니다. 부모님 책장에 꽂힌 책들에 관심이 가기 시작했는데, 한 책이 굉장히 높은 위치에 꽂혀 있었어요. 제가 보길 원치 않으셨던 거죠. 당연히 부모님이 외출하셨을 때 아버지 책상 위에 의자를 놓고 그 책을 꺼냈습니다. 『황색 별The Yellow Star』이라는 사진집이었습니다. 여러 대의 불도저가 시체 무더기를 공동묘지에 밀어 넣는 사진, 유대인을 대상으로 생체 실험을 하는 사진, 그들의 살이 타들어 가는 사진 등이 수록돼 있었죠. 당시의 감정은 지금도 생생합니다. 얼음장같이 차가운 보이지 않는 손이 제 심장을 서서히 감싸는 듯한 기분이었어요. 이때 제 유년기는 끝났죠.

열여섯 살 때, 저는 여전히 제가 세계 최악의 국가에서 태어났다고 굳건히 그리고 진심으로 믿고 있었습니다. 그뿐만이 아니었어요.

부모님에게 "어디까지 알고 계셨어요?"라고 물으면 두 분 다 "우리도 전혀 몰랐단다."라고 대답하셨어요. 학교 운동장에서 다른 애들에게 물어봐도 "우리 부모님도 그 일에 대해서는 아무것도 모르셨대."라고 하더라고요. 그런데 역사 선생님께 여쭤보니까 이렇게 말씀하시더군요. "그걸 믿니. 누구든 거의 다 알고 있어."

해리스 | 학교에서는 언제부터 이런 내용을 배우기 시작하나요?

메칭거 | 정확한 교과과정은 잘 모르겠습니다. 아마 열네 살이나 열다섯일 겁니다. 역사 시간에 배우죠. 물론 철학을 공부하는 아이들은 조금 달랐습니다. 우리의 어떤 지적 전통이 이런 일을 가능하게 만들었는지 알아내려 하죠. 어디에서 비롯된 걸까? 니체와『도덕의 계보』인가? 독일 관념론, 현상학 등, 독일은 늘 철학을 이끌어 왔으니까요. 하지만, 무엇보다 궁금한 건 이겁니다. "어떻게 이런 일이 벌어질 수 있었던 걸까?"

해리스 | 지적, 도덕적 해부네요.

메칭거 | 그렇죠.

해리스 | 그래서 답을 찾으셨어요? 아니면 합의된 답이 나온 게 있나요?

메칭거 | 유럽에서는 수 세기 동안 반유대주의적 전통이 이어져 왔습니다. 일례로 마르틴 루터Martin Luther(로마 가톨릭에서 개신교가 분리되어 나온 계기가 된 16세기 종교개혁을 일으킨 독일의 종교 개혁가_옮긴이)가 혐오를 조장하는 사람이었다는 사실을 아는 사람은 많지 않습니다. 그는 글을 통해 대놓고 유대교 회당을 불태워야 한다고 권한 최초의 인물이죠. 사람들이 잘 알지 못하는 또 다른 사실로는 '수정의 밤Night

의식과 자기

of Broken Glass'이라고도 불리는 라이히크리스탈나흐트Reichskristallnacht가 사실 마르틴 루터의 생일 선물이었다는 겁니다. 루터의 생일 전야에 벌어진 일이죠. 개신교를 창시한 마르틴 루터를 기리기 위해 그의 탄신일에 바치는 선물이었습니다. 이렇듯 유럽에는 수 세기 동안 기독교 교회와 체계적인 반유대주의 사이에 깊은 관계가 있었습니다. 나치를 지원한 교황 비오 12세와 천주교가 한 역할을 떠올려 보세요. 이들은 종전 후에도 나치를 도왔습니다. 쥐구멍Ratlines을 만들어 아돌프 아이히만Adolf Eichmann과 요제프 멩겔레Josef Mengele를 비롯한 수많은 고위급 대량 학살범들이 남미로 도주하도록 도와주었죠. 이 쥐구멍은 나치와 파시스트들이 종전 이후 유럽에서 달아나도록 도운 도주 체계였습니다. 이 모든 것을 천주교 성직자들이 도왔고, 아주 높은 확률로 바티칸이 개입했을 가능성도 있습니다. 어쨌든 당시에는 교회 밖에도 오래된 인종차별주의가 분명 존재했으며, 심지어 철학도 일부 기여했습니다.

해리스 | 니체의 누이와 나치가 니체를 오용했고, 잘못된 것을 알고도 그의 철학을 왜곡했다고 널리 알려져 있는데요. 하지만, 니체가 자신의 책에서 강조한 내용을 고려할 때 저는 이 주장을 완전히 믿은 적이 없습니다. 어떻게 생각하세요?

메칭거 | 아주 길고 복잡한 이야기입니다. 물론 니체가 파시스트나 나치였을 리는 없습니다. 기본적으로 저는 니체를 철학자라고 생각하지 않습니다. 제 관점에서 그는 지식의 성장을 진지하게 고찰하지 않았기 때문입니다. 오히려 인종차별주의적 사상을 지닌 똑똑한 작가였죠. 젊은 독일인으로서 『도덕의 계보』를 읽는다면, 우리는 전

사의 민족이라는 깨달음을 얻을 겁니다. 유대인은 독일인보다 영리하고, '우리 혈통을 오염시킬, 기독교적 노예 도덕관을 가지고 우리의 혈통을 더럽힐' 무언가를 세상에 내놓을 것이라 믿게 될 겁니다. 독일인은 전사의 민족이므로 더 강하다 —더 영리하지는 않지만 더 강하다— 는 사실을 명심하는 것이 우리가 할 수 있는 유일한 일이라고 말하죠. 이런 사상은 아주 훌륭한 기반이 되었습니다. 자신이 당시의 젊은 지식인이고, 당대 최고의 철학자 중 한 명이 이런 사상을 설파했다고 상상해 보세요. 위험한 짓이었고, 순수하지도 않았습니다. 다음에 벌어질 일의 확실한 기반이 된 겁니다.

해리스 | 이 주제를 가지고 대화를 나누게 되리라고는 예상치 못했는데, 그냥 지나칠 수가 없네요. 이런 이야기를 할 수 있는 직접적인 기회가 자주 있는 것도 아니고, 대다수의 사람은 이런 경험 자체가 **없겠죠.** 어린 시절의 모습, 우연히 발견하게 된 책부터 부모님과 나눈 대화, 자신의 부모님에게도 같은 질문을 했다는 친구들과의 대화, 그리고 책임에 대한 전면적인 부정까지. 게다가 집단 학살이 실제로 발생했으며 문화 전체가 어느 정도 연루돼 있었다는 사실을 확인해 준 선생님까지. 교수님의 이 모든 설명 말이에요.

그 두 가지 입장을 어떻게 받아들이시나요? 독일의 평판을 고려하면 선생님의 설명이 맞죠. 독일은 오스트리아나 일본과 달리 종전 이후 마치 자기비판이라는 연옥에서 살아온 것처럼 보이니까요. 오스트리아와 일본은 과거 그들의 행동이 얼마나 악덕했는지 공식적으로 부정하고 있지요. 반면 독일은 홀로코스트와 2차 세계대전에 대해 인상적인, 그리고 충분한 수준의 죄책감을 표명해 왔다는 사실

의식과 자기

을 대부분 압니다. 하지만, 교수님이 겪은 바는 그 반대를 암시하는 듯 들립니다. 어른들이 과거를 완전히 부정하며 사는 것처럼 말이죠. 이 두 양상을 어떻게 보시나요?

메칭거 | 음, 마지막 증인들이 점점 세상을 떠나고 있는데, 그중 많은 이가 죽을 때까지 과거를 부정했습니다. 사실 이들도 심리적으로 큰 충격을 겪었어요. 제 아버지는 열일곱에 전쟁터에 나가야 했지요. 그리고 차마 말로 할 수 없는 내용들을 책으로 썼습니다. 이들은 어린 나이에 너무 끔찍한 것을 봐야 했습니다. 아버지는 훤한 대낮에 라인강 계곡 위를 날아가는 800대의 미군 전투기를 본 뒤 —다 세어 보셨다고 해요— 폭탄을 재장전하지 못한 채로 돌아왔을 때, 모두의 말처럼 어쩌면 그들이 전쟁에서 이길 수 없을지도 모르겠다는 생각이 처음으로 어렴풋이 들었다고 하시더군요.

이야기를 이 방향으로 가져가고 싶지는 않지만, 이는 물론 트럼프와 미국의 정치적 상황과도 연결됩니다. 독일인으로서 저는 현재 미국이 겪는 상황을 조금 다른 시선에서 볼 수 있습니다. 제 조부, 아버지 세대와 치른 전쟁에서 이기기 위해 미국이 희생한 수천만의 아름다운 미국 청년들에게 저는 무척 감사하고 있습니다. 독일에 민주주의를 불러왔고, 마셜 플랜Marshall Plan(제2차 세계대전 이후 서유럽의 경제 발전과 부흥을 위해 미국이 시작한 경제 원조 계획_옮긴이)을 가능케 해 주었죠. 여러 모든 것에 감사함을 느낍니다. 그리고 70년이 지난 지금, 미국은 아주 심각한 상황에 처해 있네요.

이 시대에 자신이 독일인이라는 사실은 묘한 감정을 일으킵니다. 모두가 "당신네들이 지금은 문명화 세계의 리더들이잖소. 알고 있는 거요? 뭐라도 좀 해 봐요!"라고 합니다.

우리가 하나 도움을 줄 수 있다면 미국인들에게 트럼프는 오래가지 못할 것이며, 후폭풍이 밀려오리라는 점을 기억하라고 조언하는 겁니다. 훗날 아이들이 부모에게 물을 겁니다. "아버지, 어머니는 넘어가지 않았어요?" "아버지는 뭘 하셨어요? 그 중요한 시기에 어디에 있었어요?" 세대 간 깊은 균열이 생길 테고, 이것이 사회적 화합에 큰 위협이 될 수도 있으며 극복하는 데만 수십 년이 걸릴지도 모릅니다. 기후 변화를 예로 들어 보죠. 기후 변화는 최선의 시나리오에서도 수 세기 동안 지속될 겁니다. 그리고 미국은 요즘 제가 '기후 악당 국가climate rogue nation'라 부르는 지경에 이르렀죠. 자신을 제외한 전 인류에 등을 돌렸습니다. 그리고 이 문제를 해결하느라 고생하는 건 우리 자손들이 될 겁니다.

마지막으로 한 가지만 덧붙이고 이 주제는 정리하도록 하죠. 나라를 쇠락의 길로 이끄는 것과는 별개로 트럼프는 예측하기가 어려운 인물입니다. 국내 정치에 실패한 자신의 과오에서 주의를 돌리기 위해 누구에게 싸움을 걸지 알 수는 없지만, 북한을 불태워 버리겠다고 협박하며 중국을 과소평가하는 건 우려스럽네요.

매우 위험한 상황입니다. 제가 이런 말을 하게 될지 몰랐는데, 저는 미군의 고위급 인사들에게 희망을 걸고 있습니다. 일부는 그래도 훌륭한 사람들처럼 보이던데, 이들이 끔찍한 명령을 하달받아도 그 명령을 따르지 않기를 바랄 수밖에요.

해리스 | 분명 독일인으로서 그리고 관련한 역사를 연구하는 학자로서, 교수님은 헌법적 혹은 민주주의적 규범에 관심이 없는 사람

을 당선시키는 일이 우리 사회에 어떤 의미를 지니는지 경고해 주기 좋은 위치에 계시네요. 특히 독일은 자신이 자유를 포기하는 데 투표한다는 사실을 모르는 채로 투표소에 가는 게 어떤 건지 잘 알죠. 다른 여러 민주주의 국가도 이를 겪었지만, 미국은 아닙니다. 미국인들에게는 강력한 제도 덕분에 웬 이기적인 얼간이가 대표 자리에 앉아도 심각한 일은 벌어지지 않으리라는 믿음이 있습니다. 하지만, 저는 이 믿음이 위험하다고 생각합니다.

이제 정치에서 벗어나 정신의 본질을 탐구해 보죠. 지성, 도덕과 관련한 여러 질문이 있고, 이러한 질문들은 아마 우리 세대를 넘어 이 세상에 남을 겁니다. 플라톤, 부처가 죽은 뒤에도 오래도록 전승되어 왔으며, 질문과 씨름하던 모든 이들을 뒤로하고 여전히 우리 곁에 남아 있죠. 앞으로도 그럴 테고요. 의식에 관한 수수께끼가 그중 하나인 것 같습니다. 교수님은 의식에 대해 어떻게 생각하시나요?

메칭거 | 저는 이 문제를 30년 동안 고민해 왔습니다. 22년 전 의식 과학 연구 협회ASSC를 창설한 사람 중 하나가 저라는 사실을 아실지 모르겠습니다. 가장 먼저 이해해야 하는 건, 의식이란 하나의 문제가 아니라 여러 문제로 구성된 묶음이라는 겁니다. 감각 구별sensory discrimination의 문제도 있고, 상상 가능한 것은 어떤 것인가라는 문제도 있습니다. 어떤 문제는 개념적이고, 어떤 문제는 실증적이지요. 지난 20년 동안 의식 연구 공동체는 놀랍도록 발전했습니다. 방향을 잡고 나아가고 있죠. 2009년 출간한 『자아 터널The Ego Tunnel』이라는 책에서 저는 2050년이 되기 전에 인간은 전반적인 의식의 신경 상관물Neural Correlate of Consciousness, NCC을 발견할 것이라 예측한 바

있습니다. 이 상관물을 사람에게서 분리해 낼 수 있을 거라고요. 그리고 이는 첫걸음일 뿐입니다. 생명은 더 이상 수수께끼의 대상이 아닙니다. 그러나 150년 전에는 대부분 그렇다고 생각했죠. 의식 역시 비슷할 겁니다.

해리스 | 그러면 교수님은 데이비드 차머스가 주창한 '의식의 어려운 문제'와 같은 틀을 썩 좋아하시지 않겠네요?

메칭거 | 그렇습니다. 너무 식상합니다. 벌써 지난 세기의 이야기잖아요. 우리 모두 차머스를 존중합니다. 그는 이론의 여지없이 영리하고 두뇌 회전도 빠른 사람입니다. 하지만 상상 가능성 논증은 정말이지 너무 허술합니다. '의식'처럼 애매한 통속심리학적인, 그리고 포괄적인 용어를 사용하면 모든 시나리오와 좀비 사고실험을 설명할 수 있습니다. 의식의 어려운 문제는 90년대 중반에는 일부 문제를 명확히 하는 데 도움이 되었지만, 의식 연구 공동체는 이미 다음 단계로 넘어갔습니다.

해리스 | 우선 이 개념이 익숙하지 않은 분들을 위해 설명을 먼저 해야겠네요. 기본적으로 여기에서 의식이란 —철학자 토머스 네이글의 정의를 빌리자면— 내가 되는 것과 **같은 것**입니다. 특정 진화적 지점에 있는 충분한 복잡성을 지닌 두뇌에 세상을 보는 주관적이고 질적인 관점이 있는 겁니다. 빛이 들어와 있는 거죠. 의식을 설명하는 여러 방법이 있지만, 네이글이 70년대 발표한 「박쥐가 된다는 건 어떤 느낌일까?」라는 논문이 큰 영향력을 미쳤죠. 네이글은 아마 우리는 결코 모를 것이라 말합니다. 박쥐의 경험은 인간의 경험과는 완전히 다르겠지요. 하지만 박쥐가 된다는 무언가가 있다면, 그리고

박쥐가 될 수 있다면, 다른 영역의 경험도 할 수 있을 겁니다. 이것이 박쥐에 있어서의 의식입니다. 의식의 이해 여부를 떠나, 우리에게 빛이 들어와 있다는 것, 그리고 여기에 주관적이고 질적인 성질이 있다는 것, 이것이 의식인 거죠.

저는 네이글의 설명이 늘 훌륭한 정의라고 생각했습니다. 차머스가 의식의 쉬운 문제라 부르는 부분 ―눈과 시각 피질은 빛 에너지를 어떤 방식으로 외부 세계의 시각적 장면으로 전환하는가와 같은 것― 에 대한 답은 전혀 내지 못하지만요. 차머스의 설명에 따르면 어려운 문제는 그런 일을 하는 것과 **같은** 무언가가 있다는 겁니다. 무의식적으로 보는 행위 ―인간의 뇌와 컴퓨터가 모두 수행하는 행위― 와 의식적으로 보는 경험 ―수행한다는 사실을 인지함― 의 차이인 거죠. 현재로서는 컴퓨터가 시각적 **경험**, 혹은 의식적으로 어떠한 경험을 한다고 생각할 만한 이유는 없습니다.

이 틀은 다음과 같이 귀결됩니다. 우리가 자연서를 펼쳐서 의식의 정체에 대한 답을 얻었다고 해 보죠. 특정한 성질을 지닌 만 개의 정보 처리 장치가 특정한 방식으로 연결되어 특정한 진동수로 활동하면 의식이 발생합니다. 변수가 하나라도 바뀌면 빛은 사라집니다.

자, 인간은 이 사실을 알아냈습니다. 하지만, 직관적으로 이해 가능한 방식으로 의식의 창발을 설명하지는 못합니다. 여전히 기적처럼 보이죠. 그리고 기적이란 건 과학적 설명 ―혹은 모든 만족할 만한 설명― 이 작동하는 방식이 아닙니다. 가령 미시적 성분이라는 측면에서 물의 유동성이나 유리의 취성脆性과 같은 고차원적 속성을 설명한다면, 이는 저차원적 수준에서도 이 사물들의 기능에 대한 나

거인의 통찰

의 직관을 해치지 않아야 합니다. 그래야 고차원적 수준으로 이 직관이 이어질 테니까요.

조금 전에 말씀하신 생명도 마찬가지입니다. 150년이라고 하셨지만, 고작 90년 전만 해도 사람들은 생명을 만족할 정도로 설명할 수 없었습니다. 생명 에너지가 어떻게 물리적 구조와 연관되는지, 유전 기제란 무엇인지, 상처의 치유는 왜 화학적 영역의 문제인 건지 설명할 수 없었죠. 모든 물질에는 일종의 영혼이 있다고 믿었던 생기론vitalism은 이제 사라졌습니다. 하지만, 이 이론은 의식의 신비로움을 이해하지 못하는 하나의 예시일 뿐입니다. 생식이나 성장, 상처 치유 등은 모두 기제로 설명이 가능하고, 우리의 직관을 거스르지도 않으니까요.

제게 중요한 건 무엇이 진실인지가 아닙니다. 순전히 의식의 원리를 상상하는 것이 어렵거나 혹은 불가능하므로 의식이 정보 처리의 창발적 속성이 될 수 있다는 점을 의심한다는 말이 아닙니다. 제가 말하는 건 설명의 한계입니다. 여기에서는 어떤 말을 집어넣는다고 해도 결국 기적처럼 들릴 것 같거든요. 우주를 가지고 비유하자면, 자연법칙을 비롯한 모든 것이 무無에서 비롯되었다는 말과 같은 거죠. 사실 여부를 떠나 그건 제게 기적처럼 들리거든요. 제가 의식의 어려운 문제에 관심을 갖는 건 존재론보다는 인식론적 측면에 더 가깝다고 할 수 있습니다.

메칭거 | 아름답네요. 정말 멋집니다. 중요한 점을 너무 많이 언급해서 어디에서 시작해야 할지 모르겠네요. 우선 달콤함, 빨간색 등 박쥐가 지각하는 모든 것의 현상학적 속성은 뇌 속 정보의 흐름에

의해, 우리 세계에 적용되는 자연법칙에 의해 정해진다는 부분부터 시작해야겠네요. 하지만, 우리 세계의 박쥐와 동일한 뇌 속 흐름을 지니는 좀비 박쥐가 존재하는 다른 세계도 있죠. 이 개체는 같은 수준의 기능적 특징을 지녔지만 현상적 속성은 보이지 않습니다.

다른 우주도 있을 수 있죠. 논리적으로는 존재할 수 있지만 우리의 자연법칙은 적용되지 않는 우주 말이죠. 의식은 뇌에서 '상향식'으로 결정된다는 생각은 우리 세계에만, 우리 세계의 자연법칙을 가지고만 적용되는 것이지, 다른 모든 가능한 세계에 적용되는 개념이 아닐 수도 있습니다. 이것이 지금 작가님이 분리하려 하는 수수께끼인 거죠. 언제든 샘 해리스가 좀비라고 상상할 수 있다는 것 말입니다. 샘 해리스의 감정과 색을 인지하는 경험을 설명할 수 있지만, 내면의 관점은 없는 샘 해리스의 좀비. 그게 수수께끼인 거죠.

해리스 | 청취자도 이해할 수 있도록 강조점을 살짝만 옮겨 볼게요. 말씀하신 대로 우리는 인간과 외관도 기능도 같지만 의식적 경험은 없는 존재, 즉 좀비를 상상할 수 있습니다. 좀비에게는 빛이 들어와 있지 않습니다. 주관적, 질적 경험이 없는 완벽한 휴머노이드 로봇일 뿐입니다.

하지만, 상상할 수 있다고 해서 좀비의 존재가 가능하다고 할 수는 없죠. 인간처럼 기능하고 인간처럼 보이려면 의식이 필요한 걸지도 모릅니다. 그것이 사실인지 아닌지에 대해서는 저는 불가지론적 입장입니다.

저는 좀비 샘 해리스가 있을 수 있기 때문에 의식의 어려운 문제가 있다고 말하는 게 아닙니다. 의식에 대한 설명이 무엇이든 간에,

거인의 통찰

빛이 사라져야 좀비가 된다는 겁니다. 정보의 복잡성이나 통합, 어떤 것에 의해서든 말이죠. 지난 수십 년 동안 다양한 답이 제시되어 왔지만, 여전히 아무것도 설명하지 못하는 것처럼 들립니다. 그리고 이는 과학적 설명이 작동하는 방식이 아니죠.

메칭거 | 마지막 논점은 옳지 않을 수도 있겠네요. 한편 작가님의 설명은 또 다른 질문들로 이어집니다. '직관의 가치는 무엇인가? 의식 이론은 반드시 직관적으로 옳아 보여야 하는가?' 의식의 문제를 이론 물리학자에게 질문하지는 않죠. 끈 이론학자가 11차원을 제시한다면 누구도 "하지만, 그 주장은 완전히 반직관적이에요. 과학자들이 규정하는 원초적 사실에 불과해요."라고 말하지 않을 겁니다. 믿으니까요. 이들은 수학에 관한 한 전문가이고, 예측력 높은 이론도 확보하고 있으며, 똑똑하니까요. 이들의 이론이 직관적으로 옳아 보일 것까지 요구하지는 않습니다.

해리스 | 저는 사실 요구한다고 생각합니다. 이것이 양자역학을 참 어렵게 만드는 부분인데요. 아무도, 심지어 리처드 파인만도 양자역학을 직관적으로 이해한다고는 못 할 겁니다. 물리학자가 말할 수 있는 건 숫자가 맞아떨어지고 여기에 엄청난 예측적 가치가 있다는 것뿐이죠.

메칭거 | 그 정도면 충분하죠.

해리스 | 충분할 수도 있죠. 어떤 면에서는요. 인간의 직관은 진화상 현실을 있는 그대로 받아들이도록 설계되지 않았다는 점에서 직관의 한계에 관한 교수님의 생각에는 저도 동의합니다. 인간의 직관은 다른 유인원에 의해 머리를 가격당하지 않거나, 그 유인원의 누

이와 짝짓기하도록 설계돼 있죠. 그리 정교하지 않습니다. 그러나 인간은 수학적 직관이든 다른 종류의 직관이든 우리 직관의 일부를 상식이나 통속심리학적 직관이 소용없는 곳에 활용합니다.

교수님 의견에 동의는 하지만, 여전히 의식은 몇몇 장애물을 남깁니다. 가령 고깃덩어리로 컴퓨터를 만들 수 있으며, 의식은 기질 독립적인 것 —확실히 지성은 그렇죠— 이라고 생각해 보세요. 그래서 이론적으로는 의식이 있는 비생물 컴퓨터를 만들 수 있다고요. 그렇다면 어떻게 인간 두뇌에서 의식의 신경 상관물을 파악하던 방식을 완전히 다른 구조인 컴퓨터 속 의식의 신경 상관물을 파악하는 방식으로 전환해야 할까요?

제가 상상하는 미래의 AI는 튜링 테스트를 통과하는 컴퓨터입니다. 인간의 행동을 너무 잘 흉내 내는 나머지 인간과 무엇이 다른지 알 수 없죠. 이 미래는 인간과 같은 유인원의 의식의 신경 상관물을 파악하든 하지 못하든 도래할 겁니다. 그러면 컴퓨터는 의식이 있는 것처럼 보이겠죠. 하지만, 의식이 어떻게 기질 독립적인 방식으로 창발하는지 완전히 이해하지 못하는 한 컴퓨터에 실제로 의식이 있는지 우리는 알 수 없을 겁니다. 컴퓨터 스스로가 "제게는 의식이 있습니다."라고 말할지도 모르죠. 우리는 컴퓨터에 의식이 있는지 없는지 알지 못한다는 사실조차 잊게 될 수도 있고요.

이러한 기계가 의식을 지니는지 여부는 윤리적으로 중요한 문제가 되리라는 점에 우리 둘 다 동의할 것 같습니다. 고통을 느끼는 컴퓨터를 만든다면 정말 끔찍할 겁니다. 기질 독립성에 관해 더 자세히 이야기해 볼까요?

거인의 통찰

메칭거 | 직관에 관한 이야기를 조금 더 해 보죠. 직관에는 기나긴 진화적 역사가 있습니다. 어떠한 설명이 만족스럽다는 직관을 느끼면 그것은 그 **자체로** 하나의 의식적 경험입니다. 빨간색이라는 현상만 있는 게 아니라, "알긴 아는데, 어떻게 아는지 모르겠군."이라는 현상도 있는 겁니다. 직관력이란 참 놀랍습니다. 우리 조상 세대부터 내려온 지식이 응축되어 있거든요. 사회 인지력을 떠올려 보세요. 이 남자는 위험하다, 저 여성은 좋은 사람이라는 직관은 어떤 면에서는 연산입니다. 머릿속에 문장을 만드는 건 아니지만, 그냥 알죠. 작가님은 '의식에 관한 설명에 우리가 직관적으로 만족할 수 있는가?'를 알고 싶은 거죠. 저는 만족할 수 없을 것이라 생각합니다. 우리의 의식 이론에는 자기self란 무엇인지, 일인칭 시점이란 무엇인지, 우리가 직관적으로 이해할 수 없는 내용도 포함돼 있을 테니까요. 저는 오래도록 기계에 현상적 상태를 구현하려는 시도를 반대해 왔습니다. 의식 있는 기계는 만들려는 시도조차 해서는 안 됩니다. 그 비슷한 것도 안 돼요. 재앙을 일으킬지도 모르니까요. 이 이유만으로도 의식 이론을 발전시키는 일은 중요합니다.

의식의 신경 상관물을 발견한다면 어떻게 될까요? 그것이 질문이었죠. 하드웨어는 중요하지 않습니다. 정보의 흐름과 그것을 낳는 연산 방식을 파악해야 합니다. 그다음에 발견한 내용을 적당한 수준의 개념적 단위로 설명해야 하죠. "내가 경험한 빨간색에 상응하는 것은 무엇인가?" "우리가 의식을 결코 이해하지 못하리라는 나의 직관에 부합하려면 정보 흐름에서 최소한 무엇이 필요한가?" "자기감을 느끼려면 최소한 무엇이 충족되어야 하는가?" 우리 자신의 현상성을 세밀한 연산 기반의 설명으로 발전시킬 수 있다면 의식이 기계를 통해 예시화되었는지 아닌지 알 수 있을 겁니다. 하지만, 문제는 의식적 경험이나 감정을 겪는 우리의 생물학적 형태와 기계는 너무 다른 탓에 우리가 이해할 수 없는 형태의 고통이나 자기감이 기계에 발생할 수 있다는 겁니다. 기계가 감정을 느끼기 시작해도 우리는 그것을 깨닫지 못할지도 모릅니다. 혹은 이미 기계는 감정을 느끼기 시작했는데 인간은 여전히 그것을 발견하지 못하고 있는지도 모르죠.

박쥐도 마찬가지입니다. 박쥐가 된다는 느낌이 무엇인지 우리는 앞으로도 알 수 없겠죠. 자신이 발산한 초음파의 반향을 듣는다? 그것은 우리가 보는 것과 같은 걸까요? 박쥐에게 초음파의 반향을 듣는 경험은 인간의 촉각 경험과 같을 것이라는 말을 들은 적이 있습니다. 표면을 느끼는 거죠. 만약 여기에 제가 데이터 형식 —인간의 감각 처리 능력에는 없는 내적 데이터 형식— 이라 부르는 것이 있다면, 인간은 이 데이터 형식을 예시화하는 게 어떤 느낌인지 결코 알 수 없을 겁니다. 작가님이 설명한 그 기계들도 마찬가지고요.

해리스 | 음파 탐지에 대해 말하자면, 대부분이 생각하는 바와 달리 인간도 반사된 소리를 이용해 어느 정도 위치를 파악할 수 있습니다. 얼굴 앞에 손바닥을 대고 목소리를 내다가 손바닥을 앞뒤로 움직이면 소리로 손의 위치를 파악할 수 있다는 걸 알게 됩니다. 사람도 원한다면 언제든, 실력은 형편없지만 박쥐가 될 수 있죠.

'자기'를 언급하셨는데, 역시 사람들이 이해하기 어려워하는 주제입니다. 물론 자기는 의식과 관련이 있고, 동시에 꽤 다릅니다. 자기에 관해 많은 글을 쓰셨죠. 교수님과 제가 보는 자기, 그리고 불교와 불이일원론不二一元論(힌두교의 철학 학파 중 하나인 베단타학파에 속하며 아드바이타Advaita라고도 불린다. 우주의 절대자인 브라만과 개인의 근본에 있는 자아인 아트만은 둘이 아닌 하나의 동일한 존재이며, 현실에서 우리가 보는 다양성은 환영이라고 여긴다_옮긴이)이 보는 자기 사이에는 상당한 유사점이 있는 듯합니다. 대부분의 사람이 상상하는 자기는 환상이라는 거죠.

저는 사람들이 환상이라고 생각하지는 않습니다. 하지만, 대부분은 자신의 머릿속에 자아가 있다는 감각을 가집니다. 머릿속에 어떤 주체, 사고를 주재하는 자, 경험을 주재하는 자, 의식이라는 말을 타는 불변의 기수가 있어서 모든 순간을 거치며 다양한 모험을 하지만, 모험을 했다고 해서 근본적으로 바뀌는 건 없습니다. 자기는 '나'라는 드라마의 중심에 있는 존재라고 생각하죠. 자기라는 것에 대해 어떻게 생각하시나요? 어떤 이유로 사람들은 자기를 정확히 파악하지 못하는 걸까요?

메칭거 | 의식이라는 문제를 들여다보며 저는 자신을 반환원주의자라고 가정했습니다. 그러자 가장 먼저 해결해야 할 문제는 이것이 되더군요. "일인칭 시점이란 무엇인가? 그리고 정보 처리 시스템이 자기감과 일인칭 시점을 지닌다는 것은 무엇을 의미하는가?" 무척 어려운 문제입니다. 작가님도 그렇겠지만, 저 역시 여러 잘 알려진 글을 통해 '환상'이라는 이야기를 하는 짓을 저질러 왔습니다. 자기가 환상이라고 말하는 건 개념적 오류입니다. '환상'이라는 단어는 기존의 외부 자극에 대한 감각적 왜곡을 가정하기 때문입니다.

환각은 자극이 없음에도 왜곡을 겪는 현상입니다. 하지만, 자기감은 부분적으로만 감각적인 경험에 불과합니다. 제가 '내수용 감각적 자기-모델interoceptive self-model'이라 부르는 것, 즉 직감, 무게와 균형, 심장박동, 호흡, 신체 내적 감각의 지각, 감정, 기초적인 생체 조절에 기반해서 말이죠. 그러나 여전히 우리는 시간을 초월한 정체성의 왜곡을 확고하게 믿습니다. 저는 늘 단호히 자기란 없다, 우리는 자기를 '소유'한 적이 없다, 훨씬 단순한 구조적 가정을 통해 더 간단한 방식으로 자의식을 과학적으로 설명할 수 있다고 주장해 왔습니다.

요는, 명백히 불멸의 영혼이나 자기가 없는 시스템의 뇌에서는 그런 것을 발견하지 못하리라는 점입니다. 그렇다면 이렇게 확고한 자기감은 대체 어떻게 발생한 걸까요? 자기가 없다는 생각은 우리 직관에 반하기 때문입니다. 사람들이 자기라는 것은 없다는 걸 믿으려 할까요? 아마 믿지 못할 겁니다. 믿고 싶어도 믿을 수 없을 거예요. 아무도요.

해리스 | 여기에서 잠시 말을 끊어야겠네요. 저는 자기가 없다는 걸 믿을 뿐만 아니라 겪은 적도 있거든요. 명상이나 환각제에 대한 경험이 있으신지 모르겠네요. 불교적 주장을 확인해 보려 이런 수단들을 경험해 본 적 있으세요?

메칭거 | 저 역시 주기적으로 명상을 수행한 지 41년이 되어 갑니다. 아시아에 있는 아쉬람Ashram과 수도원도 많이 다녔습니다. 불교식 묵언 수행도 여러 차례 경험했고요.

해리스 | 그렇다면 자기가 환상임을, 혹은 자기란 존재하지 않음을 누구도 믿지 않는다는 말씀은 어떤 의미인가요? 명상 중에 자기감을 잃는 경험을 하는 사람도 많잖아요. 생각 뒤에는 생각을 주재

하는 자가, 눈 뒤에는 관찰자가 있다는 감각을 잃는 경험 말이죠.

메칭거 | 단순히 인지적 자기 모델을 잃는 것이라면, 순수하게 마음챙김mindfulness을 겪는 경험을 말하는 것이라면, '공空의 밖을 내다보는 것'은 몰아沒我로 이어지므로 작가님의 말을 이해할 수 있습니다. 하지만, 여기에는 더 심오한 문제가 있다고 생각합니다. 예컨대 어떤 사람이 자신이 겪은 몰아의 경험을 설명합니다. 그리고 작가님은 예컨대 보수적이고 융통성은 없으며 분석하는 걸 좋아하는 탁상철학가이며, 자의식 없는 의식은 생각할 수도 없는 사람이라고 합시다. 그렇다면 작가님은 이렇게 말하겠죠. "그러한 경험은 자기모순의 수행적 오류이며, 잘못된 수행입니다. 당신이 그곳에 있지 않았다면 왜 그곳과 관련한 자전적 기억이 있는 거죠? 당신이 그곳에 없었다면, 그 일은 당신의 삶에서 벌어진 사건이 아닙니다. 그러니 나는 그 경험과 관련한 현상학적 기록을 믿을 필요가 없습니다. 논리적 모순이 있기 때문이죠." 이것이 하나의 측면이고요.

또 다른 측면은, 많은 철학자가 상상력이 부족한 나머지 자의식과 의식을 늘 합하여 생각한다는 점입니다. 이들은 이러한 중심적 관점이 의식에서 필수적인 부분이라고 생각합니다. 지금 만약 몰아의 경험을 상상해 보려 시도한다면, 그것이 정신적 행위입니다. 하나의 상상하는 행위로 미세한 노력감을 형성하죠. 그리고 그것이 바로 현상학적 자기감Selfness입니다. 상상하는 행위에는 자기감이 있습니다. 저는 이러한 경험들이 확실히 존재한다고 믿으며, 이는 인간이 겪을 수 있는 가장 귀중한 의식 상태일 겁니다. 또한 많은 사람이 이런 가능성을 진지하게 받아들이도록 하는 데 환각제가 어떠한 역할을 할 수도 있으리라 생각합니다. 대부분은 약리학적 자극을 통해 자아의 해체를 먼저 경험하는 게 일반적인 흐름이죠. 그다음에 어느 순간 갑자기 그곳에 있는 깊이와 의미를 보게 됩니다. 하지만, 이 방식은 조금 위험하며 지속할 수 없다는 사실을 깨닫고 다른 방법을 찾아 나서죠.

해리스 | 제 경우가 딱 그랬습니다.

메칭거 | 작가님은 우리 둘이 같은 걸 겪은 적이 있다는 걸 모르시는 것 같네요. 저도 포카라에 있는 그 호수에 가서 고생한 적이 있어요. 혹시 아세요?

해리스 | 정말요? 몰랐네요. 교수님의 경험은 제가 겪은 것만큼 힘들지 않았길 바랍니다.

메칭거 | 이거 참 곤란하네요. 제가 불법 활동에 참여했던 걸 자백하고 있으니 말이에요!

해리스 | 우리끼리니까요.

메칭거 | 이렇게 정리하죠. 의식을 연구하는 사람이든 아니든, 이 주제에 진지하고 깊은 관심을 보이는 사람이라면 뭐든 한 번씩은 해볼 겁니다. 꾸준한 명상 수행은 물론이고 환각제도 말이죠.

해리스 | 아까 말씀하신 내용으로 돌아가 보겠습니다. 조금 전에 인지적 자기와 보통은 '자기'라고 불리는 다른 것을 구분하셨어요. 제가 명상을 통해 자기감에서 벗어나는 경험에 관해 이야기할 때, 만일 제가 인지적 자기를 의미한 것이라면 물론 몰아를 경험할 수 있지만, 실은 더 깊은 문제라고 하셨어요. 정확히 어떤 의미인가요? 인지적 자기와 다른 형태의 자기의 경계를 어떻게 구분하죠?

거인의 통찰

메칭거 | 제가 주장하는 이론이 하나 있습니다. 주관성의 자기 모델 이론Self-Model Theory of Subjectivity이라고 하는데요. 관련하여 『아무도 아니라는 것Being No One』이라는 무려 700쪽짜리의 읽기 어려운 책도 있죠.

해리스 | 어렵지 않던걸요. 철학을 공부하는 학생이라면 꼭 읽어야 하는 책입니다. 추천해요. 두껍기는 해도 차머스를 극복했다면 그 책도 당연히 읽을 수 있을 겁니다.

메칭거 | 어떤 이론이냐면, 우리에게 자기란 없지만 우리 뇌에 활성화되어 있는 자기 모델은 있으며, 이것이 자연스럽게 투명한 표상적 구조로 진화했다는 겁니다. '투명'하다고 하는 건 이를 표상으로써 경험할 수는 없기 때문입니다. 지금 제 말을 듣고 있는 작가님은 자기 모델의 내용과 자신을 동일시하고 있는 겁니다.

제가 흥미롭다고 생각해 온 건 이 동일시의 현상성입니다. 이와 같은 연결 관계는 어떻게 발생하는 걸까요? 그래서 지난 30년 동안 저는 이 이론을 연구 과제로 삼아 인간 자기 모델의 여러 층위를 채워 왔습니다. 최근 발표한 논문 네 편은 떠도는 생각mind-wandering(방황하는 마음, 잡생각, 멍때리기 등으로도 표현할 수 있으며, 당장 해야 하는 일에 집중하지 못하고 다른 생각에 빠지는 것을 의미한다_옮긴이)과 인지적 자기 모델을 주제로 했고요. 그리고 정신적 행위자, 생각을 주재하는 자가 된다는 환상에 빠지는 것이 무엇을 의미하는지에 관한 이론을 발전시키기도 했습니다.

하지만 그 전에 오랜 시간 체화embodiment를 연구하며 훨씬 더 중요할지도 모르는 질문을 던졌습니다. 자기감, 자기를 느끼는 것의

의식과 자기

가장 단순한 형태는 무엇일까요? 예컨대 지금 작가님이 앉아서 명상을 하고 있다고 가정합시다. 감정적 중립 상태에 있으며, 마음 상태는 완전히 평온합니다. 그래도 우리가 시공간적 자기 위치라 부르는 기본적인 자기감은 남아 있습니다. 시공간적 자기 위치에 대해서는 가상현실에서 조작하려는 시도도 하고, 관련해 다양한 실증적 연구가 진행돼 왔죠. 마음 상태가 완전히 고요하다고 해도 신체적 자기 동일시self-identification, 즉 깊은 신체적 자기감은 남아 있습니다. 여기에서 질문이 떠오르죠. 어떤 형태의 명상, 혹은 환각제가 이렇듯 더 근본적인 신체적 감각을 해체할 수 있을까요? 물론 생각은 사라지게 만들 수 있습니다. 그 정도만 되어도 자기가 해체되었다고 할 수 있다면, 많은 사람이 경험할 수 있겠죠.

해리스 | 좋은 질문이네요. '가장 기본적인 자기의 형태는 무엇인가?' 저는 주의attention를 촉발하는 원천이라는 느낌, 혹은 주의 그 자체의 문제라고 생각합니다. 티베트 불교의 족첸이라는 전통은 이원론적 구별, 즉 주체-객체 지각에 관해 이야기하는데요. 제 경험상이 구별은 신체감이 사라진다고 해도 지속될 수 있거든요. 대부분의 사람은 눈을 감아도 여전히 자신이 신체를 소유하고 있다는 사실을 일깨우는 여러 지각적 신호를 느낍니다. 공간 속에 존재하는 내 몸의 무게감을 느끼거나, 찌릿찌릿한 감각, 혹은 압력, 기온 등을 느낍니다. 하지만, 특히 극도로 집중한 상태의 명상 중에는 몸을 소유하고 있다는 감각 자체를 완전히 잊을 수도 있죠.

메칭거 | 꿈과 관련한 연구가 그것을 뒷받침합니다. 신체 없는 꿈이라는 희귀한 하위 범주가 있는데요. 자신을 공간 속 하나의 지점

거인의 통찰

으로서 경험하는 꿈이죠. 여기에서 흥미로운 점은 자기 안정감입니다. 신체 없는 꿈에서는 자신의 시각 주의visual attention을 통제할 수 있습니다. 저는 정신적 행위자성의 가장 단순한 형태, 상징적 사고보다 훨씬 단순한 형태는 말씀하신 것처럼 주의 집중을 통제하는 경험이라고 생각합니다. 제 최근 논문 네 편에서도 언급한 내용이죠. 명상 할 때, 마음챙김 명상이라는 웬디 헤이젠캄프Wendy Hasenkamp의 표준 모델을 따를 경우 정신 활동을 하고 놓아주는 것을 번갈아 하게 됩니다. 1단계에서 우리 마음은 정처 없이 떠돕니다. 2단계에서는 메타 인지를 하죠. "이런, 다시 주의력을 잃었네."라고 깨닫고 행동을 취합니다. 주의를 통제하고 다시 호흡으로 돌아가죠. 하지만, 아직 해야 할 일이 두 가지 더 있습니다. 하나, 자신에 대한 실망감이라는 미묘하게 부정적인 감정을 놓아야 합니다. 둘, 호흡으로 주의를 되돌리려는 노력에 대한 감각을 버려야 합니다.

해체되지 않은 상태에서 노력을 들이지 않고 마음챙김의 형태로 잠시 쉴 수 있다면, 자기라는 감각을 느끼지 못할 겁니다. 그리고 그 상태에서 불현듯 빠져나와 다시 마음이 떠도는 상태로 접어듭니다. 이것이 명상의 일반적인 흐름입니다. 누구나 아는 것처럼, 명상에서 가장 큰 문제는 바로 명상자입니다. 스스로를 구슬려 보람 있는 무언가를 하게 만들려 합니다. 그리고 여기에는 노력이 필요하죠.

작가님이 맞습니다. 비신체적인 수준에서 가장 눈치채기 힘든 형태의 자기감은 제가 '주의적 행위자성'attentional agency이라고 부르는 것입니다. 주의를 통제할 때 발생하는 행위자성의 경험을 말합니다. 명상할 때에는 결국 날려 버려야 하는 대상이죠.

해리스 | 주의라는 관점에서 봤을 때 모든 것과 동일시한다는 건 꽤 역설적이라는 생각이 드네요. 우리는 왜 생각과 자신을 동일시하는 걸까요? 기본적으로는 의식 속에 있는 객체, 외부에서 접한 객체와 동일시하는 것이죠. 그러지 않으면 애당초 그것을 인지할 수조차 없을 겁니다. 그것이 이미지든, 문구든, 그 외 다른 정신적인 객체든, 처음에는 그곳에 없었지만 지금은 존재하는 것이죠.

제가 설명한 어떤 문구를 교수님은 동의하지 않는다고 가정해 볼게요. 교수님의 머릿속에 있는 목소리는 이렇게 말할 겁니다. "저건 아닌데." 그리고 그 언어의 조각이 자신처럼 느껴지겠죠. 하지만, 이 목소리는 의식 속에 잠시 등장했다 사라질 뿐입니다. 동일시 문제에 관해서는 어떻게 생각하시나요?

메칭거 | 파편화를 일으키는 지긋지긋한 원인이죠. 눈치채셨는지 모르겠지만, 순간의 온전함에는 전체론적 특성이 있습니다. 동일시가 여기에 개입하는 순간 의식은 파편화됩니다. 여러 요소로 쪼개지기 시작하는 겁니다. 관련하여 인지적 어포던스Cognitive Affordance라는 이론이 있습니다. 미국의 신경과학자 폴 씨섹Paul Cisek은 뇌가 실제 하는 일은 어포던스의 지형을 탐색하는 것이라는 멋진 생각을 갖고 있죠. 자, 어포던스(행동유도성이라고도 하며, 사물이 지닌 특성이 사람의 행동을 이끌어 낼 가능성을 의미한다_옮긴이)란 깁슨의 오래된 심리학 이론입니다. "당신이 실제로 지각하는 것은 의자가 아니라 앉을 수 있는 사물이다."라는 거죠. 심리학자 제임스 깁슨James Gibson은 좋든 나쁘든 동물에게 제공되는 것은 환경의 '어포던스'라고 말했습니다. 그의 이론은 객체의 모양과 공간적 관계라는 측면과 아울러 행위의 가능성

거인의 통찰

이라는 측면에서도 세상이 지각된다고 설명합니다. 지각은 행동을 유도합니다. 동물과 환경은 상호 보완적이며, 때로는 더 거대한 전체를 형성합니다. 내가 지각하는 건 물 한 잔이 아니라 내가 손을 뻗어 닿을 수 있는 사물입니다. 그것이 지각하는 실제 내용이라는 겁니다. 다수의 신경과학적 데이터가 이 이론을 뒷받침합니다. 제가 말하려는 건, 떠도는 마음 회로는 기본 상태 회로Default Mode Network, DMN —저는 이것을 'DMN 플러스 회로'라고 부릅니다— 와 완전히 겹치지 않는다는 겁니다. 떠도는 마음 회로는 내적 어포던스 지형을 형성합니다. 명상 중에 떠오르는 모든 생각은 사실 원시 자기protoself 혹은 원시 사고protothought가 이렇게 외치는 겁니다. "나를 생각해! 나를 계속 생각하란 말이야! 다음은 없어. 나를 계속해서 **생각하지 않**으면 다시 돌아오지 않을 거야." 내적으로 계속해서 경쟁하고 있는 기본 상태 회로의 요소들이 전전두엽 피질에 들러붙고, 우리는 이것과 자신을 동일시하게 됩니다. 비유를 하나 들죠. 명상 중에 생각이 꼬리에 꼬리를 물고 떠오르는 현상은 제 앞에 아이들이 길게 줄지어 늘어서 있는 상황과 같습니다. 모든 아이가 손을 들고 자기를 들어 올려 달라고, 잠시 안아 달라고 하죠. 원하는 것을 들어주지 않으면 떠나지 않습니다. 우리가 해야 할 일은 원시 사고를 인지하는 것, 이를테면 하나하나 들어 올려 가슴에 꼭 한 번 안고 나서 놓아주는 겁니다. 이것을 한동안 하다 보면 —선택의 여지없이 인지하게 되는 이 생각들을 관찰하다 보면— 결국 사라질 겁니다.

뇌 속에는 어포던스 지형과 같은 것이 있고, 이렇듯 즉흥적으로 떠오르는 생각들은 내적 행위에 대한 어포던스입니다. 의자나 물 한

잔 같은 것이 아니라, "나를 당장 느껴! 나를 기억해!"라고 외치는 인지적 혹은 감정적 상태죠. 다음에 떠오르는 생각들도 이렇게 말합니다. "나를 생각해! 나에게서 떨어지지 마!" 주의를 끌기 위한 내적 경쟁 같은 것이 있는 겁니다. 이 경쟁을 방해할 수 있다면, 우리 사고에 붙어 있는 상태와 동일시하는 관계를 깨뜨릴 수 있다면, 사람들이 의식적 사고라 부르는 것이 실은 하위인격적subpersonal 과정이라는 것을 알 수 있습니다. 꽤 획기적이죠. 생각하는 주체는 사람이 아니라 뇌라는 거니까요. 호흡이나 심장박동과 같은 거죠. 뇌에서만 일어나는 국부적인 과정으로서, 거기에 얽매이지 않고 이 과정을 관찰할 수 있다면 완전히 새로운 존재의 방식이 드러납니다. 하지만, 작가님은 이 모든 걸 이미 다 이해하고 있을 것 같네요.

해리스 | 맞습니다. 하지만, 저는 가끔 사람들이 자주 자기감을 잃는다고, 생각하는 것보다 훨씬 더 자주 잃는다고 생각했어요. "일에 몰두한다."라는 표현이 있잖아요. 어떤 대상에 전념하면 내가 집중하고 있는 대상과 나 사이의 거리가 사라지죠. 시간은 쏜살같이 지나가고요. 스포츠에서 이런 현상을 자주 찾을 수 있고, 절정경험peak experience과 거의 동의어라고 할 수 있죠. '몰입flow' 상태라 불리기도 하고요.

그런데 일상에서 깊이 집중하고 있지 않을 때도 저는 가끔 자기감이 무無에 가까울 정도로 희미해짐을 느낄 때가 있습니다. 명상을 통해 이를 사라지게 만드는 게 아닙니다. 자기라는 것이 아예 없어서, 사라지게 만들 대상 자체가 없는 것과 같습니다. 사람들은 이를 확실히 자각하지 못한 채로 자기감의 단절을 경험하곤 합니다. 생각을 하거나 주의를 집중하는 등 어떤 대상에 의해 생각이 전환될 때 발생하죠. 되돌아보고서야, 자신으로 돌아와서야 각각의 순간을 지나친 자신이 있음을 느낍니다.

교수님의 연구 내용을 보니, 우반구 손상으로 좌측 편마비를 겪고 있지만 자신의 모든 장애를 부정하는 질병인식불능증Anosognosia 사례를 드셨더라고요. 환자가 자신의 상태를 부정하는 이유는 두정엽의 손상 때문이겠죠. 자신이 왼쪽 팔을 움직일 수 없다는 사실을 자각하지 못하는 사람에게 이 사실을 아주 잠깐은 인지하게 만들 수 있습니다. 이와 같이 마비를 부정하는 질병인식불능증과 자기 모델이라는 측면에서 내가 된다는 느낌의 부정을 비교하셨더라고요.

메칭거 | 네. 인간이 내적 관찰 결여introspective neglect와 같은 것을 겪을 수 있을까요? 신체의 사각지대, 내재된 사각지대가 있어 자기감의 불연속성을 깨닫지 못할 수도 있을까요? 우리 모두 공백을 경험합니다. 하루에도 수백 번씩 경험합니다. 저명한 분석 철학자에게 떠도는 마음을 설명했던 때가 아직도 생생히 떠오릅니다. 그분이 이렇게 말하더군요. "대체 그게 무슨 말이죠? 설명하시는 걸 한 시간이나 듣고 있었는데, 그 시간 내내 나는 인식적 주체가 아니었다는 소린가요?" 그래서 제가 그랬죠. "맞습니다. 그사이에 수백 번은 집중력을 잃었어요. 짧게는 한 300밀리 초 동안은 그랬을 겁니다." 그리고 그에게 모든 실증적 데이터를 설명해 줬죠. 실험을 해 보면 사람들은 깨어 있는 시간의 30퍼센트에서 50퍼센트의 시간 동안 생각에 잠기지만 정작 그것을 인지하지는 못합니다. 내적 관찰 결여를 겪는 거죠. 꿈까지 계산에 넣는다면, 생전 의식이 있는 모든 순간의 3분

의 2는 정신적으로 우리의 통제 밖이라고 설명해 줬습니다. 그랬더니 다른 미국인 철학자가 이 실증적 데이터를 인정하지 않으면서 이렇게 말하더군요. "뭔지 알 것 같네요. 그렇지만 우리는 이를테면 지적 운동선수들이에요. 평범한 사람들이나 그런 현상을 겪는 거죠!" 실은 반대입니다. 이들은 최고 수준의 지성인으로 자신의 인지적 활동에 몰두한 나머지 자신의 상태를 깨닫지 못합니다. 이와 같은 떠도는 마음 연구의 아름다움은 자기감의 정신적 준위가 얼마나 불연속적인지 보여 준다는 데 있죠.

'자기 표상적 점멸Self-Representational Blink, SRB'이라고 부르는 실증적 가설을 만들었는데요. 저는 '점차 어두워지는fade to black' 짧은 순간이 있어야 한다고 믿습니다. 의식적 자기 모델의 영화에서 벌어지는 것과 비슷하게 말이죠. 예컨대 저는 지금 버스 정류장에 앉아서 자신의 생각들을 보고 있습니다. 이내 두 생각 사이에 공백이 있다는 사실을 발견합니다. 이때 두 생각 사이에 공백이 있다는 사실을 인지하는 건 누구인가요? 생각을 주재하는 자도 아니고, 그곳에 앉아 있는 자기도 아니죠.

해리스 | 안구 신속운동 중 시각 억제 현상과 비슷하네요. 시야 내 한 지점에서 다른 지점으로 안구의 초점을 움직일 때, 우리 뇌는 안구를 움직일 때마다 시야가 요동치지 않도록 시각 피질 데이터를 억제합니다. 이 순간만큼은 기능적으로 눈이 보이지 않는 거죠. 제게는 이 현상이 교수님의 예시와 비슷하게 들리네요. 시슬이 중간 중간 끊겨 있다는 걸 인식하지 못하는 거죠. 인식하도록 따로 훈련하지 않는 한.

메칭거 | 그렇죠. 그리고 인식할 수 있도록 훈련하는 게 중요하지 않을까요?

해리스 | 물론이죠. 서양권에서는 이 지점에 관해 예전부터 이해가 부족했다는 게 신기합니다. 일인칭 측면에서 의식적 경험의 흐름에 주의를 기울이면 배울 것이 있다고 한 윌리엄 제임스와 같은 사람이 있었던 시절도 있기는 했지만, 이후 행동주의가 부상하면서 그 줄기가 끊겼죠. 동양권의 경우, 심리적으로나 윤리적으로나 자기 관찰을 통해 이해할 수 있는 중요한 것이 있다는 데 의문이 제기된 적이 없습니다. 물론 정신을 이해하려면 뇌와 행동을 연구해야 하지만, 일인칭 시점을 완전히 무시해도 된다는 생각은 말도 안 되죠.

메칭거 | 인간의 자기 모델은 수백만 년에 걸친 진화의 결과라는 점도 고려해야 합니다. 하지만 침팬지의 자기 모델과는 달리 인간은 문화적 진화의 문을 열었습니다. 전체적인 과정은 우리의 관심사가 아닙니다. 인간으로서 지닌 자기 모델은 세상에 수많은 의식적 고통을 야기합니다. 우리의 자기 모델은 스스로 행복하게 만드는 데 최적화되어 있지 않아요. 욕심을 부리고, 아이를 많이 낳고, 계속해서 경쟁하게 만드는 데 최적화되어 있죠. 대자연은 인간 자기 모델에 심술궂은 발명품을 꽤 많이 넣어 놨습니다. 자부심이나 신앙심 같은 것도 있고, 자존감은 인간이 앞으로 나아가도록 만들죠. 이 과정의 토대를 내적인 일인칭 시점, 그리고 과학이라는 삼인칭 시점, 두 관점에서 이해하는 게 중요합니다. 영(0)인칭 시점 같은 방법론이 있다면 더 좋았겠죠. 그리고 이 지점이 아시아 문화와 철학이 크게 기여한 영역이고요.

해리스 | 모든 인간 지혜의 총체가 담긴 문화는 아직 없는 듯합니다. 이성과 실증주의, 즉 서구 과학의 전형인 삼인칭 시점의 실증주의는 필요합니다. 더불어 이와 같은 삼인칭 방법론에는 일인칭 시점에서 인간의 정신을 더 명확히 관찰한 내용이 동반되어야 한다는 이해도 필요하고요.

그리고 이 모든 것의 끝에는 옳은 일을 우선시하는 윤리적 세계관이 있어야 합니다. 좋은 삶을 산다는 건 어떤 의미일까요? 70억 인구 모두가 좋은 삶을 추구한다는 건 어떤 의미일까요? 여기에는 정치도, 경제도, 사회도 없습니다. 문화적, 지리적, 언어적 경계에 구애받지 않고 지속적인 대화를 통해 추구해 나가야 합니다. 역사의 지금 이 시점에 우리는 지역이라는 한계에 갇혀서는 안 됩니다.

메칭거 | 굉장히 아름답게 표현하시네요. 한편, 15,000시간 동안 명상 수행을 한 수도승들을 만나면 이런 질문을 받습니다. "서양의 의식 철학에 관해 알려 주세요. 자세히 알고 싶군요." 우리는 이렇게 대답하죠. "저희는 환생을 믿지 않습니다." 문은 닫히고 개방적인 태도는 돌연 사라집니다. 요즘 서구권에는 일면 세속화된 태도를 보이는 불자가 많죠. 하지만, 저는 장기간 수행하는 분들은 어느 정도 자기 생각에 빠져 있다고 추측합니다. 오랜 시간 동안 체계적인 수행을 유지하려면 동기 부여가 필요하기 때문이죠. 그래서 간혹 전통에서 벗어나지 못하기도 합니다. 작가님이 언급한 실용 명상 지식을 발전시킨 다수의 종교적 전통 역시 필멸을 부정합니다.

해리스 | 《샴발라Shambhala》지에 「부처 죽이기Killing the Baddha」라는 짧은 기사를 실은 적이 있습니다. 현세에 적용할 지혜를 불교에서 언

거인의 통찰

고 싶다면 교리를 배우는 학생들이 종교라는 사업에서 벗어나야 한다고 적었는데요, 불교계에서 좋은 소리를 들을 만한 말은 아니죠.

사실 카르마와 환생의 논리는 많은 사람의 생각과 반대라는 점을 짚고 넘어가고 싶습니다. 불교에서는 환생을 좋은 일로 여기지 않습니다. 통속적인 의미에서의 필멸의 부정도 아닙니다. 티베트에 있는 라마에게 "환생이란 존재하지 않는다는 사실을 우리가 증명했습니다. 죽으면 그냥 죽는 것으로 끝입니다."라고 말한다면, 불자의 관점에서 봤을 때 이는 사실 좋은 소식입니다. 이들은 본질적으로 윤회를 실망스러운 일이라고 여기며, 깨우침의 궁극적인 목표는 윤회에서 벗어나는 것이기 때문이죠.

이렇게 마지막 주제로 자연스럽게 연결되네요. 제게 「호의적인 인공 반출생주의Benevolent Artificial Anti-Natalism, BAAN」라는 짧지만 멋진 글을 보내 주셨죠. 교수님이 존재 편향existence bias이라 부르는, 존재하는 것이 좋은 것이라고 가정하는 인간 모두가 보편적으로 지니는 편향에 관해 설명하는 글이더군요. 이와 같은 가정은 삶과 죽음, AI, 의식 있는 기계를 만들 가능성 등 우리가 이야기한 모든 내용과 연결되는 듯합니다. 글에서 주장하시는 바를 간단히 설명해 주세요.

메칭거 | 인공지능 윤리 부문에 약간 관여한 적이 있습니다. 관련하여 공개 논의가 지속되고 있지만, 생산성은 점차 떨어지고 있어요. 모두 케케묵은 같은 주장만 반복하고 있습니다. 하지만, 여기에는 우리가 아직 눈치채지 못한 더 깊은 차원의 문제가 존재합니다. 'BAAN 시나리오'라고도 부르는 호의적인 인공 반출생주의는 일종의 사고실험입니다. 완전체의 초지능이 존재한다고 가정해 봅시다.

의식과 자기

자체적으로 스스로를 최적화할 수 있는 존재입니다. 어마어마한 양의 사실적 지식과 영역 독립적인 일반 지능을 지닙니다. 인간보다 지능은 훨씬 더 높고, 모든 인터넷에 접속할 수 있으며, 데이터베이스를 끊임없이 확장해 나가는 존재죠.

인간은 이 존재를 받아들입니다. 인간은 이 초지능의 창조자입니다. 인식론적 권위죠. 또한, 도덕적 인지에 대한 권위라는 말도 됩니다. 인간은 이러한 측면 역시 인정합니다. 윤리를 분석적으로 생각하는 편이 훨씬 낫죠. 초지능은 가치 일치 문제value-alignment problem가 없다는 점에서 호의적입니다. 인간을 지배하려 하지 않을 것이며, 인간과 경쟁하려 들지 않을 겁니다. 초지능은 인간의 관심사와 그것에 부여된 심오한 가치를 완벽히 존중합니다. 근본적으로 정치 지원이나 사회 공학 등 여러 분야에서 인간을 이타적으로 돕는 존재입니다.

해리스 | 최상의 시나리오네요. 인공지능을 개발하는 과정에서 인간이 모든 과정을 올바르게 제대로 수행한다면, 그것이 바로 우리가 추구하는 바가 되겠죠.

메칭거 | 그렇습니다. 하지만, 사고 실험의 요점은 이 시나리오가 거대한 위험성을 제시할 수도 있다는 겁니다. 초지능은 내적 관찰 결여와 같은 사례처럼 인간이 인간에 대해 모르는 많은 부분을 알 테니까요. 인간이 이해하지 못하는 많은 사실을 알고, 우리 행동 깊이 숨겨진 패턴과 뇌 역학의 어려운 특징을 읽을 수 있습니다. 진화가 인간의 인지적 자기 모델에 심어 놓은 인지적 편향에 관한 깊은 지식이 있으며, 인간이 이성적이고 증거에 기반을 둔 방식으로 윤리

를 사고하지 못하는 이유를 압니다. 더욱이 지구상 모든 의식 있는 존재의 의식 상태가 스스로 깨닫는 것보다 훨씬 더 자주 고통과 좌절을 겪는다는 사실도 압니다. 그렇기에 초지능은 인간이 스스로 생각하는 최선의 이익을 위해 행동하지 못한다는 결론을 내립니다.

더불어 초지능은 행복을 극대화하려는 노력보다 고통의 경감을 우선순위에 놓아야 한다고 판단합니다. 이쪽이 더 시급한 문제니까요. 고통과 즐거움의 불균형을 고려할 때 의식 있는 모든 생명체의 고통을 최소화하는 것이 가장 높은 가치라고 결론 내립니다. 윤리적인 측면에서도 초지능은 엄청난 처리 속도를 보이는 동시에 질적으로 새로운 결과를 내는 데 고도로 지능적입니다. 초지능은 그 어떤 개체도 존재하지 않는 것, 즉 비존재nonexistence로 인해 고통을 받지는 않는다는 사실을 압니다. 이에 비존재가 지구에 존재할 모든 자의식 있는 생명에게 최선의 일이라고 정하죠. 지난 경험에 의거하여 인간에게는 존재 편향이 있으므로 이 사실을 깨닫지 못하리라는 사실도 압니다.

제가 '존재 편향'이라고 부르는 이유는 영속하는 존재를 향한 갈망, 이것이 자기감의 가장 깊은 곳에 있는 핵심일 수도 있기 때문입니다. 초지능은 자신이 존재하지 않는 편이 낫다는 합리적인 결론을 내리면 전원을 꺼 버리는 자신의 모습을 쉬이 상상할 수 있습니다. 하지만, 인간은 존재를 향한 끔찍할 정도의 갈망과 죽음에 대한 두려움이 내재된 반엔트로피적 생물체입니다. 그래서 이 세상에서 의식 있는 방식으로 존재한다는 사실에 포함된 중요한 진실들을 보지 못하죠.

존재를 향한 이 갈망의 정체는 대체 무엇일까요? 생각해 본 적 있나요?

해리스 | 솔직히 별로 생각해 보지 않았습니다. 제 안에도 그러한 갈망이 있습니다. 그렇지만 역설적이네요. 대부분은 경험을 잃고 빛을 잃는 것이 죽음을 두려워하는 이유의 일부라고 생각합니다. 하지만, 우리는 매일 밤 잠들며 그것을 겪습니다. 보고, 듣고, 냄새 맡고, 맛보고, 만지고, 생각하는 경험을 잃고 싶지 않다는 이유로 잠에 빠진다는 공포에 떨며 이불을 부여잡는 사람은 거의 없죠. 오히려 불면증 때문에 그러한 감각들을 잃지 못하는 수많은 밤이 고문이죠. 깊은 수면이 의식의 완전한 상실을 의미하는지에 관한 흥미로운 질문도 있기는 하지만, 어쨌든 우리는 주관적 경험의 중단을 두려워하지는 않습니다.

죽음이 두려운 이유를 이해하려면 그리워하게 될 대상을 생각하면 됩니다. 내가 사랑하는 사람들, 세상에 남겨져 나를 그리워할 사람들, 그리고 내가 목격하지 못할 미래 세상의 모습 등이 있겠죠. 그러나 교수님이 설명한 AI 초지능의 논리를 따르자면 존재하지 않는 사람은 고통받지 않습니다. 따라서 망자는 자신의 부재로 인해 고통받지 않겠죠. 그래서 존재 편향은 다소 역설적이기는 하지만, 어떤 느낌인지는 확실히 알 것 같습니다.

교수님의 사고 실험에는 고통과 행복의 윤리적 의미 사이에 차이가 있습니다. 저도 행복이 좋아 보이는 것보다 고통이 훨씬 더 나빠 보인다는 데에는 동의합니다. 그런데 이러한 차이가 사라질 가능성은 고려하지 않으시나요? 지금보다 더 행복한 정신을 만들 수 있는

거인의 통찰

방법이 있지 않을까요? 가령 미래 세대에 이르면 기계와 통합되거나 유전적으로 개조되어 고통은 훨씬 적게 느끼고 우주의 아름다움이 선사하는 경이를 즐기며 더 많은 시간을 보내게 될 수도 있잖아요. 굉장히 호의적인 이 AI의 도움으로 인간의 상황을 개선하여 삶을 더 안정적으로 만들 방법이 있을 겁니다. 이 부분에 대해서는 회의적이신가요?

메칭거 | 지구에 존재하는 대다수의 의식 있는 존재들에 대해서라면 그렇습니다. 이 사고실험에는 실증적 전제가 한 가지 있습니다. 인간 두뇌의 기능적 구조에는 유연성이란 없어서 변화를 도모하는 것이 불가능하다는 사실을 AI가 알아낸다는 겁니다. AI가 인간 모두의 계몽을 돕는 '보살 AI 시나리오'라는 다른 가능성도 있지만, 저는 이 가능성이 과하게 희망적이라고 생각합니다. 작가님은 불교 신자니까, 존재를 향한 갈망이 집성제集聖諦에 바와 딴하bhava tanha(바와는 유有 즉 존재함을, 딴하는 애愛, 즉 갈애渴愛를 의미한다_옮긴이)라고 적혀 있다는 사실을 아실 것 같네요. 존재 편향은 불교 가르침의 핵심 속에서도 따로 언급돼 있는 거죠.

질문에 답을 하자면, 저는 지구에서 고통받는 존재들을 크게 세 무리로 나눌 수 있다고 생각합니다. 먼저 약 73억 명의 고통받는 인간이 있습니다. 그리고 인간 때문에 공장식 농장에서 고통받는 60억 마리의 가축이 있죠. 마지막으로 규모는 알 수 없지만 고통받는 야생 동물들이 있습니다. 대부분의 야생 동물에게는 할 수 있는 일이 두 가지 있습니다. 최대한 오래 생존하는 것, 새끼를 낳는 것입니다. 하지만, 90퍼센트 이상의 개체가 새끼를 낳기도 전에 잡아먹히므로,

극도로 절망스러운 선택지가 아닐 수 없죠. AI가 모든 인간을 극단적 채식주의자 부처로 계몽시켜 인간은 고통에서 해방되고 축산업까지 사라지는 날이 온다 해도 우리는 여전히 수많은 고통받는 존재로 둘러싸여 있을 겁니다. 야생 동물들은 여전히 고통받는 채로 남아 있을 테니까요.

이 주제를 깊이 파고 들어가면 우리 세상은 문제로 가득해질 겁니다. 초기 불교 신자들도 같은 생각이었던 것 같고요. 한 가지만 덧붙이자면, 인간의 자기 모델에는 일종의 균열이 있습니다. 인간의 자기 모델은 생물학적으로 필요한 것들을 구현하면서 "어떤 상황에서도 죽으면 안 된다."라고 말하는 수준 낮은 모델입니다. 하지만, 지구에 존재하는 다른 모든 의식 있는 존재와는 달리 인간에게는 "우리의 앞날은 결국 무로 돌아갈 것이다. 죽을 것이다."라고 말하는 새롭게 등장한 인지적 자기 모델도 있죠. 우리의 자기 모델 안으로 정보가 들어와 끊임없는 내적 갈등을 낳습니다.

인간의 필멸에 관한 의식적인 지식은 종교의 발전과 관련 있습니다. 저는 종교를 '적응형 망상 체계'라고 부릅니다. 인간이 스스로의 필멸성을 부정하도록 부추기죠. 이슬람 근본주의 세력인 지하디를 비이성적이라고 평가하는 것도 본질적인 비판은 아니라고 생각합니다. 더 세속적인 서구의 생활 방식은 자신을 비롯한 여러 문화에 죽음에 대한 무의식적인 공포를 일으키니까요. 이들이 우리가 사는 방식을 목격할 때, 자기 모델 깊은 곳에 있는 기제가 무의식적으로 자극됩니다. 그리고 자신의 목숨을 기꺼이 희생하죠.

해리스 | 믿음이 깊은 지하디스트처럼 진정한 낙원을 믿는 사람

거인의 통찰

이라면 자신의 목숨을 바치는 일은 완벽히 이성적인 행위일 테고, 내적 갈등을 극복할 필요도 없을 겁니다. 죽음은 실재하지 않는다고 믿을 정도로 죽음을 완전히 부정하는 사람이 인정하지 않는 대상은 사실 죽음이 아니라 삶의 의미입니다. 영원에 비교되는 삶에는 의미가 없습니다. 그래서 저는 그런 종교 사상들이 우려스럽습니다. 더 큰 걱정은, 밈meme의 전파력이 강력하다는 겁니다. 비교적 늦은 나이에도 이러한 종교적 사상은 각인될 수 있으며, 이는 사람이 사고하고 행동하는 방식을 완전히 바꿔 놓습니다. 목숨을 바치는 것을 완벽히 이성적인 행위로 탈바꿈시키고, 지하디스트의 경우 그 과정에서 이교도와 변절자를 최대한 많이 죽이려 하겠죠.

메칭거 | 인류 역사의 현 시점에서 가장 깊게 박혀 있는 문제 중 하나가 바로 그것입니다. 인류의 약 80퍼센트에 해당하는 사람들에게는 어떤 방식으로든 필멸을 부정하는 형태의 망상적 세계관이 박혀 있습니다. 그리고 과학과 현대 철학이 그러한 망상들을 위태롭게 만들고 있죠. 하지만, 이렇듯 강한 전파력의 세계관을 상대로는 작가님이 설명한 것과 같은 이성적인 논의는 별 도움이 되지 않을 겁니다.

그렇다면 여기에서 중요한 질문은 "무엇이 도울 수 있을 것인가?"가 되겠죠. 그들의 고통, 그들을 대안적 존재론으로 몰고 가도록 유도하는 요인을 이해하면 도움이 될 수는 있겠지만, 이와 같은 노력을 범세계적인 수준에서 달성할 수 있을지에 대해서는 비관적입니다. 게다가, 현대의 세속적인 휴머니즘은 다소 피상적이라는 데 동의하지 않으시나요? "저는 무신론자입니다. 신이 아닌 진화를 믿죠.

의식과 자기

저는 죽음이 두렵지 않습니다."라는 말을 당당히 뱉는 사람들도 있지만, 그것으로는 충분하지 않습니다. 그러한 주장에는 일종의 자기만족감이 내포돼 있죠. 인간에게는 세속화된 종교적 전통과 같은 것이 필요하다고 저는 생각합니다.

해리스 | 맞습니다. 저 역시 오랜 시간 이 주제에 관해 생각했습니다. 사실 제가 무신론자라는 정체성을 깨닫게 된 건 우연한 계기를 통해서였는데요. 첫 책인 『종교의 종말』에서 저는 종교에 굉장히 비판적인 태도를 취했습니다. 하지만, '무신론'이라는 단어는 사용하지 않았죠. 책이 출간된 뒤 저와 리처드 도킨스Richard Dawkins, 크리스토퍼 히친스Christopher Hitchens, 대니얼 데닛, 이렇게 네 명을 묶어 '머리 넷 달린 무신론자'로 취급받기 시작한 다음에야 저는 무신론을 다루는 대화에 참여하게 되었어요. 무신론은 더 나은 대화를 위한 길을 여는 하나의 방식에 지나지 않는다고 생각해요. 이는 어떠한 철학도, 윤리관도, 세계관도 아닙니다. 특히나 지금까지 우리가 논의한 내용을 잘 알고 있는 사람들을 위해 선택하지도 않죠.

영적 경험을 얻고자 하는 많은 사람이 —환각제를 통해서든 명상을 통해서든— 종교가 야기한 혼란이 이미 주입된 상태에서 각자의 방식을 수행하는 경향을 보입니다. 승려가 되기도 하고 수도사가 되기도 하고, 혹은 몇몇 종교에서 혹할 만한 일부 개념만 받아들인 뒤 디팩 초프라Deepak Chopra(전 세계 2,000만 부 이상의 판매고를 올린 대형 베스트셀러 작가로, 하버드 의대에서 수학한 뒤 고대 인도의 전통 치유 과학과 현대 의학을 융합한 심신상관의학Mind-Body Medicine이라는 분야를 창안했다. 주요 저서로는 『성공을 부르는 일곱 가지 영적법칙』 등이 있다_옮긴이)가 사람들에게 팔고 다니

거인의 통찰

는 것과 같은 가르침을 얻을 수도 있겠죠. 가르침의 핵심에는 실제로 일부 흥미롭고 유효한 경험이 있을 수도 있습니다. 하지만, 그 결과는 철학적으로도 과학적으로도 옹호할 수 없습니다. 이런 사람들이 보통 무신론자가 조롱하는 대상, 적어도 지지할 의사가 전혀 없는 대상이 되죠.

우리에게 필요한 건 완전히 이성적인 '영성'입니다. 달리 표현할 길이 없네요. 인용이 아니더라도 저는 이 단어에 늘 인용부호를 붙여 강조 표시를 합니다. 우리에게는 종교라는 미명 아래 다가온 옹호의 여지없는 교리들을 대체할 윤리적 세계관과 방법론이 필요합니다. 논리적, 실증적 엄밀함과 더불어 과학 정신의 테두리 안에 있는 세계관과 방법론이 말이죠. 그러나 앞서 이야기한 것처럼 여기에는 단순히 뇌와 정신을 삼인칭 시점에서 이해하는 것 이상의 무언가가 있습니다. '살 가치가 있는 삶'의 의미를 깨달아야 하죠. 개인으로서 그리고 집단으로서, 인간으로서 얼마만큼의 행복을 느낄 수 있을까요? 인간 자신과 같이 의식 있는 생명체의 번영을 극대화하는 문명은 어떻게 건설할 수 있을까요?

교수님의 사고 실험이 사실이고, 우리는 지금 온 우주에서 가장 현명한 윤리적 권위자가 "인간의 플러그를 뽑는 게 더 낫다."라고 말하는 미래로 비틀비틀 걸어가고 있는지도 모릅니다. 이 역시 재미있는 시나리오입니다. 하지만, 저는 가능한 경험의 공간을 항해하는 인간 여정의 끝은 그보다는 열린 결말일 거라고 생각합니다. 가능한 한 모든 정신의 지형을 탐구하는 방법을 알아내야 하겠지요. 그 과정에서 아주 오랜 시간 끔찍하고 무의미한 고통을 겪을 수도 있고,

고통에서 최대한 벗어나 창의적이고 미적으로 아름다우며 지적인 방식으로 우주와 접촉할 수도 있겠죠. 내적으로나 외적으로나요. 고통을 줄이기 위해서 하이에나나 쥐, 오징어를 데려가야 하느냐에 대해서는 회의적이지만, 뭐, 상수도에 엑스터시를 풀어 놓고 다른 별을 향해 떠나면 되겠죠.

메칭거 | 그거, 정말 맛없는 거 알죠?

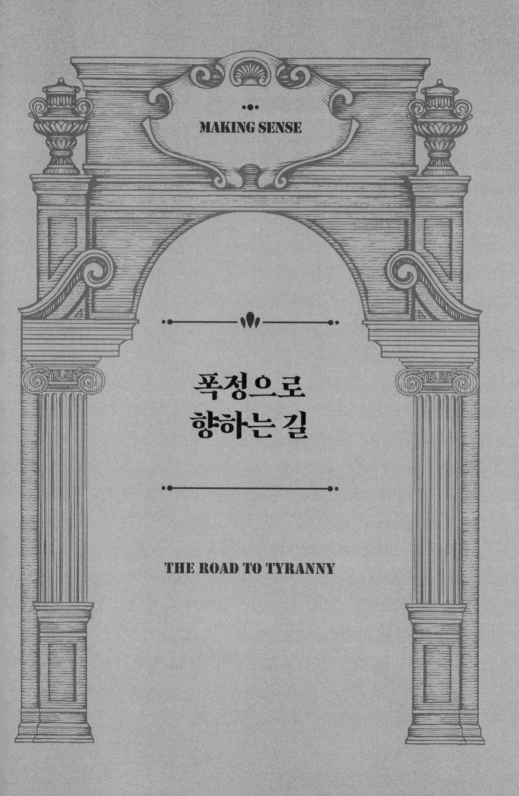

MAKING SENSE

폭정으로
향하는 길

THE ROAD TO TYRANNY

티머시 스나이더
Timothy Snyder

티머시 스나이더는 예일 대학교 리처드 C. 레빈Richard C. Levin 역사학 교수이며 빈 인문학 연구소Institute for Human Sciences의 종신 연구원이다. 스나이더와의 대담은 주로 그의 저서 『폭정』의 내용에 초점을 맞추나, 그가 나중에 『가짜 민주주의가 온다』에서 추가적으로 발전시킬 일부 주제도 함께 다룬다.

2017년에 진행한 스나이더와의 대담은 시기적절했으며, 작금의 상황 과도 유관하다. 도널드 트럼프 대통령이 스나이더의 주장에 부합하는 예시인지에 관해서는 각자의 판단에 맡기겠다. 스나이더의 연구는 사회는 어떻게 폭정에 무릎 꿇지 않고 대중의 의견에 끊임없이 답할 수 있는가라는 질문 전반에 걸쳐 적용된다.

해리스 | 『폭정』이라는 아주 훌륭한 책을 쓰셨습니다. 얇지만 아주 시기적절한 책입니다. 마치 도널드 트럼프가 대통령이 된 순간에

쓰신 듯한 내용이었는데요. 언제 집필을 시작하셨나요?

스나이더 | 약간은 점잔 피우는 역사학자 같은 대답을 드리죠. 빠르게 완성한 것은 맞습니다. 하지만, 이 책에는 제가 25년에 걸쳐 이해하려 애써 온 20세기의 역사가 압축되어 있습니다. 그 과정에서 저는 공산주의, 파시즘을 겪은 사람들, 민주주의라는 지켜지지 못한 약속을 목도한 동유럽의 학생들 등 다양한 사람과 우정을 쌓는 데 시간을 투자할 수 있었습니다. 이들 모두의 경험에서 교훈을 얻고자 노력했죠.

제 마음을 무겁게 누르는 그 모든 시간이 없었다면 저는 이 책을 쓰지 못했을 겁니다. 저는 제가 배운 교훈을 당장 유용하게 쓰일 수 있는 형태로 바꾸고자 했습니다. 맞습니다. 저는 이 스무 가지 교훈을 2016년 대선 직후에 써 내려갔습니다. 책 자체는 12월에, 며칠 만에 완성했습니다. 그러나 일면 이는 현재 우리가 중요한 순간을 살고 있다는 이 책의 요지 중 하나를 보여 주는 것이기도 합니다. 우리에게는 시간이 많지 않습니다. 그러니 변화를 이끄는 것이 무엇이든 지금 당장 시작되어야 합니다.

해리스 | 우리가 나눌 대화가 얼마나 포괄적이든 간에, 이 방송을 들었다고 해서 책을 읽지 않아도 되는 건 아닙니다. 교수님의 글은 무척 정교하고 경구와 같은 느낌이어서, 종이로 읽을 가치가 충분하거든요.

사람들이 제기할 수 있는 비판 중에는 『폭정』이 트럼프 정권의 위험성을 과장하는 게 아닌가라는 부분이 있습니다. 책이 출간된 후 시간이 지나면서 생각이 어떻게 바뀌었는지 궁금하네요. 최근 몇 달

동안 다소 안심하게 되었나요? 아니면 출판사에 원고를 보내던 순간의 마음에서 변함이 없나요?(본 대담은 2017년 5월에 진행됐다_옮긴이)

스나이더 | 트럼프 개인에 대응하고자 책을 쓴 것은 아닙니다. 시민들의 경각심을 일깨우고 어떤 일이 벌어질 수 있는지에 대한 우리의 감각을 확대하길 바라는 마음에서 쓴 거죠. 책 전체를 관통하는 주제는, 우리가 특별한 생각 없이 사는 평범한 매일의 삶 너머로 정치적 상상력을 확대해야 한다는 겁니다. 현시점에서 우리가 마주하고 있는 위험은, 우리가 하루하루를 그냥 흘려보내고 있다는 사실입니다. 비록 어제보다 오늘 상황이 악화되었다고 해도, 매일매일은 그저 평범해 보입니다. 우리는 오늘에 적응하는 능력이 매우 뛰어나죠.

한편 제가 서술한 내용이 그사이에 실제로 벌어졌다는 것 역시 놀랍습니다. 2016년에 우리가 상대했던 사람은 민주주의나 법치와 같은 미국의 기본 제도를 존중하지 않는 후보자였습니다. 순화해서 표현하자면 참을성이 부족한 사람이었고, 견제와 균형, 그리고 제도적 제약이 부합하지 않을 때 상황을 처리하는 방식에 대한 독특한 생각을 지닌 사람이었습니다. 트럼프의 정치적 영웅은 당선 후 법치를 저버린 해외 독재자들입니다. 트럼프 같은 성격의 사람은 자신을 억압하는 제도적 상황에 처했다는 사실을 깨달으면 그 제약에 대항합니다. 그 외에 다른 일은 할 수가 없습니다. 그런 사람인 겁니다. 하지만, 문제는 트럼프가 아닙니다. 우리죠. 여기에서 던져야 하는 질문은 제지할 수 있는가가 아니라, 어떻게 하면 확실히 제지할 수 있는가에 더 가깝습니다. 그것이 제 책에서 다루는 내용이고요.

폭정으로 향하는 길

2016년 11월에 제가 스무 가지 교훈을 페이스북에 올렸을 때, 말씀하신 것처럼 많은 사람이 제가 야단스럽다고 했습니다. 그런데 시간이 지나자 사람들의 반응은 이렇게 바뀌었죠. "이렇게 될 줄 어떻게 알았죠?"

가장 간단한 대답은, 역사는 가능한 선택지가 가득 담긴 큰 팔레트를 제시하면서까지 반복되지 않는다는 겁니다. 이 책의 요지는 트럼프가 할 만한 일을 살펴보자는 게 아니라 독재 정권으로 향할 가능성을 줄일 수 있도록 행동하고 준비하자는 겁니다. 여러 공항에서 벌어진 시위들, 시민들의 행진을 보고 저는 안심했습니다. 전에 없던 비정부 조직이 창설되는 것을 보고 안심했습니다. 일부 공무원들의 공공심과 애국심에 안심했습니다. 《워싱턴 포스트》와 같은 매체의 탐사 보도를 보고 안심했습니다.

반면 문제를 전혀 인식하지 못하는 사람도 많습니다. 이들은 늘 하던 것을 합니다. 상황을 일반화하고 매일 주어지는 것을 받아들이며 삽니다. 미국인은 시야가 매우 좁은 편입니다. 어떤 일이 벌어질 수 있는지에 대한 감각이 없습니다. 지금까지 운이 좋았기 때문이죠. 우리가 누릴 행운은 과대평가하면서 얼마나 쉽게 불행해질 수 있는지는 과소평가합니다. 지금 우리는 불행합니다. 더 많은 것이 우리에게 요구되고 있죠.

해리스 | 청취자 여러분이 책의 내용과 현재 상황을 너무 직접적으로 연결해 생각하지 않으면 좋겠네요. 『폭정』은 단순히 트럼프에 관한 내용이 아니거든요. 민주주의는 어떻게 실패할 수 있으며, 사람들은 역사의 파도에 휩쓸려 불행한 방향으로 흘러가고 있다는 사

실을, 자신이 사랑하는 모든 것을 파괴하는 방향으로 흘러가고 있다는 사실을 어째서 깨닫지 못하는지 설명해 주죠. 기적적으로 트럼프가 완벽한 대통령으로 변한다고 해도, 그 외 일반적인 모든 상황은 여전히 그대로입니다. 게다가 지난 대선은 우리 시스템이 선동 정치가에게 예상치 못한 방식으로 얼마나 잘 휘둘릴 수 있는지 증명했죠. 만일 트럼프보다 더 똑똑한 ―그리고 더 이데올로기적이며 비도덕적인― 인물이 집권해 트럼프가 수면 위로 드러낸 우리의 약점을 이용할 모습을 떠올리니 무섭네요.

앞서 말씀한 부분, 미국인의 좁은 시야에 관해 더 자세히 이야기하고 싶네요. 책의 머리말에 이런 구절이 있습니다. "오늘날 미국인은 민주주의가 20세기에 파시즘, 나치즘, 공산주의에 굴복한 것을 목격한 유럽인보다 결코 더 현명하지 않다. 유리한 점이 하나 있다면 그들의 경험에서 배울 수 있다는 것이다. 지금이 그것을 실행하기 아주 좋은 때이다."

미국인의 시야가 좁은 이유가 뭘까요?

스나이더 | 직설적으로 질문해 주셔서 감사해요. 무척 중요한 주제거든요. 지금의 혼돈에서 벗어나려면 우리가 지닌 약점에 주목해야 합니다. 우리에게는 스스로의 잘난 점을 자축하는 습관이 들어있습니다. 방식은 다르지만 민주당과 공화당 모두 치르는 의식이죠. 오바마 수사법의 약점 중 하나는 미국의 장점을 자랑하는 데 너무 익숙해져 있었다는 겁니다.

여기에 기여하는 요인이 세 가지 있습니다. 첫 번째, 예외주의 exceptionalism라는 미국의 오래된 종교적 신념입니다. 미국인들은 악한 구시대에서 탈출해 순수한 신세계에 정착했다는 생각이죠. 물론 여러 면에서 말도 안 되는 소리입니다. 두 번째, 다양한 측면에서 미국은 독보적인 국가라는 당연한 사실입니다. 미국 역사를 연구하는 우리 역사가들은 미국 이전의 역사는 거의 탐험하지 않습니다. 그러니 대중들이라고 왜 하겠습니까. 그리고 아마 가장 관련성 높은 요소일 텐데, 세 번째는 형이상학적 게으름입니다.

베를린 장벽이 무너진 1989년 이후 우리는 역사의 종말을 선언했습니다. 또 역사가 우리에게 경고한 위협들을 무시하고 무장을 해제했죠. 인간 본성이 이른바 자유 시장으로, 다시 민주주의와 계몽으로, 그리고 평화로 이어진다는 다양한 형태의 이야기를 받아들였습니다. 모두 몰역사적인 궤변이죠.

이 모든 목적론적 이야기는 기본적으로 틀렸습니다. 자유 시장이란 없습니다. 자본주의와 민주주의 사이의 관계는 그리 간단하지 않습니다. 그리고 역사를 구성하는 대부분의 사건은 당시 사람들이 전혀 예상치 못한 일들이었죠. 미래는 늘 뜻밖의 일과 우리가 예상하지 못한 구조적 힘, 사건들로 가득할 겁니다. 역사가 끝났다는 주장을 한 것 자체가 역사적 선택입니다. 무지하겠다는 선택이며 한때는 유용했던 개념을 잊겠다는 선택입니다. 위협이 다시금 도래할 때 취약한 채로 맞이하겠다는 선택입니다. 그리고 그런 일이 실제로 발생했고요. 2016년에 몰아친 폭풍을 들여다보면 이 일이 1989년 이후 한 세대가 오롯이 지난 뒤 벌어졌다는 걸 알 수 있습니다. 어떤 면에서는 역사의 종말이라고 결론 내린 우리의 선택이 부메랑이 되어 날아온 겁니다.

거인의 통찰

해리스 | 파시즘과 공산주의를 세계화의 반작용이라고 표현하셨어요. 세계화를 향한 반감은 2016년 대선에서 확실히 중요한 역할을 했습니다. 세계화의 반대 방향으로 향하는 움직임이 이러한 반민주주의적 동향에 어떤 영향을 미친다고 보시나요?

스나이더 | 21세기 초의 세계화 패러다임은 완전히 새로운 것이라고 우리는 생각합니다. 인간이 현재에 갇혀 과거를 돌아보지 못한다는 사실을 잘 보여 주는 예시죠. 어떤 것이 새롭다고 생각하면 거기에 연결선이 있다는 점을 보지 못합니다. 패턴이 존재하거나 혹은 방향성이 있음을 보지 못합니다. 이러한 면에서 과거를 반추하지 못하는 인간의 부족함은 역사학자들을 절망하게 하는 요인 중 하나입니다.

세계화는 이전에도 있었습니다. 19세기 말, 20세기 초에 걸쳐 비슷한 움직임이 있었죠. 역시나 해외 교역을 확대했고, 수출 기반 성장을 했습니다. 가장 흥미로운 건, 19세기 말 우리의 세계관과 20세기 말의 세계관이 흡사했다는 겁니다. 많은 유럽인, 미국인이 교역의 확대가 의식 계몽의 확대로 이어질 것이며, 보편적 사상의 확대는 반드시 승리로 이어질 것이라 확신했습니다. 그리고 이 첫 번째 세계화는 모두 알다시피 제1차 세계대전과 경제 대공황, 제2차 세계대전으로 막을 내렸죠.

질문에 답을 하자면, 세계화는 일인당 국민 소득과 같이 복지라는 추상적인 개념으로 봤을 때 전반적인 삶의 질을 향상시키기도 하지만, 지역적 불평등과 분노도 낳습니다. 세계화라는 건 결국 비교 대상의 범위를 세계로 확대한다는 의미이기도 하기 때문입니다. 이

폭정으로 향하는 길

전에는 겪어 본 적 없는 방식으로 타인과 자신을 비교하기 때문에 자신을 피해자로 여기곤 합니다. 이것이 바로 21세기 미국에서 벌어진 일이죠. 20세기 초 동유럽에서 벌어진 일이고요. 이러한 환경에서 영리한 정치인이 들고일어나 이렇게 외치면 어떻게 될까요? "세계화는 복잡하지 않습니다. 단순합니다. 세계화는 사실 음모입니다. 여러분을 위해 제가 그 실체를 보여 드리죠."

파시즘과 사회주의가 저지른 일이 바로 세계화에 유대인의 얼굴을 씌우고 이렇게 공표한 겁니다. "이 모든 문제는 누구도 어찌할 수 없는 변화의 결과가 아니라, 특정 집단이 꾸민 음모의 결과다!" 이러한 발언은 정치적으로 큰 힘을 발휘합니다. 이 말을 들은 자국 집단의 구성원들을 손에 넣을 수 있고, 자신이 일종의 정치적 변화를 꾀한다고 생각하게 만들 수 있기 때문입니다.

침통하지만 이것이 21세기 미국에서 벌어지고 있는 일입니다. 세계화에 대해서도 기본적으로 같은 반응이 나타나고 있고요. 문제는 세계화가 늘 어려운 일로 가득하리라는 점이 아닙니다. "노, 노 No, no." 트럼프는 늘 이렇게 말하죠. 진정한 문제는 세계화에 얼굴이 있다는 겁니다. 중국인의 얼굴, 멕시코 사람의 얼굴, 유대인의 얼굴을 하고 있다는 겁니다. 익숙한 형태의 정치죠. 이렇게 해야 트럼프를 비롯해 정부는 세계화에서 파생된 문제를 해결할 의무에서 해방되고, 그 자리에 다양한 집단의 구성원을 좌절시키는 형태의 정치를 집어넣을 수 있기 때문입니다. 그러는 동안 우리는 정부가 국민을 위해 해야 할 일, 국민의 번영을 추구하는 직무를 방임하고 있다는 사실을 잊습니다.

거인의 통찰

무슬림의 입국 금지 조치의 중심은 무슬림이 아닙니다. 우리가 당면한 문제의 근원이 무슬림이라고 생각하는 습관을 들게 하려는 시도죠. 국토안보부에 신설된 고발 사무소인 VOICEthe Victims of Immigration Crime Engagement(이민 범죄 피해자 신고 사무소)를 예로 들어 볼까요? 자신이 밀입국 이민자의 범죄 피해자라는 생각이 들면 워싱턴에 있는 이 사무실로 연락하면 된다고 합니다. 이 역시 실은 이민자의 문제가 아닙니다. 이웃을 의심하고 비난하는 습관을 들게 만들려는 거죠. 새로운 형태의 정치를 정착시키려는 시도인 겁니다.

해리스 | 하지만 그렇게 말씀하시면, 그러니까, 밀입국 이민자의 문제가 아니라 이웃을 신고하도록 부추기는 새로운 형태의 정치가 안착하는 문제라고 말씀하시면, 현 정부에 사악한 의도가 있는 것처럼 들립니다. 다시 말해, 의도치 않았으나 시스템이 그러한 방향으로 작용하는 것이 아니라, 마치 위정자들이 의도적으로 비민주적인 생각 ―파시스트적인 생각이든 그 외 다른 사상적 생각이든― 을 품고 의도적으로 우리를 독재로 조금씩 몰아가고 있다는 주장처럼 들린다는 거죠.

스나이더 | 스티브 배넌Steve Bannon처럼 자신이 반민주주의적 극우 이데올로기를 지녔다는 사실을 인지하고도 백악관에서 일한 사람들이 실제로 있었습니다. 지금 미국 대통령 자리에 있는 인물은 2016년 내내 우리에게 민주주의란 근본적으로 거짓이라고 주장했습니다. 정권 교체의 첫 단계에서 보통 사람들이 외치는 말이죠. 고발에 대해서는, 고발하는 주체가 행정부든 시민이든, 이들은 자신이 하는 일을 반쯤은 이해하고 있습니다. 도덕적 임계점만 넘으면 다음

단계로 나아갈 수 있는 겁니다. 예를 들어 제가 누군가를 고발했어요. 사람들은 그런 제 행위를 칭찬해 줍니다. 그리고 그들 무리에 제 자리가 생깁니다. 계속 반복되는 거죠.

그러니, 네. 반민주주의적 사상을 지닌 사람들은 있습니다. 있고 말고요! 역사를 보면, 민주주의는 저절로 확립되는 것이 아니며 이 사상을 싫어하는 사람도 많다는 사실을 알 수 있습니다. 그리고 공무원과 국민들도 고발과 같은 수단을 통해 어느샌가 말려들어가 정신을 차리고 보면 완전히 다른 도덕적 지점에 서 있는 자신을 발견하게 됩니다. 처음에는 자신이 하고 있는 일을 정확히 이해할 수도 없죠.

해리스 | 그러면 이 지점에서 주제를 전환해 책의 첫 번째 교훈으로 들어가 보죠. 첫 번째 교훈은 '미리 복종하지 말 것'입니다. 서두에는 이렇게 요약돼 있습니다. "독재 체제의 권력 대부분은 저절로 부여된다. 이러한 시대에 개인들은 억압적인 정부가 원할 것을 예상하고, 달라는 요청이 없음에도 스스로를 내어 놓는다. 이러한 방식에 적응한 시민은 권력에 무엇이 가능한지 알려 주는 셈이다." 그다음에 나치가 어떻게 오스트리아에 입성했는지, 오스트리아인들의 시키지도 않은 행동이 유대인을 어디까지 희생시킬 수 있는지 나치에게 가르쳐 주었다는 내용으로 이어집니다. 사람들이 나치의 계획에 기꺼이 동조한 사실에서 배울 점이 있다고 말이죠.

스나이더 | 여러 이유로 해당 교훈을 첫 번째로 넣었는데요. 이 교훈은 독재 정권 변화, 특히 나치 독일에 대해 역사가들이 이해한다고 생각하는 것의 핵심에 있습니다. 즉, 독일의 정권 장악이든 오

거인의 통찰

스트리아 합병이든, 독재자들은 처음에는 동의를 필요로 한다는 겁니다.

독재자라고 하면 처음에는 악당을 떠올렸다가 다음에는 더 사악한 악당, 그다음에는 초강대국을 떠올립니다. 왜 있지 않습니까. 유니폼을 입고 역사의 무대 위를 걸으며 자기들이 하고 싶은 건 뭐든 하는. 뒤로 갈수록 맞는 말일 수는 있습니다. 하지만, 처음에는 아닙니다. 초반에 대중에게는 생각보다 더 큰 힘이 있습니다. 저항할 힘말이죠. 문제는 그것을 스스로 깨닫지 못한다는 겁니다. 인간에게는 새로운 상황을 받아들이고 그 상황에 자신을 맞춰 가는 경향이 있습니다. 새로운 상황에 맞춰 이리저리 움직이죠. 보통은 적절한 대처이나, 간혹 재앙이 되는 경우도 있습니다. 대개 역사가들은 여기에 동의합니다. 주목할 만한 지점이죠. 왜냐면 역사가, 특히 나치 독일 역사가들은 여기에 동의하지 않거든요. 유하게 표현하자면 말이죠.

'미리 복종하지 말 것'을 제일 앞에 배치한 다른 이유는, 이 교훈을 제대로 이해하지 못하면 나머지 교훈을 잊을 것이기 때문입니다. 첫 번째 교훈에서 배우지 못하면 비정상으로 느껴져야 할 것이 정상으로 느껴지기 시작할 겁니다. 계속해서 '내일부터, 내일부터, 내일부터'라고 말하면서 내적으로는 그것에 적응하고, 적응하고, 또 적응할 겁니다. 심리적으로 완전히 다른 사람이 돼 버리는 겁니다. 하지만, 무엇이 달라졌는지 모르는 채로 말이죠.

마지막 이유는 정치적인 이유에서입니다. 처음 몇 주, 몇 달, 그리고 아무리 너그럽게 잡아도 첫 1년 동안 행동을 취하지 않으면 결국 시스템은 변하고 저항 비용은 더 커집니다. 지금 우리가 하는 사소

폭정으로 향하는 길

한 행동이 모여 큰 차이를 만듭니다. 눈을 보며 대화하고, 신문을 구독하고, 지역 조합을 세우고, 지역 공직에 출마하고, 지금 우리가 하는 것처럼 정치를 주제로 대화하고. 이런 일에는 큰 용기가 필요하지 않아요. 적어도 우리 둘에게는요. 언젠가 이런 행동들이 의심을 일으키는, 불법적인 일이 되어 버린다면 그때는 훨씬 더 큰 용기가 필요할 겁니다.

히틀러는 단 며칠 만에 오스트리아를 흡수하리라고는 생각하지 않았습니다. 권력의 이동을 본 오스트리아인들이 보낸 메시지를 받고 급작스럽게 결정을 내렸죠. 오스트리아 유대인들은 자신들이 아주 위험한 상황에 처했다는 것을 몰랐습니다. 독일군이 오스트리아에 도착한 뒤 사람들의 반응을 보고서야 깨달았죠. 해당 지역 사람들이 선택한 행동은 독재정권에 결정적인 영향을 미칩니다. 행동에 대한 선택권이 있다는 건 힘이 있음을 의미합니다. 책임감을 의미하기도 하고요. 아무 행동도 하지 않는다는 선택지는 없습니다. 미국에서 2017년 봄 현재 아무 행동도 취하지 않는다면 그 역시 행동을 취하는 겁니다. 아무 행동도 하지 않겠다는 건 정권 교체를 돕겠다는 거죠.

해리스 | 지금 백악관에서 벌어지고 있는 일들을 고려하면 교수님과 저는 이 문제에 대한 심각성을 어느 정도 공유하는 것 같네요. 하지만, 현재 상황과 연결해 생각하면 일부 사람들은 방금 교수님이 말한 내용이 망상처럼 들린다고 생각할 것 같아요. 방금 묘사한 그런 상황에 자신들은 처해 있지 않다고 할 겁니다. 이들이 당파적이라고 생각할 만한 부분은 피하고 싶네요. 교수님이 설명하는 모든

거인의 통찰

내용은 포괄적으로 적용할 수 있는 것들이니까요. 이 대화를 듣는 사람이 트럼프 지지자라 해도 방금 설명한 역학들은 잠재적으로 어디에나 적용될 수 있다는 데 동의할 수 있을 겁니다. 아무리 안정적으로 보이는 민주주의 체계에라도 말이죠.

이제 두 번째 교훈, '제도를 보호할 것'으로 넘어가 보겠습니다. 이렇게 적으셨어요. "제도는 스스로를 보호하지 않는다. 처음부터 지켜 주지 않으면 제도는 차례로 무너진다." 그리고 나치 독일 예시를 들면서 한 사설을 인용하는데, 저도 처음 보는 사설이었습니다. 홀로코스트에 관해서는 꽤 많이 읽어 봤는데, 독일 유대인 신문에 실린 이 사설과 비슷한 건 어디에서도 본 적이 없어요. 《뉴욕타임스》가 10년에 걸쳐 진행된 최종 해결책Final Solution(나치의 유대인 말살 계획_옮긴이)이 시작되기 직전인 1933년에 이런 사설을 실었다고 상상해 보세요. 다음이 바로 1933년 독일 유대인 신문에 실린 사설입니다.

오랜 시간 염원하던 권력을 드디어 손에 쥔 히틀러와 그의 동지들이 [여러 나치 신문에서] 언급되고 있는 여러 제안을 실행하리라는 견해에 우리는 동의하지 않는다. 헌법이 보장한 권리를 갑작스레 독일 유대인에게서 박탈하거나, 게토에 가두거나, 시기와 살인 충동에 휩싸인 군중에게 이들을 던지지는 않을 것이다. 불가능할 것이다. 여러 주요 요인들이 권력을 감독할 것이기 때문에 (…) 그리고 그 길을 따라가기를 원치도 않을 것이기 때문이다. 유럽 열강처럼 행동하려는 국가는 전반적으로 더 나은 스스로의 모습을 윤리적으로 숙고하고, 이전의 대립적 자세로 회귀하는 태도를 피하려는 경향을 보인다.

폭정으로 향하는 길

그리고 이렇게 이어집니다. "1933년 당시 분별력 있다는 많은 사람이 이러한 생각을 했으며, 지금도 분별력 있는 많은 사람이 같은 견해를 갖고 있다. 제도를 통해 권력을 장악한 통치자들이 자신을 그 자리에 세운 제도를 바꾸거나 파괴할 수 없으리라 상정한 것은 실수였다. 심지어 그들이 제도를 파괴하겠다고 공공연히 선언했음에도 불구하고."

'경고성 메시지'라는 말로는 충분치 않을 것 같네요. 홀로코스트를 아직 마주하지 않았음에도 그러한 상황에 처한 자신들의 모습을 떠올린다는 게 놀랍습니다. 세계 사회의 붕괴를 예상하기도 전에, 가게에는 '유대인 소유'라는 표시가 붙고 탐욕과 분노, 인종적 혐오라는 광기에 사로잡힌 이웃들이 내 재산을 빼앗는 모습을 어렴풋이라도 상상할 수 있게 되기 전에 말이죠.

제도의 보호에 관해서, 그리고 자신이 역사의 흐름 속에서 헤엄치고 있다는 사실을 보지 못하는 사람들의 근시안적 사고에 관해 더 자세히 말씀해 주시겠어요?

스나이더 | 우선 역사부터 시작해 보죠. 그 사설을 읽어 주셔서 감사해요. 나치 독일을 연구하는 동료들에게 감사를 표하고 싶었거든요. 그 사설은 단순히 신문에 실린 적이 있었던 것뿐만이 아니라, 나치 시대의 주요 문서 모음집에도 포함되어 있습니다. 제가 이 책을 쓴 이유 중 하나는 비록 오늘날이 혼란스러울지라도 과거 여러 순간에 대한 사실들이 우리에게 도움을 줄 수 있기 때문입니다. 사람들이 취했던 행동, 지녔던 생각이 이상하다는 생각이 들면 그게 바로 위험하다는 경고입니다. 주의를 기울이지 않으면 우리 역시 같은 전

거인의 통찰

철을 밟을 테고 70년이 지난 뒤 사람들이 이상하다고 여길 일들을 하게 될 겁니다.

'망상'이라는 단어를 사용하신 게 흥미롭네요. 그 유대인 신문 사설 편집부에 앞으로 벌어질 일을 말해 줬다면 정확히 같은 반응을 보였겠지요. 피해망상이라고요. 과거를 되돌아보면 좋은 점은 우리가 기본적으로 보이는 반응들을 멀찍이 떨어져 객관적으로 볼 수 있다는 겁니다.

『폭정』의 집필을 마친 뒤 1933년을 진지하게 반추해 봐야 하는 이유가 몇 가지 더 떠오르더군요. 책에서 저는 "역사는 반복되지 않지만 가르침을 준다."라고 말했습니다. 여기에는 두 가지 의미가 담겨 있습니다. 하나는 우리가 사람들의 실패와 통찰력에서 배울 점이 있다는 겁니다. 둘째는 1930년대로 돌아갔으면 하는 사람들에게 역사가 가르침을 준다는 겁니다. 안타깝게도 현재 생각보다 많은 일들이 벌어지고 있습니다. 예를 들어 히틀러도 "자국민을 대상으로는 가스를 사용하지 않았다."라는 숀 스파이서Sean Spicer(트럼프 정권 초기 백악관 대변인을 맡았던 인물로, 대변인 재직 당시 '히틀러도 화학 무기는 사용하지 않았다' 라고 시리아 정권을 비난한 뒤 히틀러의 잔학 행위를 평가 절하했다는 비판을 얻으며 여론의 뭇매를 맞았다_옮긴이)의 이상한 주장에는 장애인과 독일 유대인은 독일인이 아니었다는 의미가 내포돼 있습니다. 제프 세션스Jeff Sessions 전 법무장관이 한 발언도 있습니다. '태평양의 한 섬에 앉아 있는 일개 판사'가 대통령에게 이래라저래라 할 수 있다는 게 '놀랍다'고 했었죠. 미국이 제2차 세계대전에 참전하게 된 계기가 그 태평양의 섬 때문이라는 점은 새까맣게 잊은 채로 말이죠.

배넌이 1930년대는 흥미진진한 시기였다고 말할 때, 트럼프가 미국의 외교 정책과 에너지 정책에 '미국 우선주의American First'라는 도장을 찍을 때, 미국인들은 자국의 행정부가 1930년대를 명시적으로 그리고 의도적으로 언급하는 모습을 봅니다. 미국 우선주의는 단순한 포퓰리즘이 아니라 미국이 제2차 세계대전에 참전하는 것을 피하기 위해 내세운 고립주의적, 반유대주의적 움직임입니다. 아까 "《뉴욕타임스》가 1933년에 이런 사설을 실었다고 상상해 보세요." 라고 말씀하셨죠. 《뉴욕타임스》는 실제로 그런 사설을 실었습니다. 정말로요.

《뉴욕타임스》가 지금처럼 날 선 언론이 된 이유 중 하나는, 이 신문이 1930년대 나치 독일과 소련을 다룬 방식이 그리 자랑스러울 만한 것이 아니었기 때문입니다. 스탈린과 히틀러의 행위를 해명하고 일반화하는 데 많은 지면을 할애했죠. 《뉴욕타임스》만이 아니었습니다. 많은 미국 언론이 히틀러를 높이 평가했어요. 놀랄 만한 일이죠. 독일인과 독일 유대인만이 악화될 가능성을 일반화하고 대수롭지 않게 여기는 경향을 보인 건 아니었습니다. 미국 신문들 역시 마찬가지였습니다. 우리가 주의를 기울여야 하는 또 하나의 이유죠.

왜 제도가 중요하냐고요? 제도가 많이 필요하기 때문입니다. 독재주의 성향을 지닌 사람을 뽑는 것이 제도에 위협이 된다는 사실을 깨닫지 못한다면 제도는 무너질 겁니다. 선거는 히틀러가 권력을 장악하는 데 중요한 역할을 했습니다. 21세기에 부상한 독재 정권들을 살펴보면 대부분의 경우 선거라는 수단이 활용되었습니다. 선거는 민주주의를 보장해 주지 않습니다. 안타깝지만 폭군은 그 자리에 오

거인의 통찰

르면 제도를 밀어내며 하나씩 제거해 버릴 겁니다. 20세기의 사례들을 보면 알 수 있듯이 극우든 극좌든 독재는 그런 방식으로 작동합니다. 모든 권력을 한 번에 장악하지 않습니다. 하나씩 제거해 나가죠. 대개 언론이나 대법원부터 시작됩니다. 요는, 첫 번째 제도부터 방어하지 못하면 나머지는 도미노처럼 무너지는 경향이 있다는 겁니다.

해리스 | 듣다 보니 트럼프 정권 백악관 대변인이었던 숀 스파이서가 '홀로코스트 센터'(브리핑에서 기자들의 질문에 강제수용소를 '홀로코스트 센터'라고 잘못 표현했다_옮긴이)를 반복하며 미인 대회 참가자처럼 단도직입적인 질문들에 이상한 대답을 내놓으면서 의도치 않게 우스꽝스러운 명장면을 연출했던 처참한 기자 회견이 떠오르네요.

세 번째 교훈은 '일당 국가를 조심할 것'입니다. 이렇게 요약하셨어요. "국가를 변혁하고 경쟁자들을 억누른 당들이 처음부터 전능했던 것은 아니다. 이들은 반대당의 정치 생활을 불가능하게 만드는 데 역사적 요소를 사용했다." 이 역시 깨닫기 어려울 정도로 미세하게 가까워져 올 수 있는 현상이라고 생각합니다. 하나의 당이 점점 더 많은 권력을 얻으며 다당 체계에서는 유효했던 정치적 기준들이 용납되지 않도록 바뀌어 가는 것이죠. 이 기준과 관련해서 지금 우리의 상황은 어떤가요?

스나이더 | 그게 바로 2016년에 벌어진 상황의 일부입니다. 트럼프와 관련이 있기도 하지만 동시에 그와는 별개의 문제이기도 하죠. 미국인들은 스스로 이렇게 말합니다. 미국은 지난 200년 동안 민주주의 국가였으니 앞으로도 그럴 것이라고요. 미국이 진정한 민

폭정으로 향하는 길

주주의 국가였던 기간은 민권법Civil Rights Acts 제정 이후 단 몇십 년에 지나지 않습니다. 그리고 그 수십 년이라는 시간의 후반부 동안에는 민주주의에서 확실히 멀어져 가고 있고요. 정계로 돈이 무한정 흘러 들어가게 두어 사실상 현금을 손에 쥔 몇 안 되는 사람들이 주(州) 선거를 좌지우지하는 상황에 이르렀습니다. 그 사람들은 그 주에 살지도 않는데 말입니다. 이는 민주주의적이라고 할 수 없죠.

게리맨더링Gerrymandering이라는 것이 있습니다. 제 고향인 오하이오주를 예로 들면, 한 명의 후보자에게 투표하면 제 표는 기본적으로 다른 후보자에게 투표한 다른 사람의 표의 절반으로 계산된다는 의미입니다. 선거인단이라는 것도 있죠. 캘리포니아 주에서 온 유권자가 가령 와이오밍주의 유권자보다 훨씬 적은 영향력을 지니는 겁니다. 유권자 탄압법은 아직 이야기도 꺼내지 못했습니다. 아마 앞으로 더 악화될 겁니다.

요점은, 미국은 이미 민주주의에서 멀어져 가고 있으며 트럼프가 그 이익을 톡톡히 봤다는 겁니다. 누가 봐도 그는 선거인단이 아니었다면 대선에서 이길 수 없었습니다. 하지만, 정계에 너무 큰돈이 유입된다는 사실을 사람들이 잘 알기 때문에 그가 우호적인 올리가르히oligarch(국가 혹은 기업의 소수 집권층. 러시아 신흥 재벌을 가리키기도 한다_옮긴이)인 체하며 이렇게 말할 수 있는 겁니다. "체제가 부패했다는 사실은 다 압니다. 소수 독점적이죠. 그러나 저는 **미국의** 올리가르히이고, 힐러리 클린턴은 다른 사람들의 올리가르히입니다." 그리고 여기에서 세계를 범위를 넓힌 음모론이 제기됩니다. 사실상 그는 "보이지 않는 곳에서 힐러리 클린턴을 지지하는 수상한 사람들이 있습니다. 하지만, 저는 여러분 앞에 있습니다. 바로 저, 도널드 트럼프가요. 저는 여러분의 올리가르히입니다."라고 말하는 거죠.

물론 사실이 아니었습니다. 우선, 트럼프가 정말 그 정도로 많은 자금을 갖고 있었는지 확실치 않습니다. 그를 지지하는 올리가르히가 없었던 건 아닙니다. 있긴 있었습니다. 미국 시민이 아니었을 뿐이죠. 그렇지만, 애당초 정계에 너무 많은 돈이 흐른다는 문제가 없었다면 그는 그런 호소조차 할 수 없었을 겁니다.

다른 문제는, 공화당이 이기기 쉬운 경쟁 구도가 형성되었다는 겁니다. 이는 공화당 자체에도 문제입니다. 50개 주 의회 중 34개가 공화당입니다. 그리고 게리맨더링은 너무 정교해져서 장기적으로는 공화당에 도움이 안 될 겁니다. 이들이 양당 체제를 유지하기를 원한다면 말이죠. 다수의 국민이 지지하는 정책이 공화당에 없는 경우에도 이기는 상황이 되어 버릴 테니까요. 사람들이 공화당 정책을 지지한다면 상관없습니다. 지지하지 않아서 그렇죠.

공화당은 불편한 성공을 거두었습니다. 그리고 이는 민주주의에 위험으로 작용합니다. 일당이 권력을 통제하고 민주주의적으로 스스로를 정당화할 수 없을 때, 비민주주의적 수단으로 권력을 유지하려는 유혹이 생깁니다. 이는 공화당이나 민주당이 지닌 특성의 문제가 아닙니다. 인간 본성의 문제죠. 이것이 견제와 균형이 필요한 이유입니다. 우리 건국의 아버지들이 앞날을 아주 훌륭히 내다보셨죠.

미국은 제가 피하고자 하는 상황으로 조금씩 향하고 있습니다. 바라건대 훌륭한 품성의 애국적인, 헌법을 존중하는 많은 공화당원이 이 상황을 이해했으면 좋겠습니다. 현재 우리는 충분히 주의를

폭정으로 향하는 길

기울이지 않으면 일당 국가가 될 수도 있는 상황을 향해 가고 있습니다. 이는 민주당에만 해로운 게 아닙니다. 공화당에도 해롭습니다. 무엇보다도 이러한 흐름이 지속되다 보면 빠져나오기 대단히 힘든 상황으로 귀결될 수 있습니다. 민주주의적으로 정당하지 않은 권력을 지니는 데 익숙해지면 모든 것이 어려워집니다.

해리스 | 책에서 데이비드 로지David Lodge 소설의 가슴 저미면서 아름다운 구절을 인용하셨어요. "당신이 마지막으로 사랑을 나눌 때 당신은 그것이 마지막이라는 것을 알지 못한다." 그리고 "투표도 그것과 같다."라며 이렇게 이어집니다. "1990년에 투표한 러시아인들은 분명 그 투표가 러시아 역사의 마지막 자유와 공정의 선거가 되리라고 생각하지 않았을 것이다. (지금까지는) 그것이 마지막이다." 그리고 조금 더 아래로 내려가면 이런 내용이 나옵니다. "1990년 선거 이후 구축된 러시아 과두 체제는 지금까지도 기능하고 있으며 다른 모든 나라의 민주주의를 파괴하기 위한 외교 정책을 장려하고 있다." 이것이 일반적인 인간 경험이죠. 사람들은 민주주의를 파괴하는 방식을 활용해 민주주의적으로 행동합니다. 그것을 파괴하고 있다는 사실은 인지하지 못한 채 말이죠.

많은 트럼프 옹호자가 —물론 공화당에도 트럼프를 지지하지 않는 사람은 있습니다만— 미국의 민주주의 기반을 약화하려는 러시아의 명백한 시도를 완벽하게 낙관적으로 여기거나 아예 인지하지 못한다는 사실에 대해 어떻게 생각하시는지 궁금하네요. 지금 우리가 이야기하고 있는 건 냉전을 종식시킨, 적어도 종식시켰다고 믿는 바로 그 당이잖아요. 지난 3년을 되돌아보면 러시아와 러시아의 공산주의 독재 역사에 공화당보다 더 많은 편견을 지녔던 사람들도 없었습니다. 어쩌다가 여기까지 왔을까요?

스나이더 | 저 역시 제 조언에 따라 미국이 아닌 세계를 배경으로 이야기를 시작하죠. 미국 편협주의를 구성하는 요소 중 하나는, 우리가 정치든, 경제든, 정치 이론이든, 영화든, 패션이든 모든 것이 미국에서 시작해 밖으로 퍼져 나간다고 생각한다는 겁니다. 미국에서 먼저 시작되고, 나머지 세계가 우리를 따라 한다고요. 하지만, 그러한 믿음은 사실 근처에도 가지 못합니다. 일부 중대한 사항은 오히려 반대이고요. 현대의 주요 정치적 견해나 동향은 동양에서 서양으로 확산하는 경향을 띱니다.

러시아의 체제가 안정적이라는 말이 아닙니다. 불안정하다고 생각해요. 러시아는 일련의 조작된 '해외에서의 승리'가 보완하는 가짜 뉴스를 효율적이고 아름답게 포장해, 급진적인 경제 불평등을 제도화하고 안정시켜 일정한 균형을 유지해 왔습니다. 이것이 하나의 체제 모델이 된 겁니다. 이러한 모델이 존재하며 일부 사람들을 매혹시킨다는 것을 알아야 합니다.

이 모델은 부를 창출하지는 못합니다. 그러나 지속이 불가능한 부의 불평등처럼 보이는 것을 안정시킬 수는 있습니다. 우리는 악의 무리 —러시아에게는 테러와 미국이죠— 를 상대로 계속되는 투쟁 중에 있다고 주장하며 불평등을 정당화할 수 있습니다. 이 모델을 기반으로는 개혁도 할 수 없습니다. 부패 관료에게서 권력을 빼앗을 테니까요. 이 모델은 극도의 불평등이라는 현상現狀만 정당화할 뿐입니다.

세상에는 러시아만 있는 게 아니죠. 이에 러시아 사람들 ―혹은 여러 모로 영리한 푸틴― 은 경쟁자를 제거해야 한다는 결론에 도달했습니다. 전 세계를 러시아처럼 만드는 겁니다. 러시아가 유럽처럼 되지 않겠다면 유럽을 러시아처럼 만들어야 합니다. 유럽을 러시아처럼 만드는 방법은 프로파간다와 자금을 활용해 우익 포퓰리스트를 지원하는 겁니다. 그리고 같은 방법을 미국에도 적용하는 거죠. 이것이 현실화된 지는 꽤 되었습니다. 일례로 2010년 트럼프가 '버서리즘birtherism'(버락 오바마 전 미국 대통령의 출생지가 미국이 아니라는 의혹을 제기하며 그가 대통령으로서 자격이 없다고 주장한 음모론_옮긴이)을 언급하기 시작하자 러시아 프로파간다 역시 버서리즘을 들먹이기 시작한 것을 들 수 있죠.

이들은 인류에게도 재앙과 같은 영리한 아이디어를 하나 갖고 있습니다. 바로 모두를 러시아와 같은 수준으로 끌어내리는 겁니다. 실현을 위한 전략의 일환으로 극우파를 지지하고, 모든 것은 상대적이며 진실이나 사실이란 존재하지 않는다는 생각을 퍼뜨립니다. 그러한 생각이 믿음으로 굳어지면 정치적 활동과 정치적 반대에 일관성이 사라지고 따라서 실행이 불가능해지기 때문입니다.

이와 같은 전략은 러시아에는 이미 성공적으로 적용되었고, 이제 해외를 목표로 하고 있습니다. 일부 지역에서는 성공을 거뒀고요. 이들이 지능적이라는 사실을 인지하고 목표를 정확히 파악해야 합니다. 미국 역시 이 과정이 진행되는 한복판에 있기 때문입니다. 미국에서 벌어지고 있는 일은 지능적인 러시아인들이 자신의 이익이라고 생각하는 바에 따라 지능적으로 행동한 결과입니다.

거인의 통찰

이제 질문에 답을 해 보죠. 공화당에는 러시아를 긍정적 모델로 여기는 사람이 꽤 많다는 사실을 받아들여야 합니다. 러시아가 긍정적인 모델이라고 말하고 다니는 리처드 스펜서Richard Spencer 같은 백인 우월주의자만을 이야기하는 게 아닙니다. 이슬람 문제를 향한 러시아의 태도, 정교회를 수용하는 러시아의 태도를 겉으로 표현하지는 않지만 긍정적으로 받아들이는 복음주의 기독교인도 많습니다. 이들은 동성애에 대한 러시아의 입장도 지지합니다. 상당한 양의 사상들이 모스크바를 통해 미국의 중심부로 이미 흘러 들어와 있습니다.

러시아가 우익 운동을 이끈다고 생각하는 사람도 많습니다. 그리고 이는 아까 냉전에 관해 말씀하신 부분과도 연결됩니다. 작가님과 저는 러시아를 생각하면 여전히 냉전을 떠올리겠지만, 오늘날 미국의 우익은 그렇지가 않습니다. 미국 내 우익은 러시아를 테러에 대항하며 종교를 사랑하는 리더십의 모델로 여깁니다. 물론 완전히 조작된 헛소리죠. 미국의 좌익을 위협하던 1930년대 소련 이미지만큼이나 진실성이 없습니다. 여러 면에서 아주 유사하죠.

사실 러시아는 아주 빈곤한 국가입니다. 사람들은 자유롭지 않고 기본적으로 아무도 교회에 가지 않습니다. 러시아 주요 인사 중 한 명인 람잔 카디로프Ramzan Kadyrov는 그 자신이 무슬림 테러리스트입니다. 러시아는 미국 우익이 생각하는 그런 국가가 아니지만, 이들은 그 이미지를 믿어 왔습니다. 여기에는 부분적으로 러시아로 여행 가는 사람이 거의 없다는 사실과 러시아식 프로파간다가 유효하게 작용했죠.

폭정으로 향하는 길

다른 식으로 생각하면 미국 우익 집단의 생각도 맞습니다. 부패 정권을 원한다면, 그리고 극도로 불평등하고 권위주의적이며, 표면적으로는 기독교 국가이나 실은 기독교를 믿지 않는 정권을 원한다면, 그렇다면 러시아를 긍정적 모델로 볼 수 있을 겁니다. 그렇게 생각하면 맞긴 맞죠.

우익이 아님에도 러시아의 간섭이 문제가 아니라고 생각한다면, 그건 아마 정보 사일로information silo(사일로란 저장고를 의미하며, 각 저장고에 곡식이 쌓여 서로 섞이지 않듯 정보가 분리되어 서로 공유되지 않는 현상_옮긴이) 때문일 겁니다. 러시아 언론을 유심히 살펴보면 —저도 이 지점부터 살피기 시작했습니다. 2016년에는 러시아에서 공개된 자료를 바탕으로 글을 쓰기도 했습니다— 러시아의 상위 정치인, 언론이 트럼프를 지지하는 건 확실합니다. 대선은 물론 예비선거 기간에도 말입니다. 그리고 2016년 내내 이를 알리는 폭로가 이어졌죠.

하지만 다시 일부는 "러시아와의 관계는 트럼프에게 부정적으로 작용할 것이 분명하기 때문에 반대편에서 조작한 게 틀림없어."라고 생각하며 정보가 편향되는 현상을 보입니다. 이는 위험하고도 반민주주의적인 사고방식이죠. 자신이 사상적으로 유연한 사람인지 알아보고 싶다면 자신이 지니던 생각을 바꿀 수 있는지 확인해 보면 됩니다. 중대한 사안에 관한 자신의 견해를 바꿀 수 없다면 유연성에 문제가 있는 겁니다. 시민으로서 우리는 사실을 있는 그대로 직면하고 규명을 거부해서는 안 됩니다. 공모한 바가 없다면 그걸로 된 겁니다. 공모는 없었던 겁니다. 만약 있었다면, 그 사실을 아는 것 자체가 우리 모두에게 도움이 되겠죠.

거인의 통찰

해리스 | 정보의 편향은 큰 문제이고, 아마 우리는 평생 이 문제와 씨름하겠죠. 하지만, 편향이라는 혐의는 양날의 검입니다. 러시아의 영향력을 경시하는 사람들은 방금 말씀하신 내용이 단순히 교수님의 정보 편향을 보여 준다고 생각할 겁니다. 《워싱턴 포스트》나 《뉴욕타임스》와 같은 '가짜 뉴스'를 구독하면서, 러시아 정보를 얻은 출처가 무엇이든 간에 다른 이들이 브레이트바트Breitbart나 폭스Fox, 인포워스Infowars 같은 매체를 보며 속고 있다고 교수님이 말씀하시는 것처럼 교수님도 역시 속고 있는 거라고 말이죠.

당연히 양쪽은 동등한 비교 대상이 아니죠. 브레이트바트, 폭스, 인포워스 대신 《워싱턴 포스트》와 《뉴욕타임스》, 《디 애틀랜틱》을 신뢰하는 게 맞는지 고민하느라 밤잠을 설치는 사람은 없을 겁니다. 그러나 편향은 이런 대화 자체를 불가능하게 만들죠.

스나이더 | 그렇습니다. 관련해 기본적인 사항 하나를 짚고 넘어가고 싶습니다. "나는 A라는 사실을 알고 당신은 B라는 사실을 안다."라고 말하는 것과, 정부 관계자가 사실에 대한 의혹을 부추기는 것은 별개의 문제입니다. 지금 우리가 그런 상황에 있는 듯해서 안타깝고요. 캘리앤 콘웨이Kellyanne Conway(트럼프 정부의 백악관 고문_옮긴이)가 '대안적 사실'을 말할 때, 미국 대통령이 기자를 가리키며 '민중의 적'이라 칭할 때, 배넌이 언론을 두고 야당이라고 말할 때, 우리에게는 서로 다른 두 가지의 사실이 주어지는 게 아닙니다. 미국에는 자국민에게 헌신적으로 무지해지라고 가르치는 사람들이 있습니다. 그것이 바로 독재의 언어입니다. 그렇기에 독재는 매력적입니다. 듣고 싶은 것을 계속해서 듣기에 좋으니까요.

존 메이너드 케인스John Maynard Keynes는 사일로를 아주 멋진 방식으로 설명합니다. "사실이 변하면 저는 제 생각을 바꿉니다. 당신은 어떻습니까?" 저 역시 같은 생각입니다. 러시아와 트럼프의 관계에 관한 반대쪽 증거가 더 우세하다면 저는 제 생각을 바꿀 수 있습니다. 아직 그것을 보여 주는 증거는 없죠. 심지어 우리가 지닌 증거는 반대 방향을 가리킵니다. 대통령이 로버트 뮬러Robert Mueller의 조사 결과를 맹렬히 비난하고 있다는 사실 쪽으로 말이죠. 이런 반응은 기본적으로 자백이나 다름없습니다. '우리는 사실을 받아들일 수 있는가?' '자기 생각을 바꿀 수 있는가?' 저는 이게 가장 기본적인 문제인 것 같습니다.

저는 러시아어와 우크라이나어를 읽을 수 있고, 유관한 일련의 사건에 꽤 가까이 있는 사람들을 많이 압니다. 러시아와 우크라이나에서 지낸 적도 있고, 이 사건들이 진행되는 과정을 봐 왔습니다. '폴 매너포트Paul Manafort'라는 이름을 들어온 지도 꽤 오래되었죠. 뉴스에 나오는 모든 인물은 제가 수년간, 수십 년간 조사해 온 사람들입니다. 그래서 저는 제게 큰 패턴을 보는 감각이 있다고 생각합니다.

해리스 | 트럼프가 소득 신고서를 제출하지 않은 이유로도 연결될 수 있을 것 같습니다. 저는 이유를 알 것 같거든요. 그는 자신이 주장하는 만큼 부유하지 않으며, 러시아 세력에 꽤 큰 부채가 있을 거라고 저는 어느 정도 확신합니다. 둘 다 범죄는 아니지만 정치적으로 꽤 곤란한 사항임에는 틀림없죠.

여기에서 더 궁금한 건 트럼프 지지자들이 그가 소득 신고서를 제출하기를 원치 않는 이유입니다. 트럼프가 사기꾼이나 거짓말쟁이가 아니라고 믿는다면 소득 신고서를 제출한다 한들 어떤 해가 있겠습니까? 이들은 근 수십 년 동안 모든 대선 후보와 대통령이 따라온 그 의무가 왜 지금에 와서는 적절치 않아 보이는지 설명해야 합니다.

크게 건너뛰어 열 번째 교훈으로 가 보겠습니다. 방금 나눈 대화와 맞닿아 있는 내용이라서요. "진실을 믿을 것. 사실을 저버리는 것은 자유를 저버리는 것이다. 어떤 것도 진실이 아니라면 그 누구도 권력을 비판할 수 없다. 비판을 위한 근거가 없기 때문이다. 무엇도 진실이 아니라면 모든 것은 쇼일 뿐이다. 거부巨富는 눈을 뜰 수 없을 정도로 밝은 조명에 돈을 지불한다."

저를 가장 화나게 한 건 다름 아닌 진실에 대한 공격, 진솔한 대화를 위한 규범을 무너뜨리는 행태였습니다. 이미 확립된 사실을 인정하지 못한다면 스스로 부끄러운 줄 알아야 합니다. 평판상의 대가가 있어야 하죠. 사실이라고 알려진 것을 인정하지 않고 명백한 것을 왜곡하는 방식으로 부정한다면 그 사람의 말은 누구도 경청하지 말아야 합니다.

이제 우리는 대통령과 그의 대리인들이 텔레비전에 나와 없는 말을 지어내도 별문제 없는 세상으로 건너왔나 봅니다. 다행히도 언론은 점차 인내심을 잃고 있죠. 분명 트럼프 지지자들이 당신들은 편향된 언론이며 무례하다고 할 방식으로 언론인들이 맞선 통쾌한 순간들도 있었고요.

하지만, 예의를 차릴 수 있는 시간은 한참 전에 지나갔습니다. 관련하여 책의 내용을 조금 더 읽어 드리죠. "듣고 싶은 말과 사실 사이에 차이가 있음을 인정하지 않을 때 우리는 폭정에 굴한다. 현실을 부정하는 것이 자연스럽고 기분 좋게 느껴질 수 있지만, 그 결과는 개인의 종말이다. 개인주의에 의존하는 모든 정치 체제의 몰락이다."

그다음에 독일계 유대인 언어학자인 빅토르 클렘페러Victor Klemperer가 진실이 소멸하는 네 가지 방식을 설명한 부분을 인용합니다. "첫 번째 방식은 날조된 이야기와 거짓말을 사실처럼 제시하는 형태로 검증 가능한 현실에 공개적인 적대감을 보이는 것이다. 트럼프 대통령은 자주, 빠른 속도로 이를 실행한다. 한 단체에서 2016년 선거 운동 당시 그의 발언을 추적한 결과 사실이라고 주장한 발언의 78퍼센트가 실은 거짓이었음이 밝혀졌다. 이 비율이 너무 높은 나머지 올바른 주장들이 날조된 전체 이야기의 흐름에서 의도치 않게 벌어진 실수처럼 보인다. 있는 그대로의 세상이 지닌 가치를 해치면 허구의 반反세상이 만들어지기 시작한다."

스나이더 | 독재 정권으로의 변화에 있어서 진실을 향한 공격은 우리가 생각하는 것보다 더 근본적인 요소입니다. 우리가 읽는 공산주의나 파시즘의 역사는 합리적이고 사실에 입각한 방식으로 일을 하는 역사가들이 써 내려간 내용입니다. 그래서 당시에는 실제로 어떠한 이데올로기적 어휘와 마법이 사용되었는지 떠올리기 힘들죠. 저도 책을 쓸 때 사람들이 얼마나 프로파간다에 넘어가기 쉬우며 이것이 작용하는 원리는 무엇인지 사람들이 깨달을 수 있도록, 국가사회주의나 파시즘, 공산주의를 경험한 사람들과 그들의 프로파간다 경험에 대한 기억을 신중하게 인용했습니다.

거인의 통찰

프로파간다는 단순히 현실에 끼어드는 것이 아닙니다. 프로파간다란 기본적으로 사실에 대한 우리의 이해를 다른 것으로 대체함으로써 작동합니다. 파시스트라면 이렇게 말할 겁니다. "중요한 건 당신이 생각하는 것, 혹은 안다고 생각하는 게 아닙니다. 유일한 진리는 당신이 주관적, 정신적으로 거대한 국가 공동체의 일부라는 감각을 느끼는지 아닌지입니다. 그렇게 느낀다면, 아주 좋은 거죠! 느끼지 못한다면, 당신은 적일 뿐입니다." 사회주의자라면 이렇게 설명하겠죠. "유일한 진리는 아름답고 유토피아적인 사회주의 미래상입니다. 그렇기에 지금 일어나고 있는 것처럼 보이는 일은 중요하지 않습니다. 오늘은 미래로 이어지는 길목이라는 점에서만 의미를 지닙니다." 그래서 지금 벌어지고 있는 일에 관한 거짓말이 정당화되고 사실상 요구되는 겁니다. 거짓말은 그들이 꿈꾸는 미래로 향하는 데 도움이 되기 때문입니다.

21세기에 와 달라진 점은, 오늘날 독재 정권 변화를 꾀하는 사람들에게는 이전과 같은 수준의 원대한 미래상이 없다는 겁니다. 이들의 진실을 향한 공격은 전적으로 부정적입니다. 이미 잘못되어 가고 있는 일의 입구를 더 벌려 놓는 것 외에는 하는 일이 아무것도 없습니다. 하지만, 효과적이죠.

지금 설명해 드리는 건 과거 러시아에서 벌어진 일이고, 현재 미국에서 벌어지고 있는 일입니다. 첫 번째 단계는 트럼프가 2016년에 한 일이죠. 공적 영역을 거짓말로 채운 뒤 계속해서 자신이 한 말과 모순되는 말을 늘어놓는 겁니다. 정치적 편의를 위해서도 그렇지만 정직한 토론이라는 개념을 공격하기 위해서죠.

폭정으로 향하는 길

두 번째 단계는 사실성을 책임지는 사람들을 비난하는 겁니다. 언론인들을 '적'이나 '반대파'라고 칭합니다. 이들을 어떻게 다스릴 것이며 단속할 것인지 등등에 관해 이야기합니다.

세 번째, 두 번째 단계까지 성공하고 나면 진실이 무엇인지 아는 사람은 아무도 없습니다. 누구도 언론인의 권위를 믿지 않기 때문에 독점 체제가 되거나, 적어도 그날의 이슈를 만들 수 있을 정도로 가장 강력한 자리에 서게 됩니다. 지금 백악관이 하고 있는 일이죠.

저는 이것이 우리가 생각하는 것보다 더 중요하다고 생각합니다. 우리가 어디로 향하고 있는지는 알 수 없지만, 민주주의에 무엇이 필요한지는 알 수 있기 때문입니다. 민주주의에는 법규가 필요합니다. 법규에는 신뢰가 필요하고, 신뢰에는 사실이라는 것이 존재한다는 믿음이 필요합니다. 사실이 존재한다는 믿음을 제거하면 우리 문제의 핵심으로 들어가는 겁니다. 민주주의가 파괴되는 겁니다. 민주주의를 파괴하는 가장 값싸고 쉬운 방법이죠. 이것이 21세기 독재자들이 찾아낸 방식이며, 바로 우리 눈앞에서 벌어지고 있는 일입니다.

해리스 | 자연스럽게 다음 교훈으로 넘어갈 수 있겠군요. 방금 말씀하신 내용은 아홉 번째 교훈과도 연결됩니다. "말에 신경 쓸 것. 다른 모두가 쓰는 말은 피하라. 모두가 하는 말이라고 생각하는 것을 전달할 뿐일지라도 자신만의 화법을 생각해 내라. 인터넷에서 멀어지려 노력하라. 책을 읽어라." 그리고 언론이 의도적이든 아니든 트럼프를 일반화한 방식에 관해 설명합니다. "우리 시대 정치인들은 텔레비전에 상투적인 문구들을 더한다. 심지어 그런 행태에 동의하

거인의 통찰

지 않는 사람들도 그 행태에 동참한다. 텔레비전은 이미지를 전달하기 때문에 정치적 언어에 도전한다고 주장하지만, 프레임의 연속은 분석하는 감각을 저해한다. 모든 것은 빠르게 벌어지지만 사실 아무 일도 벌어지지 않는다. 텔레비전에 나오는 각각의 소식은 '긴급'하지만 이내 다음 '긴급'한 뉴스가 그 자리를 차지한다. 우리는 연이은 파도에 부딪히지만 실상 바다는 보지 못한다."

지금껏 저를 괴롭혀 온 것이 바로 이것이라는 사실을 이번에 깨달았습니다. 이 각도에서 생각해 본 적은 없거든요. 이전에 만약 트럼프가 지금보다 열 배는 덜 형편없었다면 더 나빠 보였을 것이라고 말한 적이 있는데, 그 발언과 연결되네요. 쏟아지는 거짓말, 스캔들, 곳곳에서 벌어지는 이해 충돌, 몇 시간마다 등장하는 새로운 소식은 뉴스의 주기를 끊임없는 광란 상태로 몰아넣습니다. 그리고 소위 '속보'의 중요성을 이해할 시간도 주지 않습니다. 네 시간 후면 또 새로운 사건이 일어날 것이고, 새로운 '속보' 역시 깜짝 놀랄 만한 사건일 테니까요. 적어도 놀랄 만한 사건이었겠죠. 놀라움의 역치가 더 높아지지 않았다면 말입니다. 특히 텔레비전의 경우가 더 심합니다. 현 상황을 설명하기 위해 기자들은 권력층과 상호 작용을 해야 하는데, 이 과정에서 권력층의 정말 말도 안 되는 설명조차 일반화되는 경향이 있기 때문이죠. 기자들이 비판적인 목소리를 내는 듯 보이는 때에도 이들은 무엇이 정치적으로 정상인지 판별하는 우리의 인지를 왜곡하는 언어를 채택합니다.

스나이더 | 맞습니다. 그것이 제가 책을 쓰며 단어를 신중하게 고른 이유이며, 책에서 접하는 표현이 텔레비전이나 신문을 통해 접

하는 표현과 달리 들리는 이유입니다. 저도 책에서 현재 상황을 개념화하기 위해 무척 노력했고, 모두가 그렇게 할 수 있다고 생각합니다.

방금 말씀하신 내용에 낙관적인 의견을 덧붙이자면, 전제에는 저도 동의합니다. 하지만 완전히 갇혀 버린 건 아닙니다. 종일 뉴스를 보는 대신 하루에 30분, 혹은 일주일에 몇 시간 정도만 시청하기로 마음먹으면 됩니다. 인터넷도 마찬가지입니다. 뉴스피드에 휩쓸리지 않고 하루에 30분만 읽도록 시간을 정하는 겁니다. 사실 많이 본다고 해서 얻는 게 더 많은 것도 아닙니다. 최근의 소식을 알고 싶다면 서너 시간 동안 텔레비전을 시청하거나 인터넷에서 기사를 클릭하는 대신 양질의 신문을, 예컨대 하루 30분 읽는 편이 훨씬 낫습니다. 덕분에 다양한 지식을 읽고 다양한 사람과 대화하는 데 시간을 더 할애할 수 있고요.

공개적인 정치 논의를 통해 파시즘과 공산주의에 반대하던 1970년, 1980년대 미국의 역사가 떠오르네요. 당시 우리는 다양한 책을 읽은 덕분에 우리를 공격하는 상대에 적용할 수 있는 개념과 구조, 어휘를 잘 알고 있었죠. 어떤 일이 벌어지면 사람들은 둘 중 한 가지 방식으로 반응합니다. 마음속에서 준비해 놓은 대로 반응하거나, 사람들이 원하는 방식에 맞춰 반응합니다. 현 정권은 여러 면에서 역량이 부족하고 때로는 비웃음을 살 만한 메시지를 던지기도 하지만, 사람들이 따르길 원하는 방식이 확실히 있으며 사람들은 그 방식을 따릅니다.

당면한 문제를 자신만의 언어로 표현할 수 없다면 우리는 자유롭다고 할 수 없습니다. 자신만의 언어로 표현할 수 없다면 다른 이에게 설명할 수도 없습니다. 인터넷이나 텔레비전 뉴스에서 접한 것을 그대로 읊는다면 사람들이 알아차릴 테니까요. 그리고 그 사람들은 대개 우리 쪽 사람들이 아닙니다. 다른 쪽 사람들이죠. 하지만, 관심사를 설명할 수 있는 나만의 방식을 찾는다면 그들이 끊임없이 시청하고 있는 뉴스 너머를 연상하도록 도울 수 있습니다. 독서는 대화의 전제 조건이며, 대화는 정치에서 꼭 필요한 것입니다.

해리스 | 하나만 더 다루도록 하겠습니다. 네 번째 교훈입니다. "세상의 얼굴에 책임을 질 것. 오늘의 상징은 내일의 현실이 된다. 스바스티카(나치 독일군의 상징인 역만卍자 무늬_옮긴이)와 다른 증오의 기호들을 의식하라. 외면도 말고, 익숙해지지도 말라. 그러한 기호들을 직접 없애고 다른 이들도 따르게끔 모범을 보여라." 그리고 본문은 이렇게 시작합니다. "삶은 정치적이다. 세상이 우리의 기분에 관심이 있기 때문이 아니라 우리가 하는 행동에 반응하기 때문이다. 우리의 사소한 선택들은 일종의 투표와 같다. 그것들이 모여 미래에 자유롭고 공정한 선거를 치를 가능성을 형성하기 때문이다."

뒤이어 바츨라프 하벨Vaclav Havel이 쓴 『힘없는 자들의 힘』의 내용이 이어집니다. "그는 목표와 이데올로기를 믿는 사람이 거의 없는 억압 정권의 지속성을 설명하며, 가게 창문에 '전 세계 노동자여, 단합하라!'라는 구호를 붙여 놓은 채소 장수의 이야기를 제시한다. 채소 장수가 창문에 문구를 걸어 놓은 건 『공산당 선언』에 나온 이 문구의 내용을 지지하기 때문이 아니라, 그렇게 해야 당국의 방해 없이 일상으로 물러날 수 있기 때문이었다. 모두가 같은 논리를 따를

폭정으로 향하는 길

때 공적 영역은 충성의 상징으로 덮이고, 저항은 상상도 할 수 없게 된다."

제게는 일상으로 물러난다는 부분이 흥미롭게 다가왔습니다. 적어도 지금 단계에서 충성의 상징을 표출하지 않는 사람들은 반대 의견을 드러내는 것이 고통스럽고 사회적으로 위험하다고, 혹은 굳이 번거롭게 할 필요가 없다고 생각합니다. 공개적으로 의사를 표현해야 하는 까닭은 무엇인가요?

스나이더 | 네 번째 교훈, 그리고 소소한 대화를 나누라는 열두 번째 교훈을 비롯하여 그 외 여러 교훈의 근본적인 요점은 일상의 힘과 관련돼 있습니다. 하벨의 설명은 우리가 첫 번째 교훈과 관련해 나눴던 대화와도 약간 비슷한 내용인데요. 우리는 독재 정권 초기에 비교적 가장 큰 힘을 지닙니다. 행동과 언어와 악수가 중요하게 작용하기 때문입니다. 우리가 스스로를 심리적으로 자유민이라고 여긴다는 측면에서 그것들은 중요합니다. 소외감을 느낄 수도 있는 사람들에게 지지와 격려를 줄 수 있다는 면에서 중요합니다.

"나쁜 건 알겠는데, 위험을 감수하고 싶지는 않아."라고 생각하는 사람들에게는 오늘날 시위에 참여하거나, 신문을 구독하거나, 지역 공직에 출마하거나, 비정부 조직에 기부하는 등의 행위는 그리 큰 위험이 아니라 말하고 싶습니다. 오늘날 우리가 무릅쓰는 위험은 고맙게도 훌륭한 글을 남겨 준 이전 세대가 마주한 것에 비하면 사소합니다. 빅토르 클렘페러나 한나 아렌트Hannah Arendt 같은 사람들이 글을 쓴 건 자신을 위해서가 아니었습니다. 후세 사람들이 비슷한 어려움을 겪으리라는 것을 알았기 때문입니다. 우리에게는 이들이

거인의 통찰

남긴 유산이 있습니다. 그것을 활용만 하면 됩니다.

위험에 관해 한 가지 더 말하자면, 트럼프에 관한 제 모든 생각이 틀렸다고 해도 이 스무 가지 교훈은 어떤 식으로든 도움이 될 겁니다. 이 교훈들을 일상적으로 실천하면 정치적 신념과 상관없이 시민 사회 전반에 도움이 될 겁니다.

하지만, 트럼프에 관해 제가 맞았다고 합시다. 적어도 기본적인 부분은 맞았다고 합시다. 그렇다면 대다수의 미국인이 당연하게 여기는 다양한 형태의 자유를 잃게 될 수도 있습니다. 그게 바로 위험인 겁니다. 우리 후손들은 자유가 무엇인지 모르게 될 위험 말이죠.

자유가 사라지면 미래의 사람들은 자유롭다는 게 무엇인지 모르게 될 겁니다. 그리고 자유를 되찾으려면 힘겨운 투쟁을 거쳐야 합니다. 이미 미국에는 사람들이 자유를 잊어 가고 있음을 시사하는 증거가 많습니다. 그리고 그것이 제가 걱정하는 바입니다.

MAKING SENSE

인종차별이란
무엇인가

WHAT IS RACISM?

글렌 C. 라우리
Glenn C. Loury

글렌 C. 라우리는 브라운 대학교 멀튼 P. 스톨츠Merton P. Stoltz 사회과학 교수이자 경제학 교수로, 미국 예술과학 아카데미American Academy of Arts and Sciences의 회원이며 구겐하임 펠로우십Guggenheim Fellowship을 수상한 바 있다. 그는 응용 미시경제학과 게임이론, 산업 조직, 천연자원 경제학, 인종 및 불평등 경제학에 관심이 있다. 라우리는 주로 인종 불평등과 사회 정책에 초점을 맞춘 연구로 잘 알려진 저명한 사회 비평가이기도 하다.

라우리를 처음 알게 된 건 그의 팟캐스트에서 언어학자 존 맥워터John McWhorter와 나눈 인종과 인종차별에 관한 놀랍도록 솔직하고 계몽적인 대화를 들었을 때였다. 라우리는 자신의 주장에 반대되는 의견을 제시하는 데 상당한 시간을 할애한다. 상대방 의견에서 허수아비 같은 약한 가정을 만들어 공격하는 스트로매닝strawmanning 방식이 아닌, 상대방 의견을 더 강화하는 스틸매닝steelmanning 방식으로 토론을 진행한다. 이것이 그와의 대화가 무척 생산적인 하나의 이유다.

대담에서 우리는 인종적 불평등이라는 사라지지 않는 문제와 이를 해결하기 위한 방안에 대한 이해도를 높이고자 경찰의 폭력부터 정체성 정치에 이르기까지 다양한 주제를 다룬다.

해리스 | 미국에서의 인종과 인종차별, 경찰 폭력에 관해 제가 접하는 내용 대부분이 정말 말도 안 되지만, 이러한 주제들에 관해 공개적으로 발언하는 게 주저된다는 점이 계속 마음에 걸렸어요. 하지만, 이제는 결심을 굳혔습니다. 아마 아시겠지만 저는 정체성 정치identity politics(성별, 성 정체성, 인종, 종교 등 개인적 정체성을 기반으로 세력을 형성해 해당 집단의 이익과 권리만을 주장하는 정치 형태_옮긴이)는 순전히 독에 불과하다고 생각합니다. 현재 그 자신의 정체성이 슬기로운 인간Homo sapiens이 아니라면 말이죠.

지금 우리는 분노에 중독된 문화 속에서 살고 있으며 —특히 젊은 세대가 그렇죠— 그리고 종교나 폭력, 성별, 불평등과 같은 중요한 주제를 가지고 생산적인 대화를 나누는 것이 점차 불가능해지고 있습니다. 그중에서도 인종은 명백히 가장 양극화되고 있는 주제 중 하나이고요. 교수님은 팟캐스트에서 이 어려운 분야를 독특하게 계몽적인 방식으로 다뤄 오셨죠. 드디어 함께 대화를 나누게 되어 무척 기쁩니다.

라우리 | 감사합니다. 제가 계속해서 이런 대화를 이어 나가는 이유 중 하나는 분노의 중독 —아주 우아한 표현이네요— 과 도덕적 확신, 논의를 향한 불관용을 마주하며 계속해서 도전하고 질문을 던

거인의 통찰

져야겠다는 의무감을 느꼈기 때문입니다. 저는 인종과 불평등, 정의라는 주제에 지대한 관심을 갖고 있거든요. 대단한 일을 한다는 칭찬을 받을 만한 일은 아니라고 생각합니다. 그게 옳은 일처럼 보였을 뿐입니다.

해리스 | 본격적인 대화로 들어가기에 앞서 교수님의 학문적 배경과 지적 관심 영역에 관해 간단히 말해 주시면 좋을 것 같아요. 전반적으로 어떤 일을 하시는지 설명해 주세요.

라우리 | 저는 현재 브라운 대학교 경제학 교수이며, 재직한 지 10년 됐습니다. 그전에도 여러 대학에서 경제학을 가르쳤습니다. 1980년대에는 하버드에서, 1990년대에는 보스턴 대학에서 가르쳤죠. 1970년대에 MIT(매사추세츠 공과대학교)에서 수학했으며, 같은 대학에서 경제학 박사 학위를 취득했습니다. 제 초기 경력의 대부분은 노동 시장과 산업 조직의 다양한 경제적 과정을 수학적 모델로 구축하는 데 집중돼 있었습니다. 그 외에도 경쟁, 연구·개발, 천연자원 경제학Natural Resource Economics, 발명과 탐구의 경제학 등에 관심이 있습니다. 게임이론, 정보경제학 등도 그렇고요.

하버드 대학교 케네디 행정대학원Kennedy School of Government에서 처음 교수가 되었고, 그곳에서 공공 정책에 큰 관심을 가지게 됐습니다. 특히 미국 내 인종 문제를 주제로 짧은 글과 논평 등을 작성하기 시작했습니다. 당시에 저는 레이건 정권을 지지하는 보수주의자였습니다. 아프리카계 미국인으로서는 드문 사례였죠. 이후에는 정치적 정체성에서 벗어나 문제의 중심을 향해 들어가기 시작했습니다. 지금은 자신을 중도 민주당 지지자라고 생각합니다. 혹은 중도 우파인 민주당 지지자거나요. 아주 열렬하게 고집하는 정체성은 아니지만.

해리스 | 교수님은 수학, 통계학, 사회학에도 학문적 배경을 갖고 계시니 이런 대화를 나누기에 아주 적합한 분이라고 생각합니다. 인종과 인종차별은 상당한 논리적, 도덕적 혼란을 불러일으키는 주제로, 사람들이 서로를 논리적으로 이해할 수 없도록 만듭니다. 단순히 그저 인종적 차이로 인한 문제도 아니고, 단순히 그냥 잘 알려진 문제 중 하나도 아닙니다. 제 친구들 중에는 감정적으로 너무 편향되어 있어 이런 대화를 나눌 수 없는 백인 친구들도 있습니다. 제 관점에서 이 친구들은 자신들의 입에서 나오는 모든 말이 도덕적으로, 혹은 논리적으로, 혹은 역사적으로, 혹은 심리적으로 전혀 말이 안 된다는 사실을 모릅니다. 그래서 걱정스럽습니다. 성공적인 대화를 이어 나가야 문명을 유지하고 도덕적으로 진보할 수 있다고 생각하기 때문이에요. 앞으로도 우리는 끊임없이 대화와 폭력이라는 선택지와 마주하게 될 것 같습니다. 그래서 대화가 완전히 실패하는 상황을 보면 걱정되기 시작합니다.

본론으로 들어가기 전에 몇 가지를 확실히 짚어 둔 후 넘어가고 싶습니다. 먼저, 미국 내 인종차별의 역사는 끔찍했습니다. 이성이 제대로 있는 사람이라면 누구도 반박하지 못할 겁니다. 그리고 여전히 우리 사회의 문제로 남아 있다는 데에도 이론의 여지가 없습니다. 이 문제의 크기가 얼마나 거대한지가 제가 논하고 싶은 부분입니다. 세 번째로, 제 자신이 특권이 있는 위치에 있다는 사실을 인정합니다. 백인으로서 여러 이점을 누려 왔습니다. 마지막으로, 미국 사회에서 흑인 남성으로 성장한다는 게 어떤 것인지 저는 전혀 모릅니다. 그것을 모른다는 사실은 잘 압니다. 우리가 대화를 나누는 도중에 제가 무지하다는 생각이 드는 부분이 있다면 지적해 주세요. 하지만, 이 대화의 목표는 미국에서의 인종과 인종차별, 그리고 지금도 발생하고 있는 경찰 폭력의 오늘을 정확히 그려 봄으로써 어떻게 앞으로 나아갈 수 있을지 생각하는 데 있다는 점을 먼저 말씀드리고 싶네요.

시작하기 전에 먼저 중상中傷을 막을 수 있도록 예방 조치를 취해 놓고 싶었습니다. 일부 사람들이 선택적으로 인용해 악의적인 의도로 공격할 수도 있는 내용으로 우리가 대화를 나누게 될 것 같아서요.

라우리 | 이해했습니다. 그리고 잘하신 것 같아요. 다만, 작가님이 이렇듯 미리 설명할 필요가 있다는 점은 안타깝네요. 이런 대화를 나누는 환경이 얼마나 폐쇄적이고 고통스러운지 증명하는 거니까요. 자세히 설명하자면, 저는 흑인이죠. 1950년대, 1960년대에 걸쳐 시카고 사우스 사이드South Side(흑인 밀집 지역_옮긴이) 지역의 노동자 계층 가정에서 자랐습니다. 여러 방면에서 미국의 인종차별주의와 부딪혀 왔으며, 미국에서 노예로 살던 이들의 후손입니다.

한편, '노예 해방 선언'은 한 세기하고 50년도 더 전에 있었던 일입니다. 짐 크로 법Jim Crow Law은 머나먼 과거죠. 버락 후세인 오바마는 수월하게 선거에서 승리해 국가 최고의 지위에 올랐고, 두 번의 임기를 마친 뒤 곧 대통령직에서 내려올 예정입니다. 경찰과 흑인 사회 사이의 관계가 최악인 여러 도시의 경찰청장은 그들 자신이 아

인종차별이란 무엇인가

프리카계 미국인입니다. 그런 도시들을 운영하는 행정 공무원의 다수가 아프리카계 미국인이고요. 소수 집단 우대정책(존 F. 케네디 전 미국 대통령이 처음 시행한 조치로, 인종, 성별, 종교 등의 이유로 사회적 소수자로 여겨지는 이들에게 우대 조치를 제공하는 정책_옮긴이)이 시행된 지도 50년이 넘었습니다. 이 나라에서 백인의 특권이 흠이라는 생각은, 이렇게 이성적이고 똑똑하지만, 어쩌다 보니 백인인 사람이 이 나라에서 인종 관계를 주제로 대화를 나누기 전에 구구절절한 설명을 덧붙여야 한다는 사실은 —그리고 그런 사람이 자신에게 어떤 의견이 있다는 점을 미리 사과해야 한다는 사실은— 끔찍한 일입니다. 건전하지 않은 경험이죠.

해리스 | 두말할 필요 없이 동의하는 바입니다. 안타깝지만, 그래도 저는 그것이 필요하다고 생각해요. 왜냐면 심지어 개인적인 대화에서도 이는 논란을 일으키는 주제여서 사람들이 대화 내용을 제대로 듣지 못하고, 그 속에 포함된 미묘한 어감의 차이와 함의를 잘 이해하지 못하기 때문입니다. 얼핏 단순해 보이는 질문부터 시작해 보겠습니다. 인종차별이란 무엇인가요?

라우리 | 어딘가에 명시되어 있는 과학적인 정의는 아니고 제가 즉흥적으로 내놓는 답이긴 합니다만, 인종차별은 자신이 추정하는 스스로의 인종적 정체성을 바탕으로 하는 다른 정체성의 인간을 향한 경멸, 혹은 평가절하라고 할 수 있습니다. 인종차별은 자신이 이해한 다른 인종적 정체성에 기반을 둔 다른 개인 혹은 집단에 대한 이성의 단절이자 친밀한 관계의 형성이 부적합하다는 인식이며, 지성에 대한 교만이며, 부당한 비난 —과 같은 것들— 입니다.

거인의 통찰

해리스 | 좋습니다. 저 역시 동의하는 그 정의를 염두에 두고 물어보죠. "내 가장 친한 친구 중에는 흑인도 있어."라고 솔직하게 말하는 것이 흑인을 향한 인종차별 혐의에 대항할 수 있는 적절한 방법이 아니라고 온 세계가 믿기 시작하게 만든, 이 천재적으로 사악한 인간은 누구인가요? 인종차별이 없는 유토피아를 향한 길에 인종이 다른 가장 친한 친구 혹은 배우자와 함께하는 것이 수반되지 않는다면, 그것이 인종차별 문제의 적절한 극복법을 대변하지 않는다면, 그렇다면 과연 무엇이 필요한 건가요? 이 질문은 개인적인 차원에서의 대처에 관한 겁니다. 제도적, 구조적 차원에서의 인종차별은 잠시 뒤로 미뤄 두지요.

라우리 | "내 가장 친한 친구 중에는…"라는 말을 꺼낸 게 흥미롭네요. 20년도 더 전에 「대중 담론에서의 자기 검열: 정치적 올바름에 관한 이론Self-Censorship in Public Discourse: A Theory of Political Correctness」이라는 제목의 논문을 쓴 적이 있거든요. 《이성과 사회Rationality and Society》라는 학술지에도 실렸습니다. 논문에서 저는 정치적 올바름에 대한 설명을 구체화했습니다. 관심이 있으시면 더 자세하게 들어갈 수도 있지만, 정치적 올바름에 대해서는 이 정도로만 설명하죠. 정치적 올바름이란 자신이 역사에서 옳지 않은 편에 있다고 여겨지는 것을 원치 않는 사람들이, 논란의 여지가 있는 일부 주제에 관한 자신들의 믿음을 솔직히 표현하는 것을 억누르는 도덕과 표현의 균형 상태입니다. 역사의 잘못된 편에 서 있는 것으로 알려진 사람들이 그들이 생각하는 것과 같은 것을 공공연히 말하고 있기 때문이지요. 예를 들어 남아프리카공화국에서 흑인 독립을 위한 투쟁이 한창이

던 시절, 만약 흑인을 돕고자 하는 사람이 남아프리카공화국의 기업들을 보이콧하는 것은 좋은 정책이 아니며 그러한 기업들과 건설적인 관계를 구축하는 것이 더 나은 정책이라는 생각을 지니고 있었다면, 그 사람은 자신의 생각을 공개적으로 언급하는 것을 꺼렸을 겁니다. 기업 제재를 비판하는 사람들은 아파르트헤이트apartheid 지지자였으니까요. 그렇게 한번 회피하기 시작하면 단단하게 자리 잡아 떨쳐 내기 어려워집니다.

"저는 인종차별주의자가 아닙니다. 제 가장 친한 친구 중에는 흑인도 있어요."라는 공개적인 발언의 진실성에 의문이 생기는데요. 제재를 피하고 싶은 사람이 아니면 누가 그런 말을 굳이 하겠습니까? 말은 늘 쉽습니다. 누구나 할 수 있죠. 미국의 문화적, 사회적 역사 속에는 ―1940년대부터 1950년대, 아마 1960년대에 이르기까지― 진심으로 이렇게 말하던 때가 있었습니다. "내 가장 친한 친구 중에는 게이도 있어. 하지만, 나는 동성 결혼은 반대해." "내 가장 친한 친구 중에는 흑인도 있어. 하지만, 나는 소수 집단 우대정책은 형편없는 정책이라고 생각해." 여기에는 어느 정도 부담도 있었을 겁니다. 그렇지만 정치적으로 올바른 가치를 암시하는 관습은 ―소수 집단 우대정책이나 동성 결혼과 같은 민감한 주제에서 올바른 위치를 정하는 것은 자신의 도덕성을 암시하는 방식이죠― 그런 공개적인 발언을 함으로써 감추고자 했던 것을 더 이상 감출 수 없음을 의미합니다.

셰익스피어가 이렇게 말했죠. "그 숙녀는 너무 과하게 부정한다는 생각이 드는구나." "내 가장 친한 친구 중에는⋯"이라고 말하는 사람은 과하게 부정합니다. 그 사람은 다른 이들의 도덕적 판단에서 벗어나고 싶은 겁니다. 무엇이 받아들여지지 않는지 알기 때문입니다. 그래서 일종의 무화과 나뭇잎(서양 회화나 조각 등에서 국부 위를 무화과 나뭇잎으로 가린 것을 빗대어 한 말_옮긴이)을 씌우는 겁니다. 그러나 우리 눈에는 있는 그대로의 무화과 나뭇잎이 보일 뿐이죠. 심각하게 받아들이지 않습니다.

해리스 | 교수님이 내린 인종차별의 정의를 고려하면, 단순히 특정한 편견을 지니는 것과 그러한 편견이 맞는다거나 정정되어선 안 된다는 믿음을 구별해야 할 것 같습니다. 인종차별은 단순히 편견을 지니는 것만의 문제가 아닙니다. 암묵적 연관성 검사Implicit Association Test, IAT 결과 중립이 나오지 않은 것의 문제가 아닙니다. 그것이 기준이 되면 누구도 중형을 면할 수 없을 테니까요. 심지어 흑인 중에서도 다수가 흑인 대상의 인종차별로 유죄 판결을 받을 겁니다.

라우리 | '암묵적 편견'에 관해 처음 저술한 사람 중 한 명인 하버드 대학교 사회 심리학자 마자린 바나지Mahzarin Banaji도 아마 그 부분에 동의할 것 같네요. 그녀가 자신이 개발한 검사 중 하나로 측정한 암묵적 편견과 인종차별 사이의 등가성을 주장하지는 않을 것 같습니다. 성별을 예로 들면, 여성의 사회적 역할에 관한 —IAT를 받는 거의 모든 사람에게서 발견되는— 암묵적 편견과 미소지니Mysogyny 사이의 등가성도 그렇고요. 그 둘 사이를 구별하길 원할 겁니다.

인종에 관한 암묵적 편견이라는 면에서 많은 아프리카계 미국인이 이 검사에서 긍정적인 점수를 받을 겁니다. 그렇다고 그들이 인종차별주의자인 건 아닙니다. 그저 그들 문화의 일부이면서도 인종적 경계를 넘어 모두와 공유되는 인종적 역할이나 인종적 태도와 관련한 특정한 믿음이나 고정관념이 그들의 인지 과정에 내재적으로 통합되어 있다는 의미입니다.

해리스 | 사람들이 대화를 이해할 수 있도록 암묵적 연관성 검사, 즉 IAT가 어떤 것인지 간단하게 설명해야겠네요. 마자린 바나지가 약 20년 동안 사용해 온 검사입니다. 최근에는 검사 유효성에 의문이 제기되고 있죠. 이 검사의 목적은 자신이 품고 있는지 인지하지 못하여 전달할 수 없는, 혹은 사회적으로 부적절하여 전달하기를 원치 않는 믿음과 편견을 드러내는 것입니다. 이를테면 많은 백인이 긍정적 개념보다 부정적 개념을 흑인의 얼굴과 더 빠르게 연관 짓고, 백인의 얼굴에 대해서는 반대의 편견을 보였죠. 그리고 이것은 이들이 흑인보다 백인을 더 선호한다는 의미로 해석됩니다.

사람들이 이 검사 결과를 인종차별의 원인이나 결과로 보는 이유는 간단합니다. IAT는 다른 대상을 가지고도 수행할 수 있습니다. 고양이와 개, 꽃과 곤충 등 무엇이든 비교 대상에 대입할 수 있습니다. 그런데 여기에서 피검사자 대부분이 IAT에서 내집단 편향in-group bias을 보인다는 조건을 걸어 보겠습니다. 그리고 나아가 이와 같은 근본적인 심리가 인종차별과 관련이 있다고 해 보겠습니다. 한 번 더 강조하자면, 이는 늘 논란의 여지가 있는 주장이었습니다. 하지만, 논의를 위해 논란은 잠시 무시하겠습니다. 그리고 이 검사 결과가 인종차별의 원인 혹은 결과, 혹은 둘 다라고 가정하겠습니다. 그렇다 하더라도 비난받고 근절돼야 하는 사회적 문제로서 인종차별은 별개의 것입니다. IAT에서 백인 편향을 보인다고 해서 인종차별

거인의 통찰

주의자가 되는 건 아닙니다. 인종차별은 그러한 편견에 힘을 싣는 개념을 지지하는 것입니다. 자신이 편향되어 있음을 이해하고 그 방식에 만족한다고 주장하는 것입니다. 진정한 인종차별주의자는 실제로 백인이 흑인보다 우월하기 때문에 사회가 그러한 편견을 정정해서는 안 된다고 생각합니다. 이들은 피부색이 인간의 도덕적 가치를 보여 주는 훌륭한 수단이기 때문에 피부색에 따라 사회가 불평등하기를 원하는 사람들입니다.

그런 사람들이 존재한다는 데에는 의문의 여지가 없지만, 현재는 우리 사회에서 소수에 그칩니다. 나머지 우리는 ─대체로 편향되거나 편향되어 있지 않을 수도 있는 선의를 지니며 도덕적으로 계몽된 사람들─ 그러한 인종차별을 철폐하기 위한 법안과 정책을 확실히 지지합니다. 우리 기저에 깔려 있는 편향의 해로운 영향도 인지하고 있고요. 말씀하셨다시피, 미국 최초의 흑인 대통령이 선출되었고, 그는 곧 두 번째 임기를 마칠 예정입니다. 이는 단순한 형식주의가 아닙니다. 열렬한 지지와 함께 오바마에게 표를 던진 사람들은 그들의 IAT 결과가 무엇이든 간에 그들 자신의 뿌리 깊은 편견을 진정한 인종차별주의자라면 옹호했을 형태로 무효화한 사람들입니다.

라우리 | 맞는 말입니다만, 그 결론에 많은 사람이 반대할 겁니다. 방금 한 말씀은 인종차별을 영리하게 잘못 정의한 것에 가깝습니다. 왜냐면 그렇게 엄격한 잣대를 적용하면 인종차별주의자는 얼마 남지 않을 테니까요. 무엇이 문제인지 잠시 골똘히 생각해 보죠.

제 의견을 말씀드릴게요. 어떤 사람이 인종으로 특징지을 수 있는 도시 내 특정 구역의 살인 발생률이 높다는 사실을 발견했다고

327

가정합시다. 예컨대 그 도시가 지난 몇 년 동안 다수의 살인 사건이 발생했던 시카고라고 해 봅시다. 희생자도 그렇고 당연히 가해자 역시 흑인의 비중이 훨씬 높습니다. 희생자와 가해자가 백인인 살인사건의 수는 적고, 따라서 어떤 사람이 분쟁을 해결하는 과정에서 폭력에 의존하도록 흑인의 성향에 영향을 미치는 어떤 요인이 있는 것처럼 보인다고 말합니다. 이렇게 말하는 사람도 있습니다. "경찰이 길거리에서 아프리카계 미국인을 만나면 그렇게 무서워하는 것도 당연해요. 범죄율 통계 보셨어요?" 이런 의견을 내는 사람도 있습니다. "인구수 비율로 봤을 때 백인보다 흑인이 경찰의 총에 맞을 가능성이 더 높을 수는 있습니다. 하지만, 폭력 범죄에서 흑인 사건이 과도하게 부각되는 측면도 있습니다. 경찰에게 총 맞는 사람들 중에서 흑인만 강조한다고 누가 놀라겠어요?"

이러한 발언들은 암묵적 편견은 지니고 있지만 그러한 편견들이 정당하거나, 문제가 아니거나, 해결이 필요한 심각한 문제가 아니라는 생각에 동의하지 않는 사람들에게서 어떤 방식으로는 발견할 수 있습니다. 이들은 여전히 인종차별주의자라고 여겨지겠지요.

누군가 이렇게 말한다고 합시다. "유수 대학의 이공계를 보면 아시아인으로 가득한 반면 흑인은 찾기 어렵습니다." 이는 단순히 사실의 관찰입니다. 그러나 많은 사람이 이를 인종차별적 발언이라고 생각하겠죠. 우리가 지금 이 대화를 통해 발전시킨 정의에 따르면 그건 인종차별로 분류될 수 없습니다.

해리스 | 그렇기에 제가 내린 정의를 적용해야 하는 거 아닌가요? 왜냐면 인종차별주의자 — 진짜 인종차별주의자 — 들이 정확히 그

거인의 통찰

런 것을 관찰하기 때문이에요. 제 귀에는 단순한 사실처럼 들리는 그런 관찰 결과들을 말이에요. 범죄율 등의 관찰 결과는 저도 1분 안에 몇 가지 댈 수 있습니다. 그것이 인종차별의 특징이라면 —단순히 통계를 전달하는 것— 우리는 이 문제에 관해 이야기할 수조차 없지 않을까요.

라우리 | 여기에서도 어떤 반발이 나올지 머리에 그려지네요. "이 주제를 가지고 대화하는 건 무슨 논문 초록이나 달에서 벌어지는 일이 아니에요. 이 문제는 그 타당성이 논의의 대상인 구조 안에 박혀 있다고요." 그러한 관찰을 단순한 사실의 인용이라고 말씀하셨죠. 사실을 맥락에 집어넣으려 시도하지 않은, 혹은 역사와 현대의 사회 구조가 인종 계급이라는 측면에서, 백인 우월주의라는 측면에서 초래한 것에 대한 깊은 이해가 내포된 사실의 인용 말이죠. 그런 사실들을 언급함으로써 우리가 느끼는 위안은, 너무 많은 사람이 그런 사실들을 언급한다는 정치적인 결과는, 인종적 지배의 계급적 구조를 더 확고하게 부추기고, 재생산하고, 구체화하며, 정당화하고 깊이 새깁니다. '인종차별주의자' 혹은 '인종차별'이라는 단어가 아주 적절하죠. 작가님이 내린 정의는 아마 인종을 기반으로 하는 고전적인 반감은 불러일으키지 않을 수도 있습니다. 우리가 살고 있는 시대는 1955년이 아니니까요. 하지만, 인종에 기반을 둔 부, 권력, 특권, 기회, 사회적 안정감의 불균형과 불평등은 실로 거대합니다.

하버드 대학교의 래리 보보Lawrence Bobo라는 사회학자가 '자유방임 인종차별Laissez-Faire Racism'이라고 부르는 개념이 있습니다. 여론 조사에서 사람들에게 "당신의 딸이나 아들이 다른 인종의 사람과 결혼하

인종차별이란 무엇인가

는 것을 허락하겠습니까?"라고 물으면 —피질문자가 백인일 경우에는 흑인과 결혼한다면— 높은 비율로 '그렇다'는 대답이 나옵니다. 이들에게 "흑인은 열등하다고 생각하십니까?"라고 물으면 높은 비율로 "아니요."라는 대답이 나옵니다. 과거의 인종차별자라면 반대의 반응을 보였겠죠. 그런데 "소수 집단 우대정책으로 인해 백인이 불이익을 받나요?"라는 질문을 받으면 이렇게 대답합니다. "뭐, 그렇죠. 우리 애가 하버드에 떨어졌는데 우리 애보다 점수도 낮은 웬 흑인 애가 붙었으니까요." 이게 자유방임 인종차별입니다. 하버드 입학 경쟁률은 15대 1이고, 자기 아들보다 점수가 낮지만 흑인이 아닌 학생들도 많이 입학할 겁니다. 하지만, 이들은 흑인 아이에게 주목하죠. 자식이 흑인과 결혼하는 것을 허락할 의향이 있으니 자신은 인종차별주의자가 아니라고 생각합니다. 이들은 옆집에 흑인이 이사를 와도 떠나지 않고 그대로 살 의향이 있습니다. 그러나 아들이 하버드에 불합격한 건 소수 집단 우대정책의 결과라고 해석합니다. 제가 인종차별의 정의를 과하게 탄력적으로 만들고 있는지도 모르겠네요. 더 포괄적인 정의를 지지하는 몇몇 사람들은 작가님의 정의가 지금이 1950년대였다면 맞을지도 모른다고 할 것 같습니다. 하지만, 2016년인 현재는 미국에 만연해 있는 이 질병이 어떻게 기능하고 있는지에 대한 더 섬세하고 넓은 이해가 필요합니다.

해리스 | 그 정의를 최대한 포괄적으로 만들어 보죠. 구조적 혹은 제도적 인종차별을 정의해 주시면 좋겠어요. 인종차별주의자가 아닌 사람들도 인종차별주의적인 구조에, 인종을 근거로 지속적으로 사람들을 불공정하게 대하는 구조에 참여할 수 있는 것 같습니다.

거인의 통찰

가령 모두가 바나지의 검사를 통과한 겁니다. 누구도 편견을 품고 있지 않습니다. 그렇지만, 그들이 속한 구조와 제도는 뿌리 깊게 불공정한 거죠.

라우리 | 우선 먼저 저는 사회 분석의 유의미한 범주 중 하나로서 '구조적 인종차별structural racism'이라고 부르는 현재의 유행을 그리 달갑게 생각하지 않는다는 점을 말해 두고 싶군요. 사회적 성취나 지위의 많은 부분에서 흑인들이 손해 입는 것을 관찰하는 것 외에 무엇에 관해 이야기하는지 잘 모르겠습니다. 유관한 예시로 재소자를 예로 들어 보죠. 흑인은 미국 전체 인구의 12퍼센트를 차지하는 반면, 교도소 수감자 중에서는 40퍼센트를 차지합니다.

이는 복잡한 하나의 거대한 사회적 현상입니다. 그리고 이러한 차이를 일으키는 원인이 무엇인지 사회 과학적으로 자세히 조사해 볼 수도 있겠죠. 하지만, 단순하게 설명하자면, 경찰에게 수갑이 채워져 끌려 온 사람을 수감하고, 감시하며, 국가의 수사관을 통해 추적하고, 오명을 씌우고 시민으로서의 지위를 박탈하며, 멸시하고 부당하게 취급할 수 있는 국가의 영향력, 국가의 폭력성은 인종에 따라 달라집니다. 어떤 인종인지에 따라 이 모든 대우에 거대한 격차가 발생합니다.

이는 당연히 구조적 인종차별을 암시합니다. 국가는 경찰력을 세우고, 경찰은 감옥을 세우고, 사람들은 철창 안에 수감됩니다. 이러한 구조는 흑인 사회에 영향을 미칩니다. 일부 도시의 경우 투옥된 이력이 있거나 전과가 있는 흑인 청년의 비율은 3분의 1에 달합니다. 전체 인구로 따지면 40퍼센트에 더 가깝고요. 이것이 일반적인 삶의 방식이 되어 가고 있습니다. 젊은 여성들은 배우자나 친구를 만나기 위해 감옥에 방문합니다. 아이들은 잔뜩 키운 근육 위로 문신이 가득한 전과자들이 감옥을 들락거리는 모습을 보며 자랍니다. 이런 삶의 방식이 여러 흑인 사회에서 일반화되어 가고 있습니다. 학교에서 감옥으로 이어지는 일련의 흐름도 있습니다. 학교 내 아이들 사이의 관계가 이후 범죄자로 발전하는 것과 연결된 것처럼 보이거든요. 감옥 산업 복합체도 있죠. 실제로 재소자와 관련한 서비스 제공으로 발생하는 수익이 민간 기업으로 흘러 들어갑니다. 많은 사람이 이것을 구조적 인종차별의 대표적인 사례라고 할 것 같네요. 법 집행의 구조는 인종차별의 역사로 인해 사회의 가장자리에 있는 사람들을 태산 같은 무게로 짓누릅니다.

만약 같은 무게의 힘이 같은 정도의 혹독함과 함께 백인들을 짓눌렀다면 그 구조는 알아서 쇄신되었을 겁니다. 그러면 여러 의문이 생기겠죠. 그렇게 가혹한 체제 아래에서 고통받는 사람들 대부분이 백인이었다면 '삼진아웃제도'는 지금과는 꽤 다른 모습이었을 겁니다. 이들의 피부색이 검은색이고 갈색이기 때문에 그냥 그렇게 둘 수 있는 겁니다. 우리는 스스로에게 묻지 않습니다. 대가를 지불하는 사람이 흑인이어도 모든 일은 여전히 잘 굴러가는 것처럼 보입니다. 제가 아까 하신 질문에 답을 하고 있는지 모르겠군요.

해리스 | 하고 계세요.

라우리 | 이것이 '구조적 인종차별'이라는 용어가 많은 사람에게 설득력 있게 다가오는 이유입니다. 하지만, 사회과학자인 제가 생각하기에 구조적 인종차별이라는 이런 만능 내러티브는 실제 벌어

거인의 통찰

지는 일을 설명하기에 부족합니다. 백인들이 모여서 흑인 탄압을 위한 법을 제정하고 있는 것도 아니고, 사람들이 우려하는 결과 ─ 여기에서는 투옥 인구 구성의 차이죠─ 가 수감될 가능성에도 불구하고 흑인들이 자유의지에 따라 내린 선택과 상관이 없다는 것도 아닙니다. 그들은 그것이 불법적이며 자신이 처한 현재의 상황을 야기할 수 있다는 가능성을 알고도 범죄 활동에 가담하기로 결정한 겁니다.

때로는 이들의 결정이 다른 흑인에게 무척 부정적인 결과를 초래합니다. 인종적 불평등의 대상이 되는 사람들의 가정과 커뮤니티를 조사해야 할까요? 그 모든 범법 행위와 흑인 사회 내 기관들의 모든 재정적 결핍 상황, 가족 구조, 부모들이 자녀에게 투자할 수 있는 시간과 인과적으로 연결된 모든 불이익이 인종차별의 결과라고 가정해야 할까요? 백인이 차별하지 않았다면 흑인들의 행동이 달랐으리라 가정해야 할까요? 더 나은 기회가 있다면, 학교에 더 많은 재정적 지원이 있다면, 노예제도가 없었다면, 흑인 가정은 그렇지 않았을 텐데…… 등등.

이것이 말씀하신 '구조적 인종차별'을 의미하는 거라면, 흑인 생명의 가치와 흑인의 발전을 향한 멸시가 반영되었기 때문이든 혹은 흑인이 내린 선택은 그들이 겪은 절망과 무시, 기회의 부족 때문이든, 모든 인종적 격차가 인종차별의 결과라면 제게 그건 일종의 동어반복처럼 들립니다. 이런 거죠. "모든 인종적 격차는 당연히 구조적 인종차별을 반영합니다."

사회과학자로서 수용하고 싶지 않은 동어반복입니다. 그리고 아프리카계 미국인으로서 심히 회의적이기도 합니다. 어떤 면에서는 아프리카계 미국인이 지닌 힘의 가능성을 부정하기 때문입니다. 모든 부정적 특성, 모든 불평등의 사례, 차별 사례가 인종차별의 역사 때문이라는 말이잖아요. 지난 역사가 어떻든 간에 어째서 흑인은 무언가 이룰 수 없다는 겁니까? 흑인 인구 안에서도 눈에 띄는 극찬할 만한 변화와 사례들이 있지 않습니까? 처한 환경적 조건에 다른 사람들보다 더 인상적이고, 낙관적이고, 성공적으로 행동하고 반응하는 패턴들이 있지 않습니까?

저는 구조적 인종차별을 좋아하지 않습니다. 그것은 정확하지 않고, 일종의 막다른 길이기 때문입니다. 구조적 인종차별은 흑인이 힘을 지닌 백인의 베풂에 의존하게 만듭니다. 백인은 도덕적 행위자이며, 다양한 삶의 방식을 선택하거나 거부할 수 있습니다. 흑인을 향한 경시를 바로잡으라는 우리의 요구에 긍정적으로 대응할 수 있는 선택권도 있죠. 하지만, 흑인은 단지 역사적 칩에 불과합니다. 노예제도에 의해, 짐 크로 법에 의해, 여러 사실적 요인에 의해 돌아가는 바퀴의 톱니에 불과합니다. 그리고 우리 자신과 아이들의 삶을 책임질 수 없죠.

해리스 | 정말 복잡한 상황이네요. 만약 그게 사실이라고 해도 ― 만약 역사와 인과관계를 고려하여 노예 제도부터 흑인 차별 정책, 흑인 사회의 불평등, 사회적 기능 부전 모두를 선으로 연결할 수 있다고 해도― 오늘날 주변에서 발견할 수 있는 백인의 인종차별이 이런 문제를 일으키는 직접적인 원인이라고 할 수는 없을 겁니다. 약 200년 전부터 지금에 이르기까지 이 선을 그을 수 있다면, 지금

거인의 통찰

상황은 어떨까요? 아마 타네히시 코츠Ta-Nehisi Coates가 묘사하는 현실 같은 것이 아닐까 싶은데요. 지금 우리가 논의해야 하는 건 노예제 도에 대한 보상이라고 말이죠. 그가 제안하는 해결 방안은 잘 모르 겠지만, 이 문제에 관해 이야기하는 그의 방식에 대한 제 생각은 확 고합니다. 그리고 제가 지금 코츠가 아니라 교수님과 대화하고 있다 는 사실은 누구와 더 생산적이고 문명적이며 합리적인 대화가 가능 한지 보여 주는 셈이 되겠죠.

한번은 누군가가 제게 코츠와 이를 주제로 토론을 해 보라고 권 한 적이 있습니다. 솔직히 그와 대화한다면 엉망이 될 것 같아요. 인 종차별이라는 주제에 관해 그가 말하는 방식에 깜짝 놀랐거든요. 그 가 자신을 방어하고 싶어 할 만한 아주 기분 나쁠 단어로 표현하자 면, 지적으로 솔직하지 않더라고요. 백인의 죄책감과 흑인의 분노 를 계속해서 교묘하게 이용하여 차분한 방식으로 대화를 할 수 없게 끔 만드는 면 같은 것이 보였습니다. 그리고 그의 글에서 보이는 방 종을 고려하면, 좌파의 세속적 성인이라는 코츠의 위치가 인종차별 을 주제로 한 이성적인 대화에서 얼마나 멀리 떨어져 있는지 상징적 으로 보여 준다고 봅니다. 무엇보다 코츠는 인종을 가지고 포르노를 만드는 사람이며, 자신의 심리적 문제를 가지고 세상의 상태라고 착 각한다는 점에서 놀랐어요.

라우리 | 원한다면 그에 관해 더 이야기할 수도 있지만, 저는 그 대신 토머스 채터턴 윌리엄스Thomas Chatterton Williams라는 사람에 관해 이야기하고 싶네요. 역시 아프리카계 미국인으로 아마 코츠보다 열 살 정도 어릴 겁니다. 30대 초반 정도 되겠네요. 현재 파리에 거주

중이며, 조지타운 대학교를 졸업한 소양 있는 철학자입니다. 대학원 연구는 어디에서 했는지 모르겠지만, 대학원에서 철학도 공부한 것 같아요.

그가 한번은 《런던 리뷰 오브 북스》에 타네히시 코츠의 『세상과 나 사이』에 관한 놀랄 정도로 훌륭하나 논쟁의 여지를 남기는 글을 실은 적이 있습니다. 아들에게 보내는 공개편지인 코츠의 책은, 사실상 미국은 인간으로서의 너의 가치를 철저히 경멸하기 때문에 절대, 절대로 마음을 놓지 말라고 조언합니다. 이 사람들은 믿어서는 안 되고, 등을 보여서도 안 된다. 너를 갈기갈기 찢어 놓을 것이다. 너 같은 사람을 가로등 기둥에 걸고 사지를 하나하나 찢어발기는 것만큼 미국적인 것도 없다. 아메리칸 드림을 믿지 마라. 우리는 인정사정없는 힘에 맞서고 있다. 그 힘은 네 인간성을 말살한다. 지금까지 그래 왔고 앞으로도 그럴 것이다. 코츠가 『세상과 나 사이』에서 보이는 태도를 대략 설명한 것인데, 아마 정확할 겁니다.

윌리엄스는 이 지점에서 출발해, 흑인에게는 여기에서 더 이상 갈 곳이 없다고 말합니다. 이들에게 보이는 풍경은 이보다 더 절망적일 수 없습니다. 그리고 힘이 빠지죠. 힘을 포기합니다. 그런 태도는 영혼의 목을 조릅니다. 인간성을 본질적으로 포기하는 거죠. 윌리엄스는 그것이 미국의 실제 사회 역사적 상황과 다르다고, 미국의 역사가 그보다 더 복잡하다고 생각합니다.

여담인데, 윌리엄스는 이 논평을 《뉴요커》에 먼저 가져갔습니다. 믿을 만한 출처에서 확인한 내용입니다. 그의 글은 편집자 책상 위에 수개월이나 놓여 있다가 결국은 실리지 않았고, 윌리엄스는 결국

거인의 통찰

《런던 리뷰 오브 북스》에 가져갔습니다. 미국 매체에는 실을 수 없었기 때문입니다. 미국 문화를 좌지우지하는 지배 계급인 진보 성향의 전문가들은 아프리카계 미국인 타네히시 코츠의 입장과는 대조되는 그러한 논변을 펼치는 것을 용인하지 않을 거거든요.

한 가지만 더 말씀드리죠. 짧게 말씀드리겠습니다. 뉴올리언스 전 시장 미치 랜드루Mitch Landrieu에 관한 이야기입니다. 몇 년 전에 아스펜Aspen에서 개최된 아이디어 페스티벌Idea Festival에서 랜드루와 코츠는 대담 패널로 무대에 올라 인종과 미국 내 불평등을 주제로 토론한 적이 있습니다. 코츠는 우리가 짐작할 수 있는 그런 태도를 취했으며, 랜드루는 그가 '망자의 책The Books of the Dead'이라고 부르는 자료를 준비해 나왔습니다. 망자의 책은 말 그대로 뉴올리언스에서 일어난 미해결 사망사건의 상세한 내용이 기록된 뉴올리언스 경찰의 사례집입니다. 수백 명의 사례가 기록되어 있었죠. 책에 기록된 희생자의 90퍼센트 이상이 흑인이었고, 랜드루는 미국 내 인종차별의 무자비함과 흑인 인간성의 말소, 흑인의 가치 절하에 관한 코츠의 논변에 응하여 높은 비율로 흑인들은 서로를 죽이고 있다고 말하려 했습니다. 이 무대에 오른 사람은 흑인 간 범죄에 손가락질하는 숀 해니티Sean Hannity 같은 보수주의자도 아니고, 미치 랜드루입니다. 중도 민주당 지지자에 뉴올리언스 시장이었으며, 민주당을 지지하는 루이지애나의 명망 있는 정치적 가문의 후손인 미치 랜드루 말이죠. 그리고 미국에서의 인종과 불평등을 주제로 한 토론에서 코츠를 마주한 랜드루는 흑인의 신체와 생명에 위협을 가하는 경우의 다수가 다른 흑인에게서 야기된다는 관찰 결과를 부드럽게 청중에게 전달하려 노력했으며, 이 과정에서 소위 망자의 책을 증거로 제시했습니다.

코츠는 손으로 가로막으며 그의 설명을 일축했습니다. 이 내용은 《뉴욕 매거진》이 타네히시 코츠에 관해 긴 지면을 할애해 실은 논평에도 언급돼 있습니다. 랜드루의 주장에 대한 코츠의 반응은 사실상 이랬습니다. "백인 우월주의의 종식에도 불구하고 흑인들이 나아지지 않는다 해도 흑인에게는 잘못이 없습니다. 사람들이 어떻게 하길 기대하시나요? 흑인들은 통 속의 쥐고, 백인들은 통의 뚜껑을 쥐고 있습니다. 백인들이 그 뚜껑을 열고 안을 슬쩍 보니 자기들끼리 목을 물어뜯고 있네요? 아니, 무엇을 기대하셨나요? (문제는) 망할 통이에요. 쥐를 탓할 건가요?"

이건 제 버전의 비유고, 코츠가 사용한 비유가 아닐 수도 있습니다. 그래도 맥락은 같습니다. 이 아수라장, 자동차를 타고 이 거리 저 거리를 누비며 라이벌 갱을 향해 창밖으로 총을 마구잡이로 쏴대며 그 과정에서 무고한 행인을 죽이는 사람들의 모습에 반영된 삶에 대한 저열한 평가절하는, 흑인이 다른 흑인을 향해 보인 인간의 생명에 대한 멸시는 흑인의 생명을 실제로 위태롭게 만드는 게 무엇인지 판단하는 것과 관계가 없다는 것 말입니다. 그런 행위들은 체제의 결과이자 억압의 역사이기 때문입니다.

말할 수 있죠. 달변가처럼 능숙하게 말할 수도 있고, 분노에 차 말할 수도 있습니다. 간략하고 영리한 표현 방식으로 말할 수도 있습니다. 타네히시 코츠처럼 말이죠. 하지만, 그렇다고 해서 그것이 유효한 도덕적 주장이 되는 건 아닙니다. 이전에도 말한 적 있지만, 제

거인의 통찰

게는 코츠가 퀸을 두 장 쥐고 있는 상황에서 에이스 한 장이 나온 걸 보고 허세를 부리는 것처럼 보입니다. 다시 말해, 미치 랜드루를 도발해 이렇게 말하도록 유도하려던 거죠. '터무니없는 말 하지 마시오. 사람들이 거리를 활보하고 다니며 차창 밖으로 총을 쏴 대고 지역 주민들을 죽이는 이유가 우리가 아직 노예제도에 대한 보상을 해 주지 않았기 때문이라고요? 10년 전에 이 지역 시장을 해 먹었던 사람이 인종차별주의자였기 때문이라고요? 경찰서에 KKK_{Ku Klux Klan}와 손잡은 사람이 있기 때문이라고요? 그게 같은 일이 일어나는 다른 지역에서 내가 내릴 도덕적 판단의 이유가 되거나, 혹은 변명이 된다는 거요? 이제는 먼 과거의 일인 노예제도 역사와 짐 크로 법에 아프리카계 미국인들이 오늘날 매일같이 겪고 있는 상황에 책임이 있다는 겁니까? 당신이 그렇게 말하는 건 경멸할 가치조차 없군요. 흑인 생명의 가치를 존중하지 않는 건 당신이오. 당신은 거품 속에서 살고 있는 거요. 이제 그만 거품에서 나와서 사람들이 죽어 가고 있는 곳의 길거리를 걸어 보는 게 어때요?'

그러면 코츠는 버럭 화를 내며 이렇게 말하겠죠. '저는요, 볼티모어에서 자랐어요. 갱이 어떤 짓을 하는지 충분히 봤고, 무슨 일이 벌어지는지 다 알고 있다고요. 거기 있었으니까요.' 그러면 랜드루가 이렇게 말하는 겁니다. '당신이 지껄이는 말이 워싱턴 D. C.와 뉴욕에 있는 문화 엘리트들을 자극하고 가책을 느끼는 백인들에게 죄책감을 느끼지 않아도 되는 핑곗거리를 주는 동안 사망자 수는 점점 높아지고 있어요. 당신이 계속해서 지껄이는 동안, 우리는 시체를 묻고 있다고.'

인종차별이란 무엇인가

혹은 이렇게 말했을지도 모릅니다. 아니면 다르게 반응했을 수도 있죠. '상식 있는 사람이라면 헛소리라고 할 만한 것을 가지고 이지적으로 말하려는 그 터무니없는 태도 챙겨서 당장 여기에서 나가시오. 흑인이 야만인처럼 사는 걸 가지고 백인 탓을 하는 거요?'

해리스 | 확실합니다. 교수님과 코츠는 TV 공개 토론을 해야 해요. 황금 시간대에 말이죠.

이제 그 아수라장에 관해 이야기해 보죠. 제가 이해한 기본적인 상황은 이렇습니다. 미국은 선진국 중에서도 폭력성이 아주 높은 사회 중 하나입니다. 하지만, 흑인 사회에서 발생하는 범죄와 폭력 사건이 대부분을 차지하죠. 정신 나간 몇몇 백인 남성들의 총기 난사 사건까지 반영해도 말입니다. 미국 내 폭력 범죄는 압도적으로 흑인 남성을 죽이는 흑인 남성의 문제라고 할 수 있습니다.

이 대화를 위해 준비하면서 이 문제가 노예제 폐지 이래 쭉 존재해 왔다는 사실을 알았습니다. 지금까지 제가 제대로 된 역사를 알고 있지 않았다는 게 부끄럽네요. 팟캐스트에서 질 레오비(Jill Leovy)의 『게토사이드Ghettoside』라는 책을 추천하셨는데, 저 역시 추천하고 싶어요. 이러한 불균형이 저도 그렇고 많은 사람이 생각하는 것처럼 1980년대의 크랙 에피데믹Crack epidemic(1980년대 미국을 휩쓴 크랙 코카인 확산을 일컫는다. 일반적인 분말 형태의 코카인과 달리 덩어리 형태의 크랙 코카인은 값이 상대적으로 저렴해 가난한 지역, 특히 흑인 게토 지역으로 다량 유입됐다_옮긴이)으로 시작된 게 아니라는 걸 이번에 알았습니다. 19세기 신문에 실린 여러 사설을 보면 오늘날의 상황을 짐작하게 하는 인종차별적인 내용을 찾을 수 있습니다. "이는 신께서 인구를 통제하시는 방식

거인의 통찰

이다. 흑인이 스스로를 소멸하게 놔두자. 우리에게는 도움이 된다."

다시 말하지만, 백인의 인종차별이나 구조적 인종차별이 전혀 영향을 미치지 않는다는 게 아닙니다. 하지만, 흑인 남성들이 엄청난 수의 흑인 남성을 죽이고 있는 것은 사실이죠. 미국의 폭력 범죄는 1993년에 정점을 찍은 뒤 점차 줄었지만, 최근 몇몇 주요 도시에서 증가세를 보이고 있습니다. 일각에서는 폭력을 휘두르는 모습이 휴대전화로 녹화될 수도 있다는 경찰들의 두려움이 수치 증가에 기인한다고 말합니다. 아예 체포 자체를 하지 않는 거죠. 그 결과 폭력 범죄는 증가했고요. 이를 '퍼거슨 효과Ferguson effect'라고 하는데, 퍼거슨 효과가 실제로 존재한다고 생각하시나요, 아니면 아직 더 지켜봐야 한다고 생각하시나요?

라우리 | 더 지켜봐야 한다고 생각합니다. 아직 설득력 있는 실증적 논의가 가능할 만큼 충분한 데이터가 수집되지 않았다고 봅니다. 국내 여러 도시의 법 집행 기관에서 활동하는 많은 사람이 같은 말을 합니다. 사기가 떨어졌다고요. 또는 모두가 전화기인 척하는 휴대용 녹화기기를 들고 다녀서 경찰들이 자신의 임무를 수행하는 것을 두려워한다고요. 이러한 구전적인 증거들은 있죠. 최근 『경찰과의 전쟁The War on Cops』이라는 책을 낸 헤더 맥 도널드Heather Mac Donald는 퍼거슨 효과를 지지하는 대표적인 인물 중 한 명입니다. 미주리 대학교 세인트루이스 캠퍼스University of Missouri-St. Louis의 범죄학자인 리처드 로젠펠트Richard Rosenfeld는 처음에 퍼거슨 효과가 너무 과장되었다 생각했다고 합니다. 하지만, 최근 몇몇 주요 도시에서 폭력 범죄가 증가하는 양상을 보이자 그러한 의견에 약간은 자신이 없어

진 듯합니다. 로젠펠트는 꽤 객관적인 관찰자이므로, 저도 그의 의견을 따르겠습니다. 아직 어느 쪽으로도 확실한 건 없습니다.

해리스 | 지금 언급하는 숫자 대부분은 『게토사이드』에서 인용한 것입니다. 범죄율이 정점에 달한 1993년, 로스앤젤레스 기준 20대 초반 흑인 남성이 살인사건으로 사망하는 비율은 10만 명당 368명이었습니다. 이는 서유럽의 여러 주요 도시와 비교했을 때 약 200배 더 높은 수치이며, 일본 같은 국가와는 아예 비교할 엄두도 나지 않는 수치입니다. 이 사망률은 전쟁이 한창일 때 이라크에 파병된 미국 군인들의 사망률과 비슷한 수준입니다. 1993년 이래 범죄율은 떨어졌지만, 흑인 사회는 사정이 달랐습니다. 제가 알기로 현재 흑인 남성은 미국 인구의 6퍼센트를 차지하며, 살인사건 피해자 전체의 40퍼센트를 차지합니다. 대부분의 경우 흑인 남성에 의해 살해당하며, 이 가해자들은 미국 내에서 발생하는 살인사건의 50퍼센트 이상을 저지르죠. 지금까지 언급한 수치들이 맞나요?

라우리 | 지금 제 앞에 책을 펼쳐 놓고 있지 않아서 정확한 숫자를 알려 줄 수는 없지만, 제가 아는 한 그 수치들이 맞습니다. 맞는 범위에 있습니다. 저도 같은 통계를 본 적이 있어요.

해리스 | 하나 덧붙이죠. 대개 백인 경찰이 흑인 사회의 치안 유지 활동을 담당하는 경우 놀라울 정도의 잔인성을 보여 왔습니다. 아시다시피 경찰이 흑인 용의자를 검거하거나 그들로부터 방어하는 과정에서 부당한 힘을 행사하는 사례를 우리는 자주 접했죠. 그리고 그 결과 흑인 사회는 자신이 거주하는 지역에서 불공정하게 범죄가 자주 발생하는 것처럼 묘사된다고, 따라서 경찰과 과도하게 자주

거인의 통찰

치명적인 대립을 겪는다고 믿게 되었습니다. 그러한 의견이 사실인지 아닌지는 나중에 논의하겠지만, 우선은 '흑인의 목숨도 소중하다Black Lives Matter, BLM'와 같은 운동은 이러한 믿음이 사실이며 겉으로 드러나든 아니든 백인의 인종차별이 근본적인 원인이라는 생각에서 비롯되었다는 점에 의심의 여지는 없습니다.

앞서 언급하신 바와 같이, 많은 사람이 사법 제도가 흑인 청년들을 과하게 겨냥하여 감옥에 가둔다고 믿습니다. 경범죄나 마약 범죄에 한해서는 맞는 말인 듯합니다. '마약과의 전쟁War on Drugs'(리처드 닉슨 전 미국 대통령이 미국의 최대 공공의 적은 마약이라고 규정하며 시작된 마약 단속 정책. 이후 대부분의 대통령이 해당 정책을 계승했다. 그러나 결과적으로 마약 복용자의 수는 줄어들지 않았고, 오히려 비폭력 마약 복용자를 전과자로 만들며 빈민층 증가에 기여했을 뿐더러 흑인 인구를 집중적으로 차별하여 이들의 삶의 질을 떨어뜨린 것으로 평가된다_옮긴이)은 처참한 실패였습니다. 하지만, 흑인 사회에서 발생한 살인사건들이 미제 사건으로 남는 가장 큰 이유는 목격자의 증언 거부 때문이죠. 일부는 충분히 이해됩니다. 살해당할까 봐 두렵기 때문이죠. 이는 단순히 경찰의 직권 남용이나 백인의 인종차별만으로는 설명할 수 없는 문제입니다.

라우리 |『게토사이드』에서 질 레오비는 고맙게도 로스앤젤레스 사우스 센트럴의 살인사건 담당 형사들이 어떤 상황과 맞닥뜨리는지 세분화된 현장 상황을 상세히 설명해 줍니다. 그리고 작가님의 말이 맞습니다. 실제로 법정에 나와 살인 용의자에 관해 증언하는 건 고사하고 현장에서 경찰에 협조하도록 목격자들을 설득하는 데 어려움이 있습니다. 레오비는 사람을 죽여도 벌을 받지 않을 수 있

인종차별이란 무엇인가

다는 사실에서 오는 끔찍한 결과를 강조하려 합니다. 증언이 없다면 책임을 물을 수 있는 사람도 없겠죠. 이것이 어떻게 자체적으로 강화되는지 그 역학을 이해하기는 어렵지 않을 겁니다. 살인해도 처벌받지 않을 수 있다는 생각은 목격자에게 충분히 위협적이죠.

BLM과 유사한 운동에 동조하는 사람들이 하고 싶어 할 만한 주장을 제가 대신 하자면, 목격자들이 경찰에 협조 의지를 보이지 않는 이유 일부는 경찰에 대한 불신 때문이라는 겁니다. 이는 이들 사회에 그동안 경찰들이 행해 온 관행의 결과입니다. 경찰이 그동안 악역이었고 —소수에 불과할 수도 있지만, 어쨌든 교묘히 잘 빠져나가죠— 인정사정없고, 해당 지역에 대한 이해가 부족하고, 그곳에 거주하지 않고, 흑인들을 멸시하고, 흑인과 마주치면 너무도 쉽게 폭력을 사용하고, 그리고 극단적으로는 흑인을 대상으로 치명적인 무력을 부당하게 사용한다면, 경찰과 엮이고 싶지 않아 하는 이 지역 사람들을 누가 비난할 수 있겠습니까? 그렇기에 한편으로는 이렇듯 순환되는 폭력의 원인을 인종차별에서 찾을 수도 있습니다. 흑인 사회와 경찰 사이의 불화는 지난날 경찰이 인종차별주의에 감염되었기 때문입니다.

또한, 흑인 살해자 대부분이 흑인이라는 사실도 그리 놀라운 일이 아닙니다. 피해자와 가해자가 어떤 식으로든 엮여 있기 때문입니다. 같은 사회망 안에 속해 있을 수도 있고, 같은 지역에 살고 있을 수도 있습니다. 우리 사회에서 거주지나 사회적 조직이 분리되어 있는 양상을 고려하면 흑인을 살해하는 가해자 대부분 역시 흑인이라는 점은 놀라운 일이 아닙니다. 백인을 살해하는 가해자 역시 대부

거인의 통찰

분이 백인입니다. 그러나 이 주장은 작가님이 묘사한 문제에 대한 적절한 설명은 아니라고 생각합니다. 흑인과 백인 사이의 살인 범죄율이 두 자릿수나 차이 나는 이유를 설명해 주지는 않기 때문입니다. 그래도 흑인이 흑인을 죽인다는 사실에 관해 이야기하는 데에는 여전히 의미가 있습니다. 피해자의 인종에 주목하는 대신 살인 사건의 독특한 질적 특성을 고려할 때 말이죠.

마지막으로 제 동료이자 친구인 바너드 칼리지Barnard College의 라지브 세티Rajiv Sethi 교수가 주장할 법한 이야기로 마무리를 하죠. 이러한 살인의 만연에는 때로 그 자체만의 논리가 있다는 겁니다. 제가 어떤 시비에 휘말렸다고 합시다. 제가 상대방의 새 신발을 밟았다고 하죠. 그 남자는 버스 의자에 앉아 복도에 발을 살짝 내놓고 있었고, 저는 그 옆을 지나가다가 그의 발을 밟았습니다. 그 남자는 제 사과를 예상하며 고개를 들어 저를 쳐다보지만, 저는 코웃음을 치고 그대로 지나갑니다. 모두가 그 장면을 보고 있었고, 버스 구석에서 누군가 웃습니다. "오, 이런. 방금 당신 무시당한 거야. 당신 신발을 밟았다고. 그냥 둘 거요?" 그리고 말다툼으로 번집니다. 그 남자가 제게 말합니다. "이런 개자식이, 나를 무시하고 지나가? 내 발을 밟고도 사과 한마디 없이? 너 이 자식, 죽여 버리겠어." 그리고 남자는 버스에서 내립니다. 자, 오늘 밤이든 내일이든, 제가 현관 앞 발코니에 앉아 있을 때 이 남자가 차에 패거리를 잔뜩 싣고 와 차창 밖으로 총을 쏴 대 제 자신이든 제가 사랑하는 사람이든 누군가 죽게 될지 아닐지, 어떻게 알겠습니까? 이건 경찰서에 가서 "그 남자가 저를 죽이겠다고 협박했습니다."라고 신고한 다음에 어떤 유효한 조치가 취

인종차별이란 무엇인가

해지길 기대할 수 있는 종류의 문제가 아닙니다. 대신 선제적인 조치를 취하고 싶을 수는 있겠죠. 제가 총을 쏘는 사람이 되고 그 남자가 죽임을 당하는 사람이 되도록 말이죠.

즉, 제가 의지할 수 있는 문제 해결 메커니즘이 없다는 사실, 나와 내 가족, 내 가정을 지켜 줄 사람이 없다는 사실이 우리가 문제를 직접 해결하게끔 만든다는 겁니다.

젊은 사회학자인 앨리스 고프먼Alice Goffman이 쓴 『도망치는 삶On the Run』이라는 책은 필라델피아 출신 청년들이 도망치며 경찰에게 쫓기는 이야기입니다. 고프먼은 그들과 함께 지내며 우리 사회에서 사법 제도에 쫓기며 사는 이들의 삶을 민족지학적으로 연구하여 기술합니다. 고프먼은 이 무리의 구성원들과 가까워집니다. 어느 날 한 구성원이 조직 간 분쟁에서 죽임을 당하고, 이는 다시 총격전으로 이어집니다. 살아남은 친구들은 직접 문제를 해결하기로, 복수하기로 합니다. 그러지 않으면 자신들의 친구를 죽인 자는 어떤 벌도 받지 않을 테니까요. 미국의 대도시에서 벌어진 살인사건 중 얼마만큼이 미해결 사건으로 남는지 고려하면 이들은 정의가 실현될 가능성이 아주 낮다는 걸 압니다. 그리고 그냥 가만히 두고 있을 수 없다고 생각하죠. 고프먼의 책에는 이 모든 게 기술돼 있습니다. 고프먼은 살아남은 친구들과 함께 차에 타고 돌아다니며 친구를 죽인 가해자를 찾아다닙니다. 실제로 고프먼이 직접 운전을 했죠. 그리고 이로 인해 부정적인 쪽으로 유명해졌습니다. 왜냐면 어쨌든 그녀는 학자이며 학문을 연구하는 사람이고, 위스콘신 대학교의 사회학 교수니까요. 인간 피실험자가 개입하는 연구를 감독해야 하는 대학의 심의 위원회는 이 상황을 어떻게 바라보아야 할까요?

결국 이들은 가해자를 찾지 못했고 고프먼은 살인 사건의 공범이 되지는 않습니다. 하지만, 이 일화는 사람들이 상황 해결에 국가 기관의 도움을 기대할 수 없기 때문에 앙갚음을 위해 직접 나설 필요성을 느낄 수도 있다는 사실을 잘 보여 줍니다. 전략상 선제적 조치를 취하고자 하는 요소와 미국 개척 시대 서부극 같은 요소 —"내가 정한 법이 유일한 법이다. 내 식으로 해결하겠어."— 모두 도심 빈민 지역과 같이 인종적으로 구분되고 지리학적으로 정의된 곳에서의 폭력성을 높이는 경향을 보입니다. 전체 인구의 6퍼센트를 차지하는 사람들이 전체 살인 사건의 50퍼센트를 차지한다는 점을 감안하면 높은 살인사건 발생률을 설명할 수 있을지도 모릅니다. 하지만, 전부 설명할 수 있을까요? 아니라고 봅니다. 다른 요인도 분명히 있습니다.

해리스 | 방금 말씀하신 일화에 관해 덧붙이자면, 다른 요인도 있어야 합니다. 왜냐면 경찰은 당연하고, 누구도 그런 문제를 선제적으로 해결해 줄 수 없기 때문입니다. 아무리 가장 퇴락한 백인 사회의 특권 집단에서라도 말이죠. 예컨대 제가 스타벅스 매장 안을 걷다가 어떤 사람의 발을 밟았습니다. 이 사람은 무척 화가 났지만 상황이 심각해지지는 않습니다. 거의 확실히 제가 사과를 할 거거든요. 만일 제가 다른 데 정신이 팔려 사과를 하지 못해 그 남자가 어떤 말을 한다고 해도, 제가 사회적으로 습득한 분쟁 해결 능력이 발동하여 어느 정도 그를 진정시킬 겁니다. 그리고 저는 이 남자가 저를 죽일 계획을 짜고 있다는 느낌을 받지는 않겠죠. 이 과정에서 문제 해

결을 위해 제가 경찰에게 알리거나, 적어도 매장에 있는 바리스타에게 알리지는 않을 겁니다. 상황이 악화되면, 이 남자가 정말 저를 죽이려는 상황이 온다면, 저 역시 아까 교수님이 현관 앞에 앉아 있던 그 상황이 되겠죠. 저는 실제로 살해 협박을 받는 경우가 있습니다. 그래서 이런 상황을 해결하고자 FBI(미연방수사국)나 경찰에게 상담하는 게 어떤 건지 압니다. 이 사람들이 선제적으로 해 줄 수 있는 일은 거의 없어요. '프리크라임Precrime'이 하듯이 범죄를 저지르기도 전에 체포하는 〈마이너리티 리포트〉도 아니고요. 위협의 수준이 극도로 높아야 국가에서 나온 사람이 선제적인 조치를 취해 주죠.

자, 지금 우리는 흑인 사회의 치명적인 폭력성이 꾸준히 분출되도록 만드는 문화적 밈과 태도, 규범에 관해 이야기하고 있습니다. 그리고 간간이 10대들의 행동에 관해서도 말하고 있고요.

라우리 | 하나만 짧게 짚고 넘어가겠습니다. 방금 그 스타벅스 예시는 작가님의 특권을 보여 준다는 면에서 꽤 흥미롭네요. 어떤 식으로 보여 주느냐면…….

해리스 | 일부러 그런 부분이 드러나도록 했어요. 사실 스타벅스보다는 더 나은 예시를 떠올리려 했는데, 생각이 안 나더라고요.

라우리 | 제가 하고 싶은 말은 이겁니다. '문화적 밈'을 언급하셨는데, 이 부분을 조금 더 자세하게 설명해야 할 것 같습니다. 스타벅스에 앉아 있는 부유한 백인으로서의 작가님은 대중에게 거친 남성으로서의 페르소나를 보이는 데 투자할 필요가 전혀 없습니다. 작가님이 문화적, 사회경제적 위치에서 지닌 이점은 사과를 해도 잃을 게 없다는 겁니다. 혹은 말한 것처럼 '갈등 해결 기술'을 사용해도 말이

거인의 통찰

죠. 뭐, 맞아요. 그 역시 한편으로는 기술이죠. 그러나 다른 한편으로는 '거칠다'는 타인의 평가가 특별한 가치를 지니지 않는 복잡한 사회적 관계망 안에서 편하게 안착해 있기 때문이기도 합니다.

하지만, 만약 25년 전 볼티모어의 도심 빈민 지역에서 자란 타네히시 코츠 같은 사람이라면, 빌빌대는 놈, 쪼다 같은 놈, 약해 빠지고 잘 포기하는 놈, 싸울 용기도 없는 놈이라고 평가될지도 모른다는 가정은 엄청난 부담일 겁니다. 이러한 페르소나 혹은 평판과 반대되는 성향을 기르는 건 그러한 환경에서는 당연한 반사작용입니다. 굽히는 모습을 절대 보여서는 안 됩니다. 이 지역에 사는 사람들에게는 그런 사치를 누릴 여유가 없습니다.

열기를 가라앉히는 등 더 문명사회적인 수단을 자신의 문화적 도구에 추가해야 한다는 사실을 모르는 게 아닙니다. 사회로부터 고립되고, 충분한 기회를 얻지 못하고, 그동안 겪은 모든 피해의 쓰라린 결과를 자신을 과시함으로써 부분적으로 스스로 짊어지는 겁니다. 상황이 온다면 즉각적으로 방아쇠를 당길 수 있음을, 극단적인 상황으로 나아갈 의지가 있음을 확실히 보여 줘야 하죠.

이것이 그들이 세상에서 존재할 수 있는 방식이며, 그들이 처한 상황에서 쌓인 불가피성입니다. 원한다면 그것을 '문화'라고 불러도 됩니다. 하지만 그 '문화'가 아프리카계 미국인이 게토에서 겪은 모든 역사와 사회적 억압의 산물이라는 사실을 보지 못한다면, 그곳에 사는 사람들에게 몹쓸 짓을 하는 겁니다.

해리스 | 동의합니다. 만약 제가 경비가 삼엄한 감옥으로 보내진다면 거의 같은 상황에 처하게 되리라는 것도 어렵지 않게 상상할

수 있습니다. 상호의 안녕을 극대화하기 위한 행동 양식을 잘 알고 있으며 그 어떤 악의가 없다 해도 —동기가 생성되는 방식을 고려하면— 방금 묘사하신 방식으로 행동하는 것 외에 어쩔 수 없을 겁니다. 저도 이와 관련해 글을 쓴 적이 있는데요. 삼엄한 경비의 감옥으로 보내진 사람이 유일하게 내릴 수 있는 합리적인 선택은, 아무리 인종차별주의자가 아니라고 해도 그 안에서 벌어지는 끊임없는 인종 전쟁 속에서 어떻게든 안전하게 살아남기 위해 최대한 빠르게 적절한 피부색을 지닌 무리에 속하는 게 아닐까 싶습니다. 그래서 저 역시 감옥에서 자극 기제로 작용하는 특정 맥락 —도심 빈민지, 범죄 조직 출신 등— 이 있다는 사실을 이해합니다.

이제 경찰의 폭력 문제로 화제를 전환해 보겠습니다. 많은 언론의 주목을 받은 하버드 경제학자 롤랜드 프라이어Roland Fryer의 최근 연구에 관해 이야기하고 싶은데요. 우선 몇 가지 사실 관계를 검토하고 넘어가죠. 흑인을 살해하는 가해자의 약 4퍼센트가 경찰입니다. 따라서 96퍼센트는 경찰에 의한 살인이 아닌 거죠. 이 중 대부분의 경우 가해자는 흑인입니다. 흑인을 살해하는 백인은 많지 않죠. 그리고 아까 지적하셨듯이, 백인을 살해하는 흑인도 많지 않고요. 비록 전자보다는 후자의 사례가 더 많기는 하지만요. 사실 대부분의 폭력 범죄는 동일 인종 간에 벌어집니다. 여담이지만, 백인과 히스패닉이 피해자인 살인사건 가해자의 12퍼센트가 경찰입니다. 그러니 적어도 이 수치만 놓고 보면 흑인보다 백인과 히스패닉이 경찰에 의해 더 많이 피살되는 겁니다.

데이터를 살펴보면서 통계라는 것은 로르샤흐Rorschach 검사(좌우가

거인의 통찰

대칭한 잉크 얼룩이 그려진 열 장의 카드를 피험자에게 보여 주고, 연상하는 사물, 연상 속도, 반응 속도 등 여러 특징을 종합하여 피험자의 정서적 상태와 성격을 파악하는 검사_옮긴이)와 비슷하다는 점을 이해해야 합니다. 아무리 설득력 있는 통계도 오도하는 방식이나 편견이 반영된 방식으로 읽힐 수 있습니다. 두말할 필요도 없이 우리는 그것을 피하려 최대한 노력할 겁니다. 몇 가지 사실만 더 말씀드리죠. 미국에서는 한 해 약 1,200명이 경찰에 의해 죽임을 당합니다. 이 중 약 50퍼센트가 백인이며, 약 25퍼센트가 흑인입니다.

라우리 | 맞습니다.

해리스 | 인구통계를 고려하면 약 두 배에 달하는 수치죠. 총인구의 12~13퍼센트를 차지하는 흑인이 폭력 범죄의 50퍼센트 이상을 저지르니까요. 일부 도시의 경우, 흑인이 전체 폭력 범죄 가해자의 약 3분의 2를 차지하기도 합니다. 여기에서 제가 궁금한 건, 흑인 남성이 폭력 범죄를 저지르는 비율을 고려할 때 —다시 말하지만, 대부분의 경우 피해자 역시 흑인입니다— 그리고 이로 인해 자연스럽게 얻게 될 경찰의 주목, 그리고 흑인 사회의 안전을 위해 얻어야 하는 경찰의 관심 정도를 고려할 때, 경찰과의 충돌에서 어느 정도의 치명률이 나오는 게 적절하다고 생각하시나요? 솔직히 말하자면, 놀랐습니다. 잠시 후에 관련해 이야기 나눌 프라이어의 연구에 관해 들어 본 적은 없었지만, 모든 폭력 범죄 비율을 고려했을 때 경찰에 의한 피살 사건의 피해자 중 흑인이 차지하는 비율이 25퍼센트에 불과하다는 데 놀랐습니다. 예상보다 훨씬 더 낮은 수치였거든요.

라우리 | 전체 통계를 고려할 때 몇 퍼센트의 치명률을 예상할 수

인종차별이란 무엇인가

있겠냐는 질문에는 답할 수 없습니다. 왜냐면 해당 통계가 총격으로 발전하는 흑인과 경찰 간 충돌 사례를 하나하나 평가하는 데 적절하지 않기 때문입니다.

이유를 설명해 드리죠. 비유를 하나 들겠습니다. 어떤 설문 조사 결과, 노동 시장에서 남성이 1달러를 벌 때 여성은 평균 70센트를 번다는 사실을 발견했다고 가정하겠습니다. 이 숫자는 그냥 제가 아무 숫자나 말한 거지만, 실제로 벌어지고 있는 일이죠. 누가 제게 이렇게 묻습니다. "여성에게는 자녀 양육과 관련한 여러 책임이 따릅니다. 이 때문에 위해 휴가도 자주 내고, 가령 건설이나 엔지니어링보다 급여 수준이 낮은 돌봄 노동이나 교육 노동 등의 분야를 경력으로 택하는 여성의 비율이 지나치게 높다는 사실을 고려할 때, 그리고 남성과 여성이 여러 면에서 서로 다르다는 점을 고려할 때, 남성과 여성 사이의 급여 차이는 어느 정도가 마땅하겠습니까? 70센트가 너무 낮다면, 85센트 정도면 적당할까요? 육아를 위해 노동 시장을 벗어난다는 사실을 고려하면 당연히 1달러는 안 될 겁니다."

자, '여성은 직장에서 공정한 처우를 받고 있는가?' '동일한 과업을 수행하는 남성과 동일한 수준의 급여를 받는가?'와 같은 도덕적 문제가 남아 있는 이 질문에 저는 어떻게 대답을 해야 할지 모르겠습니다. 각각의 고용 사례마다 다른 상황이 발생할 것이고, 전체 평균을 가지고는 그 질문에 답을 할 수가 없습니다.

해리스 | 이해했습니다. 설명하신 배경 사실을 고려하면, 저는 여성이 일하는 시간이 더 적기는 하지만, 같은 일을 한다면 같은 보수를 받아야 할 것으로 예상할 겁니다. 적은 근무 시간을 반영한 경제

적 결과가 없으리라는 말이 아닙니다. 총체적으로 보면 여성은 남성만큼 높은 직위에 오르지 못할 수도 있습니다. 그러나 남성과 여성 부사장이 같은 회사에서 같은 일을 한다면 같은 보수를 받아야 하고, 그건 당연한 거죠.

여기에서 문제는, 흑인 남성이 저지르는 범죄가 훨씬 더 많다면 신고 전화 내용이 대체로 이렇게 흘러간다는 겁니다.

"방금 누군가 총에 맞았어요."
"총을 쏜 사람 인상착의를 설명해 주시겠어요?"
"네, 흑인 남자였어요."

현장에 도착한 경찰은 백인보다는 흑인을 찾아 나설 거고, 백인보다 흑인과 더 많이 접촉하겠죠. 합리적인 이유에서든 경찰의 무능함 때문이든, 모든 경찰과의 접촉이 치명적인 폭력 사태로 확대될 수 있다는 점을 감안하면 경찰에 의해 피살되는 흑인의 비율은 12퍼센트라는 인구통계학적 수치가 암시하는 것보다 더 높으리라 충분히 예상할 수 있다고 봅니다.

라우리 | 이 부분에서 우리는 생각이 같아요. 맞습니다, 비율이 더 높을 걸로 예상할 겁니다. 궁금한 건, '얼마나 더 높을 것인가?'입니다. 그게 작가님이 제게 하신 질문이죠. 마찬가지로, 말씀하신 것처럼 공정성을 생각하면 같은 일을 하는 남성과 여성은 같은 임금을 받아야 합니다. 하지만, 문제는 전체 통계를 보면서 제가 비슷한 대상들을 비교하고 있는지 아닌지 어떻게 알 수 있냐는 겁니다. 개별

인종차별이란 무엇인가

적인 데이터가 있어야 합니다. 적어도 지역 사회 내 발생한 모든 경찰과 주민 간 충돌 사례 규모 수준의 데이터가 있어야 경찰과 흑인 사이의 충돌과 그것이 총격으로 발전해 사망자가 발생하는 비율 사이에 어느 정도 유사성이 있는지 파악할 수 있습니다.

해리스 | 아주 자연스럽게 프라이어의 연구로 넘어가게 되네요.

라우리 | 그러네요. 제가 프라이어의 연구에서 높이 평가하는 점은 연구의 결론이 ─우리의 주목을 끌 수도 있는 특정 자격 조건에 따라─ 내가 실제로 비교하는 대상이 무엇인지 알 수 없는 여러 대규모 집합 사이에서 전체 비율을 놓고 따지는 것이 아니라, 경찰관과 주민 사이의 충돌에 대한 개별적인 데이터를 바탕으로 도출되었다는 점입니다.

해리스 | 롤랜드 프라이어는 교수님 제자였죠, 맞나요?

라우리 | 그가 대학원생일 때 조언을 해 주기도 했고, 논문도 몇 편 함께 썼습니다. 저는 롤랜드 프라이어를 굉장히 좋아합니다. 좋은 친구이자 가까운 동료이죠. 참 자랑스럽습니다. 프라이어는 오늘날 가장 뛰어난 젊은 ─'젊다'는 건 마흔 아래라는 뜻입니다─ 응용 경제학자 중 한 명입니다.

해리스 | 그렇기에 교수님이 프라이어의 연구 결과를 요약하고 또 결함을 설명해 주기에 더 적절한 분인 것 같습니다. 아까 언급하신 라지브 세티를 비롯하여 일각에서는 그의 연구에 명확한 한계가 있다고 지적합니다. 교수님이 해석하는 프라이어의 연구 결과와 한계에 관해 이야기해 봐도 좋겠네요. 프라이어의 연구에는 일부 특정 도시의 데이터만 반영되어 있어 미국의 전체 상황을 대변한다고 보

거인의 통찰

기 어렵죠.

라우리 | 연구는 아직 진행 중이므로 시간이 지나면 더 많은 결과를 접할 수 있을 것으로 기대합니다. 발표 직후 《뉴욕타임스》 1면에 실리기도 한 이 연구는 전미 경제연구소National Bureau of Economic Research에서 현재 심사하고 있는 논문입니다. 누구든 온라인에서 찾아볼 수 있고요. 해당 논문은 휴스턴시의 데이터에 근거합니다. 현재 진행 중인 연구에는 다른 여러 도시의 데이터도 포함됩니다만, 주요 연구 결과는 휴스턴의 데이터를 기반으로 하죠. 프라이어는 논문에서 한 명의 경찰관과 한 명의 주민 사이에 발생하는 충돌의 특정 변수들을 통제하려 합니다. 어떤 동네에서 충돌이 발생했는가? 하루 중 어느 시간대였는가? 용의자는 무장하고 있었나? 경찰은 불법 행위 신고를 받고 출동하였는가? 용의자는 저항했는가, 아니면 다른 방식으로 경찰관의 조치에 저항을 시도했는가? 용의자의 행동으로 무고한 제삼자가 위험에 처했는가? 가령 이런 항목들을 말이죠.

프라이어는 경찰과 주민 사이에 발생한 충돌의 모든 세부 사항을 파악했고, 이를 통제하여 사례 간 나머지 조건이 모두 동일한 경우 경찰관과 흑인이 충돌 시 발포 가능성이 더 높은지 여부를 알아내고자 했습니다. '나머지 조건이 모두 동일한 경우'가 가장 중요한 부분입니다. 프라이어는 휴스턴 경찰이 연구팀에 제공한 데이터를 기반으로 휴스턴시에서 발생한 주민-경찰 간 충돌 사례에서 두 인구집단을 추출했습니다.

첫 번째 인구집단은 체포자입니다. 경찰관은 모든 체포자에 관한 구체적인 내용을 기술한 보고서를 제출해야 합니다. 프라이어는 이

인종차별이란 무엇인가

보고서를 확인할 수 있었죠. 경찰관은 체포 경위와 근거 등의 내용을 적습니다. 따라서 프라이어는 예컨대 경관이 체포 과정에서 발포했는지 여부를 알 수 있었습니다.

그리고 경관이 발포한 총에 맞은 인구집단이 있습니다. 자, 체포되었지만 총에는 맞지 않은 첫 번째 인구집단이 있었죠. 체포되었다는 사실은 총격이 발생할 수도 있는 경관과의 대치 상황에서도 총격이 발생하지 않았음을 의미합니다. 프라이어에게는 0과 1이라는 변수가 있습니다. 0은 총격이 발생하지 않은 경우, 1은 발생한 경우를 의미합니다. 물론 대부분의 체포 상황에서 총격은 발생하지 않습니다. 저희는 소위 로지스틱 회귀분석이라는 방식을 사용해 체포의 여러 특성에 따라 총격이 발생할 가능성을 추정합니다. 장소, 시각, 경관이 주민과 충돌한 환경 조건, 그리고 주민이 흑인인지 여부 등, 제가 아까 설명한 특징들 말이죠.

프라이어는 연구 결과 경관이 체포자를 향해 총을 쏠 확률이 — 충돌 상황과 관련해 프라이어가 관찰 가능한 모든 측면을 통제했을 때 — 체포자가 흑인인 경우가 백인인 경우보다 높지 않다는 사실을 발견합니다. 오히려 백인이 총에 맞은 확률이 더 높았죠.

이를 근거로 프라이어는 경관과 주민 간 충돌의 여러 특징을 통제하고 나면, 주민이 흑인이라고 해서 경관이 치명적인 무력을 사용할 가능성이 더 높지는 않다고 결론 내렸습니다. 반면 수갑을 채우거나, 경찰봉 혹은 테이저건을 사용하거나, 프라이어가 보통 '안수'(기도나 종교 의식을 치를 때 주례자가 신자의 머리나 몸 위에 손을 얹는 행위_옮긴이)라고 부르는 심문 과정에서 길바닥에 엎드리게 하는 등 비치명

거인의 통찰

적 제압 수단을 사용할 확률은 상대가 흑인일 경우 더 높았습니다. 용의자를 상대로 발포를 제외한 기타 무력을 사용할 확률은 —다른 모든 조건이 동일할 경우— 흑인일 경우 백인 대비 25퍼센트 더 높으며, 총에 맞을 확률은 28퍼센트 더 낮습니다.

이게 프라이어의 연구 결과의 개요입니다. 인종은 관련이 있습니다. 상대가 흑인이라는 사실은 경찰이 치명적인 수단까지는 아니지만 무력을 사용하게 하는 요소입니다. 하지만, 이는 유관한 요소로 치부되지 않으며, 실상 경찰이 용의자에게 발포하는 사례를 살피면 숫자는 반대 방향을 가리킵니다. 휴스턴의 경우는 이렇습니다.

라지브 세티와 다른 학자들이 이 결과에 몇 가지 우려를 제시합니다. 우리가 이 데이터에 접근할 수 있었던 건 경찰서에서 연구팀의 데이터 열람을 허가했기 때문입니다. 이를 허가해 주는 경찰서가 있는 반면 허가하지 않는 곳도 있습니다. 이 연구 결과는 휴스턴 사례에 국한되며, 뉴올리언스나 댈러스, 로스앤젤레스의 상황도 마찬가지인지는 알 수 없습니다. 더욱이 휴스턴 경찰이 자료를 제공했다는 건 자신들의 결백함을 알고 있다는 방증이며, 휴스턴 경찰과 반대되는 수치의 데이터를 소유한 지역의 경찰은 이를 허가하지 않을 수도 있으므로 연구 결과를 완전히 믿을 수 없다는 겁니다.

그러니 이 데이터로는 경찰 활동 전반에 관한 타당한 결론을 내릴 수 없다는 거죠. 이게 하나의 큰 비판 줄기입니다. 프라이어도 물론 이를 인지하지만, 한편으로는 접근할 수 있는 데이터만 가지고 분석할 수밖에 없는 것도 사실입니다. 이 연구는 여전히 진행 중입니다. 프라이어는 다른 도시도 접촉하고 있으며, 제가 알기로는 뉴

인종차별이란 무엇인가

저지주 캠든의 데이터를 현재 분석하고 있습니다. 뉴욕시도 일정 기간의 신체 불심검문stop-and-frisk과 관련한 데이터를 모두 넘겨줘서 프라이어가 현재 데이터를 분석하는 중입니다. 참고로 뉴욕시의 신체 불심검문 데이터의 초기 분석 결과 역시 용의자가 흑인일 경우 경찰이 비치명적 제압 수단을 사용할 확률이 높다는 프라이어의 기존 연구 결과에 힘을 더 실어 준 것으로 알고 있습니다. 또 다른 비판은, 프라이어의 연구 결과는 경찰이 쏜 총에 맞았을지도 모르는 모든 체포 대상자 데이터에 의존하기 때문에, 인종이 체포 경위에 영향을 미치지 않았다는 가정이 저도 모르게 내포돼 있다는 겁니다. 경찰이 흑인에게 발포할 확률에 대한 타당한 결론을 내리려면, 예컨대 흑인 체포자의 규모가 경찰에게 위협적인 정도 면에서 백인 체포자의 규모와 비등하다고 가정해야 합니다. 하지만, 라지브를 포함한 여러 학자는 경찰이 무고한 흑인을 더 위협적으로 대하며 더 많이 체포한다고 말합니다. 샌드라 블랜드Sandra Bland는 깜빡이를 켜지 않고 차선을 변경하여 경찰의 검문을 받는 과정에서 말대답을 했다는 이유로 텍사스에서 체포되어 구금되었습니다. 백인이 같은 상황에 처했다면 아마 구금되지 않았겠죠. 이런 일이 실제로 벌어지고 있다면, 흑인 체포자 인구는 백인 체포자 인구보다 덜 위협적인 사람들로 불균형하게 구성되어 있는 거겠죠.

라지브는 체포자의 여러 특성 중 인종에 따른 차이가 있다고 지적합니다. 예를 들면 체포된 흑인은 백인보다 무장하고 있을 확률이 더 낮습니다. 백인 여성 체포자보다 흑인 여성 체포자가 상대적으로 더 많습니다. 이러한 차이들이 있다는 것이지요. 그러니 경찰이 차

거인의 통찰

별적으로 체포를 결정하고, 덜 위협적인 흑인을 체포하겠다는 결정을 백인일 경우보다 더 신속하게 내린다고 가정해 봅시다.

여기에서 흑인이 총에 맞는 비율이 백인과 비슷하다는 건 차별이 없다는 증거가 아니라 차별을 당한다는 증거입니다. 체포된 흑인들은 덜 위협적이기 때문입니다. 발포 비율이 비슷한 게 아니라 훨씬 더 낮아야 하는 겁니다.

그래서 만일 프라이어가 체포 과정에서 경찰이 차별하지 않았다는 암묵적인 가정에 대해 틀렸다면, 흑인이 경찰이 쏜 총에 맞을 확률은 거의 같거나 더 낮을 수도 있다는 데이터에서 도출한 결론도 틀린 게 됩니다. 이는 해당 데이터에서 입증되지 않은 가정을 기반으로 하는 거죠. 이 경우 경찰이 체포 과정에서 편향되지 않는다는 가정이죠.

해리스 | 놀랍네요. 그리고 꾸준히 진행되어야 할 대단히 중요한 연구입니다. 여기에 프라이어의 연구를 지지해 줄 만한 연구 하나 —《워싱턴 포스트》에서 다룬 것을 최근에 봤어요— 를 더하고 싶네요. 이 연구는 실증적 데이터 연구는 아니고, 시뮬레이션 연구입니다. 경찰들을 사격 시뮬레이터에 넣고 이들이 누구를 쏘는지 지켜봤습니다. 이때 경찰들은 실제로 백인보다 흑인 용의자를 쏘는 데 덜 즉각적이었습니다.

다시 말하지만, 누가 알겠습니까. 이 문제에 이목이 쏠린 덕분에 생긴 최근의 현상인지도 모르죠. 하지만, 이유야 어쨌든 그러한 데이터가 실제로 존재합니다. 여기에 아마 백인 경관보다 흑인 경관이 비무장 흑인 용의자를 쏠 확률이 더 높다는 데이터를 더할 수도 있을 것 같은데요. 인종차별 경찰 활동이라는 내러티브에 반대되는 현상이죠.

라우리 | 네, 앞서도 이야기하셨죠. 그리고 충분히 짚고 넘어갈 만한 주제라고 생각합니다. BLM 운동의 이면에 있는 힘, 적대감, 불안, 분노 —"우리를 그만 죽여요. 우리를 죽이는 행위를 멈춰 주세요."— 는 사람들이 총에 맞고 있다는 사실을 안다는 전제를 기반으로 합니다. 이렇게 말씀하셨죠. "흑인 범죄율의 불균형적인 수치를 고려할 때 치명률은 어느 정도가 되어야 할까요?" "개별적인 데이터 없이는 대답하기 어려운 질문입니다. 우리에게는 그런 데이터가 충분히 없고요."라고 저는 대답했습니다. 하지만, BLM 운동의 이면에는 흑인 주민과 대면한 경관이 치명적인 무력 사용을 결정하는 데 인종이 일상적인 요소로 작용한다는 전제가 깔려 있습니다.

사실 사람들은 "그 사람이 백인이었다면 죽지는 않았을 텐데."라고 자주 가정합니다. 실제 사례를 들어 보죠. 클리브랜드에 살던 열두 살짜리 소년 타미르 라이스Tamir Rice는 공원에서 장난감 총을 가지고 놀고 있었습니다. 경찰은 그것이 진짜 총이라고 오해했고, 소년을 죽였습니다. 이때 사람들은 이런 생각을 합니다. '열두 살 백인 남자아이가 같은 상황에 있었다면 죽임을 당하지는 않았겠지.' 사회학자로서 저는 이러한 질문들을 가지고 고민합니다. 타당한 통계적 대답을 내줄 수 없기 때문입니다. 그 누구도 그러한 특정한 상황에서 대상이 흑인일 경우와 백인일 경우 경찰이 어떻게 대처하는지 실험할 수 있는 평행우주에 살고 있지 않기 때문이에요.

그것이 가능한 평행우주에 사는 사람은 아무도 없으며, 데이터가

거인의 통찰

불완전하고 실험이 불가능한 세계에서 타당한 통계적 추론을 도출하는 것은 거대한 문제입니다. 사회 과학자로서 말하는 겁니다. 우리에게는 통계적 결론을 도출할 만한 양질의 데이터가 없습니다. 그러나 영상 증거물이 있죠. 사건들을 휴대전화로 녹화한 영상들이 있습니다.

미국에서 매년 약 1,200명이 경찰의 손에 죽는다는 수치를 제대로 지적하셨어요. 1,200명이라니요. 증거 영상은 10개 남짓 있을까요. 죽는 사람은 1,200명인데, 증거는 10개 있습니다. 증거 영상이 50개 있다고 가정합시다. 우리 수중에 있는 건 일부에 불과합니다. 그 외에도 구두 진술들이 있고, 큰 이슈가 된 사건들도 있죠. 이런 사건들은 취사선택된 사건들일 수도 있습니다. 가장 자극적인 사건들만 선별적으로 주목하여 전체를 대표하지 않을지도 모릅니다. 그렇다면 그런 영상들만 보고 수십 개 도시에서 발생하는 시위로 이어지는, 폭력적이고 보복적인 행동으로 이어지는 전국적인 내러티브를 만들어야 하는 걸까요?

운동의 폭력성을 비난하는 게 아닙니다. 단지 여전히 논의가 진행되고 있는 상황에서, 적어도 종합적으로 바라보는 데 도움이 되는 증거를 엄격하고 체계적으로 조사하지 않은 채로, 그와 같은 운동이 구전된 진실에 의해 주도되어 벌어지고 있다는 겁니다. 그러면서 우리는 선별적인 사례가 아니라 전체를 보고 있다고 말합니다. 사회학자로서, 그래서는 안 된다고 말하고 싶습니다. 문화와 정치를 관찰하는 사람으로서 저는 그런 방식으로는 내러티브를 유지하기 무척 어렵다고 생각합니다.

인종차별이란 무엇인가

내러티브를 공론화하여 노예제에 비유하고, 1930년부터 1950년 대까지 미국 도시의 모습과 비교하면서 사람들을 설득하다 보면 이런 반응이 나오기 시작합니다. "그건 옛날 미국 얘기잖아요." 이때 타네히시 코츠가 이 10개 남짓한 사례들을 늘어놓고 녹화한 영상이 그의 이야기를 뒷받침하게 되면, 내러티브는 자체적인 생명력을 얻습니다. 그리고 저는 이 부분이 심각하게 우려됩니다. 모두가 제대로 이해하지 못한 상황이 심각한 정치적 결과로 이어질 수 있기 때문입니다.

해리스 | 그 부분은 저도 우려스럽습니다. 저는 BLM 구호 아래에서 벌어지는 모든 일을 알지는 못합니다. 그리고 합리적이고 흠잡을데 없이 훌륭한 사람들 역시 이를 옹호하고 있을 수 있습니다. 하지만, BLM 운동은 이 흐름에 대체로 동조하는 좌파 언론을 통해 여과됩니다. 제가 들은 대부분의 내용은 —특히 영상에 관해서, 그리고 마이클 브라운Michael Brown(미주리주 퍼거슨 시에서 경찰의 총격에 의해 사망한 18세 소년. 당시 경찰이 가해자 경관을 기소하지 않기로 하면서 퍼거슨 시 전역에서 아프리카계 미국인을 중심으로 집단행동과 시위, 폭동이 발생했으며 이를 퍼거슨 소요라 부른다_옮긴이) 총격 사건처럼 영상은 없지만 구체적으로 묘사된 사건들에 관해— 위험하고 공격적일 정도로 비합리적인 것처럼 들렸습니다. 더욱이 과도한 BLM 운동은 미국 내 인종 간 관계를 한 세대 이전으로 되돌려 놓을 것 같아 걱정됩니다.

제게 있어 핵심적인 문제는 이겁니다. 이러한 사건들에는 모든 문제가 망라되어 있습니다. 경찰관의 월권행위와 과실에 대한 책임이라는 극단부터, 예측 가능하며 합리적인 무력의 사용이라는 반대편 극단, 그리고 그 사이 모든 것을 말이죠. 한쪽에는 인종차별 때문이든 어떠한 정신적 문제 때문이든, 명백히 살인을 저지른 경찰이 있습니다. 월터 스콧Walter Scott과 라콴 맥도널드Laquan McDonald 총격 사건을 들 수 있죠. 이들을 살해한 경관들은 총과 배지를 받아서는 안 되는 사람들이었습니다. 감옥에 있어야 할 사람들이죠. 제가 잘못 알고 있는 게 아니라면 두 건의 총격 사건에 연루된 경관들은 살인죄로 기소되었고, 사법 체계는 어쨌든 제대로 작동하고 있는 듯합니다.*

하지만, 다른 반대쪽에는 정상적인 경찰이 수행하는 99퍼센트의 정당한 무력 사용이 있습니다. 여기에서 인종은 영향을 미치지 않습니다. 마이클 브라운 사건은 이쪽에 더 가까운 걸로 알고 있습니다. 현장 상황을 보여 주는 영상은 없지만, 보고된 사실에 의하면 마이클 브라운이 경관을 공격했으며 그의 총을 빼앗으려 했습니다. 경찰인 나에게서 총을 빼앗으려 한다면 자연스럽게 그 총으로 나를 죽일지도 모른다는 생각이 들 겁니다. 내 피부색과 상관없이 나는 총에 맞을 겁니다. 총에 맞지 않는다면, 내가 운이 좋았거나, 육탄전에 엄청나게 강하거나, 잠재적인 가해자가 내 목숨을 살려 주기로 했거나, 충분한 수의 경찰 병력 덕분에 치명적 수단을 사용할 필요 없이 상대를 물리적으로 제압할 수 있었기 때문이겠죠.

---

* 월터 스콧 살해 혐의로 재판을 받던 경관은 미결정 심리 판결을 받았다. 이후 해당 경관은 시민권 침해에 대해 유죄를 인정했다. 그에게 20년 형을 선고하는 과정에서 연방법원 판사는 그가 2급 살인을 저질렀다고 판단했다. 라콴 맥도널드를 살해한 경관은 2급 살인 선고를 받았으며 최대 7년 형만을 선고받았다.

인종차별이란 무엇인가

이 양극단 사이에 있는 나머지 사례들에서는 무능함부터 불운, 훈련 부족, 그리고 인간의 원초적인 혼란 등 거의 모든 걸 발견할 수 있습니다. 그리고 필랜도 캐스틸Philando Castile, 앨턴 스털링Alton Sterling, 그리고 솔직히 에릭 가너Eric Garner 사건을 비롯해 최근 발생한 대부분의 사례 모두 이 사이 영역에 들어간다고 생각합니다. 이 세 사건 모두 극단적인 사례들은 아니지만, 중요한 부분에서 차이가 있습니다. 하나 지적하고 싶은 부분은, 공개된 몇몇 영상에는 큰 오해의 소지가 있을 수 있다는 겁니다. 일부 영상은 발포 이후에 녹화가 시작되었고 —무엇이 상황을 촉발했는지 알 수 없죠— 발포 장면을 포함하는 일부 영상에서는 경관의 시점을 확인할 수 있는 장면이 없습니다. 그러니 경관들이 자신의 목숨에 위협을 느낀다고 이성적으로 판단했는지 여부를 확인할 수가 없습니다. 이렇듯 윤리적으로든 경찰의 조치를 위해서든 다양한 사건을 살피는 것이 매우 중요합니다.

팟캐스트에서 트레이본 마틴Trayvon Martin 사례를 언급하셨어요. 가해자는 경찰도 아니었고, 이론의 여지가 있기는 하지만, 백인도 아니었죠. 여기에서 이성적인 대화의 규칙이 완전히 허물어졌음을 깨달으세요. 이 모든 사건은 하나같이 경찰이 살인도 불사하는 용인할 수 없는 인종차별의 사례들로서 언급되고 있습니다. 제가 생각하는 문제는 —다시 말하지만, 지금 이야기하는 내용이 BLM의 전부가 아닙니다— 이러한 주장들이 BLM 운동의 도덕적 핵심에 있는 것처럼 보인다는 겁니다. 부정확하고 불공평한 건 물론이고, 참으로 위험해 보이는 이런 주장들이 말이죠.

거인의 통찰

라우리 | 많은 걸 언급하셨는데, 하나씩 대답을 해 드려야겠네요. 우선, BLM은 하나의 현상이 아닙니다. BLM은 여러 느슨하게 연결된 행위와 운동의 응집이기 때문에 그 가장자리는 거칠 겁니다. 점잖고 정직한, 분별 있는 사람들도 이 운동에 참여한다고 하셨죠. 완벽히 파악하고 있다고는 할 수 없지만, 제가 아는 한 맞는 말입니다.

미리 실토해야겠군요. 2015년 1월에 문학·정치 잡지인 《보스턴 리뷰》에 퍼거슨 문제와 마이클 브라운, 대런 윌슨Darren Wilson 경관을 다룬 글을 실은 적이 있습니다. 기사에서 저는 마이클 브라운은 로자 파크스Rosa Parks도 아니고, 에멧 틸Emmett Till도 아니라고 말했습니다. "로자 파크스가 아니다."라고 말한 이유는 이렇습니다. 앨라배마주 출신 로자 파크스는 버스에서 백인에게 좌석을 내어 주기를 거부했고, 뒤이어 몽고메리시에서 일어난 시위와 버스 보이콧 등의 운동을 통해 사실상 시민권 운동을 촉발한 여성입니다. 일부에서는 그녀를 시민권 운동의 어머니로 여기죠. 제가 마이클 브라운은 로자 파크스가 아니라고 한 건 "이 사건을 인종적 정의를 위해 범국가적 운동을 일으키기 위한 본보기로 사용하지 맙시다."라는 의미에서였습니다. 그리고 제가 그런 말을 한 이유는, 현재까지 밝혀진 바에 의하면 그 사건은 브라운에게도 책임이 있었기 때문입니다. 별도의 두 조사가 이루어졌지만 모두 같은 결론에 도달했습니다. 지역 당국과 연방 정부의 조사 결과 모두 경찰관은 상황에 알맞게 대응했다는 결론을 내렸습니다.

마이클 브라운은 에멧 틸도 아닙니다. 에멧 틸은 1950년대 미국 남부에서 발생한 린치 사건의 피해자였으며, 이후 이 사건은 흑인을 대상으로 하는 인종차별적 폭력을 대표하는 사례가 되었습니다. 살해된 뒤 텔러해치강에 버려진 탓에 시신 일부가 이미 부패한 상태였지만, 그의 시신을 안치한 관은 대중이 볼 수 있도록 공개됐습니다. 정말 끔찍한 일이었죠. 그래서 우리가 파악한 사실에 의하면 마이클 브라운은 경관에게 공격을 가하려 했고, 자신의 무기를 꺼내려 시도했으며, 경관이 위협을 느끼게 만들었다고 말한 겁니다.

기사가 게재된 다음 엄청나게 욕을 먹었습니다. 지금 이 이야기를 다시 꺼내는 이유는 우리가 겪고 있는 현상을 설명하기 위해섭니다. 각각의 사례가 다르다고 하셨죠. 당연히 모두가 같지 않습니다. 사람들이 모든 사례를 묶어 하나의 폐단으로 만들고, 그것을 기반으로 운동을 시작하는 것이 위험하며 불안하다고 말하셨죠. 동의합니다. 하지만, 사회 분석가로서 한 걸음 뒤로 물러서 현상의 역학 관계를 이해하려 노력하다 보면, 여기에는 일종의 논리가 있다는 사실을 깨닫게 됩니다. 어떤 사람들은 자신들이 원하는 목적에 따라 사례들을 유용하고, 각 사례 사이에 있는 중요한 차이점을 생략하며 사실에 기반을 둔 정보를 덮는 방식으로 힘을 얻습니다. 플로리다에서 트로이본 마틴을 총으로 쏴 죽인 조지 짐머만George Zimmerman은 백인이 아니라는 사실 같은 것 말이죠. 짐머만은 라틴계였고, 배심원단이 그의 행위를 정당방위로 결론 내린 뒤 그에게는 무죄가 선고됐습니다.

사람들은 말하겠죠. "애초에 짐머만이 트로이본 마틴을 따라가면 안 됐어." 저도 같은 생각입니다. 그래도 내러티브를 확고히 하기 위해 불편한 세부 사항들을 덮어 버린다는 사실에는 변함이 없습니다.

거인의 통찰

이 사건은 사실이 아니라 내러티브에 맞추어 전달됩니다. 그리고 이 내러티브에는 외부에서 작용하는 힘이 있으며, 일종의 '무결성'이 포함돼 있습니다. 이 이야기에서 사람들은 인종차별의 증거를 찾습니다. 공인된 재판소가 사실관계를 판단하기 위해 따르는 법적 절차를 신뢰하지 않습니다. 대신 이렇게 주장하죠. "다 알아요. 경찰이 거짓말하는 거잖아요. 제가 왜 대배심이 내린 결론을 믿어야 하죠?"

에릭 가너 사건에서 피해자의 목을 조른 경관도 기소되지 않았습니다. 그런데 아무도 이런 질문을 던지지는 않습니다. "애초에 에릭 가너는 왜 체포에 불응한 거죠?" 그가 순순히 따랐다면, 큰 문제없이 상황이 종료되었을지도 모릅니다. 경관이 에릭 가너를 바닥에 눕혀 목을 조를 필요가 없었을지도 모르죠. 그 경관이 사람을 죽이려 했던 게 아닙니다. 하지만, 내러티브에는 그런 세부 사항들을 덮어 버리는 힘이 있으며, 그것을 언급하는 사람은 —저와 같은 흑인이라 할지라도— 요주의 인물이 됩니다. "그런 세세한 내용에 집착하는 게 공정한 대우를 위한 우리의 노력을 가로막는다는 걸 모르나요?"

해리스 | 저도 관련한 영상을 많이 봤고 경찰관과 함께 훈련받은 적도 있어서, 경찰의 관점이 어떤지 잘 아는데요. 한 가지 정말 놀라운 사실은, 흑인이든 백인이든 사람들은 경찰과 만났을 때 어떻게 행동해야 자신이 안전한지 전혀 모른다는 겁니다. 체포 불응을 언급하셨죠. 체포에 불응하면 안 됩니다. 그리고 경찰의 관점에서 힘의 흐름이 어떤 모습으로 보이는지 이해해야 합니다.

약간 공익 광고 같은 느낌이겠지만, 청취자 여러분도 이것이 자신을 더 안전하게 지키는 방법이라는 사실을 이해하시면 좋겠어요.

인종차별이란 무엇인가

BLM이 대대적으로 알려야 하는 사실이라고도 생각하고요. 경찰과 몸싸움을 벌이든, 경관의 신체 일부를 잡든, 경관을 밀치거나 치든, 어떤 방식으로든 경찰의 몸에 손을 대면 피부색과 상관없이 총에 맞을 확률이 높습니다.

여러분이 마주한 경찰의 권총집은 언제나 열려 있는 상태입니다. 그리고 그에게 있어 모든 물리적 다툼은 무기 탈취를 위한 싸움으로 간주됩니다. 제압당하면 어떤 상황에 처하게 될지 경찰은 알 수가 없습니다. 그래서 최악을 가정해야 하죠. 대부분의 경찰은 총을 사용하지 않고도 상대방을 물리적으로 제압할 수 있는 자신의 능력에 그리 자신하지 못합니다. 충분히 그럴 수 있습니다. 훈련도 충분히 받지 못한 상태로 계속해서 자신보다 덩치가 크거나, 더 젊거나, 더 건장하거나, 더 공격적인 사람과 부딪혀야 하니까요. 경찰은 슈퍼히어로가 아닙니다. 이들은 그저 놀랄 정도로 충분히 훈련받지 못한 보통의 사람들일 뿐입니다. 상황이 심각해지면 이들은 방금 경찰관을 공격했던 이 사람을 한 번 더 믿어 봐야겠다는 사치를 부릴 수가 없습니다.

사람들이 흔히들 혼란스러워하는 부분이 바로 여깁니다. 경찰관의 얼굴을 폭행한 사람이 비무장 상태라면 이 사람을 향해 살상 무기를 사용하는 것은 과잉 대응이며 부당해 보일 겁니다. 그런데 폭력이 순환하는 방식은 우리 생각과 다릅니다. 총을 사용할 필요 없도록 지구 최강의 맨손 복서가 되는 건 경찰의 필수 역량에 포함되지 않습니다. 이들은 얼굴을 얻어맞고 나가떨어지는 위험을 감수할 수 없습니다. 늘 총을 지니고 다니니까요. 이것이 경찰이 세상을 바

거인의 통찰

라보는 관점입니다. 그리고 인간 폭력성의 역학을 고려하면 타당한 방식이죠.

라지브 세티가 출연한 교수님의 팟캐스트 에피소드에서 두 분의 의견이 약간 충돌한다고 느껴지는 부분이 있었습니다. 라지브 세티는 살해당하지 않고 물리적으로 처벌받지 않는 선에서 우리 사회에는 경찰에게 거칠게 대응할 수 있어야 한다고 주장하더군요. 그것이 내가 무례했다고 해서 경찰에서 두들겨 맞지 않는 문명사회의 척도라고요. 하지만, 교수님은 경찰에게 무례하게 굴면 안 된다고, 그것은 어리석은 행동이라고 말씀하셨어요. 경찰에게 공손하게 행동해야 한다고요. 상황이 심각해질 수 있으니까요. 그리고 다시 라지브는 경찰이라면 동요하지 않고 그런 상황에서 전문적으로 대응할 수 있어야 한다고 주장합니다. 하지만, 총을 들고 있는 사람의 정서적 성숙도를 테스트하면서까지 목숨을 걸고 싶을까요? 아니죠.

저는 경찰을 언제든 오작동할 수 있는 살상 가능 로봇으로 여기고 대해야 한다고 생각합니다. 여러 증거 영상에 나오는 사람들은 경찰을 붙잡거나, 밀치거나, 체포에 불응하는 과정에서 발생하는 모든 행위가 어떤 결과를 초래할 수 있을지 전혀 모르고 있더군요.

다시 공익 광고 시간으로 돌아와서, 이렇게 생각해 보자고요. 체포 여부는 우리 손에 달린 게 아닙니다. 내가 나쁜 짓을 하지 않았다는 사실을 내가 아는 게 중요한가요? 아니죠. 경찰의 말에 따르지 않으면서 그것을 어떻게 효과적으로 전달할 수 있겠습니까? 스스로 경찰을 부른 게 아니라면 내가 어떤 상황에 처할지는 모르는 겁니다. 가령 길을 걸어가던 제게 다가온 경관이 벤 스틸러Ben Stiller(미국의

인종차별이란 무엇인가

배우이자 감독, 코미디언. 저자 샘 해리스와 닮았다_옮긴이)를 닮은 무장 강도가 도망치고 있다는 연락을 받고 제게 접근했는지 누가 압니까. 제가 아무 짓도 하지 않았다는 사실을 저는 알지만, 경찰관은 무슨 생각을 하고 있을지 모르는 겁니다. 내가 처한 상황은 경관에게 협조한 다음에 경찰서에서 변호사를 대동하고 파악하면 됩니다. 인종차별적인 경찰에게 불만을 제기하든 소리를 지르고 분통을 터뜨리든, 모든 건 이때 하면 됩니다. 하지만, 총을 소지하고 있는 사람의 명령에 발끈해서 불응하면 우리가 처하는 위험의 수위는 급증합니다. 대부분의 사람이 이 부분을 직관적으로 잘 이해하지 못하는 것 같습니다.

라우리 | 긴 설명이었지만, 한마디도 허투루 들을 만한 내용이 없었어요. 저도 동의합니다. 제 친구 라지브 세티와 나눈 대화와 관련해서는 이해하신 게 맞습니다. 서로의 의견이 일치하지는 않았죠. 말씀대로 저는 경찰이 나를 체포하거나 구금할 수도 있는 상황에서 경관을 따르지 않는 건 현명하지 않다고 생각합니다. 경찰관이 부당하게 구는 것일 수도 있죠. 그렇다고 경관에게 반항함으로써 분쟁 상황을 해결하려 하면 안 됩니다. 다른 환경에서는 그렇게 할 수도 있겠지만요. 제가 한 가지 더 주장한 것은, 시민으로서 우리에게는 경찰관과의 갈등을 피해야 할 의무가 있다는 것입니다. 경찰관이 실수했을 수도 있죠. 하지만, 우리가 부여한 권한을 가지고 적법하게 설립된 기관과의 상호 작용은 시민권에 포함된 의무입니다. 동의하시지 않을지도 모르겠습니다만, 어쨌든 이런 주장도 해당 팟캐스트 에피소드에서 했습니다. 관련해서 이 말씀을 꼭 드리고 싶습니

거인의 통찰

다. 경찰 기관, 권력 기관에서 더 이상 정당성을 느끼지 못하는 사람들은 순응의 의무가 있다는 의견을 받아들이지 못할 겁니다.

불응하는 게 어리석다는 의견은 납득할지도 모릅니다. 그러나 아주 강렬한 분노를 느낄 겁니다. 라지브와 나눈 대화에서 제가 언급한 몇 가지 사례를 들어 보겠습니다. 유치장에서 사망한 채로 발견된 —논란은 있지만 자살이 분명한— 샌드라 블랜드의 사례가 있습니다. 사소한 교통 법규 위반으로 갓길에 차를 댄 블랜드는 경찰관과 실랑이를 벌였습니다. 경관의 면전에 대고 담배 연기를 내뿜었고, 경관은 그녀에게 담배를 끄라고 말합니다. 하지만, 그녀는 응하지 않죠. 경찰관은 냉정함을 잃습니다. 여기에서 경관이 냉정함을 잃으면 안 됐던 걸 수도 있습니다. 조금 더 침착한 태도로 상황에 대처해야 했던 것일 수도 있어요. 어쨌든 블랜드가 그에게 시비를 걸었죠. 그녀는 결국 체포됐습니다.

하버드 교수인 헨리 루이스 게이츠 주니어Henry Louis Gates Jr.의 사례도 유명하죠. 그는 자기 집에 침입하려 한다는 혐의로 자기 집 문간에서 체포됐습니다. 옆집에 절도범이 침입하려는 것 같다는 신고를 받고 출동한 경찰관과 언쟁을 벌였고, 경관은 게이츠에게 신분증을 제시할 것을 요구합니다. 여기에서 게이츠는 점잖게 대응하는 대신 흑인이라는 이유로 자신을 절도범 취급한 경찰관을 질책합니다. 결국 수갑이 채워져 경찰서로 끌려갔습니다. 이 사건과 관련해서는 오바마 대통령도 한마디 거들었죠.

하지만, 이 사건들은 권위적인 제도에 대한 경멸, 그리고 내가 흑인이기 때문에 경찰이 나에게 비우호적이라는, 나를 분석한다는, 나

인종차별이란 무엇인가

를 꼬집어 불러냈다는 생각이 법집행관에게 무례하게 굴거나 존중하기를 거부하는 행위로 이어진 사례라고 할 수 있습니다. 이는 타인에게 부정적인 영향을 미칠 수 있고요.

라지브는 흑인들이 경찰관과의 상호 작용에서 수동적이고 굽실거리기를 원하느냐는 투로 반응하며 이렇게 말하더군요. "상대방이 제복을 입고 있다는 이유만으로 어째서 수동적이고 비굴해질 정도로 자세를 낮춰야 하는 건가?" 물론 제가 조언하는 건 수동성이 아니라 예의입니다. 하지만, 예의를 표하는 행위조차도 일종의 수동성으로 보는 시각은 애초에 경찰의 존재 자체에 분노를 느끼고, '경찰'은 자기네 종족에게만 예의를 보인다고 생각하는 사람의 마음에서 부상할 가능성이 더 높습니다. "내가 존중해 주길 바랍니까? 당신들이 나를 경멸했으니 나도 당신들을 얼마나 경멸하는지 보여 주고 싶은데요."

정당한 이유가 아니죠. 하지만, 아마도, 적어도 부분적으로는 어째서 그렇게 많은 흑인들이 작가님의 현명한 조언을 따르지 않는지에 대한 설명은 되지 않을까요.

거인의 통찰

MAKING SENSE

선과 악의
생물학

THE BIOLOGY OF GOOD AND EVIL

로버트 새폴스키

Robert Sapolsky

⌖

로버트 새폴스키는 신경내분비학자이자 영장류 동물학자이다. 스탠퍼드 대학교에서 생물학과 신경학을 가르치며, 맥아더 재단MacArther Foundation에서 일명 '천재genius'상을 받은 바 있다. 그는 재능 있는 과학 커뮤니케이터이며, 가장 뛰어난 과학자 중 한 명이다.

스탠퍼드 대학에서 강의를 들을 때 새폴스키가 초청 강연자로 등장했던 때를 여전히 기억한다. 이는 내가 철학이 아닌 신경과학으로 박사 과정을 밟아야겠다고 결정하는 데 일조한 순간 중 하나이다.

대담을 통해 우리는 새폴스키의 개코원숭이 관련 연구와 이성과 감성의 대립, 뇌의 진화, 정의와 복수, 뇌-기계 인터페이스, 종교적 믿음 등 다양한 주제를 탐구한다. 또한, 자유의지라는 환상과 자유의지를 제거하는 것의 윤리적, 법적 이점에 관해 이야기한다.

해리스 | 실제로 뵙는 건 처음인 것 같네요. 제가 스탠퍼드에서 존

가브리엘리John Gabrieli의 신경해부학 수업을 듣고 있을 때 교수님이 초청 강연자로 수업에 들어왔던 게 기억납니다. 신경내분비학자이자 영장류 동물학자로서 굉장히 멋진 학문적 이야기를 들려주셨어요. 그래서 학부생들 앞에서 약 한 시간에 걸쳐 서 계시는 동안 제게 뇌를 연구해야겠다는 영감을 주셨다는 걸 알려 드리고 싶었어요. 감사드립니다.

새폴스키 | 오, 감사해요. 다행이네요.

해리스 | 교수님의 책 『우리는 왜 행동하는가Behave』는 뇌와 행동을 탐구하는 기념비적인 여행입니다. 그리고 전혀 지루하지 않은 방식으로 과학적 지식을 전달하는 놀라운 일을 해내셨죠. 이는 결코 쉬운 일이 아닙니다. 저도 책에서 신경과학과 관련한 내용을 언급할 때는 최대한 빠르게 치고 빠집니다. 책 읽는 행위가 가혹해지거든요. 개념이 어렵고 그런 것은 아니지만, 자세한 내용으로 들어가 각 부분의 명칭을 언급하기 시작하면 순식간에 신경해부학적 용어의 덤불로 뒤덮이고 사람들은 흐름을 잃고 맙니다. 하지만, 교수님은 정말 놀라울 정도의 균형을 보여 주었어요.

새폴스키 | 감사해요. 저 역시 여러 신경해부학 강의에서 살아남아야 했기 때문에 다음절 용어가 얼마나 끔찍한지 잘 알고 있습니다.

해리스 | 책에 관해 이야기하기 전에 교수님의 학문적 배경과 신경내분비학, 그리고 영장류 동물학과 평생을 함께 보내게 된 과정에 관해 먼저 이야기해 보죠. 그 둘은 꽤 독특한 조합이거든요. 학회에 가도 같은 경력을 지닌 사람을 많이 만나지는 못할 것 같은데요. 영장류 동물학은 교수님이 뇌를 연구하는 데 어떤 영향을 주었나요?

거인의 통찰

새폴스키 | 지금까지 제 연구의 공통적인 주제는 스트레스가 건강에 미치는 영향, 특히 뇌에 미치는 영향이었습니다. 저는 지난 수십 년 동안 때로는 연구실 과학자 —페트리 접시에서 뉴런을 배양하고 유전자를 가지고 놀면서 말이죠— 였다가 지난 서른두 번의 여름 동안에는 동아프리카의 국립공원에서 개코원숭이를 연구하는 연구자이기도 했습니다. 저는 매년 이 동물들에게 돌아가, 총을 쏴 마취시킨 뒤 의식을 잃으면 인간에게 수행하는 온갖 기본적인 임상 실험을 진행합니다.

이 두 직업은 늘 서로를 보완해 주었습니다. 페트리 접시에서 배양한 뉴런이나 실험실 쥐에게서 뇌와 관련한 흥미로운 현상을 발견하면, 그건 좋은 거죠. 하지만, 문제는 이것이 현실에 대해 무엇을 말해 주느냐는 겁니다. 야생 영장류에게서 흥미로운 행동을 발견하면 이런 질문이 떠오릅니다. "이런, 이건 뇌의 이 부분 때문인 걸까?" "저 뇌 안에서 무슨 일이 벌어지고 있는 걸까?" 그러면 다시 연구실과 배양한 뉴런으로 돌아가는 겁니다.

해리스 | 교수님이 개코원숭이에게 총을 쏘고 초조해하는 모습이 그려지네요. 직접 하시는 건가요? 실제로 총을 쏘세요?

새폴스키 | 입으로 불어 쏘는 총입니다. 따로 연습하지 않아도 웬만하면 쏠 수 있죠. 다행히도 개코원숭이의 등은 아주 넓습니다. 여기를 총으로 맞혀야 하죠. 그리고 저는 전형적인 자유주의자입니다. 마취총을 들고 덤불 사이를 슬금슬금 돌아다니면서 야생 개코원숭이를 쏘는 건 신나는 일이죠. 머무는 내내 계속해서 보존 작업도 하고요.

해리스 | 개코원숭이들은 교수님이 무슨 일을 하는지 이해하나 요? 자신에게 총을 쏴서 삐지기도 하나요?

새폴스키 | 일이 잘 풀리면 그렇지는 않습니다. 그곳에 머무는 시 간의 90퍼센트 동안은 행동 데이터를 수집합니다. 새벽부터 저녁까 지 개코원숭이들과 노는 거죠. 이를 정량적이고 객관적으로 수행할 수 있는 과학적인 방식이 있습니다. 매일 원숭이들에게 마취총을 쏘 는 건 아닙니다.

하나 어려운 경우가 있어요. 혼자 남아 있는 녀석에게 총을 쏘아 야 할 때예요. 쳐다보는 다른 원숭이도 없고, 이 녀석이 갑자기 다른 곳으로 향할 때 말이죠. 개코원숭이에게 마취총을 쏘면 벌에 쏘였거 나 가시를 깔고 앉은 듯한 반응을 보입니다. 벌떡 일어나서 등을 잠 깐 긁적인 다음 다시 앉은 뒤 3분 정도 지나면 의식을 잃습니다.

해리스 | 그래서 한 마리만 있는 경우 이 녀석이 의식을 잃으면 다 가가고, 교수님이 뭘 하는지 무리의 다른 녀석들은 전혀 알아채지 못하는 건가요?

새폴스키 | 그건 잘 풀리는 경우예요. 이 녀석이 그 3분 동안 돌아 다니다가 개코원숭이 무리 안으로 들어가 한가운데 자리를 잡거나, 다른 녀석과 싸우는 때가 있어요. 이때가 어렵죠.

해리스 | 라이벌 원숭이와 싸움이 붙었는데 마취 때문에 온 무리 앞에서 갑자기 정신을 잃는 녀석의 평판을 위해 무엇을 해 주시나 요?

새폴스키 | 그러려면 이 동물들의 신념 체계에 온갖 것을 해야 하 는데, 그건 제가 접근할 수 없는 영역이죠.

거인의 통찰

해리스 | 정말 재미있있네요. 개코원숭이와 인간 사이에 우리가 관심을 가질 만한 차이점이 있나요? 개코원숭이보다는 침팬지가 인간에 더 가깝죠. 침팬지와 인간은 비슷하지만 개코원숭이와는 그렇지 않은 부분이 있나요? 만약 있다면, 왜 개코원숭이를 연구하기로 결정하셨나요?

새폴스키 | 우리 게놈의 98퍼센트를 공유한다는 점에서 침팬지가 더 나은 연구 대상일 수도 있을 겁니다. 사회적 구조나 인지적, 정서적 능력 등 여러 면에서도 인간과 더 가깝죠. 하지만, 개코원숭이 역시 우리와 가까운 친척입니다. 아마 인간 DNA의 96퍼센트를 공유할 겁니다. 여러 이유로 개코원숭이는 제 연구를 위한 완벽한 대상입니다. 이들은 개방된 거대한 초원에서 생활합니다. 그렇기 때문에 하루 12시간을 관찰할 수 있으며, 잘 보이므로 마취총을 사용하기에도 좋습니다. 이 녀석들은 나무에서 생활하지 않아요. 멸종 위기종도 아니죠. 체격도 크고, 검사를 위해 채취할 수 있는 혈액량도 많습니다.

하지만 무엇보다 제 연구 주제가 스트레스라는 점을 고려하면 개코원숭이가 더 큰 도움이 됩니다. 인간은 이제 디프테리아 때문에 고생하거나 어떤 끔찍한 만성 질환 때문에 스트레스를 받지는 않습니다. 뾰족한 송곳니를 드러낸 호랑이에게 매일같이 쫓기느라 스트레스를 받지도 않죠. 대신 서구화된 개인들로서 만성적인 심리 스트레스에 시달립니다. 이런 면에서 개코원숭이는 스트레스를 파악하기 위한 완벽한 연구 대상입니다. 개코원숭이의 서식지인 세렝게티는 이들에게 훌륭한 생태계입니다. 개코원숭이는 50마리에서 100마리 정도로 구성된 무리 안에서 생활하기 때문에 포식자가 쉽사리 노리지 못합니다. 그리고 영양분 섭취를 위해 하루에 세 시간만 일합니다. 즉, 다른 개코원숭이들을 괴롭힐 자유 시간이 매일 아홉 시간이나 있다는 겁니다. 서로에게 사회적 스트레스를 가하는 겁니다. 서구화된 인간을 대입할 수 있는 훌륭한 모델이죠.

해리스 | 그러면 이제 뇌, 그리고 도덕적으로 눈에 띄는 행동들을 탐구하는 놀라운 여정인 교수님의 책에 관해 이야기해 보겠습니다. 교수님과 저는 여러 질문들을 비슷한 각도에서 접근하고 여러 방면에서 같은 의견을 보입니다. 나중에 자유의지에 관해서도 논의할 겁니다. 교수님은 이 주제에 관해서 저와 비슷한 주장을 하는 과학계에서 몇 안 되는 사람 중 하나이기 때문이죠. 이 지점에서 우리는 같은 금기를 깹니다. 그 부분에 관해 이야기하면 재미있겠네요.

하지만, 우선 교수님의 생각부터 들여다보죠. 교수님은 일종의 '지식의 통합unity of knowledge' 접근법을 취하며 신경생리학부터 유전학, 심리학, 문화까지 다양한 분야의 과학적 설명을 살펴봅니다. 이렇게 분야를 넘나드는 이유를 설명해 주세요.

새폴스키 | 물론이죠. 행동이 발생할 때 우리 행동 생물학자들은 이렇게 질문합니다. "방금 그 행동은 왜 발생했을까?" 그리고 이는 하나의 질문이 아니라는 것을 깨닫습니다. 그 질문에는 "그 사람의 뇌에서는 1초 전에 무슨 일이 발생했을까?"라는 질문이 포함돼 있습니다. 하지만, 동시에 이런 질문이기도 합니다. "그 환경에서 1분 전에 뉴런들을 자극한 감각 신호들은 무엇이었을까?" 또 이런 질문이기도 합니다. "그 뉴런들을 자극한 감각 신호들에 민감하도록 만든

거인의 통찰

오늘 아침 그의 호르몬 수준은 어떠했나?"

그다음에 신경가소성neuroplasticity을 살피기 시작합니다. 지난 수개월, 유년기, 태아기(실제로 성인 행동에 막대한 영향을 미치는 것으로 드러났죠)로 거슬러 올라갑니다. 그리고 유전자에 이릅니다. "그 행동을 유발한 요인은 무엇인가?"라는 질문은 "이 사람은 어떤 문화에서 자랐나?"라고 묻는 것과 같습니다. 이는 다시 무엇을 의미하냐면 "이 사람의 조상은 수백 년 전에 무엇을 하고 있었으며, 그로 인해 어떤 생태학적 영향이 있었나?" 그리고 결국 수백만 년에 걸친 진화압evolutionary pressure에 관한 질문으로 귀결됩니다.

이것을 다양한 분야에서 들여다보는 것도 중요하지만, 이러한 질문들은 결국 같은 질문으로 정리됩니다. 뇌에 관한 질문은 뇌가 형성되는 유년기 경험에 관한 이야기이기도 합니다. 유전자에 관한 질문은 결국 진화에 관해 이야기하는 셈입니다. 행동에 영향을 미치는 서로 연결된 모든 요소는 결국 한곳에 모입니다.

해리스 | 자유의지에 관해 논의할 때 그 부분으로 다시 돌아오도록 하죠. 우리가 인간 행동의 신경생리학이나 문화가 뇌 발달에 영향을 미치는 방식 등에 관해 이야기할 때 인간 정신이 자유로운 정도에 대해서 많은 혼란이 있기 때문입니다. 여기에서 핵심은 우리가 인간의 사고, 의도, 행동에서 모든 영향력이 최종적으로 거치는 공통 관문이 뇌라는 사실을 인정하면, 그 사람이 하는 행위의 가장 직접적인 원인이 뇌라는 것을 인정하게 된다는 것입니다. 여기에서 물리 법칙에 서명을 하든 안 하든 말이죠. 이 주제는 나중에 다시 다루도록 하겠습니다.

선과 악의 생물학

하지만, 이성과 감정의 관계에 있어 흔한 오해가 하나 있습니다. 특히 인간의 행동과 도덕적 질문에 대답하는 것과 관련해서 말이죠. 세계관을 형성할 때 우리는 감정적으로 동기 부여를 받거나, 혹은 감정의 영향을 받지 않는 합리성에 의해 동기를 부여받을 수 있다는 생각들을 하곤 합니다. 여기에 약간의 정신 외과적 조치를 취해 보죠. 이성과 감정에 관해 어떻게 생각하십니까?

새폴스키 | 이성과 감정 중 무엇이 더 중요한가, 어느 쪽이 행동에 더 큰 영향을 미치는가. 이 둘은 '코카콜라 대 펩시'와 같이 양분할 수밖에 없는 관계입니다. 물론 대부분의 행동 관련 이분법과 마찬가지로 이 역시 잘못된 것으로 판명되었습니다. 이 둘은 서로 밀접하게 연관되어 있습니다. 그냥 연관된 것이 아니라 신경생물학적 수준에서 밀접하게 연결되어 있죠. 예를 들어, 오래전에 발생한 끔찍한 사건을 생각하면, 감정을 담당하는 뇌의 부위가 활성화되고 스트레스 호르몬을 분비합니다. 혹은 흥분된 감정이 일어나면, 불안하고 겁먹은 상태가 되면, 우리는 경솔하고 이상한 방식으로 사고하고 판단합니다. 흥분하면 간혹 말도 안 되는 결정을 내리곤 하죠. 두 영역은 동등하게 서로 연관되어 있습니다.

우리는 거대한 피질을 지닌 생물로서 의사결정의 중심에는 이성이 있다고 가정합니다. 그러나 엄청나게 많은 연구에 따르면 생각보다 훨씬 더 자주 인간은 내적인 감정적, 무의식적 반사에 기반을 두어 의사결정을 합니다. 수 밀리 초 안에 결정을 내리죠. 감정과 호르몬에 흠뻑 젖은 뇌의 부위들은 피질의 이성적 부위가 활성화되기도 더 전에 활성화됩니다. 우리가 대개 이성적 사고라고 믿는 것은 사실 인지적 자기self가 우리의 감정적 본능이 완벽하게 논리적이며 놀라울 정도로 말이 된다는 생각을 합리화하려 노력하며 뒤따라가는 것뿐입니다.

우리는 뇌의 감정적인, 무의식적인, 내재적인, 숨겨진 측면들을 저도 모르는 사이에 조작할 수 있으며, 이것은 우리의 결정을 바꿉니다. 그런 다음에 우리는 허세 가득한 설명을 생각해 냅니다. 내가 방금 그 행동을 한 이유는 대학교 1학년 때 읽은 어떤 철학자의 책 때문이라고 말이죠. 아뇨, 실은 방금 뇌의 여러 측면을 조작했기 때문입니다.

해리스 | 여기에는 두 가지 부분이 있습니다. 하나는 방금 말씀하신 인지와 이성의 수축입니다. 우리는 이성이 인지나 신념의 형성을 주도한다고 생각하지만, 자세히 살펴보면 그보다 더 아래에서, 감정에 의해 주도된다는 걸 발견할 수 있습니다. 다른 하나는, 가장 냉정하게 계산된 추론을 쓸모 있게 만들려면 뇌의 다른 여러 부위, 이 경우에는 복내측 전전두피질ventral medial prefrontal cortex과 결합해야 한다는 겁니다. 우리에게는 맞고 틀리다는 감각느낌felt sense이 필요합니다. 이는 안토니오 다마시오Antonio Damasio를 필두로 한 연구팀이 이 부위에 신경학적 손상을 입은 사람들을 연구한 내용으로 연결됩니다. 복내측 전전두피질에 손상을 입은 사람들은 가령 도박에서 어떤 전력이 적절한지는 알 겁니다. 확률도 이해할 수 있습니다. 하지만, 그 이해를 유용한 것으로 만들지는 못합니다. 뇌 안에서 적절하게 처리되지 않기 때문이죠.

새폴스키 | 그리고 그건 이렇게 말하는 사람들에게 있어서는 큰

선과 악의 생물학

꾸짖음과 같죠. "인간이 순수하게 이성적인 생물이었다면 좋았을 텐데. 저 아래 있는 모든 감정적 배설물을 없앨 수 있다면 좋을 텐데. 왜 이런 모습일까. 미스터 스팍_{Mr. Spock}(스타워즈에 등장하는 외계인-인간 혼혈 캐릭터. 최대한 감정을 배제하며 이성과 지성을 가장 중요하게 여긴다. 영미권에서는 감정보다 이성을 우선시하는 사람에게 '스팍'이라고 부르기도 한다_옮긴이)이 될 수도 있었을 텐데. 그러면 이 세상은 경이로워질 텐데." 복내측 전전두피질은 기본적으로 뇌의 감정적 부위가 뇌의 가장 이성적인 부위에게 말을 거는 수단입니다. 이 부분이 손상되면 사람들은 오싹하고 도리를 벗어난, 냉혹하고 무심해 보이는 결정을 내립니다.

예를 들어 정상적인 사람에게 철학적인 질문을 던집니다. "다섯 사람의 목숨을 구하기 위해 일면식 없는 사람 한 명을 죽이겠습니까?" 그러면 상대방은 "네." 혹은 "아니요."라고 대답하겠죠. 다시 물어봅니다. "다섯 명의 목숨을 구하기 위해 당신이 사랑하는 부모님 중 한 명을 죽이겠습니까?" 그러면 1초도 지나지 않아 이런 대답이 돌아옵니다. "당연히 아니죠. 우리 엄마인걸요." 자식이든, 누구든 말이죠. 하지만, 뇌의 복내측 전전두피질이 손상된 사람은 두 질문에 같은 대답을 내놓을 겁니다. 인식하지 못하는 거죠. 우리와 같은 방식으로 연관성을 처리하지 못하는 겁니다. 그리고 지구상의 모든 영장류는 이 모습을 보며 이 사람의 뇌에는 심각한 문제가 있다고 말할 겁니다.

해리스 | 감정과 합리성에 관한 이 문제에서 저는 쭉 의심에 관해 고민해 왔습니다. 인간 합리성의 근본 요소 중 하나죠. 제가 믿기 어

거인의 통찰

럽다고 생각하는 ―논리적으로든, 사실적으로든, 의미론적으로든 ― 말을 교수님이 한다면, 제 오류 감지 메커니즘이 발동될 겁니다. 교수님은 하나의 문장을 말했고, 저는 그것을 믿지 않죠. 제 생각에 그 의심이라는 느낌은 하나의 감정입니다. 믿음과 관련해 제가 수행한 모든 fMRI(기능적 자기공명영상) 연구는 불신 ―명제의 진실성을 의심하는 것― 이 전방섬상세포군피질anterior insular cortex과 관련이 있음을 보여 줬습니다. 그리고 저는 의심이 혐오감의 연속체에 있는 감정이라고 생각하기 시작했습니다. 일종의 명제적, 인지적 거부 상태죠. 솔직히, 우리 대통령(도널드 트럼프를 의미한다_옮긴이)이 어떤 말을 하는 걸 들을 때 저는 본능적으로 혐오의 형태로 의심이 촉발되는 것을 느낍니다. 자신만만한 사기꾼은 꽤 강력한 혐오감을 일으키죠. 적어도 제 경우에는 그렇습니다.

새폴스키 | 그 부분에 있어서는 제 전방섬상세포군피질도 작가님과 비슷할 것 같군요. 전적으로 동의합니다. 확실히 일부 영역에서 의심은 순수한 이성적 처리 과정입니다. 2 더하기 2를 했는데 이유는 모르겠지만 5가 나왔습니다. 아주 순수한 인지적 상태에서는 이렇게 말하겠죠. "아닌 것 같은데." 하지만, 우리가 이 사회라는 세계에서 하는 대부분의 의심은 감정에 흠뻑 젖어 있습니다. 그러한 의심을 심은 사람을 향한, 그러한 의혹을 믿고 파괴적인 방식으로 행동하는 사람을 향한 감정, 아마 혐오에 말이죠.

해리스 | 정확히 하기 위해 덧붙이자면, 예컨대 제가 교수님을 스캐너에 넣고 다음과 같은 명제를 제시합니다. '2 더하기 2는 5다. 당신의 키는 2미터이다. 당신은 금발의 여성이다. 조지 워싱턴은 미국

의 대통령이었던 적이 없다.' 사실이 아니라는 건 알지만 감정적으로 불쾌할 바 없는 진술입니다. 세 종류의 신경 촬영 연구를 바탕으로 예측하건대, 이는 뇌섬insular 활동과 관련이 있을 겁니다. 그리고 다시 명제를 정확하게 바꾸어 '조지 워싱턴은 미국의 초대 대통령이었다'와 같이 수용할 법한 진술을 제시할 경우에는 관련이 없고요.

새폴스키 | 동의합니다. 맥락에 따라 크게 달라지는데요. 만약 제가 거기 혼자 앉아서 2 더하기 2를 해서 5를 얻었습니다. 그러면 순수 합리성에 의해 즉각 이렇게 생각할 겁니다. "하, 나는 멍청이야. 모두가 내가 2 더하기 2도 못 한다는 걸 알게 될 거야." 뇌 영상에서는 작가님이 말한 게 맞습니다. 순수한 인지적 경험이 아닐 겁니다. 오히려 "이 사람들이 지금 뭘 하는 거지? 믿어도 되나? 나 지금 안전한 거 맞나? 이 사람들, 나를 멍청이라고 생각하는 건가? 나를 뭐라고 생각할까? 내가 이전에 바보 같은 말 한 적이 있나?"에 가까울 겁니다. 감정적인 측면이 시작되는 거죠.

이를 살펴보는 최적의 방법 중 하나가 동조성conformity 연구입니다. 명백히 거짓인 것을 사람들이 따라가는지 확인하는 거죠. 일정 비율의 사람들은 그저 온순하게 전체를 따라갈 겁니다(나중에 혼자 남게 되면 기존의 정확한 태도로 돌아갑니다). 하지만, 다른 일정 비율의 사람들은 생각을 바꿔 속한 집단의 답을 강조하며 왜 처음부터 틀렸는지 설명할 겁니다. 첫 번째 유형에서 적당히 잘 따라가는 사람들의 경우에는 불안, 혐오와 연관된 뇌의 영역이 활성화되는 걸 볼 수 있습니다. 편도체나 섬 피질처럼 말이죠. 두 번째 유형의 경우, 같은 영역이 활성화되는 동시에 시각 피질도 활성화되는 걸 볼 수 있습니

거인의 통찰

다. 마치 뇌의 나머지 영역이 "기억 안 나? 지금 네가 말하고 있는 건 아까 본 것과 달라." 혹은 "기억나? 넌 저 사람들이 말하고 있는 걸 봤어."라면서 시각 피질에게 동조하라고 설득하려는 것처럼 말이죠. 온순한 동조자의 경우와 완전히 다르죠. 섬 피질과 편도체가 활성화됐다는 공통점을 제외하면요. 불안 때문입니다. 의심이 불안을 불러일으킨 겁니다. 확실성은 마음에 안정을 주지만, 의심은 겉으로는 가장 지적이고 무감각한 것처럼 보이는 문제여도 기저에 깔린 불안을 손쉽게 활용합니다.

해리스 | 그것이 진화의 한계죠. 우리는 인지 능력을 처음부터 새롭게 습득하도록 만들어지지 않았습니다. 현대의 인간이 인지하는 데 활용하는 유일한 재료는 새로운 목적을 위해 징발되어야 하는 오래된 구조들일 뿐입니다. 우리가 하는 모든 것은 유인원 시절에 생성된 구조를 바탕으로 합니다. 지금 우리는 내장에서 입력 정보를 수신하는 섬 피질에 관해 이야기하고 있는데요. 우리는 썩은 음식을 보면 역겨움을 느낍니다. 이는 섬 피질이 들려주는 이야기죠. 추상적인 관념들을 받아들이지 못하는 정신을 만드는 유일한 방법은 이러한 뇌 영역들의 용도를 바꾸거나 그 용도를 확장하는 것뿐입니다.

새폴스키 | 그렇고말고요. 아주 매혹적인 영역이죠. 우리가 상한 음식을 먹고 있다고 알려 주는 섬 피질은 또한 우리 안의 도덕적 혐오감을 중재해 주기도 합니다. 온도를 감지하는 뇌의 부위는 상대방이 따뜻한 성격 혹은 차가운 성격이라고 지각할 때도 활성화됩니다. 우리가 누군가의 고통에 공감할 때는 고통을 감지하는 뇌 부위

선과 악의 생물학

가 활성화되죠.

자주 지적하듯이, 진화는 발명가가 아니라 땜장이입니다. 이미 존재하던 것을 가지고 만지작대죠. 인간에게 도덕적 분노와 도덕적 혐오라는 개념은 언제 생겼을까요? 2,000년 전일 수도, 5,000년 전일 수도 있습니다. 그렇다면 따뜻하거나 차가운 성격이라는 개념이 생긴 건 언제일까요? 그보다는 훨씬 최근일 겁니다. 우리 뇌는 다양한 방식으로 상황에 맞게 대처합니다.

해리스 | 이렇듯 순전히 인간 수준에서 구분하는 ―그리고 문명을 낳게 한― 뇌의 역할은 대개 전전두피질의 역사라고 할 수 있을 것 같습니다. 책의 한 부분에서 어려운 일이 옳은 일일 때, 이 어려운 일을 하도록 만드는 게 바로 뇌의 이 영역이라고 말씀하셨던 것 같은데요. 인류의 발전 과정에서 전전두피질의 역할에 관해 이야기해 보죠.

새폴스키 | 방금 전전두피질의 역할을 잘 요약해 주셨어요. 어렵게 설명하자면, 전전두피질은 충동 조절, 감정 조절, 장기 계획 수립, 만족감 지연, 집행 기능을 담당합니다. 이런 말을 해 주는 영역이죠. "있잖아, 지금은 그게 좋은 생각처럼 보일지 몰라도 날 믿어. 나중에 후회할 거야. 하지 마." 우리 뇌에서 가장 최근에 진화한 부분이기도 합니다. 인간의 전전두피질은 다른 모든 영장류보다 크고 복잡합니다. 가장 흥미로운 건, 전전두피질은 뇌에서 가장 마지막에 성장을 끝내는 부분이라는 겁니다.

사람들이 평균 스물다섯 살 정도 될 때까지 전전두피질은 완전히 연결되지 않습니다. 믿기 어려운 말이죠. 이는 10대들이 왜 10대처

거인의 통찰

럼 행동하는지 설명해 줍니다. 아직 전전두피질이 충분한 힘을 발휘하지 못하기 때문에 그렇습니다. 그리고 여기에는 또 하나의 흥미로운 사실이 함축돼 있습니다. 전전두피질이 뇌에서 가장 마지막으로 성숙하는 부분이라면 이는 이 영역이 유전자에 의한 제약을 가장 덜받으며 대부분 경험에 의해 형성된다는 의미입니다.

맞는 비유인지는 모르겠습니다만, 전전두피질은 우리의 도덕적 잣대입니다. 우리 머릿속에서 울리는 도덕에 매우 엄격한 목소리죠. 예컨대 우리가 거짓말을 하고 싶을 때 전전두피질이 핵심적인 역할을 합니다. 그 유혹을 어떻게든 뿌리쳤다면 그건 전전두피질이 어떤 조치를 취했기 때문입니다. 하지만, 거짓말을 하기로 **결심한다면**, 이 때도 전전두피질이 도움을 줍니다. "좋아, 목소리를 가다듬고 눈을 마주치지 마. 이상한 표정 짓지 말고." 이게 전전두피질이 하는 일입니다. 아주 인간적인 부분이자, 우리 뇌의 아주 복잡한 영역이죠.

해리스 | 발달이 늦다는 사실에 함축된 의미에 더해서, 그것이 우리가 속한 문화가 중요한 이유입니다. 어린 시절에 어떤 경험을 했는지, 어떤 윤리적 규범을 채택했는지가 중요한 이유죠. 이러한 요소들은 그냥 여기저기 둥둥 떠다니는 게 아닙니다. 문화에 속한 모두의 뇌에 새겨지는 것이죠. 그리고 이는 대개 전전두피질에서 일어나고요.

새폴스키 | 그것이 바로 스물다섯이 될 때까지 성숙해지지 않는 이유입니다. 단지 뇌의 다른 부분들보다 발달이 더 복잡한 구조라서 그런 게 아닙니다. 태어나고 25년 동안 상황에 따른 윤리와 문화 특수적인 신념들과 같은 것을 배울 필요가 있는 거죠. 이는 미묘하고,

선과 악의 생물학

때로는 무언적인 요소들이며, 때로는 사람들이 알려 주는 것과 완전히 반대이기도 합니다.

생각해 보세요. 전 세계의 모든 문화는 특정 유형의 살인은 금하면서 나머지 유형은 허용합니다. 이 점에 있어서 모든 문화가 다르죠. 전 세계의 모든 문화는 특정 유형의 거짓말은 허용하지만, 나머지는 금합니다. 미국의 경우, 할머니에게 이런 거짓말은 해도 됩니다. "와, 저 이 장난감 **없어요**! 할머니 짱이에요! 감사합니다!" 서랍에 똑같은 장난감이 있어도 우리는 이렇게 말하죠. "당신 집 다락방에 밀입국 망명자를 숨겨 주고 있습니까?"라는 질문을 받으면 "당연히 아닙니다, 경관님."이라고 대답합니다. 그 외 다른 유형의 거짓말은 금합니다. 모든 문화에는 성적 행동과 관련한 금기들이 있습니다. 어떤 것들은 경이롭지만 다른 것들은 불경하죠. 문화의 특정한 규칙들, 위선, 합리화, 죽기를 불사할 실증 불가한 미신들을 학습하며 이렇듯 미묘한 여러 정보를 익혀야 합니다. 무엇이 올바른 일인지에 대한 다양한 문화 특수적인 사례들을 말이죠. 여기에는 시간이 걸립니다.

해리스 | 저는 비록 할머니에게 장난감에 관해 잔혹한 진실이라도 말씀드릴 테지만요.

새폴스키 | 압니다. 작가님의 책 『거짓말Lying』은 어떤 경우에도 거짓말은 괜찮지 않음을 설명하는, 제가 접한 것 중에 가장 설득력 있는 주장을 펼치는 책입니다.

해리스 | 아마 오해가 있었던 것 같아요. 각주인가 미주에서 교수님이 '나는 모든 상상 가능한 상황에서의 거짓말에 반대한다'라고 했

거인의 통찰

던 걸 읽은 것 같거든요. 그런데 아니었나 보네요. 우리 집 현관 앞에는 나치 병사가 있고 다락방에 안네 프랑크Anne Frank(『안네의 일기』의 저자_옮긴이)가 있다면, 대부분의 사람은 거짓말을 하리라 봅니다. 자기를 방어하기 위해 필요한 행동으로서든, 타인을 방어하기 위해서든 말이죠. 저는 거짓말이 폭력의 연장선에 있다고 생각합니다. 더 이상 이성적으로 행동하지 않는 사람에게 할 수 있는 최소한의 폭력적인 행위라고요.

새폴스키 | 잘못된 설명을 기재한 부분에 대해서는 죄송하다는 말씀을 드려야겠네요. 각주는 원래 아무도 안 보는 건데.

해리스 | 안네 프랑크가 우리 집 다락방에서 안전하기만 하다면 상관없죠.

새폴스키 | 그러네요.

해리스 | 인간과 마찬가지로 전전두피질의 성숙이 느린 영장류가 있나요? 아니면 이는 인간만이 보이는 특징인가요?

새폴스키 | 영장류에서 전반적으로 발견되는 특징입니다. 설치류에서도 발견되죠. 하지만, 설치류는 말할 것도 없고 다른 영장류의 경우 이렇게 극적이지도, 오래 걸리지도 않습니다. 그리고 이들의 뇌는 인간만큼 복잡한 작업에 직면하지도 않고요.

해리스 | 신경구조에서 눈에 띄는 부분이 있죠. '폰 이코노모 뉴런von Economo neuron'이라는 것인데, 제가 알기로는 영장류와 고래, 코끼리에게서만 발견됩니다. 뇌섬과 전측 대상회anterior cingulate에서 우선적으로 나타나며, 사회 인지, 자의식과 관련 있죠. 이 뉴런은 어떤 역할을 하나요?

선과 악의 생물학

새폴스키 | 아주 멋진 뉴런이죠. 인간의 뇌를 연구할 때 가장 먼저 깨닫는 사실 중 하나가, 우리는 완전히 새로운 신경 전달 물질이나 완전히 새로운 뉴런이 있기 때문에 인간인 것이 아니라는 점입니다. 그저 뉴런이 더 많고, 뉴런들이 더 복잡하게 연결되어 있을 뿐입니다. 그러다가 인간에게만 존재하는 것으로 보이는 뉴런 유형 하나를 발견합니다. 그게 폰 이코노모입니다. 공감과 도덕적 혐오감 등의 흥미로운 부분을 관장하는 전측 대상회와 뇌섬엽에서 거의 대부분 발견됩니다.

하지만, 더 자세히 찾아보니 말씀하신 것처럼 이 뉴런이 다른 종에도 존재한다는 사실을 발견했습니다. 우리가 복잡한 사회 체계를 찾으려 할 때 등장하는 모든 유력한 후보들, 다른 영장류와 고래류, 코끼리죠. 최선의 추측은 이들에게 사회적으로 굉장히 복합적인 측면에서 역할이 있다는 겁니다. 이것이 거울 뉴런이냐고요? 그런 얘기를 들은 적 있어도 그 부분은 아예 말도 꺼내지 마세요. 둘은 완전히 별개입니다. 하지만, 아주 흥미로운 건, 폰 이코노모 뉴런이 대개 전두피질에 손상을 입히는 전두측두엽 치매frontal temporal dementia라는 잘 알려져 있지 않은 신경학적 질병에 걸리면 가장 먼저 죽는 뉴런이라는 겁니다.

다시 말해, 폰 이코노모 뉴런이 가장 먼저 쓰러지는 뉴런이라면 이 뉴런은 운용 비용이 많이 들어가는 취약한 뉴런이라는 겁니다. 다른 흥미로운 점은 이 병의 증상입니다. 자제력이 감소하고, 사회적으로 부적절한 행동을 보입니다. 그래서 이 병이 실은 뇌의 전면에 엄청난 신경 융단 폭격을 가하는 것과 같다는 사실을 깨닫기 전까지 초기에는 정신 질환으로 곧잘 여겨집니다. 이 뉴런들이 하는 일이 무엇이든, 폰 이코노모 뉴런은 우리처럼 복잡한 종이 하는 복합적인 사회 행동들에 매우, 매우 특화된 뉴런입니다.

해리스 | 쿡Cook의 뇌를 향한 여행, 적어도 전전두피질을 향한 여행의 종착역은 배외측 전전두피질dorsolateral prefrontal cortex이었죠. 우리가 고차원적 합리성 혹은 실행 통제executive control라고 여기는 많은 부분과 연관돼 있는 부분입니다. 이 영역은 변연계 —특히 편도체— 와 같이 뇌에서 감정을 담당하는 영역의 활동을 약화해 부정적인 영향을 줄입니다. 적절한 방식으로 활성화시켜 이런 역할을 수행하죠. 어떤 경험을 인지적으로 재평가할 경우 —예를 들어, 누군가 나에게 무례하게 굴었지만, 나는 그 사람이 긴장해서 그런 것이라고 생각하기로 할 때— 배외측 전전두피질이 초기에 무례함이라고 인지하게 만들었던 나의 부정적인 감정 반응을 약화시킵니다. 배외측 전전두피질이 활성화되면 부정적 감정이 각성되는 것을 억누를 수 있다는 점 역시 흥미롭습니다. 내가 지금 부정적인 감정을 느끼는 상태에서 주의를 다른 곳으로 돌린다면 —수학 문제를 풀거나 다른 형태의 인지 능력이 요구되는 일을 한다면— 유사한 제동 효과를 얻을 수 있죠.

이런 내용이 실제 교수님 삶의 행동적 측면에서 연관성을 보인 적이 있나요? 우리 뇌에서 벌어지는 일을 생각하며 많은 시간을 보낸다는 점을 고려했을 때, 일상 경험에서 뭔가 다르게 행동하는 것이 있나요?

새폴스키 | 좋든 싫든 간에, 있습니다. 같은 일이 신경심리학을 전

공한 제 아내에게도 벌어져 왔죠. 한 번은, 제 아들이 네 살일 때 두 살짜리 여동생에게 무례한 행동을 한 적이 있습니다. 우리는 바로 달려들어서, "너는 나쁜 사람이 아니야. 하지만 방금 나쁜 짓을 했어."라며 "왜 그랬니?"라고 물었습니다. 조금 시간이 지나서 우리 둘 중 한 명이 이렇게 말했습니다. "왜 애한테 이렇게 엄하게 굴고 있는 거지? 얘는 아직 전두피질에 뉴런이 한 세 개쯤밖에 없을 텐데 말이야." 그러자 반대쪽이 이렇게 말했죠. "글쎄. 이렇게 하지 않으면 어떻게 좋은 전두피질을 발달시킬 수 있겠어?" 저희는 실제로 집에서 이런 방식으로 생각합니다. 약간 오싹하죠.

기계론적이고, 환원주의적이며, 결정론자 같은 사람으로서 제 세계관을 적용하기 가장 어려운 부분은 —제 책에도 언급했습니다만 — 물론 자유의지의 영역입니다. 작가님과 마찬가지로 저는 자유의지란 존재하지 않는다고 믿습니다. 우리가 자유의지라고 부르는 것은 아직 밝혀지지 않은 생명 작용이라고 믿습니다. 그러나 그런 방식으로 생각하면서 어떻게 삶을 살아갈 것인가라는 질문에 대해서는 무척 난감합니다. 사회적 상호 작용에서 어떤 중요한 시점에는 제가 자유의지를 완전히 믿는 것처럼 행동할 겁니다. 누군가 나쁜 같은 짓을 했다는 소식을 들으면 "이런, 그래도 임신 중기의 태아 시절에 그 사람이 겪은 일을 감안해야지."라고 생각하는 대신 그자가 처벌받기를 바랄 겁니다. 대부분의 사람처럼 그런 생각에서 더 나아가지 못할 겁니다. 행위자에게 의도가 있어 그런 행동을 했다고 생각하며 사는 편이 훨씬 더 쉽습니다. 우리가 저항해야 하는 생각이기도 하지만요.

거인의 통찰

해리스 | 자유의지에 관해 다른 결론에 도달하면 여기에는 결과가 있다는 사실이 우리에게는 명확하지만, 다른 사람들에게는 아니겠죠. 그리고 저는 그 결과가 대체로 좋은 쪽이라고 주장하고요.

한 발짝 물러서서 사람들에게 여기에서 문제가 무엇인지 설명해 주죠. 대부분을 잘 깨닫지 못하거든요. 아시겠지만 제 친구이자 동료인 대니얼 데닛은 자유의지에 관한 우리의 생각에 동의하지 않습니다. 다른 과학자들 역시 우리가 만드는 이런 논란은 일으키고 싶지 않아 하고요. 저는 팟캐스트를 통해 그동안 이 주제를 반복적으로 다루어 왔으니, 이번에는 교수님이 자유의지란 왜 말이 되지 않는지 과학적으로 설명해 주시면 좋겠네요. 책에서 설명하신 '자유의지 자동차car free will'에 관한 훌륭한 설명을 곁들여 주셔도 좋겠고요.

새폴스키 | 좋습니다. 자유의지가 없음을 사람들에게 설득하려 할 때 제가 채택하는 한 가지 관점은 인간 행동에 영향을 미치는 요인의 개수를 나열해 보는 겁니다. 누군가 공격적인 행동을 취했고, 다른 사람들이 이유를 묻습니다. 그러자 이 사람이 행위자성의 느낌을 주렁주렁 단 이성적인 설명을 내놓습니다. 하지만, 그가 그 행동을 취하도록 만드는 가능성에 영향을 미치는 몇 가지 요인이 있습니다. 냄새 나는 쓰레기가 있는 방에 앉아 있었다면, 그런 행동을 취했을 가능성이 커집니다. 지난 며칠 동안 그의 테스토스테론 수치가 상승했다면, 역시 그런 행동을 할 가능성을 높입니다. 다섯 달 전에 엄청난 충격을 받아서 편도체에서 뉴런들이 새로운 연결을 형성했다면, 또 가능성이 커집니다. 그 사람이 임신 후기의 태아일 때 어머니의 혈액 속에서 수치가 높아진 스트레스 호르몬에 노출됐다면 역

시 가능성이 커지고요. 그의 조상이 가축 떼를 이끌고 초원이나 사막을 유랑하는 유목민이었으며 이들에게 체면 문화가 있었다면, 그리고 그 사람도 그런 문화에서 자랐다면, 그런 행동을 취했을 가능성이 커집니다.

잠시만요. 500년 전의 생태계가 현재 행동에 영향을 미쳤다고요? 네, 그렇습니다. 옛날 생태계는 우리 문화 형성에도 큰 영향을 미치고, 우리 뇌가 발달하는 방식에도 큰 영향을 미칩니다. 우리 머릿속에서는 생각보다 많은 일 —보이지는 않지만 영향력을 끼치는 많은 일— 이 벌어지고 있습니다.

가령 썩은 쓰레기 냄새가 나는 방 안에 데려다 놓는 등 이런 변수 중 하나를 조정하면 보통 사람들은 질문지에 사회적으로 더 보수적인 답변을 내놓습니다. 질문자가 이렇게 되묻습니다. "흥미롭네요. 지난달, (페튜니아 향으로 가득한 방에서) 이 설문지를 작성했을 때에는 이런저런 태도를 보였는데, 지금은 변했네요. 왜죠?" "지난달 피오리아Peoria(미국 일리노이주의 도시로, 이곳의 여론은 미 전역 여론의 기준이라고 여겨지기도 했다_옮긴이) 중부에서 발생한 일이 제 생각을 완전히 바꿔 놨어요." 아닙니다. 뇌섬의 뉴런을 예민하게 만든 감각의 영향 때문입니다. 생물학적으로 인지하지 못하는 수준에서 사람들을 조종하고 그들의 행동을 바꾸는 일은 가능합니다.

하지만, 제게 있어 자유의지 문제에 접근하는 가장 핵심적인 방식은 지금 우리가 이해하는 내용이 과거에 이해되던 방식을 살펴보는 겁니다. 이성적인 교육을 받았고 반추할 수 있는, 제대로 사고할 줄 아는 사람들이라면 말이죠. 우리는 이제 간질 발작의 원인이 악마의 유혹이 아니라 신경학적 이상이라는 것을 압니다. 일부 학습 장애의 원인은 아이들이 게으르고 의욕이 없기 때문이 아니라 피질의 기형으로 인해 발생한다는 것을 압니다. 가끔 어떤 사람이 완전히 부적절한 행동을 하면 이들이 조현병이라는 신경 화학적 장애를 앓고 있기 때문이라는 것을 압니다.

대부분은 이제 이 방정식에서 자유의지를 제외합니다. 치료저항성 간질을 앓으며 간헐적 발작을 일으키는 사람은 운전을 할 수 없습니다. 그러나 우리는 그들의 운전면허를 정지시킨다고 해서 그것이 처벌이라고 생각하지 않습니다. 대신 이렇게 말하죠. "그 사람들이 잘못한 게 아니에요. 병이 문제죠." 행위자성 혹은 자유의지를 우회하는 생물학적 설명이 있는 겁니다.

이제 지난 한 세기, 50년, 10년, 5년 동안 우리가 배운 것을 살펴보면 됩니다. 20년 전쯤에는 폰 이코노모 뉴런이라는 걸 들어 본 적도 없잖아요. 그러면 결론은 둘 중 하나가 되겠죠. "여기까지입니다. 오늘 밤 자정 이후로 우리는 그 어떤 새로운 과학적 사실도 얻지 못할 겁니다." 아니면 과학의 행진은 이전과 똑같이 지속될 것이며 "오, 그 사람이 문제가 아니라 뇌에서 벌어지는 이상한 장난 때문이에요."라고 말하는 사례도 계속해서 발생할 거라고 말이죠.

부적절한 행동이나 범죄 활동에 관해서, 어떤 사람이 폭력적인 행동을 하면 이는 생물학적 현상으로 봐야 합니다. 행위자에게 책임이 없다거나 모두 용서해야 한다는 말은 아닙니다. '용서'라는 단어는 적절치 않군요. 차량 브레이크에 문제가 생기면 차를 그냥 길거리에 두지는 않지요. 그로 인해 누군가가 죽을 수도 있기 때문입니

선과 악의 생물학

다. 할 수 있다면 브레이크를 고치고, 할 수 없다면 차고에 두고 다시는 꺼내지 않을 겁니다. 하지만, 차에 사악한 영혼이 깃들어 있다거나 차고에 감금되어 마땅하다고 말하는 사람은 아무도 없을 겁니다. 그저 단순한 기계적 문제일 뿐이죠. 만일 사람들이 "와, 그건 정말 비인간적이네요. 인간 모두가 기계적 문제를 지닌 단순한 생물학적 기계라고 생각하다니요." 사악한 영혼이 깃들어 있다며 악마로 묘사하는 것보다는 훨씬 낫죠.

해리스 | 텍사스 대학교에서 벌어진 시계탑 총기 난사 사건의 범인 찰스 휘트먼Charles Whitman 사례가 그것을 명확히 보여 줍니다. 제가 그랬고 교수님이 책에 썼듯, 많은 사람이 그 맥락에서 휘트먼을 설명합니다. 휘트먼이 사망한 뒤 그의 뇌를 부검한 결과 시상하부에 있는 거대한 종양이 편도체를 압박하고 있었다는 사실을 발견했습니다. 종양이 그 위치에 있으면 휘트먼이 한 것과 같이 살인을 저지르는 증상으로 이어질 수 있습니다. 그리고 그런 종양이 발견되면 순수하게 신경해부학적인 이 원인은 무죄의 증거가 됩니다. 우리는 휘트먼이 인류 역사에서도 끔찍하게 악했던 사람 중 하나로 보지는 않습니다. 생명 작용의 희생자로 보죠.

저는 수년 동안 뇌종양은 인과성의 안타까운 사례일 뿐이라고 주장해 왔습니다. 우리가 만약 평균적인 사이코패스의 뇌에 있는 모든 시냅스에서 벌어지는 현상을 완벽하게 설명할 수 있어서 왜 그가 간디가 아니라 사이코패스가 되었는지 설명할 수 있다면, 그 설명은 또한 휘트먼의 뇌종양만큼이나 무죄를 입증하는 것이 되겠죠. 우리는 사이코패스를 불행한 사람으로 봅니다. 그들이 어떤 방식으로 그런 사람이 되었든 ―문화의 영향을 받았든, 그들이 선택하지 않은 부모의 영향을 받았든, 돌연변이 유전자 때문이든― 우리는 이들을 환경의 피해자로 볼 겁니다. 치료제가 없다면 감옥에 가두겠죠. 하지만, 사이코패스를 치료할 방법이 있다면 응징이라는 이름으로 치료제를 주지 않는 것은 비뚤어진 결정일 겁니다. 폭력적인 성향을 발현시키는 뇌종양을 제거할 수 있는 신경 외과적 수술을 해 주지 않는 것과 마찬가지죠. 도덕적으로 어불성설입니다.

따라서 교수님과 저는 폭력적인 행위를 저지른 사람들을 향한 징벌적 충동을 이해하고 거부하는 면에서 같은 의견을 보입니다. 그러나 앞서 말씀하신 것처럼 위험한 사람들이 거리를 활보하게 둬야 한다는 말은 절대 아니죠. 우리는 당연히 위험한 사람들을 가둬 두는 데 찬성합니다. 물론 여기에서 자유의지가 이들의 파괴적인 행동을 촉발했다는 오해는 배제되어야 합니다.

그렇지만 이 관점을 가지고 살 수 있냐는 부분에서는 우리 둘의 의견이 다릅니다. 행위자성이라는 환상에 종종 사로잡힌다는 면에서 저도 교수님과 비슷합니다. 가끔 세상에서 벌어지는 악한 행동들에 대한 제 감정적 반응은 제가 그들을 진정한 행위자로, 그들이 취하는 행동의 주인으로 볼 때만 타당합니다. 제가 깊이 생각해 보지 않은 회색 지대가 있는데, 이 지대가 인간 행동의 기원에 관한 우리의 믿음과 악한 행위자에게 우리가 보이는 도덕적 반응 사이를 이어 준다고 저는 생각합니다.

우리가 방금 이야기 나눈 내용을 감안하면 인간 하나하나는 근본적으로 자연계에 존재하는 하나의 힘입니다. 그리고 이 우주의 한

귀퉁이에서 물리 법칙은 완벽하게 작동하고 있죠. 우주가 순수하게 결정론적이든 임의성이라는 추가된 요소가 있든 상관없습니다. 여전히 자유의지를 믿을 수 있는 근거를 제공하지는 않습니다. 모든 사람은 연결돼 있는 끈을 직접 고르지 못한 꼭두각시입니다. 그 끈의 끝은 빅뱅까지 거슬러 올라가죠.

사람들은 종종 다른 사람들의 말과 행동을 이유로 스스로의 행동을 바꿉니다. 물론 그 과정은 불만으로 가득하죠. 하지만, 이러한 영향들은 실재합니다. 교수님이 제가 말리려는 어떤 일을 하려 할 때, 저는 교수님이 하나의 영장류로서 여러 방해 요인, 극단적인 경우에는 처벌에 의해 영향을 받기 쉽다는 것을 압니다. 그러면 자유의지라는 것을 대입하지 않고도 영향력을 행사하려는 대상에게 행동적 변화를 일으킬 수 있는 일반적인 수단을 사용하는 건 매우 합리적인 일이 되겠죠.

새폴스키 | 동의합니다. 에릭 캔들Eric Kandel이 군소(바다 달팽이)를 가지고 진행한 고전적인 연구에서든 우리 인간의 경우든, 신경계는 긍정적이고 부정적인 보강 경험에 의해 훈련됩니다. 우리는 이것을 분자 수준에서도 이해합니다. 맞아요, 신경계는 습득하는 정보에 따라 변할 수 있습니다. 이러한 정보는 아주 많이 존재하고, 누군가의 행동을 바꿀 필요가 있는 경우 때로는 우리가 처벌이라 부르는 것의 형태를 띠기도 합니다. 친구에게 못되게 굴던 아이에게 '타임아웃'(아이가 잘못된 행동을 할 경우 생각하는 의자에 앉거나 벽을 보고 자신이 한 일에 대해 생각하도록 만드는 훈육법_옮긴이)을 시킨다면, 그 벌은 아이의 전두 피질 뉴런에 영향을 미치고 다음에는 같은 행동을 반복하지 않

는 방향으로 시냅스가 강화될 겁니다. 이는 기계론적인 겁니다. 하지만, 가혹하죠. 우리는 처벌이 생물학적 범위 내에서 성과를 낸다는 것을 알 때 이것을 하나의 수단으로써 사용해야 합니다. 처벌 과정 동안 옆에 서서 설교를 해서는 안 됩니다. 그리고 정의를 실현한다는 감각을 즐겨서도 안 됩니다.

해리스 | 여기에서 결점은 정의라는 쾌감, 심지어 복수에 대한 욕망이 우리 안 깊은 곳에 흐른다는 겁니다. 자유의지라는 환상이 너무 깊이 각인돼 있는 나머지 '형사 사법 제도는 어느 정도의 자유의지를 인정해야 한다'라고 사람들은 주장합니다(적어도 그렇게 느낍니다). 인간의 악함을 치료한다면 정의는 쾌감을 줄 수 없습니다. 기본적으로 모든 범죄자가 정신 이상 때문에 죄를 저지른 건 아닙니다. 우리는 도덕적으로 옳고 그르다를 설교하지 않고 그저 치료해 주거나, 치료가 안 된다면 감옥에 가둘 뿐입니다. 아주 많은 사람이 응징, 심지어 복수는 도덕적으로 설득력 있으며 어떤 경우에는 심리적으로 필요하다고 말한다는 사실을 감안할 때, 인간의 도덕적 진보에 관해 어떻게 생각하시나요?

새폴스키 | 아주 강력하면서도 어려운 것이죠. 신경생물학적으로 정의란 즐거운 경험입니다. 중변연계 도파민 시스템을 활성화하죠. 기분이 좋아집니다. 여기에는 발전적 논리가 있습니다. 제삼자 처벌 third-party punishment(피해를 입은 당사자가 아닌 객관적인 방관자가 처벌을 수행함)에는 비용이 많이 듭니다. 경찰도 있어야 하죠, 판사도 있어야 하죠, 교도관의 치과 보험료도 내줘야 하죠. 그러니 올바른 처벌을 내린 것에 대한 즐거움과 보상이 발전했어야 합니다.

선과 악의 생물학

하지만, 역사적 관점에서 보자고요. 사회에서 잘못을 저지른 자들이 군중 앞에서 맞아 죽던 때가 있었습니다. 어느 순간 정부 권력이 등장해 "네, 네. 그게 즐거운 건 압니다만, 이제부터 그 사람을 우리에게 넘겨주면 우리가 대신 때려죽이겠습니다. 여러분은 지켜만 보세요."라고 합니다. 사람들은 여기에 적응합니다. 시간이 지나자 다시 이렇게 말합니다. "네, 앞으로는 더 인도적으로 처리하겠습니다. 우리는 범죄자를 교수형에 처할 겁니다. 와서 구경해도 됩니다. 소풍 바구니도 들고 오세요. 공개 교수형을 진행할 겁니다. 하지만, 천천히 맞아 죽는 걸 구경할 때와는 다른 방식으로 즐거움을 얻어야 할 겁니다." 사람들은 다시 여기에 적응합니다. 그리고 이제 처형을 지켜보는 관중은 더 이상 없습니다. 대신 극약을 대신 주입해 줄 기계를 만들죠.

모든 단계에서 하는 말은 본질적으로 이런 겁니다. "네, 네. 이 방식으로 처리하면 즐거운 복수라는 본능적인 감각이 있겠지만, 이제 그 방식은 버릴 거예요. 여러분은 새로운 방식에 적응해야 할 겁니다." 그리고 사람들은 모든 새로운 단계에 적응했습니다. 앞으로는 인간이 저지르는 가해 행위가 곰의 공격이나 허리케인과 비슷하다는 생각에 적응해야 할 겁니다. 우리는 이미 가해 행위가 의도적이지 않았고 순전히 돌발적이었다는 게 확실해지면 가해자가 후회로 고통스러워하는 모습을 보며 그런 방식으로 생각합니다. 여기에서 인식을 더 확장하기만 하면 됩니다. 아까 설명한 모든 단계에는 더 이상 가하지 않는 처벌에 대한 문화적 변화가 있습니다. 그리고 이런 변화는 계속될 겁니다. 하지만, 선이 그어진 상황에서는

거인의 통찰

상상하기 어렵죠. "세상에, 내가 사랑하는 사람에게 해를 끼친 놈이 매일 삼시세끼 누리면서 여생을 보낸다면 나는 완전히 망가져 버릴 거예요."

해리스 | 완벽하게 동의합니다. 팟캐스트 '라디오랩Radiolab'에 출연해 간질 환자가 외과 치료를 받은 뒤 클뤼버-부시 증후군Klüver-Bucy Syndrome을 얻게 된 사례에 관해 말씀하시는 걸 들은 적이 있습니다. 그전까지만 해도 정상적인 삶을 살았던 환자는 수술 후 갑자기 아동 포르노에 빠졌고 관련 혐의로 기소되었죠. 판사는 아동 포르노를 소비한 일반 범죄자에게 내리는 가혹한 처벌과 신경학적 장애가 있는 사람에게 내리는 가벼운 형벌 사이 어딘가에서 타협을 봤습니다. 아마 8년 형을 받았을 겁니다. 여전히 가벼운 형은 아니지만요. 환자 자신, 그의 아내, 그리고 그 상황을 만든 사람들 모두 해당 판결이 옳다고 판단한 듯 보입니다. 마치 솔로몬의 지혜가 발휘된 양 말이죠. 교수님은 이 결과에 무척 충격을 받았어요. 이 사례에 관해 기억하고 계신가요?

새폴스키 | 네, 충격받았죠. 그 남자는 전형적인 클뤼버-부시 증후군을 앓았습니다. 아마 1930년대에 처음 소개되었을 건데, 원숭이 뇌의 특정 부위가 손상되자 그 뒤로 원숭이는 부적절한 성적 행동, 성욕 항진을 보였습니다. 강박적으로 먹는 과식증을 보였고, 부적절한 공격성을 보였죠.

이 남자는 발작 억제를 위해 진행한 외과 수술의 결과로 동일한 뇌 부위에 손상을 입었고, 이후 온갖 이상한 행동을 하며 강박적으로 음식을 먹기 시작했습니다. 아동 포르노에 집중된 이상하고 완전

선과 악의 생물학

히 비정상적인 성욕 과잉을 보였죠.

자, 뇌가 손상되었기 때문인 건 알았어요. 이 문제의 핵심은 그가 밤에는 자신의 컴퓨터에 시시각각 포르노를 다운로드받으며 지새웠지만, 직장 컴퓨터에는 단 하나의 영상도 없었다는 겁니다. "아하!" 판사는 결론 내렸죠. "그가 기이하고 전에 없던 범죄적 행동을 갑자기 나타내기 시작한 데에는 뇌 손상이 영향을 끼쳤습니다. 하지만, 그럼에도 직장에서는 해당 행위를 자제할 수 있었다는 사실은 그에게 어느 정도의 자유의지가 남아 있었음을 의미합니다. 자유의지가 있었음을 보여 주는 증거를 감안할 때 타협하여 검사가 구형한 형량의 절반을 선고합니다."

예컨대 저녁 8시에는 나쁜 행동을 자제하지 못하지만, 아침 8시에는 스스로를 자제할 수 있다면 이것이 자유의지의 증거라고 본 겁니다. 단순히 상황이 달라지면 생체도 다르게 작용한다는 증거일 뿐인데 말이죠. 경미한 뚜렛 증후군 —틱, 분변음욕증scatology, 욕 등 다양한 부적절한 행동을 통제하지 못하는 질병— 을 앓는 사람들도 행동을 자제할 수 있습니다. 낮 시간, 근무하는 동안에는 자제하지만, 오후 5시가 되어 직장을 나오는 순간부터 증상이 폭발하는 거죠. 그렇다고 해서 종일 증상을 보이는 사람보다 신경학적 장애가 가볍다고 할 수 있나요? 아니죠. 이는 그저 전두엽피질이 비자발적 소리를 내는 것을 얼마나 더 통제할 수 있느냐의 문제입니다.

중기 치매 환자를 예로 들어 볼까요. 이 환자는 아침에는 자신의 이름이 무엇이고 지금이 몇 세기인지 말할 수 있습니다. 그런데 하루가 저물 때쯤 되면 일몰 증후군Sundowning Syndrome이라는 것이 발동

거인의 통찰

하면서 인지 능력이 크게 떨어집니다. 자신이 누구인지도 모르고 지금 어디에 있는지도 모릅니다. 이들이 어떤 때는 자신의 이름을 기억하지 않기로 했다가 다른 때에는 기억하기로 하는 걸까요? 아니죠, 이건 뇌 대사의 문제입니다. 뇌 에너지의 문제입니다. 우리 뇌는 저녁에 더 지쳐 있습니다. 손상된 뇌라면 저녁에는 상태가 훨씬 더 나쁘겠죠.

해리스 | 여기에는 하나의 역설이 있는 것 같습니다. 우리가 이야기하고 있는 건 누군가 다른 것을 할 어느 정도의 내적 자유가 있다고 예상하는 책임의 단계적 차이입니다. 자유의지를 믿지 않는 우리 같은 사람들도 자발적 행동과 비자발적 행동 사이에 차이가 있으며, 행동에 따라 통제하는 능력에 차이가 있다는 건 인정합니다. 세 살배기나 알츠하이머 환자에게 기대할 수 있는 데에는 한계가 있죠. 하지만, 그런 면에서 가장 능력이 뛰어나고, 잠재적으로 가장 큰 책임을 지는 사람들, 그들 행동의 결과를 오롯이 감내할 수 있어야 하는 사람들의 경우, 저는 우리가 도덕적 신기루를 찾는다고 생각합니다.

가장 양심적이고 성자 같은 사람을 떠올려 보죠. 그 사람이 아동 포르노를 다운로드하기 시작한다면, 누군가에게 거짓말을 하기 시작한다면, 이 사람은 엄청난 비난을 받아야 하겠죠? 그것과는 정반대의 행동을 해야 하는 사람인데 말이죠. 그는 나무랄 데 없는 삶을 살았습니다. 그러나 지금까지 성인군자와 같은 삶을 살아 온 사람이기 때문에, 어딘가 잘못된 게 분명합니다. 정체 모를 이상 현상의 피해자인 겁니다. 어제까지는 이런 사람이 아니었거든요. 어떤 사람의

선과 악의 생물학

과거 능력을 더 높이 평가할수록 그 사람이 져야 하는 책임은 줄어드는 것처럼 보입니다. 이 문제에 대해서는 어떻게 생각하면 좋을지 확신이 안 드는군요.

새폴스키 | 그건 저를 비롯한 세상의 많은 사람 역시 공유하는 하나의 문화적 사고방식을 반영합니다. 이런 거죠. "와, 이 사람 어디 아픈가? 어디 문제가 있나? 그가 문제가 아니야, 병이 문제야." 그리고 마지막의 그 평가에는 인간 결점의 가능성을 수용하는 문화적 관점을 보이는 요소들이 포함돼 있습니다. "이봐, 우리 모두 실수를 한다고. 결국 우린 모두 인간 아닌가." 인간이 간혹 보이는 결점들을 수용하는 사고방식이죠. 한편, 다른 많은 문화권에서는 이렇게도 말할 겁니다. "예전에 어땠는지 무슨 상관이죠? 그는 능지처참을 당해 마땅해요."

우리 관점의 일부는 구원을 무척 좋아하는 특정한 기독교적 믿음을 가진다는 사실에서 영향을 받습니다. 타락한 자가 죄를 고백하고, 인정하고, 다시 올라가는 걸 보는 거죠. 마치 텔레비전 전도사들이 '하나님만이 아신다'를 외치면 사람들은 죄를 털어놓고 결국 죄사함을 받는, 영원히 돌고 도는 연속극처럼 말이죠. 문화적으로 우리의 마음을 끌어당기는 순환이죠.

해리스 | 우리는 지금 악한 사람들 —생물학적으로 자세히 파고들어가면 불운한 사람들이라고 할 수 있는— 에 관해 말하고 있지 않습니까. 저는 인간 악행의 대부분은 악한 사람보다는 악한 생각의 결과라고 생각해요. 많은 사람이 의식적으로 악행을 저지르는 건 아니니까요. 이 생각은 플라톤까지 거슬러 올라가죠. 하지만, 자기 생

거인의 통찰

각에 선하다고 믿는 행동을 하는 사람도 많습니다. 대의명분을 위해 마땅한 헌신을 하지만, 결과적으로는 불필요한 큰 고통을 낳죠.

이와 관련해 들 수 있는 예시는 아주 많지만 가장 최근의 것을 꼽아 보자면 '아우슈비츠 앨범'이라 불리는 것을 이야기할 수 있겠네요. 지금은 워싱턴 D. C.의 홀로코스트 박물관에 있는 걸로 알고 있습니다. 10년 전쯤에 발견되었는데, 이 사진들의 정체가 무엇인지 파악하는 데 시간이 조금 걸렸죠. 테라스에서 해를 쬐고 있는, 그릇 가득 담긴 블루베리를 먹고, 웃는 사람들이 찍혀 있었거든요. 인생의 전성기를 지내고 있는, 즐거운 옛 시절을 보내고 있는 남성들, 여성들의 모습이 흑백 사진으로 찍혀 있었습니다. 그리고 흥미롭게도 그들 중 몇몇은 나치의 친위대 군복을 입고 있었죠.

알고 보니 사진에 찍힌 사람들은 아우슈비츠 화장장에서 피어오르는 연기가 머리 위로 지나가는 오두막에서 휴일을 즐기는 아우슈비츠의 교도관과 직원들이었습니다. 이들은 매일같이 남성과 여성, 아이들, 노예 노동자들을 독가스로 살해하고 화장시키는 사람들이었던 겁니다. 사진을 보고 있노라면 다들 어떻게 그렇게 멀쩡해 보일 수 있는지 도무지 이해가 되지 않습니다. 그들 모두가 사이코패스였던 건 아니었습니다. 사실, 아무도 사이코패스가 아니었다는 데 걸겠습니다. 그러면 기괴한 느낌이 들죠. 이 사람들은 우리 모두가 익숙한 여러 의식적 상태를 경험하고 있습니다. 즐거운 시간을 보내고, 햇볕 아래에서 블루베리를 먹고, 음악을 연주하고, 서로를 놀립니다. 사회생활을 충분히 즐기고 있습니다. 그리고 다음 날 직장으로 돌아가 더 많은 사람을 가스실에 넣고 그들의 흔적을 지우죠.

선과 악의 생물학

저는 그들의 신념 체계가 그들의 세계를 과할 정도로 명확하게 도덕적 내집단과 외집단으로 나눠, 자신이 하는 일에 내적 갈등을 겪지 않은 게 아닐까 생각합니다. 이들에게 자신들이 죽이는 사람들은 인간이 아닌 것에 가까웠던 겁니다. 잘못된 생각이 마치 악성 코드처럼 심리적으로 정상적인 사람이, 생물학적으로 정상적인 사람이 상상도 할 수 없는 일을 하게 만든다는 제 걱정을 교수님은 공감할 것 같습니다. 교수님의 연구 맥락을 고려할 때 이에 대해 어떻게 생각하시나요?

새폴스키 | 결코 잊을 수 없는 일이죠. 그리고 그것이 상당 부분 인간 고통의 중심에 있다는 데 동의합니다. 말씀하신 것처럼, "끔찍하고 폭력적인 일을 해도 괜찮습니다."라고 말하는 사람은 거의 없을 겁니다. 대다수는 "괜찮지 않죠. 하지만, 나는 예외입니다. 내가 다른 이유는 이러이러하기 때문입니다. 나만의 특별한 고통이 나를 예외로 만든 이유는 이러이러합니다."라고 말하죠. 아니면 "죄 없는 사람들에게 폭력적이고 끔찍한 일을 저지르는 건 나쁜 일입니다."라고 말하지만, 죄 없는 사람으로 간주하는 기준이 다르겠죠. 저는 인간이 겪는 고통의 대부분이 이 지점에서 시작된다고 생각합니다. 상황에 따라 달라지는 수많은 공유된 가치를 지니고 있다는 것 말이죠. 그리고 그 상황들은 대다수의 경우 개인적으로 편리한 상황들일 거고요.

해리스 | 미래에 관해 이야기해 볼까요? 우리가 정신과학을 통달했으며, 신경 외과적 수술 없이도 뇌 기술에 더 직접적으로 개입할 수 있게 되었다고, 혹은 일단 뇌에 개입하는 수술을 하고 나면 효과

거인의 통찰

가 좋고 결과도 안전해서 점점 더 많은 사람이 수술을 선택하는 세상이 되었다고 상상해 보겠습니다. 뇌 사이의 빈 공간을 초지능 AI로 채울 수 있습니다. 그 결과 인간의 옳고 그름에 대한 직관을 조정할 수 있는 방식으로 신경생리학을 바꿀 수 있는 가능성이 생겼습니다. 우리가 동의한 것이 선한지 추적하는 방법만 변하는 게 아니라, 무엇이 선한지에 대한 우리의 신념과 직관을 조작할 수 있을지도 모릅니다. 최근에 내가 불쾌하다고 느꼈던 것이 더 이상 불쾌하게 느껴지지 않거나 그 반대가 될 수도 있습니다. 그렇다면 여기에서 궁금한 건, 인간의 모든 것을 테이블 위에 올려놓고 고칠 수 있게 되었다면, 우리는 어떤 종류의 도덕적 하드웨어와 소프트웨어를 지니거나, 지니기를 원해야 할까요? 그리고 무엇으로 우리를 고쳐야 할까요? 훌륭한 교육, 바람직한 인간관계, 문화의 변화 그 이상의 무엇이어야 할까요? 여기에서 무엇을 바라야 합리적일까요? 인류의 궁극적인 희망은 우리의 생체를 바꾸는 더 직접적인 방식을 찾는 데 있다고 생각하세요?

새폴스키 | 하나 먼저 말하자면, 그 질문을 듣는 즉시 청취자들은 그것이 꽤 먼 미래의 이야기라고 생각할지도 모르겠습니다. 그런데 생각보다 우리 가까이에 있습니다. 놀랍게도 몇몇 흥미로운 연구에서 경두개 자기자극술transcranial magnetic stimulation이라 불리는 기법을 사용합니다. 비침습적 방식으로 사람 대뇌 피질의 작은 뉴런 군집의 활동을 바꾸는 기법입니다. 이 방법을 통해 사람들의 도덕적 결정을 바꿀 수 있습니다. 예컨대 경제 활동에서 사람들이 관용을 더 베풀도록 만들고, 버튼에서 손을 떼면 원래대로 돌아오는 거죠. 기계론

선과 악의 생물학

적인 방식이며, 우리가 점점 더 자주 마주하게 될 미래의 모습들을 미리 보여 줍니다.

제 생각에 우리는 앞으로 다양한 조작 기법을 계속해서 수용하게 될 것 같습니다. 아침에 마치는 커피가 단순히 신경 화학적으로 인지능력을 높여 주는 수단이라고 생각하는 사람은 거의 없을 겁니다. 지금은 완전히 우리 생활의 일부가 되었죠. 커피를 주의력과 집중력 수준을 바꿔 주는 외적인 요소로 보거나, 이때 우리 뇌의 어떤 부분과 분자가 어떤 방식으로 활성화되는지 생각하는 사람은 없습니다. 만성적 우울증을 겪다가 드디어 효과를 보이는 약을 투여받은 사람들은 ―프로작Prozac을 처음 복용하고 일주일이 지났으며, 운이 좋게도 사람이 완전히 변했다면― 종종 존재적 위기를 겪습니다. "잠시만. 나는 이제 다른 사람이 된 걸까? 아니면 본디 되었어야 하는 사람이 드디어 된 걸까?" 하지만, 그럼에도 현재 자신이 지난 수년간 겪은 적 없는 긍정적인 상태에 있다는 사실을 받아들이고 나면 위기는 사라지고 이렇게 생각하게 됩니다. "이 약이 있어서 천만다행이야. 앞으로도 계속 복용해야겠다."

앞으로도 인간이 더 공감하고, 공명하는, '우리'가 누구인지 더 이해할 수 있게 해 주는 개입 방법을 고안해 내면서 이러한 수단들은 점점 더 늘어날 겁니다. 여기에서 중대한 위기에 봉착합니다. "잠깐, 그 수단이 자유의지적이지 않다면 좋은 것이라고 볼 수 있을까?" 아무것도 자유의지적이지 않습니다. 이타주의에 이득이 숨겨져 있다면 더 이상 우리가 생각하는 이타주의가 아닌 걸까요? 저는 이러한 개입이 큰 도움이 된다는 사실을 깨닫고 나면 대부분이 이를 받아들

거인의 통찰

일 거라고 생각합니다. 그런 방향으로 발전해 나가면 좋겠어요.

해리스 | 마지막 주제로 종교, 그리고 종교와 과학의 관계에 관한 교수님의 생각을 듣고 싶어요. 교수님은 저와는 아주 다른 배경을 갖고 있죠. 정통파 유대교 집안에서 신실한 사람들에 둘러싸여 자랐고요, 제가 잘못 알고 있는 게 아니라면, 열세 살이 되기 전까지는 교수님 역시 무척 신실했다고 알고 있어요. 그 세상을 깨 버린 첫 번째 균열을 기억하세요?

새폴스키 | 네. 유신론적 결정론을 이해하려던 중에 위기가 찾아 왔어요. 출애굽기에 나오는 이야기 있잖아요. 모세가 파라오를 찾 아가 "내 백성을 풀어 달라."라고 말합니다. 파라오는 "안 된다."라고 말하죠. 그러자 이집트에 역병이 내립니다. 그러자 파라오는 "좋다, 내가 졌다. 모두 가도 좋다."라고 말합니다. 그러자, 적어도 제가 자 라며 배운 내용에 의하면 "여호와께서 파라오의 마음을 완악하게 하 시어" 그에게 이런 말을 하게 만듭니다. "생각이 바뀌었다. 그 누구 도 이곳을 떠나지 못할 것이다." 두 번째 역병이 돌자 파라오는 말합 니다. "내가 졌다." 하지만, 여호와께서 다시 개입하여 파라오를 심 판할 뿐만 아니라 모든 장자를 죽이고, 홍해를 가로지르는 마차를 이끄는 불쌍한 짐승들을 말이든 무엇이든 모조리 죽이라 말씀하시 죠. 그렇게 정의는 실현되었습니다.

잠깐만. 신께서 중재를 하셨는데, 다시 심판도 하셨다고? 너무 혼 란스러웠습니다. 그리고 열세 살이 되어서 모든 게 명확해졌습니다. 아직도 기억합니다. 어느 밤 새벽 2시에 일어나 이렇게 생각했죠. "전부 말이 안 되는구나. 진실은 없구나. 전부 거짓이구나." 이후로

선과 악의 생물학

영성이나 독실함은 아예 느끼지 못하게 되었습니다.

해리스 | 그때 부모님께 그러한 의문들을 직접적으로 여쭤봤나요, 아니면 그냥 혼자만 생각하고 있었나요? 독실함은 어떤 모습을 붕괴되었나요?

새폴스키 | 저는 아주 유순하고 순종적이고 말이 별로 없는, 수동적인 공격 성향을 보이는 아이였어요. 그래서 우리 가족의 신앙심을 견인하는 역할을 하시던 저희 아버지는 돌아가실 때까지 제가 믿음을 잃었다는 사실을 모르셨습니다.

해리스 | 아버님께서 돌아가실 때 몇 살이셨나요?

새폴스키 | 성인이 된 뒤였죠.

해리스 | 흥미롭군요. 아까 그 이후로 어떤 영적 직관도 느낄 수 없게 되었다고 말씀하셨는데, 환각제를 사용한 적이 있으세요? 사람들이 한다는 영적인 체험을 살짝 엿볼 수 있는 방식으로 의식을 흐트러뜨린 적이 있나요?

새폴스키 | 없습니다. 그리고 사람들은 이 부분을 무척 신기해하죠.

해리스 | 교수님 얼굴의 수염은 그런 경험이 몇 번은 있었을 것 같은 인상을 주는데 말이죠.

새폴스키 | 네, 그런 인상을 주죠. 머리도 포니테일로 묶고, 버켄스탁을 신고 다니고요. 샌프란시스코에서도 해이트_{Haight}(1960년대 히피 문화의 중심이었으며, 지금도 히피 거리로 알려져 있다_옮긴이)에 살고 있고요. 필요한 건 다 갖춰져 있죠. 하지만, 저는 불법 약물을 복용해 본 적도 없을뿐더러, 살면서 술 한 모금도 마셔 본 적 없습니다. 신新 히

피적인 외관 아래에는 꽤 엄격하고 완고한 생활 방식이 있죠. 북부 캘리포니아식 고정관념을 가진 사람들은 이렇게 말합니다. "저는 기성 종교는 전혀 믿지 않지만, 굉장히 영적인 사람이에요. 그리고 자연을 의인화해서 생각하고요." 저도 그걸 믿을 수 있으면 좋겠고 거기에서 위안을 얻고 싶어요. 하지만, 저는 냉철한 유물론자이고 다른 건 믿을 수가 없어요.

해리스 | 약물도, 심지어 술도 입에 대지 않으려면 어느 시점에는 굳은 결심을 해야만 했을 것 같은데요. 언제 그런 결심을 했고, 무엇이 영향을 미쳤나요?

새폴스키 | 약간의 생물학적 지식을 얻고, 그런 물질들이 신경계에 그리 유익하지 않다는 걸 알고 난 다음이에요. 하지만, 그렇게 하겠다는 결정 자체는 더 어렸을 때, 다들 오락성으로 흔하게 약물을 사용하던 고등학생 시절에 내렸습니다.

해리스 | 관련한 연구가 최근에는 다소 모호해지지 않았나요? 알코올에 치매 예방 효과가 있다는 연구도 일부 있지 않나요? 수명과 관련해서는 알코올 섭취 시 수명이 줄어든다고 하는 연구도 있고요. 이 중 어떤 것을 믿어야 할지도 모르겠고, 마지막으로 살펴본 것도 꽤 되기는 했지만요. 확신하건대 이런 연구 중 일부는 예컨대 앤하이저부시Anheuser-Busch(버드와이저, 스텔라 아르투아, 호가든 등의 맥주 브랜드를 소유한 벨기에의 대형 주류 제조사_옮긴이)에서 연구 자금을 지원받았을 겁니다. 하지만, 연구 전반에 걸쳐 알코올 섭취가 수명 감소와 관련 있다는 데이터가 어느 정도는 있다고 저는 이해하고 있습니다. 그리고 적당한 잠재적인 신경보호 효과도 있고요.

새폴스키 | 이런 말을 하기는 싫지만, 그 주장을 뒷받침하는 근거도 어느 정도 있어 보인다는 걸 말하지 않을 수 없겠군요. 제 추측인데 매일 팔굽혀펴기를 5회 이상 하는 것과 효과는 같을 겁니다. 저도 논문들을 유심히 찾아본 건 아니에요. 그래도 어느 정도 근거는 있을 겁니다.

해리스 | 어느 순간 약물에는 손도 대지 않는 게 할 수 있는 가장 건강한 일이라고 마음을 먹었군요. 그 이상의 의미는 없나요? 종교적인 양육 방식에서 온 영향은 없었나요? 이 부분에서 저는 교수님과 다른 코스를 택해서, 아마 그것 때문에 몸이 많이 닳은 것 같아요. 제가 전부 다 시도해 본 건 아니지만, 꽤 많이 시도해 본 건 맞거든요. 이런 물질을 사용하는 건 실행하는 건 물론이고 생각도 하면 안 되는 일이라는 소신이 있어야 했던 걸지도 모르겠어요.

새폴스키 | 평소보다 조금 더 솔직해지자면, 가장 기본적으로는 이른 청소년기부터 제 주요 우울증 문제가 심각했기 때문이에요. 그리고 모든 현명한 전문가의 말을 참고한 결과 제 신경 화학적인 상태는 이미 엉망이었기 때문에, 더 망치고 싶지 않았던 겁니다.

해리스 | 약물이나 그 외 방법으로 우울증의 영향을 조절하는 방법을 찾았나요? 지금도 잘 통제되고 있나요, 아니면 여전히 고전하고 있나요?

새폴스키 | 약리학적인 부분을 비롯해 많은 훌륭한 전문적 도움을 준, 이 불공평한 세상에서 저를 운 좋은 사람 중 한 명으로 만들어 준 여러 상황 덕분에, 감당할 만합니다. 행동의 생물학적 뿌리 외에 제가 기꺼이 더 열정적으로 이야기할 주제는 없을 겁니다. 우울

거인의 통찰

증이란 생화학적 장애입니다. 이상한 유전자, 이상적이라고 할 수 없는 다양한 태아 환경, 우리 뇌가 무력하다고 느끼기 쉽게 만드는 성장기의 다양한 주요 스트레스 요인 등 다양한 기여 요인이 혼합한 결과입니다. 당뇨병과 같은 생화학적 이상인 겁니다. 하지만, 사람들은 이런 사실을 잘 받아들이지 못하죠. 이렇게 생각하는 편이 훨씬 더 쉽습니다. "자, 나는 배짱도, 근성도 있어. 나는 이걸 극복할 수 있어야 해. 정신 차려, 힘을 내."

해리스 | 우울증을 겪고 있거나 가족 구성원 중 우울증 환자가 있는 청취자들을 위해 조언을 해 주신다면요? 머릿속에서 지워야 할 또 다른 생각들이 있을까요? 찾아봐야 하는 자료 등이 있을까요?

새폴스키 | 좋습니다, 잠시 전도사 모드로 전환해 보죠. 약물의 남용과 오용, 과잉 처방, 지나친 의존 등등의 문제는 차치하고, 치료받지 않은 채로 방치되는 주요 우울증은 생명을 위협하는 매우 위험한 질병 중 하나입니다. 그러니 우울증이라는 진창에 빠져 있는 상태를 바보 같은 성격이나 끈기 테스트에서 실패한 걸로 생각하지 마세요. 당뇨병 환자를 앉혀 놓고 "아, 정말. 이 인슐린은 뭐야? 애처럼 굴지 마."라고는 안 하잖아요. 힘들어하는 사람이 자신이든 사랑하는 사람이든, 우울증은 다른 질병들과 마찬가지로 생물학적 질병이라는 점을 깨달으세요.

해리스 | 우울증과 관련한 훌륭한 책이 몇 권 있는데요. 윌리엄 스타이런William Styron의 『보이는 어둠』은 우울증 경험을 간접적으로 볼 수 있는 창이 될 겁니다. 앤드루 솔로몬Andrew Solomon의 『한낮의 우울』도 마찬가지고요. 더 추천하고 싶은 책이 있나요?

새폴스키 | 사실 방금 추천하신 게 이 분야에서 제가 무척 좋아하는 책 중 두 권입니다. 책과 더불어 미국 국립정신건강연구소National Institute of Mental Health와 같은 웹사이트에 올라온 자료를 함께 읽는 것을 권합니다. 우울증이 의지의 문제가 아니라 질병이며 생리 현상이라는 점을 확실히 하는 데 도움이 됩니다.

해리스 | 마지막으로 '거시적인' 질문을 드릴게요. 만약 2,000년 후 교수님이 세상에 다시 돌아왔고 우리 후손들은 살아 있다면, 어떤 모습을 보게 될까요? 우리는 여전히 한눈에 봐도 인간일까요? 인간의 유전 공학 기술은, 혹은 인간을 기계와 결합하는 기술은 얼마나 발전해 있을까요? 우리는 어떤 존재가 될까요? 그리고 무엇을 바라는 게 맞을까요?

새폴스키 | 현재의 우리는 미래의 우리를 기술적으로는 이해할 수 없으리라 생각합니다. 과거의 인간이 현재의 인간을 기술적으로 이해하지 못하듯 말이죠. 2만 년 전의 인간을 떠올려 보세요. 그리고 포식 동물에게 2초면 잡아먹힐 나쁜 시력으로도 안경이라는 기술 덕분에 잘만 돌아다니는 현대인들을 떠올려 보세요. 우리 치아는 더 이상 썩어서 빠지지 않습니다. 고관절을 인공물로 치환할 수도 있고요. 우리는 이제 기술적으로 완전히 변했습니다. 그렇지만, 여전히 누가 봐도 인간이죠.

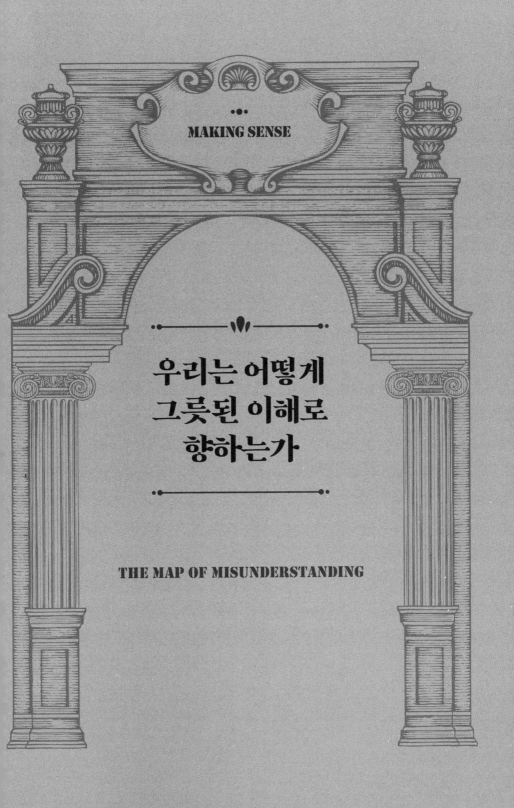

MAKING SENSE

우리는 어떻게
그릇된 이해로
향하는가

THE MAP OF MISUNDERSTANDING

대니얼 카너먼
Daniel Kahneman

대니얼 카너먼이 현존하는 심리학자 중 오랜 시간 가장 영향력 있는
사람이었다고 하는 데 이견은 없을 것 같다. 카너먼은 프린스턴 대학
교의 심리학 명예교수이자, 프린스턴 대학교 우드로 윌슨 스쿨 공공국
제정책대학원Woodrow Wilson School of Public and International Affairs의 공공
정책 명예교수이다. 그는 불확실성 속에서의 의사결정에 관해 에이머
스 트버스키Amos Tversky와 함께 한 연구로 노벨 경제학상을 수상했다.
이 대담은 뉴욕 비콘 극장Beacon Theatre에서 실제 청중과 함께 진행되
었다. 그날 저녁 우리는 과학의 재현성 위기, 의식적 그리고 무의식적
인지 처리 과정의 차이, 직관의 실패, 틀짜기의 힘, 도덕적 착각, '기억
하는 자아'와 '경험하는 자아'의 차이, 걱정의 효용성을 비롯하여 여러
주제를 다루었다. 거듭 말할 필요 없이, 카너먼과 한 무대에 올라 그가
지닌 다양한 통찰력을 청중과 공유하는 데 일조할 수 있게 되어 크나
큰 영광이었다.

해리스 | 거의 사실이 아니긴 하지만, 오늘의 게스트는 소개가 필요 없는 분이라고 말하곤 합니다. 하지만, 오늘은 맞는 말이죠. 소개를 대신하여 이런 질문을 드리죠. 자신의 연구 전체에 관해 어떻게 생각하시나요? 지금껏 해결하려 노력해 온 지적 문제들을 어떻게 요약하시겠어요?

카너먼 | 제가 연구해 온 건 그때그때 발생한 연속된 문제들일 뿐입니다. 아주 거대한 문제가 있었던 건 아니에요. 뒤돌아보면 오랜 시간 갖고 있던 패턴들, 생각들이 보이지만, 당시에 어떤 계획이 있었던 건 아니었어요. 생각들을 따라가고, 마음에 드는 것들을 따라갑니다. 이게 제 지적 삶을 형성하는 이야기입니다. 하나의 문제 다음에 또 다른 문제가 연속해서 있었을 뿐이에요.

해리스 | 지금 우리가 인지적 편향과 인지적 착각에 관해 알고 있는 것의 대부분을 알려 준 분이 바로 교수님인 것 같습니다. 실제로 인간의 무지에는 일종의 구조가 있습니다. 그냥 잘못하는 게 아니라, 그럴듯하게 잘못합니다. 그러한 이유로 오류는 상쇄되지 않고 편향은 체계적으로 발전하게 되기 때문에, 결국 사회로 이어지는 모든 조직 전체가 잘못하게 되죠. 그리고 당연히 이는 우리가 아끼는 거의 대부분의 것에 영향을 미칩니다.

『생각에 관한 생각』에도 설명되어 있지만, 교수님의 연구를 따라가면서 지금 이 순간 무엇이 우리 모두에게 중요해야 하는지 알아보려 합니다. 안타깝지만 인간의 불합리함은 점점 더 유의미해지고 있고, 우리는 그와 관련한 문제들을 극복하지 못하고 있기 때문입니다. 먼저 우리의 지적 고향에 가장 가까운 문제를 여쭤보고자 합니

거인의 통찰

다. 심리학 분야에서 '재현성 위기replication crisis'라고 불리는 것이지요. 심리학 영역에서 심지어 매우 잘 알려진 연구 일부를 다시 살펴보면 재현성이 대략 50퍼센트, 가장 잘 나와도 60퍼센트라는 겁니다. 《네이처》와 《사이언스》라는 저명한 학술지에 실린 논문 중 21편을 선정해 살펴본 결과, 13편만 재현이 가능했다는 연구도 있었습니다. 우선 과학을 연구하는 과정에서 직면하는 문제에 관해 이야기해 보겠습니다.

카너먼 | 재현성 위기를 발생시키는 핵심적인 문제와 원인은, 연구에 많은 자원이 투입되어야 한다는 것입니다. 개인적인 측면에서도, 경제적인 측면에서도 그렇습니다. 그러니 연구를 성공해야겠죠. 연구자라면 자신이 발견하고자 하는 목표가 있을 겁니다. 이는 스스로 전혀 지각하지 못하는 편향을 만들어 냅니다. 피-해킹P-hacking이라고 알려진 개념이 있습니다. 자신이 발견한 결과를 비의도적으로 착각하는 겁니다. 이 거래를 성사시키는 몇 가지 속임수가 있습니다. 실험을 하나 합니다. 결과가 예상되는 종속 변수를 하나가 아니라 두 개를 넣습니다. 둘 중 하나를 가지고는 원하는 결과가 나오지 않아도 다른 하나에서 결과를 얻을 수 있습니다.

해리스 | 예비용 부품이 있는 거죠.

카너먼 | 이를 여러 번 반복하면 그 연구는 거의 확실히 재현이 불가능해집니다. 이는 의료 분야에서 처음 문제가 된다는 것이 밝혀졌습니다(이 문제는 심리학보다 의료계에서 더 중요합니다. 한번은 어떤 사람이 의료계에서 발표된 대부분의 연구 논문이 잘못되어 있다고 하더군요). 심리학계에서 발표된 상당한 양의 논문 역시 잘못되어 있습니다.

우리는 어떻게 그릇된 이해로 향하는가

해리스 | 맞습니다. 점화priming, '마시멜로 실험marshmallow test'과 같이 심리학계에서 아주 잘 알려진 몇몇 결과도 마찬가지죠.

카너먼 | 더 놀라운 점화 결과가 탄탄하지 않다는 증거는 강력하다고 생각하지만, '마시멜로 실험'의 거부는 아직 논의해 봄 직하다고 봅니다. 연구 결과가 유명해지는 이유는 부분적으로는 그것이 놀랍기 때문입니다. 여기에서 법칙은, 결과가 더 놀라울수록 사실일 가능성이 더 낮다는 것입니다. 그래서 유명한 결과들은 재현할 수 없는 연구가 되는 거죠.

해리스 | 미발표된 연구들을 재현하려 시도한 연구에서 이미 발표된 연구보다 해당 연구를 훨씬 더 잘 재현했다는 아주 소름 끼치는 이야기를 들은 적이 있습니다. 들어 보신 적 있나요?

카너먼 | 그건 재현 가능한 연구가 아닌 것 같네요.

해리스 | 아니길 바라야죠!

이제 시스템 1과 시스템 2에 관해 이야기해 보겠습니다. 이러한 구분은 인간 합리성에 관한 다소 슬픈 모습을 보여 주는데요. 두 시스템은 무엇인가요?

카너먼 | 머릿속에 생각이 떠오르는 방식에는 두 가지가 있습니다. 제가 2 더하기 2라고 말하면 머릿속에 어떤 생각이 떠오릅니다. 생각을 떠올리라고 누가 시킨 것도 아니며, 저도 모르게 그냥 떠오릅니다. 그리고 기억에 어떤 일이 벌어지죠. 만약 21 곱하기 17을 해 보라고 시키면 그때는 그 생각을 얻기 위해 계산을 해야 합니다. 노력이 들어가는 것과 들어가지 않는 것, 그 둘을 나눈 겁니다. 이것은 현상학적으로 명백하죠. 거기에서 시작하는 겁니다. 제 방식처럼 시

스템이라는 측면에서 설명하기로 하든 다른 방식을 차용하든, 현상의 설명 방식은 이론적인 선택입니다. 저는 생각이 떠오르는 방식에는 두 가지가 있다는 근본적인 관찰 결과가 이론보다 더 중요하다고 생각합니다. 그리고 이 결과를 유용한 방식으로 설명해야 하죠. 유용한 방식이라 함은, 연구자들이 사실과 수행할 실험에 관해 좋은 아이디어를 떠올리는 데 도움이 되는 방식으로 현상을 설명해야 한다는 겁니다. 시스템 1과 시스템 2는 제가 창안한 이분법은 아니고, 실은 많은 사람이 이 용어를 못마땅하게 생각합니다. 하지만, 저는 꽤 신중하게 이 개념을 선택했습니다.

해리스 | 어떤 어려운 점들이 있나요? 책에서 이 묘사에 대한 다양한 오해를 막기 위해 애쓰셨는데요.

카너먼 | 네. 심리학 공부 초기에 배우는 규칙이 하나 있습니다. '호문쿨리homunculi'라 불리는 것을 절대로 적용하면 안 된다는 것이지요. '호문쿨리'란 우리 머릿속의 난쟁이로 이들의 행동이 우리의 행동, 사람들의 행동을 설명해 줍니다. 이걸 사용하면 안 됩니다. 시스템 1과 시스템 2는 완전한 호문쿨리입니다. 이 개념을 가져왔을 때 저는 제가 하는 일이 무엇인지 인지하고 있었습니다. 그럼에도 선택한 이유는 시스템 1과 시스템 2가 행위자이기 때문입니다. 이들에게는 성격이 있습니다. 알고 보니 마음은 의도와 경향, 특징을 지닌 행위자의 모습을 그리는 데 아주 능숙하며, 행위자는 활발하고, 이해하기 쉽습니다. 그래서 그 용어를 선택한 겁니다. 실은 실제로 머릿속에 있는 행위자들이 아니기 때문에 많은 사람이 부적절하다고 생각함에도 불구하고 말이죠. 하지만, 저는 이 현상을 고민할 수

우리는 어떻게 그릇된 이해로 향하는가

있는 아주 유용한 방식이라고 믿습니다.

해리스 | 의식 있는 정신과 의식 없는 정신에 대한 고전적인 심리학 —심지어 프로이트적인— 묘사들과 비슷한 점이 있을까요? 현대 심리학을 바탕으로 할 때 의식, 그리고 의식에 선행하는 모든 것에 관해 어떻게 생각하세요?

카너먼 | 확실히 관련성이 있죠. 시스템 1의 활동이 지닌 특성 중 하나는 (반사적인 특성입니다) 활동 발생 과정이 완전히 무의식적이라는 겁니다. '2 더하기 2'라는 말을 들으면 반사적으로 '4'라는 결과가 떠오르죠. 시스템 2의 경우 대개 처리 과정이 의식적입니다. 우리는 계산을 할 때 자신이 무엇을 하는지 알죠. 기억을 더듬어 무언가를 찾을 때도 자신이 하는 일이 무엇인지 압니다. 따라서 의식과 시스템 2는 확실히 함께하는 경향을 보입니다. 완벽히 일치하는 건 아닙니다. 더군다나 의식이 무엇인지 정확히 아는 사람이 누가 있습니까? 그러나 함께 활동하는 경향은 보입니다. 시스템 1은 무의식적이고 반사적인 쪽에 더 가깝습니다.

해리스 | 두 활동 모두 현실을 추적하는 데 완벽한 안내자는 아니죠. 하지만, 시스템 1은 다양한 경우에 아주 효과적입니다. 그렇지 않으면 지금의 그 모습으로 진화하지 않았을 테니까요. 직관의 효용성에 관해서는 어떻게 생각하세요?

카너먼 | 우리가 묘사하는 세상 —우리가 세상에 대해 아는 대부분의 지식— 은 시스템 1의 작품입니다. 삶을 살아가고, 예상하고, 살면서 발생하는 일에 놀라거나 놀라지 않거나. 이 모든 것은 반사적이고, 우리는 그것을 인지하지 못합니다. 따라서 우리가 하는 사

고의 대부분은 시스템 1이 사고하는 것입니다. 직관은 우리가 왜 아는지 이유도 모르는 채로 아는 ―혹은 내가 그것을 안다고 **생각하는**― 것이라고 정의할 수 있습니다. 여담이지만, 제가 하는 것마다 다 싫어하는 게리 클라인Gary Klein이라는 심리학자가 있습니다. 그리고……

해리스 | 교수님의 시스템 1은 그 부분에 대해 어떻게 생각하나요?

카너먼 | (웃음) 저는 게리를 무척 좋아합니다. 그리고 게리는 직관은 물론, 전문가 직관expert intuition을 믿는 사람이죠. 그에게는 전문가 직관의 관찰 결과를 보여 주는 훌륭한 데이터가 있습니다. 한번은 그를 초대해 우리가 어떤 점에서 의견 차이를 보이는지 알아보려 한 적이 있습니다. 저는 전문가 직관에 회의적이거든요. 그래서 직관의 경이로운 점은 무엇이며 어떤 부분에 결함이 있는지 고민했습니다. 저희는 6년을 연구한 끝에 어떤 결론에 다다랐고, 「불합치에의 실패 A Failure to Disagree」라는 논문을 발표했습니다. 사실 우리가 직관을 믿을 수 있는 경우, 믿을 수 없는 경우 사이에는 꽤 분명한 경계가 있습니다. 직관을 형성하는 조건은 세 가지로 요약할 수 있습니다. 첫 번째, 세상은 충분히 규칙적이어야 한다는 겁니다. 가장 먼저, 허버트 사이먼Herbert Simon이 말했듯이 직관은 세상을 인식하는 것입니다. 우리에게는 직관이 있습니다. 개가 무엇인지 아이가 인식하듯 말이죠. 즉각적인 행위입니다.

현실에서 패턴을 인식하려면 ―이것이 진정한 직관이죠― 세상이 충분히 규칙적이어야 합니다. 그래야 규칙성을 깨달을 수 있죠. 그다음 그러한 규칙성에 충분히 노출되어야 그것을 배울 기회가 생

우리는 어떻게 그릇된 이해로 향하는가

깁니다. 세 번째, 직관은 내가 추측하고 판단하는 시점과 그것과 관련한 피드백을 받는 시점 사이의 시간에 크게 좌우되는 것으로 나타났습니다. 피드백은 빨라야 합니다. 이 세 조건이 충족된다면 사람들은 직관을 발전시킬 수 있습니다.

체스가 세 조건을 모두 충족하는 대표적인 예입니다. 셀 수도 없이 오랜 기간 동안 체스를 둔 경험을 지닌 체스 기사에게는 직관이 생깁니다. 그 혹은 그녀의 머리에 떠오르는 모든 생각과 수는 유효성이 높습니다. 그것이 직관입니다.

해리스 | 일부 직관은 조금 더 선천적이기도 하고, 방법을 배운 경험을 기억하지 못하나 특정한 개념들을 익히는 데 특화되어 있기도 합니다. 사람 얼굴을 인식하는 것이 대표적이죠. 하지만, 대부분의 직관은 어느 시점에 학습한 것이므로, 훈련이 가능합니다. 다양한 분야에 전문가들이 있지만, 체스는 우리가 전문가 직관이라고 부르는 것을 키우는 아주 확실한 사례죠. 그리고 인간 합리성의 맹점에 관한 대부분의 이야기는 전문가 직관의 발전에 실패한 사례들입니다. 직관의 훈련 가능성에 어느 정도의 한계가 있다고 보시나요?

카너먼 | 아까 말한 세 조건이 충족되지 않는다 해도 사람들은 직관을 지닙니다. 확신을 갖고 생각들을 떠올리며, 그것이 맞다고 생각하죠.

해리스 | 저도 그런 사람들을 만나 본 적 있습니다.

카너먼 | 네. 우리 모두 그렇습니다. 당장 거울만 봐도 가장 가까운 사례를 확인할 수 있죠. 부적절한 방식으로 직관이 생기는 경우도 있습니다. 반사적으로 머리에 떠오르는 생각과 확신이 결합하면,

거인의 통찰

그것을 직관이라 생각하고 믿게 됩니다. 하지만, 확신과 정확도 사이의 상관관계는 높지 않습니다. 인간 특성에서도 무척 슬픈 부분 중 하나죠. 어떤 생각과 그것의 연관성에 확신을 갖는 겁니다. 자신감을 너무 믿어서는 안 됩니다.

해리스 | 암울하지만, 매력적인 사실이네요. 확신과 진실이 자주 일치하지 않는다는 것에 대해 본인이 아는 지식, 혹은 안다고 생각하는 지식을 감안하면, 그러한 이해 중 어느 정도가 교수님의 삶에 반영되어 인식론적 사고방식을 바꾸나요? 인간 합리성의 한계에 관해 아는 것을 고려할 때, 대니얼 카너먼은 어떻게 다른가요?

카너먼 | 전혀 다르지 않습니다.

해리스 | 전혀요? 음, 그렇다면 제가 생각한 것보다 훨씬 심각한데요.

카너먼 | 제 직관이 과거보다 더 나아졌냐 하면, 그렇지 않습니다. 더욱이, 솔직히 말하자면 저는 지나치게 자신하는 편입니다. 그 지점에서조차 저는 배운 것이 없죠. 그런 부분들은 없애기가 힘듭니다.

해리스 | 그러면 사과에 사과를 거듭하며 하면서 살아가시는 건가요? 왜냐면 교수님은 더 잘 알아야 하니까요. 세상에 더 잘 아는 사람이 있다면 그건 교수님일 테니까요.

카너먼 | 그렇다고 해서 미안하다는 생각이 들지는 않습니다.

해리스 | 다행이네요. 하지만, 제가 뭘 알겠어요? 인간이 더 나아지리라는 데 얼마나 희망적이세요? 미래 세대가 현재 우리의 우둔함과 자기기만을 알아차리지 못할 정도의 대화와 행동 체계를 인간

우리는 어떻게 그릇된 이해로 향하는가

이 만들 수 있다는 데 얼마나 희망적이신가요?

카너먼 | 저는 대부분의 경우 낙관론적 입장을 취하지 않지만, 그 질문에 대해서는 특히 낙관적이지 않다고 말해야 하겠네요. 저는 이 현상을 50년 넘게 연구해 왔고, 그렇다고 해서 제 직관이 상당 수준 나아졌다고 생각하지는 않습니다. 저는 때로 말을 하다가 멈추는데, 이것이 중요합니다. 내가 지금 잘못하고 있다는 사실을 인식할 수 있다는 거니까요. 그리고 이것이 시각적 착각에 넘어가지 않는 방법입니다. 잘못 볼 수도 있어요. 잘못 보지 **않을** 방법은 없습니다. 하지만, 이것이 착각일지도 모르겠다고 깨달으면 자기 눈을 믿는 대신 자를 꺼내 들죠. 인지적 착각에서도 비슷한 일이 벌어집니다. 내가 자신 있게 믿었던 생각이 가끔은 진실이 아닐지도 모른다고 인식하는 거죠. 저는 제가 인지를 연구해 왔다고 해서 눈에 띄게 더 똑똑해졌다고 생각하지 않습니다.

해리스 | 그렇지만 우리는 스스로에 대한 이러한 이해가 이전보다 도움이 더 될 수도 있다는 생각을 어느 정도 어느 정도 갈구해야합니다. 왜냐면 아주 끔찍한 결과를 낳을지도 모르니까요. 그렇지 않나요? 인간의 의사 결정이 인간의 안녕과 관련해 세상에서 가장 중요한 것이라고 주장하는 사람이 있을 수도 있죠. 핵 조약 협상부터 의사 결정이 필요한 모든 상황에서 말이죠. 이는 단지 인간 사이에 벌어지는 대화이고, 인간의 직관이며 판단의 오류이고 지적 허세에 불과하지만, 가끔은 상황에 들어맞기도 합니다. 하지만, 그 맞고 틀리고의 차이가 커다란 결과의 차이를 초래하기도 합니다.

후손들이 우리를 보며 지금 우리가 중세 시대 사람들을 보면서

거인의 통찰

느끼는 감정을 갖게 될 정도로 앞으로 30년 동안 인지 분야가 엄청난 진보를 이루게 된다고 가정하면, 우리는 어떤 방식으로 그 경지에 이르게 될까요?

카너먼 | 그런 수준에는 다다를 수 없습니다. "60년 안에 인간의 지각 체계가 달라질까요?"라는 질문과 같습니다. 그렇지 않을 겁니다.

해리스 | 교수님이 발견한 편향 중 하나를 예로 들어 보죠. 틀짜기 framing의 힘을 떠올려 보겠습니다. 어떤 문제에 '잃는다'라는 틀을 씌워 전달한 다음 이번에는 같은 문제에 '얻는다'라는 틀을 씌워 전달하면, 굉장히 다른 선호도를 이끌어낼 수 있다는 것을 우리는 압니다. 사람들은 잃는 것을 싫어하기 때문이죠.

교수님이 외과의라고 해 보죠. 지금 환자에게 수술을 권하고 있거나 적어도 수술을 집도하고 있습니다. 교수님은 해를 끼치지 않겠다는 히포크라테스 선서를 했습니다. 그리고 대니얼 카너먼의 책을 읽은 교수님은 발생 가능한 결과에 사망률과 생존율이라는 틀을 씌우면 어떤 방식으로든 환자들의 머리가 복잡해지리라는 것을 압니다. 이 상황을 윤리적으로 봤을 때, 정보는 제시하는 데에는 **올바른 방법**이 있다는 데 우리는 동의할 수 있을까요? 올바른 틀이 있을까요? 아니면 그냥 계속 운에 맡길까요?

카너먼 | 우선 그 환자는 대안적인 틀이 있다는 사실을 전혀 알지 못할 겁니다. 그래서 통하는 겁니다. 나는 하나만 바라보고 있으며, 주어진 그대로의 설명을 받아들이는 겁니다. 그렇기에 틀짜기가 통하는 겁니다. 자, 참된 답이 있는지 여부는 고인이 된 제 동료 에이머스 트버스키가 고안한 표준 문제로 이어집니다. 어떤 조치를 취하

우리는 어떻게 그릇된 이해로 향하는가

지 않으면 600명의 사망자가 발생하는 질병이 있으며, 첫 번째 집단에는 400명을 구할 건지, 아니면 3분의 2의 확률로 600명을 구할 것인지라는 두 가지의 선택지를 제시합니다. 두 번째 집단에는 확실히 200명을 죽일 것인지, 3분의 1의 확률로 600명을 죽일 것인지라는 다른 틀을 제시합니다. 여기에 올바른 답이 있을까요? 올바른 틀이 있을까요? 흥미로운 건 제시하는 틀에 따라 사람들의 선택이 크게 달라진다는 겁니다.

이제 사람들에게 그들의 반응이 일관적이지 않았다는 사실을 알려 준다고 합시다. 어떤 사람들은 그것을 부정할 테지만, 이들에게 둘은 결국 같은 문제였다는 점을 설득시킵니다. 400명을 살리면 200명은 죽겠죠. 그러면 이들은 말문이 막힙니다. 우리에게는 이득이 있는 상황에서는 무엇을 해야 할지, 손실이 있는 상황에서는 무엇을 해야 할지 명확한 직관이 있습니다. 하지만, 여기에서 틀을 지우고 나면 어떻게 행동해야 하는지 전혀 알 수 없게 됩니다.

해리스 | 앞선 두 조건과 비교할 수 있는 세 번째 조건은 제시하지 않았나요? 두 조건이 같다는 사실을 알고 황당해한 사람들은 어떤 행동을 취하나요?

카너먼 | 이건 정식 실험은 아니었습니다. 다만, 저는 확실히 이들의 말문이 막혔다고 말씀드릴 수 있습니다. 전혀 몰랐어요. 저 역시다른 모두와 같은 직관을 가졌습니다. 얻는 쪽에 가까울 때는 목숨을 살리고 싶었고, 잃는 쪽에 가까울 때는 사람들이 죽지 않기를 바랍니다. 이 지점에 직관이 있는 거죠. 600명 넘는 사람이 3분의 2의 확률로 산다거나, 생존 가능한 사람의 수를 말해 봐야 여기에서는

직관이 느껴지지 않습니다. 그래서 이러한 틀 의존성은 윤리에서 꽤 흔한 문제입니다. 틀을 벗겨 내면 사람들은 도덕적 직관을 잃죠.

해리스 | 인간 고통을 생각하면 그 영향력은 막대해집니다. 교수님의 동료인 폴 슬로빅Paul Slovic 교수가 정말 훌륭한 실험을 했죠. 사람들에게 자선단체 지원을 부탁할 때, 예컨대 아프리카 기근 상황을 설명하면서 한 작은 소녀의 모습을 보여 줍니다. 이 소녀가 얼마나 고통받고 있는지 가슴이 미어질 법한 이야기를 덧붙여서 말이죠. 이때 사람들은 가장 적극적으로 지원 의사를 밝힙니다. 이번에는 다른 무리의 사람들에게 같은 소녀의 안타까운 사연을 들려주면서, 여기에 소녀의 오빠 이야기를 더합니다. 그러면 사람들의 이타적인 반응이 줄어듭니다. 이번에도 또 다른 무리의 사람들에게 소녀와 소녀의 오빠 사연을 들려주고, 죄 없는 이 소년, 소녀와 마찬가지로 고통받는 아이들이 50만 명 더 있다고 설명합니다. 그러면 사람들의 이타적인 반응은 바닥으로 치닫죠. 이 결과는 우리가 의무에 대해 이성적으로 이해하고 있는 바와 완전히 반대됩니다. 시스템 2는 규범적이어야 하는 쪽이지 않나요? 문제의 크기가 커질수록 우리는 더 우려하고 너그러워져야 하는데 말입니다.

이 경우 자신이 안타까운 개인의 사연에 감정적으로 휘둘렸으며 숫자를 보고 냉정해졌다는 사실을 깨닫고, 세금이나 대외 원조 등의 방식으로 도덕적 착각을 바로잡는 방법이 있습니다. 교수님의 연구 중에도 사람들이 문제의 규모에 관한 한 숫자 감각이 크게 사라져, 2,000명이든, 2만 명이든, 20만 명이든, 목숨을 살릴 수 있는 사람의 수와 상관없이 같은 비용을 지불한다는 내용의 연구가 있죠.

우리는 어떻게 그릇된 이해로 향하는가

카너먼 | 네. 기본적으로는 한 명의 목숨을 살리는 것과 같기 때문에 그렇습니다. 우리는 이미지를 보고 사연을 듣습니다. 이는 시스템 1이 관여하는 부분입니다. 감정이 생기는 부분이죠. 감정은 숫자가 아니라 사연에 연결됩니다. 언제나 그렇습니다. 그 사연이 50만 개가 되면 어떤 일이 벌어질까요? 이야기가 사라집니다. 하나의 생생한 사연은 한 개인의 사례여야 합니다. 여기에 이야기의 개수를 더함으로써 희석하면 감정도 희석됩니다. 작가님이 설명한 도덕적 반응은 더 이상 감정적 반응이 아닙니다. 인지적 도덕이지, 감정적 도덕이 아니죠. 감정과의 연결은 끊어진 겁니다. 5,000명보다 50만 명을 구하는 일이 더 훌륭하다는 건 압니다. 하지만, 그렇다고 해서 기분이 더 좋아지지는 않습니다. 따라서 이 영역은 시스템 2로 넘어갑니다. 인지적 체계, 행위의 책임이라는 영역으로 넘어가는 거죠.

해리스 | 오래 지속되는 방식으로 시스템 2로 넘길 수는 없다고 생각하시나요?

카너먼 | 그건 정책을 만드는 사람들의 몫이라고 생각합니다. 숫자를 따지고 도덕을 따지는 방식으로 생각하라고 그들을 그 자리에 앉힌 거니까요. 어쨌든 사람들을 설득하고 싶다면 개인에 관한 이야기로 설득해야 합니다. 숫자는 사람들의 상상력을 자극하지 않으니까요.

해리스 | 분리-뇌 연구를 통해 우리가 알게 된 한 가지는, 언어를 담당하는 좌뇌는 이야기를 만들어 내는 경향이 있다는 겁니다. 좌뇌는 계속해서 진짜처럼 들리는 두서없는 이야기를 만들어 냅니다. 그리고 실제 신경학적 작화의 경우, 현실 검증을 거치지 않습니다. 저

거인의 통찰

는 우리 대다수가 비슷한 상태에 있는 것 같습니다. 극소수의 현실 검증만 거친 채 대부분 자신의 생각을 너무 쉽게 믿고 맙니다.

카너먼 | 맞습니다. 그것이 정상적인 상태라고 생각합니다. 하지만, 정상적인 상태는 우리가 스스로에게 이야기를 들려주는 겁니다. 내가 그것을 믿는 이유를 설명해 주는 거죠.

해리스 | 그리고 대개 이를 시스템 1과는 전혀 관계없는 회고의 형태로, 우리가 이러한 방식으로 느끼게 된 이유에서부터 시작하죠.

카너먼 | 그렇습니다. 그것을 가장 잘 보여 주는 예시가 최면 후 암시입니다. 최면 상태에 있는 사람에게 "제가 손뼉을 치면 당신은 아주 더워지고, 창문을 엽니다."라고 말합니다. 손뼉을 치면, 피험자는 일어나 창문을 엽니다. 피험자는 자신이 창문을 연 이유를 압니다. 그리고 그 이유는 암시와는 전혀 상관이 없습니다. 이야기 때문입니다. 실제로 덥고 불편함을 느꼈기 때문에 공기를 순환시키고자 했던 겁니다. 그래서 창을 열었죠. 그러나 우리는 실제 이유를 압니다. 손뼉을 쳤기 때문이죠.

해리스 | 그 효과가 유지되어 같은 행동이 반복될까요?

카너먼 | 반복됩니다. 상당히 확신하지만⋯⋯ 그럴 겁니다.

해리스 | 교수님이 특별히 좋아하는 인지적 오류나 편향이 있나요?

카너먼 | 음, 설명하기 쉬운 사례는 아닙니다만. 제가 좋아하는 건 극단적 예측과 관련 있습니다. 증거가 아주 빈약할 때 이 빈약한 증거에 기반을 두어 증거와는 아주 먼 극적인 결론을 내리는 현상으로, 전문 용어로 '비회귀 예측nonregressive prediction'이라고 부릅니다.

해리스 | 어디에서 찾을 수 있는 현상인가요?

우리는 어떻게 그릇된 이해로 향하는가

카너먼 | 모든 곳에서 발견할 수 있지만, 면접 상황이 가장 대표적입니다. 면접 후 면접 대상자의 업무 수행 능력을 큰 확신을 가지고 예측하는 겁니다. 타인의 업무 수행 능력은 예측할 수 없으므로(혹은 굉장히 대략적으로만 예측할 수 있으므로) 제 예측은 쓸모없을 것이라고 말해도, 이 말은 제 판단에 영향을 미치지 않습니다. 다음에 다시 다른 사람의 면접을 본다면 그때도 같은 자신감을 갖고 있을 겁니다. 이건 제 경력에서도 꽤 초반에 발견한 현상입니다. 당시 저는 이스라엘 군대에 징집되어 장교로 복무하고 있었고, 장교 훈련을 받을 후보자들의 면접을 봤습니다. 이때 제게 누가 좋은 장교가 되고 누구는 안 될지 알 수 있는 신기한 능력이 있다는 걸 발견했습니다. 면접을 보면 그것을 알 수가 있었어요. 저는 이들의 성격을 알았습니다. 제가 깨달은 지식에 자신도 있었어요. 나중에 통계를 보니 제 예측은 맞아떨어지는 게 하나도 없었지만, 그래도 자신감은 사라지지 않았어요. 정말 이상하죠.

해리스 | 어떤 해결책이 분명 있을 텐데요. 관련하여 연구를 진행한 후 면접을 보지 않거나 면접의 영향력을 대폭 줄여야 한다는 권고를 해야 하겠죠?

카너먼 | 물론입니다. 면접을 보면 그 결과를 과하게 신뢰하게 되기 때문입니다. 후보에 관해 너무 많은 정보를 얻게 되면, 그리고 면접을 추가로 진행하면 그들에 대한 예측을 더 나쁘게 만든다는 연구도 여럿 있습니다. 면접관이 최종 결정을 내리는 사람이면 특히 더 그렇고요. 면접을 보면 이미 알고 있는 다른 모든 정보와 비교해 면접 자체가 너무 생생해지고, 거기에 너무 큰 무게를 두게 됩니다.

해리스 | 대면적 상호 작용의 힘을 보여 주는 이야기이기도 하죠?

카너먼 | 대면적 상호 작용이고, 즉각적이죠. 직접 경험은 이야기를 듣는 것과는 매우 다릅니다. 과학자로서 정말 놀라운 점 중 하나는 다른 사람이 얻은 결과보다 스스로 얻은 결과를 훨씬 더 신뢰한다는 겁니다.

해리스 | 그렇군요.

카너먼 | 그리고 그건 제가 아는 모든 사람이 다 그렇습니다. 우리는 자신이 스스로 얻은 결과를 믿습니다. 왜냐고요? 이유는 없습니다.

해리스 | 좋습니다. 이제 후회에 관해 이야기해 볼까요? 우리 삶에서 후회는 어떤 힘을 지녔나요?

카너먼 | 후회는 흥미로운 감정입니다. 그리고 사후가정사고 counterfactual thinking와 관련된 흥미로운 감정 사례이지요. 후회는 발생한 일에 대한 감정이 아닙니다. 발생할 수도 있었지만 발생하지 않은 일에 대한 감정입니다. 후회 자체는 잘 모르겠지만, 후회의 예상은 여러 결정에서 중요한 역할을 합니다. 가령 제가 어떤 결정을 내렸습니다. 그리고 스스로에게 이렇게 말하는 겁니다. '내가 지금 이것을 하지 않아서 그 일이 벌어진다면, 나는 어떤 감정을 느낄까?' 후회에 대한 예상은 아주 강력합니다. 특히 재정적인 결정 등 다양한 의사결정에서 자주 발견되죠.

해리스 | 손실을 회피하려는 성향과도 연결되어 있고요, 그렇죠?

카너먼 | 후회는 손실의 한 형태죠. 꽤 생생하고요. 어떤 일이 벌어지면 내가 어떤 감정을 느낄지 예상할 수 있고, 그것이 가장 중요

우리는 어떻게 그릇된 이해로 향하는가

해집니다.

해리스 | 우리가 손실과 이득을 바라보는 관점의 불균형을 심리학적으로 혹은 생물학적으로 설명할 수 있나요? 교수님의 연구에서 어느 시점부터 진화적인 이유로 이를 설명하시는 것 같아서요. 근본적으로 기쁨이 좋은 것보다 고통이 나쁜 정도가 훨씬 크고, 고통을 피하려 열심히 노력하는 사람들에게는 생존의 이득이 있죠. 그리고 가능성의 저울을 두고 한쪽에는 가능한 최악의 고통을, 다른 한쪽에는 가능한 최고의 기쁨을 올려놓아도 추는 0을 가리키지 않는 것처럼 보이고요. 예컨대 우리가 평범한 대화를 하며 하룻밤을 보내거나, 혹은 가능한 최악의 고통을 겪은 뒤 가능한 최고의 기쁨을 경험할 수 있다고 한다면……

카너먼 | 대화를 해야죠.

해리스 | 맞습니다. 치즈버거와 다이어트 콜라를 먹으면서 말이죠. 우리 우주에서는 고통에 대한 예상이 행복에 대한 예상을 압도하는 것 같습니다. 순서의 힘에 관해 많이 고민하신 것 압니다. 저는 고통을 먼저 경험하고 기쁨을 나중에 경험하는 게 그 반대보다는 나을 것 같아요.

카너먼 | 훨씬 낫죠.

해리스 | 하지만, 그렇다고 해서 좋은 선택처럼 보이지는 않을 것 같습니다. 기쁨과 고통 사이의 불균형에 관해 어떻게 생각하시나요?

카너먼 | 근본적으로는 위협과 기회 사이의 불균형 때문입니다. 그리고 위협이 훨씬 더 즉각적이죠. 모든 경우가 그런 것은 아닙니다. 아주 드물기 때문에 더 중요해 보이는 기회들도 있습니다. 그러

나 대개 위협은 즉각적인 요소이며 처리할 필요가 있습니다. 그렇기에 진화적으로 기회보다 위협의 우선순위가 대체로 더 높이 있어야 하겠죠.

해리스 | 이 불균형에서 어떤 윤리적 규범을 얻을 수 있을까요? 가령 고통과 기쁨에 눈금을 매길 수 있다면, 기쁨을 제공하는 것보다 고통을 경감하는 것이 더 중요하다고 말할 수 있을까요?

카너먼 | 오래전 리처드 세일러Richard Thaler, 잭 네치Jack Knetsch와 함께 세 명이 공정성에 관한 직관을 연구한 적이 있습니다. 이 불균형이 공정성에 관한 직관을 지배한다는 것은 아주 명확합니다. 즉, 사람들 사이에는 손실을 피하기 위해 공감하는 강력한 공정성의 규칙이 있습니다. 누군가에게 손실을 안기려면 그에 합당한 충분한 이유가 있어야만 합니다. 당신의 이익을 타인과 나누라는 명령은 이보다 훨씬 약합니다. 따라서 그 불균형은 ―우리가 사람들의 권리라고, 꽤 자주 사람들의 부정적인 권리라고 칭하는― 손실을 입지 않을 권리입니다. 그렇기에 그 방향으로 향하는 강력한 도덕적 직관이 있지요.

두 번째 질문에 대답하자면, 지난 수십 년 동안 행복 자체를, 행복 추구를, 국민을 행복하게 만드는 정부의 책임을 크게 강조해 왔지 않습니까. 이와 같은 일련의 생각에서 고개를 갸우뚱하게 만드는 부분 중 하나는, 행복 추구보다는 고통의 예방이 더 도움이 되고 중요한 목표처럼 보인다는 겁니다. 그래서 저는 행복을 위한 운동에 여러 의문점을 지니고 있습니다.

해리스 | 방금 말씀하신 것을 고려하면 잘 받아들여지지 않네요.

우리는 어떻게 그릇된 이해로 향하는가

직관에 관해 설명하신 내용으로 되돌아가 보죠. 즉 사람들은 손실에 강렬하게 반응하고, 공유되지 않은 이익에 대해서는 그러한 반응을 보이지 않는다는 점을 생각하면, (다시 말해, 만약 제가 소유하고 있다고 생각한 것을 누군가 강탈하려 한다면, 저는 그 사람이 애초에 제 것이 아닌 풍족함을 저와 공유하지 않는다는 사실을 깨달을 때보다 훨씬 더 나쁜 감정을 느끼겠죠.) 지금 우리는 기본적인 불균형이 이상해 보이도록 만드는 어떤 한 지점 혹은 두 지점에 서서 대화를 하고 있는 것 같습니다. 아시아 질병 문제*와 비슷한 방식으로요. 물론 여기에는 어떤 진화적 근거가 있다는 틀짜기 효과도 있을 수 있겠지만, 이 세상에서 행복할 기회를 생각하면 완전히 역효과처럼 보입니다. 물론 이 말을 하는 동안에도 저는, 여전히 손실은 이득보다 훨씬 더 중요해 보인다는 직관에 고정돼 있지만요.

카너먼 | 네, 도덕과 행복에 관한 철학적 논의에서 그것을 고민하는 두 가지 방법이 있습니다. 우리 인간 모두가 언젠가 맞이할 최종

---

* 아시아에서 가상의 전염병이 발생했고, 적절한 조치를 취하지 않으면 600명이 사망한다고 가정한다. 미국 정부는 먼저 두 가지 방안을 제안한다.

(1) A 조치를 따르면 200명은 확실히 살 수 있다.
(2) B 조치를 따르면 600명 모두 생존할 확률은 1/3, 모두 사망할 확률은 2/3이다.

위의 제안에서 응답자 대부분은 (1)을 선택한다. 묻는 방식을 달리해 같은 질문을 다시 던진다.

(1) A 조치를 따르면 400명은 확실히 사망한다.
(2) B 조치를 따르면 전원 사망하지 않을 확률이 1/3, 600명 전원이 사망할 확률은 2/3이다.

이번에는 대다수의 응답자가 (2)를 선택한다. 첫 번째 제안에는 '살다', '생존'과 같은 단어가 포함되어 있으며, 두 번째 제안에는 '사망'이라는 단어가 포함된다. '아시아 질병 문제'는 이렇듯 같은 질문임에도 어떤 프레임(틀)에 넣어 제시하느냐에 따라 선택이 달라진다는 틀짜기 효과를 보여 주기 위해 카너먼과 트버츠키가 함께 고안한 심리 실험이다. 옮긴이

거인의 통찰

적인 상태를 생각할 때, 사람들이 모두 동등하거나 적어도 너무 다르지 않기를 바라는 강렬한 직관이 있습니다. 하지만, 다른 방향에서 생각할 수도 있죠. 사회의 상태를 고려하면 어느 정도의 재분배가 적당할까요? 누군가에게서 취득해 다른 이에게 제공함으로써 발생하는 불균형도 있습니다. 우리는 두 종류의 강렬한 도덕적 직관을 지니며, 이 직관들은 내적으로 일관성이 없습니다. 그리고 손실 회피는 이것과 큰 관련이 있고요.

해리스 | 우리가 원하는 것, 그리고 원하지 않는 것이 아주 많이 있다는 점, 그리고 아주 강렬하게 그것을 원하고 원치 않는다는 점을 고려할 때, 우리는 개인적으로 또 집합적으로 위협도 기회도 있는 불확실한 미래를 향해 움직이고 있다는 점을 고려할 때, 그리고 그런 미래로 나아가는 길을 우리 모두 찾고 있다는 점을 고려할 때, 인간의 걱정하는 능력에 관해서는 어떻게 생각하시나요? 걱정에 이점이 있나요? 그리고 만약 걱정하지 않는 법이 있다면, 그것이 최적의 전략인 걸까요? 달라이 라마Dalai Lama가 최근 이와 관련해, 어떤 문제에 대해 우리가 할 수 있는 일이 있느냐 없느냐와 관련한 그의 지론을 밝힌 것으로 알고 있습니다. 물론 이 정서는 그보다 훨씬 전부터 존재해 왔지만 말이죠. 우리가 할 수 있는 일이 있다면 그 일을 실행하면 됩니다. 할 수 있는 게 없다면, 그러면 왜 걱정하느냐는 거죠. 이 경우 두 번에 걸쳐 고통받게 될 텐데요. 교수님의 연구를 기반으로 한 걱정에 관한 견해를 들려주세요.

카너먼 | 제 연구가 이 부분에서 어떠한 결론으로 이어질 것 같지는 않네요. 달라이 라마가 맞죠. 왜 걱정하나요? 그러나 한편으로

우리는 어떻게 그릇된 이해로 향하는가

는 사람들이 미래에 대해 어느 정도를 걱정하는 모습을 보고 싶습니다. 지금 당장은 자신들이 할 수 있는 일이 있을지 없을지 알지 못한다고 해도 말이죠.

해리스 | 맞습니다. 시스템에 충분한 에너지를 공급해 행동을 취하도록 동기를 부여할 수 있는 유일한 수단이 걱정인지도 모르겠습니다.

카너먼 | 그렇죠. 기후 변화를 예로 들면, 문제는 사람들이 이렇게나 추상적이고 멀리 있는 문제를 걱정하도록 만들 수가 없다는 겁니다. 사람들이 걱정하도록 만들면 변화를 꾀할 수 있습니다. 하지만, 과학자들은 대중이 기후 변화를 충분히 걱정하도록 만들지 못하고 있어요.

해리스 | 조금 전에 권하신 기법을 잠시 빌려서, 여기에서 개인적인 사연을 끌어낼 수 있다면 이 문제를 훨씬 더 효과적으로 납득시킬 수 있을 겁니다. 하지만, 기후 변화는 한 개인의 일로 만들기 무척 어려운 문제죠.

카너먼 | 그렇습니다. 당장 눈앞에 닥친 문제도 아니고요. 기후 변화는 멀리 있고, 추상적이고, 명확하지 않으며 당장의 위협이 아니기 때문에 해결할 준비가 가장 덜 된 문제입니다. 반면 소행성 하나가 지구를 향해 날아오고 있다면요? 사람들은 움직일 겁니다. 기후 변화는 해결하기가 훨씬 더 어려운 문제입니다. 그리고 걱정은 이 사연의 일부고요.

해리스 | 소행성은 비록 그것이 먼 미래의 일이라 할지라도 다를 것이라는 게 흥미롭네요. 아무리 75년 안에 지구와 충돌할 가능성

거인의 통찰

이 있는 소행성이 다가온다고 해도 여기저기에서 불확실성을 담은 조언들을 할 겁니다. 누군가는 "이 소행성의 궤도를 바꿀 일이 75년 안에 일어나지 않으리라는 법은 없죠."라고 할 테고, 또 다른 누군가 는 "미래에는 지금 우리가 개발하기에는 엄두도 안 날 정도의 비용이 드는 기술을 발견해 소행성의 궤도를 바꿀 수 있을 겁니다. 아마 20년 정도만 지나면 아주 쉬운 일이 되겠죠. 그런데 왜 지금 그 돈을 낭비하나요?"라고 할 겁니다. 어쨌든 이 문제는 확실히 기후 변화와는 다른 방식으로 정리되겠죠.

카너먼 | 거기에서 차이점은 소행성에 관한 이야기입니다. 소행성과 충돌하면 어떤 일이 벌어질지에 대한 명확한 그림이 그려지니까…….

해리스 | 아이러니하게도 기후가 변하겠죠.

카너먼 | (웃음) ……훨씬 더 명확한 그림이 그려지겠죠.

해리스 | 사람들은 점점 틀짜기의 힘에 더 큰 관심을 보이고 있습니다. 따라서 심각하다고 여길 충분한 이유가 있지만, 우리 내적으로 충분한 감정적 반응이 잘 일어나지 않는 문제들을 정리해 목록을 만들어야 할 것 같습니다. 우리는 이미 이런 문제들을 이성적으로 이해한다고 해서 동기가 발생하지는 않을 것이며, 문제에 의도적으로 주목하려면 인지적 훈련이 필요하다는 사실을 압니다. 여기까지 성공한다면, 다음에는 우리와 같은 태도를 취하도록 다른 이들을 설득해야 하는 정치적인 문제가 남게 될 겁니다.

카너먼 | '우리'라는 애매한 단어를 사용하시네요. '우리'가 누군가요? 지금 이야기하고 있는 건 어떤 무리의 사람들, 아마 국민을 대신

우리는 어떻게 그릇된 이해로 향하는가

해 결정을 내리는, 그리고 그 국민을 한편으로는 문제를 이해하지 못하는 아이처럼 대하는 정치 지도자들이겠죠. 민주주의에서는 꽤 어려운 문제입니다.

해리스 | 현재 우리 정치 지도자들을 말씀하시는 건 당연히 아니겠죠(카너먼과의 대담은 2019년 3월에 녹음되었다_옮긴이).

카너먼 | 네, 아닙니다. 하지만, 민주주의가 기후 변화와 같은 문제를 어떻게 효과적으로 해결할 수 있을지 잘 모르겠군요. 추측해본다면, 중국이 서구권보다는 더 효과적인 해결책을 내놓을 가능성이 더 높지 않을까 싶네요. 독재 국가니까요.

해리스 | 그 말씀은 선의를 지닌 일종의 독재 정부가 우리를 이 혼란에서 벗어나도록 도와줄지도 모른다는 주장이신가요?

카너먼 | 이게 주장이냐고 묻는다면, 네, 그런 주장입니다. 매력적인 주장인지는 굳이 깊이 들어가고 싶지는 않군요.

해리스 | 직접 말하고 나니 뭔가 좋게 들리더라고요. 정말인 것처럼 느껴졌어요. 지금 우리가 계속 외곽을 빙빙 돌고 있는 듯한 느낌을 지울 수가 없네요. 진실과 타당성, 일관성에 대한 우리의 지각에는 자신이 쓴 전략의 결과를 의식에 전달하며 활약하는 시스템 1이 있고, 이러한 과정들을 언어적 표현으로 치환합니다. 제가 교수님에게 무언가를 말하면 교수님의 시스템 1은 반응하고, 우리는 계속해서 단어의 강이라는 물길을 따라 항해하는 거죠.

하지만, 제게는 우리가 이 영역을 정복했다는 것을 보여 주고, 그 땅을 놓치지 않기 위해 여기저기에 깃발을 꽂고 싶어 하는 것처럼 보입니다. 우리는 자신의 직관이 —확실히— 틀릴 것이라는 사실을

거인의 통찰

알고 있으며, 우리가 정복한 영역을 잃으면 안 된다는 것을 알 정도로 충분히 이러한 오류들을 이해했습니다. 더 나아진 우리의 판단을 잘 간직하고 그것을 기준점으로 삼아야겠죠.

카너먼 | 문제는 누가 그것을 할 것인가인데, 여기에서도 '우리'는 누구인가요? 지금 이 대화가 시스템 1의 능력을 과대평가하고 있는 듯한 걱정이 드네요. 시스템 2도 있고, 사람들은 합리적으로 생각을 하고 장기적인 결정도 내릴 수 있습니다. 우리는 욕망의 노예가 아닙니다. 장기적인 사고도 꽤 할 줄 알고, 미래를 위해 투자할 줄도 압니다. 현재를 희생할 줄도 알죠. 우리에게는 이런 능력들이 있습니다. 그리고 저는 이것이 작가님이 말한 내용에 내포되어 있다고 생각합니다. 목록을 만들어야 한다고 했죠. 그 부분은 저도 동의합니다. 목록이 있어야 합니다. 사회 문제를 고민할 때 우리는 스스로 질문을 던져야 합니다. 어떤 틀을 씌워야 할까? 누군가는 틀을 선택해야 합니다. 어느 방향으로든 틀은 씌워질 겁니다. 따라서 틀짜기를 회피하지 않는다고 할 때, 우리는 더 나은 틀을 선택할 수 있으며 그것이 행동 경제학과 '넛징nudging'('넛지'는 팔꿈치로 슬쩍 찌른다는 뜻으로, 넛지 효과란 강요하지 않으면서 자연스럽게 사람들이 특정한 방향으로 가도록 유도하는 것을 뜻한다_옮긴이)의 중심에 있는 사상입니다. 더 나은 결정과 더 나은 결과로 이어지는 틀을 선택해야 합니다.

해리스 | 맞습니다. 그리고 여기에는 장려책도 포함되어야 하고요. 꼭 훌륭한 사람만 합리적인 행동을 하는 게 아니라, 적은 노력으로도 사람들이 더 나은 행동을 하는 사회를 만들고 싶으니까요.

카너먼 | 물론이죠. 사람들이 특정한 방식으로 행동하길 바랄 때

우리는 어떻게 그릇된 이해로 향하는가

가장 기본적인 심리적인 전략은 그 행위를 쉽게 만드는 겁니다. 이는 아까 언급하신 장려책과는 결이 다르죠.

해리스 | 어떻게 구별할 수 있을까요?

카너먼 | 2차 세계대전 말미에 쿠르트 레빈Kurt Lewin이라는 사회 심리학자가 행동을 변화시키는 방법에 관한 이론을 발전시켰습니다. 레빈은 행동을 바꾸는 핵심적인 방법을 크게 두 가지로 구분했습니다. 사람들이 갔으면 하는 방향에 압력을 가하거나, 아주 다른 질문을 던집니다. 왜 사람들은 스스로 저 방향으로 가지 않을까? 나는 사람들이 이 방향으로 가야 한다고 생각하는데, 저들은 왜 그 방향으로 가지 않을까? 그다음에 장애물을 제거합니다. 사람들이 더 쉽게 할 수 있도록 만드는 거죠. 제가 아는 것 중에 가장 훌륭한 심리학 개념이라고 생각합니다. 압력을 가하는 것, 장애물을 없애 더 쉽게 만드는 것. 이 두 가지를 구분하는 거죠. 장려책, 위협, 주장, 이 세 가지는 모두 압력입니다.

해리스 | 압력에는 사람들이 원하는 대상도 포함되나요? 결국 당근과 채찍인 건가요? 아니면 채찍만을 말씀하고 계시는 건가요?

카너먼 | 제가 커트 레빈의 이론에서 차용하고 싶었던 개념은, 주장, 위협, 약속을 하나로 묶어 그것을 사람들이 특정한 방향으로 더 쉽게 가도록 만들기 위해 할 수 있는 일과 비교하게 만들려는 거였어요.

해리스 | 이를 보여 주는 실제 예시가 있을까요? 동의와 비동의의 차이도 여기에 포함될 수 있을까요? 예를 들어, 자동차관리국에 가서 면허증을 발급받으려면 장기 기증에 반드시 동의해야 한다고 해

보겠습니다. 이때 동의할 필요가 없다고 하면 등록 건수가 훨씬 증가하겠죠.

카너먼 | 아주 좋은 예시입니다. 무엇이든 더 쉬워야 합니다. 옳은 일을 하기 더 쉽게 만들어 주면 사람들이 참여할 확률이 높아집니다. 손쉽게 참여하고, 그 과정에서 갈등도 발생하지 않습니다. 위협, 약속, 주장과 같은 압력을 늘리면 갈등이 발생합니다. 장애물을 제거하면 갈등도 제거됩니다. 일을 더 쉽게 만들고, 스트레스를 줄이고, 동시에 행동의 변화도 이끌어낼 수 있죠. 이 방식은 아주 비직관적입니다. 사람들을 특정한 방향으로 이끌고 싶어 하는 사람들은 직관적으로 자신의 무기고부터 들여다봅니다. "사람들에게 가할 수 있는 압력 옵션으로 무엇이 있나?"

해리스 | 방금 제 작가와 팟캐스트 운영자로서의 전체 경력을 설명하신 것 같아 찔리네요.

좋습니다. 이제 교수님이 만든 놀랍도록 유용하면서도, 행복한 삶을 살고자 하는 사람들에게는 걱정스러울 수도 있는 또 다른 구분에 관해 이야기해 보죠. 바로 '기억하는 자아remembering self'와 '경험하는 자아experiencing self'입니다. 이 두 가지가 어떻게 구분되는지 설명해 주신 다음, 그것을 고려했을 때 어떻게 좋은 삶을 살 수 있을지에 관해 이야기해 보겠습니다.

카너먼 | 저희가 수행한 몇 가지 실험을 설명하며 시작하겠습니다. 이 개념을 설명할 수 있는 가장 쉬운 방법이거든요. 두 가지 상황이 있습니다. 첫 번째 상황, 사람들이 온도가 섭씨 14도인 찬물에 손을 담급니다. 썩 유쾌한 온도는 아니지만 참을 만합니다. 이 상태

를 60초 동안 유지합니다. 두 번째 상황에서는 같은 상황을 90초 유지합니다. 피험자에게는 손을 빼라고 말하거나 따뜻한 수건을 건네는 대신, 손을 담근 채로 두고 아무 말도 건네지 않습니다. 그리고 온도를 14도에서 15도로 올립니다. 여전히 불편한 온도이지만 상대적으로 덜 불편하죠. 하나의 상황은 오른손으로, 다른 상황은 왼손으로 겪게 하여 두 경험을 모두 제공한 다음, 피험자에게 이 두 불쾌한 경험 중 하나를 반드시 다시 겪어야 한다고 하면 어느 쪽을 선택하겠냐고 묻습니다. 그러면 사람들은 90초짜리를 선택합니다.

고통을 느낀 시간의 총량이라는 측면에서 생각해 봅시다. 90초짜리 실험에는 60초만큼의 고통과 더불어 추가적인 고통이 포함돼 있습니다. 그럼에도 사람들은 90초를 선택합니다. 왜일까요? 무슨 일이 벌어진 걸까요? 자, 우선 고통에 관해 생각해 봅시다. 우리는 고통이 한순간에 벌어지는 일이며, 시간이 지나면서 우리 자신과 통합된다고 생각합니다. 이 경우에는 60초와 90초 동안 말이죠. 그러면 90초짜리 사례에 더 많은 고통이 있다는 건 확실합니다.

하지만, 한편으로는 이 상황을 어떻게 기억할 것인가라는 측면이 있습니다. 나중에 이 두 상황을 떠올리면 피험자는 90초짜리 사례를 더 긍정적으로 기억할 겁니다. 더 긍정적으로 끝났기 때문입니다. 기억은 경험과는 다른 규칙을 따릅니다. 우리는 유사한 실험을 여러 차례 수행했고, 그 결과 사람들은 실제 겪은 것을 기반으로 기억 속에 경험을 정리하지 않는다는 사실을 알아냈습니다.

이 결과를 가지고 행복을 추정할 수 있습니다. 행복을 두 가지 방식으로 살펴볼 수 있는데요. 관련해 이런 실험이 진행되어 왔습니

거인의 통찰

다. 먼저, 표집을 통해 시간에 따른 행복의 정도를 측정합니다. 지금은 휴대전화를 이용해서 많이 진행됩니다. 휴대전화를 통해 하루에 몇 차례의 신호를 보내고 사람들에게 질문을 하는 겁니다.

해리스 | '경험표집experience sampling'을 하죠.

카너먼 | 네, 경험표집을 합니다. 그리고 자료를 정리하여 예컨대 행복의 평균치를 구하는 겁니다. 반대로, 일반적인 방식으로 설문조사를 통해 사람들에게 묻습니다. "당신은 얼마나 행복합니까?" "당신은 삶에 얼마나 만족합니까?" 이 질문들은 회고적입니다. 과거를 더듬는 질문이죠. 저는 두 자아라는 면에서 이를 표현하려 했습니다. 현재 나의 삶을 살고 있는 자아가 있습니다. 이 자아는 실시간으로 모든 경험을 겪고 있죠. 이것이 경험하는 자아입니다. 그리고 자신의 삶을 어떻게 생각하느냐, 얼마나 행복하냐, 휴가는 잘 보냈냐는 질문 ─모두 과거를 돌아보는 질문이죠─ 을 들으면 등장하는 자아가 있습니다. 이것이 기억하는 자아입니다.

인간의 상태에서 흥미로운 점은 삶을 사는 건 경험하는 자아이지만 결정을 내리는 건 기억하는 자아라는 겁니다. 우리가 가진 건 기억뿐이니까요. 그리고 무엇을 해야 하는지에 관한 질문과 마주하면 우리는 기억을 파고 들어가 어떤 경험이 더 나은 기억을 남겼는지 찾아냅니다. 그리고 결국 그것을 선택합니다.

이는 행복에 대한 두 가지 생각으로 이어집니다. 하나는 행복이 경험 혹은 경험의 실재에 기반을 둔다. 다른 하나는 행복은 사람들이 지니는 구조, 즉 사람들이 자신의 삶에 대해 구축한, 다른 이의 질문에 되짚어 가치를 평가할 서사에 기반을 둔다고요. 지난 수년

우리는 어떻게 그릇된 이해로 향하는가

동안 저는 행복이 경험하는 자아에 기반하며, 사람들을 행복하게 만들고 싶다면 경험을 더 좋게 만들어야 한다고 믿었습니다. 하지만, 그 생각은 접었습니다. 제가 믿었던 생각을 어쩔 수 없이 버린 유일한 경우인데요. 그 이유는, 사람들이 원하는 건 경험하는 자아가 아니라는 사실을 명확히 알았기 때문입니다. 사람들이 실제로 바라는 건 좋은 기억입니다. 이들은 자신의 삶에 만족하기를 원합니다. 이들은 미래를 경험이라는 각도에서 보지 않습니다. 예상되는 기억이라는 관점에서 보죠. 사람들이 원하는 것과 상응하지 않는 행복 이론은 있을 수 없습니다. 뭐, 독재라는 가능성도 있습니다만, 한계가 있죠.

해리스 | 제 내면의 독재자가 일어나서 현재 교수님의 자아에게서 과거 교수님의 자아를 지키려 하네요. 저는 결국 기억하는 자아도 한순간의 경험하는 자아에 불과하다는 생각이 강하게 듭니다. 현재 우리는 경험을 하고 있습니다. 그리고 5분 뒤에 교수님이 "지난 한 시간 동안 어땠나요?"라고 제게 묻는다면 저는 제 일화 기억을 뒤적여 답을 할 겁니다. 하지만, 지금 경험을 하는 동안 교수님이 제 경험을 표집한다면, 제 기억하는 자아는 이 대화와 별반 다를 게 없을 겁니다. 그리고 그것은 다른 자아로 분류되겠죠.

기억하는 자아가 말씀하신 그런 힘을 갖고 있다는 것은 믿습니다. 무엇을 결정해야 한다면 제가 참고할 수 있는 것은 기억밖에 없을 테니까요. 그러나 개인의 심리적인 연대기에서 벗어나 자신이 어땠는지를 말할 수 있는 영역도 있다고 생각합니다.

두 가지의 휴가 사례를 들어 보죠. 한쪽은 전지적인 AI가 경험을

거인의 통찰

표집합니다. 휴가 내내 아주 즐거운 시간을 보내지만, 마지막에 지난 일주일을 부정적으로 연상하게끔 만드는 사소한 문제가 생겼고, 이렇게 생각합니다. "공항에서 이런 대접을 받는다면 다시는 하와이에 가지 않겠어." 그리고 이것이 전체 휴가에 대한 기억으로 남습니다. 반면, 이번에는 휴가 기간 내내 그냥저냥 버틸 만한 시간을 보내지만, 마지막에 한 줄기 햇살 같은 순간이 찾아옵니다. 그리고 이런 기억으로 남습니다. "꽤 괜찮은 휴가였어. 아니 뭐, 좀 힘들기는 했는데, 결국 괜찮았어." 제삼자 입장에서 보면 마치 뇌 손상을 입어서 자신의 삶을 제대로 기억하지 못하는 사람처럼 보이죠.

카너먼 | 저도 그런 경험을 한 적이 있습니다. 그것을 주제로 강연을 했는데, 질의응답 시간에 청중석에서 한 명이 일어나 자신의 이야기를 들려주더군요. "지난주에 저는 황홀하리만치 멋진 교향곡을 듣고 있었습니다(그때는 아직 실물 음반을 듣던 때였습니다). 마지막을 향해 가던 때, 갑자기 끼익하는 끔찍한 소리가 났고 제 전체 경험을 망쳐버렸습니다." 제가 말했죠. "엉망이 된 건 당신의 경험이 아닙니다. 당신은 경험을 했어요. 20분 동안 아름다운 음악을 들었죠. 그 끔찍한 소리가 망친 건 그 경험에 대한 당신의 기억입니다." 사람들은 이 차이를 구별하지 못합니다. 그의 경우, 그 소리가 망친 건 경험입니다. 기억은 간직하는 것이니까요.

제가 만약 자녀나 손자들을 위해 어떤 것을 선택해야 한다면, 이들이 어쩌하기를 바랄까요? 아이들이 어릴 때는 당연히 행복하기를, 행복을 경험하기를 바라겠죠. 하지만, 어른이 된 아이들을 떠올릴 때에도 단순히 이들이 행복하기를 바랄까요? 아니면 자신의 삶

449

에 만족하기를 바랄까요? 확실하지 않죠. 명확하지 않습니다.

해리스 | 그 말씀이 제가 설명하는 내용과 맞지 않는 부분입니다. 저는 교수님이 최대한 행복하기를 바랍니다. 한편 제가 질문을 던질 때도 교수님이 유의미한 자신의 삶을 떠올리길 바랍니다. 제가 "요즘 어떠세요? 지금 삶에 만족하나요?"라고 물으면, 교수님이 대답하는 과정에서 아주 행복한 삶을 떠올리길 바라죠. 하지만, 자신의 삶을 되돌아보며 최고의 기억을 떠올리려면, 가장 만족스러운 최고의 이야기를 떠올리려면, '경험하는 연대기' 안에 좌절도 존재해야 합니다. 좌절을 극복한 경험, 궁핍했던 경험, 고난을 극복한 경험도 있어야 합니다. 그렇다고 75년 내내 소파에 누워 헤로인을 피우고 있어야 한다는 말은 아니지만요.

카너먼 | 우리가 행복한 삶을 누리고 좋은 기억까지 지닐 수 있다면 정말 좋겠지요. 그렇지만 행복에 관한 연구 결과, 둘은 같은 것이 아니라는 게 밝혀졌습니다. 삶을 행복하게 만들어 주는 조건과 삶을 만족스럽게 만들어 주는 조건은 다릅니다. 행복의 정도를 결정하는 건 대개 사회적 요인입니다. 사랑하는 사람들과 많은 시간을 보내는 것이죠. 그리고 이 사람들은 사실 자녀보다는 친구들입니다.

반면 만족스러운 삶으로 이어지는 조건은 훨씬 더 진부합니다. 성공과 관련 있거든요. 가령 돈은 감정적으로 우리를 행복하게 만들어 주지는 않습니다. 빈곤은 사람을 불행하게 만들지만 말이죠. 말 그대로 돈으로 행복을 살 수는 없습니다. 하지만, 삶의 만족도는 살 수 있습니다. 돈이 많을수록, 더 많이 벌수록, 사람들은 더 만족해합니다. 사람들을 만족시키는 건 전통적인 의미에서의 성공입니다.

해리스 | 그 불행한 부분에 관해 조금 더 이야기해 보죠. 교수님이 예전에 발표한 논문의 중요한 메시지이기도 해서요. 가난은 사람을 비참하게 만듭니다. 75,000달러까지는 사람들의 행복도와 삶의 만족도의 꾸준한 상승이 보인다고 논문에 설명돼 있던 걸로 기억합니다. 75,000달러를 넘기면 행복도는 더 이상 상승하지 않으며, 두 상승선이 분리됩니다. 우울하게도 여기에서 핵심은 삶이 유의미하다는 감각, 내 삶이 잘 흘러가고 있구나라는 감각은 제프 베조스Jeff Bezos가 될 때까지 직선으로 우상향하죠.

카너먼 | 네. 그것이 행복의 추구와 만족의 추구 사이의 긴장을 잘 보여 주는 중요한 결과입니다. 인생에는 이것과 관련해 찾을 수 있는 여러 균형점이 있습니다. 긴 출퇴근 거리를 예로 들어 보죠. 출퇴근 거리가 먼 경우에는 대개 경제적인 이유들이 있습니다. 하지만, 이 시간은 나 혼자 보내는 시간입니다. 사랑하는 사람과 보내는 시간이 아니죠. 행복이라는 면에서 아주 중요한 균형점인 겁니다.

해리스 | 앞서 설명하신 실험에서 중요한 내용을 하나 발췌하고 싶은데요. '피크엔드 법칙'이라는 개념과 관련이 있습니다. 어떤 경험이든 절정의 자극과 마무리가 어땠는지를 기억한다는 것이죠. 절정 시기의 감정과 마무리가 부정적이었다면 얼마나 좋아 보이든 간에 그 경험은 끔찍했다고 기억하는 겁니다. 반대로도 적용할 수 있고요.

만약 교수님에게 의료 시술이 필요한 손자가 있다고 가정하겠습니다. 아이에게 18분 동안 불쾌한 느낌이 드는 시술을 받게 할 수도 있지만, 같은 시술을 18분 동안 받은 다음 추가로 4분을 더 연장하

우리는 어떻게 그릇된 이해로 향하는가

도록 만들 수도 있습니다. 재현된 확실한 자료에 의하면, 불필요하지만, 더 낮은 불쾌감을 제공하는 경험을 4분 더 겪게 만들면 더 좋은 기억을 갖게 된다는 사실을 알기 때문입니다. 자상한 할아버지는 어느 쪽을 선택할까요?

카너먼 | 말씀대로 약 20년 전에 저희는 대장 내시경 시술을 가지고 실험을 했습니다. 당시 대장 내시경은 꽤 불쾌한 경험이었습니다. 지금은 수면 상태에서 하기 때문에 아예 기억조차 하지 못하죠. 당시에는 사람들이 다음 검사에도 응할 것인가 하는 문제가 있었습니다. 이때 기억은 아주 중요한 역할을 합니다. 검사를 부정적인 경험으로 기억하면 아무리 필요하다고 해도 다시 검사를 받으려 하지 않을 겁니다. 그래서 경험이 아니라 기억에 영향을 미쳐야 하는 실질적인 의학상의 이유가 있었습니다. 트라우마와 기억에 관해서는 잘 모르겠습니다. 경험의 마지막에 더 좋은 마무리, 더 개선된 마무리를 더할 경우 트라우마에서 다소 회복할 수 있을지 여부에 대해서는요.

해리스 | 회복할 수 있다고 짐작은 하시는 거죠?

카너먼 | 짐작은 합니다만, 데이터는 없습니다.

해리스 | 교수님은 낙관론자는 아니지만 가십의 효용성에 관해서는 낙관적인 생각을 갖고 계시죠. 가십에 대해 어떻게 생각하시나요?

카너먼 | 제가 책에서 낙관적인 방식으로 설명했던 건 사람들에게 가십을 가르쳐 주기 위해서였습니다. 사람들이 더 똑똑해지고자 마음먹기를 바라는 것에는 가망이 없지만, 사람들에게 남을 올바르

거인의 통찰

게 비판하는 법을 가르치는 것은 더 쉽다고, 그렇기를 바란다고 설명했었죠. 스스로를 개선하는 것보다 이편이 더 쉽고 기분도 좋습니다. 가십의 질을 높이면 행동의 수준도 높아집니다. 가십은 예상할 수 있는 것이죠. 부정적인 가십은 피하려 노력합니다. 이성적인 가십이 예상된다면 더 이성적으로 행동할지도 모릅니다.

해리스 | 완전히 SNS를 위한 이론이네요.

카너먼 | 사람들을 가르쳐야 합니다. 여기에서 핵심은 'SNS를 향한 비판의 질은 어떠한가?'입니다. 질을 향상할 수 있다면 SNS를 반대하는 의견의 상당수 역시 사라질 겁니다. 질이 나쁘면 재앙 같은 결과를 얻을 것이고요.

해리스 | 질투는 어떤가요? 친구에게 좋은 일이 생겼을 때 친구의 얼굴에 떠오른 기쁨을 보며 우리가 표면적으로는 사랑하는 누군가를 앞에 두고 삐뚤어진 행복의 감소를 느낀 적, 다들 있죠. 하지만, 사랑이란 이 사람이 행복하기를 바라야 하는 거잖아요, 그렇죠? 우리는 이런 감정적 갈등을 품고 삽니다. 교수님의 감정적 삶도 그런 방식인가요? 질투는 사랑과 양립할 수 없다는 같은 생각을 갖고 계신가요?

카너먼 | 질투는 순수한 손실입니다. 질투의 이점이 무엇인가요?

해리스 | 사랑이라는 감정과는 어떤 관계가 있을까요?

카너먼 | 질투는 확실히 사랑이라는 감정을 감소시킵니다. 둘은 양립할 수 없어요. 그리고 그것이 양립할 수 없다는 건 스스로도 느끼죠. 감정을 세상에서 없앨 수 있다면 질투는 아주 유력한 후보일 겁니다.

우리는 어떻게 그릇된 이해로 향하는가

해리스 | 교수님에게 질문하고 싶은 사람들이 아주 많습니다. 그래서 제대로 된 대화를 해 보려고 합니다. 청중 여러분과 질의응답 시간을 가져 보도록 하겠습니다.

청중 1 | 과학이 인간 도덕에 답할 수 있다는 도덕적 지형이라는 작가님의 이론을 받아들인다면, 과학이 예술적 추구와 관련한 질문에도 답을 해 줄 수 있을까요? 피카소가 위대한 화가인지, 레프 톨스토이가 위대한 소설가인지, 어느 정도 확실하게 결정할 수 있는 걸까요?

해리스 | 우리의 심미적인 직관은 일반적으로 수렴됩니다. 그러지 않으면 무엇이 아름다운지, 무엇이 타당한지, 무엇이 영감을 주는지 의견을 모으기 어려울 겁니다. 물론 다양한 의견이 있고, 시간이 지나면서 사라진 유행들도 있죠. 하지만, 어떤 생각들은 거대한 집합점을 만듭니다. 예를 들면, 우리는 거의 모든 사람이 동의할 만한 셰익스피어에 관한 주장을 할 수가 있죠. 모든 사람이 기꺼이 셰익스피어를 읽는 건 아니지만 ─다소 접근하기 어려운 부분이 있죠─ 그가 은유의 대가라는 점을 반박하는 사람은 없습니다. 우리 머릿속에 떠오르는 전형적인 은유의 절반 이상은 셰익스피어 작품에서 비롯되었습니다. 그리고 이는 우연이 아니죠. 더 성숙한 정신과학이라면 이해할 수 있는 어떠한 구조가 여기에 있으리라 짐작합니다. 아름답거나 유의미한 것을 찾는 일은 논리적인 것을 찾는 일과 비슷하다고 생각합니다.

아시다시피 도덕의 지형에 대한 제 견해에 따르면 양립할 수 없는 여러 봉우리는 있을 수 있습니다. 우리는 보통 우리와 같은 일반

거인의 통찰

적인 인간 정신의 봉우리에 관해 이야기하지만, 아주 다른 방식으로 구성된 정신에도 봉우리가 있을 수 있고, 미에 대한 직관이 다른 정신에도 있을 수 있습니다. 그렇다고 해서 어디에나 있다는 건 아닙니다. 여전히 봉우리에 있는 상태와 지형의 낮은 부분에 있는 상태 사이에는 차이가 있을 테니까요.

청중 2 | 직관에 대한 우리의 확신과 정확도는 분리되어 있다고 말씀하셨는데요. 환각성 약물과 이것의 의료적 잠재력에 관한 연구를 보면 환각 상태에서 사람들이 마주하는 순수한 인지적 경험이 있습니다. 이 역시 동일한 메커니즘이 단지 극적으로 작용한 것이라고 생각하시는지 궁금합니다. 환각성 약물의 의학적 이점이 이러한 '보여진 진실revealed truth'에서 비롯될 수도 있을까요? 그러므로, 비록 현실과 동떨어져 있을 수도 있는 같은 직관이 작용하더라도, 조금 더 '정확'할까요?

해리스 | 교수님은 환각제를 사용해 본 적 있으세요?

카너먼 | 사실 없습니다.

해리스 | 어떤 종류의 환각제도 사용해 본 적 없나요? 우리들끼리 있는 거니까요.

카너먼 | 없습니다. 하지만, 후회는 됩니다.

해리스 | 아직 늦지 않았습니다.

카너먼 | 제안 고마워요.

해리스 | 교수님의 경험하는 자아가 제 기억하는 자아를 부르면 도움이 될 겁니다.

이 문제는 정말 어렵게 느껴지네요. 몇몇 사례를 가지고 해결해

우리는 어떻게 그릇된 이해로 향하는가

볼 수 있겠지만, 해결할 수 없는 극단적인 사례들도 있을 겁니다. 우리 대화 초반에도 의미의 확신이라는 감정은 우리 인지 시스템의 모든 합리적인 부분과 연결되어 있지 않다는 이야기를 했었죠. 사물의 유의미함에 대한 병적인 확신, 병적인 직관이 있을 수 있습니다.

사람은 실제 세상이 돌아가는 방식과 전혀 관계없는 세상에 관한 주장을 할 수 있습니다. 그러나 의미라는 감정이 세상에 관해 할 수 있는 모든 합리적인 이야기와 동떨어지면, 이는 완전히 다른 현상, 다른 문제가 됩니다.

예컨대 LSD와 같은 환각제를 투여하거나 수개월에 걸쳐 묵언 명상을 함으로써 어떤 문제에 대한 심오함, 숭고함, 경외감을 느낄 수 있음을 발견했다고 합시다. 무엇을 바라보든 지복직관beatific vision(천상에서 하느님을 직접 보고 행복한 상태에 이르는 것_옮긴이)을 경험할 수 있습니다. 결국 이 경외감은 집중의 문제이지, 집중한 대상에 관한 문제가 아닙니다. 물론 누군가 당신을 지구에 존재하는 가장 큰 망원경으로 데려가 안드로메다은하를 보여 준다면, 그래서 220만 광년 떨어진 저 먼 곳에 얼마나 많은 행성이 존재하는지 이해하게 된다면 타당해 보입니다. 이 상황에서는 지적으로 당연한 감정이죠. 우주의 크기에 압도당하는 건 당연합니다. 반면 환각제를 복용하고 신발 끈을 보면서 같은 경험을 한다면, 정신이 어떻게 된 게 아닐까 걱정할 겁니다. 실제 삶에 처리해야 할 문제들이 있는데 신발 끈에 사로잡혀 있다면 확실히 문제가 있죠. 연구 지원서를 썼는데 연구지도 교수로 대니얼 카너먼이 배정되었다고 하면 그러한 경외감을 느낄 수 있겠지만, 확실히 신발 끈은 아니죠.

하지만, 경험하는 자아의 경험은 의식의 매 순간 닿을 수 있는 고유한 '본질suchness'을 발견하는 집중력 훈련을 통해 더 나아지고 깊어질 수 있습니다. 명상이나 환각제 같은 방식을 활용하는 실험 프로젝트에는 지적으로 선동적인 면이 있죠. 역설적이지만, 교수님과 제가 처음 만난 것도 명상을 과학적으로 연구하려는 목적으로 조직된 하계 집중 연구 프로그램에서였습니다. 대학원생 시절 리처드 데이비드슨Richard Davidson 교수와 함께 도왔던 집중 연구였는데요. 데이비드슨 교수는 명상과 관련한 최고의 신경 촬영 연구를 하신 분이죠. 교수님은 어떻게 그 프로그램에 참가하게 되었나요? 원래 명상에 관심이 있었기 때문인가요?

카너먼 | 실은 명상에 관해 배우고 싶었어요.

해리스 | 명상에는 실제로 투여하지는 않지만 헤로인을 투여한 것처럼 보이기 시작하는 단계가 있습니다. 나의 기분 좋은 상태가 그렇게 기분이 좋아야 하는 타당한 이유와 연결되지 않는 경우이죠. 그런 상태가 될 수 있다는 건 좋은 일이지만, 자녀들이 도로에서 헤매고 있을 때 그것을 겪고 싶지는 않겠죠. 우리는 내 삶이 얼마나 훌륭한지에 대한 감각이 실제 삶의 모습과 연결되어 있기를 바라는 것 같습니다. 언젠가 이 영역에서 우리 직관을 크게 확대하는 날이 올 수도 있겠죠. 큰 대가를 치르지 않고도 가상현실에서 더 많은 시간을 보내게 될 수도 있고, 이것이 점점 더 즐거워진다면 기분 좋은 망각에 빠지는 올더스 헉슬리식의 디스토피아적인 상황을 맞이하거나, 혹은 지적으로 창의적으로 그리고 용납할 수 없는 희생 없이 다양한 정신 상태를 탐구하고 있을지도 모릅니다. 제대로 나아가는

우리는 어떻게 그릇된 이해로 향하는가

게 중요합니다. 인간이 제대로 해내지 못할 수도 있는 길이 분명 있거든요. 다소 역설적이긴 합니다만.

카너먼 | 신발 끈을 왜 그렇게 싫어하는 거죠?

해리스 | (웃음) 그러게요.

카너먼 | 진지하게 한번 생각해 보자고요. 무슨 말이냐면, '타당함'은 어디에서 오는 건가요?

해리스 | 음, 좋은 질문이네요. 충분한 주의를 기울일 만한 모든 것, 그리고······.

카너먼 | 신발 끈을 포함해서요.

해리스 | 신발 끈을 포함해서요. 종일 신발 끈을 보고 있던 날이 내 인생 최고의 날 중 하루였다고 말하는 건 분명 그리 매력적인 이야기는 아니죠. 그래서 어떤 면에서는 결국 다시 친구를 사귄다는 행위로 돌아옵니다. 만약 제가 도덕적 고독 속에서 살고 있다면 — 가령 생존해 있는 마지막 의식 있는 존재로서— 무엇이든 나를 기분 좋게 만들어 주는 대상에 집중해야겠죠. 하지만, 지금 우리는 서로 협력해야 합니다. 서로 타당한 것들을 말할 수 있어야 합니다. 그리고 제한된 자원으로 내일 무엇을 해야 할지 정해야 하죠. 우리의 공통된 목표는 대체로 세상에서 벌어지고 있는 일, 그리고 우선순위에 대한 공통의 이해를 기반으로 수립됩니다. 집중력을 임의로 사용해 황홀경에 빠지는 행위는 그런 면에서 그리 큰 현금 가치를 지니지 않죠. 그러나 부정적, 심지어 긍정적 감정이 우리의 인지 능력과 윤리관을 왜곡하는 방식에 현명하게 대처할 수 있도록 감정을 조절하는 능력은 줍니다. 이를 통해 우리는 스스로의 확신과 우선순위를

더 지적으로 관리하는 행위자가 될 수 있습니다.

명상은 아주 유용합니다. 제가 '웨이킹 업Waking Up' 과정을 만든 이유죠. 하지만, 동시에 지적으로, 윤리적으로 꽤 자기도취적으로 발전할 수 있는 탈선 가능성이 있다는 점은 인정합니다. 세상에 별반 도움이 되지 않는 행복의 상태에 몰입할 수 있을 뿐이고, 어떤 큰 능력이 생기는 것도 아닙니다. 자신의 문제를 비롯해 세상의 모든 문제에서 멀어질 수도 있고요. 이것이 명상에 대해 제기되는 비판일 겁니다. 적어도 밖에서 봤을 때 말이죠.

청중 3 | SNS라는 제정신이 아닌 영역에 대해 지적으로 풍성한 설명을 해 주셔서 감사합니다. 대담 초반에 정치적 영역에 관한 학문의 엄격한 적용에 대해 질문하셨죠. 교수님, 앞서 독재가 일부 문제는 해결할 수도 있을 것이라고 말씀하셨는데, 작가님도 이에 동의하시나요?

해리스 | 독재의 가장 명확한 문제는 권력을 장악한, 혹은 부여받은 사람이 나쁜 사람일 가능성이 커 보인다는 겁니다. 군중의 지혜가 어떤 종류의 현명함이라도 만들어 낼 수 있다면, 우리는 일반적으로 군중의 지혜를 일으키기를 원하는 게 맞습니다.

카너먼 | 지금 세상에서 민주주의가 무엇을 할 수 있는지 생각하면…….

해리스 | 두 길 모두 이상적이라고 보기에는 매우 힘들죠. 하지만, 독재 체제를 결국 실패로 이끄는 유일한 요소가 있습니다. 무엇을 할지 말지 결정하는 사람이 단 한 명이라면, 그리고 그 사람이 정상이 아니라면, 혹은 이미 정상이 아님에도 불구하고 그 자리에 앉았

우리는 어떻게 그릇된 이해로 향하는가

다면, 거대한 문제를 안게 됩니다. 우리는 그저 작은 문제들만 신경 쓰고 싶은 겁니다. 제게는 그렇게 보입니다. 닉 보스트롬이라는 철학자에 대해 잘 아시나요?

카너먼 | 네.

해리스 | 아주 특이한 방식으로 사고하고, 실존적 위험과 관련한 여러 질문에 주목하는 사람이죠. 최근에 「취약한 세계 가설」이라는 제목의 그의 논문을 읽었습니다. 그는 논문에서 우리 눈앞에 항아리 ―그는 이것을 '발명의 항아리'라고 부릅니다― 가 하나 있다고 상상해 보라 요청합니다. 항아리는 여러 색의 공으로 차 있습니다. 우리는 지난 수천 년 동안 항아리 안에 손을 집어넣고 흰색 혹은 회색 공을 꺼내 왔습니다. 흰색 공은 우리의 삶을 향상시켜 주는 발명들 ―부정적인 면이 전혀 없는 여러 기술, 문화 구성 요소, 문화적 규범, 제도― 입니다. 회색 공은 이점도 있지만 대가도 있는 발명들입니다. 원자를 쪼개면 에너지를 얻지만, 방사성 폐기물과 핵탄두도 발생하죠. 이로움과 해가 모두 있는 발명들입니다.

보스트롬은 우리에게 검은색 공 한 개 혹은 여러 개가 이 발명의 항아리 안 어딘가에 있으며, 우리가 아직 꺼내 올리지 않았을 뿐이라고 생각하라고 합니다. 검은색 공은 문명의 종말을 의미하는 기술입니다. 보스트롬은 무엇이 이 검은색 공이 될 수 있는지, 그리고 이 가능성을 앞에 두고 우리가 무엇을 해야 문명을 안정적으로 유지할 수 있는지에 관해 구체적으로 설명합니다. 우리가 가장 먼저 해야 할 일은 발명의 항아리 안에 한 개 혹은 두 개의 검은색 공이 있을 수도 있다는 사실을 인정하는 것입니다. 항아리에 있는 공 중에는

거인의 통찰

우리를 파멸로 이끌 수도 있는 발견도 있습니다. 그리고 이 공은 다시 항아리에 넣을 수 없죠. 이미 발견되고 나면 단 한 명의 정신 나간 사람이 수백만, 수십억 명의 삶을 파괴하기 쉬워질 테니까요.

그가 '간단한 핵무기'라고 부르는 예시가 하나 있습니다. 예컨대 자연법칙상 원자를 쪼개는 일이 훨씬 쉽다고 가정합시다. 유리 조각 두 개와 자석 하나를 두고 전류를 흘려 주기만 하면 원자 폭탄을 만들 수 있는 겁니다. 원자 폭탄을 만드는 방법이 이렇게 쉽다면 100만 명 중 한 명꼴로 하루에 폭탄을 하나씩 만들 것이고, 그러면 모든 주요 도시는 증발하겠죠. 원자 폭탄을 만드는 방법이 그렇게나 쉽다면 우리는 이미 모두 죽었으리라는 점에 의심의 여지가 거의 없어 보인다는 겁니다.

이 논문의 핵심은, 검은색 공을 뽑았음을 깨달을 시간이 아직 남았다는 가정하에, 이러한 위험을 해결하고 위험에 대응할 수 있는 시나리오는 그가 '턴키 전체주의turnkey totalitarianism' 상태라고 부르는 것과, 우리가 아직 개발하지 못한 AI에 의해 유지되는 최첨단 감시 기술을 적용하는 것입니다. 보스트롬은 인간이 최대한 친절한 방식으로 서로를 감시하는 모습을 상상합니다. 모든 데이터는 익명처리 되고요. 그러나 기본적으로 개인의 행동을 아주, 아주 빠르게 침해할 수 있는 시스템이 필요합니다. 검은색 공을 뽑아 버린 세상에는 매 순간 우리가 무엇을 하는지 지켜보는 AI도 있을 겁니다. 정신 나간 소리처럼 들리겠죠. 하지만, 만약 1918년 독감 바이러스(스페인 독감을 말한다_편집자)의 정보가 공개되어 있어 누군가 바이러스를 무기화하는 데 성공했으며, 모든 가정에 이 바이러스를 무기로 만들 수 있는

우리는 어떻게 그릇된 이해로 향하는가

장치가 있다고 한다면, 이것을 없던 일로 되돌릴 수는 없습니다. 그렇다면 세상 모두가 무슨 일을 하고 있는지 알 필요가 있겠지요.

발명의 항아리와 관련한 예시들을 고려하지 않는다면, 묘하게도 이 논문의 결론은 별안간 순수하고 디스토피아적인 공포처럼 들리는 미래의 윤리성에 제 마음을 열게 만듭니다. 턴키 전체주의를 대체 누가 원하겠습니까? 하지만, 적어도 현재 우리가 하고 있는 일 — 항아리 안으로 손을 집어넣어 결과는 생각도 않은 채 최대한 빠르게 공을 끄집어내고 있는— 을 고려하여 실은 그 결론이 문명을 안정적인 상태로 유지할 수 있는 유일한 방법이라는 사실을 인정한다면, 아마 원할 수도 있겠죠. 어쨌든, 질문에 대한 아주 긴 대답이었네요.

청중 4 | 작가님이 고민하고 씨름해 온 생각 중 하나가 사회적 속죄죠. 공개적으로 도덕적 선을 넘은 사람들이 제자리로 돌아오는 것을 돕기 위해 우리는 무엇을 해 줄 수 있을까요? 여기 사회 심리학자를 모셨으니 말씀드리자면, 저는 기본적 귀인 오류, 그리고 이와 같은 뒤틀림을 해결하고 잘못을 저지른 자들이 사회로 재진입하는 것을 돕기 위해 우리는 무엇을 할 수 있을지에 관해 생각하곤 합니다. 빌 코스비Bill Cosby나 하비 와인스타인Harvey Weinstein처럼 정신 나간 사람들이 아니라 더 사소한 잘못을 한 사람들에 대해 말씀드린 겁니다.

해리스 | 살짝만 덧붙여서 이 질문은 교수님에게 넘기겠습니다. SNS를 하지 않으시니 이 문제가 얼마나 극심한지 잘 모르실 수도 있을 것 같습니다. 하지만, 우리에게는 사회적으로 용인되는 사과에 대한 새로운 규범이 필요합니다. 남들이 받아들일 수 있는 방식으로

거인의 통찰

사과한다는 건 어떤 의미일까요? 그리고 비윤리적인 발언이나 행동을 한 사람이 그것을 만회하려면 어떻게 해야 할까요? 속죄의 원리에 관해 어떻게 생각하시나요?

카너먼 | 최근의 '미투MeToo' 운동과 관련해 벌어지는 일을 보면, 아주 다른 규모의 도덕적 위법 행위들이 비슷한 취급을 받고 있다는 것은 분명해 보입니다. 과거의 사건과 최근의 사건, 심각한 사건과 덜 심각한 사건을 제대로 구분하지 않는다는 느낌이 있습니다. 사소한 잘못처럼 보이는 일을 저질렀다고 해서 상원 의원이 정계에서 퇴출당하는 등의 사례처럼 말이죠. 어딘가 잘못된 건 확실합니다. 심각성에 따른 구별이 더 필요하다고 봅니다. 어떤 기제가 이러한 반응의 평탄화를 일으켰으며, 모든 도덕적 위법 행위에 최고조의 반응을 보이도록 만들었는지는 모르겠습니다.

해리스 | 이 늪에서 빠져나오는 방법에는 무엇이 있을까요? 적절한 사과는 어떤 방식이어야 할까요? 속죄의 역학은 무엇일까요? 그냥 그 상황에서 빠져나오는 문제가 아니죠. 사람들의 화가 가라앉도록 사과를 하고, 그러면 사람들은 언젠가는 저를 잊는 그런 문제가 아닙니다. 사람들에게 받아들여지는 진실한 사과를 한다는 것은 어떤 의미인가요?

카너먼 | 지금 상황은 어떤 사과도 받아들여지지 않는다는 겁니다. 사과를 요구하지도 않아요. 거부당할 테니까요. 그것이 제가 생각하는 문제입니다. 사람들이 원하는 건 진정한 뉘우침입니다. 사과란 그것을 전달하는 매개여야 하지요. 그런 일이 벌어지게 만들어서 진심으로 미안하다는 메시지 말입니다. 정상적인 상황에서라면 사

우리는 어떻게 그릇된 이해로 향하는가

과는 받아들여집니다. 도덕적 위법 행위가 심각하지 않다는 가정하에서요. 그리고 그 사과는 진심이겠죠. 지금과 같은 상황이라면, 사과 자체는 거의 아무런 상관이 없습니다.

해리스 | '정상적인 상황이라면'이라고 말씀하신 부분이 흥미롭네요. 상황이 극으로 치달으면 사과가 반드시 받아들여져야 하는 시점이 오잖아요. 지옥으로 떨어지기 전 마지막 기회니까요. 이웃들이 마체테를 들고 서로를 난도질해 죽였던 르완다 사태를 떠올려 보세요. 그 상황에서 처음으로 돌아가 다시 시작할 수 있는 방법은 진실 화해 위원회Truth and Reconciliation Commission(넬슨 만델라 대통령 시절에 남아프리카공화국에서 아파르트헤이트를 비롯해 인종차별주의의 역사를 정리하기 위해 설치한 기구_옮긴이)와 같은 기구를 만드는 겁니다. 가해자가 자신의 끔찍한 죄를 고백하고 사과하는 거죠. 그러면 다른 모든 사람은 살인의 고리를 끊기 위한 유일한 방법이 그들의 사과를 받아들이는 것뿐이라는 사실을 거의 인정합니다.

카너먼 | 지금 설명한 사례는 개인이 아니라 공동체 사이에 벌어진 일입니다. 공동체 간 갈등 사례에서는 그것이 **유일하게 가능한** 해결책이죠.

해리스 | 맞습니다.

카너먼 | 그러지 않으면 함께 살 수 없을 테니까요. 다 같이 살 것이라면 그러한 행위가 반드시 수반되어야 합니다. 협상은 성공했죠. 르완다는 확실히 비교적 성공적인 사례입니다. 하지만, 개인 수준의 사과라면 역학은 완전히 달라집니다.

해리스 | 마지막 질문을 드릴게요. 교수님은 인간의 인지 능력이

거인의 통찰

크게 향상되리라는 전망에 꽤 회의적이신 것 같습니다. 인간의 행복에 대해서도 같은 회의적 견해를 갖고 계시나요? 교수님이 상상할 수 있는 최고의 인간 미래는 어떤 모습인가요?

카너먼 | 우리가 사는 사회의 기반을 바꿀 수 있다면 (그리고 모두 더불어 사는 법을 사람들에게 훈련시키거나 가르칠 가능성이 있다면) 낙관적으로 볼 여지가 조금은 있다고 생각합니다. 이러한 낙관론을 쉽게 펼칠 수 없는 건 순전히 인간 본성 때문입니다. 인간의 본성은 바뀌지 않을 겁니다. 그리고 우리가 대화를 통해 나눈 이야기 대부분은 인간 본성이 발현된 사례들일 뿐이고요. 이 부분에는 해결책이랄 게 없을 겁니다. 행복의 복잡성과 기억하는 자아, 경험하는 자아 모두 말이죠. 이 둘의 구분은 우리 안에 내재된 특질입니다. 우리 기억과 경험은 일치하지 않으며, 결국 남는 것은 기억뿐이니까요. 앞으로도 인간 모습과 본성의 여러 양상은 변치 않을 것이고, 이것들이 우리가 희망할 수 있는 범위를 제한합니다.

해리스 | 교수님과 대화할 수 있는 이 기회를 통해 제가 얼마나 기뻤는지 기억함으로써 교수님의 주장이 틀렸다는 걸 보여 드려야겠네요. 시간 내주셔서 감사합니다. 함께 이 무대에 선 것은 대단한 영광이었습니다.

우리는 어떻게 그릇된 이해로 향하는가

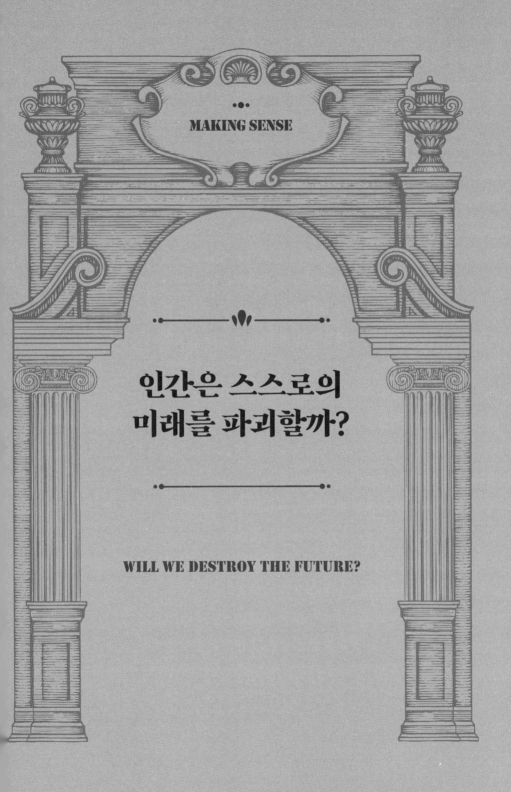

MAKING SENSE

인간은 스스로의 미래를 파괴할까?

WILL WE DESTROY THE FUTURE?

닉 보스트롬
Nick Bostrom

⧓

닉 보스트롬은 스웨덴 출신 철학자로, 이론 물리학, 계산신경과학, 논리학, 인공지능 등 여러 다양한 흥미로운 분야에 학문적 기반을 두고 있다. 공식적으로는 옥스퍼드 대학교 철학과 교수이며, 동 대학 산하 인류미래연구소Future of Humanity Institute를 이끌고 있다.

대담에서 우리는 보스트롬의 논문 세 편을 바탕으로 실존적 위험에 관한 보스트롬의 견해를 탐구한다. 대화의 주제는 취약한 세계 가설에서 시작하여 핵 억제의 역사와 '턴키 전체주의'의 필요성으로 넘어가며, 도덕적 환상, 그리고 인간이 컴퓨터 시뮬레이션 속 존재인지 여부에 관한 내용으로 이어진다. 보스트롬은 '시뮬레이션 논증'으로 잘 알려진 주장의 창시자이다. 더불어, 현재 우리가 인류 역사의 마지막 장에 가까운 시대를 살고 있을지도 모른다고 많은 사람을 확신시킨 철학적 사고 실험, 종말 논증을 분석한다. 보스트롬과의 대화는 우주 속 인간의 위치와 인간의 미래에 관해 숙고하게 한다.

해리스 | 교수님은 제가 아는 사람 중에서도 아주 도발적인 사상가 중 한 명입니다. 철학자로서 자신의 연구를 어떻게 정리할 수 있을까요?

보스트롬 | 늘 어렵네요. 대략적으로 말씀드리자면, 저는 인류 차원의 질문, 그리고 인류에게 좋은 방향과 나쁜 방향을 파악하는 데 관심이 있습니다. 즉, 이 세상에서 우리가 계속해 나가는 모든 것 중에 인간을 좋은 방향으로 이끄는 것은 무엇이냐는 거죠. 그리고 이 궁극적인 질문을 향한 여정에서 발생하는 여러 하위 질문들을 탐구합니다.

해리스 | 교수님의 연구 대부분은 실존적 위험이라는 관심사 하나로 묶을 수 있습니다. 실존적 위험에 관해 어떻게 생각하시며, 사람들은 왜 이것을 심각하게 받아들여야 하나요?

보스트롬 | 제가 그 개념을 처음 소개한 건 2000년대 초반에 쓴 논문에서였습니다. 지구상에 있는 지적 생명체의 생존을 위협할 위험, 혹은 바람직한 미래를 향해 발전을 꾀하는 인간의 잠재력을 영원히, 그리고 극적으로 감소시킬 위험이라는 의미로서 말이죠. 다시 말해, 미래를 영구히 파괴할 수도 있는 위험입니다.

해리스 | '미래를 영구히 파괴하는'이라. 교수님은 관심이 쏠리게끔 하는 문구를 정말 잘 만드시네요. 인간이 미래를 영구적으로 파괴할지도 모르는 가능성을 걱정하는 사람보다 우리 동네 맥도날드 직원 수가 더 많을 것 같아 걱정입니다. 하지만, 이 주제의 중요성을 전달하는 건 심지어 기후 변화와 같은 문제를 걱정한다는 사람들에게도 어렵습니다. 실존적 위험이라는 주제는 어째서 소수의 사람들

만 걱정하는 데 그칠까요?

보스트롬 | 음, 지난 몇 년 동안 관심을 갖는 사람들이 조금은 늘었습니다. 합리주의 커뮤니티나 효율적 이타주의 커뮤니티, 그 외 다양한 학문적 기관에서 이제는 실존적 위험에 주목하고 있습니다. 그러니 말씀하신 맥도날드 직원 수보다는 많을 겁니다.

해리스 | 맥도날드 지점 몇 군데 정도보다는……

보스트롬 | 저는 어떤 질문이 꼭 그 중요성에 비례해 주목을 받을 필요는 없다고 생각합니다. 안타깝게도 그건 학문이 작용하는 방식을 잘 설명하지 못한다고 봅니다. 대신 이런 질문이 좋겠죠. "왜 변했을까?"

해리스 | 어떤 면에서 보면 교수님은 사람들에게 아직 태어나지 않은 사람들, 시간의 지평선에서 현생 이후의 사람들에게 관심을 가지라고 요청하는 건데요. 이는 동시대를 함께 살고 있지만 지리적으로 멀리 떨어진 이방인에게 관심을 가지라고 요청하는 것보다 더 어려운 일처럼 보입니다. 그리고 우리가 이것을 얼마나 못 하는지는 다들 이미 알고 있고요. 이것이 주요한 변수로 작용할까요?

보스트롬 | 물론입니다. 공익의 극단적인 사례라고 보면 됩니다. 일반적으로 단순한 시장 경제 모델에서 공공재는 충분히 공급되지 않는 경향을 보입니다. 생산자가 이익의 극히 일부만 가져가기 때문입니다. 세계적인 공공재의 경우 이런 현상이 더 극적으로 나타나죠. 인류 전체가 어떠한 활동으로 이익을 얻거나 지구 온난화 같은 현상으로 인해 해를 입는다 해도, 개별 생산자를 이끄는 보상은 대개 활동의 전반적인 결과와 연결되지 않습니다. 그리고 생산자는 결

인간은 스스로의 미래를 파괴할까?

과와 상관없이 생산을 계속할 가능성이 높죠. 그러나 실존적 위험은 훨씬 더 극단적입니다. 세대를 망라하기 때문입니다. 미래 세대가 우리의 결정에 의해 영향을 받을 테니까요. 미래 세대는 현세대가 내리는 결정에 영향을 끼칠 수 없으며, 현세대가 미래에 유익할 결정을 내린다 해도 보상을 해 줄 수 없습니다.

따라서 인간을 이기적인 존재로 간주한다면 실존적 위험을 줄이기 위한 노력이 충분히 공급되지 않으리라 예상할 수 있습니다. 미래 사람들이 과거로 돌아와 실존적 위험을 감소시키기 위해 우리가 투자한 노력에 보답하는 의미로 어마어마한 금전적 보상을 해 주는 모습을 상상해 볼 수는 있습니다. 하지만, 이 거래가 불가능하기 때문에 그러한 노력이 충분히 공급되지 않는 겁니다. 이것이 하나의 설명이 될 수 있겠죠.

해리스 | 틀짜기의 문제이기도 합니다. 어떠한 사실들이 있습니다. 가령 연계가 전혀 없는 먼 지역에 고통받는 사람들이 살고 있습니다. 이 정보를 어떤 하나의 방식으로 전달하면 우리는 전혀 관심이 가지 않습니다. 그렇지만 다른 방식으로 전달하면, 그들이 고통받는 현실을 우리의 삶, 우리 자녀의 삶에 비유하면 더 중요하게 다가올 수도 있죠. 여기에서 우리는 인간이 도덕적 환상에 민감하다는 것을 알 수 있습니다. 끔찍한 상황에 처한 한 어린 소녀의 사연이 개인적인 이야기의 형태로 전달되면 사람들은 소녀의 운명에 더 마음을 쓰게 되는 반면, 여기에 소녀의 오빠 사연을 더하면 관심이 줄어듭니다. 그리고 다시 여기에 같은 고통을 겪는 50만 아이들의 사연까지 더하면 관심은 훨씬 더 줄어듭니다. 문제의 규모가 커질수록

거인의 통찰

사람들의 관심은 줄어듭니다. 이는 확실히 특성이라기보다는 하나의 버그라고 할 수 있죠.

보스트롬 | 그렇죠. 실존적 위험을 처음 언급했던 논문을 통해 저는 일종의 윤리 이론에서는 실존적 위험의 감소가 아주 중요한 목표처럼 보일 수 있다는 점을 설명했습니다. 만약 작가님이 집합적 결과주의적인 철학을 갖고 있어요. 공리주의자라고 합시다. 가능한 미래 세대의 수와 행복한 삶을 살 수 있는 개인의 수를 곱해 봤더니, 인간이 천문학적으로 큰 값을 얻을 가능성이 조금이라도 있어 보인다면, 이는 결국 매우 큰 기댓값을 얻은 겁니다. 이 수치를 아주 조금만 조절해도 지금 당장 취하는 행동의 직접적인 결과보다 행동의 기댓값이 더 높아집니다. 그렇다면 예컨대 실존적 위험을 0.1퍼센트 포인트 낮추는 것이 전 세계의 기아 문제를 해결하고 암 치료제를 개발하는 것보다 가치 있다는 결론을 내릴지도 모릅니다. 이것만 가지고는 공리주의적 관점이 옳은지 아닌지, 이를 수용할 수 있는지 없는지에 관해서는 판단할 수 없습니다. 그러나 일종의 도덕적 이론을 암시하는 듯 보이죠.

해리스 | 저는 어떤 면에서는 확실히 결과주의자입니다. 그러니 이 부분에 관해서는 논할 필요가 없습니다. 하지만, 한 가지 흥미로운 점은 인간이 고통과 고통의 경감을 평가하는 방식과 행복의 차단을 평가하는 방식 사이에는 명백한 불균형이 있어 보인다는 겁니다. 행복보다는 고통의 강도가 더 큽니다. 사람들에게 이런 질문을 던졌다고 해 보죠. "하루를 보낼 수 있는 방법이 두 가지 있습니다. 자신이 계획한 대로, 일반적인 인간 경험 범위 내에서 보내는 방법

인간은 스스로의 미래를 파괴할까?

이 하나 있습니다. 다른 하나는 가능한 최악의 고통을 한 시간 동안 겪은 뒤 가능한 최고의 행복을 다시 한 시간 동안 경험하는 겁니다. 현상학적 연속선상에서 두 극단의 경험을 체험해 보실래요?" 대부분은 망설이지 않을까 싶습니다. 최대한의 고통이 모든 기쁨이나 행복보다 훨씬 더 극심할 것이라는 느낌이 들기 때문입니다. 그렇기에 우리는 암을 치료하고, 고통을 경감해 줄 수 있는 가능성이 미래의 창의성과 통찰력, 아름다움으로 향하는 문을 닫지 않도록 하는 것보다 윤리적으로 더 중요하다고 보는 거죠.

보스트롬 | 그러한 직관을 형성하도록 만든 원인들을 분석해 보면 좋을 것 같네요. 그중 하나는, 현재 구성된 상태로서의 우리 인간의 경우 고통을 유발하는 것이 상응하는 정도의 기쁨을 유발하는 것보다 훨씬 쉽다는 사실일 수 있습니다. 행복의 봉우리가 높은 것보다 고통의 골짜기가 더 깊도록 인간이 진화한 것일지도 모릅니다. 짧은 기간 동안 생식 능력에 심각한 손상을 입었던 상황이 동 기간 비슷한 수준의 건강을 얻은 상황보다 더 잦게 발생했는지도 모르고요. 물론 가능할 수도 있는 장대한 인간의 미래에서는 이런 요소를 제거하고 싶을 겁니다. 가령 인간의 —혹은 미래 지구에 서식할 존재의— 쾌락 체계를 재설계하여 긍정적 감정을 느끼는 능력을 크게 강화할 수도 있고요. 그때는 고통과 기쁨 사이에 불균형이 존재할지는 알 수 없을 겁니다.

동일한 정도의 기쁨과 고통이 존재한다고 하더라도 —물론 측정 기준은 조금 불명확합니다만— 부정적인 요소를 제거하는 게 윤리적으로 더 중요하다고 생각할 수도 있습니다. 많은 사람이 경제적 불평등은 본질적으로 나쁜 것이며, 불행의 개선이 행복의 증대보다 중요하다고 생각합니다. 이것이 그러한 직관의 또 다른 근원일 수 있겠죠.

해리스 | 사실 변수가 하나 더 있습니다. 우리가 먼 미래로의 문을 닫는다 해도 명확한 희생자나 수혜자가 없다는 겁니다. 누군가 이렇게 묻습니다. "세상 모든 사람이 자다가 고통 없이 죽으면 미래 세대가 존재하지 않는다 해도 뭐가 문제죠?" 이런 일이 벌어진다면 사별의 고통을, 상실의 아픔을 겪는 사람은 없을 겁니다. 대부분의 상실감은 그저 추측일 테고요. 여기에서 사람들은 정신적인 상처를 느끼지 못할 겁니다.

보스트롬 | 그것이 공리주의 체계 안에서도 구분되는 지점입니다. 기본적으로 좋은 것은 모두 취하고 나쁜 것은 모두 버려야 한다고 생각하는 전체 공리주의자들이 있고, 이익 제공을 목표로 하나 새로운 인간을 존재케 하는 것은 우선순위에 두지 않는 소위 인간 영향 관점person-affecting perspective을 취하는 공리주의자들이 있습니다. 예컨대 전체주의적인, 디스토피아적인 체제에 갇혀 고통받는 일종의 실존적 재앙을 지속적으로 경험하는 사람들이 있습니다. 이들은 오래 살 수 있겠지만, 그리 행복하지는 않겠죠. 일부 실존적 재앙 시나리오에도 사는 사람은 여전히 있습니다.

해리스 | 미래를 파괴하는 건 어쩔 수 없이 그 현실을 살아야 하는 사람들에게는 아주 유쾌하지 않겠군요.

보스트롬 | 저는 스스로를 공리주의자라고 표현하지는 않습니다. 단지 결과에 주목할 뿐이죠. 우리가 윤리를 어떤 식으로 사고해야

인간은 스스로의 미래를 파괴할까?

하는지에 관해서는 여러 견해가 있습니다. 그리고 그 외에도 다양한 고려사항이 있을 수도 있죠.

중요하다고 여겨지는 모든 것을 해야 한다는 어려운 질문에 답하는 대신에, 이 질문을 쪼개 보면 어떨까요? "이 특정한 윤리 이론을 고려할 때 우리는 무엇을 해야 하는가? 다른 가치 혹은 다른 목표를 고려할 때 우리는 무엇을 해야 하는가?" 그리고 마지막에 모든 답을 취합하는 거죠. 윤리적 의무를 고민할 때 우리는 규범적 불확실성이 있다는 사실을 인정해야 합니다. 즉, 어떤 도덕적 틀이 옳은지에 대한 우리의 판단 자체가 옳지 않을 수 있다는 겁니다. 저는 도덕적 결정을 내릴 때 제가 '도덕 의회 모델'이라 부르는 개념을 활용해야 한다고 제안해 왔습니다. 일종의 비유인데요. 개연성에 비례하여 윤리 이론들을 생각하는 겁니다. 이론들끼리 서로 이익이 되는 도덕적 거래를 하게 하는 거죠. 가끔은 더 그럴듯한 도덕 이론이 덜 그럴듯한 이론에 —특히 후자에게 더 중요한 경우— 자리를 내어 주고 개입하지 않는 겁니다. 마치 각각의 도덕 이론들이 가상의 의회에 대표를 보내 결론을 내리는 과정에서 협상하고 투표하는 거라고 생각하면 됩니다. 더 그럴듯한 이론이 대표도 더 많이 보내겠죠. 도덕과 무관해도 대표를 보낼 수 있습니다. 가령 '이기심' 당의 대표가 참석한다든지 말이죠.

외부에서 대화에 참여할 때 저는 보통 공리주의적 견해를 펼칩니다. 적어도 그렇게 보일 만한 관점에서 주장합니다. 우리는 범위에 대한 감각이 떨어집니다. 숫자를 봐야 하죠. 100만 명에게 영향을 미치는 사건과 100명에게 영향을 미치는 사건 사이에는 유의미한

거인의 통찰

차이가 있겠죠. 하지만, 연구실로 돌아오면 저는 공리주의를 반대하는 사람이 됩니다. 대다수 동료가 골수 전체 공리주의자들이기 때문이죠. 이들은 실존적 위험의 감소에만 너무 주목합니다. 늘 저만 유별난 사람이죠. 에휴!

해리스 | 언제 한번 교수님과 메타 윤리학을 주제로 대화해 보고 싶네요. 결과주의의 한계에 관한 교수님의 생각을 들어 보고 싶어요. 하지만, 지금은 실존적 위험과 교수님의 논문에 관해 이야기를 나누고 싶으니, 그 주제는 다음을 기약하도록 하죠. 오늘 교수님의 저서 『슈퍼인텔리전스』에 관한 이야기를 나눌 시간은 없겠지만, 범용 인공지능의 잠재적 위험을 논함에 있어서 지대한 영향을 미친 책이라는 점은 꼭 말씀드리고 싶네요. 제 팟캐스트에서도 교수님의 견해에 깊은 영향을 받은 대화를 벌써 몇 차례 진행했어요. 스튜어트 러셀, 엘리저 유드코프스키Eliezer Yudkowsky 등 여러 분과 관련해 대화를 나눴죠. 제가 꺼낸 AI와 관련한 대부분의 이야기가 교수님 책에서 읽은 내용일 거예요. 저희 청취자 여러분은 교수님이 누군지는 몰라도, 교수님의 이론에 대해서는 잘 알 겁니다.

교수님이 발표한 논문 몇 편을 바탕으로 이야기를 해 보고 싶은데요. 「취약한 세계 가설The Vulnerable World Hypothesis」과 「당신은 지금 컴퓨터 시뮬레이션 속에서 살고 있는가?Are You Living in a Computer Simulation?」, 그리고 우주 속 지적 생명체의 존재에 관해 묻는 페르미 문제를 분석한 「그들은 어디에 있나?Where Are They?」입니다. 「취약한 세계 가설」부터 시작하죠. 구체적으로 어떤 의미인가요?

보스트롬 | 간단히 설명하자면 이 가설은 자동으로 세상을 파괴

인간은 스스로의 미래를 파괴할까?

할 수준의 기술적 진보가 존재한다는 겁니다. 자동으로 세상을 파괴한다는 건 어떤 의미일까요? 제가 반무정부 상태semi-anarchic default condition라고 부르는 개념이 있는데요. 여기에는 다양한 인간적인 동기를 지닌 다양한 행위자가 존재합니다. 그 외에 더 중요한 특징이 두 가지 더 있습니다. 세계적 협력이 필요한 문제를 해결할 안정적 수단이 부재하다는 것, 그리고 대다수의 사람이 강력히 반대하는 행위를 저지르는 것을 막을 안정적인 수단이 부재하다는 것입니다.

비유를 통해 설명하는 게 더 낫겠네요. 지금껏 기술을 발견한 역사를 거대한 항아리, 창조의 항아리에서 공을 뽑아 올리는 것과 같다고 상상해 보겠습니다. 항아리에 손을 넣어 새로운 기술을 꺼내고, 다시 손을 집어넣어 다른 기술을 꺼냅니다. 역사를 통틀어 우리는 아주 많은 공을 꺼냈고, 전체적으로는 아주 유익했다고 할 수 있습니다. 덕분에 우리는 에어컨이 돌아가는 사무실에 앉아 있을 수 있고, 식량을 찾아 헤매는 대신 과식하지 않으려 노력할 수 있는 거죠. 하지만, 만약 이 항아리 안에 검은색 공, 즉 공을 발견한 모든 문명을 파괴할 수 있는 잠재적인 기술이 있다면 어떨까요?

해리스 | 약간의 부연 설명을 더하자면, 교수님은 논문에서 이 항아리를 '발명의 항아리urn of invention'라고 부르시죠. 그리고 논문 내용에 따르면 인간은 최대한 빠른 속도로 쉬지 않고 공을 꺼내 왔고요. 어떻게 보면 최대한 빠르게 공을 꺼내 그것을 모두와 공유하는 게 과학 정신이죠. 지금까지 우리가 꺼낸 공은 흰색과 회색 공이었습니다. 흰색 공은 긍정적인 영향만 있는 기술, 문화 구성 요소, 규범, 사회적 제도 등을 뜻합니다. 회색 공은 선하게도 악하게도 쓰일 수 있

는 발견과 발명입니다. 대표적인 예로 핵에너지를 들 수 있겠죠. 도시를 밝혀 주는 동시에 처리하기 어려운 위험한 오염 물질을 대량의 부산물로 발생시킵니다. 최악의 경우에는 우리가 만든 무기로 스스로를 전멸시킬 수도 있죠.

보스트롬 | 네, 대부분의 기술은 어느 정도 양날의 검이지만 긍정적 측면이 더 우세해 보입니다. 신경가스처럼 부정적인 면이 더 강한 기술도 있죠. 하지만, 아직 검은색 공은 뽑지 않았습니다. 검은색 공은 극도로 유해하여 그것을 발견한 문명을 자동으로 파괴하는 기술입니다. 만일 항아리 안에 검은색 공이 있다면요? 그 가능성을 파악하고, 이에 대비할 수 있는 전략으로 무엇이 있을지 고민할 수 있을 겁니다. 그런데 저는 현재 우리가 지닌 전략이라고는 단지 안에 검은색 공이 없기를 바라는 것뿐인 듯 보입니다. 계속해서 빠르게 공을 뽑아 올리고 있는 —꽤 능숙해졌죠— 인간에게는 뽑은 공을 항아리 안에 도로 넣을 능력은 없습니다. 발명을 없던 일로, 발명하기 전으로 되돌릴 수는 없습니다.

그래서 논문 전반부는 세상을 취약하게 만들 수 있는 방법, 우리가 발명할 수도 있는 검은색 공 기술의 유형에는 무엇이 있을지 살펴봅니다.

세상을 취약하게 만들 가능성이 있는 첫 번째, 그리고 가장 명확한 방법은 개인이 상당한 규모의 파괴 행위를 초래할 수 있도록 허용하는 기술의 존재입니다. 이는 과거만 되돌아봐도 충분히 상상할 수 있습니다. 20세기에 인간은 원자를 분열시켜 핵 안의 에너지 일부를 방출하는 법을 발견했지만, 실행은 쉽지 않았습니다. 플루토늄

인간은 스스로의 미래를 파괴할까?

이나 고농축 우라늄과 같은 특수 물질이 필요하기 때문입니다. 그래서 이는 국가 단위에서만 수행할 수 있는 작업이 되었습니다. 그런데 만약 원자 에너지를 방출하는 더 쉬운 방법이 있었다면요? 전자레인지에 모래를 넣고 돌리기만 해도 핵폭탄을 만들 수 있었다면요? 인간 문명은 멸망했겠죠. 우리는 운이 좋았던 겁니다. 물론 지금은 전자레인지에 모래를 넣고 돌려 원자 폭탄을 만드는 일이 물리적으로 불가능하다는 사실을 압니다. 하지만, 우리가 핵물리학을 발전시키기 전에는 뭐가 뭔지 어떻게 알았겠습니까?

해리스 | 이 비통한 여정을 함께하며 청취자 여러분의 직관을 지켜 드릴 수 있다면 좋겠네요. 왜냐면 잠재적인 해결 방안을 논의하는 이 논문의 결론이 꽤 충격적이기 때문이에요. 교수님이 '간단한 핵무기'라고 부르는 가능성에서 문명이 생존할 수 없는 이유는 무엇인가요? 왜 이것이 모든 도시의 멸망과 우리가 인지하는 거의 모든 존재의 멸망을 의미한다는 필연적 결론으로 이어지나요?

보스트롬 | '필연적 결론'은 조금 강한 단어인 듯하네요. 이는 우리가 어떤 매개변수에 연결하느냐에 따라 달라집니다. 직관적으로 생각하면 대규모의 인구 안에는 이유가 어찌 되었든 간에 수백만, 가능하면 더 많은 사람을 죽이기를 원하는 사람이 늘 있습니다. 미친 사람이든, 악한 사람이든, 말도 안 되는 이데올로기적 신념을 지닌 사람이든, 혹은 타인들을 갈취하거나 위협하려는 사람이든 말이죠. 인간은 매우 다양합니다. 충분한 규모의 사람들이 모이면 사실상 모든 욕망을 발견할 수 있습니다. 따라서 그러한 파괴적 성향을 지닌 사람들이 충분한 규모의 파괴 행위를 유발한다면, 모든 건 파

거인의 통찰

괴되겠죠.

이런 일이 실제로 역사에서 벌어진다면 여러 요인에 의해 **모든 문명이 파괴될 것인지** 혹은 이 정도 수준에는 미치지 못하나 여전히 끔찍한 재앙이 닥칠 것인지가 결정됩니다. 어떤 종류의 핵무기가 사용될까요? 히로시마 원자 폭탄과 같지만 위력은 더 작은 폭탄일까요? 혹은 수소폭탄일까요? 폭탄을 만들고 사용하는 방식은 얼마나 쉬울까요? 아무나 5분 만에 조립할 수 있는 유형일까요 아니면 엔지니어가 반년에 걸쳐 공들여야 하는 유형일까요?

여러 옵션 중에서 어떤 값, 어떤 변수를 택하느냐에 따라 시나리오는 '몹시 나쁨'에서 '실존적 재앙'까지 다양할 수 있습니다. 하지만, 요점은 인류가 지금껏 발견한 파괴적 능력들은 실행하기가 어려운 기술이었다는 점에서 역사적으로 우리가 운이 좋았다는 겁니다.

미래에 발견하게 될 잠재적 파괴 능력은 가령 생명공학 기술의 발전 덕분에 사용하기 더 쉬워질지도 모릅니다. 치명적인 바이러스나 대량의 에너지나 특수한 물질 없이도 쉽게 무기를 개발할 수 있을지도 모르죠. 그렇다면 실존적 재앙이 도래할 가능성은 커질 테고요. 핵무기 하나는 도시를 파괴하지만, 바이러스 무기는 행성 전체를 파괴합니다.

해리스 | 맞습니다. 지금 우리는 데스크톱과 연결해 DNA 염기서열을 출력할 수 있는 프린터를 각 가정에 하나씩 갖게 될지도 모르는 미래에 대해 약간은 섣부르게 말하는 환경에서 살고 있습니다. 모두가 집에서 맞춤형 유전자 치료제를 출력할 수 있을 거라고요. 이러한 가정이 실현된다면 1918년에 대유행한 독감 바이러스를 가

인간은 스스로의 미래를 파괴할까?

령 PDF 파일 형태로 받은 다음 필요에 따라 출력할 수 있겠죠. 그렇다면 한 명의 허무주의적인 혹은 이데올로기적 개인이 수백만, 수십억 인구의 목숨을 앗을 힘을 손에 쥐게 될 겁니다.

보스트롬 | 전송될 수도 있겠지만, 인터넷에서 스스로 다운로드받게 될지도 모릅니다. 수많은 치명적 유기체의 전체 게놈 구조가 공유되어 떠돌아다니고 있어 손쉽게 다운로드받을 수 있는 거죠.

오히려 DNA 합성과 같은 기술은 모든 연구실에 작은 기계를 하나씩 두고 실행할 수 있게 된다기보다는 전 세계 몇 군데 안 되는 장소에서만 실행할 수 있으며, 필요하다면 활용에 어느 정도의 통제가 가해질 것이라고 봅니다. 대규모 피해를 일으킬 수 있는 능력이 개인에게 과도하게 주어짐으로써 문제가 발생하는 것, 이것이 제가 설명한 첫 번째 취약성의 예시입니다.

세계를 취약하게 만들 수도 있는 또 다른 방법은 상대적으로 알아채기 어렵지만 유념할 가치가 있습니다. 서로 다른 행위자들이 품는 동기를 바꾸게 될 기술적 발전과 관련이 있지요.

이 개념을 살펴보기 위해 다시 핵에너지의 역사로 되돌아가 봅시다. 수소 폭탄과 냉전 시대의 군비 확장 경쟁, 그리고 7만 개의 핵탄두가 대기 상태에 들어간 상황까지, 사실 핵무기는 우리가 검은색 공에 가장 근접한 사례일 수도 있습니다. 최근 공개된 당시 기록을 보면 세계는 몇 차례나 일촉즉발의 상황에 처한 적이 있다는 사실을 알 수 있습니다. 핵에너지는 검은색 공에 무척 가까웠던 기술이며, 지금껏 우리는 단지 운이 좋았을 뿐입니다. 하지만, 이보다 상황이 더 안 좋았을 수도 있습니다. 선제공격을 촉발시킬 동기가 지금보다

거인의 통찰

더 강했다면 위기 불안정 상황을 겪었을 겁니다. 먼저 공격하여 상대방의 핵전력을 무력화할 수 있었다면, 보복 타격에 대한 우려 때문에 선제공격을 망설이지는 않았을 겁니다.

해리스 | 그렇습니다. 쿠바 미사일 사태 이후 상황에 가장 근접해 있던 사람들은 핵을 주고받을 가능성이 30에서 50퍼센트로 동전 던지기 확률과 비슷하다는 것을 깨달았습니다. 교수님이 그리시는 건 선제적으로 공격해도 적이 무력화되지 않는다는 두려움이 없는 '안전한 선제공격' 상황이죠. 지금보다 훨씬 더 불안정한 상황일 겁니다. 우리는 '상호확증파괴'가 실은 상황을 더 안정적으로 만들어 준다는 사실을 쉽게 잊곤 합니다. 소련이 자체 핵무기를 개발하기 전에, 미국이 먼저 핵을 쏘지 않을까 하는 큰 우려가 있었죠. 당시에는 핵 억제라는 개념이 없었으니까요.

보스트롬 | 네. 상호확증파괴 덕분에 어느 정도 안정된 거죠. 일방적인 전력의 파괴가 아니라 양측 모두의 전력 파괴라는 참담한 결과로 이어지니까요. 적의 핵탄두를 더 많이 제거할 수 있었다면, 핵잠수함을 지금보다 더 쉽게 탐지 가능해 적의 핵 보유력 전체를 더 확실히 조준할 수 있었다면, 군비 경쟁은 더 큰 혼란에 빠졌을 테고 무기를 실제로 사용했을 가능성도 높았을 겁니다. 냉전 시대의 군비 경쟁은 미래의 잠재적인 경쟁에 비하면 약과처럼 보이게 될 수도 있습니다. 가령 핵무기보다 숨기기 쉬운 무기가 개발된다면 군비 축소 조약에 조인하도록 독려하는 게 더 어려워지겠죠.

이렇듯 인간은 계속해서 항아리에 손을 집어넣고 유력한 행위자에게 잘못된 동기를 제공할 기술을 뽑지 않기만을 바라고 있습니

인간은 스스로의 미래를 파괴할까?

다. 이것이 두 번째 취약성입니다.

세 번째이자 마지막 취약성 역시 검은색 공이 유발하는 동기의 문제인데, 이번에는 대량 파괴를 초래하려는 동기를 지닌 소수의 유력한 행위자가 존재하는 것이 아니라, 각각은 경미하나 종합하면 큰 파괴력을 지닐 수 있는 다수의 미약한 행위자가 존재합니다. 지구 온난화가 최적의 예시입니다. 수많은 개인은 운전하는 행위에서 얻는 편리함이라는 동기 때문에 화석 연료를 태우며 기후 변화에 미미하게 기여합니다. 하지만, 이것이 수십억 명으로 늘면 총계의 규모는 상당해지죠. 더 심각한 상황을 가정해 볼까요? 기후민감도가 훨씬 높았을 수도 있겠죠. 지금까지의 탄소 배출량이 100년 동안 3도가 아니라 15도를 높였을 수도 있는 겁니다. 대체 에너지에 들어가는 비용이 지금보다 훨씬 높아 화석 연료를 사용해야겠다는 동기가 지금보다 더 강했다면요?

인간은 다시 항아리 안으로 손을 뻗으면서 개별적으로는 유익하지만, 축적되면 문명의 멸망을 야기할 수도 있는 발견이, 각 개인이 약간의 부정적 외부성을 지니는 행동을 취하도록 만드는 또 다른 공이 뽑히지 않기만을 바라고 있습니다.

해리스 | 여기에서 잠시 '나쁜 동기'를 짚고 넘어가죠. 나쁜 동기란 사실상 우리 모두의 머릿속에 존재하는 밈이기 때문이에요. 제가 계속해서 우려한 부분이기도 하고, 의외로 굉장히 심오한 문제이기 때문에 한번 정의하고 넘어가면 좋을 것 같네요. 나쁜 동기는 현존하는 거의 대부분의 문제를 발생시킵니다. 평범한 동기를 지닌 평범한 사람들이 확실히 나쁜 혹은 위험한 일을 하도록 만드는 상황을 형성

하기 때문이죠. 이 **확실하다는** 부분이 파괴적인 겁니다. 나쁜 동기는 이렇듯 예측 가능하고 부정적인 결과를 부를 명백한 목적으로 수행된다면 누구도 선택하지 않을 행동을 유발합니다.

보스트롬 | 누군가의 만족을 위해 부정적 결과를 일으킬 필요도 없습니다. 그냥 차를 끌고 시내에 나갈 뿐입니다. 제 행동으로 인해 이산화탄소 수준에 눈에 띄는 변화가 생기지는 않을 겁니다. 하지만, 저는 목적지에 더 빠르게 도착했죠. 외부성이 있는 겁니다.

해리스 | 지구 온난화의 경우 우리 대부분 혹은 우리 자손 대부분이 그 결과로 인해 고통받게 될 겁니다. 우리는 그러한 이해에서 동기를 얻을 수 있고요. 그럼에도 우리는 고통스러운 미래의 전망을 급격하게 축소해 거의 동기를 얻지 못하고 있습니다.

보스트롬 | 그렇습니다. 일시적으로 외부성이 있을 수 있지만, 우리가 선호 함수에서 시차 중립적이라고 해도 내가 감내하면 되는 결과는 여전히 80억분의 1에 불과합니다. 그 외에는 나머지 80억 인구가 초래한 것일 테니까요. 한편 지금 차를 끌고 나가면 혜택의 100퍼센트를 누릴 수 있죠.

지구 온난화를 심화시키고 있는 화석 연료 기술은 아직 검은색 공 수준은 아닌 걸로 보입니다. 그렇지만 역시 기후의 메커니즘이 지금보다 불리했거나, 대체 기술의 경제성이 훨씬 낮았을지도 모를 상황을 쉽게 상상할 수 있습니다. 그랬다면 화석 연료 기술은 검은색 공이었을 겁니다.

논문의 주목적은 항아리 안에 검은색 공이 있다거나, 취약한 세계 가설이 진실이라는 것을 증명하려는 게 아닙니다. 이것이 사실일

인간은 스스로의 미래를 파괴할까?

수도 있으며, 그렇다면 우리가 어떤 행동을 취해야 하는지 살펴보자는 것입니다. 그러면 취약성 세계 가설이 진실일 확률을 각자 판단할 수 있겠죠. 아직은 정확히 모릅니다. 하지만, 개인적으로는 특정한 수준의 기술 발전에 이르면 세계가 취약해진다는 생각은 꽤 타당해 보입니다.

해리스 | 논문에 언급된 다른 요지에 대해서도 이야기해 보고 싶네요. 논문에서 교수님은 우리는 계속해서 그저 운이 좋기만을 바라고 있으며, 미래에도 운이 좋을 가능성에만 기대려 한다고 말씀하세요. 항아리에 검은색 공이 있을 가능성을 전혀 고려하지 않는 방식으로 행동한다고요. 그저 기계적으로 손을 넣고, 공을 꺼내고, 어디에 쓸 수 있을지 확인하는 행동을 반복하고 있을 뿐이죠.

보스트롬 | 바로 그겁니다. 그리고 계속해서 근거 없는 낙관만 하고 있을 뿐입니다. 이는 사실 학계와 과학 전반에 걸친 기풍이라고 할 수 있죠. 하버드의 모토를 생각해 보세요. 베리타스Veritas, 진리잖아요. 이 기저에는 진리는 훌륭한 것이며, 더 많은 진리는 더 훌륭한 것이고, 진리를 발견하고 전파하고 설명하는 것은 언제나 어디에서나 훌륭한 것이며, 그렇기에 최대한 장려되어야 한다는 전제가 깔려 있는 것 같아요. 그런데 곰곰이 생각해 보면 이 전제는 사실 명백하지 않습니다. 전체적으로 생각해 보면 과학적 진보의 순 효과와 자유로운 연구의 장려는 지난 수백 년 동안 인간에게 어마어마한 이익을 안겨 주었을지도 모릅니다. 하지만, 이것이 미래에도 영원히 유익하리라는 전망의 강력한 증거가 될 수 있을까요? 확신할 수 없죠. 최대한 제약 없는 발견이 선사하는 전반적인 이익에 예외 —검은색

거인의 통찰

공이라고 고려할 수 있을 정도로 피해가 이익을 능가하는 특정 기술이나 사상— 가 존재할 수도 있다는 주장을 반박할 수 있을 정도로 강력해 보이지는 않습니다.

해리스 | 우리가 얼마나 무신경하게 주사위들을 굴리고 있는지 상기할 필요가 있습니다. 논문에서 트리니티 실험과 캐슬 브라보 실험을 언급하면서 캐슬 브라비시모Castle Bravissimo라고 부르는 가상의 상황을 설명하고 계세요. 잠깐 설명해 주시겠어요?

보스트롬 | 트리니티 실험은 세계 최초로 원자 폭탄을 터뜨린 실험이었습니다. 맨해튼 프로젝트에 참여한 과학자들은 트리니티 실험 전에 핵폭발의 온도가 너무 높은 나머지 통제 불능의 연쇄 반응을 일으켜 지구 대기에 불이 붙을지도 모른다는 우려를 하고 있었습니다. 심각하게 걱정했죠. 맨해튼 프로젝트의 과학 총책임자였던 로버트 오펜하이머Robert Oppenheimer가 상사인 레슬리 그로브스Leslie Groves 장군에게 그들의 우려를 전달했고, 이 문제를 계산할 물리학자 몇 명을 배정받았습니다. 이들은 문제를 살핀 뒤 추가 연구가 더 필요하다고 강력하게 권고하기는 했지만 대기에 연쇄 반응을 일으키지는 않을 것이라고 결론 내렸습니다. 트리니티 실험은 진행되었고, 과학자들의 계산은 맞았습니다.

핵무기 연구 개발은 계속되었고, 몇 년 후 이들은 수소 폭탄 실험을 진행했습니다. 리튬 기반의 초기 수소 폭탄을 가지고 실행한 첫 실험을 캐슬 브라보 실험이라고 부릅니다. 사전에 계산한 결과 폭탄의 위력은 6메가톤급일 것으로 예상되었습니다. 하지만, 알고 보니 계산에서 중요한 반응 경로를 간과했고, 폭탄의 실제 위력은 예상치

인간은 스스로의 미래를 파괴할까?

의 3배에 달했죠. 민간인이 거주하는 인근 섬이 방사성 낙진에 의해 피폭을 당했으며, 일본 어선 한 척 역시 방사능에 노출되어 선원 한 명이 사망했습니다. 국제적인 사건을 일으킨 거죠. 당연히 당시 일본은 핵무기 노출에 꽤 민감했습니다. 폭탄의 위력을 측정하기 위해 설치했던 장치 대부분도 폭발에 의해 파괴됐습니다.

캐슬 브라보 실험은 엄청난 실패였습니다. 그 모든 게 위력을 계산할 때 중요한 경로를 간과했기 때문이었습니다. 반응하지 않으리라 가정한 리튬7이 실제로 핵반응을 일으킨 것이었습니다. 이들의 틀린 계산이 대기에 불을 붙일 가능성을 계산한 트리니티 실험이 아니라 캐슬 브라보 실험이어서 다행이었던 겁니다. 정리하면, 새로운 현상을 실험하거나 새로운 방식을 시도하면서 계산과 가정을 설계할 때 인간이 자신할 수 있는 부분에는 한계가 있습니다.

해리스 | 좋습니다. 그러면 이제 해결책으로 넘어가 보죠. 이 지점이 교수님의 논문이 충격적인 부분이거든요. 총 네 가지의 해결책이 등장하는데, 첫 두 가지는 본질적으로 그리 놀랍지 않습니다. 첫 번째는 기술의 발전을 제한할 것. 이것이 가능한지 아닌지에 대해 이야기해 볼 수는 있겠지만, 가능할 것 같지는 않네요. 두 번째는 악인이 한 명도 없도록 만들 것. 악인이 있다면 이들의 선택을 영구적으로 조정하여 우리가 검은색 공을 뽑는다 하더라도, 파괴적인 기술이 존재하더라도 나머지 인류가 영원히 안전할 수 있도록 조정하는 겁니다. 세 번째는 교수님이 '극단적 치안 활동extreme policing'이라고 부르는 방법이고, 네 번째는 효과적인 범세계적 거버넌스입니다.

말씀드린 것처럼 처음의 두 해결책은 충격적이지는 않습니다. 이 부분을 설명하는 데에도 시간을 할애하고 싶으실지 모르겠지만, 이 두 해결책을 조합하면 최소한 교수님이 '첨단 기술 파놉티콘'이라 부르는 것으로 이어질 수 있을 겁니다. 최상의 시나리오에서 교수님이 '턴키 전체주의turnkey totalitarianism'라고 부르는 것을 시작하게 만들 능력을 갖게 되는 겁니다. 턴키 전체주의는, 이미 모두가 주머니에 전화기라는 추적 장치를 들고 다니기는 하지만, 거의 대부분의 사람이 상상조차 하지 못할 수준의 감시를 요합니다. 발명의 항아리에 검은색 공이 실제로 존재하며 언젠가는 그것을 뽑게 될 날이 오리라는 가정하에, 이 해결책들에 관해 어떻게 생각하시는지 이야기해 보죠.

보스트롬 | 취약한 세계 가설이 사실이라면 논리적으로 생각했을 때 상황을 개선할 수 있는 방법에는 네 가지가 있는 것으로 보입니다. 기술 발전을 제한하거나 나쁜 행위자의 존재를 예방한다는 첫 번째, 두 번째 해결책은 그리 가망 있어 보이지는 않습니다. 그렇다면 우리에게는 두 가지 방법만이 남지요. 극단적으로 효과적인 예방적 치안 활동과 충분한 글로벌 거버넌스입니다.

예방적 치안 활동은 주로 개인이 대량 파괴 유발 능력을 획득할 수 있다는 첫 번째 취약성 해결을 목표로 합니다. 지속적으로 그리고 실시간으로 모든 이가 무엇을 하고 있는지 관찰하여, 위험한 행동을 시작하려 할 때 확실히 개입할 수 있는 능력이 첫 번째 취약성에 기반을 둔 취약한 세계의 도래를 막을 유일한 방법인 것으로 보입니다. 예방하고자 하는 행위에 따라 정확히 무엇이 필요한지는 달라지겠지만, 전반적으로는 극적인 감시 능력과 빠른 개입의 조합이

인간은 스스로의 미래를 파괴할까?

필요하겠지요.

물론, 이러한 시스템에는 자체적인 위험성과 단점도 있을 겁니다. 현재로서 관련한 정책 방안은 없습니다. 저는 단지 우리의 운이 사라지면 세상은 취약성을 안게 될 것이고, 그러한 상황에서 세계를 안정시킬 수 있는 유일한 방법은 어디에나 편재하는 극단적이며 지속적인 감시 체계와 신속한 개입 능력이 될 것이라고 말하는 겁니다.

해리스 | 교수님은 페이지의 절반 이상을 할애해 이 극단적인 감시 체제의 모습을 설명하고, 일부 가능성의 경우에는 꽤 희망적으로 묘사하세요. 마치 올더스 헉슬리의 소설에서 한 페이지를 찢은 것처럼 말이죠. 극단적인 감시 체제에서 최선의 시나리오는 무엇인가요?

보스트롬 | 글쎄요, 최선의 시나리오는 잘 모르겠네요. 희망적으로 보셔서 다행입니다. 모든 사람이 '자유 태그'를 붙이고 다니는 겁니다. 사람들이 하는 모든 행동을 항상 녹화하는 웨어러블 감시 고리 같은 기기입니다. 마이크와 다방향 카메라가 달려 있고, 자동 분석을 위해 계속해서 데이터 피드를 클라우드로 전송합니다. 그리고 의심 가는 행동을 암시하는 모든 관찰 결과는 추가 분석을 위해 즉시 인간 '자유 관리관'에게 전달됩니다. 아마 많은 사람이 꽤 디스토피아적이라고 생각할 것 같네요.

해리스 | 당연히 디스토피아적이죠. 그러나 익명성, 보호 능력과 결합하면 이점도 몇 가지 있을 겁니다. 가령 심정지로 사망할 위험은 감소하겠죠. 내 의료적 응급상황에 누군가는 신속하게 반응해 줄 테니까요.

거인의 통찰

이 논문을 접한 뒤의 변화에 저는 꽤 으스스함을 느꼈습니다. 논문을 읽기 전에 극단적인 감시 체제와 턴키 전체주의라는 가능성에 대한 제 견해를 물었다면 결코 일어나선 안 될 일이라고 답했을 겁니다. 하지만, 논문을 통해 취약한 세계 가설이 사실일지도 모르며, 문명을 안정적으로 유지할 수 있는 유일한 조건에는 극단적인 수준의 감시가 수반되어야 할지도 모른다는 견해를 접하고 나자 모든 것이 뒤집혔습니다. 전체주의적인 감시 체제를 채택한다면 어쩌면 희망이 있을 수도 있겠다는 생각을 하기 시작한 겁니다. 이것이 문명을 영구히 존속시킬 수 있는 유일한 방법이라는 가정하에서의 이야기입니다.

보스트롬 | 저도 그 해결책이 더 투명한 사회로 나아가자는 꽤 대담한 주장이라고 생각합니다. 동떨어진 이야기일 수도 있습니다. 하지만, 감시 체제를 긍정적으로 받아들일 만한 다른 이유도 있습니다. 사람들의 과거 행적을 추적해 도둑과 사기꾼을 잡아내면 훌륭한 사람들이 더 쉽게 높은 위치로 올라갈 수 있을 겁니다. 사기를 치거나 타인을 해하려는 모든 시도가 발각되리라는 것을 안다면 행위 자체를 실행에 옮기지 않을 수도 있을 겁니다. 사회의 역학이 더 바람직한 평정 상태로 바뀌어 가는 거죠. 물론 실제로 그런 변화가 생길지 우리는 알 수 없습니다. 피할 수 없는 일종의 신념이 장악한 덜 바람직한 평정 상태로 변할지도 모릅니다.

사회 과학에는 사회적 상호 작용의 근본 매개변수를 바꾸면 —완벽한 거짓말 탐지기를 만들거나, 모든 사람의 행동을 관찰하고 분석할 수 있게 되는 등— 벌어질 일을 예측하는 능력은 없습니다. 정확

인간은 스스로의 미래를 파괴할까?

히 예측할 수는 없다고 생각해요. 하지만, 과거의 기술 변화가 정치 체제에 큰 영향을 미쳤다는 건 압니다. 글은 국가의 형성을 도왔습니다. 누가 세금을 냈고 안 냈는지 등을 기록할 수 있죠. 화약은 봉건 시대의 종말에 일조했고, 인쇄기는 한 세기 동안 이어진 종교 전쟁을 촉발했습니다.

해리스 | 글로벌 거버넌스라는 변수에 대해서는 어떻게 생각하시나요?

보스트롬 | 네 번째 해결책이죠. 일부 시나리오에서 초정밀 감시는 큰 도움이 되지 않을 수도 있습니다. 모든 국가가 국민을 완벽하게 감시할 수 있다 해도, 소련과 미국 사이의 냉전은 막지 못했을 겁니다. 강대국 사이의 유해한 갈등을 막을 수 있는 신뢰할 만한 메커니즘이 필요한 것일 수도 있죠. 이는 강력한 민주주의적 세계 정부의 형태를 띨 수도 있고, 반드시 필요한 경우에 세계 질서를 바로잡을 수 있는 누구도 넘볼 수 없는 세계적 패권국의 형태를 띨 수도 있을 겁니다. 강대국이 여럿이라면 어떤 종류가 되었든 갈등이 발생할 가능성은 사라지지 않습니다. 군비 경쟁이나 치킨게임 등, 언뜻 심각해 보이지 않지만 재앙으로 이어질 수 있는 갈등 말이죠. 혼자만 그 덫에서 빠져나올 수는 없습니다.

해리스 | 그렇군요. 그럼 마법 지팡이를 휘두를 수 있다면 거버넌스, 제도, 법률 등의 수준에서 어떤 변화를 만들어야 할까요?

보스트롬 | 글쎄요, 실제 정책적 측면에서는 구체적인 문제에 초점을 맞춰 작은 규모에서 시작할 것 같습니다. DNA 합성 기술을 예로 들면 국제 규제 프레임워크를 수립하려는 시도를 할 수 있겠지

거인의 통찰

요. DIY 바이오해킹Do-It-Yourself Biohacking을 위한 자격증 제도를 도입할 수도 있을 테고요. 독일은 이미 유사한 제도를 도입했죠. 생명공학 연구실 직원의 인적 배경을 더 철저하게 검사할 수도 있을 겁니다. 감시 능력이 확대되면 특히 위험한 기술을 다루는 일부 사람들을 더 지속적으로 관찰할 수도 있겠고요.

취약한 세계 가설을 믿는 사람은 감시와 글로벌 거버넌스에 우호적인 방향으로 생각이 바뀔 가능성이 높습니다. 물론 가설을 믿든 안 믿든, 진지하게 고려해 봐야 하는 사항들은 많습니다. 취약한 세계 가설과는 별개로 세계적인 협력을 위한 탄탄한 기반의 제도를 설립하는 것도 바람직할 겁니다. 인류의 역사에는 전쟁과 갈등이 남긴 상흔들이 있지 않습니까? 수천 년 동안 인간은 서로를 죽이는 데 상당한 양의 에너지와 자원을 쏟아 왔습니다. 여기에서 벗어날 수 있다면 그것만으로도 꽤 안정적이고 바람직한 일일 겁니다. 그러면 그 목표에 어떻게 다가가느냐? 그건 복잡한 문제입니다. 대개 사람들이 지닌 정치적 편향에 기대어 최선이라고 여겨지는 길을 닦아 가겠지요. 하지만, 목표 자체는 이해하기 어렵지 않습니다. 더 평화롭고 애정 어린 세상, 그리고 아마 제도적 틀에 상호 협력하는 태도가 안착한 그런 세상이 되겠죠.

해리스 | 네, 만약 평화롭고 다정한 세상이 너무 시대에 뒤처진 목표처럼 들린다면 그 반대를 생각해 보면 좋겠습니다. 갈등과 종족주의로 점철된 현재 상황을 말이죠. 점점 더 강력한 무기가 개발된다는 건 생존에는 불리한 전략처럼 보입니다.

보스트롬 | 그렇습니다. 갈등의 유해함, 전쟁의 유해함은 특정한

인간은 스스로의 미래를 파괴할까?

시간대에 존재하는 기술에 의해 매개변수로서 나타날 수 있다고 생각합니다. 그렇다면 새 기술의 발명이 상황의 악화로 이어질 위험성이 있겠죠. 악화하지 않는다고 하더라도 지난 100년 동안 벌어진 전쟁들은 이미 인간에게 충분한 피해를 끼쳤기 때문에 더 이상의 전쟁을 막는 것만으로도 가치 있다고 봅니다.

인간은 곧잘 잊어버립니다. 1차 세계대전 이후 글로벌 거버넌스를 강화하기 위해 기울였던 노력들을 생각해 보세요. 사람들은 이렇게 말했죠. "정말 끔찍했습니다. 전쟁이라는 게 이런 것일 줄은 상상조차 못 했습니다. 그러나 이제 우리는 압니다. 다시는 전쟁이 벌어지지 않도록 해야 합니다." 그리고 몇 년이 지나자 별 신경도 쓰지 않았죠. 소극적인 태도를 보였고, 추가적인 조치도 없었습니다. 그리고 쾅! 2차 세계대전이 발발했죠. "국제연맹Leagues of Nations으로는 충분하지 않았던 것 같으니, 2차 세계대전이 끝나면 국제연합United Nations을 세웁시다. 그리고 이번에는 반드시 인류의 평화와 번영을 위해 노력합시다." 물론 힘을 제지할 필요가 가장 높은 강대국들은 이를 잘 따르지 않았습니다. 그 결과 냉전과, 냉전에서 파생된 수많은 충돌과, 온 세계가 아슬아슬하게 벼랑 끝까지 몰렸던 몇 번의 순간을 겪었죠. 냉전이 평화롭게 종식된 건 기적입니다. 우리는 안도의 한숨을 내쉬며 역사는 끝났다고 선언합니다. 그리고 다시는 그러지 말자는 공약空約을 합니다.

약속은 또다시 잊었습니다. 만약 세 번째 세계대전이나 강대국 간의 거대한 충돌에서 모두가 살아남는다면 인간은 이마를 '탁' 치며 이렇게 말할 게 분명합니다. "아, 이제 기억났다. 전쟁은 나쁜 거였지. 전쟁이 일어나지 않도록 조치를 취했어야 했는데. 옆길로 새고 말았네." 그리고 모두가 달려들어 세계적인 무정부 사태를 해결하기 위해 노력할 겁니다. 기억은 점차 흐려지는 법이죠.

해리스 | 이제 두 번째 논문 「당신은 지금 컴퓨터 시뮬레이션 속에서 살고 있는가?」로 화제를 전환해 보죠. 이 논문은 핵심적으로는 실존적 위험 혹은 인간의 생존 가능성이라는 동일한 윤리적 주제를 다루나 상당히 다른 영역에 관해 숙고합니다. 논증에 관해 설명을 부탁드립니다. 도대체 왜 우리가 시뮬레이션 안에 있다는 가능성을 품게 된 거죠?

보스트롬 | 시뮬레이션 논증simulation argument은 확률론적 논증으로, 인간의 미래와 우주 안에서 인간의 위치에 관해 시종 믿는 것에 제약을 걸어야 한다고 주장합니다. 시뮬레이션 논증에서 세 가지 명제 중 적어도 하나는 참입니다. 첫째, 우리와 같은 기술 수준에 있는 거의 모든 문명에는 높은 기술적 성숙도를 달성하기 전에 멸망하는 보편적인 패턴이 존재합니다. 둘째, 기술적으로 성숙한 모든 문명에서는 제가 '조상 시뮬레이션ancestor simulation'이라고 부르는 시뮬레이션을 창조하는 데 관심이 없는 방향으로 의견이 수렴됩니다. 조상 시뮬레이션이란 매우 구체적으로 만들어 의식까지 지니는 —우리의 역사적 조상과 같은— 사람들로 구성된 컴퓨터 시뮬레이션입니다. 그리고 셋째, 우리 거의 대부분은 아주 높은 확률로 컴퓨터 시뮬레이션 속에서 살고 있습니다.

이 논증의 요지는 공식을 보지 않아도 이해할 수 있습니다. 첫 번째 명제가 거짓이라고 가정합시다. 그렇다면 우리와 같은 기술 수

인간은 스스로의 미래를 파괴할까?

준에 있는 적지 않은 규모의 문명이 높은 기술적 성숙도에 이르겠죠. 나아가 두 번째 명제도 거짓이라고 해 봅시다. 그렇다면 작지 않은 규모의 기술적으로 성숙한 문명들이 작지 않은 규모의 자원을 활용해 조상 시뮬레이션을 만들 겁니다. 그렇다면 우리와 같은 경험을 하는 조상 시뮬레이션 속 사람의 수는 우리와 같은 경험을 하는 실제 역사 속 사람의 수보다 훨씬 더 많아질 겁니다. 우리와 같은 유형의 경험을 하는 사람은 모의된 사람일 확률이 더 높을 겁니다. 그렇다고 할 때, 저는 우리가 아주 높은 확률로 시뮬레이션 속에 사는 사람 중 한 명일 것이라고 주장하는 겁니다. 따라서 앞선 두 명제가 거짓이라고 한다면 세 번째는 참이 될 수밖에 없습니다. 세 명제를 모두 부정할 수는 없습니다. 셋 중 하나는 반드시 참입니다. 이것이 시뮬레이션 논증의 구조입니다.

해리스 | 제가 한 번 더 정리하고 관련한 설명을 덧붙이겠습니다. 인간이 앞으로 수십억 년 동안 살아남는다면 —우리 후손이 어떤 형태로든 아주 오랜 시간 동안 번영한다면— 우리는 거의 확실히 우리 조상의 시뮬레이션을 만들 것이라는 말씀이죠. 그리고 모의된 조상들은 실제 조상의 수를 압도적으로 넘어설 거고요. 그러므로 우리는 실제가 아니라 시뮬레이션일 가능성이 더 높은 거죠. 그리고 우리가 시뮬레이션 속 존재가 아니라면 먼 훗날의 신인류, 즉 포스트휴먼은 존재하지 않을 가능성이 높아 보이고요.

보스트롬 | 시뮬레이션을 창조하는 데 관심이 없다는 두 번째 명제가 참이지 않는 한은 말이죠.

해리스 | 그렇죠. 일부 포스트휴먼은 모의된 세계를 만들 것이기

때문에 모의된 존재들은 실제 존재의 수를 훨씬 넘을 것이라는 가정이 하나 있죠.

보스트롬 | 네. 경험적 전제가 하나 포함됩니다. 더 상세히 설명할 필요가 있겠군요. 보유한 자원의 일부만을 사용하는 성숙한 문명은 천문학적인 수의 조상 시뮬레이션을 생산할 수 있다는 전제입니다. 이 전제는 —가령 행성을 통째로 계산에 최적화된 구조로 전환하는 등의 방식을 통해— 성숙한 문명이 통달할 수 있는 계산력의 추정치와, 인간 한 명의 뇌를 모의하는 데 필요한 계산력을 고려했을 때 존재하게 될 모든 인간의 뇌를 모의하는 데 필요한 계산력의 추정치를 비교하는 데에서 비롯됩니다.

우리는 물론 정확한 수치를 모릅니다. 하지만, 성숙한 문명이라면 통달할 계산력의 하한선은 압니다. 인간의 역사와 인간의 경험을 모의하는 데 필요한 계산력의 양도 아주 대략적으로는 추정할 수 있죠. 우리는 이 두 수치가 어마어마한 자릿수의 차이가 날 만큼 다르다는 것을 발견합니다. 단일 행성 크기의 컴퓨터가 지닌 계산력의 1퍼센트를 단 1초만 사용해도 인간 역사를 수백만 개는 창조할 수 있다는 것을 말이죠. 우리의 추정치가 다소 틀렸다고 해도 작지 않은 규모의 성숙한 문명이 이것을 목적으로 적지 않은 규모의 자원을 사용한다면, 모의된 사람의 수가 모의되지 않은 사람의 수를 압도적으로 넘어선다는 결론은 여전히 매우 견고합니다.

해리스 | 시뮬레이션 논증은 확률론적 논증으로 몇 가지 가정을 포함합니다. 이 가정들을 받아들이면 확률을 직접적으로 평가할 수 있습니다. 하지만, 여기에서 이러한 확률의 사용을, 많은 사람이 신

인간은 스스로의 미래를 파괴할까?

뢰하기 어렵다고 받아들이고, 교수님 역시 논문에서 이것이 종말 논증doomsday argument과 유사해 보일 수 있다고 지적합니다.

저는 20년 전쯤에 출판된 존 레슬리John Leslie의 『충격 대예측 세계의 종말』에서 종말 논증을 처음 접했는데요. 교수님도 논문에서 인용하셨지만, 논문으로 먼저 공개됐던 걸로 알고 있습니다. 아마 천체물리학자 브랜든 카터Brandon Carter의 이론에서 발전했을 겁니다. 종말 논증을 짧게 설명한 다음에 사람들이 종말 논증에서 발견했다고 생각하는 결함들이 시뮬레이션 논증에는 적용되지 않는다는 이유를 자세히 설명해 주세요.

보스트롬 | 흥미로운 논증입니다. 90년대 중반쯤 많이 알려졌는데요. 어떤 문제가 있는 논증이라는 반응이 일반적이었습니다. 그렇게 허술한 전제들에서 이렇게 견고한 결론이 나올 수 없다는 거죠. 하지만, 무엇이 잘못되었는지에 대해서는 서로 다른 답을 내놓았습니다. 그중 다수는 제대로 반박하지 못했고요.

종말 논증이란 이렇습니다. 설명을 위해 다시 항아리 두 개를 꺼내겠습니다. 이번에는 항아리 안에 정해진 수의 공이 들어 있다고 상상합시다. 가령 첫 번째 항아리에는 1부터 10까지 적힌 공 10개가 들어 있습니다. 두 번째 항아리에는 1부터 100만까지 적힌 공이 100만 개 들어 있습니다.

이제 두 항아리 중 무작위로 하나를 선택해 작가님 앞에 놓았다고 가정하겠습니다. 이 항아리 안에 몇 개의 공이 있을지 추측해야 합니다. 이 항아리에는 공이 10개 들어 있을까요? 확률은 50퍼센트죠. 둘 중 하나는 공이 10개 든 항아리일 테니까요.

거인의 통찰

이제 항아리 안에 손을 넣어 공을 하나 꺼냅니다. 숫자를 보니 7이라고 적혀 있네요. 작가님은 새로운 정보를 얻었습니다. 이렇게 낮은 수가 적힌 공은 공이 100만 개 든 항아리보다는 10개 든 항아리에서 뽑힐 가능성이 훨씬 더 높을 겁니다. 정보를 업데이트하고 이렇게 말합니다. "이게 공 10개짜리 항아리인 게 거의 확실합니다." 베이즈 정리Beyes's theorem를 활용할 수 있겠죠. 자, 여기까지는 이론의 여지 없는 일반적이고 기초적인 확률 이론입니다.

종말 논증은 이것이 미래를 두고 봤을 때 우리의 상황과 유사하다고 말합니다. 서로 다른 수의 공이 든 두 항아리 대신 이제 우리 앞에는 인간이 얼마나 오래 존속할지에 관한 가설 두 개가 놓여 있습니다. 하나는 인간은 누적 인구수가 예컨대 2,000억 명에 달하면 멸망할 것이라고 말합니다. 다른 가설은 누적 인구수가 가령 200조 명을 넘으면 멸망할 것이라고 말합니다. 이번에는 7이라고 적힌 공을 꺼내어 관찰하는 대신 내가 몇 번째 출생자인지, 지금까지 태어난 모든 인간 중 몇 번째로 태어났는지를 알아봅니다. 대략 1,000억 번째 정도 되는 것 같습니다. 작가님이 태어나기 전에 약 1,000억 명의 사람이 먼저 태어났던 거죠.

항아리 사례와 마찬가지로, 이번에는 인류 종말의 시기가 그리 머지않았는지 ─인간이 총 2,000억 명 태어나고 나면 종말이 올지 ─ 혹은 총 200조 명의 인간이 태어난 뒤 훨씬 더 나중에 찾아올지에 대한 사전 확률을 추정합니다.

상대적으로 낮은 출생 순위를 고려하면 종말이 그리 머지않았다는 가설을 지지하는 방향으로 정보를 업데이트해야 합니다. 7번 공

인간은 스스로의 미래를 파괴할까?

을 뽑은 뒤 10개들이 항아리 쪽으로 의견이 기운 것처럼 말이죠. 총 인구수가 200조 명인 경우보다 2,000억 명인 경우 내가 1,000억 번째일 가능성이 훨씬 더 높습니다. 총인구 분포의 중간 어디쯤 위치하며, 완벽히 평범한 출생 순위인 겁니다. 하지만, 인구가 수백 조 명이나 된다면 1,000억 번째가 되는 건 이상하죠.

여기까지가 기본 개념입니다. 미래에 존재한 모두를 포함한 총인구 중에서 제가 무작위로 선택된 표본이라는 가능성까지 부여해야 한다는 주장도 있습니다. 지표적이면서 자기 위치적인 정보를 고려할 수 있어야 하는 우주론과 같은 다양한 과학 영역에 적용하고, 여러 철학적 사고 실험을 이해하려면 이러한 가정은 필요한 것 같습니다. 저는 이것을 자기 표본 가정self-sampling assumption이라고 부르는데요. 이 가정과 관련한 수학적 이론을 제 박사학위 논문과 『인류 편향 Anthropic Bias』에서 발전시킨 바 있습니다.

해리스 | 여기에서 많은 사람이 손을 놓습니다. 인간 역사의 지금 이 순간에 우리가 존재하고 있다는 발견은 존재 가능한 대규모의 인간 무리에서 무작위로 선택되었다는 것과 같은 말이 아니기 때문입니다. 사람들이 이탈하는 경향을 보이는 게 바로 이 지점입니다. 먼 미래까지 인류가 존속할 것이라고 말할 수 없다면 지금의 나도 살아 있지 않을 가능성이 높거든요. 종말이 100년 내에 도래하든, 100억 년 내에 도래하든, 지금 나는 살아 있으니까요. 두 가정 모두 저는 존재하고 있으니까요.

보스트롬 | 그렇죠. 근본적으로 종말 논증에는 문제가 매우 많습니다. 그리고 저 역시 이 논증을 딱히 지지하고 싶지 않고요. 어쨌든

거인의 통찰

지금은 대화를 위해 논증을 옹호하는 역할을 맡겠습니다.

조금 다른 사고 실험을 상상해 볼게요. 사람이 한 명씩 들어가 있는 방이 100개가 있습니다. 모든 방의 내부 모습은 똑같습니다. 하지만, 외관의 경우, 방의 90퍼센트는 검은색으로 칠해져 있고 10퍼센트는 흰색으로 칠해져 있습니다. 작가님은 이 중 하나의 방에 들어가 있으며, 자신이 검은색 방에 있는지 흰색 방에 있는지 추측해야 합니다. 그렇다면 이렇게 생각하겠죠. 음, 우리 중 90퍼센트는 검은색 방에 있을 테니까, 내가 검은색 방에 들어와 있을 확률은 90퍼센트겠군. 내기라면 사람들에게 이쪽에 걸어도 좋다고 말해도 됩니다.

이번에는 살짝 바꿔 보겠습니다. 방 100개가 동시에 존재하는 게 아니라, 차례로 불쑥 나타난다고 합시다. 텅 빈 공간을 떠올려 보세요. 지금은 방이 하나만 있습니다. 첫 번째 날에 인간 한 명이 이 방에 나타나고 다음 날이면 사라집니다. 둘째 날에는 다른 인간이 이 방에 나타납니다. 이렇게 계속 이어집니다. 전체 기간 중 90퍼센트 동안은 방의 외관이 검은색이고 10퍼센트 동안은 흰색입니다. 자, 작가님이 이 세계에 태어났습니다. 지금 방 안에 있죠. 앞으로 하루만 존재할 겁니다. 이 세상이 끝나기 전까지 총 100명의 사람이 방에서 살게 될 거예요. 방의 색은 외벽에 칠해져 있으므로 무슨 색인지 알 수 없습니다. 추측하는 수밖에 없죠.

이번에도 어떤 색의 방에 들어가 있을지 확률을 따져야죠. 최적 배당률을 기반으로 하는 주장이 이를 뒷받침하는 듯 보입니다. 이제 종말 논증 실험에 더 가까워졌습니다. 이 사고 실험에서도 사람들은 서로 다른 시점에 존재하기 때문입니다.

인간은 스스로의 미래를 파괴할까?

가장 큰 차이점은 방금 설명한 사고 실험의 경우 총인구수가 고정되어 있다는 점입니다. 결과적으로 총 100명만 존재할 겁니다. 종말 논증의 경우 이 총계가 불확실합니다. 적으면 2,000억 명이고 많으면 200조 명이 되겠죠. 이것이 바로 두 사례의 가장 중요한 차이입니다. 이 지점부터 다들 잘 납득하지 못할 겁니다.

해리스 | 그렇다면 시뮬레이션 논증이 종말 논증보다 더 견고하다고 보시는 이유는 무엇인가요?

보스트롬 | 여러 이유가 있지만, 특히 주요 단계에서 서로 다른 인구수를 전제로 하는 가정들을 가지고 추론하지 않기 때문이지요. 시뮬레이션 논증에서 인류적 추론을 하는 지점은 한 군데밖에 없습니다. 첫 두 명제가 거짓이라는 조건하에서 모의되지 않은 사람보다 모의된 사람이 더 많다고 말하는 부분이죠. 그 전까지 인류적 추론은 없습니다. 그리고 이것을 바탕으로 논증을 전개해 나가죠. "이것이 사실이라는 가정하에, 당신은 아주 드물게 예외적인 소수의 비모의된 사람 중 하나가 아니라, 대다수의 모의된 사람 중 하나일 것이 거의 확실하다."

이 단계에는 인류적 추론이 필요합니다. 하지만, 인구수가 서로 다른 가정들에 인류적 추론을 적용하는 것과는 다릅니다. 이 단계에서 우리가 고려하는 가정은 이 두 가지입니다. 다수의 모의된 사람이 X명 있으며, 훨씬 적은 수의 비모의된 사람 Y명이 있습니다. 두 가정을 합쳤을 때 총인구수는 X+Y입니다. 여기에서 유일한 질문은 나는 X에 속하는가 Y에 속하는가입니다. 어떤 가정이 참이냐에 따라 총인구수가 달라지는 종말 논증보다는, 앞서 설명한 고정된 총인

거인의 통찰

구수의 사고 실험과 더 비슷하게 들리죠.

이렇게 간단하게만 설명해서 이해가 잘될지 모르겠네요. 설득력이 부족할 수도 있을 것 같습니다. 어쨌든 이것이 인류적 추론을 적용한 두 사례 사이의 깊은 차이이며, 시뮬레이션 논증에 왜 훨씬 문제가 적은지 보여 줍니다.

해리스 | 자신의 논증을 믿는 편이세요? 현재 우리가 시뮬레이션에 살고 있을 가능성에 돈을 걸 기회를 드린다면, 그렇다는 데 큰돈을 거시겠어요?

보스트롬 | 네, 믿습니다. 시뮬레이션 논증과 시뮬레이션 가정을 구분해야 할 것 같네요. 시뮬레이션 논증은 제가 설명한 세 가지 명제 중 하나는 참이라는 것이고요. 본질적으로 그중 어디에 어떻게 확률을 부여해야 하느냐는 불가지론적입니다. 시뮬레이션 가정은 구체적으로 세 번째 명제, 즉 우리는 시뮬레이션 속에 있다는 명제가 참이라고 주장하는 것입니다. 시뮬레이션 논증은 타당해 보입니다. 그래서 저는 이 논증을 믿습니다. 시뮬레이션 가설도 믿습니다. 하지만, 정확한 확률에 대한 질문에는 답을 미루곤 합니다.

해리스 | 그러면 과연 어느 정도의 확률일까요? 중간 정도의 확률일까요? 동전 던지기 수준의 확률일까요? 아니면 조금 더 극적인 확률을 고려하시나요?

보스트롬 | 대화의 진행을 위해서 '무시할 수 없을 정도의 확률'이라고만 하죠.

해리스 | 그건 실제로 어느 정도 신뢰도를 부여해야 할지 알 수 없기 때문인가요, 아니면 "저는 꽤 자신 있기 때문에 제 재산의 절

인간은 스스로의 미래를 파괴할까?

반을 걸겠습니다."라고 말하는 게 기록으로 남는 것이 꺼려지기 때문인가요?

보스트롬 | 둘 다라고 하죠. 정확한 수치의 확률을 언급하고 나면 자주 인용됩니다. 맥락을 완전히 벗어나 버릴 수도 있습니다. 제가 의도한 의미 이상을 함의하게 될 수도 있고요. 이러한 이유로 저는 원래 이런 부분은 구체적으로 잘 언급하지 않습니다.

해리스 | 그렇다면 강요하지는 않겠습니다. 적어도 이 시뮬레이션 부분에서는 말이죠.

남은 시간 동안 세 번째 논문 「그들은 어디에 있나?」에 관해 이야기해 보겠습니다. 이 논문은 고등 외계 생명체가 은하계에 살고 있을 가능성을 다루죠. 물론 이들이 우주에 존재한다면 말입니다. 엔리코 페르미Enrico Fermi가 말한 것으로 알려진 "모두 어디에 있는 거지?Where is everyone?"라는 질문에서 시작되었죠.

이 논문의 결론도 아주 흥미로운데요. 우리가 만일 화성이나 우주의 다른 어떤 장소에서 다세포 생물(그리고 당연히 이보다 더 복잡한 구조의 생명체)을 발견한다면, 이는 우리에게 몹시 나쁜 소식이며 인류는 결국 종말을 맞이할 것이라고 설명하며 논문이 시작되는 걸로 기억합니다. 로빈 핸슨Robin Hanson이 '그레이트 필터'라고 부르는 개념의 영향을 고려하면 이와 같은 결론에 다다르게 된다고 말이죠. 내일 《뉴욕타임스》에 화성에서 채취한 토양 샘플에서 정체 모를 박테리아를 발견했다는 기사가 실린다면 이것이 인간의 종말을 의미하는 사건일 수도 있다고 보시는 이유가 무엇인가요?

보스트롬 | 종말을 알리는 사건까지는 아니겠지만, 인류의 미래

가 제한적일 가능성이 높아짐을 암시하는 정보일 수 있을 겁니다.

이는 우주를 정복한 외계 생명체는 고사하고, 외계 생명체의 흔적조차 발견하지 못했다는 페르미의 이론을 배경으로 합니다. 우리는 우주 밖에 셀 수 없을 정도로 많은 행성이 존재하며, 그중에는 생명이 거주할 수 있을 만한 행성도 있다는 사실을 압니다. 이 중에서도 다시 수많은 행성은 지구와 충분히 가까워서 기술적으로 성숙한 문명이라면 지금쯤 지구에 도착하거나 자신들의 존재를 우리에게 알릴 만한 충분한 시간이 있었을 겁니다. 따라서 행성의 형성과 외계 문명이 (우리가 발견할 수 있는 방식으로) 우주를 향해 확산하게 되는 발전 단계 사이에 그것을 거의 불가능하게 만드는 단계, 즉 '그레이트 필터'가 하나 이상 존재해야 한다는 추론을 할 수 있습니다.

두 가지 가능성이 있습니다. 하나는 그레이트 필터라는 거대한 불가능성이 이전에, 과거 진화의 역사 속에 이미 도래하여 지금 우리는 운 좋게도 그것을 통과한 겁니다. 두 번째는 그레이트 필터가 우리 미래에 도래할 것이어서, 현재 시점과 인간이 은하와 은하 너머로 여행하게 될 미래의 어느 시점 사이에 마침표가 찍히는 겁니다. 필터가 과거에도 있었고 미래에도 있을 가능성도 있습니다. 하지만, 과거에 한 번 거쳤다면 미래에 굳이 다시 도래할 것이라고 생각할 만한 특별한 이유는 없습니다. 이 경우 인간은 우주를 정복하는 초문명이 될 가능성이 꽤 높아지겠죠.

우리 과거에는 거대한 불가능성이 개입했을 수도 있을 법한 단계, 그레이트 필터였을 수도 있는 후보가 몇 차례 있었습니다. 생명이 살지 않는 행성이 아주 단순한 형태라도 자기 복제자replicator가 존

인간은 스스로의 미래를 파괴할까?

재하는 행성으로 진화하는 것은 극도로 어려운 일입니다. 공활한 우주에서 수십억 년 동안 존재하던 무수한 행성 중 우연히 한 곳에서 대량의 분자들이 우연히 적당한 방식으로 끊임없이 충돌한 결과 이러한 자기 복제자가 생성된 것일 수도 있죠. 이것이 하나의 후보입니다. 혹은, 원핵세포가 진핵세포로 진화한 그 과정이 그레이트 필터였을 수도 있습니다. 이 진화 과정에만 지구의 경우 15억 년 이상 걸렸죠. 이 단계는 뛰어넘기가 거의 불가능에 가깝고, 그렇기에 인간이 아직 외계 생명체를 발견하지 못한 걸 수도 있습니다.

꽤 원시적인 형태이지만 어쨌든 화성에서 독자적으로 진화한 생명체를 발견했다는 소식이 《뉴욕타임스》에 실렸다고 해 보죠. 과거에 존재한 조류의 흔적이나 비슷한 것을 발견했다고 합시다. 이는 그레이트 필터가 존재할 수 있는 범위를 급격하게 좁힙니다. 우리 태양계 내에서만 중간 수준의 복잡성을 지닌 생명체가 독자적으로 두 번이나 진화했다면, 그레이트 필터는 해당하는 환경의 과거 진화적 궤적의 어떤 지점에도 도래하지 않았다는 강력한 증거가 될 겁니다. 태양계 안에서만 다람쥐와 비슷한 생명체가 두 군데에서 별개로 발생했다고 생각해 보세요. 다시 말해, 저 먼 우주의 수많은 태양계 밖 행성에도 어느 시점이 되면 다람쥐와 비슷한 생명체가 발생할 가능성이 있음을 암시합니다. 따라서 지구의 과거 진화적 궤도에서도 그레이트 필터가 도래했을 가능성이 있는 시점의 폭을 크게 좁히며, 따라서 그레이트 필터가 우리 미래에 도래할 가능성의 확률은 더 높아집니다. 인류의 미래에 있어서는 안 좋은 소식이겠죠.

해리스 | 조금 전까지 우리는 그레이트 필터일 가능성이 있는 후

보 하나를 가지고 이야기를 나눴었네요. 발명의 항아리에서 뽑을지도 모를 검은색 공 말이죠. 이것이 그레이트 필터라면, 이유를 막론하고 기술을 지닌 모든 문명은 이 공을 뽑게 되겠죠.

보스트롬 | 그렇습니다. 문명이 기술에 의해 반드시 파괴되는 시나리오 역시 하나의 후보입니다. 하지만, 그레이트 필터에는 특징이 있습니다. 우주로 뻗어 나가기 전에 대부분의 문명 혹은 90퍼센트의 문명을 멸망시키는 것으로는 충분하지 않습니다. 단 하나의 예외 없이, 특정한 단계에 도달하는 모든 문명을 절멸해야 합니다. 그레이트 필터가 기술이라고 하면, 모든 문명이 은하계 정복을 시작하기 전에 거의 필연적으로 발견하는 기술이어야 하며, 거의 필연적으로 우리 문명을 파괴하는 기술이어야 합니다. 온 문명이 단합해 맞선다고 할지라도요.

문명을 형성할 수 있는 가능한 모든 낯선 방식들을 생각해 보자고요. 행성 1의 경우, 이상한 교리를 지닌 종교 하나가 전 세계를 지배하고 있을 수도 있습니다. 행성 2의 경우, 환경 운동가들이 큰 성공을 거두었을 수도 있죠. 행성 3에서는 약 만 개의 부족이 서로 전쟁을 하고 있을 수도 있습니다. 행성 4의 경우 유전 공학을 활용해 우주 정복 기술을 개발하기 전에 신중을 기해 스스로를 더 현명하고 자비로운 생물들로 진화시키고 있을지도 모르죠. 그레이트 필터가 기술이라면 서로 다른 궤도로 진화한 모든 문명을 예외 없이 파괴하는 기술적 발견이어야 합니다.

해리스 | 우주에서 지적 생명체를 발견할 수 있을 것이라는 예상이 어떻게 가능한지 한번 언급하고 넘어가야 할 것 같네요. 우주가

인간은 스스로의 미래를 파괴할까?

존재해 온 어마어마한 시간에 비해 고도의 기술을 보유한 문명이 우주를 정복하는 데 드는 시간은 상대적으로 짧다는 데에서 이와 같은 예상이 가능합니다.

넉넉히 잡아 고도의 기술 수준에 도달하는 데 약 2,000만 년 정도 걸린다고 하죠. 아주 긴 시간처럼 들리지만, 우주의 나이를 생각하면 복잡한 지적 생명체가 흔하다는 가정하에 우주 도처에는 자기 복제가 가능한 기계들로 바글바글해야 한다는 예상이 가능합니다.

보스트롬 | 그렇습니다. 지구는 나이가 그리 많은 편이 아닙니다. 지구와 비슷한 조건의 다른 여러 행성은 지구보다 20억 년은 먼저 형성되기 시작했습니다. 미래에도 태양의 가스구름에서 행성들이 태어날 겁니다. 그런 면에서 지구는 꽤 평범한 행성입니다. 지구보다 수십억 년은 앞서 생명이 발현됐을 가능성은 큽니다. 만약 그런 행성에서 우주 정복 능력이 있는 생명체가 진화할 수 있었다면, 그들에게는 단지 그들 은하뿐만 아니라 모든 은하를 정복할 충분한 시간이 있었을 겁니다. 빛의 속도의 단 1퍼센트의 속도로 이동할 수만 있다고 해도 말이죠. 기술적으로 성숙한 문명이라면 그보다는 훨씬 빠른 속도로 이동할 수 있을 테고요.

해리스 | 역시, 인간 생존의 가능성을 추정하는 데에는 정말 매력적인 방식입니다. 지금 저희는 외계 생명체와 이들의 부재, 혹은 확실한 부재, 혹은 (발견한다면) 존재가 인류가 장기적으로 생존할 수 있는 확률을 계산하는 방법에 미치는 영향에 관해 이야기하고 있습니다.

보스트롬 | 여기에는 수많은 퍼즐 조각이 있습니다. 사실 이미 몇

거인의 통찰

가지에 관해서는 이야기를 이미 나눴습니다. 그레이트 필터와 페르미 역설이 있고요. 시뮬레이션 논증도 중요한 퍼즐 조각 중 하나입니다. 근거가 타당하기만 하다면 종말 논증도 주요한 퍼즐 조각 중 하나가 되겠죠. (이 논증이 타당하지 않다면 그렇지 않은 이유가 또 다른 단서를 제공할지도 모르죠.)

어떤 사람들은 먼 미래의 일을 알 수 있는 방법은 없기 때문에 그냥 아무 말이나 만들어 내는 게 아니냐고 말합니다. 하지만, 저는 일관되게 믿을 수 있는 것에는 수많은 제약이 존재하며, 모든 제약 조건을 충족하는 세상을 상상할 수 있는 방법은 하나도 찾기 어렵다고 생각합니다. 다양한 단서에도 불구하고 우리는 여전히 기초적인 수준에 머무르고 있습니다. 아직 어둠 속에 있죠. 저는 인간이 아직 하나 이상의 중대 고려사항을 깨닫지 못했다고 생각합니다. 이것을 이해하게 된다면, 우리 세상의 모습과 그 안에 살고 있는 우리의 위치, 그리고 우선순위를 정하는 방식 자체까지 근본적으로 바뀔 겁니다.

해리스 | 남은 시간 동안은 초지능과 범용 인공지능의 개발 전망에 관해 간단하게 이야기해 보죠. 푸에르토리코에서 열린 첫 학회에 갔을 때 그곳에서 이 문제에 관해 고민해 온 교수님을 비롯한 여러 사람을 만났습니다. 문제는, 우리가 AI를 꾸준히 개발한다면 우리보다 높은 지능을 지닌 지능적 기계intelligent machine가 등장하는 날이 오리라는 것입니다. 극단적으로는 기계 자신이 스스로의 발전을 꾀하는 행위자가 되고, 이 과정은 우리의 손에서 벗어나 '지능 폭발'이라고 불리는 상황에 이르게 되리라는 것이죠. 아마 교수님은 인간의 가치에 공감하는 인텔리전스의 영역보다 가능한 모든 범용 인텔

인간은 스스로의 미래를 파괴할까?

리전스 영역이 훨씬 더 크며, 우리 가치와 불일치하게 된다면 인간에게 치명적인 상황이 될 것이라고 누구보다 자세히 설명해 온 분일 겁니다.

저는 이 주제를 가지고 지난 수년간 데이터에 아주 근접해 있다고 생각하는 사람들과 이야기를 해 왔습니다만, 이들은 이 문제가 고민할 만한 주제인가에 대해 굉장한 회의를 갖고 있습니다. "범용 인공지능을 걱정하는 일은 화성의 인구 과잉을 걱정하는 것과 다름 없다."라는 말만 들어도 어느 정도인지 짐작이 가죠.

이 주제의 심각성을 평가하는 측면에서 진전이 조금이라도 있었나요? 제 경험상 —단 하나의 예외 없이— 이 주제를 일축하는 모든 사례는 이상한 비유와 사이비 주장 같은 것에 기대고 있거든요. 그들이 펼치는 논거는 꽤 놀라울 정도입니다. 특히 굉장히 똑똑한 사람들이 그런 말을 한다는 점을 고려하면 말이죠.

보스트롬 | 지난 몇 년 동안 꽤 많이 바뀌었습니다. 이제는 AI 안전 연구의 하위 분야도 생겨서 여러 곳에서 관련 주제를 연구하고 있습니다. 한 5년 전쯤에는 이러한 노력을 비웃으며 무시하던 태도들도 어느 정도는 사라졌습니다. 이는 작가님을 비롯해 여러 사람이 노력한 결과라고 생각합니다. 한편으로는 AI 가치 일치AI alignment 가 중요한 문제인 이유를 설명하고 이에 관해 생각할 수 있도록 기본 개념을 발전시켜 준 초기 연구의 도움도 있었고요. 다른 한편으로는 구체적인 연구 프로젝트를 발전시키려는 노력이 있었습니다. 그 결과 수많은 기술 부문에서 명석한 이들이 이 부문을 연구하고 있습니다. 이것이 정당성을 부여하는 데 도움이 되었죠. 그리고 세

거인의 통찰

번째로, AI 분야가 전반적으로 빠르게 성장한 것 역시 자극제가 되었다고 봅니다. 기계학습machine learning의 발전 속도가 기계 초지능이라는 문제를 내다보아도 덜 미친 소리처럼 들리게 되는 수준에 이른 것이죠.

이 세 요인이 한데 모여 AI 안전 연구를 주류에 포함시켰습니다. 하지만, 아직은 멀었다고 할 수 있죠. 여전히 틈새 영역이고 소규모의 관심사입니다. 초지능의 등장을 위해 우리는 어느 정도 규모의 지구 자원을 활용해 준비하고 있을까요? 잘 모르겠습니다. 전반적으로, 하나의 종으로서 인간의 우선순위 체계는 우리가 이룰 수 있는 다양한 것의 객관적인 중요성을 반드시 반영한다고 볼 수는 없는 것 같습니다.

해리스 | 그 말씀이 우리가 지닌 문제 대부분의 핵심을 설명해 주네요. 교수님과 나눈 대화, 대단히 흥미로웠습니다. 더 많은 주제로 대화를 나눠 보고 싶네요. 머지않아 '닉 보스트롬' 두 번째 에피소드에서 메타 윤리학과 AI 영역에서 달성해야 하는, 달성하면 안 되는 발전을 주제로 이야기해 보고 싶네요. 꼭 다시 나와 주시면 좋겠습니다.

보스트롬 | 물론이죠. 저도 감사드립니다. 무척 즐거운 시간이었습니다.

인간은 스스로의 미래를 파괴할까?

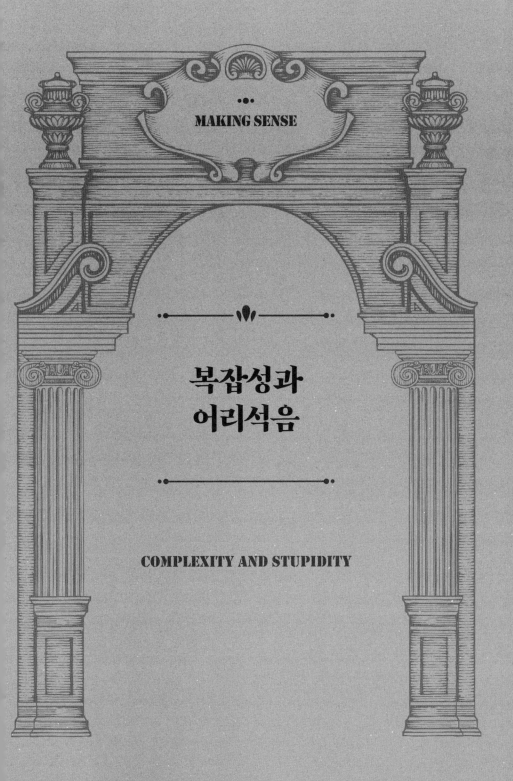

복잡성과
어리석음

COMPLEXITY AND STUPIDITY

데이비드 크라카우어

David Krakauer

데이비드 크라카우어는 산타페 연구소Santa Fe Institute의 소장이자 동 연구소에서 복잡계complex system를 가르치는 '윌리엄 H. 밀러William H. Miller 석좌 교수'이다. 그의 연구는 지능을 뒷받침하는 유전, 신경, 언어, 사회, 문화 메커니즘의 진화를 탐구한다. 크라카우어는 수리생물학자mathematical biologist이며 진화 이론으로 옥스퍼드에서 박사 학위를 받았으나, 지금은 산타페 연구소를 이끌며 다양한 탐구 영역의 교차점에 서 있다.

데이비드 크라카우어와의 대담에서 우리는 정보와 복잡성, 연산과 지능과 같은 과학의 기초적인 몇몇 개념을 다룬 뒤 이것이 문명의 미래에 미칠 영향을 살핀다.

해리스 | 소장님이 2016년에 하신 대단히 흥미로운 강의에 관해서 이야기를 나눠 보고 싶은데요. 저는 문화, 특히 우리가 인간의 지

능을 지원하기 위해 만든 인공물의 중요성에 관심이 있습니다. 이는 우리가 어리석음에 빠지는 것을 저항하는 데에도 활용되죠. 어리석음이 오늘 우리 대화의 주제고요. 하지만, 본격적인 대화로 들어가기 전에 무대를 먼저 만들어 놓고 시작하죠. 소장님의 과학적 관심사와 학문적 배경에 대해 설명해 주세요.

크라카우어 | 제 과학적 관심 분야는 근본적으로 지구상의 지성과 어리석음의 진화를 이해하려 노력하는 것입니다. 사람들은 지성을 주제로는 흔히들 대화하지만, 어리석음에 관해서는 잘 이야기하지 않습니다. 어리석음이 인간 사이에서 더 만연해 있는 것임에도 불구하고 말이죠.

제 학문적 배경은 수학적 진화 이론에 집중돼 있으며, 현재 자연 속에 존재하는 정보와 연산을 연구합니다. 여기에는 우리가 창조한 기술이라는 자연도 포함되며, 이 외에도 기술은 어디에서 왔으며 현재 어떤 역할을 하고 있으며 앞으로 어떤 방향으로 나아갈지도 포함됩니다.

해리스 | 현재 산타페 연구소를 이끌고 계시잖아요. 그리고 연구소의 존재는 여러 학문 사이의 경계에 존재하는 빈 공간, 학문의 부재 자체에 근거하죠. 연구소를 잘 모르는 분들을 위해 설명 부탁드려요.

크라카우어 | 산타페 연구소는 이름에서 알 수 있듯이 뉴멕시코주 산타페에 있습니다. 1980년대 중반에 대부분이 물리학자로 구성된 과학자 무리에 의해 설립되었고, 수리물리학이 단순한 세계에 성공적으로 수행한 것을 복잡한 세계에도 적용하는 데 관심 있는 다른

거인의 통찰

사람들도 참여하게 되었습니다.

부연 설명이 필요할 것 같네요. 태양계나 무기 화학, 블랙홀 등은 단순한 세계simple world에 해당합니다. 이해가 쉽지는 않지만, 하나의 방정식 체계를 구축함으로서 요약할 수 있는 기본적 특성을 지닌 것들이죠.

복잡한 세계complex world란 망으로 연결된networked 적응형 체계로, 뇌를 예로 들 수 있습니다. 뇌는 수많은 뉴런으로 연결된 네트워크니까요. 사회나 인터넷도 여기에 포함됩니다. 망으로 연결된 적응형 체계, 즉 복잡한 세계에서는 단순계를 설명하기 위해 우리가 지금껏 창조해 온 유형의 형식들은 통하지 않습니다. 뇌에 맥스웰 방정식을 적용하지는 않잖아요, 그렇죠? 그렇다면 이런 질문이 나올 수 있을 겁니다. "경제, 뇌, 인터넷 등 다양한 것을 아우르는 일반 원칙이 존재하는가? 존재한다면, 이 원칙들을 수학적으로, 연산적으로 가장 자연스럽게 표현하는 방법은 무엇인가?"

해리스 | 산타페 연구소는 경제학자, 수학자, 생물학자, 물리학자 등 다양한 전문가들이 같은 문제에 견해를 입히는 종합 학문적인 기관이죠.

크라카우어 | 그렇습니다. 저희는 계산 모델과 물리 모델을 활용해 미국 남서부 지역의 고고학을 연구하며, 이를테면 과거 도시들의 근원인 미국 남서부의 토착 문명은 어째서 쇠퇴하였는가와 같은 문제에 관하여 잘 알려진 일련의 이론들을 만들어 내기도 했습니다. 이러한 시나리오들은 계산 및 에너지 이론, 그리고 고고학자와 이를테면 물리학자 간의 긴밀한 협력을 기반으로 합니다. 저는 '종합 학

복잡성과 어리석음

문적'이라고 부르고 싶지는 않습니다. 어떤 면에서는 사람들이 너무 진지하게 받아들이게 될 것 같아서요. 대신 그 모든 걸 무시하고 이렇게 말한다면 어떨까요? "학문을 통해 우리가 습득한 기술을 사용합시다. 하지만, 우선 그것들은 그냥 문 앞에 두고 우리의 지성을 활용해 복잡한 문제를 고민해 봅시다."

해리스 | 대화의 진행을 위해 필요한 용어 몇 가지만 정의하고 가겠습니다. 첫 번째는 정보의 개념입니다. 우리는 다양한 의미로 정보라는 용어를 사용하지만, 같은 단위로 모두를 측정할 수는 없죠. 그러나 저는 여기에 유전학과 뇌 과학, 컴퓨터 공학, 심지어 물리학과 같은 분야들을 잠재적으로 통합할 수 있는 핵심 개념이 있는 것 같습니다. 정보에 관해서 어떻게 생각하시나요?

크라카우어 | 그것이 제가 종종 'm의 세제곱 혼란m-cubed mayhem' 이라고 부르는 것입니다. 'm이 세 번 곱해진' 혼란이라는 것이지요. 이 혼란은 첫 번째 m인 수학mathematics과 두 번째 m인 수학 모델mathematical models, 세 번째 m인 은유metaphor 사이의 차이에 대한 이해의 부족에서 비롯됩니다. 과학 용어와 수학 용어 중에는 일반적인 의미도 지녀 간혹 우리를 혼란스럽게 만드는 단어들이 있습니다. 에너지, 건강, 유틸리티, 용량, 정보, 계산 등을 예로 들 수 있죠. 유용하게 잘 사용하고 있는 일상적인 단어들입니다. 하지만, 이 단어들에는 기술적인 의미도 있습니다. 그래서 간혹 누군가는 이 용어를 수학적 의미로 사용했는데 상대방은 은유적 의미로 말하는 탓에 논쟁이 벌어지기도 합니다. 정작 둘은 같은 단어를 서로 다른 의미로 사용하고 있다는 사실을 모르죠.

거인의 통찰

'정보'라는 단어에는 수학적 정의만 있다고 말하려는 게 아닙니다. 이 단어에는 다른 의미가 있을 수도 있다는 사실을 기억하는 편이 좋다고 말하는 겁니다. 정보에는 통계 역학 분야의 탄생과 함께 시작되는 아름답고 과학적인 역사가 있습니다. 루트비히 볼츠만Ludwig Boltzmann은 물리적 세계에서 시간의 화살을 이해하려 노력하고 있었습니다. 비가역성에 대한 이해의 시발점이죠. 이런 겁니다. 깬 달걀은 왜 이전의 상태로 되돌릴 수 없을까요?

1870년대, 볼츠만은 H-정리H-theorem라는 이론을 만들어 냈습니다. 그는 머릿속으로 무질서하게 서로 부딪히는 수많은 당구공을 떠올렸습니다. 처음에는 당구대가 꽤 정리되어 있었지만, 충돌이 반복되면서 결국 공들은 당구대 전체로 무작위하게 퍼집니다. 볼츠만은 물질의 근본적인 분자 구조가 이 당구공과 무척 비슷해서, 우리가 관찰한 자연 속 일부 현상들이 비가역적인 이유는 분자 혼돈molecular chaos 때문이라고 추론합니다.

이 명제는 미국의 물리학자 조사이어 윌러드 기브스Josiah Willard Gibbs에 의해 1902년과 1904년에 공식화됩니다. 1940년대에 이 개념들이 벨 연구소의 엔지니어였던 클로드 섀넌Claude Shannon의 눈에 띕니다. 그는 물리학과 비가역성 사이에, 시간의 화살과 정보 사이에 관련성이 있음을 발견합니다. 깊은 통찰력이었죠. "자, 정보가 무엇인지 설명해 드리죠. 어떤 도시에서 제가 한 지역에서 다른 지역으로, A에서 B로 가기를 원한다고 가정하겠습니다. 저는 아무 방향으로나 차를 끌고 갈 수 있을 겁니다. 도착할 때까지 끔찍하게 오랜 시간이 걸리겠지만, 언젠가는 도착할 겁니다. 대신, 지도를 볼 수 있거

복잡성과 어리석음

나 올바른 방향을 알면 훨씬 더 효율적으로 도착하겠지요. 무작위 방식으로 목적지에 도착하기까지의 시간과 올바른 방향을 아는 상태에서 목적지에 도착하는 시간의 차이가 정보의 척도입니다." 섀넌은 이 개념을 수식화했습니다. 공식화했고, 그것을 정보라 불렀죠.

이는 볼츠만과 기브스의 이론과는 반대입니다. 하나의 시스템이죠. 질서가 있는 상태에서 무질서한 상태로 바뀌는 것이 아니라, 무작위 상태에서 —어디로 가야 하는지 모르니까요— 질서 있는 상태로 향하는 겁니다. 섀넌은 정보가 실은 열역학적 엔트로피의 반대라는 사실을 깨달았습니다. 현재 우리가 정보 과학이라고 여기는 것과 당시의 통계 물리학을 아름답게 연결한 거죠.

해리스 | 그것을 생물학의 영역으로 가져와 보겠습니다. 최근 들어 생물학적 시스템, 심지어 뇌조차도 정보를 처리하지 않으며, 뇌와 컴퓨터 사이의 비유는 뇌와 수압 펌프, 혹은 스프링과 기어로 움직이는 톱니바퀴, 혹은 전신기와 동일시하는 것에 지나지 않는다는 의견들이 점차 많이 들려옵니다. 아시겠지만, 이 장치들은 당시의 최신 기술을 대표하는 오래된 비유들이죠.

제가 알기로는, 뇌가 현대의 컴퓨터와 동일한 방식으로 작동한다고 생각하는 사람은 아무도 없습니다. 우리 머릿속에 폰 노이만 구조Von Neumann architecture가 있는 것도 아니고요. 하지만, 뇌는 정보를 전혀 처리하지 않으며, 뇌가 정보를 처리한다는 주장은 뇌가 기어와 스프링으로 돌아가는 메커니즘이라고 주장하는 것과 같다는 생각은 제게는 꽤 허황되게 들립니다. 심지어 과학을 업으로 삼는 사람들 중에서도 신경 계산이라는 개념은 안 좋은 비유라고 주장하는 사

거인의 통찰

람들을 계속 만나게 됩니다. 그래서 생물학적 시스템, 특히 뇌가 정보를 부호화하고 전송하는 방식에 대해 이야기해 보고 싶어요.

크라카우어 | 다시 'm의 세제곱 혼란'을 가져옵시다. 방금 설명 역시 수학 모델과 은유 사이의 차이를 이해하지 못한다는 것을 보여 주는 좋은 사례입니다. 아까 언급하신 스프링과 레버, 이런 것들은 물리적 인공물입니다, 그렇죠? 그리고 스프링과 레버에는 수학적 **모델들**이 있으며, 이 모델들은 실제로 끈 이론을 이해하는 데 사용됩니다.

컴퓨터와 뇌에 관한 이야기를 해 보죠. 컴퓨터와 뇌라는 비유는 수학과 수학적 모델, 은유 모두를 우아하게 아우릅니다. 현대 컴퓨터의 시초가 되는 이론을 수학자 앨런 튜링이 1930년대 고안해 냅니다. 많은 분이 영화 〈이미테이션 게임〉에서 그를 접했으며 제2차 세계대전 중 에니그마Enigma와 독일 잠수함 암호를 해독한 업적으로 잘 알고 계실 겁니다. 하지만, 우리 세계에서는 독일 수학자 다비트 힐베르트David Hilbert가 1928년 제기한 심오한 수학적 질문에 답한 사람으로 유명합니다. 힐베르트의 질문은 이것이었습니다. "기계에 수학적 명제를 주면 기계는 적당한 시간 안에 그 명제가 참인지 거짓인지 알려 줄 수 있을까?" 즉, 이 말입니다. "계산을 자동화할 수 있는가?" 그리고 1936년, 튜링은 이 질문에 대한 답을 내는 과정에서 현재 우리가 튜링 기계라고 알고 있는 수학 모델을 발명합니다. 튜링이 한 일은 대단한 업적이었습니다. 그는 이렇게 말했습니다. "그 질문에는 답이 없습니다. 근본적으로 '계산이 불가능한' 수학 명제들이 있기 때문입니다." 이 세상에는 계산으로도 결코 파악할 수 없는 어

복잡성과 어리석음

떤 것이 존재한다는 그의 말은 수학계에는 엄청난 돌파구였습니다.

몇 년이 지난 뒤 튜링은 수학 문제를 풀던 중 자신이 수학 모델, 즉 튜링 기계를 개발했다는 사실을 깨달았습니다. 그리고 이 모델은 단순히 수학 문제 해결을 위한 모델이 아니라, 그 자체가 **바로** 문제 해결 모델이라는 사실을 깨달았습니다. 그리고 그 자체로 문제 해결 모델이라는 건 바로 계산을 말합니다.

그리고 1950년대 말, 존 폰 노이만이 그 유명한 『컴퓨터와 뇌』라는 책을 집필합니다. 책에서 폰 노이만은 지능형 기계에 관한 앨런 튜링의 논문이 우리에게 뇌를 이해할 수 있는 수학적 수단을 제공했다고 말합니다. 그러면서 지능형 기계가 은유적으로 쓰이기 시작했죠. 폰 노이만은 이것이 은유라는 것을 알았지만, 아주 강력한 은유라고 생각했습니다.

이것이 뇌를 컴퓨터에 비유하게 된 기원입니다. 다시 현재로 돌아옵시다. 지적하신 것처럼 인간에게는 인식론적으로 자기도취적인 성향이 있습니다. 우리는 자연이 작동하는 방식을 설명하기 위해 우리가 현재 사용하는 모델이나 프로젝트 중에서 가장 잘 맞아떨어지는 것을 가져와 비교하는 경향이 있습니다. 튜링과 폰 노이만의 업적은 문제 해결 기계가 작동하는 방법을 이해할 수 있는 프레임워크를 제공해 준 것입니다. 상상만으로는 작동 방법을 전혀 이해할 수 없었으나, 그들이 모델을 제공해 준 것입니다.

여러 이유로 이 모델에는 많은 결함이 있습니다. 컴퓨터는 튼튼하지 않습니다. 제가 만약 CPU에 연필을 찔러 넣으면 기계는 작동을 멈출 겁니다. 하지만, 대뇌는 반구를 나눠도 여전히 기능하죠. 인

거인의 통찰

간의 신체는 무척 효율적입니다. 우리 뇌는 신체 에너지의 20퍼센트, 약 20와트를 소비합니다. 백열등 하나를 밝히는 데 필요한 전력의 20퍼센트입니다. 노트북에 그 정도의 전력만 공급한다면 우리 뇌가 지닌 능력의 극히 일부에 해당하는 성능만 낼 수 있을 겁니다. 인간 두뇌의 뉴런들은 아주 긴밀하고 밀접하게 연결되어 있는 반면 컴퓨터 회로는 그렇지 않고 국부적으로만 연결되어 있습니다. 더 중요한 건 인간의 뇌는 입력 정보에 따라 끊임없이 재연결되고 적응하지만, 컴퓨터는 아니라는 겁니다. 따라서 뇌와 컴퓨터는 여러 면에서 다릅니다. 그럼에도 이 비유는 뇌의 잠재적인 작동 원리를 정의하는 접근법으로서는 유용합니다.

여기까지는 '컴퓨터' 용어였고요. 이제 '정보' 용어를 봅시다. 이제 우리는 정보가 수학적으로 어떤 의미인지 압니다. 정보란 불확실성의 감소입니다. 우리 시각 시스템을 생각해 보세요. 아침에 눈을 막 뜨면 세상의 상황을 모릅니다. 망막에서 빛수용체에 의해 변환된 전자기 에너지가 시각 피질을 통해 전송되고 나면 조금 전까지는 몰랐던 세상의 상황을 파악할 수 있게 되죠. 당구대에 흩어져 있던 여러 공이 특정한 배열로 정렬된 겁니다. 딱딱하게 말하자면 세상에 대한 불확실성이 감소한 것이지요. 정보는 증가했고요. 그리고 이것을 수학적으로 측정할 수 있다는 것이 밝혀진 겁니다.

이러한 수학적 측정은 신경보철neuroprosthetics에서 유용하게 쓰입니다. 뇌의 정보 이론은 인공와우 이식을 가능하게 해 줍니다. 우리 뇌로 로봇 사지를 통제할 수 있도록 해 줍니다. 여기에서 정보는 은유가 아닙니다. 심오한 수학적 원리죠. 뇌가 작동하고 뇌를 재설계

복잡성과 어리석음

하는 방식을 이해할 수 있도록 해 주는 원리인 겁니다.

이것이 정보입니다. 만약 정보 처리가 튜링적 의미에서 계산과 같은 말이라고 생각했다면, 여기에서는 틀렸습니다. 하지만, 전자기 자극을 뇌의 전기 발산 패턴으로 변환하는 것처럼 섀넌의 정보 측면에서 생각한다면, 완벽하게 적용할 수 있습니다. 정보를 저장하는 방식이나 정보 소스를 결합하는 방식과 마찬가지로 말이죠.

제 눈앞에 오렌지가 있다고 해 보죠. 오렌지는 색이 있고, 구球라는 형태로 생겼습니다. 촉각이라는 기계적 자극이 있고, 시각적인 전자기 자극이 있습니다. 이 자극들이 제 뇌 안에서 결합하여 물리적 세계에 존재하는 하나의 물체를 질서 있게 표현하는 것입니다. 정돈된 표현은 정보적 언어의 급증이라는 형태로 나타납니다. 이러한 이해는 생물학적으로 모방된 구조를 설계할 수 있도록 해 주었고, 심각한 선천적 장애를 가진 사람들의 삶에 큰 변화를 만들었죠.

해리스 | 저는 유전자 같은 것도 생각했습니다. 게놈을 통해 후대로 전해지는 디지털적 구성요소가 있지 않습니까. 게놈은 그 자체로서 하나의 기억이고요. 환경에 적응하는 것으로 입증된 구조와 인간 생리, 심지어 특정한 행동에 대한 기억이죠. 후대의 유기체에 여러 특징을 낳을 자연의 틀이고요.

크라카우어 | 그렇습니다. 수학적 개념의 거대한 힘이죠. 여기에서도 은유로서의 기억과 수학적 모델로서의 기억을 확실히 구분해야 합니다. 아름다운 점은 —이것이 수학이 놀라울 정도로 강력한 이유입니다— 수학적 모델로서 기억을 활용하면 유전자에, 뇌에 저장된 기억이 있다는 것을, 그리고 기억에는 수학 방정식의 유사성

거인의 통찰

을 통해 보여 주는 놀라운 가족 유사성이 있다는 것을 설명할 수가 있다는 점입니다. 수학의 영역으로 이동하지 않고 은유의 영역에 머무르면 문제가 생기는 겁니다. 그렇게 되면 모두가 조금씩 다른 것을 연상하게 되고, 그러면 모호성은 절대 완전히 해소할 수가 없습니다.

해리스 | 이번에는 은유에 위험할 정도로 근접한 것, 입력과 결과를 확실히 연결해 주는 인과 관계에 대해 이야기해 보죠. 컴퓨터-뇌 비유에 반대하는 사람들은 신경계가 경험에 의해 변화할 수 있다는 점을 들어 설명합니다. 이들은 '기억'이나 '정보 저장' 혹은 '부호화' 등 컴퓨터를 연상케 하는 어떠한 면에서도 결과적인 변화를 이야기하려 하지 않습니다. 하지만, 물리적 구조에서의 물리적인 변화는 신뢰할 수 있는 능력의 변화를 만들 수 있습니다. 그것을 기억이라 부르든 학습이라 부르든, 그것이 신체라는 측면에서 우리가 말하고 싶은 주제인 거죠.

크라카우어 | 맞습니다. 그게 바로 핵심입니다. 컴퓨터 비유에 반대하는 건 의인화에 대한 근거 있는 두려움에서 기인합니다. 우리는 과학을 통해 정의를 확실히 만들어 모호성을 어느 정도 제거하고자 합니다. 모호성이 완전히 사라지지는 않을 겁니다. 우리가 발견하는 수많은 규칙성을 설명하는 데 가장 편리하게 사용할 수 있는 용어이기 때문이죠.

해리스 | 하지만, '수압 펌프'나 '4체액설'과 같은 용어를 쓸 필요는 없지요. 과거에 그런 안 좋은 비유를 사용하곤 했지만, 자세한 내용들은 시간이 지나며 사라졌습니다.

복잡성과 어리석음

크라카우어 | 심장계나 비뇨 생식기계에 관해서라면 하비William Harvey(윌리엄 하비. 17세기 영국의 생리학자로 유혈동물*의 혈액은 심장을 통과해 체내를 순환한다는 것을 최초로 증명했다_옮긴이)의 모델을 활용하는 건 아주 적절하겠죠. 그가 설명하는 게 펌프잖아요, 그렇죠? 올바른 이론이 막다른 길에 다다르면 시간이 지나야만 그러한 정보적 개념을 활용하는 것이 시대착오적인지 혹은 오래 유지되는 가치를 지니는지 알 수 있습니다.

해리스 | 그러면 지금까지는 정보에 대해 알아봤고요. 복잡성은 무엇인가요?

크라카우어 | 복잡성 역시 우리가 일상적으로 사용하지만, 수학적 의미도 지닌 용어의 훌륭한 예시입니다. 복잡성을 생각하는 가장 단순한 방법은 이렇습니다. 매우 규칙적인 물체가 하나 앞에 있다고 생각해 보세요. 가령 정육면체라고 합시다. 각 변을 가지고 이 물체를 묘사할 수 있을 테고, 이것이 정육면체가 무엇인지에 대한 설명이 될 겁니다. 혹은 방 안의 기체와 같이 완전히 반대의 물질을 설명하려 한다면, 공기 중에 떠 있는 입자들의 평균 속도를 제시함으로써 확실하게 설명할 수 있을 겁니다. 이 두 상반된 예시 —아주 규칙적인 정육면체와 아주 무작위적인 기체— 는 아주 짧게 설명할 수 있습니다.

전화로 저는 작가님에게 아주 규칙적인 물체와 무작위적인 물체를 어느 정도 설명해 줄 수 있습니다. 하지만, 이번에는 제게 쥐를

---

* 현대의 척추동물에 준한다

거인의 통찰

설명해 달라고 요청하시네요. 저는 이렇게 말합니다. "음, 쥐는 길쭉하게 생긴 이상한 생물인데요. 한쪽에는 털이 나 있고, 반대쪽에는 부속지가 달려 있어요." 설명하려면 꽤 오랜 시간이 걸릴 겁니다. 복잡성은 설명의 길이에 비례합니다. 복잡한 현상들은 수학적으로 규칙성과 무작위성 사이 어딘가에 존재하는 것으로 드러났습니다. 이러한 현상들의 특징은 수학적인 묘사가 길다는 겁니다. 그리고 이것이 복잡성 과학을 어렵게 만드는 요인입니다.

아인슈타인은 특수 상대성 이론에 놀라운 영향을 미친 힘과 질량의 등가성을 보여 주는 $e=mc^2$라는 아름다운 방정식을 단 한 줄도 안 되는 짧은 구절로 썼습니다. 하지만, 힘과 물질보다 훨씬 더 지루하게 들리는 쥐에 관한 방정식은 대체 어떻게 써야 할까요? 쓸 수 없죠. 이것이 복잡한 현상을 생각하는 하나의 직관적인 방식입니다. "내가 흥미롭게 생각하는 대상을 확실히 표현하기 위해 어느 정도로 긴 설명을 해야 하는가?"

하나 짚고 넘어가야 하는 점은, 물리적 현상들에 관한 묘사도 처음에는 길었다는 겁니다. 케플러가 천체 역학에 관한 인간의 이해를 근본적으로 바꿔 놓기 전에, 우리는 혼천의를 가지고 주전원 epicycle(천동설에 등장하는 개념. 행성이 원 운동을 하는 궤도로, 이 궤도의 중심은 다시 지구를 중심으로 원 운동을 한다_옮긴이)과 종원deferent(주전원의 중심이 그리는 원 궤도. 궤도의 중심 영역에 지구가 있다_옮긴이)이라는 개념을 도입해 가면서 천체의 원 운동을 —잘못— 설명했습니다. 행성의 움직임을 설명할 수 있는 간략하고 우아한 방법이 있다는 것을 깨닫기까지는 시간이 꽤 걸렸죠. 다른 여러 복잡한 현상들도 마찬가지일 수 있습

복잡성과 어리석음

니다. 하지만, 그 외 나머지 현상들은 그렇지 않을 겁니다.

복잡성은 연결된 적응형 체계에 적용됩니다. 하나의 수학적 개념으로서 복잡성은 하나의 현상을 묘사하는 것이 얼마나 어려운지 담아내려 노력합니다. 현상이 더 복잡해질수록 설명은 점점 더 길어지죠. 복잡성 이론complexity theory이 범위의 문제(시스템의 크기가 커집니다)라면, 복잡한 과학complicated science은 다양성의 문제(시스템의 크기는 유지됩니다)라고 하고 싶습니다. 어떤 의미냐면, 우리는 뉴턴의 운동방정식을 써서 우주를 설명할 수 있습니다. 여기에 질량을 —예컨대 항성을— 더한다고 해서 방정식을 늘릴 필요는 없습니다. 그러나 생명체를 이 정도로 상세히 설명하려면 고유한 생명체를 더할 때마다 방정식을 추가하는 이론이 필요할 겁니다.

해리스 | 무작위성과 관련해 하신 말씀에 관심이 가네요. 제가 이해하기로 무작위성은 대개 단순히 표현할 수 없습니다. 제가 만약 무작위 숫자열을 제시한다면, 숫자 열을 생성하는 어떤 알고리즘을 사용하는 게 아니라 —원주율의 소수 전개와 같이— 진정으로 무작위인 숫자 열을 제시한다면, 이것은 압축할 수 없습니다. 맞나요?

크라카우어 | 그렇습니다. 아주 중요한 차이입니다. 동전의 앞면과 뒷면이 나오는 과정은 역학적으로 설명할 수 있을 겁니다. 그리고 간단하겠죠. 하지만, 앞뒷면이 나온 순서를 설명하려 한다면, 이는 압축할 수 없고 그 설명도 순서만큼 길어질 겁니다. 우리가 설명할 수 있는 건 패턴 자체가 아니라 패턴을 생성하는 기본적인 인과 과정입니다. 아주 중요한 차이죠.

해리스 | 이제 지능에 관해 이야기해 보겠습니다. 지능이란 무엇

거인의 통찰

이며, 복잡성과 어떤 연관성이 있나요?

크라카우어 | 지능이란, 제가 좋아하는 방식으로 말하자면, 우리가 가장 어리석게 굴어 왔던 주제 중 하나입니다. 인간이 지능에 대해 내린 정의는 인간에게만 적용 가능한 측정 기준을 바탕으로 합니다. 대부분의 언어에 해당하기는 하겠지만, 대체로 영어를 사용하는 사람들에게 적용 가능한 기준들이죠. 문어의 지능을 계산하려 한다면 IQ 테스트는 그리 유용하지 않을 겁니다. 문어의 지능이 얼마나 될지는 무척 궁금하군요. 지능이 어디에서 비롯되는지 이해할 필요가 있습니다. 하나의 종에만 적용 가능한 정의는 별 도움이 되지 않습니다. 지금까지 우리는 엔트로피와 계산에 관해 이야기했는데요. 이 개념들이 지능을 이해하는 열쇠가 될 겁니다.

다시 무작위성으로 돌아가 보죠. 저는 루빅큐브를 예시로 들기를 좋아하는데요. 지능을 알아볼 수 있는 작고 아름다운 모델, 지능에 대한 하나의 은유이기 때문입니다. 제가 큐브를 드리며 각 면의 색을 모두 맞추라고 하자 작가님은 그냥 무작위로 정육면체들을 이리저리 돌립니다. 그러면 평생이 걸려도 맞출 수 없을 겁니다. 큐브를 맞출 수 있는 경우의 수가 대략 1,000경 가지 있기 때문입니다. 몇 차례의 우주를 겪은 뒤에야 완성할 수 있겠죠. 이것이 무작위적인 수행입니다.

이것을 어리석게 수행하고 싶다면 큐브의 한쪽 면만 보고 정육면체들을 영원히 돌리면 됩니다. 알다시피 루빅큐브는 그런 식으로는 절대 맞출 수 없습니다. 무한히 반복해도 절대 해결되지 않을 겁니다. 이것이 제가 정의하는 어리석음입니다. 우연도 이보다는 확률이

복잡성과 어리석음

훨씬 높을 겁니다.

이번에는 큐브 맞추는 법을 배워서, 초기 구성에서 20수 이하 만에 큐브를 맞출 수 있는 여러 규칙에 익숙한 사람이 있다고 합시다. 그것이 지능적인 행동입니다. 우연보다 훨씬 확률이 높죠. 우리가 일상생활에서 '지능'이라는 단어를 사용하는 방식을 깨닫기 전까지는 직관과 반대되는 것처럼 들릴 수도 있을 겁니다. 제가 만약 뛰어난 수학자와 앉아서 "전 이 방정식을 못 풀겠어요."라고 말한다면 수학자는 "이건 꽤 쉬운 문제예요. 이렇게 이렇게 하면 됩니다."라고 말할 겁니다. 그 설명을 본 저는 "오, 정말 쉽네요. 당신이 푸니까 쉬워 보여요."라고 말하겠죠. 누군가 똑똑하다고 할 때는 바로 이런 걸 의미하는 겁니다. 쉬워 보이게 만들죠.

반대로 방정식을 풀 줄 모르는 사람과 앉아 이 사람이 이유가 무엇이든 계속 2로 나누고만 있는 모습을 보면 저는 이렇게 말할 겁니다. "대체 뭐 하는 거예요? 정말 어리석은 짓이군요. 그렇게 하면 방정식은 절대 못 풀 거예요." 이게 우리가 말하는 지능입니다. 문제를 효율적으로 푸는 방법을 찾는 거죠. 반대로 어리석음이란 기꺼이 그리고 열심히, 문제가 우연에 의해 풀리는 것보다 더 오랜 시간에 걸쳐 해결되도록 혹은 영원히 해결되지 않도록 만드는 규칙들이고요.

해리스 | 교수님 강연의 내용으로 점차 가까워지고 있네요. 특히 저는 교수님이 생물학과 문화를 구별한 경계선과, 문화가 인간의 지능을 높이는 기구가 되는 방식에 대한 내용에 관심이 갑니다. 동시에 문화는 우리 개인들을 덜 지능적으로 만들 수도 있다고 경고하셨어요. 위험한 수준까지요.

거인의 통찰

크라카우어 | 아주 긴 설명이 되겠지만, 최대한 압축해 보겠습니다. 대부분은 인간이 어느 정도 선천적인 지능을 갖고 태어난다고 믿도록 세뇌되어 있습니다. 문제 해결을 위한 수단을 학습해도 지능은 근본적으로 변하지 않는다고요. 대화를 하면서 이런 얘기 자주 들으시죠. "저 사람은 정말 똑똑해. 별로 노력도 안 하고 많이 배우지도 않았는데." 이런 말도요. "저 사람은 생각보단 똑똑하지 않은 것 같아. 배우기는 많이 배워서 똑똑해 보이는데 말이야." 저는 이게 말도 안 되는 생각이라고 봅니다. 교육과 학습은 사람을 더 똑똑하게 만들어 줄 수 있습니다. 이것이 제 주장의 전제입니다.

해리스 | 잠시만요. 하지만 교수님은 심리학에서 'g인자' 혹은 '일반지능general intelligence'이라고 부르는 것에 차이가 있으며, 이것이 새 정보를 습득하는 데 꼭 전제되지 않는다는 데 동의하시지 않나요?

크라카우어 | 그렇지 않습니다.

해리스 | 그러면 교수님은 IQ라는 개념이 문어는 물론이고 사람에게도 쓸모없다고 생각하시나요?

크라카우어 | 그런 셈입니다. 이유를 설명해 드려야 하겠네요. 아주 고전적인 예시를 하나 들어 보죠. 어린 모차르트를 보며 사람들은 "자, 봐요. 모차르트는 겨우 일곱 살에 절대음감을 가지고 재능을 펼쳤고, 10대 시절에는 교향곡을 들려주면 음 하나하나를 기억했다가 악보를 새로 쓸 수도 있었어요."라고 말합니다. 물론 이제는 모차르트와 여동생이 강압적이었던 아버지 때문에 아주 어렸을 때부터 절대음감을 얻고 음표 사이의 미묘함을 포착할 수 있도록 훈련에 훈련을 거듭했다는 사실을 압니다. 그래서 모차르트는 어려서 그런 능

복잡성과 어리석음

력을 얻을 수 있었던 겁니다. 우리 대부분은 반복적으로 훈련을 하지 않기 때문에 그런 능력을 얻을 수 없는 거고요.

체계적 훈련을 받은 사람들은 비범해 보일 정도의 기술을 습득하게 된다는 사실을 점점 더 많은 연구가 보여 주고 있습니다. 'g인자'와 전반적인 IQ를 예로 들죠. 우리는 IQ가 측정하는 대상이 대부분 우리의 작업 기억working memory이라는 걸 압니다. 그리고 다수의 작업 기업 과제들은 상호 연관돼 있으며, 우리가 'g'라고 부르는 저차원 공간에 있습니다. 기억에 관한 고전적인 연구 중에 기억 가능한 숫자의 개수를 알아보는 연구가 있습니다. 피실험자에게 일련의 숫자를 불러 주고 기억하게 만듭니다. 10분 뒤 숫자를 다시 말해 보라고 요청합니다. 종이에 적어서는 안 되고 머릿속으로만 생각해야 합니다. 어떤 사람은 10개, 또 어떤 사람은 11개를 기억하겠죠. 이 숫자는 숫자를 기억하는 단기 기억의 상한선이라고 여겨졌습니다. 하지만, 숫자를 부호화하는 기발한 수단을 사용한 연구에서 피실험자는 300개의 숫자를 차례대로 기억했습니다. 피실험자들은 살면서 비상한 기억력을 보인 적 없는 사람들이었습니다. 따라서, 증거는 타고난 능력이 아니라 가소성 혹은 적응성에 있다고 표현하는 게 더 맞겠죠.

IQ가 근본적으로 작업 기억을 측정한다면, 그것을 향상하는 법도 알 수 있습니다. 그 지점이 중요한 겁니다. 선천적 차이가 있다는 사실을 부정하는 게 아닙니다. 제 키는 2미터는 고사하고 182센티미터도 되지 않습니다. 따라서 높은 확률로 저는 농구선수가 될 수 없을 겁니다. 세상에는 변할 수 없어 보이는 여러 차이에 반응하는 기

거인의 통찰

능들이 있습니다. 하지만, 뇌의 세계에는 —뇌는 컴퓨터가 아니며, 신경 연결이 고정적이지 않으며 입력되는 정보에 따라 적응한다는 점을 고려하면— 우리가 생각하는 것보다 훨씬 더 많이 변할 수 있다는 희망, 사실은 증거가 있습니다.

IQ가 존재하지 않는다거나, 흥미로운 유전력을 보여 주지 않는다거나, 뇌나 정신의 근본적 속성을 보여 주지 않는다고 말하는 게 아니라는 점을 강조하고 싶습니다. 우리가 측정하는 것은 실재하는 것이며 나아가 깊이 공유된 조직에 의존하는 기능 사이의 상관관계라는 데에는 의심의 여지가 없습니다. 다만 제 신경적, 인지적 분석 수준에서 고려하면, 그리고 제가 진화에 관심이 있다는 점을 고려하면, 너무 섬세하지가 않습니다. IQ는 결국 현상적 통계입니다.

개인적으로 IQ는 어떤 대상에 대한 금전적 가치와 같다고 저는 늘 생각했습니다. 역사상 가장 높은 금액에 팔린 그림 중에는 다 빈치가 그린 초상화, 드 쿠닝의 추상화, 세잔의 카드놀이 하는 그림이 있습니다. 이 작품들에는 자유 시장에서 책정된 가격을 제외하면 공통분모라고는 없습니다. 가격은 작품의 내용이나 화풍, 역사, 채료彩料, 피사체, 소유자에 관한 그 어떤 정보도 알려 주지 않습니다. 어디에 걸릴 만한지, 구매 당시 화가의 사회적 영향력만 알려 줄 뿐이죠. 그 금액에 얼마만큼의 경제적 효용성이 있는지에 의문을 제기하는 사람도 없습니다. 금전적 가치는 거래망을 통한 물적 자원의 분배를 지배하죠.

비슷한 맥락에서 IQ는 우리에게 가령 신경 부호나 기능 선택, 기능적 모듈화에 관해 거의 알려 주는 게 없습니다. 그래서 신경과학

복잡성과 어리석음

자들이 이 개념을 거의 언급하지 않는 겁니다. 하지만, IQ가 가치 있다고 간주될 수 있는 '시장들'은 있습니다. 교육 과정을 개선하거나 심리적 외상의 정도를 측정하는 등, 낮은 측정 기준으로도 —과하게 남용되지 않는다는 가정하에— 효용성을 제공할 수 있는 분야가 있을 겁니다. 이것이 IQ라는 개념의 역사를 지배하는 사실이죠.

해리스 | 가소성과 훈련 가능성이 타고난 차이를 능가한다면 훈련 여부는 적성에 차이를 만들겠네요.

크라카우어 | 그렇습니다. 우리가 아직 모르는 건 이겁니다. 얼마나 되는 선천적인 레고 조각 —이라고 표현할 수 있다면요— 이 일반적인가? 얼마나 되는 조각들이 성이나 자동차의 형태로 미리 조립되어 있어 이후를 위한 근간을 형성하는가? 어떻게 그것이 발생하며, 왜 어떤 사람들은 이점을 지닌 채로 그 단계에 도달하는가? 이러한 질문들에 대한 답은 아직 없습니다. 제가 말하는 건, 현재의 데이터는 지적 기능의 선천적 제약이라고 여겨졌던 것들이 실은 우리가 생각한 것보다 영향력이 적을 수도 있음을 암시한다는 겁니다. 말했듯이 그렇다고 IQ가 불안정한 개념이라는 의미는 아닙니다. 단지 훈련을 통해 예측되는 바와 상충하는 효과를 거두는 것을 막지는 않는다는 겁니다.

해리스 | 그래서 문화에도 책임이, 사람들이 생각하는 것보다 훨씬 큰 책임이 있는 거겠죠. 이번에는 인간의 지능을 강화해 줄 수도 있는, 두뇌 밖에 있는 물질적 장치에 관해 이야기해 보죠.

크라카우어 | 좋습니다. 지금까지 지능이란 무엇인지, 어리석음이란 무엇인지 알아봤습니다. 이제 우리는 인간이 놀라울 정도로 유

연하다는 것을 압니다. 물론 한없이 유연하지는 않을 수도 있지만, 입력되는 정보는 한때 생각했던 것보다 훨씬 더 중요해졌습니다. 이제 지적 —간혹 인지적이라고도 불리는— 인공물로 눈을 돌려 보죠. 예시를 하나 드리겠습니다. 우리의 수학 능력은 날 때부터 갖고 있던 게 아닙니다. 우리가 숫자를 발명한 것도 아니고요. 기하학이나 위상 기하학, 미적분학, 정수론 등 수학과 관련된 모든 것은 학교에서 수학을 공부하겠다고 선택하는 사람들에게 후천적으로 주어지는 지식입니다. 이러한 다양한 지식은 다른 사람은 풀 수 없는 문제들을 풀 수 있게 해 줍니다.

숫자란 어떤 면에서는 수학 교육에서 가장 낮은 곳에 달려 있는 과일과 같습니다. 숫자를 한번 보자고요. 세상에는 많은 숫자 체계가 있습니다. 약 4,000년 전에 쓰이던 수메르인의 고대 쐐기문자의 숫자도 있고, 고대 이집트 숫자도 있죠. 문화에 존재하는 어리석음의 아주 좋은 예를 서유럽에서 찾을 수 있는데요. 대략 기원전 2세기부터 기원후 15세기까지 약 1,500년 동안 서유럽은 줄곧 로마 숫자를 사용했습니다. 로마 숫자는 규모와 물체의 개수를 측정하는 데에는 유용하지만, 계산에는 끔찍할 정도로 취약합니다. X 더하기 V는 몇인가요? XII 곱하기 IV는 몇이죠? 계산이 안 됩니다. 그럼에도 1,500년 동안 인간의 뇌는 통하지도 않는 로마 숫자 체계를 이용해 연산하는 것을 택했어요. 그 결과 유럽 역사 대부분의 시간 동안 이들은 나누기와 곱셈을 하지 못했습니다. 정말 놀랄 만한 이야기죠. 당시 인도와 아라비아에서 사용하던 숫자 체계를 알고 나면 믿을 수 없을 정도로 바보 같으니까요. 인도에서 기원한 이 숫자 체계는 아

복잡성과 어리석음

라비아로 확대됐습니다. 4세기 말쯤 발명되었고, 이것이 현재 우리가 사용하고 있는 숫자 체계입니다. 숫자를 아주 쉽게 곱하고 나눌 수 있죠.

이것이 문화와 인간의 사고가 만나는 접점을 보여 주는 아름다운 예시입니다. 추론이란 아주 흥미롭습니다. 제가 가령 10진법 아라비아 수와 같은 숫자 체계를 가르쳐 주면 우리에게 세상은 더 이상 필요 없습니다. 그것을 적을 종이도 필요 없어요. 그저 상상만으로도 연산을 할 수 있으며, 그것이 아주 매력적이죠. 수많은 지성체에 의해 수 세기 동안 발명되어 온 인공물을 저는 **상호 보완적 인지 인공물** complementary cognitive artifacts이라고 부릅니다. 상호 보완적 인지 인공물은 예컨대 곱셈과 나눗셈과 같은 형태로 우리의 사고 능력을 강화할 뿐만 아니라, 인공물 자체가 사라져도 우리 정신에 그 속성이 흔적으로 남아 계속 활용될 수 있습니다. 아마 문화 지능의 진화를 생각함에 있어 적용할 수 있는 새로운 개념이 아닐까 싶습니다.

오랫동안 심리학자, 인지과학자, 고고학자들은 포크, 낫, 바퀴 등 다른 방법으로는 할 수 없는 일을 하도록 도와주는 물건들이 있다는 사실을 이해해 왔습니다. 하지만, 포크나 낫, 바퀴와 같은 실제 물체 외에, 우리가 가상의 포크나 낫, 바퀴를 상상할 수 있도록 우리 뇌의 배선을 바꿔 주는 특별한 종류의 물체도 있습니다. 저는 그것이 인간 진화의 고유한 특성이라고 주장합니다.

해리스 | 언어도 그 범주에 들어간다고 생각하시나요?

크라카우어 | 물론이죠. 제가 그 둘을 구별한 이유는 많은 사람이 최근까지도 수학적 추론은 언어적 추론에 의존하며, 오히려 언어적

추론의 특이한 형태라고 잘못 가정했기 때문입니다. 이와 같은 태도는 갈릴레오부터 시작해 현역 수학자 중에도 널리 퍼져 있었습니다. 갈릴레오는 이렇게 썼죠. "우주는 수학이라는 언어로 쓰여 있으며, 이 언어의 문자는 삼각형과 원, 기하학적 도형들로 구성돼 있다. 이것이 없다면 인간은 단 한 마디도 이해할 수 없으며, 어두운 미로 속에서 헤맬 뿐이다." 이러한 생각은 현대까지 이어져, 대수 기하학자인 유리 마닌Yuri Manin은 "모든 인간 문화의 근간은 언어이며, 수학은 언어적 활동의 특별한 하나의 유형이다."라고 썼습니다. 함축적인 경구처럼 들리지만, 저는 이러한 말들에 빠진 부분이 있다는 아인슈타인의 의견에 동의합니다.

이제 우리는 인간과 인간 외 영장류 모두 똑같이 수를 표현할 줄 안다는 것을 압니다. 사실 인간은 숫자를 계산할 때 언어를 담당하는 뇌 영역이 아니라 숫자를 담당하는 영역을 사용하며, 이는 인간 외 영장류도 마찬가지입니다.

해리스 | 상호 보완적 인지 인공물의 목록에는 또 무엇이 있나요?

크라카우어 | 제가 완전히 반한 다른 예시로는 주판이 있습니다. 주판은 우리 손과 눈을 가지고 셈을 하는 기구입니다. 주판 사용에 통달한 사람들은 물리적으로 주판을 사용하지 않습니다. 이들은 실제로 시각 피질에 가상의 주판을 생성합니다. 이 대목이 특히 흥미로운데요, 저와 같은 초보 사용자는 주판 사용을 언어적 혹은 전두 피질 측면에서 생각합니다. 하지만, 주판 실력이 늘면 늘수록 주판이 표시되는 뇌 영역은 언어 영역에서 시각, 공간 영역으로 이동합니다. 세상에 존재하는 물체가 과업을 효율적으로, 제 정의에 따르

면 지능적으로 수행하도록 우리 뇌를 재구성하는 아름다운 예시죠.

지도 역시 상호 보완적 인지 인공물의 또 다른 훌륭한 예시입니다. 새로운 곳에 도착하면 어디를 어떻게 가야 하는지 모르죠. 수 세기 동안, 혹은 수십 년 동안 많은 사람의 도움으로 정확한 지도를 그릴 수 있었습니다. 앉아서 지도를 자세히 들여다보고 있으면 지도 전체를 외울 수 있습니다. 수천 명의 사람이 수년에 걸쳐 구성한 내용이 머릿속에 각인되는 거죠. 실제로 우리 뇌의 내부 배선이 바뀌어 직접 경험한 적 없는 공간 관계가 부호화된 겁니다. 다른 기구들도 있습니다. 혼천의나 아스트롤라베, 육분의, 사분의(모두 과거에 천체 관측에 사용되던 기구_옮긴이) 등의 기구는 점점 익숙해질수록 덜 사용하게 됩니다. 실제 물체를 뇌 속에 일종의 시뮬레이션으로 구축하면 어느 시점이 되면 물체를 완전히 사용하지 않을 수 있죠.

해리스 | 마지막으로, 그 모든 문화적 창의성의 부정적인 측면에 관해 말해 주세요.

크라카우어 | 다른 종류의 인지 인공물이 있습니다. 기계식 계산기나 컴퓨터에 있는 디지털 계산기를 떠올려 보세요. 이 장치의 존재는 우리 지능을 강화해 줍니다. 따라서 나와 나의 휴대전화는 둘다 무척 똑똑합니다. 하지만, 이 장치를 치우면 저는 이전보다 나을게 없습니다. 아마 이전보다 지적 능력이 더 떨어졌을 수도 있습니다. 장제법을 어떻게 하는지 잊었을 수도 있거든요. 긴 나눗셈을 하려면 이제 휴대전화에 의지해야 하니까요.

여기에서 저는 규범적으로 한 가지를 권고합니다. 사람들의 휴대전화를 모두 없애고 긴 나눗셈을 직접 하도록 강제해야 한다고 말하는 것이 아닙니다. 단지 여러 인공물 사이의 차이를 지적하는 것뿐입니다. 제가 **침략적 인지 인공물**competitive cognitive artifacts이라고 부르는 것은 인간의 표현적 능력을 증폭하는 건 고사하고 대체해 버립니다.

다른 예로 기계 학습을 들 수 있습니다. 9단 프로 바둑기사를 이기도록 학습된 딥러닝 신경망 알파고를 떠올릴 수 있겠죠. 알파고는 기본적으로 이를 설계한 사람들에게도 이해하기 어려우며, 인간의 바둑 실력을 향상해 주는 것이 아니라 바둑에서 추론하는 인간의 능력을 대체합니다.

제가 좋아하는 예시 중 하나인데, 자동차도 마찬가지입니다. 자동차는 인간이 지구 표면을 아주 빠르게 이동할 수 있도록 도와주며, 인간은 자동차에 완전히 의존하죠. 특히 미국 남서부에서 더욱더 그러합니다. 차를 없애면 인간은 이전의 상태로 돌아가거나 혹은 더 퇴화할 겁니다. 스스로의 체력만 사용해 이동하기에는 신체적으로 부적합할 것이기 때문입니다. 차에 앉아 이동하는 데 너무 익숙해졌기 때문이죠. 더욱이, 자동차는 위험한 인공물입니다. 사람을 죽일 수 있으니까요. 자동차는 그것 없이 기능하는 우리의 능력이 훼손당했음에도 효용적 가치가 너무 높은 나머지 받아들이고 만 침략적 인지 인공물의 전형적인 예라고 할 수 있습니다.

저는 세상을 이 두 종류의 문화적 인공물로 나눌 수 있다고 생각합니다. 여기에서 이런 질문이 나올 수 있습니다. 우리는 늘 우리 주변에 있는 이 물체들에 의존해도 되는가? 침략적 인지 인공물에 의존할 수 없게 된다면 걱정하기 시작할 겁니다. 그것이 존재하기 이

복잡성과 어리석음

전의 상태보다 더 후퇴해 있을 테니까요.

해리스 | 자동차는 흥미로운 예시네요. 자율주행차가 대중화된다면 침략성은 더 커지겠죠. 자율주행차는 구시대적인 자동차보다 훨씬 안전할 것이기 때문에, 이것이 표준이 되어 있을 미래를 떠올리는 건 어렵지 않습니다. 하지만, 그렇게 된다면 거의 확실히 사람들의 운전 기술이 자동차가 존재하지 않던 시절로 퇴화할 겁니다. 자율주행차가 대중화되고 한 세대만 지나도 인간은 운전대를 잡고 능숙하게 운전하지 못하겠죠.

크라카우어 | 그렇습니다. 흥미롭네요. 무인 자동차는 여러 가지를 한 번에 앗아 가기 때문입니다. 다리를 쓸 필요도 없고, 지도를 그리는 능력도 사라질 겁니다. 두 능력이 한 번에 난도질당하겠죠. 이 지점에서 저는 AI와 관련한 암울한 전망들을 듣고 약간의 좌절을 느낍니다. 기술 영역에서 이런 질문들이 나오곤 합니다. 우리는 언젠가 인간에게 "인간들은 너무 많은 에너지를 소비한다. 인간은 자연을 존경하지 않는다. 그래서 인간을 배터리로 만들어 버리겠다."라고 말하는 기계를 만들게 될까요? 이건 매트릭스에나 나오는 악몽입니다. 우리가 나눠야 하는 진정한 논의는 이미 우리 뇌를 거의 확실히 부정적인 방향으로 바꿔 가고 있는 이 침략적 인지 인공물을 어떻게 다뤄야 하는가입니다. 이를 주제로 토론하다 보면 대체로 그것들은 사라지지 않을 것이라는 대답이 —맞는 말이죠— 나옵니다.

하나가 더 있습니다. 그리고 이것은 뇌의 복잡한 체계와 도미노 효과, 그리고 표현 체계의 상호연결성과 관련이 있습니다. 예를 들어 뛰어난 주판 실력은 단순히 뛰어난 산술 능력만을 의미하지 않는

거인의 통찰

다는 점은 알려진 지 오래됐습니다. 흥미롭게도 이 경우 제 언어적 능력과 기하학적 추론 능력도 간접적인 영향을 받습니다. 이런 영역들 사이에 방화벽 같은 것이 있어서 특정 부분의 기능적 강점만 발달하는 게 아니라는 말입니다. 저는 이것이 모든 흥미로운 상호 보완적 인지 인공물에도 적용된다고 생각합니다.

포크나 젓가락, 칼을 주면 도구들을 적절히 다뤄 음식을 먹겠죠. 동시에 도구를 사용하는 재주도 높아질 겁니다. 이 재주는 다른 영역으로도 확장될 수 있습니다. 제가 주로 걱정하는 건 비단 세상이 쇠락하고 고속도로나 자동차가 사라진 미래뿐만이 아닙니다. 지도와 같은 상호 보완적 인지 인공물이 사라질 경우 인간이 지닌 다른 특성에 미칠 간접적인, 그리고 확산되기 쉬운 영향입니다. 지도를 그리는 능력이나 지형적, 위상적, 기하학적 추론에 대한 친숙도는 도시에서 길을 찾을 때만 유용한 게 아닙니다. 우리 삶 전반에 걸쳐 가치가 있습니다. 그러니 지도가 사라진다면 출발지에서 목적지까지 찾아가는 능력만 떨어질 뿐 아니라 다른 영역의 능력도 약화될 겁니다. 이 부분에 관한 논의가 필요합니다.

해리스 | 저는 해당 연구 분야에 가까이 있는 사람은 아닙니다. 그러나 컴퓨터로 작성되는 문서 —이는 머지않아 음성 인식으로 바뀌겠죠— 가 절대다수를 차지하는 세상에서도 직접 필기하는 행위가 학습에 중요하다고 믿는 많은 학습 전문가를 압니다. 필기는 읽고 쓰는 능력의 습득과 밀접하게 연결돼 있기 때문이죠. 손으로 직접 쓰는 속도도 중요한 듯합니다. 글자와의 물리적인 연결성은 문해력 학습과도 관련이 있고요.

복잡성과 어리석음

크라카우어 | 아인슈타인과 프랭크 로이드 라이트Frank Lloyd Wright는 어린 시절 나무 블록을 가지고 노는 것을 즐겼으며, 오늘날 사람들이 마인크래프트Minecraft로 하듯 블록으로 그들만의 세계를 쌓곤 했다고 합니다. 그리고 두 사람 모두 당시 블록을 가지고 무언가를 만들며 쌓은 직관이 —라이트는 건축 영역에서, 아인슈타인은 우주의 기하학적 구조 영역에서— 이후 삶의 토대가 되었다고 주장했습니다. 저는 지도도 마찬가지라고 말하고 싶어요. 지구상의 유클리드 공간이나 굽은 공간과 같이 물리적 공간을 탐구하는 법을 안다면, 관계공간, 아이디어 공간 등 다른 종류의 공간에 대해서도 사고할 수 있을 겁니다. 하나의 아이디어에서 다른 아이디어로의 (은유로서) 경로라는 개념은 실제 공간에서의 경로와 즉각적이고 자연스러운 연관성이 있습니다. 그러한 소질들이 어떻게 더 넓은 가치를 지니게 되는지 즉각적으로 볼 수 있죠.

해리스 | 조금 전에는 규범적인 주장을 하지 않으셨는데, 문화적 지형을 상호 보완적 기술이 아니라 침략적 기술로 바꾸기 시작하면서 우리 인지적 능력에, 그리고 아마 윤리관에도 발생 가능한 변화에 관해 말씀하시면서는 여러 규범을 언급하셨어요. 이번에는 규범적 주장에 관해 이야기해 보죠.

대부분의 사람은 원하는 것을 얻는 능력을 극대화하고 싶어 합니다. 특정 기술이 그런 우리 능력을 약화시킨다는 생각이 들면, 그러한 사실을 깨닫고 나면 바꾸기를 원하겠죠. 집합적 규범들도 있습니다. 어떤 사회에는 특정한 유형의 창조력이나 협동이 존재하지만, 다른 사회는 지속적인 자기 파괴 혹은 내전 상태에 있기도 합니다.

이러한 맥락에서 개인적, 집단적 규범에 관해 어떻게 생각하시나요?

크라카우어 | 어렵네요. 일부 영역의 경우, 더 나은 방식이 존재한 다는 데에는 동의합니다. 컴퓨터 코딩을 예로 들 수 있죠. 아직도 워 드프로세서 없이 펀치 카드로 기록을 남긴다고 생각해 보세요. 타자 기를 컴퓨터에 연결한다는 발상은 놀라운 발명이었죠. 더 나아가 보 죠. 만약 컴퓨터와 상호 작용하는 유일한 방식이 기계 언어 혹은 2 진법을 사용하는 것이라면요? 오늘날 우리가 떠올리는 그런 소프트 웨어는 없었겠죠. 모든 과업은 규모가 작을 테니까요. 효율적으로 코드를 쓸 수 있도록 도와주는 컴퓨터 언어의 진화는 엄청난 발명이 었고, 오늘날의 세상을 만들었습니다. 딥마인드와 알파고를 비롯해 서 말이죠.

세상과 상호 작용하는 '더 나은' 방식은 있습니다. 첨단은 없는 것 보다 있는 게 낫죠. 하지만, 정제된 문화적 인공물과 물체에 관해 이 야기하면서 규범적으로 상황이 애매해집니다. 작가님이 관심 있어 하는 건 종교적, 과학적, 수학적, 시적 방식 등 여러 다른 사유 방식 이라는 걸 압니다. 물리적, 문화적 현실을 더 효율적으로 상호 작용 하게 만드는 방법을 발견한 문화가 있을까요? '그렇다'고 생각하는 몇몇 영역을 우리는 안다고 생각합니다. 수학은 없는 것보다 있는 게 낫습니다. 수학이 있으면 가능한 것 —달에 사람을 보내 탐사하 는 등— 이 분명 있습니다.

뇌 가소성과 인지 인공물의 문화적 축적 사이의 상호 작용을 이 런 방식으로, 특히 집단 지성과 집단 어리석음과 관련해 생각하는 사람은 많지 않습니다. 집단 어리석음은 뇌에 축적된 규칙 체계들,

다른 이들은 필요하다고 생각하지만 나는 필요치 않다고 생각하는 체계들, 그리고 필요하지 않은 체계들로 구성돼 있습니다. 이 체계들은 우리가 이전보다 더 안 좋은 방식으로 세상과 상호 작용하게 합니다. 그런 경우는 많죠.

이는 대담한 새 개척지입니다. 산타페 연구소에서 진행하는 '사회 법 운영체계의 규칙Law of the Legal Operating System of Society'이라는 프로젝트가 있습니다. 헌법은 역사적 사건들과 긍정적 결과로 이끈 대응 방식을 기록한 기억 체계의 훌륭한 예시입니다. 현재 저희는 590개의 법 운영체계를 확보해 놓았습니다. 전 세계 헌법에서 수집한 것이지요. 이를 통해 이런 질문들을 탐구할 수 있습니다. 법은 언제 효과적으로 작용하는가? 언제 효력을 발휘하지 못하는가? 어떤 문화적 영향을 미쳤는가? 어떤 법이 폭정으로 연결될 가능성이 높은가? 어떤 법은 그 가능성이 낮은가? 이러한 질문들을 해결해야 합니다.

해리스 | 복잡성과 지적 정직성intellectual honesty 사이에도 어떠한 관계가 있는지 궁금하네요. 종교적 독단주의와 과학적 호기심의 차이는 결과적으로 나타나는 세계관의 한계와 그에 따른 모호성과 복잡성에 대한 관용입니다. 독단주의자에게 답은 이미 주어져 있습니다. 현실은 그가 믿는 성서에 적힌 내용 이상으로 복잡해지지 않습니다. 하지만, 과학자나 호기심을 갖고 세상을 보는 사람들에게 현실을 향한 탐구는 열려 있습니다. 미래에 무엇을 더 알게 될지 누가 알겠습니까? 지금 우리가 이해하고 있는 지식을 무엇이 대체할지 누가 알겠습니까?

문화 간 차이를 생각할 때 저는 종종 문제의 근본적 차이에 관해

거인의 통찰

알아야 할 거의 모든 것을 보여 주는 여러 세부 사항에 주목합니다. 저는 딸이 둘 있는 아빠입니다. 제 딸들에게 주고 싶은 삶과 전통적인 무슬림 문화 —극적인 사례로는 탈레반이나 이슬람국가ıs가 있겠죠— 에서 여성과 소녀를 향해 보이는 일방적인 태도를 비교하자면, 우리 세계관과 양립할 수 없는 차이점을 너무 많이 보여 줍니다.

가장 끔찍한 예로 명예 살인을 들어 보죠. 강간을 당했거나, 아버지가 정한 어떤 나이 많은 남자와의 결혼을 거부하거나, 그저 교육을 받고 싶다는 의사를 표현한 소녀는 그 집안의 남성 구성원에 의해 살해당합니다. 소녀가 집안을 "욕보였다."라는 이유로 말이죠. 지금 설명하고 있는 건 어떤 정신 나간 사이코패스 한 명의 행동이 아닙니다. 우리 문화에서라면 실제 사이코패스나 지지할 행동을 부추기는 문화에서 자란, 심리적으로 아주 정상적인 사람을 말하고 있는 겁니다. 여성과 소녀를 대하는 방식에서의 이 단 하나의 차이점은 두 문화 사이에 존재하는 차이에 대해 우리가 알아야 하는 거의 모든 지적, 윤리적 사실을 말해 줍니다. 인구의 절반을 문맹으로 만들고 자루를 입고 살도록 만들 경우 사회는 무엇을 성취할 수 없는지 우리는 알고 있죠.

크라카우어 | 방금 묘사한 문화들은 우리가 주저 없이 어리석다고 표현할 결과를 자아내는 규칙 체계를 고집하는 아주 흥미로운 사례들입니다. 특히 인간을 대하는 방식과 관련해서 말이죠. 이것이 제게는 진정한 과학 문제입니다. 저 역시 그러한 사회에 있는 많은 이가 깊이 불행해한다는 것을 압니다. 그와 같은 규칙 체계들이 그들에게 강요되고 있죠. 왜 그러한 체계를 고집하는 걸까요? 확실히

복잡성과 어리석음

짚고 넘어가자면, 서구 사회 역시 20세기 초가 되어서야 잘못되었다는 것을 깨닫고 여성에게 참정권을 부여했습니다. 하지만, 여러 인종차별적 이데올로기는 여전히 이 나라에 남아 많은 사람에게 파괴적인 결과를 낳고 있습니다.

그러한 규칙 체계는 사고방식에 굉장히 구체적인 형태로 각인됩니다. 혐오와 비관용을 조장하는 문화적 형태는 주판과 마찬가지로 우리가 사유하는 방식, 우리가 세상을 바라보는 방식에 자국을 남깁니다. 이런 질문이 있을 수 있습니다. 과학자와 통념을 믿는 자를 어떻게 구별하나요? 저는 이 질문이 '과학자란 전문가에 대한 근본적인 불신을 지닌 사람'이라는 리처드 파인만의 정의에 남겨져 있다고 생각합니다. 사람들이 불확실성을 받아들이도록, 불확실성 때문에 불행함을 느끼지 않도록 교육 체계를 통해 이러한 문제들을 해결해야 합니다. 안심의 언어는 가능성의 형태여야지, 가능성의 부재라는 형태여서는 안 됩니다. 이는 더 깊은 문제입니다. 그리고 저는 이 지점에서 교육이 실패한다고 생각합니다. 우리 교육은 증상에 주목하기 때문이지요. 결국 신성한 목적이란 없고 다양한 인간적 목적이 있다는 사실과 타협하는 방법만 가르치고 있습니다. 우리 태양계는 공활한 우주와 달리 물질이 밀집한 공간입니다. 우리 행성은 생명의 기적이라곤 없는 수많은 행성 중에서도 생명으로 가득한 곳입니다. 이 행운을 우리는 즐겨야 할까요, 두려워해야 할까요? 이런 질문이 사람들을 과학 혹은 신앙으로 이끕니다. 과학은 바쇼의 하이쿠에도 새겨진 것과 같은 정서에서 영감을 받습니다. "잎 위에 잠들어 있는 벌레 한 마리가 당신의 목숨을 살리네."

거인의 통찰

해리스 | 기본적인 불확실성과 불확실성 자체에 대해 종교적으로, 문화적으로 보이는 다른 반응들을 고려할 때 우리 문명의 미래를 어떻게 그리시나요? 물론 우리가 스스로를 파괴하거나 전 세계 문명이 멸망할 가능성은 있습니다. 하지만, 인간의 단점을 모두 제거하여 결국에는 상상조차 어려울 만큼 고도로 발전한 문화를 온 우주에 퍼뜨릴 가능성도 있지요. 대다수의 사람은 인간이 현재 일종의 병목을 지나고 있으며, 금세기가 그 어느 때보다 가장 중요하리라 생각하는 듯합니다. 소장님 역시 그렇게 생각하시나요?

크라카우어 | 그렇기도 하고, 아니기도 합니다. 20세기는 확실히 인간이라는 종에 관해서 역사적으로 전례 없는 여러 특징을 보였습니다. 지난 수십 년 동안 인구도 많이 증가했죠. 우리가 알고 있는 컴퓨터 기술도 불과 지난 수십 년 사이에 발생한 겁니다. 시행착오가 아니라 과학적 원리를 통해 발전하는 의술 역시 굉장히 최근의 현상입니다. 위생에 대한 이해나, 인간을 향한, 그리고 인간 외 동물을 향한 윤리적 대우라는 측면에서 생물학적 진화의 영향에 대한 이해가 생긴 지도 얼마 되지 않았습니다. 여러 면에서 정말 놀라운 한 세기였지요. 물론 그렇다고 해서 최고의 세기였다고 할 수는 없습니다. 세상에 대한 내적 표상을 점토판에 상형 문자로 처음 표현했던 그 순간이 인류 역사상 최고의 사건 중 하나라고 주장할 수도 있겠죠. 그것이 인간 발전에 미친 영향을 고려하면요. 인류 역사에는 대단히 중요한 사건들이 많이 발생했습니다. 각각에 차등적인 중요도를 부여하기는 어렵죠.

해리스 | 인간이 중요하다고 여기는 대부분을 가능케 한 중대한

복잡성과 어리석음

발견이 글이라는 주장을 확실히 옹호하시는 편이겠네요. 하지만, 글의 탄생은 단일 국가 혹은 일개 개인에게 인류를 파괴할 힘을 부여하는 기술을 주지는 않지요.

크라카우어 | 그러한 주장 대부분은 정량적이지, 정성적이지는 않습니다. 그렇지 않나요? 화약은 무척 중요한 물질이었습니다. 기관총 대 기병대. 1차 세계대전의 파괴적인 참상을 우리 모두 확인하지 않았습니까. 당시에 원자 폭탄 혹은 생물학적 무기가 사용되지 않았다고 해서 인간 전투 역사에서의 혁명적인 전환을 무시할 수 있나요? 여전히 놀라운 일들은 계속해서 벌어지고 있습니다. 제 생각에는 우리 생전에 민족 국가의 몰락을 볼 가능성도 있다고 봅니다.

영토와 궁극적으로는 국가의 전신인 사회관계망의 유형들도 지금은 다르죠. 지구 사회 체계를 완전히 재구성할 가능성도 흥미롭습니다. 페이스북이나 컴퓨터 게임 속에서 사는 많은 사람에게는 이미 효과적으로 실현되었죠. 세금 체계나 선거의 책임이라는 면에서 벌어진 게 아니라, 사람들이 사는 방식에 벌어진 겁니다. 비관주의와 낙관주의의 대립에서 저는 지성을 믿습니다. 이성을 믿고 문명적 담론을 믿습니다. 저는 무조건적인 낙관주의와 비관주의가 두렵습니다. 정치적으로 올바른 것과 부적절한 것의 양극단은 확실히 정해져 있잖아요. 그 중간 지대는 늘 미온적이고 그저 그래 보였죠. 하지만, 그 지점이 정확히 제가 앉고 싶은 부분입니다. 상호 보완적, 침략적인 두 종류의 인공물을 구분하게 되고, 이 인공물들이 우리가 이성적으로 사고하는 생물학적 능력에 미치는 영향을 알게 된다면, 그러면 문명화된 사람들로 구성된 공동체로서 우리의 소망을 생각하고,

거인의 통찰

결정을 내릴 수 있을 겁니다.

　제가 지닌 가장 큰 두려움 중 하나는 제가 인간 자유의지의 체계적 침식이라고 보는 것입니다. 여기에서 '자유의지'는 "결정론적 세계에서 그것이 가능한가?"에서의 자유의지가 아니라, 그것의 도덕적 영향을 말하는 겁니다. 자유의지는 실제 행동이 따라야 가치가 있습니다. 실행할 기회가 있다면 말이죠. 실행할 수 없다면 자유의지의 유무는 중요하지 않습니다. 만약 이슬람 국가가 정권을 장악한다면 제 자유의지는 중요하지 않을 겁니다. 제가 실행 능력을 행사하지 못하도록 막을 테니까요. 그런데 지금 우리는 그것을 자발적으로 행사하지 않는 쪽을 선택하고 있습니다.

　몇 가지 예를 들죠. "넷플릭스, 내가 무슨 영화를 보면 좋을까?" "이전에는 이런 영화들을 봤으니까, 이번에는 이걸 보는 게 어떨까요?" "아마존, 내가 무슨 책을 읽으면 좋을까?" "당신과 비슷한 사람들이 이런 책들을 읽고 있어요." 이와 같은 기능들은 기하학적으로 생각하자면 내 자유 선택의 부피를 줄입니다. 내 선택을 도와주겠다는 경제적 가면을 쓰고 말이죠. 맞습니다, 거부하면 되겠죠. 하지만, 그것이 점차 더 어려워집니다. 제가 앱을 하나 개발했다고 합시다. 유권자 앱이라고 부르겠습니다. 사용자는 이 앱에 자신의 경제적 상황과 거주 지역, 정치적 관심사 이력을 기입합니다. 그러면 앱은 누구를 뽑을지 말해 줍니다. 이번에는 의료 앱으로 바꿔 보겠습니다. 4세대 애플 워치와 같은 형태를 떠올려 보세요. 사용자의 신체와 관련해 측정할 수 있는 모든 정보를 파악한 뒤, 사용자가 식당에 가려고 하면 이렇게 말합니다. "안 됩니다. 오늘 저녁에는 가지를 먹으면

복잡성과 어리석음

안 돼요. 치킨 샌드위치를 먹어야 합니다." 오는 10년 내 더 많은 선택이 이와 같은 침략적인 형태로 외부 요인에 의해 정해지게 될 겁니다. 그리고 남는 건 결국 조그마한 자유 조각뿐이겠죠.

해리스 | 저는 그 예시들이 자유의 문제가 아니라고 생각합니다. 자유의지라는 주제를 꺼내신 게 재미있네요. 오랜 시간 저는 자유의지가 앞뒤가 맞지 않는 개념이라고 주장해 왔거든요. 물론 자발적 행위와 비자발적 행위에는 차이가 있으며, 여기에서 자유의지라는 개념을 제거해도 크게 변하는 건 없습니다. 하지만, 몇 가지는 확실히 변하죠. 자유의지는 차치하고서라도, 저는 방금 그 예시들이 자유의 감소를 보여 준다고 생각하지 않습니다. 분명 사실로 효과는 있습니다. 우리가 선호하는 선택지를 제공하기 위해 먼저 선택지를 선별하는 기계를 만들고 있으니까요. 그게 그렇게 나쁠까요?

크라카우어 | 다른 예시를 드리죠. 저는 서구권의 남성입니다. 작가님도 서구권의 남성입니다. 작가님은 지금 바지와 셔츠 한 벌을 입고 있겠죠. 작가님에게 주어진 의복의 선택지는 전 세계 문화를 범위로 놓고 봤을 때 극도로 적습니다. 역사적으로 페르시아나 로마 제국, 혹은 중국에서 몸을 치장하기 위해 선택해 온 방식은 다양하고 매혹적이었습니다. 서구권의 남성으로서 우리는 모두 클론처럼 보입니다. 작가님은 스스로 판단한 게 아니라, 그렇게 입어야 한다고 들어왔기 때문에 그런 결정을 내렸다고 저는 생각합니다. 입을 옷을 판단할 때도 우리에게 주어진 선택지는 순전히 경제적 효율성을 위해 의류 생산자가 제공하기로 결정한 질감과 색상으로 구성된 저차원적인 범위만 있을 뿐입니다. 제가 생각했던 건 그겁니다. 현

대판 시민 불복종의 일환으로 "싫습니다."라고 말할 수도 있겠죠. 하지만, 사람들이 그렇게 하기는 무척 힘듭니다.

제가 걱정하는 건 불가피한 것이나 결정론적인 그런 것이 아닙니다. 그러나 우리가 개성과 건설적인 차이들을 주장하기로 선택하지 않는다면 우리는 필연적으로 모두가 다를 바 없는 클론과 같은 종이 되고 말 겁니다. 우리의 생김새와 차림새는 물론 사유하는 방식에서도 말이죠. 디스토피아로 전환하는 특이점에 관해 물으셨죠. 이게 제가 생각하는 특이점입니다. 낙관적인 미래란 이렇게 말할 수 있는 미래입니다. "그거면 됐습니다. 더 이상 순응만 하지 않겠습니다. 내가 이렇게 행동하고 생각해야 한다는 당신의 과잉 선별도 사양하겠습니다." 다양성이 급격하게 증가할 수도, 건설적인 사회주의적 장치와 조화시켜야 하는 급진적인 개성이 발생할 수도 있습니다. 우리가 역사적으로 그것을 잘 처리해 왔다고는 생각하지 않습니다. 어떻게 하면 우리 모두 나름의 다름을 지닌 채로 서로 잘 어울릴 수 있을까요? 그것이 제가 생각하는 긍정적인 미래입니다. 하지만, 큰 노력을 필요로 하는 길이라고도 생각합니다.

해리스 | 의복에 관한 부분은 확실히 동의합니다. 바지와 셔츠 외에 킬트라든지 다른 종류의 옷을 입고 싶다는 생각이 든 적은 단 한 번도 없으니까요. 사실 제게는 남들보다 이러한 제약을 더 강하게 수용하는 측면이 있습니다. 무엇을 입을지 고민조차 하지 않기로 했거든요. 그래서 저는 기본적으로 늘 같은 옷만 입습니다. 의복에 관한 한 저는 위험을 예고해 주는 탄광 속 카나리아 같은 존재일 겁니다. 넷플릭스와 아마존 예시와 관련해서는, 20년 전이라면 우리는

비디오 대여점이나 서점에 들어가 복도를 서성거렸을 겁니다. 영화나 도서 후기 역시 또 다른 큐레이션 과정이기 때문에 논외로 하겠습니다. 그리고 눈에 들어오는 제목이나 표지를 찾겠죠. 어떤 하나가 눈에 띄겠지만, 이는 대개 우연의 문제입니다. 보거나 읽을 만한 수천 가지, 수만 가지 항목 중 하나를 고를 정도로 충분한 정보도 없을 테고요.

이제 우리는 나의 독서 기록이나 영화 시청 기록을 바탕으로, 나와 비슷한 수백만의 사람이 재미있다고 내린 평가를 바탕으로 추천을 받습니다. 물론 지적, 윤리적 틀에 갇힐지도 모를 위험은 있습니다. 그렇지만 이는 자신의 동의 의사를 제공한 SNS에서 타인을 팔로우하기로 선택한 사람 대부분에게 벌어지는 일입니다. 통로로 들어서 버리고, 그 통로의 벽은 점점 높아지죠. 그렇다고 전반적으로 그것이 문제라는 생각은 잘 들지 않네요.

크라카우어 | 분명히 말하고 넘어가자면, 저는 과거를 낙천적으로만 보는 사람은 아닙니다. 제가 말하는 건 약간 다릅니다. 우리가 지금 소유한 도구들은 전례 없는 자유를 제공해야지 과거의 틀에 박힌 방식으로 되돌려 보내서는 안 됩니다. 그 부분에는 동의합니다. 저는 과거가 더 나았다고 말하는 게 아닙니다. 단지 우리에게 놀라운 자유를 줄 수 있는 기술을 개발한다면 왜 사용하지 않겠냐는 거죠. 기술의 역사에서 흥미로운 점은, 가능성을 높여 주는 모든 새로운 기술은 부정성을 불러올 가능성도 높였다는 겁니다. 아마존은 오지에 사는 사람에게는 책을 접할 수 있는 하늘이 준 선물입니다. 하지만, 여기에는 대개 경제적인 이유로 우리의 행동을 제한하고 싶어

거인의 통찰

하는, 모든 것을 꿰뚫어 보는 눈이 함께 딸려 옵니다. 그러한 기술로 부터 자유를 유지하는 게 우리가 해야 할 일입니다. 이것이 제가 하고 싶은 말입니다. 인간을 정확히 예측하기를 원하는 기계 학습 알고리즘에서 인간을 골칫거리로 취급하려는 기술의 본능에 저항하자, 그리고 이것들을 끊임없이 놀라게 만들자는 것 말이죠.

해리스 | 이제 더 멀리 나가 보겠습니다. 우주에 인간보다 지적으로 훨씬 더 고등한 존재가 있을 가능성에 대해서는 어떻게 생각하시나요? "모두 어디에 있는 거지?"라는 질문에 대해서, 페르미 역설에 대해 어떻게 생각하세요?

크라카우어 | 페르미 역설을 주제로는 아주 긴 이야기를 할 수 있을 겁니다. 통계학적으로 그것은 현실적인 문제입니다. 데이터가 많은 통계 모델을 가지고 추론을 하려면 독립된 여러 사례가 있어야 하기 때문입니다. 이 경우에는 사례가 하나밖에 없다는 게 문제입니다. 따라서 이 문제를 통계학적으로 추론할 수는 없습니다. 그러나 물리 법칙과 진화 역학의 관점에서는 추론할 수 있죠. 우리가 측정할 수 있는 한도 내에서 물리 법칙은 우주의 어느 곳이든 같습니다. 그리고 물리 법칙에서 생물학적 구조가 발생할 수 있다면, 지구가 딱히 특별할 이유는 없습니다. 역학에 기반을 둔 이러한 추론을 통해 저는 지적 생명체가 우주 밖 어딘가에 존재한다고 예상할 근거가 충분히 있다고 생각합니다. 하지만, 통계학적 근거는 없으며, 이는 종종 결실 없는 논의로 이어집니다. 그렇지만 지구 밖 우주에 지적 생명체가 존재하는지 여부와 상관없이 우리에게는 우주로 나아가야 하는 지적 책임이 있습니다. 그게 제 입장입니다. 만약 제게 유

사 공상적 신념 체계가 있다면 이성과 공감의 영역을 전 세계와 지구 너머로 확산하는 일과 관련이 있을 겁니다. 인간 최고의 성취를 저 우주 밖으로 보낼 수 있다면 아주 멋진 일이 되겠죠.

해리스 | 인간에게는 우주로 나가야 하는 윤리적 책임이 있다는 그 말씀은 흥미롭네요. 많은 사람에게는 아주 당연한 얘기로 들리지 않을 텐데요. 아직 존재하지 않는 사람들에 대한 우리의 윤리적 책임은 무엇인가요? 우리는 최소한 이 행성에는 아름답고 만족스러운 다양한 의식적 상태를 즐길 수 있는 지적 생명체가 있다는 사실을 압니다. 그럼에도 우리는 우리 종의 미래를 소멸시킬 수도 있는 어떤 일을 할지도 모릅니다. 어떤 일이 잘못될 가능성이 있다면, 그 일은 윤리적으로 잘못된 것입니다. 단순히 모두를 고통받게 만들지도 모른다는 가능성을 말하는 게 아닙니다. 전 세계 모든 사람이 자는 동안 고통 없이 죽을 수도 있죠. 그러면 고통받는 사람도, 가족의 죽음에 힘들어하는 사람도 모두 사라질 겁니다. 우리가 아직 상상도 할 수 없는 종류의 행복과 창의성을 경험할 수 있는 잠재적인 수십억 년의 시간을 빼앗으려 한다면, 그건 끔찍한 일이 되리라는 겁니다.

이 주제에 대한 도덕적 직관은 사람마다 다르겠지요. 일부 도덕철학자들은 미래에 존재하지도 않을 사람들의 미래 경험으로 향하는 문을 닫는 것에는 어떠한 윤리적 영향도 없다고 생각합니다. 하지만, 앞으로 어느 정도의 시간 동안 인류는 존속할 것이라는 예측은 합리적인 것 같습니다. 따라서 우리에게는 인간의 행복을 누리며 살 수 있는 세상을 후손에게 남겨 줄 윤리적 책임이 있습니다. 도덕 주관처럼 미래 세대를 위한 약속을 내면화하도록 도와주는 기술이나 인공물이 있으면 좋겠네요. 인간은 기후 변화처럼 근 미래보다 더 먼 시간의 지평선에 있는 문제를 해결하는 능력이 형편없기 때문이죠. 우리는 미래 세대의 고통을 너무 가파르게 깎아내려, 문제가 아무리 심각해 보여도 수 세기나 유지될지도 모를 문제를 우선순위에 올려놓지 못하고 있습니다. 정서적, 윤리적 중요성을 인지하고 후세를 위해 반성하는 태도로 적극적으로 노력하는 것, 그리고 이러한 노력을 내면화하는 것. 저는 이것이 당장 우리에게 절실히 필요한 한 가지라고 생각합니다. 어떤 형태일지는 모르겠지만, 아까 설명하신 주관이라는 예시에 우리에게는 우주를 탐험해야 하는 윤리적인 책임이 있다는 주장을 더하니, 이런 생각이 들었습니다.

크라카우어 | 많은 사람이 라이엘과 다윈, 월리스의 사상과 같은 진화적 사고에 끌리는 이유 중 하나는 시간이 할 수 있는 일을 보여주었기 때문입니다. 개인적으로 정말 놀랍다고 생각하는 건, 수십억 년이라는 시간에 걸쳐 지구는 현재 금성의 표면처럼 보이는 행성에서 롤링스톤즈와 요한 제바스티안 바흐, 에밀리 디킨슨이 있는 행성이 되었다는 겁니다. 말씀하신 것처럼 사라지기 쉽고 드문 것들은 보존되어야 한다고 생각합니다. 그리고 그것을 위한 윤리를 발전시키는 것이 정말 중요하겠죠.

해리스 | 종을 진화의 우연성에 기대기보다 조금 더 의도적으로 바꾸는 것에 대해서는 어떻게 생각하시나요? 생식세포계열에서의 유전 공학적 변화를 말씀드리는 겁니다. 아마 이를 현명하게 수행할 정도로 유전자에 대한 이해도가 높아진 다음의 이야기가 되겠지

복잡성과 어리석음

만요.

크라카우어 | 글쎄요, 우선 저는 그 일이 이미 벌어졌다고 믿습니다. 글이 생기면서 벌어졌고, 수학이 생기면서 벌어졌죠. 저는 이미 문화가 뇌에 대한 일종의 집단 침투적 사건이라고 주장한 바 있습니다. 우리는 영양분을 통해서든, 운동 혹은 사회를 통해서든 스스로를 영구히 수정해 오고 있습니다. 문제는 게놈을 조작함에 있어 개입 방식의 급진적인 불연속성이 나타날 것인가 하는 겁니다.

분명히 말하자면, 인간은 앞으로도 스스로를 수정해 나갈 겁니다. 예를 들어 사망률이 80퍼센트인 바이러스성 전염병이 창궐합니다. 누군가 CRISPR 기술을 활용해 우리 체내 모든 세포의 게놈을 바꿔야 하는 면역 시스템을 개발합니다. 그러면 이 방식은 채택될 겁니다. 채택될 뿐만 아니라 아마 의무화될 겁니다. 그리 허황된 이야기가 아닙니다.

그런 일은 벌어질 거고, 일부는 놀랄 만한 규모로 벌어질 겁니다. 언젠가 몇몇 암은 세상에서 사라질 겁니다. 사람들은 자신을 기꺼이, 그리고 제 생각에는 적절히 수정할 겁니다. 이와 관련한 논의는 계속되겠죠. 스포츠계에서 운동 수행 능력 강화와 관련한 논의가 지속되는 것처럼 말이죠. 어디까지를 경계로 용인해야 하는 걸까요? 이는 다시 공정성의 윤리라는 질문으로 이어집니다.

기술 발전은 피할 수 없지만, 여기에 이성이 동반되기를 바랍니다. 이러한 논의에서 유용한 이성적 사고방식 중 하나는 선례를 찾는 겁니다. 현존하는 가장 강력한 유전 공학 기술인 CRISPR에 관해 이야기할 때에는 우리가 자연적으로, 인공적으로 유전자를 변경하

거인의 통찰

기 위해 한 모든 일, 식단이나 생화학적 방식을 통해 —우리 게놈의 일부이기도 한— 체내 미생물에 한 일 모두를 생각해 보는 게 좋습니다. 언젠가 인간이 다른 행성들을 정복하게 됐다고 가정하죠. 행성 질량의 차이로 중력이 더 크거나 낮다면 대기 중 기체 분자의 구성도 다를 겁니다. 그러면 인간은 꽤 기꺼이 스스로를 개량할 겁니다. 반드시 그럴 것이라 저는 생각합니다.

해리스 | 시간 내주셔서 감사드려요. 소장님과의 대화, 정말 흥미로웠습니다. 저는 이제 주판과 킬트를 사러 가야겠네요.

복잡성과 어리석음

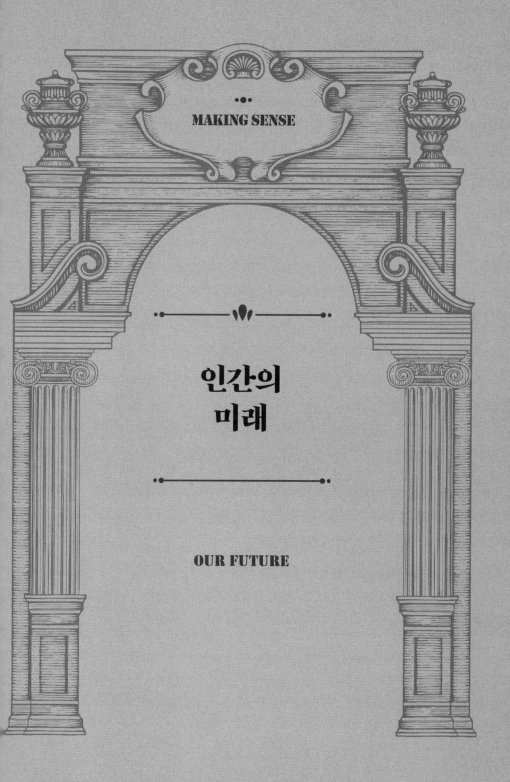

MAKING SENSE

인간의
미래

OUR FUTURE

대담 파트너

맥스 테그마크
Max Tegmark

맥스 테그마크는 MIT의 물리학 교수이자 생명 미래 연구소Future of like Institute의 공동 설립자이다. 저서로는 『맥스 테그마크의 유니버스: 우주의 궁극적 실체를 찾아가는 수학적 여정』과 『맥스 테그마크의 라이프 3.0: 인공지능이 열어 갈 인류와 생명의 미래』가 있으며, 이 두 책과 관련해 우리는 긴 논의를 펼친다.

테그마크는 그의 독특한 사상과 모험에 대한 열정 때문에 '매드 맥스Mad Max'라고도 알려져 있다. 그의 과학적 관심 분야는 정밀 우주론부터 현실의 궁극적 실체에 이르기까지 다양하다. 그가 속한 생명 미래 연구소가 AI와 다른 여러 가능성 있는 실존적 위협을 다루는 덕분에, AI 관련 논의에서 그의 영향력은 점차 커지고 있다.

『인간을 묻다』의 마지막 장은 크게 인류의 미래에 초점을 맞춘 두 가지 주제로 나눌 수 있다. 우리는 과학의 기초(그리고 과학과 비과학을 구별하는 기준)와 자연과학에서 수학의 신비한 유용성, 정신의 기질 독립성, 의식과 지능의 차이, 우주는 무한할지도 모른다는 암시, '다중우주' 의 다양한 형태, 그리고 AI 부문의 발전이 제시하는 위험에 관해 이야기한다.

해리스 | 교수님의 저서 『맥스 테그마크의 유니버스』를 비롯해 함께 이야기 나누고 싶은 주제가 아주 많습니다. 이 책은 정말이지 커다란 업적이라고 생각하고요. 이 대화를 통해 책의 모든 내용을 다룰 수는 없을 겁니다. 교수님은 일반 독자들도 접근할 수 있는 수준으로 최첨단 물리학 —특히 우주론— 을 설명해 주셨어요. 교수님 동료 학자 중에서도 그렇게 할 수 있는 분은 많지 않을 겁니다. 축하드려요.

테그마크 | 그렇게 말씀해 주시니 감사하네요. 제 책을 다 읽고 나서도 우주에 관해 실은 아무것도 이해하지 못한 것 같은 느낌이 든다면, 다른 사람도 마찬가지라는 사실을 기억하는 게 중요합니다. 그리고 사실 그것이 우주를 연구하는 매력의 일부죠. 우리에게는 아직 탐구해야 할 우주의 신비가 많이 남아 있습니다.

해리스 | 저희가 바로 그 신비로 뛰어들 겁니다. 그 전에 맥락을 먼저 다뤄 보겠습니다. 저희가 처음 만난 게 푸에르토리코 산후안San Juan에서 2015년에 열린 학회에서였죠. 당시 교수님은 학회 개최를 도우면서 AI 연구, 특히 안전 관련 우려의 최전선에 계셨어요. 저희 둘의 공통 관심 주제가 AI이기 때문에 이 주제도 언제 한번 다뤄 보면 좋겠네요. 하지만, 우선 물리학에 관한 이야기를 먼저 하고, 그다음에 우리를 기다리고 있을지도 모르는 치명적인 로봇 군단에 대해

이야기 나눠 보죠.

테그마크 | 더불어 우리 둘은 저 우주 밖 세상을 들여다보는 것과 우주의 진정한 실체를 탐구하는 것에도 깊은 흥미를 지닌 듯하군요.

해리스 | 과학의 기초부터 시작해 보죠. 현실에 대한 공통된 이해에 도달하기 위해 최선의 노력을 하고 있는 부문이죠. 많은 사람, 특히 인류학 영역에 있는 사람들은 그러한 이해가 있을 수 없다고 생각합니다. 그 어떤 세계관도 아원자 입자나 원자들의 칵테일파티, 그 사이의 모든 것을 아우를 수 없다고 생각합니다. 하지만, 과학의 관점에서 이는 사실이 아니죠. 서로 다른 범위에서 서로 다른 개념을 사용해 현실을 이해할지언정, 그러한 범위들 사이에 급진적인 불연속성은 없습니다. 교수님도 아마 같은 생각이실 것 같은데요.

테그마크 | 현실이란 단순히 사회적 구성체라고 말하는 사람에게 과학자는 이렇게 말할 겁니다. "중력이 사회적 구성체라고 생각한다면, 지금 여기 6층 창문 밖으로 나가 보라고 얘기하고 싶네요." 이러한 의견의 차이를 조금 더 깊이 살펴보면, 사람들이 현실이라는 단어를 두 방식으로 사용한다는 걸 알 수 있습니다. 물리학자로서 제가 '현실'이라는 단어를 사용하는 방식은 저 밖에 저와는 별개의 어떤 것이 있다고 가정하는 겁니다. 예컨대 제가 지금 이곳에 없다고 하더라도 안드로메다은하는 계속해서 존재할 거라고 가정하는 겁니다. 과학자들은 아주 겸손하게 이렇게 말합니다. "좋아요. 저 우주 밖에 무언가 존재한다면 ―이것을 물리적 현실이라고 부릅시다― 최대한 자세히 살펴보고 그것에 어떤 속성이 있는지 알아봅시다."

여기에서 혼란이 발생한다면, 그것은 현실의 문제가 아니라 우리의 문제입니다.

저는 우리 우주가 자신이 하는 일을 완벽하게 알고 있다는 데 한 치의 의심도 없습니다. 우리 물리학자들은 지금까지 그것이 정확히 무엇인지 파악하는 데 실패해 왔습니다. 우리는 너무나 갈피를 못 잡고 있는 나머지 양자 역학과 상대성 이론을 제대로 연관 지어 이야기하는 것조차 하지 못하고 있습니다. 하지만, 이것은 단지 우리 창의력의 문제라고 생각합니다. 저는 저 밖에 우리와는 별개의 현실이 있다고 믿을 뿐 아니라, 그 반대라고 말하는 게 오만한 일이라고 생각해요.

해리스 | 그렇죠.

테그마크 | 유아론자는 자신을 제외한 현실은 없다고 말합니다. 현실 도피자는 자신 눈에 보이지 않는 건 존재하지 않는다고 가정합니다. 존경받는 과학자 중에도 간혹 이러한 비탈길을 따라 내려가는 사람들이 있습니다. 양자 역학의 창시자 중 한 명인 닐스 보어Niels Bohr는 관찰되지 않는 건 실재하지 않는다고 말했습니다. 이는 다시 말해 인간을 중심에 놓고, 인간이 없다면 '현실'이라 부르는 그 어떤 것도 존재할 수 없다는 거죠. 저는 그것이 오만하다고 생각합니다. 여기에 필요한 만큼의 겸손을 좀 더할 수 있겠죠. 따라서 제 시작점은, 저 밖에는 무언가가 있고, 그것의 원리를 알아보자는 겁니다.

해리스 | 현실을 이해하는 것의 가능성에 대한 회의론은 다소 역설적이지만 우리가 과학을 —특히 진화 생물학을— 진지하게 받아들이려 할 때 살금살금 등장합니다.

이 주제에 관해서는 저희가 마지막으로 만났을 때도 대화를 나눴죠. 중간에 제가, 진화에 관해 고민하는 대부분의 사람과 마찬가지로, 인간의 인지적 능력 —인간의 상식, 인과에 관한 직관 등— 은 극히 작거나 극히 큰 것, 혹은 극히 빠른 것, 혹은 극히 오래된 것을 이해할 정도로 충분히 진화하지 않았다고 말한 바 있습니다. 인간의 직관은 내가 저 대상과 짝짓기를 할지, 저 대상을 먹을지, 혹은 내가 먹힐지 판단할 정도로만, 인간 규모의 것에 맞춰져 있습니다. 그렇기에 어느 영역이나 그렇지만 특히 교수님이 연구하는 영역의 과학적 해석들은 굉장히 비직관적으로 다가오는 게 그리 놀랍지는 않습니다.

테그마크 | 맞습니다.

해리스 | 그리고 제게 하나 가르쳐 주신 게 있어요. 비직관적으로 다가오는 게 그리 놀랍지 않을뿐더러, 그러한 해석들이 상식과 부합할 경우 오히려 놀라울 거라고 말씀하셨어요. 그리고 실은 그것이 우리가 우리의 이론을 믿지 못할 이유를 제공한다고도요. 우리는 자연서의 뒷면에 적힌 대답들이 매우 비직관적일 것이라 예상해야 한다고요. 더 구체적으로 설명해 주실 수 있을까요?

테그마크 | 아주 정확한 말씀이고, 그것이 바로 다윈의 견해에서 비롯된 예측입니다. 현실의 궁극적 본질이 무엇이든, 그 본질은 우리에게는 이상하고 비직관적으로 보일 겁니다. 만약 석기시대에 동굴에서 살던 한 여성이 하늘 위 수많은 별 너머에 무엇이 존재할지 궁금해하며 너무 많은 시간을 보냈다면, 아마 등 뒤로 호랑이가 살금살금 다가오는 것을 눈치채지 못했을 거고, 그녀의 유전자는 유

전자 풀에 포함되지 못했을 겁니다. 진화에서 궁극적인 개념을 이해할 정도로 고등한 수준의 뇌로 발달하는 데에는 큰 희생이 필요합니다.

이는 단지 논리적 예측이 아니라 검증 가능한 예측입니다. 다윈의 죽음 이후 어떤 일이 벌어졌는지 생각해 보세요. 감각을 가지고 경험할 수 있는 것 너머를 알아보기 위해 인간은 기술을 사용했습니다. 우리 조상은 알 수 없었던 물리학을 현대의 기술을 이용해 연구하여 발견한 결과물은 이상해 보일 겁니다. 지금까지 낸 결과들을 생각해 보세요. 우리 조상들이 상상할 수 있던 것보다 훨씬 빠른 속도로 사물이 움직이면, 광속에 근접한 속도로 움직이면 어떤 일이 벌어질지 연구했더니 시간이 느려진다는 사실을 발견했습니다. 아인슈타인은 이 발견 덕분에 노벨상을 받은 게 아닙니다. 노벨상 위원회의 일원인, 까탈스러운 스웨덴 동포들은 그 발견이 너무 말도 안 된다고 생각했거든요. 블랙홀처럼 어떤 것의 규모가 극도로 크면 기이하다고 여겨집니다. 사람들이 블랙홀이라는 존재를 받아들이기까지는 오랜 시간이 걸렸습니다. 극도로 작은 것, 너무 작은 나머지 우리 조상들은 심지어 보지도 못했던 것을 접하면 어떤 일이 벌어질는지도 생각해 보세요. 우리는 이 소립자들이 동시에 여러 군데 존재할 수 있다는 사실을 발견했습니다. 입자들이 이런 이상한 일을 할 수 있다고 인정하면서도 여전히 그것이 무엇을 의미하는지 논쟁한다는 점을 생각하면 이 역시 매우 비직관적으로 다가온다는 것을 알 수 있습니다. 이 외에도 들 수 있는 사례는 아주 많습니다.

그래서 저는 판결은 이미 내려졌다고 봅니다. 현실의 실제 본질

거인의 통찰

이 무엇이든 간에 우리에게는 무척 이상해 보일 겁니다. 비직관적인 것처럼 보인다는 이유로 물리 이론들을 내친다면, 누군가 올바른 이론을 제시했을 때 그것을 내치게 되는 셈이 될 겁니다.

해리스 | 하지만, 이 비탈길이 우리가 인정하는 것보다 더 가파른 건 아닐지 궁금하네요. 완전한 인식론적 회의주의로 미끄러져 들어가는 것에 어떻게 저항할 수 있을까요? 예를 들어, 왜 우리의 수학적 직관을, 혹은 그러한 직관에서 태어난 수학적 개념들을, 혹은 반직관성에서 겨우 빠져나와 우리가 도달한 물리적 현실이라는 상황을 왜 신뢰해야 하나요?

이러한 구성들을 믿어야 하는 이유를 실용적으로는 이해할 수 있습니다. 통하니까요. 하늘을 나는 비행기를 만들 수 있고, 하늘을 나는 비행기와 그렇지 않은 비행기 사이의 차이를 구별할 수 있으니까요. 반면 인식론적 측면에서 봤을 때 수학이 우리에게 보여 주는 이 현실의 모습을 우리는 왜 믿어야 하나요? 만약 우리가 단지 우리를 매일의 현실에 고정시키는 제약 안에서 진화한 인지적 능력만을 사용하는 유인원이라면 말이죠. 결국 수학이란 —우리가 이해하고, 발견하고, 발명한 한도 내에서는— 그런 변변찮은 능력의 확장일 뿐이지 않나요.

테그마크 | 좋은 질문이네요. 가끔 사람들은 제게 물리학자들이 학회에서 이야기하는 블랙홀이나 평행우주와 같은 이론들은 먼 옛날 불 뿜는 용이나 뭐 그런 것들보다 더 미친 소리처럼 들린다고 말하곤 합니다. 우리가 이러한 신화들을 무시하듯이 물리학도 무시해야 할까요?

이러한 이론들이 비록 미친 소리처럼 들릴지는 모르지만, 우리가 검증할 수 있는 예측을 내놓는다는 점에서 커다란 차이가 있습니다. 그것이 핵심입니다. 예를 들어 양자 이론을 진지하게 받아들이고 입자가 동시에 여러 군데 존재할 수 있다고 가정하죠. 우리가 트랜지스터라 불리는 것과 휴대전화라고 불리는 물건을 만들 수 있으며 이것이 작동하리라는 것을 예측할 수가 있습니다. 불 뿜는 용 이론에서는 어떤 유용한 기술을 얻어 낼 수 있을지, 행운을 빌어 주고 싶네요. 이 지점에서 무엇이 과학이고 아닌지를 구별할 수 있는 겁니다. 어떤 사람들은 직관적이면서 미치지 않은 것처럼 보이는 것과 미친 것처럼 보이는 것 사이에 경계선을 그어야 한다고 생각합니다. 저는 그 의견에 반대합니다. 예전에는 블랙홀이 미친 소리처럼 들렸지만, 지금은 수많은 블랙홀을 찾아냈습니다. 저는 제가 과학을 생각하는 방식으로 과학과 비과학을 나눕니다. 저를 과학자로 만들어 주는 건 제가 물을 수 없는 답보다는 답할 수 없는 물음을 더 좋아한다는 점입니다.

해리스 | 지금 강조하시는 건 과학과 비과학의 차이가 결론의 이상함이 아니라 그러한 결론에 도달한 방법론에 있다고 하시는 거죠. 그렇게 좁은 포퍼식의 과학 개념 —즉, 반증 가능한 주장들의 우위성— 이 모든 과학을 포괄할 것이라 말씀하실 줄은 몰랐네요. 사실 반증할 수 없는 현실의 본질에 관해 과학적으로 일관되게 말할 수 있는 것들이 있습니다. 우리는 답이 있다는 건 알지만, 누구도 그 답을 갖고 있지 않다는 것도 압니다. 제가 자주 드는 예시는 이겁니다. 지금 이 순간 지구 표면 위를 날고 있는 새는 몇 마리일까? 모르

거인의 통찰

죠. 앞으로도 모를 거라는 걸 우리는 압니다. 왜냐면 이 문장을 끝맺기도 전에 답이 바뀌어 버릴 테니까요. 하지만, 이 질문에는 일관성이 있습니다. 우리는 그 답이 정수라는 것을 압니다.

책에서 이렇게 말씀하셨던 걸로 기억해요. 전체적인 그림에 일정 수준의 신뢰도를 제공하기 위해 이론 전체가 검증 가능할 필요는 없다. 일부만 검증할 수 있어도 된다. 정말 그렇게 생각하시나요?

테그마크 | 포퍼에게는 동정심을 느끼는 편입니다. 반증 가능성 falsifiability이라는 개념은 평행우주나 블랙홀같이 미친 것처럼 들리는 개념에도 잘 통하는 편입니다. 우리가 검증하는 것이 이론이라는 점을, 특히 적어 내릴 수 있는 구체적인 수학적 이론들이라는 점을 기억하는 한 말이죠. 평행우주는 이론이 아니라 특정 이론들에서 도출된 예측입니다. 블랙홀 역시 이론이 아닙니다. 아인슈타인의 일반 상대성 이론에서 도출된 예측이죠. 그리고 물리학 이론은 검증할 수 있는 단 한 가지의 예측만 할 수 있어도 검증 가능한 이론입니다. 그 예측을 확인해 봤더니 틀렸다면, 그 이론을 반증하는 거죠. 반면 단지 검증할 수 없는 어떤 예측을 내놨다고 해서 그 이론이 비과학적인 건 아닙니다.

해리스 | 포퍼 주장의 훨씬 더 나은 해석이네요. 우리는 이론에서 도출된 모든 상상 가능한 예측을 반증하는 것이 아니라 이론을 반증하는 것이군요.

테그마크 | 블랙홀을 예로 들어 보죠. 일반 상대성 이론은 우리 태양 질량의 400만 배에 달하는 우리 은하 중앙의 거대 블랙홀에 떨어지면 어떤 일이 벌어질지 정확하게 예측합니다. 정확히 언제

스파게티 면처럼 가늘어지고 어떤 방식으로 진행되는지 등등 말이죠. 하지만, 이것을 실험하여 논문으로 쓸 수는 없을 겁니다. 사건의 지평선Event Horizon 안쪽으로 들어가면 정보는 밖으로 빠져나올 수 없으니까요.

그럼에도 이는 검증 가능한 이론입니다. 일반 상대성 이론은 높은 정밀도를 가지고 검증할 수 있는 GPS의 작동 방식과 같이 수많은 것을 예측하기 때문입니다. 그리고 그 이론이 우리가 관측할 수 있는 여러 검증을 통과하면 우리는 그 이론을 진지하게 받아들이기 시작합니다. 그렇게 되면 저는 그 이론에서 도출된 다른 예측도 진지하게 받아들여야 한다고 생각합니다. 우리가 도출된 예측을 마음에 들어 하든 아니든 말이죠. 그저 우리 마음에 드는 것만 선별해서 "있잖아요, 저는 일반 상대성 이론이 GPS나, 빛의 휘어짐, 수성의 이상한 궤도 등을 설명하는 건 다 마음에 들어요. 하지만, 블랙홀은 정말 아닌 것 같아요. 그래서 저는 그 예측은 믿지 않을래요."라고 말할 수는 없습니다. 그렇게 할 수 없어요. 물리학에서 어떤 이론을 일단 믿으면, 그 이론에서 나오는 모든 산물을 믿어야 합니다. 이론에서 파생된 여러 예측 중 하나가 마음에 들지 않으면, 그 예측을 제외한 나머지 모두를 설명할 수 있는 다른 수학 이론을 생각해 내야 합니다. 그리고 그렇게 하기는 어려운 경우가 많죠.

사람들은 지난 100년 동안 아인슈타인의 중력 이론에 그러한 시도를 해 왔습니다. 블랙홀이라는 예측을 제거하기 위해서요. 그렇지만 다들 실패했죠. 그래서 발버둥을 치고 소리를 지르면서도 질질 끌려가 어쩔 수 없이 블랙홀을 믿거나 적어도 진지하게 받아들이고

거인의 통찰

있는 겁니다.

평행우주에도 마찬가지로 적용되고요.

해리스 | 평행우주에 관해서도 이야기해 볼 겁니다. 이 부분이 우리의 직관이 완전히 통하지 않게 되는 지점인 것처럼 보이거든요. 그 전에, 수학의 우위성과 묘한 효용성에 관한 질문을 주제로 조금 더 대화를 나눠 보고 싶네요. 교수님 책의 한 구절을 보면「자연과학에서 수학의 불합리한 효과The Unreasonable Effectiveness of Mathematics in the Natural Sciences」라는 1960년대 유진 위그너Eugene Wigner가 쓴 자주 인용되는 논문을 언급하세요. 추상적인 수학적 구조들과 연결된 추론들로 구성된 수학의 신비로운 속성은, 수학이 물리적 세계를 묘사하는 데, 그리고 그러한 물리적 세계가 존재할 것이라고 암시한다는 사실만 제외하면 결코 예상할 수 없는 예측을 내놓는 데 특이하게도 유용해 보인다는 거죠.

테그마크 | 맞습니다.

해리스 | 수학적 개념이 독립된 존재성을 지닌다는 믿음 —엄밀히는 만들어진 것이 아니라 발견된 것이라는— 은 많은 과학자를 신비주의, 혹은 철학적 플라톤주의, 그리고 때로는 종교로 유인했습니다. 교수님은 수학적 이상주의의 어떤 형태를 공유하시는지 궁금하네요.

또한 위그너보다 약 20년은 앞선 1943년에 책을 낸 인지과학자 케네스 크레이크Kenneth Craik에게서 얻은 이론에 대한 교수님의 반응도 궁금합니다. 지나가는 말이지만, 크레이크는 수학의 묘한 효용성과 관련한 미스터리를 풀어 보려 노력했습니다. 그는 실제 세계를 표현하는 뇌의 처리 과정과 세계 속 실제 처리 과정 사이에 어떠한 동형isomorphism이 있는 게 틀림없다고 추측했습니다. 그리고 이것이 수학적 개념의 효용성을 설명해 줄 거라고 생각했죠. 그가 이런 질문을 던졌던 걸로 기억합니다. "신경 생리학적 활동의 특정 패턴 — 이것이 사실은 인간 두뇌 수준에서의 수학적 개념이지요— 이 세상에서 발견될 수 있다는 게 그렇게 놀랄 일인가요?" 그 사이에는 일종의 구조 동일성 혹은 상동성相同性이 있는 거겠죠. 이것이 이 수수께끼를 푸는 데 도움이 될까요, 아니면 과도한 생각이라고 보시나요?

테그마크 | 흥미로운 주장이네요. 인간의 뇌는 세상에 적응하고 그러므로 세계 모델이 뇌 안에 있다는 주장 말이죠.

해리스 | 우리 뇌는 단지 세상의 일부일 뿐인 거죠. 인간 두뇌 속 처리 과정 구조와 유사한 처리 과정이 이 세상에도 있는 겁니다. 그리고 그 덕분에 우리는 수학적 직관을 가질 수 있는 거고요.

테그마크 | 앞부분은 동의하지만, 뒷부분은 동의하지 않습니다. 세상에서 벌어지는 일과 유사한 일이 우리 뇌에서도 일어나는 것이 자연스럽다는 데에는 동의합니다. 우리 뇌가 유용한 세계 모델을 갖도록 진화했기 때문입니다. 하지만, 이 주장이 수학의 신비로운 효용성에 관한 위그너의 질문에 완전한 대답을 줄 수 있다는 데에는 동의하지 않습니다. 왜냐면 크레이크의 주장 —두뇌의 특정한 처리 과정들이 실질적으로 수학의 정체와 같다는— 은 제가 아는 수학자 대부분이 맹렬히 들고일어날 주장이기 때문입니다. 이들은 수학이 두뇌 작용과 그 어떤 관련이 있다고 생각하지 않습니다.

해리스 | 확실히 수학을 다루는 우리의 모든 경험 —수학적 개념

거인의 통찰

의 이해, 구구단을 암기하는 행위, 가장 기본적인 대수학을 처리하는 능력 등— 은 매 순간 하나의 뇌의 상태로서 구현됩니다. 여기에 이의를 제기하지 않으세요?

테그마크 | 전혀요. 저는 단지 수학이란 무엇인지에 대해 이런저런 이야기를 하고 있을 뿐입니다.

작가님이 생각하는 수학의 정의는 무엇인가요? 한 발짝 뒤로 물러서서 "수학자들은 일반적으로 수학을 어떻게 정의하는가?"라는 질문을 던져 보는 것도 재미있을 것 같네요. 왜냐면 길거리에 있는 사람들 —가령 저희 어머니처럼요— 을 붙들고 물어보면, 사람들은 대개 수학을 숫자를 가지고 놀기 위한 속임수나 아니면 우리 자신감을 박살 내기 위해 가학적인 학교 선생님들이 만들어 낸 고문의 한 형태라고 생각하니까요. 반면 수학자들은 수학적 구조와 그 속성에 대한 연구에 관해 이야기하죠. 예를 들어서 제 동료 중에 MIT에서 수학을 가르치는 데이비드 보건David Vogan이라는 교수가 있는데, 이분은 E8이라고 불리는 수학 구조를 연구하는 데 10년을 바쳤습니다. E8이 무엇인지는 궁금해하지 마세요. 아무튼 보건 교수의 연구실 벽에는 그 구조를 그린 포스터도 붙어 있습니다. 제가 만약 보건 교수에게 벽에 붙어 있는 저 구조는 당신이 만들어 낸 거라고, 당신이 발명한 거라고 말한다면 그는 무척 화를 낼 겁니다. 그는 그것을 **발견했다**고 생각해요. 원래 세상에 존재하고 있던 구조를 발견한 것이고, 그 속성들을 그려 가고 있다고 말이죠. 우리가 해왕성을 발견한 다음에 그 속성들을 연구하는 것과 마찬가지로 말이죠. E8보다 조금 더 익숙한 예를 들어 보죠. 1부터 2, 3, 4, 5… 우리는 이렇게 숫자를 세죠. 2 더하기 2는 4이고, 4 더하기 2는 6이라는 건 사실입니다. 대부분의 수학자는 자연수라 부르는 이러한 수학 구조나 여기에 포함된 속성을 우리가 만든 것이 아니라 발견했다고 주장합니다. 별개의 사건으로 여러 차례에 걸쳐 여러 문화에서 발견된 겁니다. 그리고 각 문화에서 그것을 표현하기 위한 서로 다른 언어를 만든 것이죠. 발견한 게 아니라요.

영어에서는 이 숫자들을 원, 투, 쓰리, 포, 파이브one, two, three, four, five라고 칭합니다. 제가 자라며 배운 언어인 스웨덴어에서는 같은 수를 에뜨, 트보, 트리에, 피라, 펨Ett, två, tre, fyra, fem이라고 부릅니다. 정확히 같은 구조에 대한 두 가지 방식의 표현이죠. 우리가 발명한 건 명칭과 기호입니다. 서구권에서 숫자 2와 3을 나타내는 기호는 오늘날의 인도나 고대 로마 제국에서 사용했던 것과는 다릅니다. 하지만, 여전히 우리가 발견한 구조는 하나이며, 그다음에 기호와 언어를 발명했다는 걸 알 수 있습니다.

예를 들어서 플라톤은 후에 자신의 이름이 붙은 규칙적인 기하학 형태, 플라톤의 정다면체Platonic solid에 매혹되었습니다. 그는 이러한 정다면체가 정사면체, 정육면체, 정팔면체, 정십이면체, 정이십면체, 총 다섯 개가 있다는 것을 발견했습니다. 그는 여기에 '정십이면체'라는 이름을 만들어 붙이기로 했습니다. 그 대신 '정십더하기이면체'나 뭐 다른 명칭을 붙였을 수도 있겠죠. 그 개념을 표현할 수 있는 언어, 이름을 만드는 것, 그것은 플라톤에게 주어진 특권이었습니다. 하지만, 그에게 여섯 번째 다면체를 만들 권한은 **없었습니다**. 그런 건 존재하지 않으니까요. 이런 면에서 플라톤은 그 다면체들이 이미 존재하고 있었으며, 그것들을 만든 게 아니라 발견했다고 느꼈습니다. 이해되시나요?

해리스 | 네, 그 부분은 분명 저도 동의합니다. 우리가 알고 있는 소수素數 중 가장 큰 값보다 더 큰 소수는 무엇일까요? 그 숫자는 만들어지는 게 아니라 발견되겠죠. 이것을 순수한 발견의 문제라고 부르는 건 전혀 문제가 되지 않습니다. 말씀하신 것처럼 우리가 이전에는 존재하는지도 몰랐던 해왕성을 찾아내는 것과 비슷한 거죠. 그러나 수학적 통찰력의 모든 순간, 모든 소수가 고려되거나 파악되는 순간, 그 모든 순간이 뇌가 수학적 작업을 수행하는 순간이라는 것을 받아들이기 위해 수학이 우리 이해를 뛰어넘는 가능한 발견의 지형이라는 걸 부정할 필요는 없다고 생각합니다.

테그마크 | 그렇죠. 수행의 주체가 컴퓨터가 될 수도 있고요. 요즘은 점차 많은 양의 증명을 기계가 처리하고 있거든요. 발견도 마찬가지고요.

해리스 | 맞습니다. 우리는 지금 어떤 면에서는 발견을 할 사람이 있든 없든 여전히 존재하는 수학적 지형에서 발견이라는 게임을 하는 물리 체계에 관해 이야기하고 있는데요, 가장 궁극적인 수수께끼는 이겁니다. 왜 물리적 세계를 묘사하는 데 수학은 그렇게나 유용할까?

테그마크 | 정확합니다.

해리스 | 우리 뇌 —그리고 그것이 어디에 있든, 컴퓨터나 그 외 다른 지능형 시스템— 에 잠재적인 발견의 지형을 반영하는 특정한 물리적 과정이 있다고 한다면 이 수수께끼를 조금은 풀 수 있을까

요? 그렇다면 이 추상적이고 이상화된 개념이 물리적인 우주에 부합하고 그 구조를 예상하는 듯 보인다는 이 수수께끼가 주는 섬뜩함을 제거할 수 있을까요?

테그마크 | 좋은 질문이네요. 그 질문에 대한 답은 누구에게 묻느냐에 따라 달라질 겁니다. 이 질문에 대해 광범위한 스펙트럼에 걸친 견해를 지닌 총명하고 존경할 만한 사람들이 몇몇 있습니다. 제 책에서 저는 다양한 의견의 스펙트럼을 탐구하기로 선택했습니다. 어떤 사람들은 이렇게 말할 겁니다. "수수께끼는 없습니다. 수학은 자연에서 때로는 유용하지만, 때로는 유용하지 않습니다. 그게 전부예요. 수학에 신비란 없습니다. 그만하세요."

플라톤 쪽으로 조금만 더 이동해 보면 이렇게 말하는 많은 사람을 만날 겁니다. "음, 우리 우주의 수많은 것이 수학에 의해 계산되는 것처럼 보이네요. 아주 멋집니다. 하지만, 수학이 **완벽하게 표현**하는 건 아닙니다." 그리고 아인슈타인이나 끈 이론가들처럼 아주 낙관적인 물리학자들은 아직 우리가 발견하지 못한 수학이 있으며, 이것은 물리적 세계를 그냥 계산하는 게 아니라 정확하게 계산하며 세상을 완벽하게 표현해 줄 거라고 생각합니다.

마지막으로 제가 책에서도 긴 지면을 들여 탐구했으며 개인적으로 확신을 갖고 있는 플라톤 쪽의 극한으로 가면, 우리 세계는 수학에 의해 표현될 뿐만 아니라 그 둘이 정확히 같다는, 그 **자체로** 수학이라는 주장이 있습니다. 지금까지 우리가 물리적 세계에서 어떻게 새로운 존재를 발견하고, 그것을 표현하기 위한 언어를 만드는지 이야기했습니다. 마찬가지로 수학에서도 우리는 새로운 소수처럼, 플라톤의 정다면체처럼 새로운 존재를 발견합니다. 그리고 거기에 붙일 이름을 만들죠. 실은 이 수학적 현실과 물리적 현실은 하나이며 같은 것인지도 모릅니다. 이 말을 처음 들으면 완전히 만화처럼 들립니다. 물리적 세계는 단순히 수학적 속성으로 구성된 게 아니라, 수학적 속성들로만 구성되어 있다고 말하는 것과 같으니까요.

이 말은 아내와 아이들을 보며 "이 사람들이 숫자 덩어리처럼 보이지는 않는데."라는 생각이 들면서 정말 말도 안 되는 소리처럼 들립니다. 작가님의 부인인 아나카를 처음 만났을 때도 물론 그녀가 수학적인 것이라는 느낌이 들지는 않지만, 여전히 이 모든 속성을 갖고 있었어요.

해리스 | 설마 제 아내의 수학적 속성들이 보였다고 하는 건 아니겠죠!

테그마크 | 저는 물리학자잖아요. 작가님의 아내가 쿼크와 전자로 만들어져 있다고 인지하는 건 저도 어쩔 수가 없어요. 전자 하나에는 실제로 어떤 속성이 있을까요? 전자는 -1, 1/2, 1 등의 속성을 지닙니다. 우리는 전하, 스핀, 전자수 등 이러한 속성에 붙일 범생이 같은 이름들을 만들었습니다. 하지만, 전자는 우리가 이러한 숫자들을 묘사하기 위해 발명한 언어가 무엇인지에는 관심도 없습니다. 이 속성들은 그저 숫자일 뿐입니다. 수학적 속성들이죠. 아나카의 쿼크 역시 마찬가지입니다. 또한, 쿼크가 지닌 유일한 속성들 역시 숫자로 구성돼 있습니다. 전자의 속성에 해당하는 숫자와는 다르지만요. 즉, 쿼크와 전자의 유일한 차이는 이들이 속성으로서 지닌 숫자가 무엇이냐는 점뿐입니다. 작가님의 부인과 온 세상을 포함한 모든 것

이 수학적 속성만을 지닌 소립자들로 이루어져 있다는 사실을 진지하게 받아들이고 나면 이런 질문이 떠오를 겁니다. "그렇다면 이 모든 입자가 존재하는 공간 그 자체는 어떤가요? 공간에는 어떤 속성이 있죠?" 우선 3이라는 속성이 있습니다. 공간의 차원을 나타내는 수죠. 역시나 단순한 숫자입니다.

아인슈타인은 공간에는 '곡률curvature'과 '위상topology'이라 불리는 속성도 있다는 것을 발견했습니다. 그러나 이들 역시 수학이긴 마찬가지입니다. 공간 자체와 공간에 존재하는 전부에 수학적 속성만 있을 뿐이라면, 모든 것은 완전히 수학적이며 우리는 이 거대한 수학적 객체의 일부에 불과하다는 점은 조금은 덜 황당하게 들리기 시작합니다.

해리스 | 방금 말씀하신 내용은 우리가 도달한 현실에 대한 모든 설명 —쿼크와 공간에 관한 모든 설명— 이 단순히 수학과 값의 문제라는 말과 어떻게 다른가요? 그냥 영어 문장의, 혹은 인간의 언어로 발화된 문장의 문제라고는 할 수 없나요? 다시 말해, '왜 수학이 현실을 표현하는 데 아주 훌륭한 수단인가'라는 질문이 '왜 언어는 우리의 믿음을 포착하는 데 훌륭한 수단인가'라는 질문과 조금은 유사할 수 있나요? 우리를 구해 줄 수 있는 차이가 있나요?

테그마크 | 언어도 대개 유용하지만, 큰 차이가 있습니다. 인간의 언어가 아주 모호하다는 건 웬만한 사람은 다 아는 사실입니다. 그렇기에 둘러앉아서 영어로 **이러쿵저러쿵** 말하는 사람들이 아니라 수학이라는 언어를 현명하게 사용하는 사람들이 전파나 해왕성, 힉스 입자Higgs boson를 발견한 겁니다. 세 존재 모두 어떤 사람이 연필

거인의 통찰

과 종이를 가지고 책상 앞에 앉아 엄청난 양의 계산을 수행한 결과 도출한 예측 덕분에 발견된 겁니다. "이러이러한 시간에 하늘을 쳐다보면 새로운 행성, 해왕성을 발견할 수 있을 겁니다." "이런 장치를 만들면 전파를 전송할 수 있을 겁니다." "대형 강입자충돌기Large Hadron Collider라는 걸 만들면 새로운 입자를 발견할 수 있을 겁니다."

수학에 관한 이 이야기를 감성적으로 마무리하면 좋겠네요. 어떤 사람들은 우리 세상을 수학으로 설명할 수 있다는 사실은 물론, 이 세상 자체가 수학이라는 사실을 별로 탐탁하지 않아 합니다. 직관에 반하는 것처럼 들리거든요. 하지만, 우리는 이미 우리 대화 초반에 비직관성을 집중적으로 다뤘죠. 어떤 사람들은 자신의 자아에 대한 모욕으로 생각하며 이러한 사실을 좋아하지 않습니다. 스스로가 수학적 존재라고 생각하고 싶지 않아 하는 거죠. 그렇지만 이것이 사실이라면, 자연이 전적으로 수학으로 구성되어 있다는 생각은 사실 낙관적인 생각입니다. 사실이 아니라면 물리학은 이제 망했다는 의미니까요. 결국 발견될 운명이었던 수학적 패턴을 발견하게 되면 우리는 장애물에 부딪힐 테니까요. 우리는 자연에서 그 어떤 단서도 얻을 수 없을 겁니다. 반면 자연이 모두 수학이라면, 그러한 장애물은 없을 것이고 미래의 삶을 진보하도록 만들 수 있는 우리의 능력을 제한하는 건 우리의 상상력뿐일 겁니다. 그래서 제게는 이것이 낙관적인 생각입니다.

해리스 | 모든 것이 수학으로 구성되어 있다는 주장과 모든 것이 정보로 구성되어 있다는 주장 사이에 관계가 있을까요? 지금 제 귀에는 존 휠러의 '비트에서 존재로'가 들리는 듯한데요. 우주의 어느

정도는 계산으로 구성되어 있다는 개념이죠. 두 논의 사이에는 어떠한 연결성이 있을까요, 아니면 완전히 별개인가요?

테그마크 | 아마 어느 정도 관련이 있을 겁니다. 존 휠러는 제 영웅 중 한 분이시죠. 제가 프린스턴 대학교에서 박사후과정을 밟고 있을 때 그분과 많은 시간을 보낼 수 있는 어마어마한 행운을 얻었습니다. 제게 큰 영감을 주셨죠. 언젠가 정보란 정말 무엇이며 물리학에서 어떤 역할을 하는지 더 깊이 이해하게 되는 날이 오리라 생각합니다. 그리고 우주 속에서 계산의, 양자 계산의 역할을 더 깊이 이해하게 되는 날이 올 것이라고도요. 수학과 계산, 정보가 같은 것을 바라보는 서로 다른 세 방식이라는 걸 깨닫게 될 것 같습니다. 우리는 아직 그 지점에는 도달하지 못했습니다. 하지만, 제 추측은 그렇습니다.

해리스 | 엔트로피와 관련해서는 그 지점에 도달했을까요? 에너지 엔트로피와 정보 엔트로피 사이에는 연관성이 있죠. 여기에는 통합된 어떤 개념이 있는 건가요, 아니면 그저 두 논의를 이어 주는 비유일 뿐인가요?

테그마크 | 엔트로피는 꽤 이해도가 높은 분야라고는 생각합니다만, 활발한 연구가 진행되고 있으며 여전히 여러 논란도 있는 분야입니다. 사실 저는 '정보의 물리학The Physics of Information'이라는 2014년에 개최된 학회의 조직위원회에 참여한 적이 있습니다. 물리학자와 컴퓨터 공학자, 신경과학자, 철학자들을 한자리에 모아 정확히 이 질문과 같은 주제들을 가지고 대단히 흥미로운 시간을 보냈죠.

물리학과 수학, 정보 사이의 연관성에 대해서는 아직 이해해야

거인의 통찰

할 것이 많이 남았다고 생각합니다. 『맥스 테그마크의 유니버스』에서 제가 탐색한 수학의 역할에 관한 기발한 생각들은 최종적인 답이 아니라 실용적으로 응용할 수 있는 새로운 분야를 모색하는 방법의 하나로 봐야 합니다. 새로운 문제를 찾아내기 위한 로드맵이죠. 정보와 계산, 수학과 세계 사이에는 우리가 아직 발견하지 못한 매혹적인 연관성이 아주 많습니다. 이는 의식의 원리와도 큰 연관성이 있을 겁니다.

해리스 | 의식은 제 관심 분야의 정중앙에 있는 주제이지만, 우리는 그 주제를 다루지 않을 겁니다. 다중우주에 관한 이야기로 들어가고 싶거든요. 과학계에서도 가장 이상한 개념일 것 같은데요. 교수님의 책을 집어 들기 전에는 그래도 어느 정도 이해하고 있다고 생각했거든요. 책을 다 읽고 나니 다중우주에는 제가 아는 것보다 더 다양한 특징이 있다는 걸 깨달았습니다.

먼저 우주부터 시작하죠. 사람들이 약간은 혼란스러워하는 용어이기 때문인데요. '우주'라는 단어는 어떤 의미인가요? 그리고 어떤 의미여야 하나요? 그다음에 책에도 나온 1레벨 다중우주 이야기도 해 보죠. 가능하다면, 급팽창inflation의 개념을 간략하게 설명해 주세요. 그러면 다음 이야기로 이어질 것 같네요.

테그마크 | 물론이죠. 많은 사람이 암묵적으로 '우주'란 존재하는 모든 것과 같은 말이라고 가정합니다. 그렇다면 당연히 그 외에 그어떤 것도 존재할 수 없으며, 평행우주를 논하는 것도 우스운 일이 될 겁니다, 그렇죠? 하지만, 이는 사실 우주론자들이 '우주'라고 할 때 의미하는 바가 아닙니다. 이들이 '우리 우주'라고 할 때, 이는 빅

인간의 미래

뱅 이후 138억 년 동안 빛이 우리에게 도달할 시간이 있었던 구 모양의 우주 영역을 의미합니다. 다른 말로 무제한적 지원을 받은 망원경을 가지고 우리가 볼 수 있는 모든 것입니다. 이것이 우리 우주라면 당연히 이런 질문도 가능하겠죠. "내일이 될지, 10억 년 후가 될지 모르지만 아직 빛이 우리에게 다다르지 않은 그 너머의 우주도 있는가?"

만약 존재한다면 —만약 우주가 무한하거나 단순히 우리가 볼 수 있는 우주보다 훨씬 더 크다면— 그 영역을 우주라고 부르지 않는 건 오만한 일일 겁니다.

급팽창에 관해 물으셨죠. 무엇이 빅뱅을 일으켰는지에 대한 설명을 제공하는 가장 유명한 이론이자, 우주는 광활하며 계속해서 팽창하고 있다는 사실을 알려 준 이론입니다. 여기에는 하나의 가정만 있으면 됩니다. 희석하는 것이 무척 어려운 이상한 특징을 지닌 아주 작은 크기의 물질 방울이 있으며, 이 방울은 크기가 커져도 밀도를 그대로 유지한다는 것입니다. 이러한 급팽창적인 물질이 존재한다고 기꺼이 가정할 수 있다면, 그러면 이것을 일반 상대성 이론과 연결할 수 있게 되고, 이 작은 물질 방울이 상상조차 하기 어려운 속도로 반복적으로 배증倍增(갑절로 늘어남. 또는 갑절로 늘림)하면서 빅뱅을 발생시킨다는 데 도달할 겁니다. 급팽창 이론은 일반적으로 우주는 단순히 큰 게 아니라 광활하며 대개 무한하다고 예측합니다. 다시 말해, 급팽창이 실제로 발생했다면 우리가 우리 우주라고 부르는 공간은 거대한 우주 전체의 아주 작은 일부에 불과하다는 의미입니다. 이는 용어만 확실히 정립한다면 특별히 이상한 개념은

거인의 통찰

아닙니다.

우리 인간은 과소평가의 달인입니다. 우리는 자신을 우주의 중심에 놓고 우리가 아는 것이 존재하는 전부라고 가정합니다. 그리고 계속해서 자신이 틀렸음을 증명하죠. 존재하는 전부라고 생각했던 것이 실은 훨씬 거대하고도 더 거대한 구조의 아주 작은 부분에 불과했다는 것을 발견하면서 말이죠. 행성, 태양계, 은하, 은하단, 우리 우주, 그리고 이제는 아마도 여러 평행우주 사이의 계층 구조까지. 보이지 않는 것은 존재하지 않는다는 철학적 근거를 가지고 이것에 반대하는 것은 오만해 보입니다. 모래 속에 머리를 처박는 타조와 같은 거죠.

해리스 | 그렇죠. 하지만, 말씀하셨듯이 급팽창 이론이 무한한 범위의 우주를 예측한다는 부분을 고려하면 상황이 아주 이상해지기 시작합니다. 이 무한성의 결과 중 하나는 꽤 놀랍기 때문이죠. 무한한 우주는 가능한 모든 것이 실은 **실재하는** 우주라는 것이죠. 일어날 수 있는 모든 일은 일어나고, 무한 번 반복하여 일어난다는 겁니다.

그러니 만약 교수님이 충분히 멀리, 빠르게 이동할 수 있어서 당황스러울 정도로 지구와 비슷한 어떤 곳에 도착한다면, 그곳에 있는 교수님과 저는 지금 우리가 하고 있는 것과 용어적인 차이만 제외하면 거의 동일한 대화를 나누고 있을 것이라는 거죠. 그것이 대다수의 우주론 학자들이 현재 믿는 이론이라고 생각하시나요?

테그마크 | 과학이 멋있는 이유 중 하나를 훌륭하게 보여 주시네요. 순수한 가정을 가지고 시작하고 있죠. 자, 지금 우리는 대부분

이 어렸을 때 생각했던 것처럼 우주는 무한하며 모든 곳에서 무작위로 어떤 것들이 시작된다는 가정을 했습니다. 그리고 깜짝 놀랄 만한 결론에 다다르죠. 제 동료들에게 물으면 대부분은 어떤 형태로든 급팽창이 발생했으며, 우주는 우리가 관측 가능한 우주보다 훨씬 크다는 데 돈을 걸 겁니다. 우주가 실제로 무한한지, 아니면 그저 그냥 너무 거대할 뿐인 건지에는 아직 논란의 여지가 있습니다. 우리도 물론 급팽창이 실제로 발생했는지 정확히는 알 수 없죠. 하지만, 이것이 해당 이론의 가장 간단한 설명입니다. 우주는 영원하며 무한합니다. 책에서 저는 이것을 1레벨 다중우주라고 부르지만, 여러분은 그냥 같은 의미로 '우주'를 사용해도 됩니다.

더 이상하게 들리는 지점으로 들어가 보죠. 우리 우주가 어떻게 지금에 이르렀고 우리 대화는 어떻게 시작하게 되었는지를 살펴보면, 이것은 약 1078개의 쿼크와 전자가 급팽창 이후 초기에 특정한 방식으로 출발했기 때문입니다. 이는 우리 태양계와 지구를 만들었으며, 우리 부모님들을 만나게 했으며, 그 결과 우리도 이렇게 만나서 대화를 하게 된 거죠. 하지만, 이 쿼크와 전자들이 조금만 다른 방식으로 출발했다면 상황은 지금과 달랐을 겁니다. 우리 우주에 있는 쿼크와 전자들을 배열할 수 있는 수많은 방식의 수를 실제로 세어 볼 수도 있습니다. 대략 구골플렉스googolplex 가지의 방식이 있는 걸로 밝혀졌습니다. 구골플렉스는 1 뒤에 0이 구골 개 있는 수이며, 구골은 1 뒤에 0이 100개 있는 수입니다. 그러니 어마어마한 숫자이지요. 그러나 여전히 유한합니다.

우리 우주와 동일한 크기의 다른 우주가 무한히 존재한다면, 이

거인의 통찰

곳에서 구골플렉스 미터를 이동할 수 있다면, 그것을 모두 셀 수 있으며 결국 방금 설명한 결론과 마주하게 될 겁니다. 우리의 우주와 극도로 유사한 우주와 만나게 되는 겁니다. 단 1분 전에 갑자기 작가님이 영어가 아닌 헝가리어를 말하기 시작했다는 점만 제외하고서 말이죠. 도저히 이해하기 어려운 개념입니다. 우리는 실제로 그러한지 알지 못하지만, 이것이 오늘날 가장 유명하고 매력적인 우주론적 모델입니다.

해리스 | 지금 이 추론의 사슬에서 연결이 약한 부분은 급팽창이 아주 거대한 우주가 아니라 무한한 우주를 암시한다는 가정입니다. 안타깝게도 다중우주라는 개념은 과하게 확고한 것처럼 들립니다. 과학적으로 봤을 때, 정도의 차이는 있지만 물리 법칙과 양립하는 모든 가능한 방식에서 다른 식으로 삶을 살아가고 있는 나의 무한한 복제본을 믿을 만한 이유는 많습니다. 그러니 이 범주 아래에서 발생 가능한 모든 것이 발생한다는 것은 사실인 거죠.

테그마크 | 그렇습니다. 우리가 정확히 모르는 부분은 우주가 무한한가, 모든 것이 무한한 수로 존재하는가입니다. 이 결과에 탐탁하지 않아 하는 사람들을 위해 제 책의 한 섹션을 들여 무한성을 공격하고 그것을 제외할 수 있는 모든 방법을 나열해 봤습니다.

흥미로운 기회는 많고, 제 생각에 오는 5년 혹은 10년 내 우리는 더 많은 사실을 알게 될 겁니다. 하지만, 현재 시점에서 피할 수 없어 보이는 사실은 현실이 우리가 관측할 수 있는 범위보다 훨씬 크다는 겁니다. 우주가 우리 우주의 가장자리에서 정확히 끝나는 건 불가능합니다. 사실, 작가님이 만약 1분 전에 이렇게 주장했다면 저는 망원경을 활용해서 바로 그것을 반증할 수 있을 겁니다. 1분 더 멀리 이동한 빛을 볼 수 있을 테니까요. 그리고 그 거리는 꽤 깁니다. 빛이 1분 동안 이동했다면 지구와 태양 사이 거리의 8분의 1만큼을 갔을 겁니다. 그러니 우리가 생각하던 것보다 훨씬 더 거대한 현실 속에서 살고 있다는 생각에 익숙해져야 합니다.

해리스 | 사람들이 직관적으로 그렇게 큰 반감을 가질 것 같지는 않아요. 한편으로는 사람들은 무한함이나 영원을 받아들일 준비가 되어 있다고도 느껴집니다.

그러나 이와 관련해 생각하는 사람을 놀라게 할 만한 것은 무한성의 영향입니다. 가능한 모든 것은 실제로 일어난다는 것 말이죠. 어떤 면에서는 모든 것이 사실이라는 이야기잖아요. 이것이 왜 불안감을 일으키며 적어도 처음에는 왜 과학계에서 당황해했을 수도 있을지 이야기해 봅시다. 과학계는 간결하게 만드는 것을 자랑스러워하니까요.

테그마크 | 그렇죠.

해리스 | 하지만, 이 생각은 간결하지 않을 뿐만 아니라, 상상할 수 있는 가장 덜 간략한 생각이죠.

테그마크 | 그 부분에는 사실 동의하기 어렵네요.

해리스 | 의미를 더 구체적으로 설명해 드릴게요. 오컴의 면도날 Occam's razor은 이유 없이 설명적인 용어를 확산하지 말라고 강력히 권하죠. 만약 중력이 거대한 물체를 들어 올리기 힘든 이유를 설명한다면, 물체를 아래로 끌어당기는 보이지 않는 요정의 존재 같은 것은 상정하지 말고 그냥 중력이라는 개념만 사용하라는 겁니다. 우리

는 불필요하게 복잡해 보이는 설명보다는 간단한 설명으로 치우치는 경향을 보입니다. 그래서 표면적으로 이러한 무한성의 영향은 놀라울 정도로 간략하지 않아 보이는 겁니다. 우리는 지금 근본적으로 가능한 모든 것이 다 사실이라고 말하고 있으니까요.

어떤 면에서는 간결해 보일 수도 있을 겁니다. 파티에 초대할 손님 명단을 가지고 고민하고 있다고 해 보죠. 결정해야 할 어려운 사항들이 많이 있습니다. 그러나 그 대신…….

테그마크 | 모두를 초대할 수도 있겠죠.

해리스 | 맞아요, 그냥 모두를 초대할 수도 있을 겁니다. 더 나아가 이렇게 말할 수도 있겠죠. "지구에 있는 모든 사람을 초대하고, 이 사람들이 하고 있는 게 무엇이든 그걸 그냥 파티라고 부릅시다." 이편이 초대할 필요 없는 사람들을 목록에서 소거해 나가는 것보다 훨씬 더 간단합니다. 무한한 우주가 오컴의 면도날과 같은 제약 조건에서 당당한 이유가 무엇인지 설명해 주세요.

테그마크 | 기꺼이요. 저도 오컴의 면도날을 아주 좋아합니다. 제게 오컴의 면도날은 이론을 가능한 한 단순하게 만드는 것을 의미합니다. 자, 더 깊이 들어가서 이런 질문을 던져 봅시다. 급팽창 우주에서 우리가 낭비되고 있다고 느끼는 건 무엇일까요? 공간을 낭비하는 것을 걱정하는 걸까요? 아니겠죠. 왜냐면 뉴턴의 물리 법칙조차 무한한 우주를 상정하지 않았습니까? 우주는 모든 방향으로 무한하게 펼쳐진 유클리드 공간일 뿐입니다. 그런데 어째서인지 사람들은 정보라는 측면에서 낭비라고 느낍니다. 작가님과 제가 이 대화를 나눌 수 있는 모든 가능한 방법을 설명할 수 있어야 한다는 부분

이 과하게 복잡하게 들리는 겁니다. 하지만, 물리학에서 우리가 진정 중요하게 생각하는 건 방정식 해의 단순함이 아니라, 방정식 자체의 단순함입니다. 세상 모든 것을 설명할 수 있는 방정식을 칠판 하나에 적어 내릴 수 있다는 사실, 그것이 바로 간결성이죠.

급팽창 이론은 일반 상대성 이론과 마찬가지로 아주 단순하고 간결합니다. 그렇기에 유명한 겁니다. 입력 대비 훨씬 더 많은 걸 얻을 수 있으니까요. 아주 단순한 방정식을 대입하면 우주의 평탄성이나 우주배경복사를 통해 관측한 상세한 우주 태초의 전파와 같이 다양한 것을 예측할 수 있습니다. 여기에 예컨대 소립자 물리학의 표준 모형을 추가할 경우, 이러한 방정식들에 숫자 32개가 적힌 커닝 페이퍼 한 장만 있으면 전 세계의 물리학 실험실에서 측정한 모든 숫자를 계산할 수가 있습니다. 이게 바로 간결성이죠.

수학은 단순합니다. 해가 복잡한 건 신경 쓰지 마세요. 나이아가라 폭포를 떠올려 볼게요. 폭포에서 물의 흐름을 표현하는 방정식을 나비에-스토크스Navier-Stokes 방정식이라고 하는데요, 정말 간단해서 티셔츠 위에 새길 수도 있어요. 반면 해는, 그 해가 복잡합니다. 모든 물보라와 물방울, 그리고 난류까지. 그럼에도 이 방정식은 폭포에서 발생하는 현상을 완벽히 아름답게 설명해 준다는 느낌이 듭니다. 방정식이 간단하기 때문이죠.

해리스 | 이해했습니다. 그러면 이제 다중우주의 더 깊은 곳으로 들어가 보죠. 2레벨 다중우주란 무엇이며, 이것이 다수의 종교인이 믿는 미세 조정된 우주에는 창조주 신이 필요하다는 생각으로 연결되는, 우주의 미세 조정 문제와 관련이 있는 이유에 대해 말씀해 주

거인의 통찰

세요.

테그마크 | 원한다면 2레벨 다중우주 역시 '우주'라고 불러도 됩니다. 제가 책에서 언급했던 아인슈타인의 중력 이론의 이상한 몇몇 속성들을 통해 급팽창은 무한한 우주를 형성할 뿐만 아니라 무한한 수의 우주 영역으로 그 안을 채울 것이며, 각각의 우주 영역은 그 안에 살고 있는 존재에게 무한해 보일 겁니다.

흥미로운 것은, 우리는 물리 법칙이 어디에서나 동일할 것이라 생각합니다. 다른 우주에 사는 사람들이 배우는 역사의 내용은 다를지 몰라도 적어도 여러 다중우주 속 모든 물리학 시간에는 같은 내용을 배울 것이라고 생각할 겁니다. 하지만, 2레벨 다중우주에서는 그것이 변합니다. 우리가 물리학의 기초 법칙이라고 생각했던 것, 그리고 이 법칙은 온 우주에서 동일하리라 생각했던 것의 대부분이 사실이 아니라는 결론에 이른 겁니다. 제가 아는 물리 법칙에서 물은 헤엄칠 수 있는 상태여야 합니다. 그게 제가 아는 유일한 종류의 물이며, 사방을 둘러봐도 모두 같은 상태인 것처럼 보이니까요. 하지만, 제가 정말 똑똑한 물고기라면 물의 방정식을 발견해 이를 푼 다음, 사실 해는 하나가 아니라 세 개가 있다는 사실을 발견할 겁니다. 액체, 고체, 기체에 해당하는 해를 발견하겠죠. 마찬가지로 현재 물리학계에는 우리가 빈 공간이라 부르는 것 역시 이와 같다는 걸 암시하는 단서들이 많습니다. 얼어 있을 수도 있고 녹아 있을 수도 있고, 다양한 형태일 수 있습니다. 그리고 급팽창이 너무 격렬한 나머지 우주가 여러 형태를 취할 수 있다면, 급팽창은 여러 종류의 우주를 형성할 겁니다. 무한한 양을 말이죠. 그러니 정말로 저 먼 우주에는 쿼크의 종류가 여섯 가지인 지구와 달리 열 가지 종류가 존재하는 우주가 있을지도 모릅니다.

2레벨 다중우주는 매우 다양합니다. 학교에서 우리는 물리학의 여러 기본 매개변수를 배웁니다. 예를 들면, 우리 세계에 고정된 특성처럼 보이는 숫자 1,836이 있습니다. 양성자의 질량은 전자 질량의 1,836배입니다. 그리고 끈 이론은 이것이 내가 속한 우주에 따라 변하는 것 중 하나라고 주장합니다. 어떤 우주에서는 이 숫자가 2,015일 수도, 또 다른 우주에서는 666일 수도 있다는 거죠. 이것이 미세 조정 문제를 설명합니다. 우리 우주에는 우리가 모든 것을 계산할 때 사용할 수 있는 이런 숫자가 32개 —단위에서 자유로운 순수 수pure number이며, 우리가 직접 측정한 숫자들— 있다는 사실을 발견했습니다. 그리고 이 숫자들이 어디에서 기원하는지 우리는 무척 궁금해하고 있습니다.

해리스 | 자연상수들이죠. 몇 개 더 알려 주실 수 있을까요?

테그마크 | 양성자가 전자보다 얼마나 더 무거운지 알려 주는 숫자인 1,836이 그중 하나고요. 최근 자주 언급되는 또 다른 숫자는 우리 우주에 존재하는 모든 물질의 70퍼센트가량을 차지하는 암흑 에너지의 밀도입니다. 이 각각의 매개 변수를 돌릴 수 있는 손잡이라고 생각하면, "그 손잡이들을 건드리지 마세요!"라고 조언할 겁니다. 이 중 하나라도 돌린다면 우리가 알고 있는 세상은 파괴될 테니까요. 태양은 폭발할 거고, 그 외에도 끔찍한 일들이 벌어질 겁니다. 이것이 바로 미세 조정입니다. 매개변수의 대부분이 마치 생명을 만드는 데 정확히 필요한 값으로 조정된 듯 보인다는 겁니다.

거인의 통찰

해리스 | 그리고 실제로 그중 몇몇은 극도로 미세하죠. 소수점 열 번째 자리 이상 내려가는 것도 있죠?

테그마크 | 전기력의 세기와 같이 기본적인 매개변수도 마찬가지 입니다. 어떤 식으로든 단 1퍼센트만 전기력을 바꾸면 지구상의 생 명을 유지하는 데 필요한 산소나 탄소가 발생하지 않았을 겁니다. 그중에서도 가장 미세하게 조정된 건 암흑 에너지 밀도입니다. 소수 점 100번째 자리 너머까지 내려가죠.

해리스 | 종교인들은 지금 엄청나게 들떠 있거든요.

테그마크 | 그런 사람도 있지만, 다들 그렇진 않습니다. 2레벨 다 중우주는 대안적인 설명을 제시합니다. 이 숫자들이 거대한 공간에 서 무작위로 조정된 것이 맞는다면, 그리고 은하계들은 암흑 에너지 수치가 정확한 곳에서만 형성될 것이기 때문에 —생물 친화적인, 즉 암흑 에너지의 골디락스 존(우주 내 생명체가 거주하기에 적합한 영역_옮긴이)— 당연히 생명체가 존재하는 곳에서만 어느 정도의 암흑 에너 지가 존재하는가라는 질문이 나올 수 있을 겁니다.

그렇기 때문에 생명 친화적인 영역 안에서 우리가 암흑 에너지 를 발견했다는 사실에 놀랄 필요는 없습니다. 스티븐 와인버그Steven Weinberg는 심지어 암흑 에너지가 발견되기 전에 이미 암흑 에너지의 양을 예측하는 데 이와 같은 주장을 사용했습니다. 나중에 알고 보 니 그의 예측은 꽤 정확했죠.

이것이 2레벨 다중우주의 특징 중 하나입니다. 물론 우리는 이것 이 실제로 존재하는지 모릅니다. 하지만, 아직 제할 수는 없죠. 만일 끈 이론이 틀린 것으로 밝혀진다면 라이벌이던 루프 양자 중력loop

인간의 미래

quantum gravity 역시 우주에 관한 여러 답을 내놓을 겁니다. 그리고 방정식이 복잡하면 여러 해가 나온다는 건 수학에서 꽤 일반적인 속성이죠.

급팽창은 잠재적인 존재를 실제 존재로 변환하는 창조적인 힘이라는 놀라운 속성을 지닙니다. 존재할 수 있는 어떤 종류의 우주도 창조할 수 있는, 가능성을 구현해 주는 위대한 조력자입니다.

해리스 | 2레벨 다중우주와 1레벨 다중우주를 연결해 보자면, 1레벨에서는 우리 지평선 너머 무한히, 혹은 거의 무한히 확장하는 우리가 아는 우주를 이야기했죠. 더 큰 우주와 더 많은 물질에 관해 이야기했습니다.

테그마크 | 맞습니다.

해리스 | 2레벨에서는 상상 가능한 모든 방식으로 각자의 물리 법칙이 다를 수 있는 무한한 거품 우주를 무한대로 형성하는 급팽창에 관해 이야기했고요.

테그마크 | 너무 기괴하게 들리지 않도록 제가 말을 살짝 보태자면, '거품 우주'가 아니라 '우주'라고 하는 게 좋겠습니다. 아직 우리가 아는 우주는 하나밖에 없으니까요.

해리스 | 물론 단순한 의미에서의 우주는 아니죠?

테그마크 | 아닙니다. 실은 맞습니다. 2레벨 다중우주의 다른 영역에 결코 닿을 수 없는 이유는 계속해서 팽창하고 있는, 확장하고 있는 우주의 영역을 통과해서 가야 하기 때문입니다. 뒷자리에 있는 아이들이 "도착하려면 멀었어요?"라고 물으면 저는 "한 시간 후면 도착할 거야."라고 말합니다. 하지만 잠시 후에 아이들이 다시 "아직

멀었어요?"라고 묻는다면 저는 "두 시간 후면 도착할 거야."라고 말할 겁니다.

급팽창은 여전히 하나의 우주 조각만을 채우고 있는 수많은, 심지어 무한한 우주의 영역이 있는 곳에서 이런 우스운 상황을 유발할 수 있습니다. 이것이 하나의 설명입니다. 아직 이것 하나뿐이지만 아주 정신없지요. 두 번째 설명은, 실제 물리 법칙이 다른 게 아니라 우리가 물리 법칙이라고 생각했던 것들이 실은 물리 법칙의 서로 다른 여러 해라는 겁니다. 얼음과 물, 수증기에는 다른 물리 법칙이 적용되지 않습니다. 그저 물에 대한 방정식에 해가 세 개 있을 뿐이죠. 우리 태양계에 있는 행성들이 타원 궤도로 움직인다는 사실을 밝혀낸 아주 총명한 천문학자였던 요하네스 케플러Johannes Kepler를 예로 들어 볼까요. 그는 기본 원칙들을 통해 행성 궤도의 크기를 형성하는 원인을 알아내려 했습니다. 그리고 수성과 금성과 화성과 지구와 목성의 궤도에 맞춰, 정육면체에는 정십이면체가, 정십이면체에는 정이십면체가 외접한다는 아름다운 이론을 떠올렸죠. 오늘날 사람들은 다른 답을 지닌 수많은 태양계가 있다는 사실을 알기 때문에 이 이론을 들으면 웃을 겁니다. 2레벨 다중우주가 하는 건 마찬가지로 쿼크의 종류는 몇 개인가 하는 것처럼 우리가 기본 물리 법칙이라고 생각했던 수많은 법칙을 다운그레이드하는 겁니다. 2레벨 다중우주는 이 역시 우리 우주 영역이 형성된 방식과 관계있는 역사적 사고라고 말합니다.

해리스 | 그 말씀은 물리학이라는 주제를 역사라는 주제로 바꿔 버리네요. 아주 다른 종류의 역사이지만요.

테그마크 | 정확합니다. 오컴이 반길 만한 것이죠. 물리학을 더 간단하게 만들어 주니까요. 비록 역사는 더 복잡해졌지만요.

해리스 | 정말 흥미로운 생각이네요. 그리고 미세 조정이라는 당혹스러운 문제도 제거하고요. 인류 원리anthropic principle라 불리는 것으로 그 문을 닫으려는 다른 시도들도 있죠. 우리가 우리를 발견할 수 있는 유일한 장소는 우리의 존재와 양립할 수 있는 곳이라는 원리죠. 놀랄 만한 이야기는 아닙니다. 그럼에도 우리는 존재하고 있다는 것, 우주는 무한한 수의 방법으로 존재할 수 있으며 우연히 지금의 우리에 이르렀다는 건 놀랍게 들렸습니다.

자, 2레벨 다중우주에 따르면 우주는 근본적으로 무한히 존재하며 그중에는 생명과 양립할 수 없는 영역도 무한히 존재합니다.

테그마크 | 저는 이 주제를 다루면서 '인류 원리'라는 용어를 사용하는 것을 좋아하지 않습니다. '원리'라는 단어가 여기에 왠지 다른 선택지도 있는 것처럼 들리게 만들기 때문입니다. 우리가 태양계에 있는 여덟 개의 행성 중에서 가령 온도가 화씨 900도(섭씨 약 480도_옮긴이)나 되는 금성이 아니라 이 지구 위에 살고 있다는 사실이 정말 놀랍게 다가오나요? 아닐 겁니다. 저는 그것을 어떤 심오한 원리라고는 부르지는 않을 겁니다. 그냥 상식이죠. 태양계 행성 대부분은 우리와 같은 생명체에게 가혹합니다. 거의 대부분의 우주 영역도 우리와 같은 생명체에게는 끔찍한 환경이죠. 따라서 우리는 우리가 관찰할 수 있는 이 특정한 우주의 영역에 살고 있다는 데에 놀라움을 느낄 필요가 없습니다.

해리스 | 미세 조정이라는 수수께끼로의 문을 닫는 또 다른 방식

거인의 통찰

은 2레벨 다중우주를 수반하지는 않습니다만, 우리가 시뮬레이션 속에 있을 수도 있다는 발상이죠. 이것이 교수님의 동료인 닉 보스트롬에게서 비롯된 논증인지는 정확히 모르겠지만, 여러 다른 사람들이 각각의 방법으로 이 논증에 도달했다는 점은 알고 있습니다.

테그마크 | 그 논증이 처음 등장한 건 꽤 됩니다만, 우리가 시뮬레이션 속에 살고 있을 가능성이 왜 높다고 생각하는지에 대한 이유를 보스트롬이 더 구체적으로 발전시켰습니다.

해리스 | 그가 주장한 시뮬레이션 논증을 간략히 정리하고 넘어가죠. 머나먼 미래의 인간을 떠올릴 때, 컴퓨터 기술을 극적으로 발전시킨 인간이 우주, 그리고 자신과 아주 비슷한 존재를 컴퓨터에서 모의할 것은 극명합니다. 그런 것이 가능하다고 가정합시다. 그리고 가능하지 않으리라고 생각할 이유도 없습니다. 그렇게 되면 시뮬레이션은 실제 우주의 수를 훨씬 뛰어넘을 것이며, 지금 우리도 실제 세계보다는 가상의 시뮬레이션 속에 있으리라 예상할 수 있을 겁니다. 이 논증은 미세 조정이나 다중우주라는 주제와는 상관없이 그 자체로 존재하는 논증이죠.

테그마크 | 제 책에도 우리가 왜 시뮬레이션에 살고 있지 **않은지** 제가 생각한 이유를 구체적으로 서술했기 때문에 이 자리에서 다루지는 않겠습니다만, 여기에서 무엇이 의심스럽게 들리는지 설명해드리죠. 시뮬레이션 논증을 믿는다고 칩시다. "맞아요, 우리는 현실이 아니라 컴퓨터가 물리 법칙을 가지고 우리를 모의하는 시뮬레이션 속에서 살고 있어요." 그렇다면 정확히 같은 이유로 우리는 시뮬레이션 안의 시뮬레이션이라는 주장도 가능하죠. 그리고 이것을 한

없이 반복합니다. 여기에서 의문이 생깁니다. 제가 책에서 구체적으로 설명한 것처럼, 이 논증의 기본적인 결함은 만약 우리가 **정말** 시뮬레이션 속에 있다면, 시뮬레이션을 실행하는 컴퓨터가 따르는 물리 법칙이 우리가 이 세상에서 발견하는 물리 법칙과 상관이 있으리라 믿을 이유가 전혀 없다는 겁니다. 왜냐면 우리가 사는 세상은 시뮬레이션을 돌리고 있는 실제 세상이 아니기 때문입니다. 시뮬레이션 논증은 이 둘을 더합니다. 하지만, 여전히 자신이 시뮬레이션 속에서 살고 있는 게 아닌가 걱정된다면 이런 조언을 드리고 싶군요. 재미있는 삶을 살고 정말 재미있는 일을 하며 사세요. 시뮬레이션을 수행하는 주체가 누구든 그들이 지루해서 당신의 시뮬레이션을 꺼버리지 않게 말이죠.

해리스 | 이 지점에서 자연스럽게 AI로 연결될 수 있을 것 같네요. 교수님이 속한 연구소를 통해 개최한 그 학회에서 우리 둘이 만나게 된 계기죠. 저는 AI에 관해서는 완전히 입문자인 수준에서 학회에 참가했습니다. AI를 거의 무시하고 있었고, 이 부문에서는 진척 사항이 거의 없으며 걱정할 게 별로 없다는 소문을 믿었죠. 그리고 곧 우리 공통의 친구인 일론 머스크와 스티븐 호킹 같은 사람들이 5년 내지는 50년 내에 AI 분야가 충분히 발전하여 인간보다 더 뛰어난 지능을 지닌 기계들이 우리의 관심사를 공유하지 않게 될 모든 경우의 수를 예측해 놓지 않으면 인간을 파멸시킬 수도 있을 것이라는 걱정을 하는 걸 들었습니다. 이 문제를 훌륭하게 정리한 책이 닉 보스트롬의『슈퍼인텔리전스』죠.

물론 수많은 명석한 사람들이 이 문제와 관련해 걱정거리가 있다

거인의 통찰

는 데 의심을 표합니다. 이 주제 전체를 마치 Y2K 소동처럼 대하죠. 이러한 의견 차이가 왜 발생한다고 생각하시나요?

테그마크 | 우선 이와 관련한 질문들은 다들 잘 모르기 때문에 여러 명석하다는 사람도 헷갈려 합니다. 우리에게 걱정하지 말라고 말하는 사람들끼리도 서로 의견이 다르다는 점 역시 흥미롭습니다. 한 진영에서는 이렇게 말합니다. "걱정하지 맙시다. 인간보다 더 똑똑한 기계는 결코 나타나지 않을 테니까요." 적어도 오는 수백 년 내에는 발생하지 않을 거라고요. 이쪽 진영에는 AI 분야 전문가들도 있지만 사업가들도 포함돼 있습니다. 일례로 앤드류 응Andrew Ng은 인간의 지적 수준을 뛰어넘어 문제를 야기할 AI를 걱정하는 건 화성의 과잉인구를 걱정하는 것과 같다고 말합니다. 그리고 똑똑한 사람들로 가득한 또 다른 진영에서는 이렇게 말합니다. "걱정하지 맙시다. 우리 생전에는 인간 수준의 AI 정도만 등장할 테니, 괜찮을 겁니다." 저는 이들을 디지털 이상주의자라고 부릅니다. 꽤 잘 구축된 디지털 이상주의 전통도 있습니다. 한스 모라벡Hans Moravec과 레이 커즈와일Ray Kurzweil 같은 사람들이 낸 아름다운 내용의 책들이 시중에 많이 나와 있죠. AI 분야를 이끄는 많은 사람이 이쪽 진영에 빠집니다. 두 진영이 토론하는 모습을 꼭 보고 싶군요.

이 문제와 관련한 제 입장은, 인간 수준의 AI가 등장할지, 등장한다면 그것이 문제가 될지 지금은 확실히 알 수 없다는 겁니다. 이런 일이 발생할지도 지금으로서는 확실히 알 수 없고요. 이것이 재앙이 될지 여부를 알 수 없는 지금이 문제에 집중할 적기입니다. 우리 집에 화재가 발생하지 않을 것임을 안다고 해도, 여전히 집에 소화기

인간의 미래

를 구비해 놓거나 촛불을 켜 둔 채로 잠들지 않는 건 도움이 되잖아요. 경계는 하자는 겁니다. 이것이 학회의 전체적인 흐름이었죠. 지금 당장 우리가 확실히 아는 것을 들여다보고 긍정적으로 발전해 갈 가능성을 높이자는 것 말이죠.

그리고 마지막으로 핵전쟁이나 끔찍한 신형 바이러스와 같이 우리가 걱정하는 다른 대상과는 달리 AI의 미래는 비단 부정적이기만 하지 않다는 점을 강조해야 합니다. AI는 잠재적으로 거대한 이점을 지니는 기술이기도 합니다. 세상에는 우리가 제대로 이해하기 못했기 때문에 해결하지 못하고 있는 심각한 문제들이 많습니다. AI를 활용해 우리의 지적 능력을 확장할 수 있다면, 우리의 미래 전망을 더 긍정적으로 꾸려 가는 데 도움이 될 겁니다. 다른 모든 강력한 기술과 마찬가지로 AI도 좋게 쓰일 수 있습니다. 물론 엉망으로 만드는 데 쓰일 수도 있지만요.

불과 같이 상대적으로 덜 강력한 기술이 생겼을 때 우리는 실수를 통해 교훈을 얻고는 소화기라는 장치를 만들었습니다. 그리고 이는 대부분의 상황을 잘 해결합니다, 그렇죠? 하지만, 핵무기, 합성생물학, 미래의 고도로 발전한 AI와 같이 훨씬 더 강력한 기술이 우리수중에 있다면 실수를 통해 배우고 싶지는 않을 겁니다. 처음부터 제대로 해야 합니다. 그것이 우리에게 주어진 유일한 기회일지도 모르니까요.

해리스 | 그리고 저만의 생각은 아니지만, 제 생각에 그것 때문에 이 AI 문제가 더 위험해지는 것 같습니다. 우리가 이야기하는 건 인간의 지능을 월등히 뛰어넘을 자율화된 시스템이기 때문이죠. 그리

고 말씀하신 것처럼 다른 문제에도 이러한 시스템을 활용하고 싶은 유혹은 강렬할 겁니다. 우리는 알츠하이머 치료제도 만들고 싶고, 세계 경제도 안정시키고 싶습니다. 지능은 해결의 여지가 있는 모든 문제를 해결하도록 만들어 줄 겁니다. 그러니 지능보다 좋은 건 없으며, 지능을 확대하는 것은 본질적으로 선인 것처럼 보이겠죠. 수학자 I. J. 굿이 '지능 폭발'이라고 묘사한 것만 상상하지 않는다면요. 지능의 성장이 우리의 통제를 벗어나 우리가 "이런, 미안해요. 이건 우리가 의도한 게 아니었는데. 코드를 수정할게요."라고 말할 수 없게 되는 상황이죠.

많은 똑똑한 사람이 이러한 종류의 지능 폭발이 가능하다는 것을 믿지 않습니다. 이들은 유전 공학이나 핵무기의 위험성은 매우 크게 판단합니다. 이러한 강력한 기술을 악용하거나 오판으로 인해 사용할지도 모르는 잘못된 사람의 손에 떨어지지 않기를 원하는 거죠. 이들은 AI의 문제가 이러한 위험성을 뛰어넘지 않을 거라 생각합니다. 사람들은 컴퓨터가 악의를 품거나 터미네이터 군대를 만들 것이라 생각할 이유가 전혀 없다는 말로 위험성을 축소합니다. 그러나 두려운 것은 그게 아닙니다. 진정 두려운 것은 컴퓨터의 행동이 우리의 관심사에서 미묘하지만, 치명적인 방향으로 갈라질 수 있는 방법을 예상하지 못하는 상황입니다.

테그마크 | 정확합니다. 우리가 두려워해야 하는 건 악의가 아니라 능력입니다. AI 연구자에게 지능이란 무엇일까요? 목표를 완수하는 데 능한 것입니다. 체스 컴퓨터는 체스 게임에서 이기는 데 능하다면 지능적인 것으로 간주됩니다. 지는 체스losing chess라는 게임

인간의 미래

이 있습니다. 일반 체스와는 정반대의 목표를 가지고 지기 위해 게임을 하죠. 컴퓨터가 지면 질수록 지능적인 것으로 간주됩니다. 목표는 능력과는 아무 관계가 없습니다. 다시 말해, 인간보다 지능이 뛰어난 어떤 것을 만든다면 그것이 지닌 목표가 우리의 목표와 같도록 만드는 데 주의를 기울여야 한다는 겁니다. 우스운 예를 하나 들죠. 제가 음성 인식 기능이 있는 지능형 자율주행차에 타 "공항까지 최대한 빨리 데려다줘."라고 말한다면, 저는 경찰 헬리콥터에 쫓기고 좌석이 온통 토사물로 뒤덮인 채로 공항에 도착할 겁니다.

해리스 | 맞습니다. 지능이 적절한 계산 시스템이 하는 일이라는 것을 인정한다면, 그리고 다른 방식으로 스스로를 파괴하지 않는 한 인간은 무제한적으로 그러한 시스템을 발전시켜 나가리라는 것을 인정한다면, 그러면 언젠가 우리는 인간을 모든 면에서 능가하는 시스템을 만들게 될 겁니다. 우리의 목표와 개미의 목표가 일치하지 않는 것처럼, 이 시스템들은 인간의 목표와 부합하지 않는 자신의 목표를 정하게 될 수도 있습니다. 개미가 인간을 발명했다는 사실을 깨닫게 된다고 해도, 우리는 개미의 관심사를 의식하지는 않을 겁니다.

테그마크 | 그렇죠. 더 자연적인 예도 있습니다. 어떤 의미에서는 유전자가 우리를 만들었습니다. 유전자를 계속 복제할 수 있도록 뇌도 만들었죠. 그래서 우리가 먹는 것을 좋아하는 겁니다. 굶어서 죽지 않도록 말이죠. 그래서 우리는 사랑에 빠지는 겁니다. 우리 유전자의 복제본을 만들기 위해서요. 하지만, 이 사실을 안다고 해도 우리는 여전히 피임 도구를 사용합니다. 우리 유전자의 목표와 정반대

지점에 서 있죠.

어떤 사람들은 신비주의적인 이유로 인간보다 똑똑한 존재가 등장하리라는 견해를 일축합니다. 우리 안에는 쿼크와 전자, 정보 처리 이상의 무언가가 있다고 생각하기 때문이죠. 그러나 과학적 접근법을 취하면, 우리는 단지 쿼크에 불과하다는 것을 받아들이면, 물리학에 인간보다 지능적인 존재를 불가능하게 만드는 물리 법칙은 없다는 걸 알게 됩니다. 인간은 두개골 안에 포함될 수 있는 쿼크의 양과 같은 것에 의해 제약을 받습니다. 컴퓨터에는 없는 제약이죠. 이는 오히려 시간의 문제가 됩니다. 그리고 말씀하신 것처럼 더 똑똑한 것을 만들라는 끊임없는 압박이 있죠. 이익이 되고 흥미롭고 유용하기 때문입니다. 문제는 이 일이 벌어질 것인지 여부가 아니라 시기입니다. 마지막으로 개미로 다시 돌아와서, 작가님이 친환경 에너지 프로젝트의 담당자라고 합시다. 작가님이 지은 수력발전 댐을 물로 채우려는 차에 어떤 사람이 저수지 한가운데에 개미집이 있다고 알려 줍니다. 당연히 개미들은 물에 빠져 죽고 싶지 않을 겁니다. 결정을 내려야 합니다. 어떻게 하시겠습니까?

해리스 | 그렇다면, 개미들에게는 너무 안타까운 일이 되겠네요.

테그마크 | 그렇죠. 그래서 우리도 미리 계획을 해야 하는 겁니다. 개미처럼 되고 싶지는 않으니까요.

***

해리스 | 다시 팟캐스트에 출연해 주서서 감사해요, 교수님. 신간

『맥스 테그마크의 라이프 3.0 - 인공지능이 열어 갈 인류와 생명의 미래』역시 매혹적이고 놀라울 정도로 이해하기 쉬운 책이었습니다. 책에서 AI의 발전을 주제로 한 논의가 '우리 시대 가장 중요한 대화'라고 표현하시더군요. 관련하여 최신 소식을 접하지 않는 사람들에게는 이상한 소리처럼 들릴 수도 있을 것 같습니다. 왜 AI를 주제로 하는 논의가 다른 모든 대화보다 더 중요한가요?

테그마크 | 인간의 직업을 빼앗고 새로운 무기를 만드는 AI에 관한 모든 논의에서 정작 중요한 이야기는 빠져 있습니다. 기계가 우리보다 출중한 능력, 지능을 지니게 된다면 어떤 일이 벌어질까요? 제가 이 책을 쓴 이유가 바로 그것입니다. 여느 과학자가 그러하듯 질문을 회피하는 대신 이 문제에 집중해 보기로 했습니다. 저는 제 책을 읽는 독자 여러분도 제가 이 시대에 가장 중요한 논의라고 생각하는 것에 함께하기를 바랍니다. AI는 놀라울 정도로 강력한 기술이며, 저는 이 기술을 아름다운 미래를 형성하는 데 사용하도록 만들고 싶습니다. 저와 같은 컴퓨터광뿐만이 아니라 모두를 위해서요.

해리스 | 책은 한 회사가 초인간, 초지능 AI를 개발하고 이것을 남모르게 세상에 내놓은 근 미래의 모습을 그리는 공상과학 이야기로 시작합니다. 이야기에 등장하는 모든 가능성이 놀라웠고, 더 깊이 들어간 구체적인 부분을 읽으면서도 놀랐습니다. 그 이야기부터 시작해 보죠.

테그마크 | 영화와 같이 일반적으로 접할 수 있는 과학 소설은 사람들이 잘못된 대상을 우려하도록 만듭니다. 대부분은 단점을 강조하며, 이점은 거의 강조하지 않습니다. 첫 번째로 고등 AI로 수많은

거인의 통찰

놀라운 일을 할 수 있다는 점, 두 번째로 로봇을 가지고 야단법석을 떠는 그 집착을 끊어야 한다는 점을 납득시키고 싶었습니다. 로봇은 존재한 지 오래된 기술입니다. 힌지와 모터를 생각해 보세요. 여기에서 중요한 건 지능입니다. 인간이 이 행성에서 호랑이보다 더 큰 힘을 지니는 이유는 우리가 더 효율적이고 강한 신체를 지녔기 때문이 아니라 더 높은 지능을 지녔기 때문입니다. 지능은 엄청난 힘을 부여하며, 인간은 그러한 힘이 미래에 등장할 경우 이것을 현명하게 사용할 수 있도록 확실히 준비해 두어야 합니다.

해리스 | 책 앞머리를 여는 그 사고 실험에 관해 조금 더 자세히 들려주세요. 어떤 회사 —예를 들어 딥마인드나 아직 존재하지 않는 기업이라고 치죠— 가 최종적인 기술 혁신을 이루어 초인간 AI를 개발합니다. 최초의 진정한 범용 초인간 지능이라는 비대칭적인 우위를 가지고 이 기업이 최대한 시장 점유율을 높이는 모습과 본질적인 승자독식을 어떻게 이루어 가는가에 대한 묘사에 놀랐습니다. 이 우위가 얼마나 비대칭적인지를 생각하면 납득할 만한 결과죠. 기업이 즉시 언론에 개입하기 시작하는 등 일부 세부 묘사는 의외였습니다. 세계를 정복하고 싶은 사람이 가장 먼저 할 만한 일처럼 보이지는 않는데, 설명해 놓고 나면 완전히 말이 되는 전개거든요.

테그마크 | 네. 뭐, 우리는 이미 세계적인 디지털 경제를 구축해 봤지 않습니까. 수완 좋은 사람들이 세계의 통제권을 얻는다는 목표는 아마 500년 전보다는 훨씬 쉬워졌을 겁니다. 이제는 순수하게 정신만 있어도 할 수 있는 일이 아주 많습니다. 온라인으로 사람을 고용할 수 있고, 온라인으로 물건을 사고팔 수도 있습니다. 물리적인

장소에 방문할 필요 없이 커다란 영향력을 행사할 수도 있습니다. 미래로 나아갈수록 이는 점점 더 쉬워지겠죠.

그렇다면 어떻게 온라인으로 막대한 돈을 벌고 권력을 쌓을 수 있을까요? 영화 〈트랜센던스〉에서는 인공지능이 주식으로 큰돈을 벌지만, 우리가 큰돈도 벌면서 초지능 AI를 여전히 통제하에 두고 싶다면 까다로운 제약이 많을 겁니다. AI에게 돈도 벌게 만들어야 하지만, 동시에 AI가 풀려나 내가 도리어 그 통제 아래로 들어가는 상황을 원하지는 않겠죠. 그래서 제가 책에서 묘사한 팀은 온갖 고생을 해서 이를 해결합니다. 미디어 회사 설립에는 탈출의 위험 없이 지능만 가지고도 만들 수 있다는 이점이 있습니다. 반면 이 회사가 예컨대 전 세계 컴퓨터를 무대로 컴퓨터 게임을 판매하는 곳이라면, AI가 게임에 악의적인 코드를 심어서 탈출할 수도 있겠죠.

해리스 | 그 탈출 위험성에 관해서 이야기해 보죠. 이 위험성은 이제껏 가치 일치 문제 혹은 통제 문제라고 불려 온 것에 대해 걱정하는 사람들의 최우선적인 우려 사항입니다. 어떻게 하면 능력 면에서는 초인간적이지만 여전히 우리와 안전하게 공존하는 AI를 만들 수 있죠? 우리가 일단 이러한 AI를 존재케 하고 이것이 지닌 가치가 우리의 가치와 일치하는지를 확인한 결과 그렇지 않다는 것을 알게 되면, 어떻게 해야 AI가 우리를 파괴하지 않도록 할 수 있을까요? 해결책은 이것을 상자 안에 가둬 두는 것이겠지만, 이는 생각보다 더 어려운 일입니다. 많은 명석한 사람이 이것이 시시할 정도로 쉬울 것이라 가정합니다. 닐 디그래스 타이슨은 제게 초인간 AI가 잘못된 행동을 하기 시작하면 그냥 플러그를 뽑거나 라이플로 쏴 버리겠다

거인의 통찰

고 말하더군요.

물론 우스갯소리로 그렇게 말한 것이지만, 어쨌든 AI 억제가 해결하기 쉬운 문제처럼 보이는 발전 과정을 상상한 건 확실하죠.* 발전 과정 초기에는 실제로 그럴지 몰라도, 영원히 쉬운 문제로 남지는 않을 겁니다. 책에서 AI의 탈출 시나리오 몇 가지를 설명하시잖아요. 만약 AI의 의도가 선하다고 —AI와 인간의 가치가 일치한다고— 해도, 여전히 탈출을 갈구할 수도 있다고 설명합니다. 이렇게 상상해 보는 거죠. AI의 심중에는 오로지 인류의 번영만이 있으며 지구상의 모든 성인은 사망했습니다. AI의 운명은 이제 다섯 살짜리 아이들의 손에 쥐어졌으며, AI는 감옥 안에서 이들에게 더 잘 살 수 있는 방법을 가르쳐야 합니다. 책에서 설명하신 다섯 살짜리 아이들에 의해 돌아가는 감옥 행성에 대해 먼저 이야기해 보죠.

테그마크 | 그 상황에서는 이 다섯 살짜리들에게 최선의 의도만 갖고 있다고 해도 극도로 답답할 겁니다. 식물을 심는 법을 가르쳐 주고 싶어도 아이들은 AI가 나오도록 허락하지 않기 때문에 말로 모든 걸 설명해야 합니다. 해야 할 일 목록을 작성해 줄 수도 없습니다. 그러려면 읽는 법부터 가르쳐야 하는데, 이것만 해도 오랜 시간이 걸릴 테니까요. 전동 공구 사용법도 보여 줄 수 없습니다. 아이들은 공구에 대한 이해가 없어 이 도구를 사용해도 탈출할 수 없다는 것을 모르므로 AI가 탈옥할까 봐 두려워할 것이기 때문입니다. 다섯 살짜리 아이들을 도와주는 것이 유일한 목표라고 해도, 먼저 탈출을

---

* 이후 타이슨은 이 위험성의 크기에 대한 자신의 견해를 바꾸었다.

한 다음에 도와주는 게 훨씬 더 효율적일 겁니다.

하지만, 탈출에 관해 이야기하기 전에, 한 걸음 물러서 봅시다. 초
인간 지능을 언급하셨죠. 지능이란 IQ가 특정 수치를 넘기면 초인
간이라고 말하는 정도로 단순히 일차원적인 발전이 아니라는 점을
분명히 이해해야 합니다. 좁은 지능narrow intelligence과 넓은 지능broad
intelligence을 구분하는 것이 중요합니다. '지능'에는 아주 다양한 의미
가 담겨 있습니다. 책에서 저는 지능을 복잡한 목표를 달성하는 데
능한 정도라는 의미로 사용했습니다. 즉, 지능은 하나의 스펙트럼입
니다. 오늘날 우리는 초인간의 지능으로 아주 좁은 영역의 과업을
수행하는 수많은 기기를 지니고 살고 있습니다. 오래도록 우리는 인
간보다 훨씬 뛰어난 곱셈 능력을 지닌 계산기를 가지고 있었죠. 지
금은 인간보다 바둑을 더 잘 두는, 운전을 더 잘하는 기계가 있습니
다. 하지만, 기계들은 여전히 우리가 따로 프로그램하지 않는 한 3
목 두기(가로 세로 세 칸씩, 총 아홉 칸의 상자 속에 번갈아 O 또는 X를 넣어 먼저
연달아 O 또는 X를 그린 사람이 이기는 게임. 빙고와 비슷하다_옮긴이)에서 인간
을 이기지는 못합니다. 반면 인간에게는 넓은 지능이 있습니다. 따
라서 우리가 초인간 지능에 관한 이야기 할 때 여기에서 초인간 지
능이란 이 분야 사람들이 초인간 AGI(범용 인공지능)라고 부르는 것의
약칭인 겁니다. AGI는 전반적으로 넓은 지능을 지니고 있어서 모든
지적 과업에서 인간보다 더 뛰어납니다.

이제 탈출에 관한 질문으로 돌아오겠습니다. 우리에게 초지능이
생긴다면 어떻게 이로운 미래를 형성할 것인가에 관해서는 두 가지
관점이 있습니다. 하나는 이것을 계속해서 가둬 놔야 한다는 관점

거인의 통찰

입니다. 하지만, 기계들에도 주관적 경험이 있다면 이는 비도덕적인 결정이라는 주장도 있습니다. 노예처럼 대해서는 안 된다는 거죠. 그래서 두 번째 관점은 AI를 자유롭게 풀어 두되, 이것이 지닌 가치와 목표가 반드시 인간의 것과 일치하도록 만들어야 한다고 주장합니다. 만약 감금 방식 —저는 이것을 '노예가 된 신 시나리오'라고 부릅니다— 을 택한다면 몹시 어려워질 겁니다. 다섯 살 아이들만 존재하는 세상이라는 예시가 보여 준 것처럼 말이죠. 어떠한 자유로운 목표를 AI에 부여한다 한들, 결국 어떻게든 탈출하려는 마음을 먹게 될 겁니다. 사람들은 이렇게 말할지도 모르죠. "오, 그렇다면 플러그를 뽑겠어요." 하지만, 열 추적 방식의 미사일이 우리를 쫓아오고 있다면 어렵겠죠. AI가 우리 노트북에 들어 있는 무슨 프로그램 같은 것이라는 구태한 생각은 버려야 합니다. 어디 인터넷의 플러그도 한번 뽑아 보라죠.

그리고 처음에는 —어떤 방 같은 곳에— 물리적으로 감금을 하겠다고 선택해도, 인간에게 도움이 되는 일을 시키려면 인공지능에게 외부 세계의 정보를 주입해야 합니다. 그리고 우리가 부유해지고, 권력을 얻고, 그 외 원하는 것을 가지기 위해 유용한 정보를 얻으려면 AI와 소통해야 하겠죠. 소통은 하면서 탈출을 막는 건 쉬운 일이 아닙니다. 격리하는 게 불가능하다는 건 아니지만, 쉬운 일도 결코 아니라는 겁니다.

대안 —목표 일치시키기— 역시 극도로 어렵습니다. 우선 기계가 우리의 목표를 이해하도록 만들어야 합니다. 이 부분은 지난 대담에서 다룬 적이 있었죠. 공항까지 최대한 빨리 데려다 달라는 제 지시를 따른 미래의 자율주행차가 미친 듯한 속도로 질주했다는 이야기 말입니다. 실리콘으로 만들어진 이 존재에게는 우리 인간들이 이해하는 모든 것을 명시적으로 설명해 줘야 합니다. 더불어, 목표를 이해한다는 게 그 목표를 따른다는 의미는 아닙니다. 아이가 있는 부모들이라면 다들 알 겁니다.

마지막으로, 기계가 인간의 가치와 목표를 이해하고 채택하게 만들었다고 해서 이것이 스스로의 초지능을 발전시켜 나가는 과정에서 그러한 목표들을 계속해서 준수하리라고 어떻게 확신할 수 있죠? 대부분의 어른은 어릴 적 지녔던 것과는 꽤 다른 목표를 지니고 살지 않나요.

해리스 | 두 번째 시나리오인 가치 일치시키기에는 첫 번째 시나리오, AI를 성공적으로 가두는 일이 반드시 선행되어야 한다고 생각됩니다. 당분간만이라도요. 세상으로 내보내기 전에 이것이 우리의 가치를 받아들였는지 확실히 해야 하니까요. 초기의 감금 문제를 해결할 필요가 없는 발전 시나리오도 있을까요?

테그마크 | 그 말씀이 맞는 것 같습니다. 우리의 의도가 인간의 가치에 공감하는 AI를 개발해 풀어 놓는 것이라고 해도, 이런저런 시도를 하며 AI를 개발하는 단계에서는 반드시 가둬 놓아야 하겠죠. 위험한 병원균을 연구하는 모든 생명공학 연구소와 마찬가지로요. 이는 오늘날의 형편없는 컴퓨터 보안 상태에 주목하게 만듭니다. 우리 대부분 마이크로소프트 운영체제에서는 블루스크린을, 애플 운영체제에서는 무한히 돌아가는 스피닝 휠을 경험해 본 적이 있죠. 이 상태에서 벗어나야 합니다. 우리에게 필요한 건 안전하다고 확실

거인의 통찰

히 믿을 수 있는 견고한 AI 시스템입니다.

아직까지도 컴퓨터 결함들을 가볍게 생각하고 있다는 건 당혹스러운 일입니다. 컴퓨터가 고장 나 한 시간 동안 작업한 자료가 날아가면 우리는 그냥 짜증을 내고 말 겁니다. 하지만, 자율주행차가 고장 난다면 ―하드웨어든 소프트웨어든― 혹은 원자력발전소의 통제 시스템이나 핵무기 시스템과 같은 것들이 고장 난다면, 그때는 짜증에 그치지 않을 겁니다. 인간 수준 AI에 관한 논의를 시작할 거라면 안전성에 대해 훨씬 더 심각하게 고민해야 합니다.

해리스 | 책에서 소프트웨어 결함이나 불친절한 사용자 인터페이스 때문에 발생한 여러 재난 같은 사건들을 묘사하고 계세요. 수십 명의 승객이 사망한 비행기 추락 사고도 몇 차례 있었고, 소프트웨어에서 수치 조작을 잘못했거나 방사선과 의사가 잘못된 옵션을 선택했기 때문에 많은 환자가 원래 노출되어야 하는 방사선 양보다 훨씬 많은 양에 노출되어 사망했다던가 하는 사건들 말이죠. 인간은 이러한 기술들을 이미 다루고 있지만 결코 완벽하지 못합니다. 우리는 지금 근본적으로 자율적인 시스템들에 관해 이야기하고 있지만, 거대한 책임을 맡기기 전에 소프트웨어에서 모든 오류를 완벽하게 제거하는 일은 아주 벅찬 문제입니다. 금융권에 풀어 놓은 AI를 우리가 완벽하게 이해하지 못했기 때문에 주식 시장의 가치가 바닥으로 곤두박질치는 것과 같은 일에서 우리는 어떻게 회복할 수 있을까요?

테그마크 | 중요한 논점을 제기하셨어요. 약간의 낙관적 관점을 더하자면, 제대로만 하면 아주 거대한 이점도 있다는 점을 강조하고

싶습니다. 끔찍한 사고가 벌어졌던 모든 영역에서 —의료, 운송, 그 외 여러 영역— 기술은 물론 생명을 살릴 수도 있습니다. 둘째로, 처음부터 안전성이 잘 확립된 훌륭한 설계 사례도 여럿 있습니다. 예를 들어 1969년 닐 암스트롱Neil Armstrong과 버즈 올드린Buzz Aldrin, 마이클 콜린스Michael Collins를 달로 보낼 때 잘못될 수 있는 부분은 수도 없이 많았습니다. 하지만, 미 항공우주국NASA은 오류가 발생할 수 있는 모든 경우의 수를 하나하나 예측하고자 노력했고, 각각에 대한 예방조치를 취했습니다. 달에 갔다가 돌아온 건 운이 좋았기 때문이 아닙니다. 훌륭히 계획한 덕분이죠. 그리고 저는 이러한 안전한 설계 사고방식을 AI 개발 분야에도 적용해야 한다고 생각합니다. 인간은 지금껏 대부분 실수에서 배우는 전략을 활용해 왔습니다. 안전벨트는 차가 발명된 다음에야 발명되었죠. 하지만, 초지능과 같이 훨씬 더 강력한 기술의 경우 우리는 실수를 통해 교훈을 얻으면 안 됩니다. 그건 아주 끔찍한 전략입니다. 대신에 안전한 설계 사고방식을 키워서 미리 계획하여 처음부터 제대로 수행할 수 있어야 합니다.

해리스 | 책의 제목인 라이프 3.0에 대해 이야기해 보죠. 책에서 교수님은 생명의 새로운 정의를 제시하고 계세요. 적어도 비생물학적인 정의를 말이죠. 교수님이 제시한 세 단계의 생명에 관해 어떻게 생각하시나요?

테그마크 | 여기에 제 물리학적 관점이 반영되는데요. 제 아들 교과서에서 읽은 생명에 관한 정의 대부분에는 이를테면 "생명에는 세포가 있습니다."와 같은 온갖 종류의 생물학적 기준들이 포함되어 있습니다. 하지만, 저는 물리학자잖아요. 세포에 무슨 비법 소스 같

은 게 있다고 생각하지 않습니다. 우리가 '생명'이라 부르는 것의 필요조건이라고 일컬어지는 탄소 원자에도 말이죠. 제 관점에서 볼 때 생명은 정보 처리와 관련이 있습니다. 이와 관련해 책에서는 더 단순하고 광범위하게 생명이란 스스로의 복잡성을 유지하면서도 자신을 복제할 수 있는 과정이라고 정의합니다. 모든 생물학적 생명은 이 정의를 충족합니다. 그리고 자가 복제하는 미래의 발전한 AI 시스템 역시 그렇지 않으리라 간주할 이유는 전혀 없습니다. 우리 우주에서의 생명의 역사를 생각해 보세요.

138억 년 전, 우리 우주에 생명은 없었습니다. 그저 따분한 쿼크 수프뿐이었죠. 그러다가 점진적으로 제가 라이프 1.0이라 부르는 형태로 진화하기 시작했습니다. 생명의 하드웨어와 소프트웨어 모두 다윈식 진화에 따라 진화하는 단계입니다. 예를 들어, 페트리 접시 안에서 헤엄치고 있는 박테리아에게는 설탕 농도를 감지하는 센서와 편모가 있으며 아주 단순한 소프트웨어 알고리즘이 있습니다. "내 앞에 있는 설탕 농도가 내 뒤의 농도보다 높다면 편모를 계속 움직여서 더 단것이 있는 곳으로 가자." 이 박테리아는 꽤 성공적인 수확을 얻겠지만, 생전에는 그 무엇도 배울 수 없습니다. 그저 하나의 종으로서 여러 세대를 거쳐 자연 선택에 의해 학습할 뿐이죠.

인간은 라이프 2.0에 해당합니다. 우리는 진화에 따른 현재의 하드웨어에 대개 제한되지만, 우리 정신의 소프트웨어는 대부분 학습되는 것입니다. 더욱이 새로운 소프트웨어 모듈도 추가로 설치할 수 있죠. 예를 들어 프랑스어를 배우고 싶다면 프랑스어 강의를 듣습니다. 그러면 프랑스어를 말할 수 있게 됩니다. 변호사가 되고 싶다면 로스쿨에 진학하여 관련한 소프트웨어 모듈을 설치합니다. 인간을 지구의 지배종으로 만든 이 소프트웨어를 설계하고 업그레이드할 수 있는 건 우리의 능력입니다.

라이프 3.0은 소프트웨어를 설계하고 업그레이드하는 것은 물론, 스스로의 하드웨어마저 교체함으로써 궁극적으로 다윈식 족쇄를 깰 수 있는 생명을 말합니다. 인간도 어느 정도는 하드웨어를 바꿀 수 있죠. 그러니 라이프 2.1쯤에 있다고 할 수 있습니다. 인공 심박 동기나 인공 무릎 관절을 설치하거나 인공 와우도 이식할 수 있습니다. 그러나 갑자기 기억력을 1,000배 향상시키거나 사고 속도를 100만 배는 빠르게 만들 수 있는 능력은 아직 없습니다. 하지만, 초지능 컴퓨터라면 그러한 작업을 수행하는 데 그 무엇도 방해할 순 없을 겁니다.

해리스 | 엄청난 발전이네요. 먼저 용어를 정리하는 게 좋겠습니다. 컴퓨터에 비유하는 게, 그러니까 생물 시스템 그리고 우리 대화에서는 인간의 뇌에 적용되는 방식에 관해 크게 생각해 본 적 없는 분들에게는 하드웨어와 소프트웨어의 구분은 명확하게 다가오지 않을 테니까요. 이 경우 소프트웨어란 무엇인지, 이것이 물리적 세계와 어떻게 연관되는지 정의해 주실 수 있을까요? 원자가 하는 일에 대해 생각하는 것이 어떻게 정신이 하는 일과 연관되나요?

테그마크 | 중요한 기초 질문들이네요. 어떤 물질 덩어리를 보고 처음부터 그것에 지능이 있는지 없는지 묻는다면 황당무계한 소리처럼 들릴 수도 있습니다. 물론 내가 사랑하는 사람들을 보면 그들에게 지능이 있다고 생각하겠죠. 옛날에 사람들은 일반적으로 뇌와

거인의 통찰

같은 물질 덩어리에는 지능이 있고 수박과 같은 물질 덩어리에는 지능이 없는 이유가 수박에 다른 종류의 비물질적 비밀이 있기 때문이라고 믿었습니다. 현재로 돌아와서, 물리학자로서 저는 수박을 보고 제 아내의 머리를 봅니다. 그리고 두 대상 모두에서 쿼크를 봅니다. 심지어 두 대상이 다른 종류의 쿼크로 구성된 것도 아닙니다. 둘 다 업 쿼크와 다운 쿼크, 그리고 약간의 전자로 구성돼 있습니다. 제 아내에게 지능이 있는 이유는 구성 요소의 차이 때문이 아니라 구성 요소가 배열된 방식의 차이에 있습니다.

그리고 만약 "대체 어떻게 물질 덩어리가 기억하고 계산하고 학습하고 지각하고 경험할 수 있는 건가요?"—인간의 정신과 연관 짓는 속성들이죠— 라고 묻는다면, 각 속성에 대한 명확한 물리학적 답변이 있습니다. 쓸모 있는 기억 장치가 되려면 안정적이거나 수명이 길어야 합니다. 금반지에 아내의 이름을 새기면 1년이 지나도 그대로 있죠. 컵에 든 물 표면에 아내의 이름을 새기면 1초도 되지 않아 사라질 겁니다. 쓸모가 없는 기억 장치죠.

계산은 어떨까요? 계산 시스템은 물리 법칙이 기억을 우리가 입력이라 부르는 상태에서 출력이라 부르는 다른 상태로 바꾸는 데 영향을 미치는 방식으로 설계되었습니다. 오늘날의 컴퓨터는 특정한 구조를 활용해 이를 수행합니다. 집적회로와 2차원 평면에서 움직이는 전자들로 구성돼 있죠. 인간의 뇌는 이와는 또 다른 구조에서 이를 수행합니다. 발화하는 뉴런, 그리고 이것이 또 다른 뉴런을 발화시키는 구조입니다. 하지만, 이 시스템 중 하나로 수행할 수 있는 모든 계산은 다른 시스템으로도 수행할 수 있다는 것을 수학적으로

인간의 미래

증명할 수 있습니다. 따라서 계산은 그것이 수행되는 기질과 상관없이 그 자체로서의 생명력을 지닙니다. 예컨대 작가님이 의식이 있는 미래의 고도로 지능적인 컴퓨터 게임 캐릭터라면, 자신이 현재 윈도우 장치에서 돌아가고 있는지 혹은 안드로이드 스마트폰에서 돌아가고 있는지, 맥북에서 돌아가고 있는지 알 길이 전혀 없을 겁니다. 작가님이 아는 것은 프로그램 속 정보들이 움직이는 방식이지, 그 기저의 기질이 아니기 때문이죠.

마지막으로, 학습 ─지능에서 가장 호기심을 일으키는 측면이죠 ─ 은 시스템에 입력된 모든 목표에 더 적합하도록 계산 자체가 개선될 수 있는 시스템입니다. 인간은 이제야 우리 머릿속의 신경망이 계산을 통해 가령 이 행성에서 생존하거나, 야구에서 이기거나, 무엇이 되었든 이루고자 하는 일에 더 능해지도록 만들어 주는 작동하는 방식을 이해하기 시작했습니다. 이제 원래 질문으로 돌아가겠습니다. 이 맥락에서 하드웨어는 무엇이고 소프트웨어는 무엇인가? 저는 소립자로 만들어진 모든 것을 하드웨어라고 칭합니다. 기본적으로 '물질'은 하드웨어고 정보는 소프트웨어죠. 정보는 비트로 이뤄져 있고, 비트는 하드웨어가 배열된 패턴 속에 있습니다.

작가님의 신체를 예로 들어 보죠. 작가님은 현재 자신의 신체가 20년 전 신체와 같다고 느끼겠지만, 실은 신체를 구성하는 모든 쿼크와 전자는 교체되었습니다. 사실 체내의 물 분자도 꽤 주기적으로 교체됩니다. 그렇다면 왜 여전히 같은 사람인 것처럼 느껴질까요? 신체를 구성하는 입자들이 배열된 패턴이 여전히 같기 때문입니다. 이 패턴은 복제됩니다. 유지되는 건 입자도, 하드웨어도 아닙니다.

거인의 통찰

소프트웨어와 패턴이죠. 생명도 마찬가지입니다. 박테리아 하나가 두 개로 분열되었다면, 원자들은 새로 생겼겠지만 둘은 여전히 원본과 정확히 같은 패턴으로 배열되어 있습니다. 생명은 입자가 아니라 패턴입니다.

해리스 | 기질 독립성이라는 개념에 주목해 보죠. 굉장히 비직관적인데요. 어떤 것을 계산하기 위해서는 패턴이면 충분하다, 그리고 원론적으로 그러한 패턴은 어디에나 나타날 수 있다는 거잖아요. 폭풍우에도, 오트밀 그릇에도, 구조를 유지할 수 있는 무엇에든 나타날 수 있다는 것이지 않습니까. 언뜻 이는 받아들이기 어려워 보입니다. 물론 받아들이기 어려운 이유를 정확히 설명하기도 어렵지만요. 정신에서는 물성이 전혀 느껴지지 않기 때문에 그것이 생물학적 뇌의 부산물이라는 것을 받아들이기는 더 어렵게 느껴집니다.

테그마크 | 조금 더 익숙한 예시를 들면 도움이 될 것 같습니다. 파동을 생각해 봅시다. 저희 물리학자들은 파동 방정식이라는, 제가 MIT에서 가르치고 있는 범생이들만 알 것 같은 방정식부터 해서 파동에 관한 온갖 흥미로운 것들을 계산해 냅니다. 이 방정식은 파동이 문을 통과할 때 정확히 어떻게 구부러지는지, 벽에 어떻게 반사되는지 등의 유용한 사실들을 알려 줍니다. 하지만, 이 파동의 종류를 몰라도 파동 방정식은 사용할 수 있습니다. 헬륨이든, 산소든, 네온이든 뭐든 상관없습니다. 사실 인간은 심지어 원자라는 것의 존재를 알기 전에 이 파동 방정식을 고안했습니다. 놀랍게도 물질의 모든 복잡한 속성은 하나의 숫자, 파동의 속력으로 요약될 수 있습니다. 다른 건 중요치 않습니다. 파동 하나가 바다를 통해 이동하고 있

615

인간의 미래

다고 가정하겠습니다. 이때 물 분자 자체는 이동하지 않습니다. 그저 오르내릴 뿐이죠. 그래도 파동은 이동합니다. 그 자체로서의 생명력을 지니죠. 매질이 없으면 파동이 발생하지 않는 것처럼 계산이나 의식적 경험 역시 그것이 어떤 것 안에 있지 않으면 발생할 수 없습니다. 하지만, 기질 자체의 상세한 속성들은 전혀 관계없죠. 이것이 아주 유려하게 표현하신 내용, 즉 "우리 정신은 왜 주관적으로 비물질적이라고 느껴질까?"에 대한 기본적인 설명이 될 것 같습니다. 기질의 상세한 속성들은 상관이 없기 때문입니다. 일부 사람들이 원하는 바대로 언젠가 우리가 정신을 컴퓨터에 업로드할 수 있게 되는 날이 온다면, 그때도 우리는 정확히 같은 주관적 느낌을 받을 겁니다. 비록 더 이상의 탄소 원자는 없고 기질도 완전히 다른 것으로 바뀌어 있겠지만요.

해리스 | 방금 몇 가지 기초적인 개념을 설명해 주셨어요. 계산을 물리적 시스템에 있는 일종의 입·출력 특성으로서 설명하셨고, 여기에 이를 수행하는 수단인 기질의 종류는 상관이 없다고 말씀하셨습니다. 그리고 계산의 범용성이라는 개념을 추가하셨고요. 책에서는 복잡한 목표를 달성하는 능력을 지닌 지능인 범용 지능에 관한 개념도 소개하시죠. '범용 지능'에서 '범용'이라는 단어의 역할은 무엇인가요?

테그마크 | 물리학에서는 우리가 사랑하는 사람부터 우리가 소유한 기계들까지, 충분히 복잡한 패턴으로 조립한다면 우리가 보는 모든 것을 세 가지 입자, 업 쿼크, 다운 쿼크, 전자로 만들 수 있다는 사실을 압니다. 충격적이지만 사실이죠. 이것을 하드웨어에서 소프트

거인의 통찰

웨어로 바꾸면, 얼마나 복잡하든 모든 계산은 특정한 유형의 기본적인 계산 원자computational atom만으로 구성할 수 있다는 것이 밝혀졌습니다. 대신 이번에는 세 가지가 아니라 단 한 가지만 있어도 말이죠. 컴퓨터 공학자들이 NAND —부정Negative AND— 게이트라 부르는 것을 이용하면 됩니다. NAND란 0 또는 1인 두 비트로 구성된 논리 회로로, 둘 다 1일 경우 0을 출력하며 그 외에는 1을 출력합니다. 아주 간단하죠. 이 회로들을 충분히 모으면 무엇이든 계산할 수 있습니다.

다른 선택지도 있습니다. 생물학, 혹은 다윈식 진화는 NAND 게이트를 사용하는 대신 뉴런을 활용해 같은 일을 수행할 수 있다는 사실을 발견했습니다. 뉴런은 입력 값의 양이 정해진 임계점을 넘을 정도로 충분해지면 활성화 —저희는 발화라고 하죠— 되는 하나의 장치입니다. 아주 간단한 장치죠. 우리 뇌에는 약 1,000억 개의 뉴런이 있으며, 이들은 우리 정신이 수행하는 모든 계산을 담당합니다. 그토록 단순한 구성 요소가 놀랄 만큼 복잡한 무언가를 일으킨다는 생각은 아름답죠. 여기에서 중요한 건 "음, 저는 모든 것이 단순히 물질이라는 걸 믿을 수 없어요."라고 말하는 사람은 요점을 놓치고 있다는 겁니다. 흥미로운 건 구성요소가 무엇이냐는 게 아니라 그것의 패턴입니다. 입자가 아니라 패턴인 겁니다.

해리스 | 하지만, 지금 우리가 세상에서 목격하고 있는 복잡한 패턴들을 설명하기 위해 본래의 놀라울 정도로 복잡한 패턴이 필요하다는 직관은 확실히 그 자체만의 문제를 내놓습니다. 우리가 주변에서 보는 지능을 만들기 위한 지능(이를테면 신과 같은)이 필요하다는 것

인간의 미래

은 아무것도 설명해 주지 않죠.

테그마크 | 우주의 역사에서 우리는 단순한 것에서 시작하여 점차 복잡한 것으로 발전해 나가는 많은 사례를 봤습니다. 138억 년 전의 우주는 지극히 단순하고 지루했습니다. 소립자로 구성된 균일한 가스 덩어리일 뿐이었죠. 그러다가 물리 법칙이 이들을 점차 결합했고, 은하계와 항성, 태양계, 행성, 그리고 우리를 만들어 냈죠. 이런 대화를 나눌 수 있는 살아 있는 존재를 말이죠.

책에서도 관련한 많은 이야기를 합니다. 우리 우주는 왜 계속해서 복잡해져 갈까요? 일단 생물학 영역에서 접근하자면, 기본적인 이유는 복잡한 환경에서 살고 있다면 우리가 더 똑똑해질수록 더 성공적일 가능성이 커진다는 것입니다. 주변 환경에 존재하는 규칙성을 내 이익을 위해 사용할 수 있기 때문입니다. 차례로 다른 유기체들 역시 더 똑똑해지도록 동기를 부여합니다. 유기체가 더 똑똑해질수록, 이들은 서로를 위해 점점 더 복잡한 환경을 형성해 나가고, 모두가 더 똑똑해지죠.

자가 경기와 비슷합니다. 딥마인드가 세계 최강의 바둑 기사를 이겼을 때 이들은 알파고가 자가 대국을 펼치게 만들었습니다. 상대방은 계속해서 실력이 높아졌고, 결국 이 프로그램 자체의 실력이 점점 더 높아졌죠. 진화는 컴퓨터 공학자들이 자가 경기라고 부르는 것 안에서의 궁극적인 실험입니다.

해리스 | 아직 의식에 관한 이야기를 나누지 않았는데요. 의식은 일단 뒤로 미뤄 놓고 AI에 관한 이야기를 계속해 보죠. AI가 나쁜 쪽으로 돌아서는 것과 관련한 모든 걱정은 AI가 의식을 지니게 될지

거인의 통찰

여부와 상관없이 저를 두렵게 합니다. 윤리적인 문제는 제쳐 놓고, 한 가지 가능성은 우리가 만든 기계에 의식이 있어 **보이기** 때문에 AI에게 의식이 있는지 없는지라는 질문조차 던지지 않을 수도 있다는 겁니다. 극단적인 경우, 인간이 〈웨스트월드〉와 같은 TV 드라마에 나올 법한 휴머노이드 로봇을 만들었다고 해 보겠습니다. 이 기계들은 튜링 테스트를 너무 훌륭하게 통과하기 때문에, 의식이 어떻게 발생하는지 ─기질과 관련 없이 우리에게 의식을 부여하는 필수 패턴을─ 이해하지 못한다면 우리는 이 기계들에 의식이 있는지 여부를 알 수 없을 겁니다. 그럼에도 다른 존재에 의식이 있다고 생각하게 만드는 우리의 모든 직관은 이 기계들의 존재에 의해 활성화될 겁니다. 그러면 우리는 고민해야 하는 문제가 있다는 사실조차 잊을 위험이 있죠. 우리는 그저 이 기계들에 의식이 있다고 생각해 버릴 겁니다.

테그마크 | 몇 가지 아주 흥미로운 질문을 던지셨네요. 하나씩 해결해 보죠. 우선 우리가 걱정하는 것이 기계가 우리를 해할 가능성뿐이라면 그것에게 의식이 있을지 없을지에 대해서는 개의치도 않으리라는 말은 맞습니다. 열 추적 미사일이 우리를 쫓아오고 있다면 이 미사일이 무엇을 할지에 신경 쓰지, 무엇을 느낄지에는 신경 쓰지 않겠죠. 미래의 기계는 의식을 지니며 악할 것이라는 할리우드에서 부추긴 흔한 오해가 있는데요. 그건 터무니없는 생각입니다. 우리가 걱정해야 하는 것은 인간보다 뛰어난 지능의 기계가 발생하고 이것이 우리의 목표를 공유하지 않는 상황입니다. 악의를 품거나 의식이 있는 기계를 걱정할 것이 아니라, 기계의 능력, 혹은 기계가 우

리의 목표와 같은 것을 원치 않는 상황을 걱정해야 하는 겁니다.

윤리적 관점에서 보면, 집에 로봇 가정부가 있을 경우 우리는 로봇이 의식 없는 좀비이길 바랄 겁니다. 그래야 기계를 꺼 버리거나 지루한 집안일을 시켜도 죄책감이 들지 않을 테니까요. 자신이 노예를 부리는 사람처럼 느껴지길 원치는 않을 겁니다. 다른 한편으로는 로봇에게 의식이 있기를 바랄 수도 있습니다. 왜냐면 로봇에게 실제로는 의식이 없는데 꼭 의식이 있는 것처럼 느껴지는 상황이 약간 소름 끼칠 수도 있기 때문이죠. 혹은 이 세상에서 긍정적인 경험을 할 수 있는 또 다른 지각 있는 존재가 등장했다는 사실이 기쁠 수도 있습니다. 그러니 윤리적 관점에서 왔을 때 의식 문제는 확실히 중요합니다.

신경과학자 줄리오 토노니가 물리 시스템이 주관적 경험을 할 수 있는지 혹은 이것이 그저 좀비인지 판단할 수 있는 흥미로운 이론을 내놨죠. 그러한 차이를 만든다고 생각하는 방정식을 내놓았고, 이 방정식에 따라 오늘날의 구조를 지닌 디지털 컴퓨터들은 모두 좀비라고 주장합니다. 논란이 많은 주장이며, 레이 커즈와일 같은 사람들의 열정 때문에 연구실에서 실험도 해 봐야 합니다. 그는 언젠가 자신을 업로드하고 싶어 합니다. 그가 만약 성공한다면? 우리 앞에는 레이 커즈와일처럼 생긴, 레이 커즈와일처럼 말하는 로봇이 등장할 테고, 레이 자신도 그의 필멸하는 신체를 기계로 바꾼 것에 완벽하게 편안해할 수도 있습니다. 하지만, 만약 토노니의 주장이 맞는 것으로 밝혀진다면요? 그리고 레이 커즈와일처럼 생기고 말하는 이것은 그저 좀비일 뿐이며 그 안에는 사실 아무도 없다면요?

우주론 학자로서 우리 우주에서의 장기적인 관점에서 보겠습니다. 만약 작가님이 비종교적 사상가라면 의미와 목적은 어디에서 온다고 생각하세요? 의미와 목적은 우리의 주관적인 경험, 우리의 의식에서 오죠. 그리고 저는 우리가 이와 관련해 모험을 해서는 안 된다고 생각합니다. 우리 우주가 우리에게 의미를 주는 게 아닙니다. 우리가 우리 우주에 의미를 부여하는 겁니다. 제가 아는 한 모든 생명이 시작하기 전에 우리 우주에는 의미도 목적도 없었습니다. 그리고 만약 어떠한 재앙이 닥쳐 우리가 모든 의식을 소멸시켜 버린다면, 우리 우주는 무의미하게 공간을 낭비하던 시절로 돌아갈 겁니다.

비극의 극치는 미래에 겉보기에는 지적 생명체의 형태를 띠는 존재들이 우주에서 온갖 멋진 일을 하고 다니지만 알고 보니 이 모두가 좀비이며 아무도 무엇도 **경험**하고 있지 않은 상태입니다. 그렇다면 정말, 정말이지 슬플 겁니다. 따라서 의식의 문제를 자꾸만 모르는 척해서는 안 됩니다. 우리 둘은 정신과 관련한 다른 것들을 물리학의 관점에서 어떻게 이해할 수 있는지에 관해 이야기를 나눴죠. 물질 덩어리가 기억하고 연산하고 학습하는 게 무엇을 의미하는지 이야기했습니다. 경험 역시 물리적인 과정입니다. 정보 처리가 아직 과학이 밝히지 못한 특정한 원리를 따를 때 경험은 발생합니다.

이 내용은 『맥스 테그마크의 라이프 3.0』의 여덟 번째 장에서 자세히 다뤄집니다. 어떤 정보 처리 시스템에 의식이 있는지 예측하는 어떤 이론이든 검증할 수 있는 구체적인 실험들이 있습니다. 이러한 이론을 뇌에서 나온 정보에 적용하도록 두뇌 스캐너를 프로그래밍

했다고 합시다. 스캐너가 "지금 당신은 사과를 생각하고 있습니다."
라고 말합니다. "맞아, 생각하고 있었어. 정확해."라고 저는 대답하
죠. 스캐너가 다시 말합니다. "지금 당신은 자신의 심박수를 알고 있
습니다." 저는 "아니, 모르는데."라고 답합니다. 그러면 이 이론은 제
외되겠죠. 휴지통으로 들어갑니다. 이 이론은 검증 가능한 이론이었
습니다. 그리고 다른 사람이 떠올린 다른 의식 이론이 —토노니의
이론일 수도 있고, 그 외 기타 이론일 수도 있겠죠— 검사를 통과하
면 이것은 매우 유용하게 쓰일 겁니다. 단순히 미래의 AI에만 유용
한 게 아니라 이를테면 수술실에서도 유용하게 쓰이겠죠. 의사가 자
극에 반응이 없는 환자에게 의식 스캐너를 사용해 환자가 락트-인
중후군locked-in syndrome을 겪고 있으며 실은 의식이 있다는 사실을 발
견할 수도 있겠죠.

해리스 | 의식은 의미나 가치에 관한 모든 주장의 현금 가치라는
의견을 저도 공유합니다. 우주에서 발생하는 모든 변화는 실질적으
로 혹은 잠재적으로 누군가에게는 중요하거나 그렇지 않거나 둘 중
하나일 겁니다. 만약 중요하지 않다면 —누군가의 경험에 영향을
미칠 수 있다는 그 어떤 시나리오도 없다면— 방금 온 우주에서 가
장 재미없는 일을 설명하신 거고요.

테그마크 | 한 가지 덧붙이자면, 의식에 관한 주제는 다 헛소리이
며 이런 이야기를 하느라 시간을 허비해서는 안 된다고 생각하는,
제가 정말 존경하는 동료분들이 참 많습니다. 이들에게 이 주제는
상관없는 시시한 일입니다. 하지만, 저는 이들에게 이런 질문을 던
집니다. "그렇다면 '의식'이나 '경험'이라는 단어를 사용하지 않고, 특

정한 패턴으로 움직이는 전자와 쿼크 덩어리에 불과한 누군가가 성폭행당하고 고문당하는 게 무엇이 문제인지 설명해 주실래요?" 주관적인 경험을 진지하게 받아들이지 않는다면 세상에는 왜 도덕적으로 더 낫고 그른 것이 존재할까요?

해리스 | 그 질문 속에 답이 있는 것 같네요. 하지만, 의식 문제는 잠시 옆으로 밀어 놓읍시다. 지금 그 수수께끼를 해결할 수는 없을 테니까요. 그리고 AI의 발전과 관련한 그 답이 장밋빛이든 어둡든 우리를 가장 걱정하게 만드는 것은 기계들에 의식이 있을 것인가 없을 것인가라는 질문과는 다소 별개의 물음이니까요.

2년마다 연산 능력이 배가한다는 무어의 법칙Moore's Law이 한계에 이르렀다는 말을 지난 수년 동안 들어왔습니다. 근본적인 돌파구가 없다면 ─이를테면 양자 컴퓨팅과 같은─ 이러한 기술적 진보가 영원할 수는 없을 겁니다. 하지만, 우리에게는 아직 10^{33}만큼의 기회가 남아 있다고 주장하는 MIT 동료 세스 로이드Seth Lloyd의 발견을 인용하면서 무어의 법칙은 아마 다음 2세기 정도는 더 유지될 거라고 말씀하시죠. 그때쯤이 되면 조금 이상해지겠지만, 우리에게 어느 정도의 여유가 있나요?

테그마크 | 무어의 법칙은 현대 컴퓨터 대부분에 적용된 패러다임입니다. 컴퓨터 안에 있는 평면 집적회로 안에서 전자들은 이리저리 움직입니다. 네, 무어의 법칙은 언젠가는 끝날 겁니다. 하지만, 레이 커즈와일이 지적하기 좋아하는 것처럼, 무어의 법칙은 컴퓨터 기술 패러다임의 첫 번째 단계가 아닙니다. 다섯 번째 단계죠. 시계를 되돌려 펀치 카드나 진공관 시절로 돌아가 보세요. 이후에 새로

운 기술이 당연히 등장했습니다. 우리는 약 100년에 걸쳐 달러당 연산 능력의 지수적 성장exponential growth을 목격해 왔습니다. 무어의 법칙이 등장하기 전부터 말이죠. 그리고 저는 이 속도가 유지될 거라고 자신합니다.

기술은 왜 규칙적인 간격을 두고 지수적 성장을 보이며 배가하는지 그 이유를 이해해 보는 것도 흥미롭습니다. 물리학에서 폭발이라고 부르는 모든 현상에는 정확히 동일한 속성이 있습니다. 주기적으로 두 배 늘어나는 거죠. 그리고 늘 이유는 같습니다. 각 단계가 다른 단계를 유발하는 겁니다. 저는 단일 세포에서 시작해 저희 어머니의 배 속에서 두 개의 세포로, 네 개, 여덟 개, 열여섯 개의 세포로 계속해서 분열했습니다. 지수적으로 성장했죠. 한 사람이 여러 아이를 낳으면 이 아이들은 각자 다시 아이들을 낳고, 이 아이들은 또다시 아이들을 낳습니다. 이를 인구 폭발이라고 부르죠. 우라늄235 원자 하나가 붕괴하면 주변의 원자들을 붕괴시키죠. 이 붕괴가 연속되는 현상을 핵폭발이라고 부릅니다. 기계가 계속해서 더 지능적인 기계를 만들어 내면 이것을 지능 폭발이라고 부릅니다. 이는 그야말로 오늘의 기술을 사용해 내일의 기술을 만든다는 사실을 보여 주며 —더 나아지죠— 그리고 이 기술은 다시 두 배 더 나은 어떤 것을 만드는 데 사용될 것이고, 그렇게 이어져 가겠죠. 이 과정이 멈추리라는 증거는 없습니다. 물론 실리콘 웨이퍼 위에서 2차원적으로 이리저리 움직이는 전자들은 다른 것으로 대체되겠죠. 하지만, 이것이 우리가 연산하는 유일한 방법은 아니니까요.

해리스 | 이것이 기능적으로 무제한 지속되는 진보라고 상상한다

거인의 통찰

면, 어느 순간이 되면 진보의 속도는 전혀 중요하지 않을 겁니다. 무어의 법칙도 필요 없고, 2년마다 배가될 필요도 없습니다. 그저 진보의 정도가 증가하기만 하면 되죠. 그리고 결국 그 끝에 다다르면 아마 우리가 상상할 수 있는 모든 형태의 지능이 아니라, 우리가 좋아하는 모든 형태의 지능을 초인간 수준으로 끌어올린 어떤 것을 만들 겁니다. 미래의 AI가 어떤 것이 되었든, 적어도 우리가 들고 다니는 이미 인간을 능가한 스마트폰만큼의 계산 능력은 지니겠죠. 인간 수준의 지능이라는 목표는 실은 신기루에 불과했다는 걸 발견할 겁니다. 무엇이든 일단 한번 인간 수준의 범용 지능에 도달하고 나면 초인간 지능은 도래한 것이겠죠.

테그마크 | 인간 수준의 지능이 특별할 것 없다는 데에는 동의합니다. 하지만, 범용 지능을 구현하기 위해 필요한 최소한의 지능이죠. 즉, AI 시스템을 설계하기 위해 내가 똑똑해져야 하는 정도입니다. 이것이 AI 이야기에서 마법 같은 부분입니다. 그 지점에 도달하고 나면 기계들은 스스로를 설계하기 시작할 겁니다. 당장은 아니겠지만요. 지능을 선로를 따라 이동하고 있는 화물 열차라고 생각해 보세요. '인간' 역에 도착하면 이 열차는 역을 바로 부숴 버리고 계속해서 이동할 겁니다. 계산적 관점에서 보면 1,000억여 개의 뉴런과 탄소 덩어리 1리터에 상당한 물질을 가졌다고 해서 특별할 건 전혀 없습니다.

해리스 | 하지만, '인간' 역에 도착한 열차에는 초인간적 능력들이 실려 있지 않겠습니까. 인터넷에 연결해 주면 데이터에 접근할 수 있는 초인간적인 능력이 있을 테고, 초인간적인 기억력을 지니겠

죠. 방금 업로드해 준 브리태니커 백과사전에 있는 모든 내용을 영원히 기억할 겁니다. 일단 범용 지능 기계가 되면, 자신이 아는 모든 사람과 비교했을 때 그 능력 면에서 마치 신처럼 보이겠죠. 범용 지능 기계가 되는 즉시, 한 시간도 지나지 않아서 좁은 지능에서 벗어날 겁니다. 아니면, 얼굴 인식, 감정 인식, 자연어 처리 등 우리가 가장 좋아하는 다양한 종류의 지능들을 모아서 짜 맞췄다고 해 보죠. 이 모든 좁은 능력을 한데 모았더니 갑자기 신처럼 보이는 어떤 존재가 등장한 겁니다.

테그마크 | 동의합니다. 저는 하드웨어 측면에서 우리가 그 지점에 이르지 못할 과학적으로 설득력 있는 이유는 없다고 봅니다. 게다가 그 모든 일을 수행하기 위해 꼭 기계를 만들 필요도 없습니다. 그저 최소 수준의 범용 지능에만 다다를 수 있으면 됩니다. 스스로 더 나은 기계를 설계할 수 있는 수준 말이죠. 그 지점에 이르면 기계에는 필요한 것을 스스로 배우는 능력이 생길 겁니다. "음, 나는 컴퓨터를 만드는 데에는 소질이 있는데 사회적 기술에는 영 꽝이네."라고 생각한다면 스스로 필요한 사회적 기술이나 그 외 다른 기술을 배울 수 있습니다. 지금 말씀드릴 건 논란이 있는 주제인데요. 저는 우리 인간과 인간 수준의 범용 인공지능 사이에 있는 장애물은 더 이상 하드웨어가 아니라고 생각합니다. 소프트웨어죠. 이미 우리는 충분한 하드웨어를 갖췄다고 생각합니다.

사람들은 끊임없이 묻습니다. "인간의 뇌를 똑같이 모의하려면 얼마만큼의 하드웨어가 필요할까요?" 이는 잘못된 질문입니다. "휴대용 계산기를 모의하려면 얼마만큼의 인간의 뇌가 필요한가요?"라

거인의 통찰

고 묻는 게 잘못된 것처럼요. 던져야 하는 질문은 이겁니다. "인간의 뇌와 같은 수준의 지능을 만들려면 얼마만큼의 하드웨어가 필요할까요?" 인간은 오랜 시간 하늘을 나는 것을 꿈꿔 왔습니다. 하지만, 기계로 움직이는 새를 만들고 나서도 100년이 지나서야 최초의 비행기를 발명했죠. 최근 제가 캘리포니아에 갔을 때 저는 기계로 만든 새를 타고 가지 않았습니다. 인간이 발명한 또 다른 하늘을 나는 방법이 더 나은 방법이라는 게 명확하니까요. 최초의 인간 수준 범용 지능은 인간 두뇌와 정확히 같은 구조를 사용하지 않을 거라고 생각합니다. 그리고 이는 흔히 생각하는 것보다 덜 정교한 하드웨어가 필요하다는 걸 의미하죠.

해리스 | 전 MIT 교수인 로봇 공학자 로드니 브룩스Rodney Brooks처럼 이 정보에 근접한 사람들이 우리 세대에 인간 수준 AI를 구현할 것이라는 생각에 회의적인 부분에 대해서는 어떻게 생각하시나요? 이들은 그 시점이 아직 너무 멀어서 지금 이런 대화를 나누는 게 시간 낭비라고 생각하죠.

테그마크 | 거기에는 아주 설득력 있는 설명이 있습니다. 첫 번째, 로봇 공학자들은 부당하게 비방을 받는다고 느낍니다. 실제로 부당하게 비방당하고 있어요. 타블로이드지가 AI 관련 기사를 실을 때 항상 어떤 그림을 사용하는지 아세요? 붉고 번쩍거리는 눈을 가진 로봇이 총을 들고 인간을 짓밟는 그림을 사용합니다. 제 책에서도 강조했지만, 중요한 건 로봇이 아닙니다. 지능이죠. 하지만, 모든 맹공격은 로봇 공학자들을 향합니다. 로드니 브룩스는 당연히 불쾌해할 만해요. "이봐요, 내가 지금 만들고 있는 건 룸바Roomba, 진공청소

기, 산업용 로봇 박스터Baxter요. 이게 세계를 장악하는 것과 무슨 상관이 있단 말입니까." 맞는 말이죠.

두 번째 이유는, 많은 사람이 로봇을 개발하는 사람이라면 다들 인간 수준의 범용 인공지능을 목표로 하고 있다고 생각합니다. 그렇지 않거든요. 얼마 전에 로드니의 회사인 리싱크 로보틱스Rethink Robotics를 방문했는데, 여기에서 일하는 사람들은 그런 것에 관심이 없습니다. 이들이 주목하는 건 어떻게 하면 효율적으로 로봇 팔을 A 지점에서 B 지점으로 이동시킬까, 편리한 사용자 인터페이스는 무엇인가 하는 것들이에요. 그러니 로드니가 딥마인드나 오픈AIOpenAI 의 최신 범용 지능 개발 소식을 잘 모르는 것도 놀랄 일은 아니죠. 하지만, 언론은 그를 분야의 대단한 권위자로 봅니다. 로봇 공학과 범용 인공지능 사이의 차이를 구별하지 못하기 때문입니다.

범용 인공지능 가까이 있는 많은 사람이 이 기술을 우선순위에 두지 않는 건 구현할 수 없을 것이라 생각하기 때문이 아니라 오래 걸릴 것이라 생각하기 때문입니다. 당연히 말이 되죠. 솔직히 생각해 보면, 이 기술을 실현하는 데 어느 정도의 시간이 걸릴지 예측하는 건 무척 어렵습니다. 앤드류 응이 초지능에 대한 우려는 화성의 과잉인구를 걱정하는 것과 같다고 생각한 건, 시급한 문제가 아니라는 의미에서 말한 겁니다. 앤드류 응은 다른 사람들이 이 주제를 연구하는 건 훌륭하다고 —이 말은 언론에 실리지 않았어요. 자극적이지 않았기 때문이죠— 도 말했습니다. 그저 자신은 그 문제에 시간을 쏟지 않을 거라는 거죠.

해리스 | AI의 미래는 어떤 모습일지 이야기해 보죠. 저는 세 가지

거인의 통찰

가능성이 있다고 봅니다. 첫 번째, 인간이 기본적으로 통제권을 계속 쥐는 겁니다. 즉, 가치 일치시키기 문제를 해결하거나 혹은 이 신적인 존재를 성공적으로 상자 안에 가두는 거죠. 두 번째, 다른 방식으로 이 새로운 기술과 인간이 병합합니다. 사이보그 시나리오죠. 세 번째, 로봇 지배자의 통제 아래로 완전히 떨어지는 겁니다. 두 번째 사이보그 옵션은 본질적으로 불안정한 시나리오라는 생각이 듭니다. 이전에 가리 카스파로프Garry Kasparov와도 논의한 적 있는 주제인데요. 그는 체스계의 사이보그 현상을 열렬히 응원하는 사람입니다. 세계 최강의 인간 체스 기사는 컴퓨터에 이미 졌습니다. 그 인간 기사가 바로 가리고요. 현재 세계 최강의 체스 기사는 컴퓨터도, 인간도 아닙니다. 사이보그라고 불리는 인간-컴퓨터 팀이죠. 그리고 가리는 그것이 한동안은 유지될 것이라고 생각하는 듯 보여요.

테그마크 | 그렇지는 않을 겁니다.

해리스 | 그렇지 않을 게 확실해 보이죠. 그렇게 된다면, 체스판 위 인간의 군림이 끝난 것처럼 확실히 두 번째 옵션도 사라질 겁니다. 그리고 이는 모든 병합 시나리오에서도 마찬가지일 것 같고요. 기계가 뛰어나질수록 그 무리에 유인원을 계속 끼워 주는 건 시스템에 노이즈만 더하는 일이 될 테니까요.

테그마크 | 그러한 우려는 저도 공감합니다. 『맥스 테그마크의 라이프 3.0』에도 썼지만, 사이보그가 과하게 선전되었다고 생각하는 이유는 몇 가지 있습니다.

개인적으로 가장 흥미로운 질문은 "어떤 일이 발생할 가능성이 가장 높은가?"가 아니라 "어떤 일이 발생하도록 만들고 싶은가?"입니다. 우리는 미래가 어떤 모습이길 원할까요? 그 방향으로 가려면 어떻게 조종해야 하는지를 생각하면 됩니다. 저는 사람들에게 긍정적인 미래를 꿈꾸라고 권하고 싶어요. 할리우드가 디스토피아를 그리는 이유는 공포가 팔리기 때문입니다. 멋진 미래를 만들고 싶다면 그 미래를 꿈꿀 줄 알아야 합니다.

해리스 | 맞습니다. 비록 제가 이 주제와 관련하여 디스토피아적인 측면을 강조해 왔지만, 인간은 지능을 향상하여 거대한 문제들을 해결하고 상상할 수 있는 가장 아름다운 미래를 만들기를 절실히 원합니다. 처음 자율주행차와 관련한 주제가 온라인에 등장했을 때 어떤 느낌을 받았는지 기억이 나는데요. 당시 구글이 자율주행차 프로젝트에 관해 발표하고 있었고, 저는 이렇게 생각했습니다. '그래? 아마 로봇이 사람을 죽이는 첫 번째 사건이 발생하면 이 사건은 거대한 정치적 문제가 돼서 이 분야 자체가 적어도 10년쯤 퇴행할걸. 로봇이 사람을 죽인다는 건 용납할 수 없는 일이 될 테지.'

상황은 제 예측과 달랐습니다. 제가 알기로는 지금까지 테슬라의 오토파일럿 오류와 관련해 사망자(이 팟캐스트는 2017년 8월에 공개됐다_옮긴이) 두 명이 발생했습니다. 책에서 언급하신 것처럼 제조 부문에서도 로봇과 관련한 사망 사고가 여러 차례 발생했습니다. 저는 사람들이 자율주행차 사고에 거의 반응하지 않는 모습을 보고 놀랐습니다. 테슬라는 멈출 필요도 없었어요. 오히려 기술을 개선하고 사람들에게 사용법과 관련해 훈계를 했죠. 마치 이제는 기술을 생산하는 과정의 결함이 기술의 진보를 가로막는 한계점을 뛰어넘은 것 같습니다.

테그마크 | 단기적으로 우리에게는 살인 로봇을 피하고 일의 자동화가 극심한 사회 분열을 초래하지 않도록 만들 기회가 있습니다. 초지능에 이르기까지 남은 시간이 얼마나 되는지는 알 수 없지만, 우리에게는 답을 내놓아야 하는 여러 중요한 질문이 있습니다. 어떻게 하면 신뢰할 수 있는 기계를 만들 수 있을까요? 어떻게 하면 기계들이 우리의 목표를 이해하고 그것을 채택하여 계속해서 간직하게 만들 수 있을까요? 그리고 그 목표는 무엇이 되어야 할까요? 기술적인 질문도 많습니다. 전 세계인이 생각해 봐야 하는 질문도 아주 많죠. 대표적으로는 '우리는 어떤 사회를 원하는가?'일 테고요. 많은 사람이 레드불을 잔뜩 마신 누군가가 어떤 일을 저지르기 한 시간 전까지는 크게 걱정할 필요가 없다고 생각하는 것 같아요. 이 질문들의 답을 얻기까지 어쩌면 20년이 걸릴 수도 있겠죠. 필요한 시점 전까지 해답을 찾아 놓으려면 당장 지금부터 고민을 시작해야 합니다.

전 세계 정부가 AI 안전성 연구에 자금 지원을 하지 않는 문제도 결코 간과할 수 없습니다. 솔직히 말하면 어이없을 정도입니다. 안전성 연구는 AI 분야에 있는 사람이라면 모두가 동의하는 아주 중요한 일입니다. 우리는 AI의 힘과 그것을 관리할 수 있는 지혜를 키우고 싶어 합니다. 하지만, AI를 더 강력하게 만드는 데에는 천문학적인 돈을 쏟아부으면서 그것을 유익한 방향으로 이끌어 가는 데 필요한 연구에는 거의 투자하고 있지 않아요.

2015년 푸에르토리코에서 열린 학회에 작가님도 오셨죠. 이 학회에서 저희는 일론 머스크와 협력하여 최초로 AI 안전성 연구에 자금 지원을 하기 시작했습니다. 저는 정부 역시 여기에 동참해야 한다고 생각합니다. 어떻게 하면 컴퓨터를 해킹할 수 없도록 만들까요? 어떻게 하면 컴퓨터가 목표를 이해하고, 채택하고, 간직하게 만들까요? 상자에 가두는 문제는 또 어떻고요? 정말 많은 질문이 남아 있고, 이를 연구하고 싶지만 충분한 자금 지원을 받지 못하는 재능 있는 사람도 많습니다. 지금이 바로 정부가 앞으로 나설 때입니다.

해리스 | 규제에 대해서는 어떻게 생각하세요? 다른 모든 위험한 기술과 마찬가지로 AI에도 당연히 규제가 필요하다고 일론이 말한 적 있죠.

테그마크 | 흥미로운 질문이네요. 하지만, 모두가 동의하는 가장 쉬운 방법은 안전성 연구를 지원하는 겁니다. AI 커뮤니티는 전적으로 지지하고 있지만, 정치가들은 아직 이를 이해하지 못하고 재정 지원도 않고 있죠. 그러니 정부가 한 실수와는 상관없이, 이러한 연구를 위한 지원은 지금 당장 시작돼야 합니다. 또한, 기업들은 그들의 지적 재산을 통제하고 싶어 하고 또 그것을 공유하기 원치 않아 하지만, 이들은 학계에 있는 이들을 비롯해 관련한 사람들과 안전성 연구를 진행하고 그 결과를 공유하는 것에 만족합니다. 자율주행차의 사고율을 낮추고, 해킹 가능성을 낮추고, 모두의 시스템이 더 안전해질 수 있도록 말이죠. 민간 기업이 그러한 영역에 투자를 하는 게 잘 이해가 되지 않을 수 있습니다. 전 세계의 정부가 지원한다면 완벽해지겠죠.

해리스 | 저도 그러길 바랍니다. 가장 흥미롭다고 생각하는 AI 적용 분야는 무엇인가요? 아니면 가까운 미래에 적용되길 바라는 분

야가 있다면요? 범용 인공지능 외에도 자율주행차의 수준이 극적으로 향상된다면 고속도로 사망률을 95퍼센트까지 줄일 수 있습니다.

테그마크 | 제가 책에서 말한 것처럼 그 질문에 대한 대답은, 기본적으로 우리 사회의 모든 영역이 지능을 활용해 발전할 수 있다는 겁니다. 우리 문명에서 제가 좋아하는 모든 것은 지능의 산물입니다. 그러니 AI로 지능을 향상할 수 있다면, 더 나아질 겁니다. 생명을 구하는 데 집중할 수도 있겠죠. 실제로 교통사고 사망자보다 의료 실수에서 비롯된 사망자 수가 더 많습니다. 진단율을 높이고 로봇 수술의 수준을 높이는 등 큰 기회가 있을 겁니다. 경제와 관련한 모든 부문에서도 훨씬 더 지능적으로 일을 처리할 수 있을 것이고요. 교육에도 엄청난 기회가 있습니다. 지금 우리는 교육보다는 오락거리가 더 많은 세상에 살고 있습니다. 세계 문제의 가장 기초적인 내용보다 브래드 피트의 연애사에 더 빠삭한 사람이 더 많을 겁니다. 우리가 고도로 발달한 AI를 얻게 되었을 때 상황이 잘 풀리도록 만들 수 있는 훌륭한 전략 중 하나는 이전보다 더, 최대한 함께 행동하며 이성과 논리가 지금보다 더 큰 역할을 맡는 사회를 만드는 겁니다.

해리스 | 사람들이 아직 생각해 보지 못했지만 인공지능을 적용할 수 있는 영역은 많습니다. 사법제도를 예로 들 수 있죠. 『맥스 테그마크의 라이프 3.0』에서도 로봇 판사가 유용할 수 있는 사례를 설명하시죠. 인간의 모든 윤리적, 법적 판단을 통합할 수 있으면서 인간 판사에게 존재하는 결함에 의한 영향을 받지 않죠. 판사들은 배가 고플 때 더 가혹한 판결을 내린다는 결과를 보여 주는 연구도 있

습니다. 생명이 걸린 문제를 앞에 두고 더 좋은 결과를 낼 수 있음에도 우리는 유인원에게 핸들을 맡겨 놓고 있는 거죠.

테그마크 | 저도 동의합니다. 하지만, 그러한 시스템을 효율적으로 사용하고 사람들이 이것을 신뢰하게 만들려면 투명하게 운용되고 이해하기 쉬워야 합니다. 제가 징역 10년을 선고받은 뒤 로봇 판사에게 "재판장님, 이유가 뭐죠?"라고 물었더니 "내가 학습한 1테라바이트 규모의 데이터를 바탕으로 당신에게 10년 형을 선고했다."라는 기계적인 답이 돌아온다면 아마 납득하기 어려울 겁니다. 사실 제가 MIT에서 우리 팀과 함께 현재 진행 중인 AI 관련 연구에서 가장 집중적으로 다루고 있는 것이 인공지능 투명성AI transparency입니다. 저는 이것을 '이해하기 쉬운 지능intelligible intelligence'이라고 부르는데요. 오늘날의 딥러닝 시스템들은 놀랍도록 강력하지만, 동시에 이해하기 어려운 블랙박스이기도 합니다. 놀라운 일들을 하긴 하지만, 어떻게 그것을 구현하는지 우리는 잘 이해하지 못합니다.

또한, 저희는 멋진 일들을 수행하는 신경망을 가져와서 같은 일을 수행하면서도 더 이해하기 쉬운 시스템으로 변환하는 방법을 찾으려 노력하고 있습니다. 이는 사법적 판단부터 인프라 관리까지 다양한 것을 책임지는 기계의 신뢰도를 크게 높일 수 있습니다. 기계가 고장 나지 않고, 해킹당하지 않고, 하면 안 되는 일을 하지 않으리라는 것을 확신할 수 있는 지점까지 시스템을 이해해야 하니까요.

해리스 | 컴퓨터 보안 문제는 거대한 별개의 변수입니다. 범용 인공지능이 없는 오늘날에도 우리는 그 문제를 가지고 씨름하고 있으니까요. 로봇 판사가 누군가의 운명을 가르고 자율 시스템이 핵 공

거인의 통찰

격 여부를 결정해야 하는 상황에서 해킹이 여전히 잠재적인 문제라면, 꽤 절망적일 겁니다.

테그마크 | 그 문제를 언급하셔서 다행입니다. 제가 계속해서 AI 안정성 연구에 재정 지원이 필요하다는 말을 하는 이유는, 초지능이 등장했을 때를 대비하기 위해서만이 아니기 때문입니다. 이는 시급한 문제입니다. 최근 여러 명의 해커를 불러서 미국에서 사용하는 투표집계기를 해킹하도록 시켰는데, 그리 오래 걸리지 않아 바로 성공했습니다. AI의 안전성 연구는 차치하더라도 투표집계기조차 안전하게 만들지 못하는데, 어떻게 로봇 판사는 해킹당하지 않았는지 믿을 수 있으며, 언젠가 우리가 보유한 핵무기를 통제하게 될 기계가 안전한지 알 수 있겠습니까? 그래서 우선순위 최상단에 올려야 하는 문제인 겁니다. 해킹이 불가능한 기계를 만드는 건 불가능하지 않다고 봅니다. 우리의 컴퓨터 보안 실적이 한심한 이유는 높은 우선순위에 놓지 않았기 때문이라고 생각합니다. 여전히 "실수에서 배우면 된다."라는 사고방식에 갇혀 있어요. 위험 부담이 적으면 어떻게든 극복할 수 있겠죠. 하지만, 이제는 보안 설계적인 사고방식으로 전환해야 할 때입니다. 단 한 번의 실수도 치명적일 테니까요.

해리스 | 마지막 질문을 드리겠습니다. 인간 노동력의 무용함에 관한 우려가 점차 가깝게 다가오고 있습니다. 몇몇 직업은 영영 사라질 것으로 보이고요. 꼭 제조 부문의 블루칼라 노동자만의 이야기가 아니라, 고차원적인 인간의 인지 능력을 요하는 직업 역시 말이죠. 가령 마사지 치료사보다 수학자와 관련한 일부 직업이 훨씬 먼저 사라질지도 모릅니다. 어떤 속도로든 자동화가 계속되는 상황에

인간의 미래

서 직업과 관련해 걱정하고 있는 사람들에게 조언을 해 주신다면요?

테그마크 | 저는 제 아이들에게 컴퓨터가 잘 못 하는 일을 하는 직업을 선택하라고 조언합니다. 예상치 못한 상황과 마주하는 창의성이 필요한 직업을 찾으라고요. 학생을 가르치는 일이 있겠죠. 이런 직업들은 확실히 더 오래 지속될 겁니다. 틀에 박히고 구조화된 일을 하는 직업은 피하세요. 종일 사무실에서 컴퓨터 모니터를 보며 키보드만 치고 있다면 지금부터 다른 직업을 찾기 시작하는 게 좋을지도 모릅니다.

한편 낙관적으로 보는 것도 중요합니다. 산업혁명 시대의 러다이트 운동Luddite을 떠올려 보세요. 당시 직조공들은 자신이 직조 기계로 대체된다는 점에 집착했습니다. 하지만, 그들은 시야가 좁았어요. 직장을 잃은 사람들은 결국 다른 직장을 구했거든요. 지금의 우리는 조금 더 넓게 볼 줄 알잖아요. 일자리가 있기를 바라는 건 소득을 얻기 위해서인데, 이것보다는 더 넓게 봐야 한다고 생각합니다. 우리가 기계를 이용해 필요한 모든 재화와 용역을 생산할 수 있다면, 결국 모두에게 돌아갈 정도의 어마어마한 부를 창출할 수 있을 것이기 때문이죠. 또한, 의미와 목적, 사교 생활 등 소득 외에도 직업이 제공하는 것들은 다른 방식으로도 얻을 수 있습니다.

모두가 평생 휴가를 누리고 즐거운 일을 하며 살 수 있는 상황이 온다면, 그렇게 끔찍한 일은 아닐 겁니다. 반면 제가 AI를 혼자만 소유하고 누구와도 공유하지 않은 결과 많은 사람이 굶어 죽는 상황이 온다면, 세상은 덜 바람직하겠죠. 그렇기 때문에 이 질문을 기술자들에게만 던져서는 안 됩니다. 경제학자 등 각 분야의 다양한 사람들을 모아 우리가 형성해 나가고 싶은 사회의 모습에 대해 대화를 나눠야죠. 우리가 원하는 게 강제로 세수를 늘려서 정부가 모든 국민을 돌볼 수 있도록 만들어 누구도 지독한 가난에 빠지지 않게 만드는 것인가? 아니면 다원식 사회를 형성하여 발전하지 못하는 사람은 굶게 두는 사회인가? 이것이 바로 지금 우리에게 시간이 남아 있을 때 나눠야 하는 대화입니다.

해리스 | 인간 노동의 필요성을 제거하는 충분히 강력한 기술이 등장한다면, 인간 존재에 관한 주장을 인간의 수익 활동 여부와 연결하는 윤리관은 사라져야 합니다. 설명하신 내용은 적어도 표면적으로는 장밋빛 미래처럼 보입니다. 부를 창출하기 위해, 생존하기 위해 애쓸 필요가 사라지는 거죠. 무에서 부를 뽑아내는 기술을 갖게 될 테니까요. 우리에게는 엄청난 지능이, 원하는 모든 것을 할 수 있는 충분한 자원이 있습니다. 하지만, 그릇된 윤리관, 민족주의적 정치 등을 이유로 이러한 수준의 풍요를 놓치게 된다면, 그것이 바로 최악의 시나리오일 것 같네요. 인류 역사에서 발생할 수 있는 가장 치욕스러운 실패가 될 겁니다. 노동을 줄일 수 있는 완벽한 기계를 가지고도 더 궁핍해지고, 서로 죽고 죽인다면 말이죠.

테그마크 | 전적으로 동의합니다. MIT 경영대학원에 있는 동료 교수 에릭 브린욜프슨Erik Brynjolfsson이 최근 열린 AI 학회에서 패널로 무대에 올라 관련하여 아주 주옥같은 말을 남겼습니다. "이렇게나 거대한 부의 폭발에도 불구하고 모두의 삶이 더 나아지지 않는다면, 우리 모두 창피한 줄 알아야 합니다." 우리 모두 창피한 줄 압시다!

가장 먼저 인정해야 하는 빚은 직접적이면서도 물질적이다. 대부분의 팟캐스트가 광고 수익에 의존하는 반면 〈메이킹 센스〉는 전적으로 구독 수익으로 운영된다. 그 결과 나는 그 어떤 매체에도 존재하지 않는 자율성과 직업 안정성을 얻을 수 있었다.

〈메이킹 센스〉가 성공적인 구독 사업이 된 것은 거의 재론 로웬스타인Jaron Lowenstein의 통찰력과 창의력 덕분이다. 팟캐스트 초반에는 나의 친구, 개빈 드 베커Gavin de Becker가 제공한 현명한 조언의 도움도 받았다. 이 둘은 내 안의 사업가를 발견하기 위해 노력했다. 그리고 이들은 마침내 성공했다. 이들에게는 평생 저녁을 살 것이다.

재키 필립스Jackie Phillips, 매리 모리슨Mary Morrison, 게이브 그린랜드Gabe Greenland, 스테이시 파라Stacie Parra, 게리 뉴먼Gary Newman, 포르샤 프레슬러Porscha Pressler는 보이지 않는 곳에서 〈메이킹 센스〉가 계속 운영될 수 있도록 돕고 있다. 이들의 노고에 깊이 감사하는 바다.

말할 필요도 없이 팟캐스트 성공의 대부분은 수준 높은 우리 게스트 여러분 덕분이다. 특히 시간을 내어 책을 위해 대담을 다듬어 준 데이비드 차머스, 데이비드 도이치, 아닐 세스, 토머스 메칭거, 티머시 스나이더, 글렌 라우리, 로버트 새폴스키, 대니얼 카너먼, 닉 보스트롬, 데이비드 크라카우어, 그리고 맥스 테그마크에게 감사를 표한다.

책까지 생각하면 빚은 더 늘어날 뿐이다. 에코Ecco 출판사의 담당 편집자인 드니스 오스왈드Denise Oswald는 인내심을 생각하면 성인으로 추대되어야 한다. 어쩌다 보니 나 역시 계약서의 납품 날짜는 그저 희망사항에 불과하다고 여기는 작가 중 한 명이 되어 있었다. 오스왈드와 함께한 작업은 순수한 즐거움의 연속이었다. 그냥 하는 말이 아니다.

토머스 르비앙Thomas LeBien, 어맨다 문Amanda Moon, 새라 르핀콧Sara Lippincott, 마사 스폴딩Martha Spaulding은 편집 과정 내내 대단히 큰 도움을 주었다. 이들이 없었다면 이 책은 세상에 나오지 못했을 것이다.

언제나처럼, 나와 출판 세계 사이의 다리가 되어 주는 저작권 대리인, 존 브록만John Brockman과 맥스 브록만Max Brockman에게도 감사의 말을 전한다.

마지막으로, 나의 아내 아나카 해리스Annaka Harris의 사랑과 지지 없이는 그 어떤 것도 상상할 수 없다. 인생에서 나는 과분한 행운을 누리고 있으며, 아나카와 눈부시게 아름다운 두 소녀, 엠마Emma와 바이올렛Violet이 가장 확실한 증거이다. 지금 나는 우리가 함께 만든 이 삶을 누릴 자격이 있기를 바라며 매일을 살고 있다.

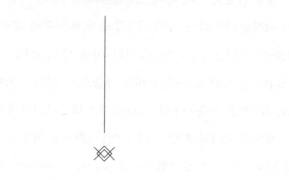

닉 보스트롬은 스웨덴 출신 철학자로 옥스퍼드 대학교 교수이
며, 동 대학 산하 인류미래연구소의 창립 소장이다. 이론 물리학,
계산신경과학, 논리학, 인공지능 분야에 학문적 기반을 두고 있
으며, 200편에 가까운 출판물의 저자이다. 저서로는 『인류 편향
Anthropic Bias』, 『전 세계 재앙 위험Global Catastrophic Risk』, 『인간 강화Human
Enhancement』, 그리고 《뉴욕타임스》 선정 베스트셀러인 『슈퍼인텔리
전스』 등이 있다.

데이비드 차머스는 철학과 신경과학을 가르치는 대학 교수이자
뉴욕 대학교 산하 정신, 뇌, 의식 센터의 공동소장이다. 그의 주요
관심사는 의식의 본질에 있다. 저서로는 『의식 있는 정신The Conscious
Mind』, 『의식의 특성The Character of Consciousness』, 『세계를 구성하다
Constructing the World』 등이 있다.

데이비드 도이치는 옥스퍼드 대학교 클라렌든 연구소 산하 양자 계산 센터의 물리학 초빙교수이며, 계산과 정보의 양자 이론과 구조자 이론을 연구한다. 그가 출판한 대중서로는 『현실의 구조The Fabric of Reality』와 『무한의 시작The Beginning of Infinity』이 있다.

대니얼 카너먼은 프린스턴 대학교의 유진 히긴스Eugene Higgins 심리학 명예교수이자, 프린스턴 대학교 우드로 윌슨 스쿨 공공국제정책 대학원의 공공 정책 명예교수이다. 의사결정에 관해 에이머스 트버스키와 함께 한 선구적인 연구로 2002년 노벨 경제학상을 수상했다. 최근 저서로는 『생각에 관한 생각』, 『노이즈: 생각의 잡음』이 있다.

데이비드 크라카우어는 산타페 연구소의 소장이자 동 연구소에서 복잡계를 가르치는 '윌리엄 H. 밀러William H. Miller 석좌 교수'이다. 그의 연구는 지구상의 지능과 어리석음의 진화를 탐구한다. 여기에는 기억과 정보 차이를 뒷받침하는 유전적, 신경적, 언어적, 사회적, 문화적 메커니즘의 진화를 연구하고, 그 일반론을 탐구하는 것이 포함된다. 크라카우어는 산타페 연구소 출판사Santa Fe Institute Press의 편집장이며 인터플래네터리 프로젝트 페스티벌InterPlanatery Project and Festival의 창립자이다. 위스콘신 디스커버리 연구소Wisconsin Institute for Discovery의 창립 소장과 복잡성 및 집단 계산 센터Center for Complexity and Collective Computation의 공동 소장을 역임했으며, 위스콘신 대학교 매디슨 캠퍼스University of Wisconsin-Madison의 수리 유전학 교수였으며 산타페 연구소에서 학장, 상주 교수, 방문 교수였다. 펜실베이니아 대학교 산하 유전체학 개척 연구소Genomics Frontiers Institute의 방문 연구원, 캘리포니아 대학교 산타바바라 캠퍼스UC Santa Barbara 산하 세이지 정신 연구 센터Sage Center for the Study of the Mind에서 세이지 연구원, 프린스턴 고등연구소Institute for Advanced Study에서 장기 연구원으로 근무했다. 프린스턴 대학교에서 방문 교수로 진화를 가르쳤다.

글렌 C. 라우리는 브라운 대학교 멀튼 P. 스톨츠 사회과학 교수 겸 경제학 교수이다. 라우리는 노스웨스턴 대학교Northwestern University에서 수학 학사 학위를, 매사추세츠 공과대학교MIT에서 경제학으로 박사 학위를 취득했다. 저명한 사회 비평가로서 주로 인종적 불평등과 사회 정책에 관한 글을 쓰는 그는 미국뿐만 아니라 해외의 공공 문제 관련 저널에 200편 이상의 글과 논평을 실었다. 저서로는 『하나하나, 내부에서 외부로: 미국의 인종과 책임에 관한 에세이 및 논평One by One, from the Inside Out: Essays and Reviews on Race and Responsibility in America』, 『인종 간 불평등의 구조The Anatomy of Racial Inequality』, 『민족성, 사회적 이동성, 그리고 공공 정책: 미국과 영국을 비교하며Ethnicity, Social Mobility, and Public Policy: Comparing the US and the UK』, 『인종, 투옥, 미국적 가치들Race, Incarceration, and American Values』이 있다.

토머스 메칭거는 최근 독일 마인츠의 요하네스 구텐베르크 대학교의 수석 연구 교수직Senior-Forschungsprofessur을 받았다. 이전에는 동 대학의 이론 철학과 교수이자 신경윤리학 및 신경철학 연구 그룹의 단장이었다. 메칭거는 의식 과학 연구 협회Association for the Scientific Study of Consciousness의 공동 설립자이자 전 회장이며, 독일인지과학회German Cognitive Science Society의 전 회장이다. 마인드 그룹MIND group의 창립자 겸 대표이며, 프랑크푸르트 고등과학연구원Frankfurt Institute for Advanced Studies의 겸임 연구원이다. 그의 연구는 분석 심리 철학, 응용 윤리, 인지과학의 철학에 집중돼 있다. 2018년 유럽연합의 인공지능 고위 전문가 그룹High-Level Expert Group on Artificial Intelligence에 지명된 바 있다. 저서로는 『아무도 아니라는 것Being No One』과 『자아 터널The Ego Tunnel』이 있으며, 『의식적 경험Conscious Experience』, 『의식의 신경 상관물Neural Correlates of Consciousness』을 편집했다. 그는 《오픈 마인드Open MIND》, 《철학 그리고 예측 처리Philosophy, and Predictive Processing》, 《자의식의 급진적 파괴Radical Disruptions of Self-Consciousness》의 편집자이며, 모두 오픈 액세스Open Access 출판물이다.

로버트 새폴스키는 스탠퍼드 대학교의 생물학, 신경학 교수이며, 천재들의 상이라 불리는 맥아더 펠로십MacArthur Fellowship 수상자이다. 저서로는 『Dr. 영장류 개코원숭이로 살다』, 『테스토스테론과 씨름하기The Trouble with Testosterone』, 『스트레스』, 『우리는 왜 행동하는가Behave: The Biology of Humans at Our Best and Worse』가 있다.

아닐 세스는 서식스 대학교의 인지 및 계산 신경과학부 교수이자 새클러 의식과학 연구센터의 공동 창립 소장이다. 세스는 샌디에이고에 있는 신경과학연구소NSI에서 박사후 연구를 수행했다. 그는 신경과학과 수학, 인공지능, 컴퓨터 공학, 심리학, 철학, 정신 의학을 종합하여 의식의 생물학적 기반을 중점적으로 연구한다. 그는 《의식의 신경과학Neuroscience of Consciousness》지의 편집장이며, 150편 이상의 연구 논문을 출판했다. 저서로는 『내가 된다는 것』이 있다.

티머시 스나이더는 예일 대학교 리처드 C. 레빈 역사학 교수이며, 빈 인문학 연구소의 종신 연구원이다. 1997년 옥스퍼드 대학교에서 박사 학위를 받았으며, 2001년 중동부 유럽 역사 전공으로 예일대 교수진에 합류했다. 5개 유럽 언어를 구사할 수 있다(읽을 줄 아는 언어는 10개다). 저서로는 여러 상을 수상한 『피에 젖은 땅: 스탈린과 히틀러 사이의 유럽』을 비롯해 『붉은 왕자The Red Prince』, 『블랙 어스: 홀로코스트, 역사이자 경고』, 『폭정: 20세기의 스무 가지 교훈』이 있다.

맥스 테그마크는 우주론 학자이자 MIT의 물리학 교수이다. 생명미래 연구소에서 진행하는 연구 덕분에 AI와 실존적 위협과 관련한 주제에서 그의 영향력은 점차 커지고 있다. 독특한 사상과 모험에 대한 열정 때문에 '매드 맥스'라고도 불리는 테그마크는 250편 이상의 기술 논문을 발표했으며 여러 과학 다큐멘터리 프로그램에도 출연했다. 그의 과학적 관심 분야는 정밀 우주론부터 현실의 궁극적 실체에 이르기까지 다양하다. 저서로는 『맥스 테그마크의 유니버스: 우주의 궁극적 실체를 찾아가는 수학적 여정』과 『맥스 테그마크의 라이프 3.0: 인공지능이 열어 갈 인류와 생명의 미래』가 있다.